Roland Eller / Markus Heinrich / René Perrot / Markus Reif (Hrsg.)

Management von Rohstoffrisiken

Roland Eller / Markus Heinrich
René Perrot / Markus Reif (Hrsg.)

Management von Rohstoffrisiken

Strategien, Märkte und Produkte

GABLER

Bibliografische Information der Deutschen Nationalbibliothek
Die Deutsche Nationalbibliothek verzeichnet diese Publikation in der
Deutschen Nationalbibliografie; detaillierte bibliografische Daten sind im Internet über
<http://dnb.d-nb.de> abrufbar.

1. Auflage 2010

Alle Rechte vorbehalten
© Gabler | GWV Fachverlage GmbH, Wiesbaden 2010

Lektorat: Guido Notthoff

Gabler ist Teil der Fachverlagsgruppe Springer Science+Business Media.
www.gabler.de

Umschlaggestaltung: KünkelLopka Medienentwicklung, Heidelberg
Druck und buchbinderische Verarbeitung: Ten Brink, Meppel
Gedruckt auf säurefreiem und chlorfrei gebleichtem Papier
Printed in the Netherlands

ISBN 978-3-8349-1097-4

Geleitwort

Professionelles Risikomanagement ist in jeder Marktsituation ein Muss für Unternehmen, aber gerade in Krisenzeiten zeigt sich seine Bedeutung besonders eindringlich: Schwankende Rohstoffpreise können eine betriebswirtschaftliche Kalkulation schnell zum Glückspiel werden lassen und den Bestand eines Unternehmens bedrohen. Das bekamen Unternehmen vor allem in den vergangenen Jahren zu spüren, als die Preise für Energie und Metalle in die Höhe schossen. So mussten Unternehmen für das Barrel Rohöl noch Ende der 90er-Jahre neun Dollar bezahlen, im Juli 2008 dagegen schlug das Barrel WTI mit fast 150 Dollar zu Buche, wobei der Preis heute bei rund 64 Dollar notiert. Auch bei Stahl und Industriemetallen wie Nickel und Aluminium machten deutliche Preissteigerungen die Kalkulation zunichte. Und während zahlreiche Betriebe die Zins- und Währungsrisiken abgesichert hatten, war die Mehrzahl der mittelständischen Unternehmen dem rasanten Preisanstieg der Rohstoffe ungebremst ausgeliefert. Zwei von drei Unternehmen überwälzen die Preissteigerungen schlicht auf die Endabnehmer – und gefährden damit ihre Wettbewerbsfähigkeit.

Risikomanagement kann die äußeren Faktoren zwar nicht beeinflussen, wohl aber für mehr Planungssicherheit und stabile Erträge sorgen – und damit im Zweifelsfall über Fortbestand oder Untergang des Unternehmens entscheiden. Zur Absicherung von finanzwirtschaftlichen Risiken ihrer Kunden – dazu gehören unter anderem Rohstoff-, Währungs- und Zinsrisiken - verfügen Kreditinstitute über eine breite Palette an Maßnahmen. Die Deutsche Bank bietet jedem Unternehmen eine maßgeschneiderte Absicherungsstrategie. Das Basisinstrument der Rohstoffabsicherung ist das Termingeschäft – es sorgt für eine sichere Kalkulationsbasis, bietet aber keine Möglichkeit, von schwankenden Preisen zu profitieren. Wesentlich flexibler sind Optionen: Mit ihnen kann der Kunde auch von sich verändernden Rohstoffpreisen profitieren, sofern sie für ihn günstig sind – dafür muss er allerdings eine Prämie bezahlen. Je nach Einzelfall raten unsere Experten ihren Kunden zu einem Mix aus verschiedenen Komponenten, der einen optimalen Kompromiss zwischen Kosten und Sicherheit darstellt.

In diesem Sinne wünsche ich Ihnen mit dem vorliegenden Fachbuch viel Freude und interessante Neuigkeiten zu den globalen Trends an den Rohstoffmärkten.

Herzlichst Ihr

Reinhard-E. Uhl

Deutsche Bank AG, Leiter Global Transaction Banking Deutschland

Vorwort

Seit dem Beitritt Chinas zur Welthandelsorganisation im November 2001 genießen Rohstoffe eine stetig steigende Aufmerksamkeit. Nicht nur Kapitalanleger, sondern auch Energieverbraucher und Rohstoff verarbeitende Industrie haben die Chancen und Risiken erkannt, die mit einer Verknappung des Angebots und einer zunehmenden Preisvolatilität verbunden sind. Spätestens seit dem starken Anstieg vieler Rohstoffpreise im Jahr 2008 und dem anschließenden Rückgang wird auch dem Thema Absicherung von Rohstoffrisiken ein verstärktes Interesse entgegengebracht.

Für alle, die sich aus beruflichen oder privaten Gründen mit dem Management von Rohstoffrisiken beschäftigen, liefert das vorliegende Buch einen umfassenden Leitfaden. Der erste Teil geht auf die Besonderheiten der internationalen Rohstoffmärkte ein. Hier erhält der Leser unter anderem einen umfassenden Überblick über den europäischen Energiemarkt und den Zusammenhang zwischen Rohstoffen und der (welt-)wirtschaftlichen Entwicklung. Schwerpunkt des zweiten Teils ist das Risiko- und Treasurymanagement von Rohstoffen. Anhand zahlreicher Praxisbeispiele zeigen die Autoren mögliche Vorgehensweisen, Produkte und Besonderheiten bei der Absicherung von Rohstoffrisiken auf. Der dritte Teil widmet sich wichtigen Rahmenbedingungen wie zum Beispiel der Bilanzierung von Derivaten des Rohstoffmanagements, dem Management von Währungsrisiken und dem Diversifikationspotenzial von Rohstoffen im Portfoliomanagement.

Die Herausgeber danken den Autoren für ihre stark an der täglichen Praxis orientierten Beiträge und Jan Kühne für die konzeptionelle und organisatorische Unterstützung. Wir wünschen dem Leser viel Erfolg bei der Anwendung der gewonnenen Erkenntnisse. Ihre Anregungen und Kritik nehmen wir dankbar entgegen unter info@rolandeller.de.

Potsdam, im Sommer 2009

Roland Eller
Markus Heinrich
René Perrot
Markus Reif

www.rolandeller.de
www.treasuryworld.de

Inhaltsverzeichnis

Teil I
Rohstoffmärkte im Überblick

Teil II
Risiko- und Treasurymanagement von Rohstoffen

Teil III
Rahmenbedingungen

Teil IV
Anhang

Teil I

Rohstoffmärkte im Überblick

Rohstoffmärkte im Rahmen globaler Trends

Lars Thomsen

1. Die Welt in einer Phase massiver Veränderung

1.1 Globalisierte Wirtschaftssysteme durch Vernetzung

Information ist durch das Internet omnipräsent und unabhängig von Ort und Zeit geworden. Damit wurde eine wichtige Grundlage für die Realität eines globalen Wirtschaftsraumes geschaffen: weitgehend offener Zugang zu Informationen, aber auch zu Preisen, Innovationen, Wissen, Kunden, Experten, Best Practice und Communities. Produkte werden durch diese Entwicklung zunehmend internationaler, und es wird gleichzeitig immer einfacher, individuelle Lösungen, Produkte und Dienste anzubieten, als dies noch im klassischen Industriezeitalter der Fall war. Galt es, mit dem Prinzip »Economies of Scale« den größten Gewinn dadurch zu erzielen, möglichst viele gleiche Dinge herzustellen und zu vertreiben, so ist es heute schon in vielen Branchen möglich, individualisierte Produkte herzustellen, ohne auf Skaleneffekte verzichten zu müssen.

Dies ist alles in den letzten zehn Jahren in einer Geschwindigkeit Realität geworden, wie es sich Zukunftsforscher oder andere visionär Denkende kaum haben vorstellen können. Dennoch gibt es viel Raum für Verbesserungen und Innovationen: Notwendige makroökonomische und politische Regelmechanismen passen sich noch zu langsam an, um von den Veränderungen und sich eröffnenden Chancen auf globalisierten Märkten nachhaltig zu profitieren.

1.2   Vernetzte Unternehmen, Open Innovation

Die Vernetzung von Unternehmen, Organisationen und den in ihnen agierenden Menschen bringt interessante Trends und Veränderungen mit sich. Eine der aufregendsten Entwicklungen hat in letzter Zeit der Bereich der Innovation erlebt: Während noch vor einigen Jahren Innovation in Unternehmen »Geheimsache« war und meist hinter verschlossenen Türen stattfand, so hat sich dies, ausgehend von der IT- und Internetindustrie unfassbar schnell gewandelt: »Open Innovation« gibt es nicht nur für offene Plattformen im Internet – Open Innovation ergreift derzeit fast alle Industrien. Mit einem Mal wird gemeinsam mit Zulieferern, Kunden, Partnern und unternehmensfremden Impulsgebern an Innovationen und in der Produktentwicklung gearbeitet. Anstatt Türen zu schließen werden sie weiter geöffnet, denn Kooperation führt schneller und erfolgversprechender zu innovativem Fortschritt als die Tüftelei eines einsamen Genies im stillen Kämmerlein.

So radikal und schnell wie Open Innovation hat sich noch kaum ein Trend in der Managementpraxis durchgesetzt. Vor allem aber gehören diejenigen, die auf ihr altes »abgekapseltes« System gesetzt haben, zu den großen Verlierern der Gegenwart. In Zeiten von Wirtschaftskrisen ist dies stets am besten ablesbar: Die Branchen, die es am härtesten getroffen hat, waren jene, die sich nicht schnell genug dem Wandel und den Kundenwünschen geöffnet haben – der Wandel wurde nicht schnell und vor allem nicht früh genug erkannt, um Produktion, Werte und Management-Kulturen entsprechend anzupassen.

1.3   Steigende Taktrate der Innovationen, neue Chancen

Open Innovation kann auch mit der stetig steigenden Taktrate der Innovationen gleichgesetzt werden. Dauerte es vor der Internet-Revolution mehrere Monate bis Jahre, um eine neue Entdeckung oder wissenschaftliche Arbeit zu publizieren, werden heute oftmals neue Erkenntnisse noch am selben Tag in wissenschaftliche Blogs ins Internet gestellt. In der Sekunde, in der die Eingabetaste gedrückt wird, steht dieses Wissen allen anderen Wissenschaftlern des betreffenden Gebietes auf der gesamten Welt zum Weiterforschen zur Verfügung. Dies betrifft nicht nur die klassische Wissenschaft, sondern beispielsweise auch Managementmodelle, Produkte, Dienstleistungen, Geschäftsmodelle und viele andere Bereiche.

Dadurch verkürzt sich natürlich auch die »Halbwertzeit« von Innovationen. Produktlebenszyklen und die Zeit, die einem Innovator bleibt, um aus der Innovation Gewinne einzufahren, haben sich dramatisch minimiert. Produkte werden schneller »alt«, was Probleme für die Hersteller, den Handel und für den Endabnehmer mit sich bringt. Neue modulare Ansätze sind nötig, um Innovationen weiterhin als lohnende Investition in die Zukunft und als Chance zu erhalten.

Kürzere Produktlebenszyklen, »galoppierende Innovation« und die Omnipräsenz von Informationen erhöhen gleichzeitig die Volatilität der Märkte und schaffen Stressfaktoren: Aktienkurse bewegen sich schneller auf und ab, die Rallye an den Rohstoffmärkten in 2008 war ein deutliches Zeichen für die Erhöhung dieser Volatilität.

Insgesamt jedoch dürfte die Zunahme der Innovationstaktrate für mehr Wachstum sorgen, da einige der vielen Innovationen neue Märkte oder Marktsegmente entstehen lassen. Besonders diejenigen Unternehmen, die in der Lage sind, die Zeichen der Zeit rechtzeitig und richtig zu deuten, die Veränderungen und Trends als Beschleuniger und nicht als Hemmschuh zu akzeptieren und den Wandel aktiv mitzuprägen, werden die großen Gewinner sein. Auch für Neugründer entstehen nie da gewesene Chancen. So ändern sich einerseits viele technische Grundlagen und Nachfragestrukturen (zum Beispiel Antriebstechniken in Autos, dezentrale Energieerzeugung, neue Zielgruppen aufgrund einer alternden Gesellschaft usw.), zum anderen ist der Zugang zu Informationen, Märkten, Experten, Wissen, Absatzkanälen und Knowhow so gut, so günstig und so non-elitär wie niemals zuvor.

1.4   Neuordnung der Produktionsfaktoren der Zukunft

Die drei klassischen Produktionsfaktoren nach Adam Smith (Arbeit, Kapital und Boden) werden mehr und mehr von dem weiteren vierten Faktor »Know-how« bzw. Humankapital überlagert.

Dies liegt vor allem daran, dass nach der derzeitigen Wirtschaftskrise Ressourcen wieder deutlich knapper und teurer werden. Neben der Nutzung von Bodenschätzen wird es aber in fast allen Volkswirtschaften besonders um den Zugriff auf die von Richard Florida beschriebene »Creative Class« gehen, also auf jene Menschen, die durch ihre Ausbildung, wegen ihres Wissens, ihrer Erfahrung und ihrer Innovationskraft in der Lage sind, jedem Akteur in den globalen Märkten dabei zu helfen, weltmarktfähige Produkte und Dienstleistungen zu produzieren und zu managen.

Die Zahl dieser Menschen ist begrenzt und lässt sich auch nur bedingt ausbauen. Wir können Menschen mit der gewinnbringenden Kombination aus Fähigkeiten, Ausbildung und Sozialisierung nicht einfach kopieren oder klonen. So wird schon sehr bald ein harter Wettbewerb um diese knappe Ressource ausbrechen – und zwar weltweit. Dieser »War for Talent« wird sowohl Volkswirtschaften als auch Unternehmen stark fordern. Gewinner in diesem War for Talent sind ganz klar die Mitglieder der Creative Class, die zukünftig noch viel freier darüber entscheiden können, wie, wo, für wen und unter welchen zeitlichen, räumlichen und finanziellen Rahmenbedingungen sie zu arbeiten bereit sind.

2.   Megatrends im ersten Quartal des 21. Jahrhunderts

2.1   Energie: Mega-Markt der Zukunft

Einer der sich zurzeit bildenden Mega-Märkte der Zukunft ist jener der Gewinnung und Aus-schöpfung von Energien. Dabei ist zu beobachten, dass diejenigen Technologien ein immens-es Wachstumspotenzial haben, die eine Nutzung und Speicherung von regenerativen Res-sourcen ermöglichen.

Im Gegensatz zu den bestehenden Energietechniken, die mit fossilen Energieträgern arbeiten, werden mit neuen, noch in der Entwicklung befindlichen Energietechniken sehr viel größere Innovations- und Effizienzsprünge erfolgen. So ist im angrenzenden Bereich der Akku-Technologie (zum Beispiel für Elektroautos) mit einer Kapazitätsverdoppelung binnen der nächsten 48 Monate zu rechnen, während die Effizienz eines Verbrennungsmotors nur noch mit hohem Aufwand um wenige Prozent verbessert werden kann.

Für die Hersteller von Energiegewinnungsanlagen ergeben sich zahlreiche Synergie-Effekte innerhalb der Technologiebereiche Nano-, Material- und Computertechnik, die große Effi-zienzsprünge ermöglichen, wie das Beispiel »Nanosolar Inc.« in Kalifornien eindrucksvoll zeigt: Durch die geschickte Kombination dieser Technologiebereiche kann Nanosolar schon heute industriell Solarzellen fertigen, die 100-mal dünner und 100-mal schneller herzustellen sind, als herkömmliche Zellen, die auf der Basis von Silizium-Wafern gefertigt werden. Und dies zu einem Preis, der um den Faktor 10 unter dem des bisherigen Weltmarktpreises für Solarzellen liegt.

Parallel hierzu ergeben sich Synergie-Effekte aus dem Bereich der rasch voranschreitenden Netzwerktechnologie, die auch das Stromnetz mehr und mehr überlagert, sodass in wenigen Jahren ein intelligentes Netz geschaffen wird, das dezentrale Energieeinspeisung, Steuerung und Management ermöglicht und somit den Weg frei macht für ein Internet-ähnliches, inter-aktives Energiesystem.

Damit wird schon bald einer dieser System-Umkehrpunkte – ein »Tipping Point« – erreicht, an denen regenerative Energie nach Vollkostenbetrachtungen (einschließlich des Rohstoffein-satzes) günstiger zu produzieren ist, als es aus Kohleminen, Gas- oder Ölfeldern oder sonsti-gen Abbau-Szenarien möglich ist.

Tipping Points:

- Erneuerbare Energien erzeugbar für <= $100,00 Öl-Barrel-Äquivalent
- E-Mobilität ist günstiger als konventionelle Antriebssysteme
- Intelligente Netze und Netzwerke als neue Effizienz-Enabler

2.2   Internet der Dinge, Web 3.0

Wer glaubt, das Internet hätte den wichtigsten und spannendsten Teil seiner Entwicklung schon hinter sich, der irrt gewaltig. Wir fangen gerade erst an, mit diesem Medium unsere gesamte Welt zu verändern. Und hier geht es nicht um noch mehr eEMails, schnellere Downloads oder neue Browser. Vielmehr wird das Internet zukünftig in die zahlreichen Geräte in unserem unmittelbaren Umfeld vordringen. Die ersten Vorboten sind zum Beispiel Handys, die auch Internetfunktionen bieten oder Fernsehgeräte, die zum Download von Filmen an das Internet angeschlossen sind. In den nächsten zehn Jahren wird jedoch fast jedes neue Gerät, das einen Stromanschluss hat, auch eine IP-Adresse (Internetadresse) besitzen. Und diese Geräte werden sich untereinander Informationen zukommen lassen, um zum Beispiel effizienter zu arbeiten, günstigere Stromtarife zu nutzen oder eine erhöhte Sicherheit zu bieten. Es wird eine »zweite Intelligenz« entstehen, die Dienstleistungen, Services und Geschäftsmodelle möglich machen kann, die uns heute noch utopisch erscheinen.

2.3   Eroberung der dritten Dimension

Die Speicher- und Prozessortechnologie kommt derzeit an einen kritischen Punkt, weil die Leiterbahnen mit einem Minimalabstand von etwa vier Atomen nicht mehr enger auf den Wafer gebracht werden können. Damit würde das Moor'sche-Gesetz seine Gültigkeit verlieren (Verdopplung der Anzahl von Transistoren auf gleicher Fläche alle 18 Monate). Doch die nächste Generation von Prozessoren wächst nicht in der Fläche, sondern in der Höhe, indem man dreidimensionale Architekturen entwirft. Auf der gleichen Fläche sitzt zukünftig also die hundert- oder tausendfache Anzahl von Transistoren.

Dies betrifft auch andere Bereiche. Schon beginnt man beispielsweise in der industriellen Nahrungsmittelproduktion über das Konzept der Dreidimensionalität nachzudenken, mit Hochhäusern, in welchen auf 20 Ackerflächen übereinander – bei der auf gleicher Grundfläche und bei fast gleichem Wasser- und Düngereinsatz – der Ertrag vervielfacht werden kann.

Und schließlich ist auch bei der Darstellung von Bildern auf Monitoren ein deutlicher Trend in Richtung Dreidimensionalität auszumachen.

2.4   Künstliche Intelligenz

Für immer mehr Menschen wird die ständig zunehmende Menge an Information und Kommunikation ein Problem. Kaum jemand aus unserer (Internet) Generation hat je durch eine Ausbildung vermittelt bekommen, wie man mit einer solchen Informationsflut sinnvoll umgeht.

Das Resultat ist, dass wir in einer »Zeitmangelgesellschaft« leben, obwohl wir immer dachten, dass der zunehmende Einsatz von Computern uns weniger Arbeit und mehr Freizeit oder Muße verschaffen würde.

Ray Kurzweil bringt den Stand der Computerentwicklung auf den Punkt: Derzeit hat ein PC im Gegenwert von 1.000 Dollar ungefähr die Intelligenz einer Stubenfliege – zu dumm also, um uns bei der Bewältigung unserer täglichen Aufgaben zu helfen. In weniger als zehn Jahren werden wir allerdings die knapp 500-fache Leistung in einem entsprechenden Gerät finden, und dann nähern wir uns der Intelligenz eines Menschen schon recht beachtlich. Sobald Geräte und Computer in der Lage sind, »mitzudenken« und einen Teil der Routineaufgaben, die uns derzeit die Zeit stehlen, zu übernehmen, werden sie erst recht interessant und nützlich. Dieser Systemsprung passiert im zweiten Jahrzehnt des 21. Jahrhunderts, also binnen der kommenden 600 Wochen.

Tipping Point:

Künstliche Intelligenz erreicht das Niveau Menschlicher Intelligenz

---

2.5   Medien- und Marketingrevolution im Internet

Das Phänomen Google ist nicht nur eine Erfolgsstory sondergleichen, sondern ein perfektes Exempel für den hier beschriebenen massiven Wandel in unserer Wirtschaft und Realität: Googles Mission ist es, das Wissen der Welt zu ordnen und es den Menschen zugänglich zu machen. Dabei begann alles bloß mit einer Suchmaschine, die aber bald zum Weltmarktführer wurde. Doch an diesem Punkt hörte und hört die Entwicklung von Google mitnichten auf:

Die Veränderungen, die Google zum Beispiel für das Marketing gebracht hat, sind weitreichender als alle Innovationen im Marketing der vergangenen 50 Jahre zusammen.

»Just-in-Time-Marketing« nennen wir das Phänomen, welches das Verständnis von Werbung und deren Mechanik nachhaltig verändert: War Marketing bisher weitgehend »dumm«, da man nicht wusste, wer wo wann eine Botschaft sieht, wird es nun von Tag zu Tag intelligenter und fängt an, Menschen bei ihren Informationsbedürfnissen (und das betrifft auch Konsumentscheidungen) zu dienen.

Jeder, der einmal bei Google nach etwas gesucht und auf der rechten Seite des Fensters eine Werbung mit genau dem passenden Angebot gefunden hat, weiß, dass Werbung und Information miteinander verschmelzen und damit beiden Seiten (Sender und Empfänger) einen Mehrwert bringen kann.

Daneben sterben die altgedienten Kanäle für klassische Einbahn-Kommunikation (TV, Radio, Print) in ihrer herkömmlichen Form langsam aus. Schon heute liegt der Anteil der bis 30-Jährigen, die regelmäßig fernsehen, unter 50 Prozent.

2.6 Nano-, Bio-, Gentechnologie-Sprünge

Gemessen an der Geschwindigkeit, mit der in den letzten Jahren das menschliche Genom entschlüsselt wurde, und daran, wie groß die Sprünge in nur fünf Jahren in den Bereichen Bio-, Gen- und Nanotechnologie waren, ist auf diesen und den angrenzenden Technologiegebieten einiges zu erwarten.

Dies kommt zum einen durch die umfassende Vernetzung der Forschung und der Forschenden sowie der massiven Erhöhung der Rechenkapazitäten, zum anderen liegt es aber auch an den bislang erreichten Erfolgen, die verheißen, dass sich sowohl die Medizin als auch die Materialwissenschaft stark verändern werden.

Die Auswirkungen werden wir in Bereichen wie etwa Ernährung, Wasserversorgung und Energie, aber auch in zivilen wie militärischen Systemen und in Form vieler neuer Materialien und Produkte sehen und erleben können.

Tipping Point:

Neue Materialien (vor allem nanotechnisch hergestellte Ausgangsstoffe) werden günstiger als klassische Produktionsmethoden und der Abbau endlicher Ressourcen.

2.7   War for Talent

Wie einleitend erwähnt, besteht schon heute ein Mangel an qualifizierten Mitarbeiterinnen und Mitarbeitern, die Unternehmen aller Bereiche (R&D, Sales & Marketing, Management etc.) benötigen, um global konkurrenzfähig zu bleiben.

Da in den westlichen Industrieländern seit mehr als zwei Jahrzehnten die Bevölkerungszahlen schrumpfen und eine entsprechende Entwicklung in zahlreichen asiatischen Staaten zur verzeichnen ist (allen voran China mit seiner seit knapp 30 Jahren geltenden »One-child-Policy«), muss davon ausgegangen werden, dass die Knappheit an qualifizierten Mitarbeiterinnen und Mitarbeitern ein immer wichtigeres Thema wird. Der Druck auf die Unternehmen, Strategien zu entwickeln, um in der Zukunft noch fähigen Nachwuchs anwerben zu können, nimmt daher von Jahr zu Jahr stark zu.

2.8   Anhaltende Urbanisierung und Landflucht

2008 war nach Berechnung der OECD das erste Jahr in der Geschichte der Menschheit, in dem mehr Menschen in urbanen – also städtischen – Strukturen lebten als auf dem Land. Die Landbevölkerung drängt in die Städte – und das nicht nur in China, Indien, Vietnam, Brasilien oder Mexiko, sondern auch in Deutschland. Die Gründe hierfür sind in der hohen Innovationstaktrate zu suchen, die in städtischen Gebieten deutlich erleb- und umsetzbarer ist und mehr ökonomische Opportunitäten bietet.

Dieser Trend hat Auswirkungen, die auf den ersten Blick nicht ersichtlich sind:

- Zum einen bremst er das Wachstum der Weltbevölkerung: Während es auf dem Land als gute und günstige Investition in die Daseinsvorsorge galt, viele Kinder zu haben, werden Kinder in der Stadt – überspitzt ausgedrückt – eher als ein »Luxusgut« gesehen, das in erster Linie Geld kostet, dabei aber kaum »Ertrag« bringt. So haben wir in den meisten westlichen Städten eine durchschnittliche Kinderzahl von wesentlich unter 2 (also unterhalb der Reproduktionsrate pro Frau), während in ländlichen Strukturen eine statistische Kinderzahl von mehr als 3,5 pro Frau keine Seltenheit ist.

- Zum anderen unterscheiden sich die urbanen Nachfragestrukturen nach Energie, Konsumgütern und Dienstleistungen von den Nachfragestrukturen in ländlichen Gegenden. So gibt es zum Beispiel andere Nutzungsarten von Mobilität und eine zunehmende Zahl »urbaner« Produkte (Modemarken, Einrichtungsgegenstände etc.). Durch die Verstädterung wächst auch der generelle Bedarf an Konsumgütern, Lebensmitteln, Wasser und Energie sowie der an Bildung, Dienstleitungen und Mobilität stetig.

2.9   »Echte Preise für alle begrenzten Güter«

Knappe Güter brauchen Preise, damit sie sinnvoll verwendet und nicht verschwendet werden. Für Wasser, Nahrungsmittel und zahlreiche Rohstoffe bilden sich diese echten Preise erst jetzt. Durch zum Teil künstlich erzeugten Mangel in Verbindung mit Spekulationen verzerren sich die echten Preise.

Die Entwicklung in den kommenden Jahren und Jahrzehnten wird sein, dass sich für viele der heute noch »freien« Güter wie Wasser und saubere Luft Preise herausbilden werden.

2.10   Demografischer Wandel (Aging Societies)

Das Durchschnittsalter der Menschen in Deutschland und zahlreichen anderen westlichen Industriestaaten steigt derzeit jedes Jahr um drei bis vier Monate. In den kommenden zehn Jahren werden knapp 22 Prozent der Beschäftigten in Deutschland in Rente gehen, wohingegen weniger als neun Prozent der Bevölkerung am Anfang ihres Berufslebens stehen werden.

Diese Perspektive bringt die Unternehmen in den Zugzwang, sich über einige Themen ernsthaft Gedanken zu machen: Wie können wir eine alternde Arbeitnehmerschaft in die neue globalisierte und vernetzte Welt mitnehmen? Wie können wir sicherstellen, dass wir in einigen Jahren eine noch ausreichend große Ressource an fähigem Nachwuchs haben werden? Wie können wir die Unternehmenskultur so weiterentwickeln, dass sie motivierte, qualifizierte Menschen anzieht?

Daneben ergeben sich aber auch eine ganze Reihe neuer Dienstleistungsfelder, die bislang kaum oder unzureichend erforscht sind. Hier seien nur das Thema »Vereinsamung im Alter«, »Social Communties« oder Gesundheits-, Sicherheits- und Comfort-Dienstleistungen genannt, für die »die neue Generation der Alten« – die Baby-Boomer – sehr viel empfänglicher sein werden als die Generation der im oder vor dem Krieg Geborenen.

3. Ableitungen für die Entwicklung von Rohstoffmärkten

Die aufgezeigten Trends und Projektionen haben alle einen erheblichen Einfluss auf die zukünftige Entwicklung der Rohstoff- und Energiemärkte. Da sich diese Entwicklungen gegenseitig beeinflussen, ist eine genaue Prognose schwierig. Trotzdem wollen wir hier unsere Szenarien für die Entwicklung der Rohstoffmärkte skizzieren:

3.1 Höhere Marktdynamik – höhere Volatilität

Die immer schneller werdende Innovationstaktrate beschleunigt den Markt insgesamt. Es ist mit einer noch höheren Marktdynamik und entsprechender Volatilität auf globalem Niveau zu rechnen. Auch wenn die Gegenbewegungen sich immer lauter zu Wort melden, wird die Globalisierung der Märkte nicht aufzuhalten sein,. Der Wettbewerb sowohl der Volkswirtschaften als auch der einzelnen Marktteilnehmer wird härter und von höherem Innovationsdruck geprägt. Diejenigen, die in der Lage sind, Innovationen zu schaffen und sie gut und effizient zu nutzen und dabei entsprechend »wach« für sich abzeichnende Entwicklungen und aufkommende Trends sind, werden die Gewinner dieses Hyperwettbewerbs sein.

3.2 Potenzial für globales Wirtschaftswachstum

Der Raum für Wirtschaftswachstum ist nach wie vor immens groß. China, Indien und die Tiger-Staaten bleiben die Garanten für nachhaltiges Wachstum und steigende Nachfrage aufgrund ihrer noch lange nicht gesättigten oder gar saturierten Märkte. Aber auch in den »älteren« Märkten der westlichen Industrienationen kann für die kommenden zehn Jahre mit viel Nachfragepotenzial gerechnet werden, vor allem in den »System-Sprung-Feldern«, die unsere Zeit in Form von Megatrends kennzeichnen: Energie und Energiesysteme, der Marktkomplex und um die Phänomene der »Aging Society«, Medizintechnik, Bio-, Gen-, und Nanotechnologie, intelligente Dienstleistungen, Medien- und Kommunikationsrevolution sowie individuelle Mobilität.

3.3   Nachfrage nach Rohstoffen mittel- und langfristig

Die Nachfrage nach fossilen Rohstoffen aller Art wird auf dieser Basis mittelfristig weiter steigen. Da die Vorräte begrenzt sind und die Erschließung weiterer Lagerstätten immer schwieriger und aufwendiger werden dürfte, ist mit einem weiteren Anstieg der Preise für knappe und begrenzt vorhandene Rohstoffe zu rechnen. Zwar werden neue Technologien dabei helfen, den Erschließungsaufwand zu vereinfachen, doch wird dieser Faktor nicht ausreichen, Preise auf dem heutigen Niveau zu halten.

Besonders die extrem knappen Rohstoffe wie etwa Kobalt oder Indium, deren Weltvorräte nach heutiger Schätzung bei steigender Nachfrage in weniger als 20 Jahren erschöpft sein werden, werden sich bei fehlender Substituierbarkeit sehr schnell verteuern, da hier zusätzlich mit großen spekulativen Einflüssen zu rechnen ist.

3.4   Faktoren der Volatilität

Die Volatilität der Energie- und Rohstoffmärkte wird sich aufgrund der zunehmenden Vernetzung der Märkte und der Erhöhung des Innovationstaktes verstärken: Krisen, ‚konjunkturelle Dellen und Einbrüche, aber auch Nachfragespitzen kommen immer schneller auf uns zu, gehen aber auch schneller wieder. In den enger werdenden Rohstoffmärkten wird das Element der Spekulation zunehmen, die ein lukratives Geschäfts- und Anlagemodell in der Finanzwelt darstellt.

Politische Faktoren, welche die Preise und die Verfügbarkeit knapper Ressourcen beeinflussen, bilden auch zukünftig einen großen Unsicherheitsfaktor bei der Prognoseerstellung: Die Abhängigkeit von Wasser und Öl sowie anderen industriebestimmenden Rohstoffen wird mit zunehmender Nachfrage und Knappheit größer, und damit wächst der politische Druck, diese zu regulieren oder gar in jeder Form politisch zu instrumentalisieren.

Vor dem Hintergrund der zuvor erläuterten Erhöhung und Beschleunigung der Innovationstaktrate gewinnt ein bislang weitgehend unbekannter Absicherungsfaktor an Bedeutung: Der Absicherungsbedarf gegen Fehlinvestitionen oder Fehlentwicklung (die zum Beispiel durch längerfristige Planungen nicht auszuschließen sind).

3.5   Konklusion

Die Wahrscheinlichkeit, dass Öl und andere fossile Energieträger mittelfristig wieder deutlich teurer werden, ist sehr hoch. Genau im Auge zu behalten sind jedoch wieder einige Tipping Points, an denen wir Diskontinuitäten beobachten können, darunter zum Beispiel der, an dem eine Kilowattstunde zu gleichen Preisen mit regenerativen Systemen wie mit konventionellen erzeugt werden kann. Hinzu kommt ein zeitlichter Puffer, den der Aufbau von Kapazitäten und des Vertrauens in die Technologie erfordern.

Wir sehen noch vor dem Jahr 2020 einige dieser Tipping Points erreicht: etwa die solare Erzeugung elektrischer Energie zu niedrigeren Vollkosten als durch Gas, Uran oder Kohle, und den Marktdurchbruch Massenmarkt-tauglicher elektrischer Mobilität (e-Autos und e-Busse) auf den Straßen um 2015.

Ebenfalls müssen die politischen Rahmenbedingungen sowie die Veränderungen im Auge behalten werden, die sich in Bezug auf Werte, Ethik und Nachhaltigkeitsentwicklungen abzeichnen. Sollten sich die Prognosen des IPCC und anderer Institutionen hinsichtlich des Klimawandels weiter verhärten, so ist damit zu rechnen, dass immer mehr Volkswirtschaften die Verwendung von Öl zu Heizzwecken oder zum Antrieb von Maschinen bis 2020 sukzessive einschränken oder verbieten werden. Schweden hat dies bereits im Jahr 2007 beschlossen, andere Länder wollen folgen.

Dies und die Forschungen zum Ersatz konventioneller Energien und abbaubasierter Rohstoffe werden neben der Spekulation in volatilen Märkten die Haupttreiber für deren Preise sein. Doch gerade hier haben wir in den nächsten 1000 Wochen nicht viel weniger als aus heutiger Sicht »kleine Wunder« zu erwarten.

Die Player der Energie- und Rohstoffbranche sollten die Tipping-Points beobachten und aktiv werden, um die wichtigen Veränderungen nicht zu verpassen und um die Zukunft aktiv mitzugestalten.

Rohstoffindizes

Peter Menne

1. Merkmale und Vorteile von Rohstoffindizes

Möchte ein Anleger seinem Portfolio die Anlageklasse Rohstoffe beimischen ohne direkt an der Terminbörse engagiert zu sein, bieten sich Indizes auf Rohwarenfutures an. Heutzutage ermöglicht eine Reihe investierbarer Indizes diversifizierten Zugang zur dieser Assetklasse bzw. zu bestimmten Sektoren des Rohstoffmarktes. Die meisten der aktuell bekannten und in diesem Beitrag vorgestellten Indizes wurden im Laufe der vergangenen 15 Jahre aufgelegt. Dies ist unter anderem auf das gestiegene Anlegerinteresse an Rohstoffen zurückzuführen.

Die Berechnung und Veröffentlichung von Rohstoffindizes bietet in vielerlei Hinsicht Vorteile. Zum einen aggregieren Indizes das Marktgeschehen an den Rohstoffmärkten und bilden es übersichtlich in einem Wert ab. Anleger können sich auf diese Weise einen schnellen und transparenten Überblick über Trendentwicklungen an den Futures- und Spotmärkten verschaffen.

Rohstoffindizes treffen weiterhin eine Aussage über die historische Wertentwicklung der Assetklasse Rohstoffe. Auch wenn viele Indizes noch verhältnismäßig jung sind, ermöglicht eine Rückrechnung den langfristigen Vergleich mit anderen Assetklassen. Beispielsweise verfügt der 1992 aufgelegte Goldman Sachs Commodity Index (GSCI) über eine Datenhistorie, die bis 1970 zurückreicht.

Rohstoffindizes dienen als Bezugswert für indexbasierte Anlageprodukte (zum Beispiel Index-Zertifikate) sowie als Benchmark für aktive Trading-Strategien. Analystenschätzungen gehen aktuell von einem Investitionsvolumen in Höhe von 40 bis 50 Milliarden US-Dollar aus, das in Investmentprodukten, die an die sechs größten Indizes gekoppelt sind, investiert ist.

Der Emittent muss bei Indexauflegung zunächst einige zentrale Parameter festlegen:

- Anzahl und Gewichtung der im Index enthaltenen Rohstoffe,

- Kriterien für die Aufnahme von Rohwarenfutures im Index (zum Beispiel Liquidität),

■ Auswahl der periodisch (zum Beispiel monatlich oder jährlich) zu rollenden Terminkontrakte für jeden einzelnen Terminkontrakt,

■ Häufigkeit der Anpassung des Index an die jeweilige Basisgewichtung (Rebalancing).

Die Entscheidung über die konkrete Ausgestaltung der genannten Parameter hängt stark davon ab, welchen Schwerpunkt der Emittent bei der Indexgestaltung setzen möchte. Während beispielsweise bei einem Aktienindex die Marktkapitalisierung der im Index repräsentierten Unternehmen in der Regel objektive Grundlage für die Gewichtungsentscheidung ist, fällt dieselbe Entscheidung bei einem Rohwarenindex deutlich subjektiver aus. Schließlich lässt sich beispielsweise die Frage, ob und wie viel wichtiger Rohöl als Weizen oder Gold ist, nicht einfach in absolut objektiven Prozentzahlen ausdrücken.

Abbildung 1 zeigt die unterschiedlichen Ansätze verschiedener Indexemittenten in Bezug auf Anzahl der Rohstoffe, Rollfrequenz und Rollmechanismus sowie Gewichtung der Komponenten.

Rohstoffindex	Rollfrequenz	Anzahl der Rohstoffe im Index
Fixe Gewichtung, Fixer Rollmechanismus:		
S&P GSCI	monatlich	24
Dow Jones-AIGCI	sechsmal jährlich	19
Reuters-Jefferies/CRB	monatlich	19
DBLCI	monatlich bei Energiekontrakten, jährlich bei Nicht-Energiekontrakten	6
Fixe Gewichtung, Dynamischer Rollmechanismus:		
DBLCI-Optimum Yield	dynamisch	6
Dynamische Gewichtung, Fixer Rollmechanismus:		
DBLCI-Mean Reversion	monatlich bei Energiekontrakten, jährlich bei Nicht-Energiekontrakten	6

Quelle: DB Global Markets Research
Abbildung 1: *Übersicht bekannter Rohstoffindizes*

Die Branchen-Zusammensetzung der wichtigsten Rohstoffindizes ist in Abbildung 2 dargestellt. Der Anteil des Energiesektors variiert von 31 Prozent beim DBLCI MR bis zu 63 Prozent beim S&P GSCI. Im dritten Abschnitt dieses Kapitels wird noch einmal detailliert auf die hier erwähnten Indizes eingegangen.

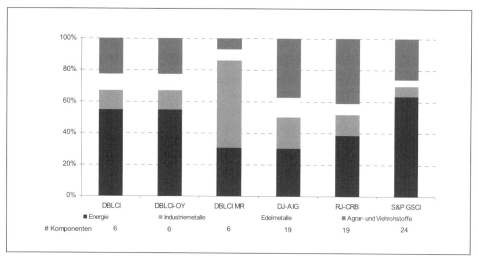

Abbildung 2: *Sektorgewichtung ausgewählter Indizes*

Unabhängig von der individuellen Ausgestaltung berechnet ein Rohstoffindex regelmäßig die Rendite einer passiven Long-Only-Investmentstrategie, die nur in Rohstoff-Futures investiert. Im folgenden Abschnitt wird daher auf die Renditequellen eines Investments in Rohwarenfutures eingegangen.

2.   Ertragsquellen eines Rohwarenfutures

Der Gesamtertrag eines Futuresinvestments setzt sich aus drei verschiedenen Komponenten zusammen: Spot Return, Rollertrag und Collateral Yield.

2.1   Spot Return

Die Spotrendite resultiert einfach aus der Tatsache, dass die Rohstoffpreise mit der Zeit mehr oder weniger stark ansteigen bzw. fallen. Darunter versteht man die Abweichung des tatsächlich realisierten Spot-Preises vom erwarteten Spot-Preis. Der erwartete Spot-Preis ist bereits im Rahmen der Preisfindung des Rohwarenfutures berücksichtigt. Erwartete Preisschwankungen sind folglich keine Ertragskomponente für einen Anleger, der in Futures investiert hat.

2.2   Rollertrag

Anleger, die Rohwarenfutures zu Spekulationszwecken nutzen, möchten die physische Lieferung bei Fälligkeit des Terminkontrakts vermeiden. Daher erfordert ein dauerhaftes Investment, auslaufende Kontrakte vor Fälligkeit aufzulösen und gegen Kontrakte mit einem späteren Fälligkeitstermin zu ersetzen. Dieser Vorgang, auch »rollen« genannt, kann abhängig von
der Struktur der Terminkurve eine zentrale Ertragsquelle sein.

Notiert der Preis des Futures unterhalb des entsprechenden Spotpreises, so fällt die Terminkurve im Zeitablauf und weist eine Struktur auf, die als »Backwardation« bezeichnet wird.
Ein Kurvenverlauf, bei dem der Preis des Futures über dem Spotpreis liegt, wird »Contango«
genannt.

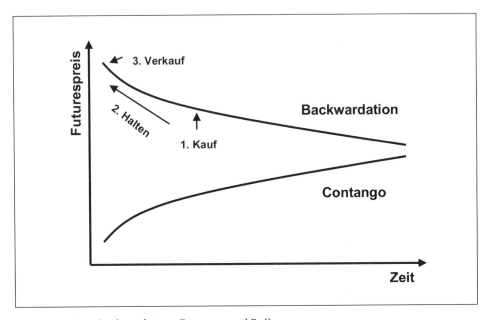

Abbildung 3:   *Backwardation, Contango und Rollertrag*

Abbildung 3 verdeutlicht: Liegt Backwardation vor, so führt die oben beschriebene Strategie
des Rollens zu positiven Erträgen. Der Anleger kauft im ersten Schritt einen langlaufenden
Futures, der zum Veräußerungszeitpunkt zum relativ höheren Preis eines kurzlaufenden Kontrakts verkauft werden kann.

Notiert die Terminpreiskurve in Contango, ergeben sich entsprechend negative Rollerträge.
Hier kann der Anleger zum Veräußerungszeitpunkt den Future nur zum relativ niedrigeren
Preis eines kurzlaufenden Kontrakts veräußern.

Die unterschiedlichen Typen der Rohstoffterminstrukturen können durch die Theorie der Lagerhaltung und die Existenz der sogenannten »Convenience Yield« erklärt werden. Die Beziehung zwischen Terminpreis und Kassakurs wird definiert durch:

$$Terminpreis = Kassakurs + Zinssatz - (Convenience\ Yield - Lagerkosten)$$

Die Gleichung beruht auf der Tatsache, dass bei Lagerung eines Rohstoffs (anstatt eines Verkaufs) nicht der Kassakurs erlöst wird, jedoch Zinsen und Lagerkosten anfallen. Diese Kosten können jedoch durch den möglichen Vorteil einer Lagerhaltung (Convenience Yield) ausgeglichen oder gar übertroffen werden.

Der Eigentümer eines Rohstofflagers kann solch eine Convenience Yield erzielen. Unter diesem Begriff versteht man die Menge an Leistungen und Gewinnen, die nur der Besitzer eines physischen Rohstoffs erzielen kann, nicht aber der Inhaber eines Kontrakts für die zukünftige Lieferung dieses Rohstoffs. Die Convenience Yield kann auch erzielt werden, wenn die Lieferung eines Rohstoffs gesichert ist und daher keine Lagerkosten anfallen.

Die Convenience Yield steigt in der Regel umso stärker an, je geringer der Lagerbestand ist. Anders ausgedrückt: Die Convenience Yield steigt bei Zunahme von Marktunsicherheit an. Das mag einen intuitiven Grund haben, da die Verbraucher bei einer Verschlechterung der Marktlage (zum Beispiel zunehmende Knappheit) mehr Wert auf den physischen Besitz eines Rohstoffs legen. Rohöl ist das offensichtlichste Beispiel für dieses Phänomen, da bei einem sofortigen Produktionsausfall die Folgen innerhalb extrem kurzer Zeit spürbar wären.

Der Goldmarkt steht für das entgegengesetzte Extrem. Bei der aktuellen Nachfragesituation würde es mehrere Jahre dauern, bis die Welt alle verfügbaren Goldreserven aufgebraucht hätte. Dem liegt die Tatsache zugrunde, dass der jährliche Goldverbrauch ungefähr bei 3.300 Tonnen liegt, während die gesamten oberirdischen Goldvorräte (private Bestände zuzüglich der Bestände der öffentlichen Hand) derzeit über 145.000 Tonnen betragen. Selbst dann, wenn kein neues Gold aus Minen gefördert werden sollte, wäre auf der ganzen Welt erst nach vielen Jahren kein Gold mehr verfügbar. Daher würden etwaige Unterbrechungen der Gold-förderung die Convenience Yield nur marginal beeinflussen.

Diese Korrelation zwischen Convenience Yield und täglichem Verbrauch wird in Abbildung 4 nochmals grafisch dargestellt. Der eben beschriebene Unterschied zwischen Rohöl und Gold wird hier deutlich: Je höher das Verhältnis täglicher Konsum zu Lagerbestand ist, desto höher ist auch die Convenience Yield, der Vorteil also, der aus der physischen Verfügbarkeit des Rohstoffs erwachsen kann.

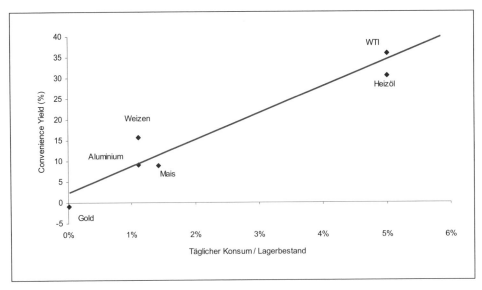

Abbildung 4:   *Zusammenhang zwischen Convenience Yield und Lagerbestand*

Wenn wir nun die obige Gleichung so umformulieren, dass wir sie nach dem Rollertrag, das heißt nach der Differenz aus Spotpreis und Terminpreis, auflösen können, bekommen wir eine Erklärung für Backwardation und Contango:

$$Rollertrag = Convenience\ Yield - Zinsen - Lagerkosten$$

Daraus folgt: Wenn die Convenience Yield die Summe aus Zinsen und Lagerkosten übersteigt, bedeutet das implizit einen positiven Rollertrag oder eine Terminpreiskurve in Backwardation. Im Gegenzug gilt, dass eine niedrige Convenience Yield, welche von den Kosten für Zinsen und Lagerhaltung übertroffen wird, einen negativen Rollertrag mit sich bringt. Ein negativer Rollertrag ist Indikator dafür, dass der Spotpreis niedriger ist als der Terminkontraktpreis. Abbildung 5 verdeutlicht diesen Zusammenhang grafisch.

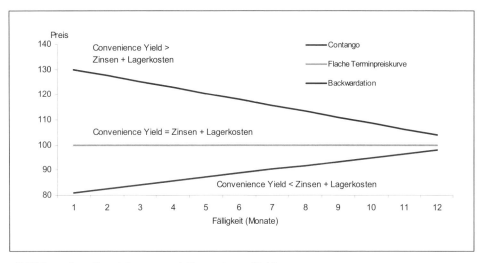

Abbildung 5: *Terminkurven und Convenience Yield*

2.3   Collateral Yield

Die letzte Ertragsquelle eines Rohstoffinvestments ist der sogenannte Collateral Yield. Darunter versteht man diejenige Rendite, die bei jeder Futures-Position anfällt und für die als Referenz US-Schatzbriefe (T-bill rate) angesetzt werden.

Bei Rohstoffindizes wird regelmäßig zwischen »Total Return Indizes« und »Excess Return Indizes« unterschieden. Der Unterschied liegt in der Einbeziehung von Collateral Yield in die Renditeberechnung. Unter Excess Return versteht man die Summe aus Spotrendite und Rollertrag, während bei Total Return Indizes zusätzlich die Collateral Yield mit einbezogen wird.

3.   Ausgewählte Indexstrategien

Rohstoffindizes fassen die Preisbewegungen unterschiedlicher Futures zusammen. Obwohl die meisten Indizes anstreben, einen repräsentativen und diversifizierten Querschnitt der Assetklasse Rohstoffe zu bilden, ergeben sich höchst unterschiedliche Rendite-Risiko-Profile. An dieser Stelle soll nun am Beispiel der bekannten Benchmark-Indizes Standard & Poor´s

Goldman Sachs Commodity Index (S&P GSCI), Dow Jones – AIG Commodity Index (DJ-AIG), Reuters-CRB Futures Index (CRB-R) und Deutsche Bank Liquid Commodity Index (DBLCI) näher auf die unterschiedlichen Konstruktionsmerkmale von Rohwarenindizes eingegangen werden.

3.1   Standard & Poor´s Goldman Sachs Commodity Index (S&P GSCI)

Der S&P Goldman Sachs Commodity Index wird seit Januar 1991 öffentlich geführt, wobei eine historische Rückrechnung ab Januar 1970 verfügbar ist. Der Index war früher unter dem Namen Goldman Sachs Commodity Index (GSCI) bekannt und wurde im Februar 2007 in S&P GSCI umbenannt. Der Index besteht aus insgesamt 24 Rohstoffen aller wichtiger Rohstoffsektoren und ist weltweit anerkannte Benchmark im Markt für Rohstoffindizes.

Der S&P GSCI ist produktionsgewichtet, das heißt die Gewichtung der einzelnen Rohstoffe wird nach ihrem relativen Anteil an der Weltproduktion der letzten fünf Jahre vorgenommen. Hierin liegt der verhältnismäßig hohe Energieanteil begründet. So macht der Gesamtanteil der Rohstoffe aus den Branchen Edelmetalle und Industriemetalle sowie Agrargüter und Lebendvieh weniger als 40 Prozent des Index aus. Beim S&P GSCI werden alle Terminkontrakte monatlich nach einem festgelegten Schema gerollt. Die Energie- und Industriemetallkontrakte werden zwischen dem fünften und neunten Geschäftstag rolliert.

Merkmale:

■ Fixe Gewichtung (Rebalancing: jährlich), fixer Rollmechanismus (Rollfrequenz: monatlich)

■ Anzahl der Rohstoffe: 24 Rohstoffe aus den Sektoren Energie, Edelmetalle, Industriemetalle, Landwirtschaft und Lebendvieh (Abbildung 6)

■ Übergewichtung des Energiesektors (aktuell über 60 Prozent)

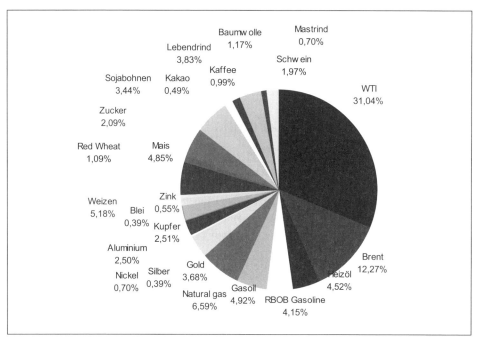

Abbildung 6:   *Rohstoffanteile im S&P GSCI*

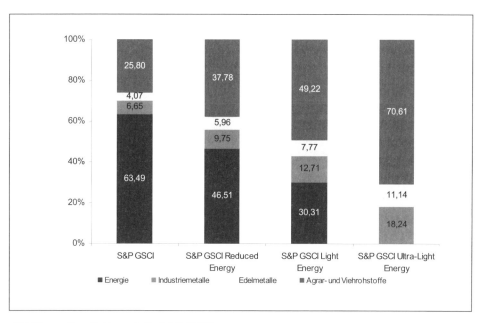

Abbildung 7:   *Sektoranteile S&P GSCI*

Neben S&P GSCI wurden unter anderem die deutlich weniger energielastigen Subindizes S&P GSCI Reduced Energy, S&P GSCI Light Energy und S&P GSCI Ultra Light Energy eingeführt. Abbildung 7 zeigt die unterschiedliche Sektorgewichtung innerhalb der S&P GSCI Indexfamilie.

3.2   Dow Jones-AIG Commodity Index (DJ-AIGCI)

Der Dow Jones-AIG Commodity Index wurde im Juli 1998 eingeführt, wobei die historische Rückrechnung im Januar 1991 beginnt. Der Index ist in 19 Rohstoffe aus den Sektoren Energie, Edelmetalle und Industriemetalle sowie Agrar- und Viehrohstoffe investiert. Der Anteil jeder Komponente wird durch die Faktoren Liquidität und Weltproduktion bestimmt, wobei der Faktor Liquidität dominiert.

Der Dow Jones-AIGCI basiert auf zwei wichtigen Regeln, die eine breite Streuung und eine ausgewogene Gewichtung garantieren sollen: Erstens darf kein einzelner Rohstoff weniger als zwei Prozent oder mehr als 15 Prozent des Gesamtindex ausmachen. Zweitens ist für jeden Sektor der maximale Prozentanteil zur Zeit des jährlichen Rebalancing auf 33 Prozent festgelegt. Der DJ-AIGCI wird immer im Januar neu gewichtet (Rebalancing), wobei die jährlichen Anteile sechs Monate vorher, das heißt im Juni, von AIGI unter Aufsicht des sogenannten Oversight Committees bestimmt werden. In diesem Aufsichtsgremium sitzen AIGI-Angestellte, Finanzmarktteilnehmer und Wissenschaftler.

Der DJ-AIGCI wendet wie beispielsweise auch der S&P GSCI und der DBLCI einen fixen Rollmechanismus an. Dabei werden die Energiefutures jeden zweiten (ungeraden) Monat rolliert, und zwar zwischen dem fünften und neunten Geschäftstag. Die Edelmetallkontrakte werden jeden ungeraden Monat (Silber) bzw. jeden geraden Monat (Gold) rolliert. Industriemetallkontrakte werden fünf- bis sechsmal und die landwirtschaftlichen vier- bis fünfmal pro Jahr rolliert.

Merkmale:

■ Fixe Gewichtung (Rebalancing: jährlich), fixer Rollmechanismus (Rollfrequenz: kontraktspezifisch)

■ Anzahl der Rohstoffe: 19 Rohstoffe aus den Sektoren Energie, Edelmetalle, Industriemetalle, Landwirtschaft und Lebendvieh (Abbildung 8)

■ Besonderheit: kein einzelner Rohstoff darf einen Anteil von unter zwei Prozent und mehr als 15 Prozent haben

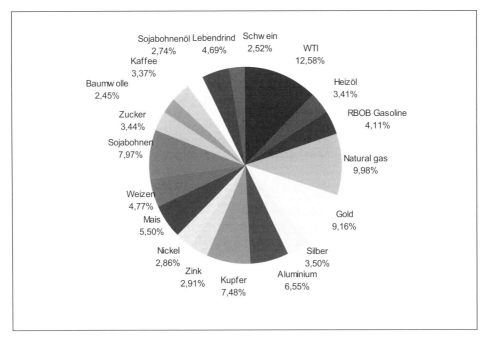

Abbildung 8: *Rohstoffanteile im DJ AIGCI*

3.3 Reuters-Jefferies CRB (RJ/CRB)

Mit seiner Markteinführung 1957 gehört der CRB-Index zu den ältesten Rohstoffindizes am Markt. Anfangs erfasste der Index lediglich die Spotpreise der enthaltenen Rohstoffe. Im Jahr 2001 änderte der Index seinen Namen in Reuters CRB Index und vier Jahre später wiederum in Reuters-Jefferies/CRB Index. Ursprünglich beinhaltete der Index 28 Rohstoffe aus allen Sektoren des Rohstoffmarktes. Illiquide Rohstoffe wurden im Zeitablauf aus dem Index entfernt und teilweise durch liquidere Rohstoffe ersetzt. Zurzeit besteht der Index aus 19 Rohstoff-Futures und bis 2005 wiesen alle Indexkomponenten die gleiche Gewichtung auf.

Seit seiner Einführung hat der CRB-Index zehn Revisionen erfahren. Bei seiner zehnten und letzten Revision im Jahre 2005 wurde der Index in Reuters-Jefferies CRB Index (RJ/CRB) umbenannt. Zu den anderen wichtigen Änderungen des Jahres 2005 gehörte die arithmetische Durchschnittsbildung, monatliches Rebalancing und die Implementierung eines Rollmechanismus, der immer in den nächstfälligen Futureskontrakt (»nearby future«) rollt. Beim RJ/CRB wird jeder Rohstoff über einen Zeitraum von vier Tagen rolliert, und zwar vom ersten Geschäftstag bis zum vierten Geschäftstag im Monat. Mit dem monatlichen Rebalancing sollen Stabilität und Konsistenz der Indexanteile erhalten werden.

Merkmale:

- Fixe Gewichtung (Rebalancing: jährlich), fixer Rollmechanismus (Rollfrequenz: kontrakt-spezifisch)

- Anzahl der Rohstoffe: 19 Rohstoffe aus den Sektoren Energie, Edelmetalle, Industrieme-talle, Landwirtschaft und Lebendvieh (Abbildung 9)

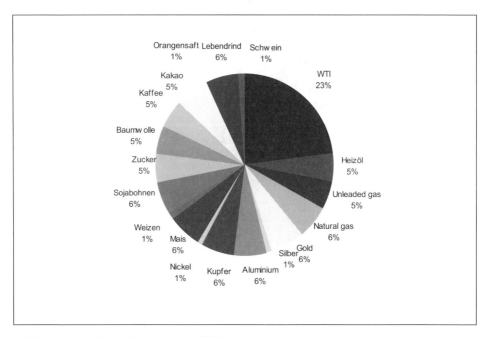

Abbildung 9:   *Rohstoffanteile im RJ/CRB*

3.4   Deutsche Bank Liquid Commodity Index MR (DBLCI MR)

Der Deutsche Bank Liquid Commodity Index (DBLCI) wurde im Februar 2003 eingeführt. Er bildet die Performance von sechs Rohstoffen aus den Sektoren Energie, Edelmetalle, In-dustriemetalle und Getreide nach. Die ausgewählten Rohstoffterminkontrakte repräsentieren jeweils die liquidesten Kontrakte innerhalb des jeweiligen Sektors. Im DBLCI hat jeder der sechs Rohstoffe eine konstante Basisgewichtung, an die der Index einmal im Jahr in der ersten Novemberwoche angepasst wird. Aufgrund von Preisbewegungen der zugrunde lie-genden Rohwarenfutures fluktuieren die Anteile im Jahresverlauf. Somit entspricht der Index unterjährig nicht immer der Basisgewichtung.

Energiekontrakte werden monatlich gerollt, alle anderen Terminkontrakte hingegen jährlich. Diese Art des Rollmechanismus wurde vorgenommen, da Energiekurven historisch eine Tendenz zur Backwardation zeigten, während die Terminkurven der Metalle und Agrargüter zum Contango tendierten. Rolliert werden Terminkontrakte zwischen dem zweiten und sechsten Geschäftstag des entsprechenden Monats.

Als potenzielles Risiko eines Rohstoffindex mit nur wenigen Komponenten wird oft die erhöhte Volatilität angeführt. Theoretisch sollte eine größere Zahl von Rohstoffen in einem Index eine größere Streuung bieten und dadurch die Volatilität des gesamten Rohstoffkorbes mindern. Allerdings führt ab einem bestimmten Punkt die Hinzufügung weiterer Rohstoffe zum Index nicht mehr zu einer signifikanten Abnahme der Volatilität (siehe Abbildung 10).

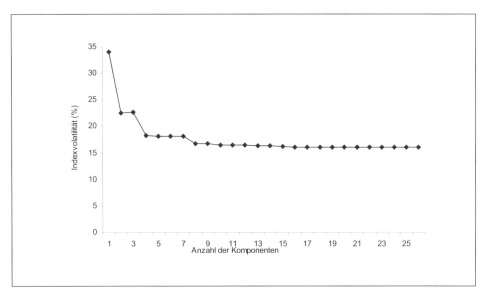

Abbildung 10: *Volatilität und Anzahl der Rohstoffe*

Abbildung 10 verdeutlicht: Der stärkste Diversifikationseffekt wird bereits bei einer Beimischung von nur einer zusätzlichen Komponente erreicht. Ab einer Anzahl von ca. vier Futures pendelt sich die Volatilität auf ein Niveau zwischen 15 und 20 Prozent ein.

Während der DBLCI seine Grundgewichtung beibehält bzw. die Bestandteile einmal jährlich an die Basisgewichtung anpasst, ändert der DBLCI Mean Reversion (DBLCI MR) kontinuierlich und regelbasiert die Gewichtung, wenn es bei einem der Rohstoffe zu einem sogenannten »trigger event« kommt. Dies ist dann der Fall, wenn sich der gleitende Einjahres-Durchschnittspreis des Rohstoffs um ein Ganzes-Vielfaches von fünf Prozent vom gleitenden Fünfjahres-Durchschnittspreis entfernt hat. In diesem Fall werden die Anteile aller Rohstoffe regelbasiert neu adjustiert: Der Anteil der relativ »teuren« Rohstoffe reduziert sich zugunsten des Anteils der »billigen« Rohstoffe.

Merkmale:

- Dynamische Gewichtung (kein Rebalancing), fixer Rollmechanismus (Rollfrequenz: kontraktspezifisch)

- Anzahl der Rohstoffe: 6 Rohstoffe aus den Sektoren Energie, Edelmetalle, Industriemetalle und Landwirtschaft (Abbildung 11)

- Besonderheit: verhältnismäßig geringe Rohstoffanzahl und dynamische Gewichtung

Abbildung 11 zeigt die aktuelle Sektorgewichtung des DBLCI MR (Stand: 3. Februar 2009) und Abbildung 12 verdeutlicht die historische Veränderung dieser Sektorgewichtung.

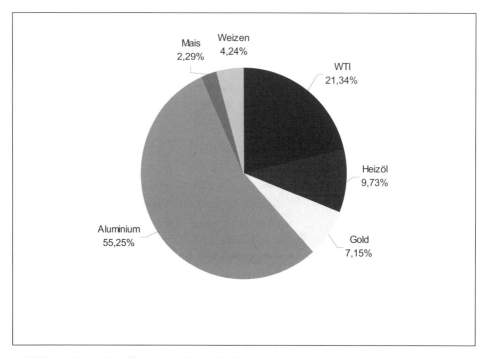

Abbildung 11: *Rohstoffanteile im DBLCI MR*

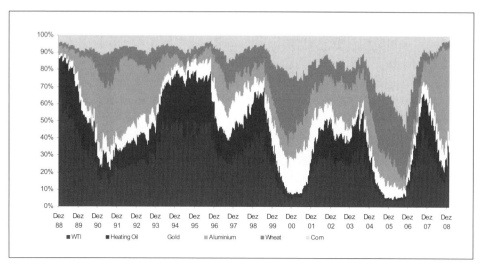

Abbildung 12: *Historische Gewichtung*

3.5 Deutsche Bank Liquid Commodity Index Optimum Yield (DBLCI-OY)

Im Mai 2006 führte die Deutsche Bank eine neue Gruppe von Rohstoffindexprodukten ein, die sogenannten Deutsche Bank Liquid Commodity Indizes Optimum Yield (DBLCI-OY). Anders als bei allen zuvor genannten Indizes trägt die Optimum Yield Technologie der dynamischen Natur von Rohstoffterminkurven Rechnung. Die Idee bei der Entwicklung bestand darin, die sich im Zeitablauf ändernden Rohstoffterminkurven auszunutzen und die Kontrakte im Index nach Rollertragsgesichtspunkten und nicht nach einem fixen Mechanismus zu rollen. Die DBLCI-OY-Indizes wählen dabei denjenigen Kontrakt aus den zum Kaufzeitpunkt folgenden 13 Monaten, mit dem entweder der Rollertrag bei Kurven in Backwardation maximiert, oder der Rollverlust bei Märkten im Contango minimiert werden kann.

Abbildung 13 macht die Signifikanz der Rollrendite anhand eines Vergleichs der Total Returns der einzelnen DBLCI-Komponenten aus 2006 deutlich. In diesem Jahr notierten die Terminpreiskurven der beiden Energierohstoffe WTI und Heizöl in Contango. Der DBLCI hat mit dem fixen Rollmechanismus deutlich negative Total Returns für diese beiden Rohstoffe produziert, während der optimierte Rollmechanismus des DBLCI OY sogar leicht positive Renditen erzielen konnte. Für die Gesamtindexperformance im Jahr 2006 ergibt sich für beide Indizes ein Unterschied von mehr als acht Prozent (DBLCI: +8,12 Prozent; DBLCI OY: +16,96 Prozent).

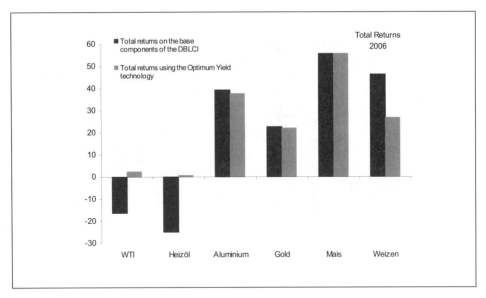

Abbildung 13: *Rendite der Einzelkomponenten des DBLCI & DBLCI OY in 2006*

Merkmale:

- Fixe Gewichtung (Rebalancing: jährlich), dynamischer Rollmechanismus (Rollfrequenz abhängig von maximaler Rollrendite)

- Anzahl der Rohstoffe: sechs Rohstoffe aus den Sektoren Energie, Edelmetalle, Industriemetalle und Landwirtschaft (Abbildung 13)

- Besonderheit: verhältnismäßig geringe Rohstoffanzahl und dynamischer Rollmechanismus; Ziel: Optimierung der Rollrendite

Literatur

COMMODITY RESEARCH BUREAU (2008): Reuters-CRB® Index (CCI): Current Construction and Calculation, http://www.crbtrader.com/ crbindex/futures_current.asp (Zugriff: 21.01.2009)

DEUTSCHE BANK, GLOBAL MARKETS RESEARCH: Deutsche Bank Leitfaden für Rohstoffindizes, London 2007

DEUTSCHE BANK, GLOBAL MARKETS RESEARCH: Ein Leitfaden für Rohstoffanleger, London 2006

DOW JONES-AIG HOMEPAGE (2009): Dow Jones-AIG Commodity Indexes; http://www.djindexes.com/mdsidx/downloads/xlspages/aigci/change_file_DJAIG.xls (Zugriff: 03.02.2009)

GEMAN, H. (2005): Commodities and Commodity Derivatives; Modeling and Pricing for Agriculturals, Metals and Energy, Chichester: John Wiley & Sons Ltd.

GORTON, G., GEERT ROUWENHORST, K.: Facts and Fantasies about Commodity Futures, Yale ICF Working Paper

STANDARD & POOR´S HOMPAGE (2009): S&P GSCI – Components, Dollar Weights and Index Values; http://www2.standardandpoors.com/portal/site/sp/en/us/age.opic/indices_gsci/2,3,4,0,0,0,0,0,0,1,3,0,0,0,0,0.html (Zugriff: 03.02.2009)

Der europäische Energiemarkt

Jan von Drathen

1. Einleitung

Alle Welt spricht vom Jahrzehnt der Rohstoffe. Ein besonderes Augenmerk gilt dabei den Energierohstoffen, da sie für die wirtschaftliche Entwicklung entscheidend sind. Oft haben sie auch einen wesentlichen Einfluss auf die Marktpreise anderer Rohstoffe.

Die Wirtschaft entwickelt sich in Zyklen, die nur schwer vorherbestimmt werden können. Wahrscheinlich ist es unmöglich, eine zukunftsorientierte gesamtwirtschaftliche Analyse über Boom und Baisse zu machen. Deswegen ist es erfolgversprechender, die Zusammenhänge zwischen starkem und weniger starkem Wachstum in einem Industriezweig zu erklären.

In diesem Fall erkennt man im Energiemarkt ein starkes Nachfragewachstum. Dies führt zu erhöhten Preisen, weil die Nachfrage nicht durch das derzeitige Angebot gedeckt werden kann. Hierbei sind die Investitionsgüter der Engpassfaktor, was eine kurzfristige Befriedigung der Nachfrage behindert; folglich muss investiert werden. Im Energiemarkt ist der Investor sehr vorsichtig und prüft die Risiken weitreichend, da die Investitionen langfristig sind und das Investitionsvolumen für einzelne Projekte überdurchschnittlich ist.

Das hat zur Folge, dass ein Investor eine gewisse Sicherheit benötigt. Demgemäß wartet er ab, bis die Preise hoch genug sind, damit seine Erträge gesichert sind. Da jeder Investor in diesem Schema denkt, geht jeder mit seinen Projekten zeitgleich an den Start. Als Ergebnis gibt es Zyklen, bei denen sich Über- und Unterversorgung abwechseln.

Aufgrund der langen Zyklen gibt es bei den Entscheidungsträgern nicht notwendigerweise eine Lernkurve, weil die meisten nur eine Periode von Boom und Baisse in entsprechender Funktion erleben. Des Weiteren ändern sich die Einflussfaktoren, und ein Boom kann selten mit einem vorhergehenden verglichen werden. Jeder Boom scheint ein Ende zu haben, wie es derzeit wohl zu beobachten ist.

1.1   Grundlegendes Schema eines Rohstoffmarktes

Entscheidend für Rohstoffmärkte ist der sehr enge Bezug zur physikalischen Verfügbarkeit. In vielen Märkten ist diese Beziehung durch einen ausgeprägten finanziellen Handel kaum spürbar, jedoch hat sie immer einen Einfluss auf die Preisbildung. Im Wesentlichen können wir vier Schritte unterscheiden.

1. **Exploration**: Rohstoffe werden gefördert oder produziert.

2. **Transport**: Rohstoffe werden aus dem Fördergebiet in das Verbrauchsgebiet transportiert.

3. **Verteilung**: Rohstoffe werden aus dem Verbrauchsgebiet in Richtung Endkunden verteilt.

4. **Verbrauch**: Rohstoffe werden genutzt.

	Öl	Kohle	Gas	Strom	CO_2
Exploration	Ölfeld	Mine	Gasfeld	Kraftwerk	Allokation
Transport	Pipeline/Schiff	Schiff/Zug	Pipeline/Schiff	Netz	–
Verteilung	LKW	Eisenbahn	Verteilnetz	Verteilnetz	–
Verbrauch	Verkehr	Kraftwerk	Haushalte Industrie	Haushalte Industrie	Emissionen

1.2   Grenzkostenkurve

Die Exploration von Rohstoffen erfolgt typischerweise zu unterschiedlichen Kosten. Daher ist die Exploration nur bei den Quellen wirtschaftlich, die günstiger als der Marktpreis sind. Neue Explorationsmöglichkeiten werden nur dann erschlossen, wenn ein nachhaltig hoher Marktpreis erwartet wird.

So kann Öl in Saudi-Arabien wesentlich günstiger gefördert werden als in der Nordsee. Hingegen sind Ölsande in Kanada erst bei Rohölpreisen von etwa 50 USD/bbl wirtschaftlich.

Zur Einschätzung der Marktpreise ist es unumgänglich, sich ein Bild zu machen, zu welchen Kosten neue Förderung erschlossen und neue Anlagen gebaut werden können. Liegen die Kosten oberhalb der aktuellen Marktpreise, ist eine Erweiterung des Kapazitätsausbaus ökonomisch nicht rational – es wird zu keiner Entlastung aufgrund steigenden Angebots kommen. Ebenso verhält es sich umgekehrt: Sind die Marktpreise hoch und werden nachhaltig hoch bleiben, rentieren sich Zu- und Ausbau – das Angebot erhöht sich und die Marktpreise werden sinken. Zu beachten ist: Zu- und Ausbau erfordern Zeit, sodass der Markt nur sehr träge reagieren wird. Kapazitätsausbau umfasst aus Angebotssicht die ersten drei der oben genannten Bereiche: Exploration, Transport und Verteilung. Die Erschließung eines Ölfeldes garantiert noch nicht die Verfügbarkeit des Rohöls an einer Raffinerie.

1.3 Marktplätze und Preismechanismus

Im Vergleich zu den Finanzmärkten sind zuletzt die Energiemärkte weltweit liberalisiert worden. Die Preisfindung über einen angebots- und nachfrage- gesteuerten Marktplatz hat sich noch nicht in allen Regionen der Welt durchgesetzt. Ebenso ist der Entwicklungsstand eines effizienten Marktes in den Regionen und einzelnen Ländern immer noch sehr unterschiedlich. Die Preismechanismen reichen vom Monopolansatz Cost-Plus-Fee hin zum effizienten Markt, wo das gesamte Produktions- und Kosumvolumen mittels eines Marktes den Besitzer wechselt.

Diese Liberalisierung wurde in Europa durch die EU-Behörden vorangetrieben. Zielsetzung hierbei war eine effiziente Energiebeschaffung und Stromerzeugung für ganz Europa. Dadurch sollte die europäische Volkswirtschaft mit günstiger Energie im Weltmarktvergleich ausgestattet werden.

1.3.1 Stufen der Liberalisierung.

1. Ausgangslage: Intransparenz über Angebot und Nachfrage in einem Versorgungsgebiet. Es gibt nur begrenzte Transportkapazitäten auch zu anderen Versorgungsgebieten, ausreichende Erzeugungskapazitäten sind notwendig, um auch Nachfragespitzen bedienen zu können. Diese suboptimale Ausnutzung der vorhandenen Erzeugungskapazitäten führt im Allgemeinen zu Überkapazitäten.

2. Zusammenlegung von Versorgungsgebieten erlaubt verbesserte Ausnutzung von Engpässen. Pool-Märkte entstehen, wo auf Cost-Plus-Fee-Basis freie Mengen ausgetauscht werden.

3. Entstehung eines bilateralen OTC-Marktes (Over-The-Counter-Markt). Makler/Broker unterstützen bei gestiegenem Austauschvolumen für standardisierte Energie-Einheiten die Preisbildung.

4. Entstehung von Börsen: Die Börsen erleichtern den Marktzugang für neue Teilnehmer, aufgrund der Vereinfachung von Rahmenverträgen und der Kreditwürdigkeit, die nicht mehr gegenüber jedem einzelnen Handelspartner, sondern allein gegenüber der Börse abgeschlossen werden muss. Des Weiteren sollen Spekulanten mittels des finanziellen Handels Preisfluktuationen, die durch Erwartung über die zukünftige Verfügbarkeit entstehen, geringer halten.

5. Die Entstehung eines effizienten Marktes ist erreicht, wenn die gesamte Produktion und Nachfrage eines großen (europaweiten) Versorgungsgebietes durch diesen Markt fließt.

1.3.2   Verbindung physischer und finanzieller Markt- und Preismechanismen

Die Rohstoffmärkte werden durch die physische Verfügbarkeit getrieben, und die finanziellen Märkte sind durch ihre Berechtigung zur physischen Lieferung (exchange for physical EFP) eng an die physischen Märkte gekoppelt. Die physischen Märkte werden hauptsächlich über den OTC-Markt, die finanziellen Märkte durch die Börsen abgewickelt.

Der Rohstoffmarkt operiert mit verschiedenen Preismechanismen. Hierbei bedienen sich die Marktteilnehmer verschiedener Methoden, die in Abhängigkeit von der Liquidität eines Marktes stehen. Gibt es zum Beispiel keinen gehandelten Markt, wie es lange Zeit beim Gas der Fall war, hat man als Transferpreis für die Gaslieferungen einen Öl-Index (Rohöl oder Öl-Produkte) gewählt. Diese werden zum einen in liquiden Märkten gehandelt und stellen für viele eine natürliche Absicherung dar. Auf der Explorationsseite werden Öl und Gas in der Regel von den gleichen Gesellschaften gefördert. Auf der Nachfrageseite wurden Endkunden vor die Auswahl einer Gas- oder Heizölheizung gestellt. Daraus ergab sich die Koppelung des Gaspreises an den des Heizöls. Ein Ölpreis-Index war eine pragmatische Referenz, auf die sich Produzenten, Großhändler, Verteiler und Endkunden verständigt hatten.

Mit zunehmender Liquidität eines Marktes stellt man eine Entkoppelung vom vormals gewählten Index fest. Verbleibt man beim Beispiel des Gasmarktes in Europa, so sieht man, dass sich der National Balancing Point in UK (NBP) und der niederländische Title Transfer Facility (TTF) zu Beginn ihrer Entstehung sehr stark am Rohölpreis orientierten, was durch eine hohe Korrelation erkennbar wurde. Mit steigender Liquidität der beiden Gasmärkte verringerte sich auch die Korrelation zum Rohölpreis. Ist der Gasmarkt voll entwickelt, das heißt die Marktteilnehmer verständigen sich bei der Preisfindung auf den entsprechenden Marktpreis, stellt sich daraus folgend die Entkoppelung zu einem anderen Rohstoffpreis ein.

Generell werden gerne Preisindizes gewählt, weil diese für die Angebots- und Nachfrageseite als eine faire Lösung zur Preisfindung eingestuft werden. Dabei muss aber berücksichtigt werden, dass diese Indizes nur als Referenz verwendet werden und keinen Einfluss auf die tatsächlich gehandelten Mengen haben. Die dahinter- liegenden Mengen werden, wenn überhaupt, nur indirekt über nicht preisbeeinflussende andere Märkte gehandelt. Aufgrund der Preissignalwirkung zwischen diesen Märkten werden preisbeeinflussende Transaktionsentscheidungen getroffen, die dann eine Korrelation zwischen den Preisen aufzeigen.

Gute Beispiele für die Index-Absicherung sind die italienische Strompreisformel des Netzbetreibers GRTN (CT-Preisformel[1]), die niederländische GasTerra Formel oder der weltweit angesetzte Kohle-Index API. Für diesen Index bieten die Banken finanziell basierte Swaps an, die wiederum durch Öl- oder Kohle-Transaktionen abgesichert sind.

Erst mit zunehmender Marktliquidität eines Rohstoffmarktes kann von einer sinkenden Korrelation zu den anderen Referenzmärkten ausgegangen werden, da sich die Einflussfaktoren

---

1   Die CT-Preisformel wird vom Netzbetreiber GRTN berechnet und veröffentlicht. Die Formel basiert auf italienischen Importpreisen für Kohle, Öl und Gas.

dann direkt auf das Gleichgewicht zwischen Angebot und Nachfrage des jeweiligen Rohstoffes auswirken. In diesem Zusammenhang entwickelten sich die Preise in der Regel aus dem Zusammenhang der vertikalen Produktionskette. Abbildung 1 zeigt in vereinfachter Form die wesentlichen Zusammenhänge der Stromerzeugungskette.

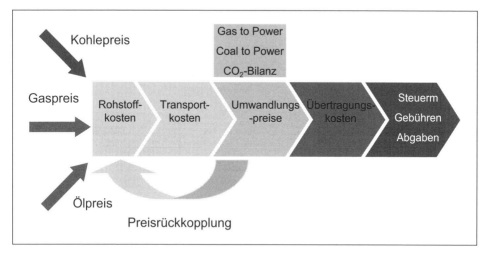

Abbildung 1: *Wesentliche Zusammenhänge der Stromerzeugungskette*

Die Preisbildung für Strom, basierend auf den Preisen für Energierohstoffe, wird dabei weiterhin für die Verträge in der langen Frist ihre Bedeutung beibehalten. Die Verträge mit einer kurzfristigen Lieferung, also Day-Ahead oder Week-Ahead, werden der Gesetzmäßigkeit aus kurzfristigem Angebot und Nachfrage folgen. Diese Preise werden dann auf den OTC und Börsenmärkten gebildet. Diese Spotpreise haben entlang der Forward-Curve (Zeitachse für den Liefertermin des Rohstoffes) eine Signalwirkung und korrelieren entsprechend miteinander.

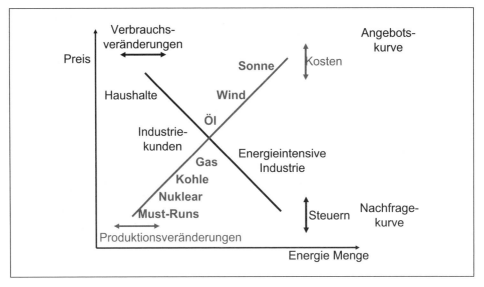

Quelle: Eigene Erstellung[2]
Abbildung 2:   *Angebot und Nachfragefunktion für Strom*

2.   Ölmarkt

Der Ölmarkt ist wertmäßig der größte Energiemarkt im Vergleich zu Gas und Kohle. Zusätzlich ist er auch der am weitesten entwickelte globale Markt, der eine große Liquidität mit relativ wenigen Preisunterschieden an den über die Welt verteilten Lieferpunkten aufzeigt.

Die stabilen Wachstumszahlen für Förderung und Verbrauch von durchschnittlich 1,6 Prozent über die letzten zehn Jahre zeigen, dass der Ölmarkt seine Wachstumsphase hinter sich und im Lebenszyklus die Reifephase erreicht hat. Die Ölreserven reichen noch 40 Jahre und damit weit weniger als Gas (63 Jahre) und Kohle (160 Jahre).

Trotzdem konnte in manchen Ländern wie Russland (+5,9 Prozent pro Jahr) und Kanada (+3,1 Prozent pro Jahr) die Förderung erhöht werden. Jedoch sind diese Zahlen vergleichsweise stabil im Vergleich zu den führenden Förderländern für Gas (Katar +26 Prozent, China +20 Prozent, Iran +17 Prozent) und Kohle (Indonesien +28 Prozent, Kolumbien +12 Prozent, China +7 Prozent pro Jahr).

---

2   Must-Runs: Müssen laufen: zum Beispiel Laufwasserkraftwerke, Windanlagen. Wind und Sonnenanlagen ohne Subventionen sind die teuersten und deswegen am oberen Ende der Angebotskurve.

Gleiches gilt für den Verbrauch, der am stärksten im Mittleren Osten (+3,3 Prozent pro Jahr), Asien (+2,8 Prozent pro Jahr) und Afrika (+2,3 Prozent pro Jahr) gestiegen ist. Diese Steigerungsraten entsprechen der für den weltweiten Gasverbrauch (+2,6 Prozent pro Jahr) und liegen unter den Raten für Kohle (+3,1 Prozent pro Jahr)[3].

Ein wesentlicher Grund, warum Öl nicht die gleiche Renaissance wie Kohle erfährt, liegt in der Verwendung des Rohstoffes. Im Wesentlichen wird Öl als Treibstoff für den Transport verwendet. Aufgrund der weitreichenden Infrastrukturverbesserung in Asien, die vornehmlich Elektrizität benötigt, wird Öl weniger berücksichtigt. Hierfür werden hauptsächlich Gas und Kohle verwendet. Zunehmender Wohlstand in Asien kann jedoch den breiten Wunsch nach Mobilität erhöhen und damit zu deutlich höherer Nachfrage führen.

2.1   Angebotsseite

Die weltweiten Ölreserven liegen zu zwei Dritteln im Mittleren Osten, wie in Tabelle 1 dargestellt. Relativ gleich verteilt befindet sich das letzte Drittel in Amerika, Europa und Afrika, während Asien lediglich eine untergeordnete Rolle spielt.

Aufgrund dieser Verteilung ist die Reichweite der Ölreserven dementsprechend unterschiedlich. In Nordamerika und Asien sind die Quellen in zwölf Jahren bzw. vierzehn Jahren voraussichtlich ausgeschöpft, während im Mittleren Osten noch knapp 80 Jahre gefördert werden kann. Insbesondere geht in den USA die Produktion um jährlich etwa zwei Prozent oder 70 Millionen Tonnen in den letzten zehn Jahren zurück. Dieser Rückgang wird ohne Schwierigkeiten von den arabischen Staaten kompensiert, deren Produktionssteigerung bei 2,2 Prozent jährlich liegt und über die letzten zehn Jahre 220 Millionen Tonnen war. Das entspricht etwa dem zweifachen Jahresverbrauch von Frankreich.

Wie Tabelle 1 zeigt, sind die Staaten des Mittleren Ostens auch die Hauptanbieter von Rohöl. Jedoch ist der Ausnutzungsgrad, dargestellt in Reichweite in Jahren, wesentlich geringer als in der restlichen Welt. Abhängig von den Förderkapazitäten, die ebenfalls ausreichend vorhanden sind, können diese Länder weitestgehend das Angebot durch entsprechende Produktionssteigerung erhöhen. Eine Steigerung der Produktion kann dabei auch durch neue Technologien auf bereits vorhandenen Ölfeldern geschehen.

---

[3]   Eigene Berechnungen auf Basis BP Statistical Review of World Energy, Juni 2007.

Region	Reserven in Mrd. Barrel	Anteil am Weltproduktion in Mrd. Barrel	Reichweite oder R/P	Anteil der Weltproduktion in Prozent
Nord Amerika	59,90	4,99	12,00	136,7%
Süd Amerika	103,50	2,51	41,20	68,8%
Europa	144,40	6,42	22,50	175,8%
Mittlerer Osten	742,70	9,34	79,50	255,9%
Afrika	117,20	3,65	32,10	100,0%
Asia-Pazifik	40,50	2,89	14,00	79,2%
Weltweit	**1208,20**	**29,81**	**40,53**	

Quelle: Berechnungen auf Basis BP Statistical Review of World Energy, Juni 2007[4]
Tabelle 1:   *Ölreserven, Förderung, Reichweite und Produktionsanteil*

Die kürzlichen Funde insbesondere vor der brasilianischen Küste haben keinen wesentlichen Einfluss auf die Veränderung der Rangliste unter den Top-Ölländern[5].

2.2   Nachfrageseite

Öl ist ein grundlegender Bestandteil für Industrienationen. Geografisch sind die entwickelten Staaten in Nordamerika und Europa angesiedelt. Zusätzlich gewinnen die asiatischen Staaten immer mehr an Wirtschaftskraft. Das führt letztlich auch zu einem erhöhten Verbrauch an Öl. So ist der asiatische Ölverbrauch 1997 zum ersten Mal größer als der europäische gewesen. In den Jahren 1997 bis 2000 waren die Verbrauchszahlen annähernd gleich. Ab dem Jahr 2000 lagen die asiatischen Verbrauchszahlen deutlich über den europäischen und haben damit einen festen zweiten Platz nach den USA eingenommen. Die Nachfrage aus Asien ist stetig, während die in Europa in gleichem Maße fällt, wie die Verbrauchszahlen auch in 2007 bestätigt haben. Dagegen sind die aus Amerika weiterhin konstant, und eine Absenkung des Verbrauchs kann wohl erst mit nachhaltig höheren Benzinpreisen kommen.

---

4   Die Veränderung der Reserven ist von 2006 auf 2007 um 0,1 Prozent gesunken. Die Statistik zu den Öl-Reserven zeigt eine stabile Entwicklung, sodass die wesentliche Aussage auch noch über weitere Jahre Anwendung findet (vgl. Statistical Review of World Energy, Juni 2007 und Juni 2008).

5   Vergleich Entwicklung der Reserven über das Jahr 2006 und 2007. Statistical Review of World Energy, Juni 2007 und Juni 2008.

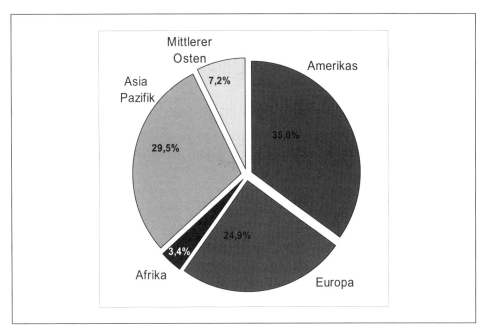

Quelle: Berechnungen auf Basis BP Statistical Review of World Energy, Juni 2007
Abbildung 3: *Überblick des weltweiten Ölverbrauchs*

Betrachtet man die Verbrauchszahlen auf Länderebene, so ergibt sich in den jeweiligen Ländern der fünf Regionen ein einheitliches Bild. Es gibt in jeder Region Länder mit eindeutigem Verbrauchswachstum, konstantem und fallendem Verbrauch. Hierbei wird die Regel bestätigt, dass Transformationsländer und die Länder, in denen Infrastrukturmaßnahmen initiiert worden sind, eine Verbrauchssteigerung erfahren. Namentlich sind dies China, Indien, Saudi-Arabien und Brasilien. Länder mit konstantem Verbrauch befinden sich in der Regel am Anfang einer Umbruchsphase, die hin zu einer stärkeren Sparsamkeit führt. Hierbei handelt es sich um Südkorea, Großbritannien, Vereinigte Arabische Emirate, Russland und Kanada. Letztlich gibt es noch die Länder mit fallendem Verbrauch, was im Zusammenhang mit Effizienzsteigerung des Ölverbrauchs oder Einsatz alternativer Energie steht. Diese Länder sind Japan, Deutschland, Italien und USA. Tabelle 2 zeigt hierbei die Größenordnung, die eine prozentuale Veränderung ausmachen kann. Insbesondere ist in den USA das Einsparpotenzial am größten, wenn man den Pro-Kopf-Verbrauch betrachtet, der das Zweieinhalbfache eines Deutschen beträgt. Jedoch ist in 2007 noch keine Trendwende eingetreten, dagegen sind die Verbrauchszahlen für Europa und insbesondere Deutschland erheblich gefallen.

2007	2006	Verbrauchs-veränderung 2007 zu 2006	Land	Verbrauch in Mio. Tonnen 2007	Anteil am weltweiten Verbrauch in Prozent
1	1	0,5%	USA	943,1	23,9%
2	2	5,2%	China	368,0	9,3%
3	3	-2,6%	Japan	228,9	5,8%
4	6	6,8%	Indien	128,5	3,3%
5	4	-2,0%	Russland	125,9	3,2%
6	5	-8,9%	Deutschland	112,5	2,8%
7	7	2,1%	Südkorea	107,6	2,7%
8	8	3,5%	Kanada	102,3	2,6%
9	10	7,2%	Saudi Arabien	99,3	2,5%
10	12	11,0%	Brasilien	96,5	2,4%
11	9	-1,6%	Frankreich	91,3	2,3%
12	11	2,7%	Mexiko	89,2	2,3%
13	13	-2,8%	Italien	83,3	2,1%
14	16	0,8%	Spanien	78,7	2,0%
15	14	-4,8%	Grossbritannien	78,2	2,0%
16	15	-2,9%	Iran	77,0	1,9%
		0,9%	Summe der Top 16	2810,2	71,1%
		1,6%	**Welt Verbrauch**	**3952,8**	

Quelle: Berechnungen auf Basis BP Statistical Review of World Energy, Juni 2007 und Juni 2008

Tabelle 2:   *Absoluter Verbrauch mit Anteil vom weltweiten Verbrauch*

Die größten Wachstumsraten sind aber im Mittleren Osten zu beobachten. Eine Erklärung dafür ist, dass die Öl produzierenden Länder in den letzten fünf Jahren mit der Industrialisierung begonnen haben. Im Einzelnen sind das Investitionsprogramme für die energieintensive Industrie, die langfristig diesen Staaten Erträge geben sollen, die nicht ausschließlich aus der Ölproduktion stammen. Diese Staaten bauen also, lange bevor die Quellen versiegen, an der Erhaltung ihrer Wirtschaftskraft.

Obwohl der Verbrauch in den afrikanischen Staaten überdurchschnittlich gestiegen ist, lässt sich hier kein eindeutiger Trend der wirtschaftlichen Planung und Entwicklung erkennen, die einem Land zugeordnet werden können. Nur im Falle Algeriens beobachtet man ein Wachstum von drei Prozent pro Jahr.

Am Beispiel Südamerikas kann man den Einfluss der Wirtschaftskrise erkennen. Das Moratorium Argentiniens in den Jahren 2001/2002 führte im Jahr 2003 zu einem Verbrauchstiefstand, der einen Effekt der wirtschaftlichen Kontraktion für ganz Südamerika hatte.

Ebenso ist durch die verbesserte wirtschaftliche Situation in Europa eine Expansion des Verbrauchs seit 2003 zu beobachten.

Obwohl die Abhängigkeit des BIP-Wachstums vom Ölpreis seit dem Ölschock in den 1970er-Jahren stark abgenommen hat, sehen wir immer noch eine positive Korrelation zwischen Wirtschaftswachstum und Ölverbrauch. Im globalen Ölmarkt werden Preissignale weltweit spürbar: Die Märkte sind eng gekoppelt. Eine hohe Nachfrage nach Öl in Asien und Südamerika hat Einfluss auf den europäischen und US-amerikanischen Markt. Für mittelfristig ausgerichtete Investoren bzw. für Energiebeschaffung auf einem längeren Zeithorizont ist daher eine Beobachtung der wirtschaftlichen Entwicklung in Industrie- und vermehrt auch in Schwellenländern unerlässlich.

2.3 Transport

Aufgrund der starken Konzentration der Erdölreserven im Nahen Osten hat der Transport für den Verbrauch eine wichtige Bedeutung. Aufgrund der weitreichenden und stetig verbesserten Infrastruktur für Erdöl und dessen Produkte konnten Skaleneffekte realisiert werden, die die Transportkosten zu einem weniger entscheidenden Faktor machen, wie es bei der noch weiter zu entwickelnden Gas- und Kohle-Transportinfrastruktur zu sehen ist.

Ein funktionierendes Transportsystem ist Grundvoraussetzung für einen großen, weltweit einheitlichen Markt. Eine kurzfristige Umverteilung von Ölmengen von einem Hochpreis- in ein Niedrigpreisgebiet resultiert in einem homogenen Preis. Engpässe im Transport zum Beispiel durch defekte Pipelines können im Normalfall rasch durch andere Belieferung ausgeglichen werden, sodass dadurch lediglich kurzfristige Preisspitzen hervorgerufen werden.

2.4 Marktplätze

Aufgrund des hohen Auslastungsgrades der Produktion sind die Rohölpreise weltweit ab dem Jahr 2002 stark gestiegen und haben sich gegenüber dem Preis von 1996 verfünffacht. Zu den Produktionskapazitäten zählen neben der Rohölförderung auch die Raffinerien, die das Rohöl in die verschiedenen Produkte wie Benzin, Diesel oder schweres Heizöl umwandeln.

Auf den wichtigsten Marktplätzen hat sich der Handel um die Rohölsorten Brent (Nordsee) und Western Texas Intermediate (WTI) etabliert. Beide Verträge werden auch finanziell zum Beispiel an der Intercontinental Exchange (ICE) und an der New York Mercantile Exchange (Nymex) gehandelt.

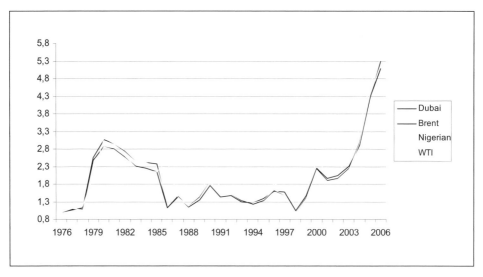

Quelle: Berechnungen auf Basis BP Statistical Review of World Energy, Juni 2007
Abbildung 4:   *Preisentwicklung der wichtigsten Handelsmärkte*

In Abbildung 4 wird ersichtlich, dass die parallel verlaufenden Preislinien auf eine hohe Korrelation auf gleichem Preisniveau deuten. In Tabelle 6 ist das homogene Preisniveau auch in starken Wachstumsjahren dargestellt und zeigt keine signifikanten Unterschiede. Abweichungen von weniger als acht Prozent können durch die Transportkosten und Qualitätsunterschiede erklärt werden.

	Dubai/ Brent	Brent/ Nigeria	Nigeria/ WTI	Brent/ WTI
1976-2000	92,4%	98,0%	100,1%	96,2%
2001-2006	92,3%	99,5%	95,6%	95,0%
1976-2006	92,4%	97,6%	101,1%	96,5%

Quelle: Berechnungen auf Basis BP Statistical Review of World Energy, Juni 2007
Tabelle 3:   *Preisunterschiede zwischen den wichtigsten Handelsmärkten*

Aufgrund der knapper werdenden Ölreserven werden sich auch die Handelsverträge an den verschiedenden Marktplätzen anpassen müssen. Zurzeit liegt der Einflussbereich der drei gehandelten Sorten für WTI in Nord- und Südamerika, für Brent in Südamerika, im Atlantikraum und dem Indischen Ozean bis Fernost sowie für Dubai in Australasien. Die Handelsverträge der Nymex, ICE und Dubai-Exchange werden sich aber der physich gelieferten Mengen anpassen müssen. So hat man zum Beispiel den ICE-Brent-Futures-Vertrag um die unterlegten Sorten Forties und Oseberg erweitert. In Abbildung 5 sind die ICE und Nymex gehandelten Mengen innerhalb des schwarzen Kreises markiert.

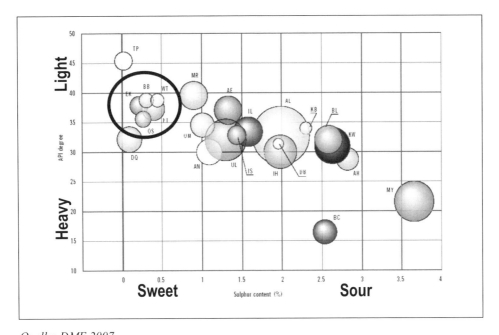

Quelle: DME 2007

Abbildung 5:   *Crude-Qualitäten und täglich produzierte Menge[6]*

Die gehandelten Ölsorten (WTI, Brent) werden als Referenz für die tatsächlich weltweit geförderten Mengen verwendet. Hierbei können die Qualitätsunterschiede für die Raffinerie mögliche Zusatzkosten bedeuten, die in der Regel in Form von Zuschlägen zu den gehandelten finanziellen Verträgen berücksichtigt werden müssten. Wird die finanziell gehandelte Referenzmenge an den Börsen nicht mehr im entsprechenden Verhältnis zu den physischen Mengen gefördert, dann kann die entsprechende Position nicht mehr gut abgesichert werden. Zusätzlich zur ICE und Nymex etabliert sich auch die Dubai Mercantile Exchange mit dem Futures-Vertrag für die Sorte Dubai und Oman, die eine bessere Qualitäts- und Mengenreferenz für die im Nahen Osten geförderten Ölqualitäten darstellt.

---

6   Abkürzungen für die Crude-Sorten aus Abbildung 9: AE: Arab extra light, AH: Arab heavy, AL: Arab light, AN: Alaskan north slope, BB: Brent blend, BC: BCF 17, BL: Basrah light, DB: Dubai, DQ: Daquing, EK: Ekofisk, FT: Forties, IH: Iran heavy, IL: Iran light, IS: Isthmus, KB: Kirkuk blend, KW: Kuwait, MR: Murban, MY: Maya, OM: Oman, OS: Oseberg, TP: Tapis, UL: Urals, WT: WTI.

2.5   Weiterverarbeitung zu Ölprodukten

Das Rohöl wird in Raffinerien mittels eines Destillationsverfahren zu Ölprodukten (Propangas, Benzin, Diesel, Schweröl oder Teer) weiterverarbeitet. Diese Raffinerien stellen einen
entscheidenden und auch preisbeeinflussenden Prozessschritt dar, da nur verarbeitete Produkte auf dem Markt gebraucht werden. Insofern kann die Verfügbarkeit der Raffinerien einen
Engpass in der Produktionskette darstellen, der sich auch auf die Preisbildung des Rohöl-
marktes auswirken kann. Abbildung 6 zeigt wie die verfügbaren Weiterverarbeitungskapazi-
täten ausgelastet waren. Es muss dabei berücksichtigt werden, dass Raffinerien ein hohes
Investitionsvolumen beanspruchen (etwa 15000 USD/bbl a day) und eine Vorlaufzeit von
etwa acht Jahren für Neubauten haben.

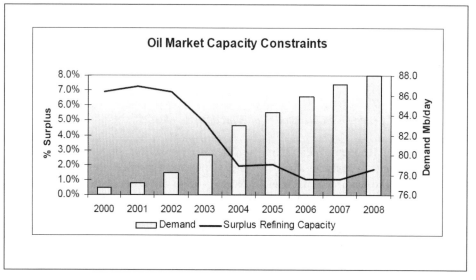

Quelle: EON 2007
Abbildung 6:   *Kapazitätsauslastung der Raffinarien und der Weltmarktnachfrage*

Mittels eines begrenzten Crude-Marktes und verschiedenen Engpassfaktoren kann die Markteinschätzung der Marktteilnehmer leicht zu erheblichen Preisausschlägen führen, die beim
Rohöl zu knapp 150 USD/bbl im Juli 2008 geführt hatten.

3.   Gasmarkt

Der Gasmarkt ist nach Öl und vor Kohle wertmäßig der zweitgrößte Energiemarkt der Welt. Gas hat sich über die letzten 20 Jahre in Europa als wesentliche Alternative zum Öl entwickelt. Mittelfristig wird Gas auch ein bedeutender Energieträger in den Transformationsländern werden. Zum einen machen die hohen Gasreserven diesen primären Energieträger mittelfristig zu einer Alternative zu Öl und Kohle. Zum anderen ist die gute Umweltverträglichkeit von Gas ein entscheidender Faktor für dessen Verwendung.

Gas wird hauptsächlich für die Erzeugung von Elektrizität und zur Wärmeerzeugung in Haushalten verwendet. Ebenso ist Gas ein bedeutender Energieträger in der Chemieindustrie (Raffinerien, Industriegas, Basis-Chemie) und Metallindustrie (Kupfer, Aluminium, Stahl).

Entscheidend für das Wachstum des Gasverbrauchs ist die Transportinfrastruktur von Ferngasleitungen und Verteilungsnetzen. Insbesondere konnte durch die Anbindung der europäischen Länder an die russischen Erdgasfelder sowie an die Nordseefelder das Gas nutzbar gemacht werden. Weil das Gas nur im Zusammenhang mit einer Infrastruktur nutzbar ist und diese zu Zeiten eines niedrigen Ölpreises verhältnismäßig teuer war, wurde bis in die 1980er-Jahre das Gas noch als Abfallprodukt der Ölproduktion im Mittleren Osten direkt an der Quelle verbrannt.

Man unterteilt den Gasmarkt in Flüssiggas und Pipelinegas. Innerhalb dieser beiden Gruppen gibt es weitere Unterschiede, die sich beim Flüssiggas durch Kompression[7] und chemische Zusammensetzungen[8] ergeben.

Abbildung 7 zeigt, wie sich der Weltmarkt für Gas in Flüssiggas und Pipelinegas unterteilt. So ist der nordeuropäische Markt durch Pipelinegas, der Asia-Pazifik-Markt durch Liquid Natural Gas (LNG) versorgt. Amerika und Südeuropa beziehen ihr Gas durch Pipelines und verschifftes LNG.

Das anhaltende Wirtschaftswachstum in Asien hat wie für Kohle und Öl zur Folge, dass LNG weiterhin Marktanteile (6,5 Prozent Verbrauchssteigerung) gewinnt. In 2006 lag das physisch gehandelte Volumen insgesamt bei knapp 750 Milliarden Kubikmeter, wovon 538 Milliarden Kubikmeter durch Pipelines flossen und 212 Milliarden Kubikmeter in LNG-Tankern transportiert wurden.

In Abbildung 7 ist die derzeitige Aufteilung der LNG-Handelsflüsse dargestellt. Dabei ist zu erkennen, dass LNG sich zunächst die direkten Wege sucht. Es ist also keine Marktpreisoptimierung zwischen pazifischem und atlantischem Markt zu erkennen. Vielmehr müssen die

---

7   Kompressionsunterschiede sind Liquid Natural Gas (1 Tonne LNG entspricht etwa 1.000 Kubikmeter Pipeline-Gas) und Compressed Natural Gas (CNG (120 bar) ist um das Zweifache gegenüber Pipeline- gas (60 bar) komprimiert).

8   Erdgas oder Natural Gas wird in hochkalorisches (H-Gas) und niederkalorisches Gas (L-Gas) unterschieden. Weitere Unterscheidungen sind Methan- (Erdgas) und Propangas.

hohen Kosten für Verflüssigung, Regasifizierung und Fracht minimiert werden, da LNG in Konkurrenz zum günstigeren Pipelinegas steht.

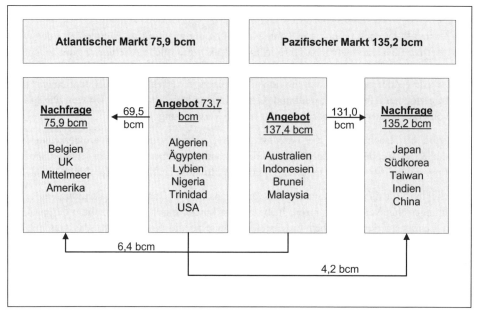

Quelle: Erstellung, basiert auf Cedigaz-Daten im BP Statistical Report World Energy
Abbildung 7:   *Vereinfachte Darstellung der Handelsströme von LNG*

Es ist notwendig, bei den Rohstoffen zwischen Reserven (180 Billarden Kubikmeter), jährlicher Förderung (2900 Milliarden Kubikmeter) und jährlichem Handelsvolumen (750 Milliarden Kubikmeter) zu unterscheiden. Dabei ist anzumerken, dass der größte Anteil des geförderten Gases im Binnenhandel vermarktet und nicht in das jährliche Handelsvolumen eingerechnet wird. Die höchste Förderung wird in Russland, Nordamerika und im Mittleren Osten erreicht, wo auch aufgrund der extremen Temperaturen der höchste Pro-Kopf-Verbrauch erreicht wird. Hierbei hat Russland den größten Anteil an der Jahrproduktion (Tabelle 5).

Aufgrund der historischen Abhängigkeit der Gas- von der Ölförderung sind die meisten bestehenden Gaslieferverträge an einen Ölpreis gebunden. Ebenso wurde die gleiche Preisfestsetzungsmethode (Anlehnung an das Heizöl) für den Endkundenmarkt (Down-Stream) angewendet. Erst kürzlich begann Gas durch Angebot und Nachfrage eine eigene Preisdynamik zu entwickeln, jedoch wird die Abkopplung vom Ölpreis wegen der langfristigen Verträge noch andauern.

Die Liquidität der Gasmärkte nimmt weiterhin zu und entwickelt sich mittels der weltweiten Transportfähigkeit durch LNG ebenfalls wie Öl und Kohle zu einem globalen Markt.

3.1   Angebotsseite

Die Gasreserven sind ausreichend, und unter der Annahme des heutigen Verbrauchs reichen diese für etwa weitere 60 Jahre (Öl 40 und Kohle 170 Jahre).

Durch die gestiegene Nachfrage aus Asien ist es auch zu einer Angebotsausweitung gekommen, deren Wachstum aber vornehmlich durch den Transportengpass bestimmt wird. So weiten die Russen durch Pipelineprojekte wie die North-Stream-Leitung von St. Petersburg nach Greifswald den Absatzmarkt aus. Katar und Iran werden ihre Gasförderkapazitäten mittels der Verflüssigung zu LNG und Verladestellen auf LNG-Tanker voll ausschöpfen.

LNG war in den 1970er-Jahren als Alternative betrachtet worden. Jedoch sind die Kosten der Verflüssigung erheblich, sodass während des niedrigeren Preisniveaus der 1980er- und 1990er-Jahre LNG-Entwicklungsprojekte nicht weiterverfolgt wurden. Erst als der Gaspreis nachhaltig die 15,00 EUR/MWh überschritten hatte, wurden nach 2003 die Projekte ernsthaft fortgeführt.

Die Preisentwicklung der Trading Hubs[9] in Nordamerika und UK sowie die Preise in Japan und Europa zeigen in Abbildung 8 die bedeutenden Preissteigerungen in den letzten drei Jahren.

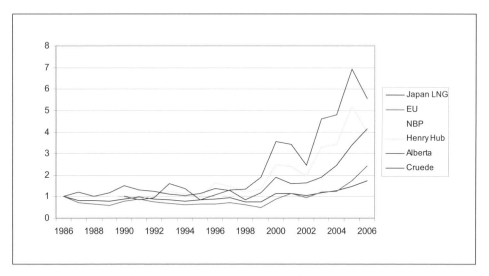

Quelle: Berechnung auf Basis BP Statistical Report World Energy, Juni 2007
Abbildung 8:   *Weltweiter Gaspreisvergleich in prozentualer Veränderung seit Bestehen des jeweiligen Preisindex*

---

9   Trading Hub ist ein Handelspunkt, wo im Rahmen des Handelsgeschäftes das Gas letztendlich physisch geliefert wird.

Aufgrund des nicht global ausgerichteten Gasmarktes gab es bis 2000, wie in Tabelle 4 aufgezeigt, in jeder Region signifikante Preisunterschiede. So war das Preisniveau in Japan am höchsten, gefolgt von EU und USA. In Kanada war der Preis wegen großer Produktion und eines geringen Absatzmarktes am günstigsten. In 2006 sind etwa 96 Prozent der kanadischen Produktion in die USA geflossen.

	Japan / EU	EU / USA	USA / Canada	Japan / Canada
1986-2000	140,4%	124,9%	159,6%	281,2%
2001-2006	105,8%	93,9%	118,7%	117,0%
1986-2006	130,5%	114,6%	145,2%	223,2%

Quelle: Berechnung auf Basis BP Statistical Report World Energy, Juni 2007
Tabelle 4:   *Die unterschiedlichen Preisniveaus in Asien, Europa und Amerika*

Das anhaltend höhere Preisniveau in Japan hatte daher schon in den 1980er-Jahren den LNG-Transport profitabel gemacht. Das führte dazu, dass Asien einen weit entwickelten LNG-Markt mit der nötigen Infrastruktur hat. Heute gehen 55 Prozent (116 Milliarden Kubikmeter) der LNG-transportierten Mengen nach Japan und Südkorea.

Erst mit dem gestiegenen Gaspreis wurde auch in Europa mehr LNG angelandet. Frankreich und Spanien halten dabei einen Weltmarkt-LNG-Importteil von 18 Prozent (38 Milliarden Kubikmeter, Rang zwei und drei). LNG gewann in den USA erst in den letzten Jahren mehr an Bedeutung und hält mit acht Prozent LNG-Importteil den vierten Rang.

Wie in Tabelle 4 gezeigt, sind die Preisunterschiede der Regionen bedeutend gesunken und liegen unter 20 Prozent. Hierbei ist anzumerken, dass Japan in 2006 etwa 20 Prozent unter dem europäischen Preisniveau lag und Europa weltweit die höchsten Preise hatte. Es ist damit zu rechnen, dass aufgrund des hohen Wirtschaftswachstums die Preise in Asien wieder anziehen werden, während sich die Preise in Europa aufgrund der erweiterten Pipelineinfrastruktur – insbesondere nach UK – entspannen werden.

Auf Länderebene zeigt sich Russland für Gas als der weltweit wichtigste Energielieferant, gefolgt von Iran und Katar. Die Rangfolge der Länder mit den großen Gasreserven und die der Länder mit der höchsten Förderung sind zum Teil sehr unterschiedlich. Hervor stechen dabei Kanada, Norwegen, Großbritannien und die Niederlande, die im Verhältnis zu ihren Reserven hohe Förderungen haben. Diese Länder befinden sich eher am Ende des Förderungslebenszyklus.

Land	Reserven in Bil. cm	Anteil am Weltproduktion in Mrd. cm	Reichweite oder R/P	Anteil der Weltproduktion in Prozent
Russland	47,65	612,10	77,85	1016,8%
Iran	28,13	105,00	267,90	174,4%
Qatar	25,36	49,50	512,32	82,2%
Saudi Arabien	7,07	73,70	95,93	122,4%
UAE	6,06	47,40	127,85	78,7%
USA	5,93	524,10	11,31	870,6%
Nigeria	5,21	28,20	184,75	46,8%
Algerien	4,50	84,50	53,25	140,4%
Venezuela	4,32	28,70	150,52	47,7%
Kazakhstan	3,00	23,90	125,52	39,7%
Norwegen	2,89	87,60	32,99	145,5%
Turkmenistan	2,86	62,20	45,98	103,3%
Indonesien	2,63	74,00	35,54	122,9%
Australien	2,61	38,90	67,10	64,6%
Malaysia	2,48	60,20	41,20	100,0%
Weltweit	181,46	2850,80	63,65	

Quelle: Berechnung auf Basis BP Statistical Report World Energy, Juni 2007
Tabelle 5: *Gasreserven, Förderung, Reichweite und Produktionsanteil*

Norwegen und die Niederlande können zwischen 20 und 30 Jahre, USA und Kanada etwa zehn und Großbritannien nur noch sechs Jahre bei der derzeitigen Förderquote produzieren. Dagegen stehen Länder wie Katar, Iran, Nigeria, Venezuela und Kasachstan noch am Anfang des Förderungslebenszyklus. Ihre Reichweite liegt bei über 500 Jahren im Fall von Katar. Hier sei angemerkt, dass Katar ein Moratorium zur Gaslieferung aufgelegt hat und die Produktion aus marktpolitischen Gründen nicht weiter vorantreibt. Der Iran hat eine Reichweite von knapp 270 Jahren. Aufgrund der politischen Position des Irans sind die Verhandlungsführungen langwierig und schwierig, was zu einer abgebremsten Projektentwicklung führt.

Die Interpretation des Förderverhaltens in den jeweiligen Ländern ist eine wichtige Analyse für die Vorhersage des Gaspreises. Hierbei sind kurzfristige Faktoren politischer und wirtschaftlicher Natur den langfristigen Entscheidungen gegenüberzustellen. Zum Beispiel ist die Motivation einer Aktiengesellschaft, so viel Gas wie möglich zu fördern, wichtig für die Pflege des Aktienpreises. Insofern wird dieser Marktteilnehmer für ausreichendes Angebot sorgen. Staatlich gelenkte Gesellschaften können dagegen – eher aus einer Motivation zur Versorgungssicherheit des eigenen Landes getrieben – die Produktion zurückhalten. Ebenso können politische Machtspiele, wie es in Russland und der Ukraine 2006[10] und 2009 gesche-

---

10 Die russische Gazprom und die ukrainische Regierung konnten sich bei den Preiswiederverhandlungen nicht auf ein neues Preisniveau einigen (Ukraine zahlte etwa 100 USD/1000 Kubikmeter und Gazprom forderte Weltmarktpreisniveau von 230 USD/1000 Kubikmeter). Zusätzlich gab es Spannungen zwischen der russischen Regierung und der der Ukraine, was letztlich dazu führte, dass Gazprom die Lieferung an die Ukraine einstellte. Aufgrund des kalten Winters wurde weiterhin Gas benötigt, und die Ukraine hat sich am Transitgas nach Deutschland bedient. Aufgrund der gefüllten Speicher kam es zu keinem Engpass in Deutschland. Jedoch sind in Erwartung eines längeren Ausfalls der russischen Lieferung die Preise an den europäischen Märkten kurzfristig signifikant gestiegen.

hen ist, dazu führen, dass das Angebot künstlich verkürzt wird und dadurch die Preise kurzfristig reagieren.

Langfristig geplante Projekte wie die Investitionstätigkeit für eine neue Pipeline oder die Erschließung eines neuen großen Erdgasfeldes haben wegen der unscharfen Eintrittswahrscheinlichkeit einen geringeren Einfluss auf den langfristigen Preis.

Für die Preisanalyse sind deswegen Verständnis für die Frist eines langfristig geplanten Projektes, die Werthaltigkeit und die Eintrittswahrscheinlichkeit von Bedeutung. Ein weiterer Faktor ist, inwieweit andere Marktteilnehmer auf die allgemein bekannten Informationen reagieren und mit ihrem Handeln wiederum den Preis beeinflussen. Dieser Faktor ist für die Händler der wichtigste.

3.2   Nachfrageseite

Die weltweit großen Verbraucher liegen historisch bedingt auf der atlantischen Seite, insbesondere Nordamerika und Russland haben den höchsten Pro-Kopf-Verbrauch. Eine generelle Aussage hierzu ist, dass jedes Land mit großen Reserven auch einen höheren Pro-Kopf-Verbrauch hat. Hierzu zählen hauptsächlich die Länder des Mittleren Ostens. In Asien dagegen ist bis auf das industrialisierte Japan und Südkorea der Pro-Kopf-Verbrauch noch sehr gering. Abbildung 9 zeigt hierzu die genauere Verteilung, die der Abhängigkeit der jeweiligen Ressourcen im Lande und den extremen klimatischen Verhältnissen unterliegt. Länder mit hohen Ressourcen haben tendenziell einen höheren Industrieverbrauch. Wenn diese Länder zusätzlich noch extremen Temperaturen ausgesetzt sind, ist der Haushaltsverbrauch entsprechend höher.

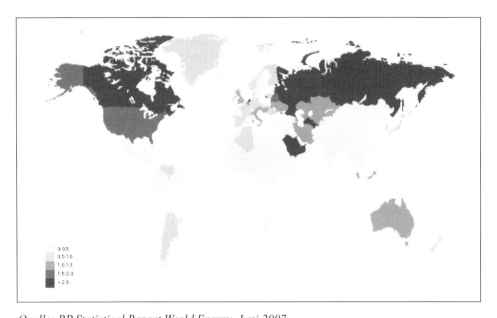

Quelle: BP Statistical Report World Energy, Juni 2007
Abbildung 9: *Weltweiter Pro-Kopf-Verbrauch, aufgeteilt nach Ländern in Tonnen Ölvergleichseinheiten[11]*

Stellt man Einwohnerzahl und Pro-Kopf-Verbrauch in Zusammenhang, ergibt sich, dass knapp 72 Prozent des weltweiten Gasverbrauchs in den Industrieländern liegen. Der Trend ist jedoch abnehmend. So verloren Amerika (1986: 37,4 Prozent) und Europa (1986: 43,3 Prozent) über die letzten zehn Jahre knapp sechs Prozent und drei Prozent, die von Asien (1986: 10,5 Prozent) und dem Mittleren Osten (1986: 6,7 Prozent) aufgeholt worden sind. Hinter diesem veränderten Verbrauchsverhalten steht vornehmlich der Grundsatz der Optimierung der Ressourcen. Das heißt zum einen, dass die Energiekosten in Amerika und Europa so stark gestiegen sind, dass deswegen die energieintensiven Industrien in den Mittleren Osten abwandern. Zum anderen werden mehr Güter in Asien hergestellt, die ebenfalls den Energiebedarf der nicht energieintensiven Industrien reduzieren.

Mittels einer Verbrauchsanalyse für die jeweiligen Länder können Rückschlüsse auf die Preisentwicklung in den verbundenen Gasnetzen gezogen werden. Die langfristigen Preise werden verstärkt globale Faktoren berücksichtigen, jedoch werden kurzfristig die Preise der physikalisch vorhandenen Gasmengen als Basis für einen Gleichgewichtspreis zwischen Angebot und Nachfrage zugrunde gelegt.

---

11 Eine Tonne Ölvergleichseinheit oder oil equivalent entspricht etwa 900 Kubikmeter oder 9000 kWh Erdgas. Ein durchschnittliches deutsches Vierpersonen-Reihenhaus verbraucht 2500 Kubikmeter Erdgas im Jahr.

Des Weiteren gibt die Größe eines Verbrauchers Aufschluss darüber, wie gut sich ein Handelsmarkt in dem jeweiligen Land entwickeln kann oder bereits vorhanden ist. Beispielsweise zeigt Tabelle 6 die USA als den größten Verbraucher. Der US-amerikanische Henry Hub ist bisher der Handelspunkt mit der größten Liquidität für Gas. In Europa entwickelt sich gerade der nordwesteuropäische Handelsmarkt, der den liquiden UK National Balancing Point (NBP), den belgischen Zeebrugge Hub, die niederländischen Title Transfer Facility (TTF) und die deutschen virtuellen Handelspunkte von E.ON Gastransport (EGT) und BEB umfasst. Allein diese vier Länder hatten einen Verbrauch von 233 bcm im Jahr 2006. Sollten sich noch die direkten und indirekten EU-Anrainerstaaten Südeuropas (Frankreich, Italien und Spanien) sowie Polen diesem Markt anschließen, dann würde der EU-Markt auf 400 bcm anwachsen.

Land	Verbrauch in bcm	Anteil am weltweiten Verbrauch in Prozent
USA	619,70	21,7%
Russland	432,10	15,2%
Iran	105,10	3,7%
Canada	96,60	3,4%
United Kingdom	90,80	3,2%
Deutschland	87,20	3,1%
Japan	84,60	3,0%
Italien	77,10	2,7%
Saudi Arabien	73,70	2,6%
Ukraine	66,40	2,3%
China	55,60	2,0%
Mexiko	54,10	1,9%
Frankreich	45,20	1,6%
Uzbekistan	43,20	1,5%
Argentinien	41,80	1,5%
Weltweiter Verbrauch	2.850,80	

Quelle: Berechnung auf Basis BP Statistical Report World Energy, Juni 2007
Tabelle 6:   *Die größten Verbraucher 2006 (repräsentativ für 70 Prozent des weltweiten Verbrauchs)*

Die asiatischen Länder haben bisher noch nicht die amerikanischen und europäischen Verbrauchszahlen erreicht. Jedoch liegen diese bereits im Mittelfeld und zeigen ein beachtliches Wachstum.

3.3   Transport und Gashandelsmärkte

Durch LNG wächst der Gasmarkt zu einem globalen Markt heran, jedoch gibt es durch die lokalen und regionalen Gasnetze Angebots- und Nachfrageverschiebungen, die zu unterschiedlichen kurzfristigen Preisentwicklungen führen können. Die Konvergenz der lokalen zu regionalen Märkten wird anhand des nordwesteuropäischen Marktes veranschaulicht.

Diese Evolution ist abhängig von dem Transport zwischen den Gebieten mit unterschiedlichen Preisen. Eine schlechte Transportinfrastruktur führt dazu, dass es lokal leichter zu großen Preisschwankungen kommen kann, weil ein großer Markt leichter Marktungleichgewichte abfedern kann. Man nennt dies auch Portfolioeffekt: Wenn ein Marktteilnehmer Bedarf und ein anderer zu viel hat, gleichen sich beide aus. Je größer der Markt ist, desto wahrscheinlicher ist ein vollständiger Ausgleich. Im ausgeglichenen Markt kommt es daher auch zu geringeren Preisschwankungen.

3.4   Marktplätze

Der europäische Gasmarkt befindet sich gerade in einer Konvergenzphase, die durch die EU-Behörden mittels der Festsetzung neuer Rahmenbedingung (Marktöffnung) sowie Infrastrukturmaßnahmen (Abbau von Grenzkapazitätsengpässen) unterstützt wird.

In Europa gibt es derzeit vier Marktplätze (UK: National Balancing Point (NBP), Belgien: Zeebrugge (ZEE), Niederlande: Title Transfer Facility (TTF), Deutschland: E.ON Gastransport (EGT)). Wie aus Tabelle 7 ersichtlich, ist der Entwicklungsstand der lokalen Märkte unterschiedlich, was vornehmlich an der unterschiedlichen Marktgröße und dem Gründungsdatum liegt.

	Gegründet	Physisches Volumen in TWh / Jahr	Finanzielles Volumen in TWh / Jahr	Churn Rate
NBP	1996	823,02	8.724,00	10,60
ZEE	2000	69,23	360,00	5,20
TTF	2003	98,18	324,00	3,30
EGT/BEB	2006	30,00	60,00	2,00

Quelle: TSO-Angaben und eigene Berechnungen
Tabelle 7:   *Handelsplätze in Nordwesteuropa*

Die Veränderungen der Handelszahlen zeigen auf, dass die Entwicklung zur Konvergenz zügig voranschreitet. So hat der deutsche Markt die größten Wachstumszahlen und wird in absehbarer Zeit die des NBP erreichen.

4.   Kohlemarkt und Frachtraten

Der Kohlemarkt ist nach Öl und Gas wertmäßig der drittgrößte Energiemarkt der Welt. Langfristig kann aber von einer Erhöhung der Bedeutung der Kohle als wesentlichem Energieträger ausgegangen werden. Zum einen machen die hohen Kohlereserven diesen Primärenergieträger in der Zukunft zu einer ernsthaften Alternative zu Öl und Gas. Zum anderen haben sich die Preise für Kohle über die letzten 15 Jahre verdoppelt, während sich die Preise für Öl und Gas über den gleichen Zeitraum verdreifacht haben. Somit wird Kohle derzeit als günstiger Energieträger eingestuft.

Insbesondere sind durch die starke Preisentwicklung auch die Förderkapazitäten erhöht worden. So ist weltweit die Förderung von 2006 auf 2007 um 3,3 Prozent gestiegen. Dabei legten die großen Förderländer wie China (+7 Prozent), Indien (+6,3 Prozent) und Südafrika (+5 Prozent) überdurchschnittlich zu.

Den Kohlemarkt unterteilt man in Kessel- und Kokskohle. Kesselkohle wird für die Erzeugung von Dampf und elektrischer Energie verwendet. Kokskohle wird für die Stahlproduktion und Buntmetallurgie eingesetzt. Diese Industrie erfordert engere Qualitätsanforderungen mit geringeren Asche- und Schwefelanteilen, als bei der Kesselkohle zugesichert werden kann. Hierzu eignet sich im Wesentlichen australische Kohle (60 Prozent Weltmarktanteil) und nordamerikanische Kohle (20 Prozent Weltmarktanteil). Da der Kokskohlemarkt nicht für die Energieerzeugung genutzt wird und nur etwa 25 Prozent des gesamten Kohlemarktes ausmacht, wird dieser Rohstoff nur am Rande berücksichtigt.

Es ist notwendig, bei den Rohstoffen zwischen Reserven (640 Milliarden t), jährlicher Förderung (3,6 Milliarden t) und jährlichem Seehandelsvolumen (0,6 Milliarden t) zu unterscheiden. Dabei ist anzumerken, dass der größte Anteil der geförderten Kohle im Binnenhandel vermarktet und nicht in das jährliche Seehandelsvolumen eingerechnet wird. Hierbei haben die Länder China, USA und Indien den am stärksten ausgeprägten Binnenmarkt mit etwa drei Milliarden Tonnen pro Jahr.

Aufgrund der unterschiedlichen Angebots- und Nachfragegebiete unterscheidet man beim Kohlewelthandel den atlantischen und den pazifischen Markt.

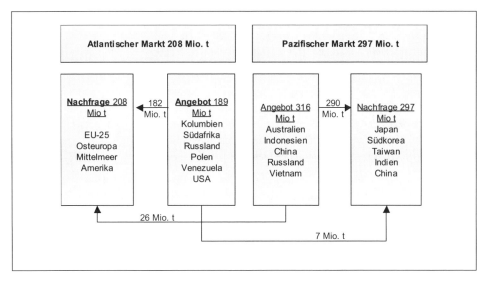

Quelle: Weltmarkt für Steinkohle
Abbildung 10: *Aufteilung der Handelsmengen*

Wegen des starken Wirtschaftswachstums im asiatischen Raum ist auf absehbare Zeit nicht mit einer verminderten Nachfrage nach Primärenergie zu rechnen. Eine Einschränkung der Nachfrage hat sich nur bedingt durch die erhöhte Umweltbelastung aus der Verbrennung von Kohle ergeben. Eine verbesserte Technik wird zunehmend die Nachteile für die Umwelt, die sich gegenüber der Verbrennung von Gas ergeben, verringern, sodass langfristig mit einer weiter steigenden Nachfrage zu rechnen ist.

Wie bei Öl und Gas sind die Förderländer weit entfernt von den Verbraucherländern, sodass der Transport eine wesentliche Kostenkomponente darstellt. Der Frachtenmarkt für Dry Bulk (Massengüter wie Kohle und Erz) sowie für Wet Bulk (Massengüter wie Öl und Gas) ist unabhängig voneinander, da diese Frachten in unterschiedlichen Schiffstypen geladen werden. Ferner sind die Frachtraten starken Preisschwankungen ausgesetzt, weil eine begrenzte Marktliquidität schnell zu Marktüberhängen führen kann. Trotzdem gelten für Wet und Dry Bulk die langfristigen Neubaukapazitäten als gemeinsamer Preisfaktor. Deswegen muss langfristig von einem Frachtenmarkt gesprochen werden.

4.1 Angebotsseite

Die Kohlereserven sind sehr weitreichend – unter der Annahme des heutigen Verbrauches reichen die Kohlereserven für weitere 170 Jahre.

Bis zum Jahr 2003 galt die Kohle als günstiger Rohstoff, und so wurden in den 1990er-Jahren viele Minen in der Annahme eines steigenden Verbrauches aufgebaut. Die Nachfrage war jedoch nicht ausreichend, sodass einige Produzenten ihre Neubauprojekte oder Minenerweiterungen nicht mit der erwarteten Ertragsstärke realisieren konnten.

Erst durch die gestiegene Nachfrage aus Asien sind die Investitionen in neue Minen und in deren Erweiterungen ausgelöst worden. Neben der Investition in die Minen muss ebenso in den Ablaufprozess der Kohleförderung und somit in eine weitreichende Infrastruktur investiert werden. So haben sich bereits zu kleine Hafenanlagen oder alte Eisenbahntrassen als schwerwiegende Engpassfaktoren in der Kohleförderung erwiesen.

Derzeit finden der Kohleabbau und -export vornehmlich in Indonesien, Australien, Südafrika, Kolumbien und Russland statt. Diese Mengen werden auch dem Weltmarkt zur Verfügung gestellt. Weitere Länder mit größeren Kohlereserven sind USA, China und Indien, deren Kohlereserven jedoch hauptsächlich im Produktionsland verbleiben. Für den Umfang des Abbaus sind die Faktoren Komplexität des Abbaus (Tagebau vs. Tiefbau) und Transportkosten von entscheidender Bedeutung. Beide Faktoren haben einen wesentlichen Einfluss auf die Kosten und somit den Marktpreis, den die Verbraucher letztlich zu bezahlen haben. Beispielsweise bevorzugen es die USA, Kohle aus Übersee zu importieren, anstatt ihre eigenen Reserven über den teuren Landweg zu nutzen.

4.2   Nachfrageseite

Die Nachfrageseite nach Steinkohle richtet sich nach dem Verbrauch von Koks- und Kesselkohle für die metallurgische Industrie und die Elektrizitätswirtschaft. Insbesondere die Stahlwirtschaft erfährt durch das Wirtschaftswachstum in Asien eine signifikante Nachfrage nach Stahlprodukten und somit auch nach Kokskohle.

Seit 2003 ist der Kohleverbrauch durchschnittlich um sechs Prozent gestiegen und damit der am stärksten wachsende fossile Energieträger. Weltweit erhöhte sich der Verbrauch um 4,5 Prozent, verglichen mit einem Zehnjahresdurchschnitt von 2,8 Prozent. Die Region Asia-Pazifik verursachte etwa 90 Prozent der Verbrauchssteigerung und hatte bei der Produktionssteigerung einen Anteil von 80 Prozent.[12]

Der Markt für Kesselkohle wechselte ebenfalls innerhalb der letzten fünf Jahre von einem Käufer- zu einem Verkäufermarkt, was ebenfalls durch das starke Wirtschaftswachstum Chinas getrieben wurde. Die Industrialisierung hat zur Folge, dass China seinen derzeitigen Pro-Kopf-Verbrauch von 2.000 kWh Strom pro Jahr an das Niveau der Industrienationen angleichen wird, das etwa bei 6.000 kWh pro Jahr liegt. Diese Verdreifachung würde einen Zuwachs von 5.000 TWh bedeuten, was dem Zehnfachen des deutschen Stromverbrauches entspricht.

---

12   BP Statistical Review of World Energy June 2007, S. 33.

Im Gegenzug durchleben die Strommärkte in Europa, USA und Fernost tief greifende Veränderungen. Liberalisierung, Deregulierung und die damit verbundene Aufgabe gesicherter Versorgungsgebiete haben herkömmliche Marktstrukturen beseitigt und den freien Wettbewerb der Stromerzeuger eröffnet. Jetzt gilt es für die Elektrizitätsanbieter, durch optimierte Nutzung des eigenen Kraftwerksparks und durch günstige Stromzukäufe konkurrenzfähige Strompreise darzustellen.[13] Dies zwingt den Kraftwerksbetreiber zur Reduktion der Brennstoffkosten. Da die importierte Kesselkohle mit etwa einem Drittel eine bedeutende Stellung für den durchschnittlichen Energiemix der Kraftwerksbetreiber hat, versucht die Elektrizitätswirtschaft, diesen Marktdruck an die Kohlelieferanten weiterzugeben.

Die Investition in neue Kohlekraftwerke ist in diesem neuen Umfeld für Elektrizitätsunternehmen wesentlich risikoreicher als die Investition in Gaskraftwerke, weil die Amortisationszeiten aufgrund der höheren Kapitalkosten länger sind. Insbesondere in Europa sind durch die verschärften Umweltauflagen Bauzeiten länger, Investitionsauflagen höher und Effizienzgrade niedriger (bedingt durch eine eingeplante CO_2-Abscheidung und Abgasreinigung).

Der Kohleproduzent wird sich aber in einem Verkäufermarkt nicht für die besondere Situation der Europäer interessieren und die Kohle dorthin verkaufen, wo die besten Net-Back-Preise[14] frei Grube zu erzielen sind.

In Fernostasien sind die Entscheidungen zur Errichtung von Kohlekraftwerken mit weniger Auflagen verbunden und haben auch im Vergleich zu Gaskraftwerken einen erheblichen Kostenvorteil, da lokale Kohlevorkommen preisgünstig genutzt werden können.

Insofern würden die europäischen Umweltauflagen in der derzeitigen Marktsituation nur zu einer Klimaverbesserung in Europa führen, aber keine Lösung des globalen Umweltproblems darstellen. Die Asiaten kompensieren durch ihre Mehrerzeugung das, was die Europäer einsparen.

4.3   Transport

Die Transportkosten für Steinkohle teilen sich in Landtransport durch Eisenbahnen oder Lastkraftwagen sowie Seetransport und Binnenschiffe auf. Während der Landtransport auf die gerechneten Tonnen-Kilometer relativ teuer ist, ist jedoch der Kostenanteil der Seefracht an den Gesamt-Transportkosten wesentlich höher, weil die zurückgelegte Distanz die des Landtransportes um ein Vielfaches übersteigt.

Die Transportkosten sind für die Kohlepreise in den letzten fünf Jahren zum wesentlichen Einflussfaktor geworden. Größter Transportkostenanteil ist die Seefracht, die bis vor fünf Jahren einen Anteil von 20 Prozent an den Kosten für den Elektrizitätserzeuger hatte. Die

---

13   Weltmarkt für Steinkohle, W. Ritschel und H. Schiffer, Oktober 2005, S. 34.

14   Net-Back-Preis ist der Preis, den ein Rohstoff kostet, um ihn an den Markt zu bringen. Das heißt, der Preis schließt Investitionskosten, Exploration und Transport mit ein.

starke Nachfragesteigerung nach Rohstoffen hat auch ihren Einfluss auf die Seeschifffahrt und deren Angebotspreise gehabt. Heutzutage liegen Seetransportkosten zwischen 30 Prozent bis 40 Prozent der Kosten.

Da der Seehandel allgemein als Folge des starken Wachstums in Asien zugenommen hat, soll jedoch an dieser Stelle nur der Seehandel für Kohle genauer untersucht werden. Insofern werden nur die Schiffstypen für Dry Bulk auf den Hauptseefahrtsrouten erwähnt. Im Einzelnen sind das Capesize[15]-Schiffe, die auf den Routen Newcastle (AUS) – Baloshan (C3-Route), Richards Bay (RSA) – Rotterdam (C4-Route), Port Bolivar (Col) – Rotterdam (C7-Route) fahren.

Der Frachtenmarkt reagiert sehr preissensitiv auf Nachfrageverschiebungen für Transportkapazitäten, da der Ladeort, verfügbare Schiffe und Lieferort zusammenpassen müssen. Die Reeder haben auf der gecharterten Hinreise (Front Haul) wesentlich festere Raten als auf der Rückreise (Back Haul), auf der die Charterraten bis zu den Grenzkosten fallen können. In diesen Fällen kann der Reeder zumindest seine variablen Kosten decken.

Der Transportkostenanteil des Rohstoffpreises mit Lieferung am Kraftwerk lag 2007 noch bei über 50 Prozent und ist 2008 auf unter zehn Prozent gefallen.

Aufgrund der breiten Nutzungsmöglichkeit der Dry-Bulk-Schiffe für Eisenerz, Kohle, Bauxit, Phosphat und Getreide können Charterer und Reeder die Skalenerträge ihrer Schiffe voll ausschöpfen. Trotz der gestiegenen Investitions- und Betriebskosten erwirtschafteten die Reeder in diesem frei handelbaren Seefrachtenmarkt 2007 einen Profit, was sich 2008 aufgrund des Preisverfalls der Frachtraten geändert hatte.

Die Eisenbahn dagegen ist als Transportmittel nicht so flexibel. Zum einen sind die Investitionskosten für das Schienennetzwerk signifikant und zum anderen sind die Betriebskosten in einem nicht subventionierten Bahnbetrieb so teuer, dass zum Beispiel US-Kohle wenig exportiert wird und küstennahe Kraftwerksbetreiber Kohle sogar günstiger importieren können.

4.4   Marktplätze

Für Kohle gibt es keine liquiden Börsenplätze, die vergleichbar sind zu Aktien oder Commodities wie Öl, Metalle oder Strom. Dagegen gibt es für Frachten schon eine Börse, namentlich die Baltic Exchange in London, die vergleichbar zur Nymex, ICE oder LME eine finanzielle Absicherung der Rohstoffpreisrisiken erlaubt.

---

15   Capesize werden auch Caper genannt, weil sie weder den Panama- noch den Suez-Kanal befahren können. Diese Schiffe können nur um das Kap der Guten Hoffnung oder Kap Horn fahren. Die Caper fassen in der Regel zwischen 80.000 und 180.000 Tonnen. Ihre Bauweise ist einfach: Brücke und Maschinenhaus, etwa neun Ladesegmente und ein Bug. Die Baukosten eines Capers liegen zwischen 60 und 130 Millionen USD; aufgrund der einfachen Bauweise werden diese vornehmlich in Asien, insbesondere in Korea, gebaut.

Bezüglich der Preisfindung des Spotmarktes für Seefrachten und für Kohle folgen diese zwei Märkte einem ähnlichen Mechanismus. In beiden Fällen gibt es ein unabhängiges Preisindex-Komitee, das Marktteilnehmer über kürzlich abgeschlossene Geschäfte befragt und diese zu einem Index zusammenführt. Dieser Index stellt einen Referenzpreis dar, der für das finanzielle Settlement als Basispreis dient.

4.4.1   Handelsmarkt

Unter einem funktionierenden Handelsmarkt versteht man, dass die Marktteilnehmer alle ihre gewünschten Mengen zu jedem Zeitpunkt vollständig kaufen oder verkaufen können. Dabei wird zwischen dem kurzfristigen Spotmarkt (tagesbezogen) und dem mittelfristigen Forwardmarkt (die nächsten Monate bis hin zu Fünfjahresforwards) unterschieden. Langfristige Verträge werden üblicherweise zwischen zehn und 20 Jahren abgeschlossen, wobei Preisindizierungen oder Preisanpassungsklauseln im Dreijahreszyklus abgeschlossen werden.

Die meisten Commodity-Märkte haben nur einen Spotmarkt, in dem man die kurzfristig zur Verfügung stehenden oder kurzfristig nachgefragten Mengen optimieren kann. Deswegen ist es nicht möglich, alle produzierten und nachgefragten Mengen über den physischen Handelsmarkt abzuwickeln. Da vornehmlich nur kurzfristig verfügbare Mengen gehandelt werden, werden diese zu Grenzkosten abgegeben.

Aufgrund der physischen Abwicklung sind die Marktteilnehmer ausgegrenzt, die lediglich handeln möchten. Diesen ist die physische Erfüllung ein zu großes operatives Risiko. Erst wenn ein funktionierender finanzieller Markt an den physischen gekoppelt ist, können die operativen Erfüllungsrisiken überbrückt werden. Dadurch haben mehr Marktteilnehmer Zugang zu einem Markt, der dann eine ausreichende Größe erreicht. Als Ergebnis werden so die beschriebenen Liquiditätsengpässe ausgeglichen.

Für einen Handelsmarkt ist entscheidend, dass stets ein fairer Preis zustande kommt, der nicht von einem dominierenden Marktteilnehmer beeinflusst werden kann. Aus diesem Grund ist das Zusammenspiel von Hedger (physisch handelnder Marktteilnehmer) und Spekulant (finanziell handelnder Marktteilnehmer) entscheidend für einen funktionierenden und verlässlichen Handelsmarkt ohne Preisanomalien.

4.4.2   Vertragstypen und Standardhandelsprodukte

Die Vertragspartner schließen für physisch gelieferte Mengen bilaterale Verträge miteinander ab. Die Verträge spezifizieren im Einzelnen die Dienstleistung (Trampfahrt, Zeit- oder Reisecharter, Standardroute oder Sonderfahrt, Menge und Preis) für Seefrachten. Für Kohle werden die Lieferverträge zwischen Abnehmer und Minengesellschaft hauptsächlich nach Lieferort, Kohlequalität, Menge und Preis spezifiziert.

Im Handelsmarkt können sich Reeder, Charterer, Minengesellschaften, Kohleverbraucher und Händler mittels der finanziellen Handelsprodukte für das Preisrisiko absichern. Die Seefrachten werden durch Forward Freight Agreement (FFA) an der Baltic Exchange und die Kohle wird im bilateralen OTC-Markt durch Swap-Verträge auf den All-Publication-Index (API) abgeschlossen.[16]

Die Standardhandelsprodukte im Frachtenmarkt sind Futures und werden von den Schiffsmaklern auch virtuelle Frachten genannt, weil sie nur finanziell abgewickelt werden. Die Futures werden an einen vom Preis-Komitee erstellten Index auf die Routen C4, C7, C3, C5[17] gekoppelt. Die normale Handelsgröße sind 1.000 metrische Tonnen (Mt) und die Futures werden durch das London Clearing House (LCH) abgewickelt.

Die Standardhandelsprodukte im Kohlemarkt basieren auf den ISDA-Rahmenverträgen[18] und sind bilaterale Swap-Verträge, die nicht mit einer physischen Lieferung verbunden sind. Ein solcher Swap-Vertrag wurde 2006 von der European Energy Exchange (EEX) und der Intercontinental Exchange (ICE) als Future-Vertrag weiter standardisiert. Die Bewertung des Swaps und des Futures ist jedoch gleich, weil beide Vertragstypen auf dem API#2-wöchentlichen Index, berechnet von Argus und McCloskey, für Kohlelieferung innerhalb der nächsten 90 Tage basieren. Die normale Handelsvertragsgröße sind 5.000 Mt pro Monat. Swap und Future handeln bis zu fünf Jahre in die Zukunft. Es sei jedoch angemerkt, dass die Futures zurzeit mit geringem Umsatz handeln und der Markt sich eher auf die Swaps konzentriert.

Zusätzlich zur Bezeichnung API#2, hinter der die Kohlequalität (6.000 kcal/kg) mit Lieferort frei Hafen Amsterdam-Rotterdam-Antwerpen (CIF[19] ARA) steht, gibt es noch die folgenden gängigen Kohlebezeichnungen:

API#4 = 6.000 kcal/kg NAR[20] FOB[21] Richards Bay, Südafrika

API#3 = 6.700 kcal/kg GAD[22] FOB Newcastle, Australien

---

16 Die EEX und ICE bieten auch Futures auf API#2 an. Das Volumen ist jedoch noch nicht signifikant.

17 C4: Richards Bay–Rotterdam, C7: Bolivar–Rotterdam, C3: Tubarao–Beilun/Baoshan, C5: W. Australien–Beilun/Baoshan.

18 ISDA (International Swaps Dealer Association) -Rahmenverträge finden zusätzlich zum Zinsmarkt auch für den Commodity-Handel Anwendung, da die Kohleswapverträge hauptsächlich von den Banken angeboten werden.

19 CIF (Charter, Insurance, Freight) bedeutet, dass die Lieferung frei Ort ist.

20 NAR (Net As Received) bedeutet ungetrocknet, die Kohle enthält also die komplette natürliche Feuchtigkeit (total moisture)

21 FOB (Free On Board) bedeutet, dass der Lieferant die Lieferung aufs Schiff lädt (über die Reeling). Sollte die Ladung vor Erreichen der Reeling ins Wasser fallen, hat der Lieferant den Schaden. Fällt die Lieferung aufs Deck, hat der Käufer den Schaden.

22 GAD (Gross Air Dried) bedeutet, dass die Kohle nicht extra getrocknet wurde und die natürliche Feuchtigkeit enthält (inherent moisture).

5. Strommarkt

Der Elektrizitätsmarkt ist den vorher genannten Rohstoffen in der Wertschöpfungskette nachgelagert. Die konventionelle Stromerzeugung ist in Europa uran-, kohle- und gasbasiert, während die regenerative Energieerzeugung aus Wasser-, Wind- und Sonnenkraft sowie Biomasse stark wächst. Daher werden die langfristigen Strompreise immer noch durch die herkömmlichen Rohstoffe stark beeinflusst.

Als zusätzliche Kostenkomponente für die Stromerzeugung sind die Emmissionsrechte für CO_2 seit 2005 zu berücksichtigen. Die konventionellen Kraftwerke verursachen etwa 60 Prozent des Treibhausgasausstoßes von CO_2.

5.1 Angebotsseite

Strom wird in Kraftwerken auf vielfältige Weise erzeugt. Neben den fossilen Kraftwerken, in denen Kohle oder Gas verstromt wird, gibt es Kernkraft- und Wasserkraftwerke, ebenso kann Strom aus Wind, Sonne, Biomasse und Geothermie erzeugt werden. Typische Kennzahlen für Kraftwerke sind die Leistung, gemessen in Megawatt (MW), und die produzierte Energie, gemessen in Terawattstunden (TWh). Die Leistung gibt an, wie viel Energie je Zeiteinheit produziert werden kann. Daneben gibt es noch die durchschnittliche Ausnutzungsdauer. Die Ausnutzungsdauer kennzeichnet den Einsatz der Kraftwerke. Sie geht von der Leistung und den 8.760 Stunden des Jahres aus. Bei der Ausnutzungsdauer wird die tatsächlich erzeugte Strommenge ermittelt, in wie viel Stunden sie bei voller Leistung der Anlage erreicht worden wäre. In der Praxis werden die Anlagen jedoch nicht ständig mit voller Leistung genutzt, sondern entsprechend dem Strombedarf und dem daraus resultierenden Marktpreis eingesetzt – zumindest bei den Anlagen, die im Wettbewerb stehen. Fördermechanismen zum Beispiel für erneuerbare Energien führen zur Stromproduktion außerhalb des Wettbewerbsmarktes. Die Tabelle zeigt die durchschnittliche Ausnutzungsdauer für Kraftwerke in Deutschland im Jahr 2006:

- Kernenergie   7.770
- Braunkohle   6.880
- Lauf- und Speicherwasser   4.550
- Steinkohle   4.490
- Erdgas   3.330
- Wind   1.560
- Mineralöl   1.440
- Pumpspeicherwasser   1.090
- Fotovoltaik   940

Für die Abgabe von Strom ist die Verfügbarkeit von Kraftwerken entscheidend. Es wird hier grob unterschieden zwischen Grundlast-, Mittellast- und Spitzenlastkraftwerken. Grundlast-kraftwerke befinden sich abgesehen von Revisionen (fest definierte Zeiträume, in denen die Kraftwerke auf ihre Betriebsfähigkeit überprüft werden) oder Schäden nahezu stets in der Produktion. Hierzu zählen Braunkohle-, Kern- und Laufwasserkraftwerke. Mittellastkraft-werke, zum Beispiel Steinkohle, werden vor allem tagsüber zugeschaltet, wenn der Bedarf nach Strom wächst. Spitzenlastkraftwerke dienen zum Abfangen von Verbrauchsspitzen zum Beispiel um die Mittagszeit. Hier werden vor allem Gaskraftwerke und Wasserkraft mit Pumpspeichern eingesetzt. Das hat auf die Preise am Markt erheblichen Einfluss: Grundlast-kraftwerke setzen den Preis in den Stunden mit niedrigem Verbrauch, Mittel- und Spitzenlast dagegen in den Stunden mit höherem Verbrauch.

Innerhalb der EU-25 gab es im Jahr 2005 Erzeugungskapazitäten in einer Höhe von 727.542 MW. Dabei nahm die Kernkraft einen Anteil von 17,9 Prozent ein, fossile Brennstoffe (Koh-le, Öl, Gas) haben einen Anteil an der Kapazität von 55,9 Prozent, Wasserkraft von 18,2 Prozent und Sonstige (darunter auch erneuerbare Energien) von 8,0 Prozent.

Beim produzierten Strom verschieben sich die Anteile, da hier mit eingeht, wie oft bestimmte Kraftwerkstypen übers Jahr gesehen Strom produzieren. Kernkraft hat in der EU-25 einen Anteil von 30,4 Prozent der erzeugten Strommenge, fossile Brennstoffe von 54,7 Prozent, Wasserkraft von 10,2 Prozent und sonstige erneuerbare Energien von 4,7 Prozent.

Die Stromproduktion der EU-25 lag im Jahr 2005 bei 3.039,3 TWh. Große Produzentenlän-der in der EU sind dabei Deutschland (581,3 TWh), Frankreich (549,2 TWh), Großbritannien (379,6 TWh), Italien (289,7 TWh) und Spanien (279,5 TWh).

Die Stromproduktion einzelner Länder hängt stark von den natürlichen Bedingungen ab. So können zum Beispiel Länder mit Gebirge einen Großteil der Produktion über Wasserkraft erzeugen. Die erneuerbaren Energien außer Wasserkraft spielen zunehmend eine wichtigere Rolle, liefern aber im Vergleich zu den konventionellen Technologien immer noch einen kleineren Beitrag.

Land	Wasserkraft	Nuklear	Thermisch	Erneuerbare und Sonstige
Deutschland	24,0	158,7	359,1	46,0
Frankreich	60,9	428,7	54,0	5,5
Italien	42,4	–	250,7	8,4
Spanien	29,2	57,4	153,9	27,6
Polen	2,8	–	145,7	0,3
Niederlande	–	3,3	83,8	7,6
Tschechien	3,3	24,5	50,0	0,1
Schweiz	32,6	26,2	2,3	1,1
Rumänien	18,0	5,2	34,2	–
Bulgarien	4,5	19,0	20,5	–
UCTE	**305,8**	**801,9**	**1360,2**	**116,7**

Tabelle 8:   *Erzeugung in TWh im Jahr 2006 nach UCTE.*

In Deutschland resultierte die Stromproduktion im Jahr 2006 ohne private Einspeisung und ohne Industrieeinspeisung aus folgenden Quellen:

Kraftwerkstyp	Erzeugung in TWh	Anteil in %
Kernenergie	158,7	31,5
Braunkohle	137,3	27,2
Steinkohle	114,3	22,7
Heizöl	1,3	0,3
Erdgas	54,3	10,8
Wasser	23,7	4,7
Müll	7,2	1,4
Sonstige	7,4	1,4

Quelle: VDEW
Tabelle 9: *Stromerzeugung in Deutschland im Jahr 2006*

Innerhalb der EU stehen auf der Erzeugungsseite hohe Investitionen an: Teile des Kraftwerksparks werden ein Alter erreichen, ab dem ein wirtschaftlicher Weiterbetrieb der Anlagen fraglich wird. Zudem gibt es Erfordernisse durch den Umweltschutz, die den Bau CO_2-ärmerer Kraftwerke erfordern. Das wird durch den Zubau von Kraftwerken mit höherem Wirkungsgrad teilweise erreicht. Neue Technologien wie die Abscheidung und Speicherung von CO_2 sind notwendig und werden daher erforscht. Kraftwerke mit höherem Wirkungsgrad leisten zudem einen wesentlichen Beitrag zur Versorgungssicherheit, da mit der gleichen Menge Brennstoff mehr Strom erzeugt werden kann.

Der europäische Erzeugungsmarkt weist eine Vielzahl von Akteuren auf, von denen die meisten international agieren, sei es durch direkte Erzeugungskapazitäten in mehreren Ländern, sei es durch Agieren am Stromhandelsmarkt. McKinsey ermittelte für die EU als die zehn Spitzenreiter im Jahr 2003:

Firma	Leistung in MW	Anteil in %
EdF	101,2	15,1
E.ON	61,8	9,2
ENEL	45,7	6,8
RWE	45,1	6,7
Vattenfall	30,8	4,6
Electrabel	28,8	4,3
Endesa	28,5	4,3
Iberdrola	20,3	3,0
EnBW	15,2	2,3
Statkraft	12,2	1,8
Gesamt	670,0	100,0

(Quelle: McKinsey)
Tabelle 10: *Marktanteile in Europa*

Durch die zunehmend internationale Ausrichtung aller Akteure auch bei den Neubauten werden die nationalen Märkte in Zukunft noch stärker miteinander verflochten. So wird in Deutschland nur noch knapp die Hälfte der Erzeugungsanlagen von etablierten Firmen geplant, mehr als die Hälfte geht auf das Konto von neuen Teilnehmern, die bisher über kaum nennenswerte Erzeugungskapazitäten im deutschen Markt verfügten.

5.2   Nachfrageseite

Der Stromverbrauch in der EU-25 belief sich im Jahr 2004 auf 2.772 TWh. Strom wird nahezu überall verbraucht: in Industrieanlagen, beim Transport, im Gewerbe und in Haushalten. Länder mit einer ausgeprägten energieintensiven Industrie haben naturgemäß einen relativ hohen Verbrauch, Länder mit starkem Dienstleistungssektor einen relativ niedrigen Verbrauch.

Land	Gesamt	Landwirt-schaft	Industrie	Trans-port	Dienst-leistung	Haushalte
Österreich	59,4	1,2	29,6	3,4	10,2	15,0
Belgien (2003)	82,0	1,5	42,3	2,2	18,1	17,9
Deutschland	532,7	8,3	249,3	16,2	118,5	140,4
Dänemark	33,2	2,5	9,7	0,5	10,9	9,7
Spanien	241,6	5,6	98,7	4,3	69,0	64,0
Finnland	84,1	0,9	52,1	0,7	17,7	22,1
Frankreich	447,5	3,3	165,7	12,2	131,8	134,5
Großbritannien	350,5	4,2	127,7	8,0	95,1	115,5
Griechenland	52,4	2,8	16,7	0,1	15,9	16,9
Irland	23,4		8,0		7,5	7,9
Italien	304,5	5,2	153,2	9,7	69,8	66,6
Niederlande	108,4	12,8	40,5	1,9	25,9	27,5
Portugal	45,9	1,0	17,3	0,5	14,6	12,5
Schweden	135,4	3,1	62,0	3,0	26,0	41,3
Ungarn	37,2	0,9	16,2	2,0	7,0	11,0
Zypern	3,7	0,1	0,7		1,6	1,3
Tschechien	56,4	1,1	27,7	2,7	10,4	14,5
Litauen	8,5	0,2	3,1	0,1	3,0	2,1
Slowakei	24,3	0,9	12,6	1,0	4,8	5,0

Quelle: EURPROG-Studie der EURELECTRIC
Tabelle 11:   *Verbrauchergruppen im Jahr 2004, Verbrauch in TWh*

Strom wird jedoch nicht zu allen Tages- und Nachtzeiten gleichmäßig nachgefragt. Das typische Verbrauchsmuster weist tagsüber und werktags einen höheren Stromverbrauch auf als nachts und an den Wochenenden. Zudem spielen klimatische Bedingungen eine Rolle beim Stromverbrauch. Im Ergebnis erhalten wir einen Markt, der zu jeder Stunde für die gelieferte Ware einen anderen Preis aufweist. Das hängt vor allem damit zusammen, dass Strom nur bedingt gespeichert werden kann, sodass Arbitrage zwischen einzelnen Stunden nicht oder nur sehr aufwendig und teuer möglich ist.

Die Verbrauchergruppen unterscheiden sich zudem stark in ihrem Marktzugang. Größere Industriebetriebe handeln direkt am Großhandelsmarkt für Strom und optimieren auch ihre Eigenerzeugung an diesem Markt. Haushaltskunden werden über Zwischenhändler beliefert. Letztere handeln dann meist direkt am Markt. Für Industriebetriebe mit einem mittleren Verbrauch bietet sich oft der Zugang über Intermediäre an, die als Dienstleistung auch ein aktives Risikomanagement des Strombeschaffungsportfolios offerieren.

Der Strommarkt weist eine sehr heterogene Verbrauchslandschaft auf, da er alle Industriebetriebe und alle Bevölkerungsschichten erfasst. Er reicht vom Ein-Personen-Haushalt mit etwa 1.800 kWh Jahresverbrauch über Verwaltungsgebäude mit etwa 1 GWh Jahresverbrauch bis hin zu Verbrauchern wie dem Flughafen Frankfurt mit rund 600 GWh.

5.3 Transport

Strom wird im Normalfall nicht dort produziert, wo er auch verbraucht wird. Über Netze wird der Strom zum jeweiligen Verbraucher transportiert.

Die Übertragungskapazitäten an den Landesgrenzen werden versteigert, wenn sie ein knappes Gut darstellen. An vielen Grenzen genügen die vorhandenen Übertragungseinrichtungen dem jeweiligen Bedarf, zum Beispiel zwischen Deutschland und Österreich. Andere Grenzen wie zwischen England und Frankreich – verbunden durch einen unterseeischen »Konnektor« – werden über eine Auktion den Marktteilnehmern zur Verfügung gestellt. Ersteigert werden können Leitungsquerschnitte in der Einheit MW für Tage, Monate, Quartale und Jahre. Die Preisdifferenz zwischen den Strommärkten der betroffenen Gebiete ist dabei die Richtschnur für den Bietpreis. Ebenso wie beim Regelenergiemarkt[23] steht hier die Erfüllung im Vordergrund, sodass sich dieser Markt nur bedingt für finanzielle Transaktionen eignet. Ein Sekundärmarkt ist in geringem Umfang vorhanden, da Produzenten und Verbraucher, welche bei einer Auktion nicht die gewünschte Menge erhalten haben, gern zu weiteren Käufen bereit sind.

---

23 Auf dem Regelenergiemarkt werden kurzfristige Schwankungen (auf 15-Minuten-Zeitskala) für Stromnachfrage und Stromangebot gehandelt, das heißt, der Handel betrifft vor allem die nächsten Stunden. Der Regelenergiemarkt ist wichtig, um das Stromnetz stabil zu halten.

Durch die geografische Lage Deutschlands ist der Stromaustausch mit den benachbarten Ländern intensiver geworden. Deutschland ist in den letzten Jahren zunehmend als Nettoexporteur aufgetreten. Der gesamte Stromaustausch Deutschlands, das heißt Importe und Exporte zusammen, betragen etwa ein Fünftel des deutschen Jahresverbrauchs.

Jahr	Importe	Exporte	Bilanz
1990	31,8	30,6	+1,2
1991	30,4	31,0	−0,6
1992	28,4	33,7	−5,3
1993	33,6	32,7	−0,9
1994	35,7	33,5	+2,2
1995	39,5	34,8	+4,7
1996	37,2	42,6	−5,4
1997	37,8	40,2	−2,4
1998	38,1	38,7	−0,6
1999	40,4	39,4	+1,0
2000	45,0	41,9	+3,1
2001	43,5	44,8	−1,3
2002	46,2	45,5	+0,7
2003	45,8	53,8	−8,0
2004	44,2	51,5	−7,3
2005	53,4	61,9	−8,5
2006	46,0	66,0	−20,0

Quelle: VDEW
Tabelle 12:   *Stromaustausch Deutschland in TWh*

Auf europäischer Ebene spielt der Stromaustausch ebenso eine wichtige Rolle. Einzelne Länder treten dabei vorwiegend als Importeure auf, zum Beispiel Italien und die Niederlande. Andere Länder wie Litauen oder Tschechien haben einen hohen Exportüberschuss. Länder mit Insellage wie Zypern oder Großbritannien weisen nur geringen Stromaustausch auf, jedoch wird zumindest im Falle Großbritanniens durch weiteren Ausbau unterseeischer Verbindungen die Anbindung an den mitteleuropäischen und skandinavischen Strommarkt intensiviert.

Der intensive Austausch von Strom über die nationalen Grenzen hinweg führt zu einem Angleichen der Strompreise: Innerhalb des nordwesteuropäischen Marktes verlaufen daher die Strompreise synchron und weisen oft nur noch geringe Differenzen auf. Der Markt wird homogener und damit unabhängiger von nationalen Einflüssen bzw. umgekehrt: Auch Einflussfaktoren aus anderen Ländern, zum Beispiel starke Nachfrage im Sommer aus Italien, strahlen auf den nordwesteuropäischen Markt aus.

Land	Gesamtverbrauch	Importe	Exporte	Bilanz	Gesamtaustausch
Österreich	59,4	16,6	13,5	3,1	30,1
Belgien	82,0	14,6	6,8	21,4	7,8
Deutschland	532,7	44,2	51,5	−7,3	95,7
Dänemark	33,2	8,0	8,0	0	16,0
Spanien	241,6	12,6	17,4	−4,8	30,0
Finnland	84,1	13,2	2,0	11,2	15,2
Frankreich	447,5	9,6	90,0	−80,4	99,6
Großbritannien	350,5	9,8	2,3	7,5	12,1
Griechenland	52,4	4,9	2,0	2,9	6,9
Irland	23,4	1,5	0	1,5	1,5
Italien	304,5	46,5	0,8	45,7	47,3
Niederlande	108,4	21,4	5,2	16,2	26,6
Portugal	45,9	6,5	0,1	6,4	6,6
Schweden	135,4	15,6	17,8	−2,2	33,4
Ungarn	37,2	13,8	6,3	7,5	20,1
Zypern	3,7	0	0	0	0
Tschechien	56,4	9,8	25,5	−15,7	35,3
Litauen	8,5	0,1	7,3	−7,2	7,4
Slowakei	24,3	4,3	6,2	−1,9	10,5

Quelle: EURELECTRIC

Tabelle 13: *Stromaustausch innerhalb Europas in TWh*

5.4 Marktplätze

In vielen europäischen Ländern haben sich inzwischen Strommärkte entwickelt. Analog zu anderen Märkten gibt es OTC-Marktplätze und -Börsen. Der OTC-Handel wird dabei telefonisch oder elektronisch durchgeführt. Börsen sind nahezu rein elektronische Plattformen, die allenfalls in Ausnahmefällen noch Faxe akzeptieren.

Strom wird sowohl OTC gehandelt als auch an verschiedenen Börsenplätzen in Europa. Beim OTC-Handel treffen die Parteien direkt aufeinander, eventuell noch durch einen Makler (oft auch mit dem englischen Ausdruck Broker bezeichnet) miteinander in Kontakt gebracht. Der Abschluss eines Handelsgeschäfts erfolgt über Telefon und in den letzten Jahren vermehrt über elektronische Handelsplattformen, welche von großen Maklern betrieben werden. Per »Click and Trade« im Internet werden standardisierte Stromprodukte gekauft und verkauft. Der Strommarkt hat damit sehr schnell aufgeschlossen zu älteren Märkten wie zum Beispiel Anleihen und Devisen, wo elektronischer Handel seit ein paar Jahren üblich ist.

Handelsteilnehmer sind große und kleine Firmen, die Strom produzieren und verbrauchen. Dabei ist die Lieferrichtung jedoch nicht generisch vorgegeben. Auch große Stromproduzenten treten durchaus als Käufer auf dem Markt auf, zum Beispiel wenn Kraftwerke der Konkurrenten den Strom billiger produzieren können, als es mit dem eigenen Kraftwerkspark möglich ist. Verbraucher führen Revisionen ihrer Anlagen durch – sowohl geplante als auch unplanmäßige – und verkaufen dann den nicht benötigten Strom in den Strommarkt. Zu Zeiten sehr hoher Strompreise in den USA wurde sogar von Aluminiumschmelzen berichtet, welche für einige Stunden ihre Öfen abgeschaltet hatten, um Strom an der Börse zu verkaufen. Das war rentabler, als die Produktion von Aluminium fortzuführen. Nicht zuletzt gibt es auch Verbraucher, die selber Kraftwerke betreiben und damit täglich vor der Entscheidung stehen: Produziere ich selbst oder kaufe ich am Markt? Darüber hinaus haben jedoch auch mehr und mehr spekulative Händler den Strommarkt als interessantes Betätigungsfeld für sich entdeckt. Vor allem Banken mit einer starken Ausrichtung zum Rohwarenhandel treten zunehmend als Handelspartner an den Strommärkten auf. Bei den zuletzt genannten Marktteilnehmern steht natürlich der finanzielle Handel im Vordergrund, eine physische Lieferung des Stroms erfolgt nicht.

Die Internationalität des Stromhandels wird oft unterschätzt. Zunächst würde man vermuten, dass die lokale Stromproduktion den Preis setzt und nur die lokal ansässigen Kraftwerksbetreiber und Stromverbraucher in der Region untereinander handeln. Das ist jedoch bei dem vorhandenen europäischen Hochspannungsnetz überhaupt nicht der Fall. Deutschland ist verbunden mit Dänemark, den Niederlanden, Frankreich, der Schweiz und Österreich. Ebenso die jüngeren EU Länder wie Tschechien und Polen können Strom nach Deutschland exportieren bzw. von Deutschland importieren. Und für viele überraschend: Es besteht auch eine unterseeische Anbindung des deutschen Stromnetzes an das schwedische Stromnetz. Das führt zu einem länderübergreifenden Wettbewerb auf der Stromerzeugungsebene und beeinflusst damit auch den deutschen Markt. Preisunterschiede zwischen einzelnen Regionen sind nach wie vor vorhanden. Das ist eine Folge der teilweise begrenzten Durchleitungskapazitäten. Deutschland und Frankreich sind beispielsweise über sehr hohe Transportkapazitäten elektrisch verbunden, damit ist die Preisdifferenz am Großhandelsmarkt verschwindend gering. Die Anbindung Deutschlands an die Niederlande ist jedoch vergleichsweise stark ausgelastet, daher sind die Preisdifferenzen größer. Typischerweise ist der Strom in den Niederlanden teurer und daher wird im Normalfall Strom aus Deutschland importiert. Die Grenzkapazitäten werden in Europa kontinuierlich ausgebaut. Kurz vor der Fertigstellung ist beispielsweise eine Verbindung zwischen Norwegen und den Niederlanden per Unterseekabel. Dies wird zu einer Angleichung der Strompreisniveaus der beiden Regionen führen: Im Schnitt wird damit der Strom in den Niederlanden günstiger, im Nord-Pool-Bereich teurer. Unter Nord Pool versteht man die Märkte Norwegens, Schwedens, Westdänemarks und Finnlands. Namensgeber ist die Strombörse für die genannten Länder.

Für viele Unternehmen ist es keine Frage: Sie nehmen sowohl am OTC-Handel teil als auch am Börsenhandel. Andere Unternehmen betrachten die Transaktionskosten und vergleichen den Aufwand, den sie für OTC-Handel einerseits und für einen Börsenhandel andererseits betreiben müssen, und entscheiden sich dann für einen der Marktplätze. Für die Marktpreise

ist es jedoch unerheblich, ob man OTC handelt oder über die Börse geht – die rege Handelsaktivität in beiden Marktsegmenten nivelliert kurzfristig auftretende Preisdifferenzen sofort.

Region	Spot			Termin			Gesamt
	Börse	OTC	Summe	Börse	OTC	Summe	
Spanien	84,02%		84,02%			0%	84,02%
Italien	43,67%		43,67%			0%	43,67%
Nordpool	42,82%		42,82%	196%	327%	523%	565,82%
Deutschland	13,24%	5,40%	18,64%	74%	565%	639%	657,64%
Niederlande	11,88%	5,90%	17,78%	39%	509%	548%	565,78%
Belgien		0,04%	0,04%		22%	22%	22,04%
Frankreich	3,37%	1,50%	4,87%	6%	79%	85%	89,87%
Österreich	2,96%		2,96%			0%	2,96%
Großbritannien	2,17%	8,60%	10,77%	0%	146%	146%	156,77%
Polen	1,28%		1,28%			0%	1,28%

Quelle: EU-Kommission
Tabelle 14:   *Handelsaktivitäten in Europa (»churn-rates«)*

Der Handel hat inzwischen eine beträchtliche Größenordnung erreicht. In der Sektorenbefra-
gung maß die EU den Handel in Einheiten des nationalen Verbrauchs. Vor allem in den bereits sehr weit entwickelten Märkten Skandinaviens, Deutschlands und der Niederlande beträgt das Handelsvolumen ein Vielfaches der verbrauchten Menge, das heißt, die Liquidität
der Märkte ist bereits sehr hoch.

6.   Zusammenfassung

Die weltweiten Rohstoffmärkte haben einen wesentlichen Einfluss auf das Preisgefüge für
Energie in Europa. Europa steht in Konkurrenz zu den Ländern der restlichen Welt. Dies gilt
auch für Strom, der sehr von den auf die Region bezogenen Transportengpässen abhängig ist.
Diese Preisentwicklung war auch bei der Ölpreisrallye und dem anschließenden Preisverfall
im Herbst 2008 gut zu beobachten.

Der letzte Boom im globalen Energiemarkt hat gezeigt, wie stark Europa von der wirtschaftlichen Verfassung der anderen Marktteilnehmer für Energie abhängig geworden ist. Solange
diese Abhängigkeit noch auf die konventionellen Rohstoffmärkte begründet ist, kann sich
hierzu auch keine Unabhängigkeit entwickeln. Das bedeutet für die wirtschaftliche Selbst-
ständigkeit eine anhaltende Abhängigkeit vom weltweiten Wirtschaftsklima. Europa kann
sich nur durch eine Loslösung von den konventionellen Rohstoffen (Öl, Kohle und Gas)
hiervon abkoppeln.

Hierzu werden in Europa bereits große Anstrengungen unternommen, als Beispiele seien das deutsche EEG-Gesetz, die europäische Verpflichtung zur Treibhausgasreduzierung und die damit verbundene verstärkte Entwicklung neuer effizienterer Kohlekraftwerke oder die deutsche Marktführerschaft bei Windkraftanlagen genannt.

Literatur

BP STATISTICAL REVIEW OF WORLD ENERGY, Juni 2007
BP STATISTICAL REVIEW OF WORLD ENERGY, Juni 2008
RITSCHEL, W.; SCHIFFER, H. (Oktober 2005): Weltmarkt für Steinkohle

Rohstoffe und wirtschaftliche Entwicklung

Bernhard Herz / Christian Drescher

Rohstoffe und (welt-)wirtschaftliche Entwicklung sind über verschiedene Wirkungskanäle miteinander verbunden. Auf der einen Seite sind Rohstoffe notwendige Ressourcen für die Produktion von Gütern und Dienstleistungen und damit eine wichtige Grundlage für die wirtschaftliche Entwicklung. Auf der anderen Seite beeinflusst die wirtschaftliche Entwicklung das Angebot von und die Nachfrage nach Rohstoffen.

Im Folgenden betrachten wir zunächst die Mikroökonomik der Rohstoffmärkte, um ein besseres Verständnis für das dortige Marktgeschehen zu entwickeln. Dabei wird sich die Analyse auf Energie und Metalle konzentrieren. Darauf aufbauend erweitern wir die Perspektive auf die gesamtwirtschaftliche Entwicklung. Dabei werden Interdependenzen zwischen Rohstoffpreisen und einzelner makroökonomischer Größen wie Wirtschaftswachstum und Inflation untersucht. Es werden sowohl nationale als auch internationale Verflechtungen berücksichtigt. Schließlich werden vertiefend die wirtschaftlichen Auswirkungen der internationalen Wirtschaftsbeziehungen mit Rohstoffexporteuren im Fokus der Betrachtung stehen.

1. Mikroökonomik der Rohstoffmärkte

1.1 Nominal vs. real

Wie bei anderen Gütern so ist auch bei Rohstoffen zwischen der realen und nominalen Preisentwicklung zu unterscheiden. Nominale Preise sind die Preise, die am Markt für den Erwerb der Rohstoffe gezahlt werden müssen. Wird der nominale Preis um die Entwicklung des gesamtwirtschaftlichen Preisniveaus korrigiert, ergibt sich der reale Preis. Er beschreibt, wie sich der Rohstoffpreis relativ zum gesamtwirtschaftlichen Preisniveau entwickelt. Abbildung 1 zeigt beispielhaft die Entwicklung der nominalen und realen Preise von Gold und Rohöl.

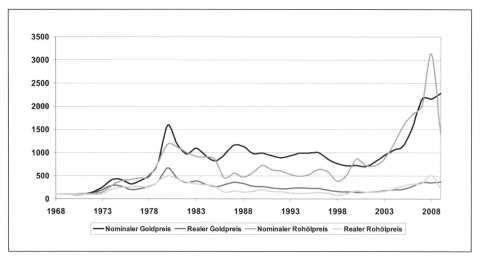

Abbildung 1:   *Nominaler und realer Gold- und Rohölpreis (1968=100)*

Der jeweilige Unterschied zwischen dem nominalen und realen Gold- bzw. Rohölpreis hat sich insbesondere in den 1970er-Jahren in inflationären Phasen herausgebildet. Es zeigt sich, dass der nominale Goldpreis in den letzten Jahren höher lag als Anfang der 1980er-Jahre. Ein Vergleich des realen Goldpreises zeigt jedoch, dass Gold in den letzten Jahren nur etwa halb so viel wert war wie damals. Vergleicht man den nominalen und realen Rohölpreis dieser beiden Phasen, gelangt man zu ähnlichen Ergebnissen. Der nominale Rohölpreis ist in den letzten Jahren zwar ungefähr doppelt so hoch wie Anfang der 1980er-Jahre, allerdings liegt der reale Rohölpreis etwa genauso hoch.

1.2   Preiselastizitäten

Rohstoffe werden, wie andere Güter auch, auf Märkten angeboten und nachgefragt. Dabei weisen Rohstoffe einige Besonderheiten auf. Die Produktion von Rohstoffen ist in der Regel kapitalintensiv und die Lagerstätten sind oft regional konzentriert. Endliche Rohstoffe sind darüber hinaus nur begrenzt verfügbar. Diese Besonderheiten schlagen sich unter anderem in den Preiselastizitäten des Angebots und der Nachfrage nieder. Allgemein gibt die Preiselastizität des Angebots bzw. der Nachfrage an, wie sich eine einprozentige Preisänderung eines Gutes prozentual auf die angebotene bzw. nachgefragte Menge auswirkt.

In kurzer Frist weisen Rohstoffe relativ geringe Preiselastizitäten, das heißt relativ steile Angebots- und Nachfragekurven, auf. In der langen Frist sind die Preiselastizitäten des Angebots und der Nachfrage hingegen relativ hoch. Der Verlauf der Angebots- und Nachfragekurven hat Auswirkungen auf die Preisbildung der Rohstoffmärkte und deren Dynamik.

Angebotsseitig lässt sich die kurzfristig relativ geringe Preiselastizität bei vielen Rohstoffen vor allem auf den hohen Zeit- und Kapitalbedarf bei der Exploration und dem Abbau zurückführen. Bei Preiserhöhungen nimmt daher das Angebot kurzfristig nur wenig zu. Wie in Abbildung 2 zu erkennen, führen Nachfrageschocks bei einer geringen Preiselastizität des Angebots zu einem hohen Preis- und geringen Mengeneffekt.

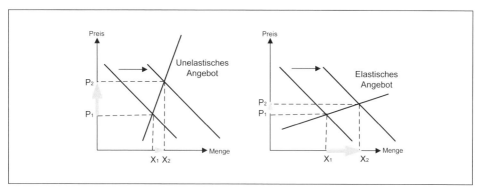

Abbildung 2: *Nachfrageschock bei elastischem und unelastischem Angebot*

Der Nachfrageüberhang wird vor allem über einen Preisanstieg abgebaut, dagegen nicht – aufgrund des kurzfristig starren Angebots – über einen Anstieg der Produktion. Langfristig können hingegen die Produktionskapazitäten über Investitionen ausgebaut werden. Entsprechend hoch ist dann auch die Preiselastizität des Angebots. Bei einem elastischen Angebot ist daher der Mengeneffekt größer als der Preiseffekt. Auf Seite der Nachfrage ist die kurzfristig geringe Preiselastizität vor allem darin begründet, dass viele Rohstoffe nur bedingt substituierbar sind. Infolge von technischen Innovationen kann es allerdings langfristig zu einem höheren Substitutionsgrad kommen, der sich in einer hohen Preiselastizität der Nachfrage niederschlägt. Abbildung 3 zeigt die Auswirkungen eines Angebotsschocks bei unterschiedlichen Nachfrageverläufen. Bei einer geringen Preiselastizität der Nachfrage fällt der Preiseffekt stärker als der Mengeneffekt aus. Dagegen ist bei einer hohen Preiselastizität der Nachfrage der Preiseffekt geringer als der Mengeneffekt.

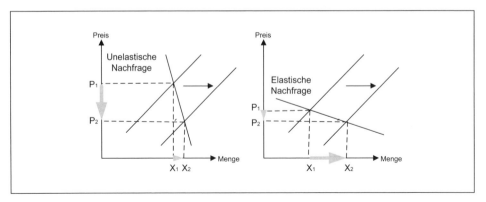

Abbildung 3:   *Angebotsschock bei elastischer und unelastischer Nachfrage*

Zusammenfassend kann konstatiert werden, dass eine geringe Preiselastizität des Angebots oder der Nachfrage bei Angebots- und Nachfrageschocks starke Preisänderungen, also volatile Rohstoffpreise, impliziert.

1.3   Einkommenselastizitäten

Für die Preisbildung auf Rohstoffmärkten spielt neben den Preiselastizitäten auch die Einkommenselastizität der Nachfrage eine große Rolle. Diese gibt an, wie sich eine einprozentige Einkommensänderung prozentual auf die nachgefragte Menge auswirkt. Eine geringe Einkommenselastizität der Rohstoffnachfrage, wie sie oft in Industriestaaten zu beobachten ist, führt bei steigendem Pro-Kopf-Einkommen zu einem unterproportionalen Anstieg der Rohstoffnachfrage. Eine hohe Einkommenselastizität der Nachfrage, wie sie zumeist für Schwellenländer typisch ist, führt im Gegensatz dazu bei steigendem Pro-Kopf-Einkommen zu einem überproportionalen Anstieg der Rohstoffnachfrage. In Abbildung 4 wird die Nachfrage des Rohstoffs Kupfer, exemplarisch für andere Rohstoffe, in Abhängigkeit des Einkommensniveaus dargestellt. Die Kurvenverläufe deuten darauf hin, dass bei niedrigem Einkommen die Nachfrage nach Kupfer überproportional und bei hohem Einkommen unterproportional verläuft. Der Internationale Währungsfonds schätzt die Einkommenselastizität der Kupfernachfrage für Schwellenländer auf 1,6, für entwickelte Volkswirtschaften auf 0,7.[1] Da Rohstoffe Gegenstand global integrierter Märkte sind, werden Rohstoffpreise von beiden Entwicklungen gleichzeitig getrieben. Der starke Preisanstieg bei vielen Rohstoffen in den Jahren 2003 bis 2008 wird vor allem im Zusammenhang mit dem starken Wachstum der Schwellenländer gesehen.

---

1   Vgl. International Monetary Fund (2006), S. 9.

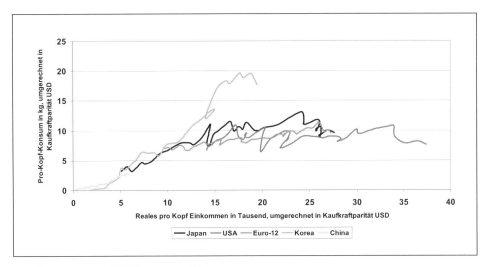

Quelle: IMF, WEO 2006 [2], eigene Abbildung
Abbildung 4:   *Kupfernachfrage und Einkommen*

1.4   Endlichkeit der Ressourcen

Die langfristige Entwicklung des Rohölpreises wird häufig im Zusammenhang mit der sogenannten »Peak-Oil«-These diskutiert. Die von M. K. Hubbert postulierte These[3] über den
Verlauf der Rohölfördermenge in Abhängigkeit der Zeit wird durch die Hubbert-Kurve grafisch dargestellt. Die Hubbert-Kurve zeichnet sich durch einen glockenförmigen Verlauf aus
(vgl. Abbildung 5).

2   Vgl. International Monetary Fund (2006), S. 9.
3   Vgl. Hubbert (1956).

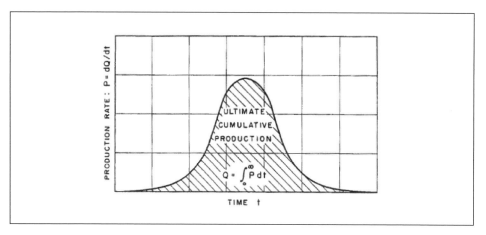

Quelle: Hubbert, M. K.: Nuclear Energy and the Fossil Fuels[3]
Abbildung 5:   *Die Hubbert-Kurve*

Danach folgt auf einen Anstieg der Rohölfördermenge bis zum Maximum ein Absinken. Der Verlauf ist typisch für einzelne Förderstellen und wurde von Hubbert für den Verlauf der weltweiten Fördermengen verallgemeinert.

Peak-Oil bezeichnet den Zeitpunkt, bei dem weltweit die maximale Rohölfördermenge erreicht wird. Der genaue Zeitpunkt des Peak-Oils ist allerdings schwierig zu bestimmen, dementsprechend variieren die Schätzungen. Die Bundesanstalt für Geowissenschaften und Rohstoffe schätzt, dass bis spätestens 2020 das weltweite Produktionsmaximum erreicht sein wird.[4] Die Projektionen der Internationalen Energie Agentur sehen den Peak-Oil hingegen erst nach 2030.[5]

Rohölvorkommen lassen sich in Rohölreserven und -ressourcen differenzieren. Als Rohölreserven werden Lagerstätten bezeichnet, die mit vorhandener Explorationstechnik wirtschaftlich abbaubar sind. Als Rohölressourcen werden Lagerstätten bezeichnet, die mit vorhandener Explorationstechnik nicht wirtschaftlich gewinnbar sind. Die Rohölreserven nehmen somit mit steigenden Rohölpreisen und technischem Fortschritt zu.

Der Zusammenhang zwischen Rohölpreis und wirtschaftlich gewinnbarer Reserven führt auch zu dem zunächst paradox anmutenden Phänomen einer in den letzten Jahren zunehmenden statischen Reichweite der Ölreserven. Die statische Reichweite stellt eine Kennziffer dar, welche unter angenommener Konstanz des heutigen Rohölkonsums die Zeitspanne angibt, bis zu der die Rohölreserven aufgebraucht sein werden. Der Anstieg der statischen Reichweite lässt sich auf die hohen Rohölpreise und den technischen Fortschritt zurückführen, die es ermöglichten, mehr Rohölressourcen wirtschaftlich zu erschließen.

---

4   Vgl. Bundesanstalt für Geowissenschaften und Rohstoffe (2007).
5   Vgl. Internationale Energie Agentur (2008).

Die Abnahme der Rohölreserven hat den Effekt steigender Grenzkosten. Grenzkosten sind die zusätzlichen Kosten, die bei der Produktion einer weiteren Rohstoffeinheit entstehen. Diesem Effekt kann durch technischen Fortschritt entgegengewirkt werden, indem der Prozess der Rohölgewinnung effizienter wird.

2. Gesamtwirtschaftliche Entwicklung

Die Auswirkungen von Rohstoffpreisschocks auf die wirtschaftliche Entwicklung von Volkswirtschaften werden wesentlich von der Art des Schocks bestimmt. Rohstoffbedingte Schocks können nach Schockintensität und -persistenz differenziert werden. Die Schockintensität beschreibt das Ausmaß der Preisänderung, die Schockpersistenz hingegen die Dauerhaftigkeit der Preisänderung. Dauerhaftigkeit betreffend lassen sich vereinfacht temporäre und permanente Schocks unterscheiden. Die Auswirkungen von Rohstoffpreisänderungen auf die wirtschaftliche Entwicklung werden im Folgenden im Rahmen eines gesamtwirtschaftlichen Angebot-Nachfrage-Modells (GA-GN-Modell) analysiert.[6]

2.1 Rohstoffpreise und Angebotsschocks

Ein Anstieg (Absinken) der Rohstoffpreise verteuert (verbilligt) die gesamtwirtschaftliche Produktion und lässt sich daher als ein negativer (positiver) gesamtwirtschaftlicher Angebotsschock interpretieren. In der kurzen Frist, also einem Zeitraum von ein bis zwei Jahren, haben Rohstoffpreisänderungen sowohl Auswirkungen auf das Preisniveau als auch auf das Produktionsniveau.

---

6   Eine ausführliche Einführung des GA-GN-Modells findet sich im Anhang.

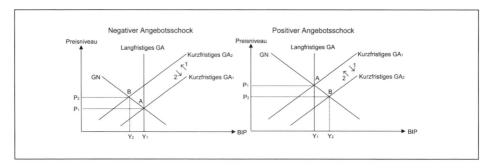

Abbildung 6: *Gesamtwirtschaftliche Auswirkungen eines Angebotsschocks*

Unternehmen werden in Reaktion auf einen negativen Angebotsschock ihre Produktion nur noch zu höheren Preisen anbieten. Ausgehend vom langfristigen gesamtwirtschaftlichen Gleichgewicht A folgt aus diesem Erstrundeneffekt eine linksseitige Verschiebung der kurzfristigen Angebotskurve von GA_1 zu GA_2. Durch die Verschiebung der Angebotskurve steigt das Preisniveau von P_1 auf P_2, während die Produktion von Y_1 auf Y_2 sinkt. In der langen Frist ergeben sich Zweitrundeneffekte. Die im kurzfristigen Gleichgewicht B vorhandene Unterauslastung der Produktionskapazitäten und die hohe Arbeitslosigkeit üben einen Druck auf die Arbeitskosten aus. Dadurch werden Lohnsenkungen wahrscheinlich. Diese Produktionsanreize führen zu einem Anstieg der Produktionsmenge, bis das ursprüngliche langfristige Gleichgewicht A wieder erreicht wird.

Werden Rohstoffe günstiger, so verschiebt sich die kurzfristige Angebotskurve entsprechend von GA_1 zu GA_2 nach rechts. Durch diesen positiven Angebotsschock sinkt das Preisniveau von P_1 auf P_2, steigt das Produktionsniveau von Y_1 auf Y_2 und das kurzfristige Gleichgewicht B wird erreicht. Langfristig kommt es erneut zu Anpassungen der Löhne, Preise und Erwartungen. Bedingt durch die hohe Auslastung der Produktionskapazitäten und die geringe Arbeitslosigkeit kommt es zu einem Anstieg der Löhne und Preise. Dies führt zu einer linksseitigen Verschiebung der Angebotskurve zurück nach GA_1. Langfristig erreicht die Volkswirtschaft wieder das ursprüngliche Gleichgewicht A. In der langen Frist führen Angebotsschocks aufgrund von Zweitrundeneffekten zu keinen dauerhaften Änderungen der Preis- und Produktionsniveaus.

Nachdem allgemein aufgezeigt wurde, wie Änderungen der Rohstoffpreise gesamtwirtschaftliche Angebotsschocks verursachen, wollen wir uns den Bestimmungsgründen der einzelnen Ölkrisen zuwenden und deren Auswirkungen vor dem Hintergrund des GA-GN-Modells diskutieren.

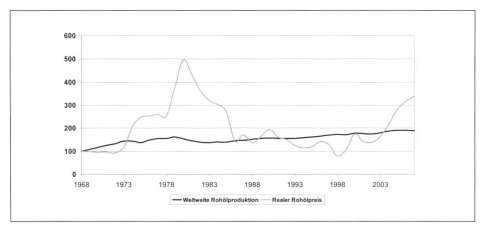

Abbildung 7:   *Rohölpreis und Rohölproduktion (1968=100)*

Abbildung 7 stellt die Entwicklung des realen Rohölpreises dem Verlauf der Rohölproduktion gegenüber. Die Entwicklung des Rohölpreises und der Produktionsmengen deuten darauf hin, dass die Ölkrisen von 1973 und 1979/1980 vorwiegend angebotsseitig getrieben waren. In beiden Fällen gingen sinkende Produktionsmengen mit Preisanstiegen einher. Die erste Ölkrise, beginnend im Jahre 1973, hatte ihren Ursprung in einer bewussten Drosselung der Fördermenge der OPEC-Länder. Die zweite Ölkrise, 1979/1980, stand im Zusammenhang mit dem ersten Golfkrieg, der zu Förderausfällen und Unsicherheit über die zukünftigen Angebotsentwicklungen auf dem Rohölmarkt führte.

Abbildung 8 zeigt den Zusammenhang zwischen solchen negativen Angebotsschocks im Rohölmarkt und der gesamtwirtschaftlichen Entwicklung in den Rohöl importierenden Ländern. Negative Angebotsschocks, wie bei der ersten und zweiten Ölkrise, führen über die Senkung der Produktionsmenge von X_1 auf X_2 zu Preisanstiegen von P_1 auf P_2. Diese Verteuerung des Rohöls verursacht einen negativen gesamtwirtschaftlichen Angebotsschock, indem kurzfristig bei höherem Preisniveau nur noch eine geringere gesamtwirtschaftliche Gütermenge angeboten wird.

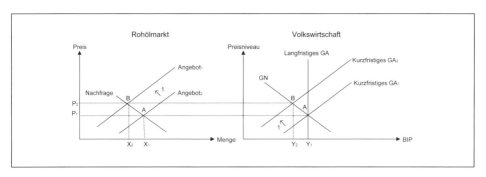

Abbildung 8:   *Gesamtwirtschaftliche Auswirkungen der ersten und zweiten Ölkrise*

Der dritte Ölschock von 2003 bis 2008 scheint dagegen vor allem nachfrageseitig getrieben gewesen zu sein, da es trotz einer relativ konstanten weltweiten Rohölproduktion zum Preisanstieg kam. Dieser Nachfrageschock auf dem Rohölmarkt war vor allem durch den steigenden Energiebedarf aufstrebender Volkswirtschaften bedingt. Abbildung 9 verdeutlicht die Auswirkungen eines solchen positiven Nachfrageschocks im Rohölmarkt auf die Volkswirtschaft.

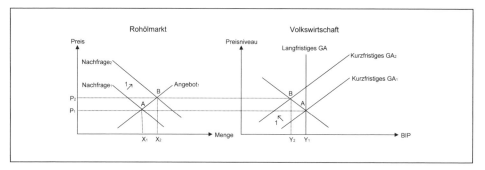

Abbildung 9:   *Gesamtwirtschaftliche Auswirkungen des dritten Ölpreisschocks*

Ausgehend von einer steigenden gesamtwirtschaftlichen Produktion aufstrebender Volkswirtschaften nimmt die Nachfrage nach Rohöl zu. Es kommt zu einer Ausweitung der Produktionsmenge von X_1 auf X_2 und zu einem Preisanstieg von P_1 auf P_2. Dieser Preisanstieg verursacht einen negativen gesamtwirtschaftlichen Angebotsschock in den Rohöl importierenden Ländern.

Die Ölkrisen differieren nicht nur in den fundamentalen Ursachen, sondern vor allem auch im Ausmaß der Auswirkungen auf die Volkswirtschaften. Waren die Volkswirtschaften durch die ersten beiden Ölkrisen noch stark realwirtschaftlich betroffen, zog die dritte Ölkrise geringere realwirtschaftliche Auswirkungen nach sich. In der Wissenschaft werden dafür viele Erklärungsansätze diskutiert. Die am häufigsten angeführten Gründe sind die geringere Ölintensität der heutigen Produktion, die höhere Flexibilität der Arbeits- und Gütermärkte, die lang andauernde Abwertung des US-Dollars sowie unterschiedliche Reaktionen der Geldpolitik.

2.2   Rohstoffpreise und Nachfrageschocks

Rohstoffpreisänderungen lösen nicht nur gesamtwirtschaftliche Angebotseffekte, sondern auch indirekte gesamtwirtschaftliche Nachfrageeffekte aus. Jede der drei Ölkrisen hat nicht zu vernachlässigende Nachfrageeffekte etwa über Geldpolitik, Zinsen, Wechselkurse und auch das Petro-Dollar-Recycling ausgelöst. Wir werden zunächst kurz die grundlegenden Effekte von Nachfrageschocks untersuchen, um anschließend detaillierter auf die einzelnen makroökonomischen Größen einzugehen. Abbildung 10 zeigt die Auswirkungen von gesamtwirtschaftlichen Nachfrageschocks für die kurze und lange Frist. Im Ausgangszustand befindet sich die Volkswirtschaft annahmegemäß wieder im langfristigen Gleichgewicht A.

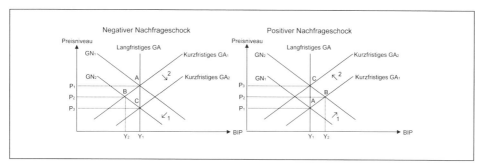

Abbildung 10: *Gesamtwirtschaftliche Auswirkungen eines Nachfrageschocks*

Im Falle eines negativen Nachfrageschocks verschiebt sich die gesamtwirtschaftliche Nachfragekurve von GN_1 zu GN_2. Im neuen kurzfristigen Gleichgewicht B ist das Preis- und Produktionsniveau mit P_2 und Y_2 gegeben. Die Unterauslastung der Kapazitäten und die hohe Arbeitslosigkeit führen zu Lohn-, Preis- und Erwartungssenkungen. Dadurch wird die gesamtwirtschaftliche Angebotskurve von GA_1 zu GA_2 verschoben. Löhne, Preise und Erwartungen werden so lange gesenkt, bis das langfristige Gleichgewicht C erreicht wird. Dementsprechend zeichnet sich der Punkt C durch das ursprüngliche Produktionsniveau Y_1 und dem niedrigeren Preisniveau P_3 aus.

Infolge eines positiven Nachfrageschocks kommt es im Erstrundeneffekt in kurzer Frist zu einer Verschiebung der gesamtwirtschaftlichen Nachfragekurve von GN_1 zu GN_2. Dadurch steigt das gesamtwirtschaftliche Preisniveau so lange, bis das kurzfristige Gleichgewicht B erreicht wird. Das kurzfristige Gleichgewicht B geht mit einer Überauslastung der Kapazitäten einher. Die hohe Auslastung der Kapazitäten und die geringe Arbeitslosigkeit lassen die Löhne, Preise und Erwartungen steigen. Dies führt zu einer linksseitigen Verschiebung der kurzfristigen Angebotskurve von GA_1 zu GA_2. In langer Frist nähert sich die Volkswirtschaft dem neuen langfristigen Gleichgewicht C an. Die durch den Zweitrundeneffekt ausgelöste Verschiebung der gesamtwirtschaftlichen Angebotskurve führt zu einem Anstieg des Preisniveaus von P_2 auf P_3 und einer Senkung der Produktion von Y_2 auf das ursprüngliche Niveau Y_1.

Allgemein können die Auswirkungen von Angebots- und Nachfrageschocks durch flexible Arbeits- und Gütermärkte abgefedert werden. Angebots- und Nachfrageschocks werden bei hinreichender Flexibilität der Arbeits- und Gütermärkte durch nominale Preisanpassungen in das realwirtschaftliche langfristige Gleichgewicht zurückbewegt. Diese nominalen Preisanpassungen spiegeln sich in der Inflation wider. Allgemein können Rohstoffpreise sowohl einen direkten als auch indirekten Einfluss auf die Preisniveauentwicklung ausüben. Der direkte Einfluss besteht darin, dass Rohstoffe im Warenkorb zur Berechnung des Preisniveaus enthalten sind, sodass sich Rohstoffpreisänderungen unmittelbar auf die Preisniveauentwicklung auswirken. Der indirekte Einfluss wird über die Erwartungen von Wirtschaftssubjekten ausgeübt. Die Erwartungen der Wirtschaftssubjekte wirken sich über das Preissetzungsverhalten der Tarifparteien auf dem Arbeitsmarkt sowie der Unternehmen und Konsumenten auf dem Gütermarkt auf das Preisniveau aus.

Um die realwirtschaftlichen Auswirkungen von Preisänderungen auf Rohstoffmärkten differenziert beurteilen zu können, ist jeweils zwischen temporären und permanenten Preisschocks zu unterscheiden. Temporären Preisschocks wird im Allgemeinen nicht das Potenzial zugeschrieben, das Preisniveau einer Volkswirtschaft dauerhaft zu beeinflussen. Denn mit Auslaufen eines temporären Preisschocks sollte sich das Preisniveau wieder dem Gleichgewichtspfad annähern. Bei permanenten Schocks kommt es allerdings zu einer dauerhaften Niveauverschiebung. Diese Preisschocks bieten damit mittel- bis langfristig Gefahren für die Preisniveaustabilität. Zu einer Verstetigung der Entwicklung des Preisniveaus kann es insbesondere über den Erwartungskanal und eine Lohn-Preis-Spirale kommen. Eine Lohn-Preis-Spirale resultiert aus der Interaktion der Cost-Push und Demand-Pull-Kanäle. Das erklärt auch das Bestreben der Zentralbanken, die Inflationserwartungen auf einem niedrigen, stabilen Niveau zu halten sowie den Mechanismus der Lohn-Preis-Spirale möglichst frühzeitig durch geldpolitische Maßnahmen zu unterbinden.

2.3   Rohstoffpreise und Geldpolitik

Zentralbanken, wie die Europäische Zentralbank (EZB), verfolgen heute vielfach ex- oder implizit Inflationsziele. In dem Maße wie der Rohstoffpreisanstieg inflationär wirkt, werden dadurch geldpolitische Interventionen ausgelöst. Das primäre Ziel der EZB besteht in der Wahrung der Preisniveaustabilität. Als Referenzmaßstab für das durchschnittliche Preisniveau in der Eurozone zieht die EZB einen harmonisierten Verbraucherpreisindex (HVPI) heran, dem ein repräsentativer Warenkorb zugrunde liegt. Die EZB sieht bei einer Änderung des Preisniveaus von bis knapp unter zwei Prozent das Ziel der Preisniveaustabilität gewahrt, sodass Entwicklungen, die mittel- bis langfristig nach oben oder unten abweichen, nicht toleriert werden. Sollte die EZB in steigenden Rohstoffpreisen Gefahren für die mittel- bis langfristige Preisniveaustabilität ausmachen, ist mit einer restriktiveren Geldpolitik zu rechnen. Abbildung 12 beschreibt die gesamtwirtschaftlichen Auswirkungen der Geldpolitik infolge steigender Rohölpreise. Ein steigender Rohölpreis verursacht einen negativen Angebotsschock, dessen Erstrundeneffekt zum kurzfristigen Gleichgewicht B führt (vgl. auch Abbildung 8 und 9). Das kurzfristige Gleichgewicht B ist durch einen Rückgang der Produktion von Y_1 auf Y_2 und einem Anstieg des Preisniveaus von P_1 auf P_2 charakterisiert.

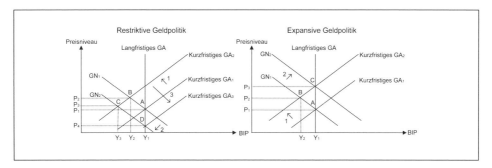

Abbildung 12: *Gesamtwirtschaftliche Auswirkungen der geldpolitischen Reaktion*

Eine restriktive Geldpolitik kann bei steigenden Rohstoffpreisen durch das Ziel Preisniveaustabilität gerechtfertigt werden. Eine derartige Reaktion führt zu einem Nachfragerückgang und damit zu einer Linksverschiebung der GN-Kurve von GN_1 zu GN_2. Daraufhin bildet sich ein neues kurzfristiges Gleichgewicht im Punkt C heraus, bis aufgrund sich anpassender Löhne, Preise und Erwartungen das neue langfristige Gleichgewicht D erreicht wird. Das durch den Zweitrundeneffekt erreichte neue langfristige Gleichgewicht D ist durch das ursprüngliche Produktionsniveau Y_1 und das neue Preisniveau P_4 charakterisiert. Die Geldpolitik hat durch ihre restriktive Intervention einen negativen Nettoeffekt in Höhe der Preisniveaudifferenz von P_1 und P_4 hervorgerufen. Die Entwicklung zum langfristigen Gleichgewicht D ist allerdings ebenfalls nicht konform mit dem Ziel der Preisniveaustabilität und löst daher erneut geldpolitische Reaktionen aus.

Bei steigenden Rohstoffpreisen kann eine expansive Geldpolitik durch Wachstums- und Beschäftigungsziele gerechtfertigt werden. Eine expansive Geldpolitik führt zu einem Anstieg der gesamtwirtschaftlichen Nachfrage von GN_1 zu GN_2. Beim neuen langfristigen Gleichgewicht im Punkt C ergibt sich das ursprüngliche Produktionsniveau Y_1 und ein höheres Preisniveau P_3. Damit hat die expansive Geldpolitik langfristig einen positiven Nettoeffekt in Höhe der Preisniveaudifferenz von P_1 und P_3 verursacht.

Ohne geldpolitische Intervention hätte sich das langfristige Gleichgewicht im Punkt A eingestellt. Da die Arbeits- und Gütermärkte in der Realität nicht vollkommen flexibel sind und damit der natürliche Anpassungsprozess lange dauern würde, kommt es dennoch zu geldpolitischen Interventionen. Die Auswirkungen der geldpolitischen Reaktion auf einen positiven Angebotsschock durch Rohstoffpreissenkungen sind analog.

2.4 Rohstoffpreise und Zinsen

Einen möglichen indirekten Übertragungsweg der Rohstoffpreise auf die gesamtwirtschaftliche Nachfrage stellen Zinsen dar. Zinsen sind durch ihren Einfluss auf Anlage- und Kreditentscheidungen zentrale Preisgrößen in einer Marktwirtschaft. Die kurzfristigen Zinssätze des Geldmarktes sind vorwiegend durch geldpolitische Interventionen determiniert. Dagegen spiegeln die langfristigen Zinssätze eher die realwirtschaftlichen Entwicklungen sowie die Inflationserwartungen der einzelnen Wirtschaftssubjekte wider. Die langfristigen Nominalzinsen können mit der modifizierten Fisher-Gleichung als Summe des Realzinses, der erwarteten Inflation und weiterer Risikokomponenten interpretiert werden. Rohstoffpreise können sämtliche Komponenten der Nominalzinsen beeinflussen. Die Realzinsen werden durch die Angebots- und Nachfragesituation auf den Kapitalmärkten determiniert. Die Nachfrage wird durch das Nettogrenzprodukt des Kapitals bestimmt, wohingegen das Angebot von den aggregierten individuellen Zeitpräferenzraten abhängig ist. Daraus ergibt sich ein gleichgewichtiger Realzins. Ein Anstieg der Rohstoffpreise verursacht über einen gesamtwirtschaftlichen Angebotsschock einen Rückgang der Produktion, sodass es zu einem Anstieg der Grenzproduktivität des Kapitals und höheren Realzinsen kommt. Hohe Rohstoffpreise beeinflussen auch die Inflationserwartungen. Ein negativer Angebotsschock kann dazu führen, dass es zu einem Anstieg der Inflationserwartungen kommt. Damit sind infolge eines Anstiegs der Rohstoffpreise sowohl ein steigender Realzins als auch erhöhte Inflationserwartungen und damit ein steigendes Zinsniveau zu erwarten.

Die Realzinsen und Inflationserwartungen sind für Anlagen mit gleichem Anlagehorizont identisch, sodass Zinsdifferenzen durch die individuellen Risikoprämien bedingt sind. Die individuellen Risikoprämien sind abhängig von den subjektiven Erwartungen. Steigende Rohstoffpreise können die individuellen Risikoneigungen und -einschätzungen beeinflussen. Die mit hohen Rohstoffpreisen einhergehenden Mehrkosten für Unternehmen können dazu führen, dass die individuellen Ausfallwahrscheinlichkeiten von Krediten ansteigen. Dieses spiegelt sich in höheren Risikoprämien wider. Abbildung 11 verdeutlicht die gesamtwirtschaftlichen Auswirkungen eines Zinsanstieges. Ein Zinsanstieg führt über die Beeinflussung der zinsabhängigen Investitions- und Konsumkomponenten zu einem negativen gesamtwirtschaftlichen Nachfrageschock. Durch einen Zinsanstieg werden Konsum- und Investitionsaktivitäten aufgrund einer intertemporalen Substitution tendenziell in die Zukunft verschoben, sodass sich die gesamtwirtschaftliche Nachfragekurve von GN_1 auf GN_2 verschiebt.

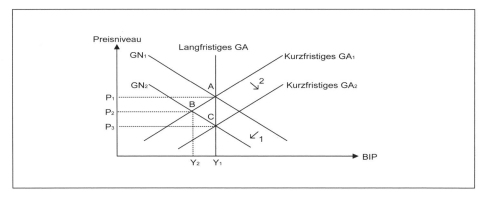

Abbildung 11: *Gesamtwirtschaftliche Auswirkungen eines Zinsanstiegs*

Damit kommt es zum kurzfristigen Gleichgewicht B mit einem geringeren Preisniveau P_2 und Produktionsniveau Y_2. Langfristig führen Preis-, Lohn- und Erwartungsanpassungen zum Gleichgewicht C. Mit dem langfristigen Gleichgewicht geht das ursprüngliche Produktionsniveau Y_1 und das gesunkene Preisniveau P_3 einher. Die Auswirkungen einer Zinssenkung verhalten sich analog.

2.5   Rohstoffpreise und Wechselkurse

Der Wechselkurs stellt den Preis einer Währung dar und beeinflusst dementsprechend die inländische Kaufkraft für Waren, die in anderen Währungen fakturiert werden. Der Kauf von in US-Dollar gehandelten Rohstoffen führt zu einem Anstieg der Nachfrage nach US-Dollar. Das bedeutet, dass bei hohen Rohstoffpreisen mehr US-Dollar nachgefragt werden. Dies führt zu einer Aufwertung des US-Dollar und zu einer Abwertung der heimischen Währung. Die Abwertung der heimischen Währung steigert wiederum die Exporte ins Ausland, was einen positiven Nachfrageschock für die heimische Volkswirtschaft bedeutet. Des Weiteren bedeuten steigende Rohstoffpreise für die heimische Volkswirtschaft einen negativen Terms-of-Trade-Schock. Die Terms of Trade bezeichnen das Preisverhältnis von Export- zu Importgütern. Damit geben die Terms of Trade darüber Aufschluss, wie viele Güter exportiert werden müssen, um eine Einheit von Importgütern beschaffen zu können. Der negative Terms-of-Trade-Schock führt dazu, dass durch steigende Rohstoffpreise mehr Exporte benötigt werden, um eine Importeinheit finanzieren zu können, sodass faktisch die Realeinkommen in den Rohstoff importierenden Ländern sinken.

Ein Großteil der Rohstoffe auf den internationalen Märkten wird in US-Dollar gehandelt. Eine Aufwertung (Abwertung) der heimischen Währung erhöht (senkt) die Nachfrage nach Rohstoffen, weil dadurch in US-Dollar fakturierte Rohstoffe für die heimische Volkswirtschaft günstiger (teurer) werden. Die lang anhaltende Euro-Aufwertung gegenüber dem US-Dollar der letzten Jahre hat somit den Anstieg der Rohstoffpreise und damit deren volkswirtschaftlichen Auswirkungen für das Euroland gebremst und die Rohstoffnachfrage aus dem Euro-Währungsgebiet verstärkt.

3.   Globale Ungleichgewichte

3.1   Rohstoffpreise und Petrodollar-Recycling

Als Petrodollar werden die durch den Rohölexport erzielten USD-Einnahmen der Rohölex-
porteure bezeichnet. Werden diese Petrodollar in Vermögenswerte Rohöl importierender
Ländern investiert (Finanzkanal) oder von diesen Waren oder Dienstleistungen bezogen
(Handelskanal) wird dies als Petrodollar-Recycling bezeichnet (vgl. Abbildung 13).

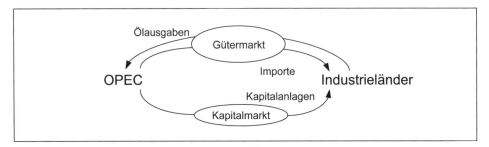

Abbildung 13: *Petrodollar-Recycling*

Viele Rohöl exportierende Länder investieren ihre Exporterlöse in sogenannte Staatsfonds
(Sovereign Wealth Funds). Typische Anlagen sind unter anderem Aktien, Anleihen, Immobi-
lien und ausländische Direktinvestitionen. Einige der bekanntesten SWF sind zum Beispiel
die saudi-arabische Abu Dhabi Investment Authority (ADIA) oder der norwegische Government Pension Fund Global (GPFG).

Dabei lässt sich das direkte und indirekte Petrodollar-Recycling unterscheiden. Beim direkten
Petrodollar-Recycling werden die Rohölausgaben, etwa der Euroländer, von den Rohöl ex-
portierenden Ländern direkt im Euro-Währungsgebiet angelegt oder Konsumgüter aus dem
Euro-Währungsgebiet importiert. Dagegen erfolgen beim indirekten Petrodollar-Recycling
Kapitalanlagen in und Konsumgüterimporte aus Nicht-Euroländern. Die Auswirkungen hoher
Rohstoffpreise auf das Euro-Währungsgebiet sollten aufgrund der enormen Bedeutung des
Petrodollar-Recyclings nicht ohne Berücksichtigung der Verwendungen dieser Einnahmen
analysiert werden. Das direkte Petrodollar-Recycling ins Euro-Währungsgebiet führt zu einer
Euro-Aufwertung gegenüber dem US-Dollar, sodass die Folgen hoher Rohstoffpreise ge-
dämpft werden. Allgemein lässt sich konstatieren, dass je mehr Rohstoffeinnahmen über den
Finanz- oder Handelskanal in Richtung des Euro-Währungsgebietes fließen, desto mehr
werden die negativen Einkommenseffekte hoher Rohstoffpreise durch positive Nachfrageschocks seitens der Rohölexporteure abgefedert.

Das direkte Petrodollar-Recycling führt zu positiven Angebots- und Nachfrageschocks. Positive Angebotseffekte resultieren aus der Aufwertung des Euro gegenüber dem US-Dollar. Dadurch können Rohstoffe günstiger importiert werden. Der positive Nachfrageschock ergibt sich aus der Importnachfrage der Rohstoffexporteure über den Handelskanal nach Waren und Dienstleistungen. Dadurch steigt der Export der heimischen Volkswirtschaft. Ein Anstieg der Rohstoffpreise führt kurzfristig in der Regel zu einer Verschlechterung der Leistungsbilanz der Rohstoff importierenden Ländern. Diese Entwicklung wird durch das direkte Petrodollar-Recycling gemildert.

3.2   Rohstoffpreise und Finanzmarkt

Die Preisentwicklungen auf den Rohstoffmärkten stehen im engen Zusammenhang mit den Entwicklungen auf den Finanzmärkten. Auf der einen Seite kommt den Finanzmärkten durch Rohstoffderivate eine wachsende Bedeutung zu. Diese Entwicklung führt dazu, dass mehr Investoren an den Preisentwicklungen der Rohstoffmärkte partizipieren können. Damit werden Rohstoffmärkte von einem reinen Faktormarkt, der primär zur Beschaffung von Inputfaktoren dient, immer mehr zum Gegenstand von Transaktionen mit Spekulations- und Hedging-Motiven. Durch diese Entwicklungen werden die Rohstoffmärkte auch anfälliger für Spekulationsblasen. Als Spekulationsblasen werden dabei Preisentwicklungen auf Vermögensmärkten bezeichnet, die nicht mehr die Fundamentaldaten reflektieren. Auf der anderen Seite beeinflussen Änderungen der Rohstoffpreise die Finanzmärkte. Rohstoffe sind zum einen ein Produktionsfaktor und zum anderen eine wichtige Determinante für die makroökonomischen Rahmenbedingungen. Der Einfluss von Rohstoffpreisen spiegelt sich daher auch in den Kursentwicklungen auf den Finanzmärkten wider. So kommt es durch einen Anstieg der Rohstoffpreise etwa zu steigenden Kosten für Unternehmen und sinkender Konsumnachfrage. Diese Entwicklungen werden von den Wirtschaftssubjekten in ihre Erwartungen mit einkalkuliert. Die daraus folgende Erwartungsänderung führt zu einer Revision der Bewertung von Vermögenswerten und spiegelt sich letztendlich in Preisanpassungen auf den Aktien- und Rentenmärkten wider.

4.   Anhang

GA-GN-Modell

Auf der Abszisse ist die gesamtwirtschaftliche Produktion und auf der Ordinate das gesamtwirtschaftliche Preisniveau abgebildet. Die Angebots- und Nachfragekurven stellen jeweils
aggregierte Größen dar. Die aggregierte Nachfragekurve beschreibt die Gütermengen, die
abhängig vom jeweiligen Preisniveau durch Haushalte, Unternehmen, dem Staat und dem
Ausland nachgefragt werden. Die aggregierte Angebotskurve entspricht den Gütermengen,
die zum jeweiligen Preisniveau von Unternehmen angeboten werden. Der Verlauf der gesamtwirtschaftlichen Angebotskurve ist abhängig von der betrachteten Frist. In kurzer Frist
weist die Angebotskurve eine positive Steigung auf, wohingegen in der langen Frist die Angebotskurve senkrecht verläuft. Für die positive Steigung in kurzer Frist existieren unterschiedliche Erklärungsansätze. Ihnen ist allen gemein, dass es kurzfristig zu Abweichungen
vom langfristigen Produktionsniveau kommt, wenn das tatsächliche vom erwarteten Preisniveau abweicht. In langer Frist verläuft die Angebotskurve senkrecht, da deren langfristigen
Determinanten nicht durch das Preisniveau beeinflusst werden. Zu den langfristigen Determinanten gehören unter anderem die Faktorausstattung und Technologie einer Volkswirtschaft. Abbildung 14 verdeutlicht nochmals die Verläufe des gesamtwirtschaftlichen Angebots und der gesamtwirtschaftlichen Nachfrage. Im langfristigen gesamtwirtschaftlichen
Gleichgewicht A schneiden sich die kurz- und langfristige Angebotskurve mit der Nachfragekurve. Im Punkt A haben sich Löhne, Preise und Erwartungen im langfristigen Gleichgewicht
eingependelt.

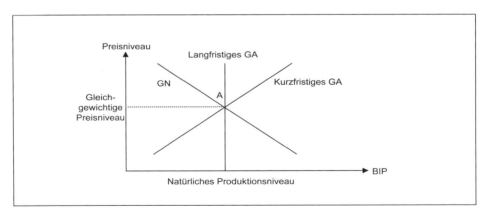

Abbildung 14: *Gesamtwirtschaftliches Angebots- und Nachfragemodell*

Gesamtwirtschaftliche Angebots- und Nachfrageänderungen drücken sich durch Verschiebungen der jeweiligen Kurven aus. Das Ausmaß der Kurvenverschiebungen ist jeweils abhängig von der Art des Schocks sowie von Länderspezifika, wie Branchendiversifikation, Rohstoffabhängigkeit und Flexibilität der Märkte.

Kostensteigerungen führen auf der Angebotsseite zu einer Verschiebung der GA-Kurve nach links und stellen damit einen negativen Angebotsschock dar. Ein positiver Angebotsschock kann hingegen durch Kostensenkungen ausgelöst werden. Dieser äußert sich durch eine Verschiebung der GA-Kurve nach rechts. Rohstoffpreise können damit über den Einfluss auf die Unternehmenskosten das gesamtwirtschaftliche Preis- und Produktionsniveau beeinflussen. Auf der Nachfrageseite führt ein positiver Nachfrageschock zu einer Verschiebung der Kurve nach rechts, wohingegen es bei einem negativen Nachfrageschock zu einer linksseitigen Kurvenverschiebung kommt. Unter Zuhilfenahme des GA-GN-Modells können die kurz- und langfristigen Auswirkungen der durch Rohstoffpreise ausgelösten Angebots- und Nachfrageschocks analysiert werden.

Literatur

BUNDESANSTALT FÜR GEOWISSENSCHAFTEN UND ROHSTOFFE (2007): Reserven, Ressourcen und Verfügbarkeit von Energierohstoffen 2006

HUBBERT, M. K. (1956): Nuclear Energy and the Fossil Fuels, 1956

INTERNATIONAL MONETARY FUND (2006): The Boom in Nonfuel Commodity Prices: Can It Last? in: World Economic Outlook 2006

INTERNATIONALE ENERGIE AGENTUR (2008): World Energy Outlook 2008

Teil II

Risiko- und Treasurymanagement von Rohstoffen

Anforderungen an das Risikomanagement und Risikocontrolling

Jan Kühne

1.   Rohstoffrisiken in Unternehmen

Der Aufwand für Material und Energie bestimmt in deutschen Industrieunternehmen zu rund einem Drittel den Angebotspreis. Steigen die Rohstoffpreise – wie bis Mitte 2008 geschehen – stark an, geraten Unternehmen unter immensen Kostendruck, der im Zeichen globalisierter Märkte nicht immer in gleichem Umfang an die Kunden weitergegeben werden kann. Zum Teil begegnen die Unternehmen diesem Kostendruck durch rohstoff- und energiesparende Innovationen. Dass auch die Mitwettbewerber gleichermaßen mit steigenden Rohstoffpreisen konfrontiert werden, mildert das Risiko zwar etwas ab, trägt aber nicht dazu bei, einen Wettbewerbsvorteil zu erlangen. Dies ist erst möglich, wenn trotz steigender Einkaufspreise die Gewinnmargen konstant gehalten werden können. Da neben den Rohstoff- und Energiepreisen auch die Preisvolatilität steigt, fällt es Unternehmen zunehmend schwerer, zuverlässige Preisprognosen abzugeben. Dies führt wiederum zur Verunsicherung der Investoren. Ein Risikomanagement hat in diesem Zusammenhang die Aufgabe, die Auswirkungen kurz- und langfristiger Preisschwankungen zu minimieren sowie die Verfügbarkeit der erforderlichen Ressourcen zu sichern und somit zur Stabilisierung der Ertragslage beizutragen. Das Risikomanagement ist damit ein unverzichtbares Instrument zur Strategieumsetzung.

Heute sichern sich bereits viele Unternehmen mit Erfolg gegen Zins- und Währungsrisiken ab. Der Absicherung von Rohstoffrisiken wird dagegen nach wie vor nur wenig Beachtung geschenkt. Bisher haben viele Unternehmen weder ihre Risiken identifiziert noch setzen sie verfügbare Sicherungsinstrumente tatsächlich ein. Eine Umfrage unter 102 Treasurern im dritten Quartal 2008 ergab, dass bei fast 70 Prozent der Unternehmen Rohstoffrisiken nicht abgesichert werden und Commodity-Derivate so gut wie gar nicht zum Einsatz kommen.[1] Dies überrascht umso mehr, da Rohstoffpreise bei der Mehrzahl der Unternehmen unmittel-

---

[1]   Vgl. Treasurer-Panel; 03.11.2008; www.dertreasurer.de.

barer und deutlich stärker auf das Unternehmensergebnis wirken als Zins- und Währungsrisiken. Insbesondere die extremen Preisschwankungen im Jahr 2008 haben jedoch bei vielen Unternehmen zu einem verstärkten Interesse geführt.

Ein aktives Preis- und Risikomanagement von Rohstoffen birgt folgende Vorteile:

- Unternehmen, die Rohstoffpreise absichern, können mit festen Preisen kalkulieren und die Planungssicherheit verbessern.

- Unternehmen, die ein aktives Risikomanagement betreiben, erkennen Planabweichungen früher und können rechtzeitig steuernd eingreifen.

- Unternehmen, die Rohstoffpreise absichern, können ihren Kunden langfristige Festpreise anbieten.

- Feste Einkaufspreise bei steigenden Rohstoffpreisen führen zu stabilen Finanzierungskosten und zu einem Wettbewerbsvorteil.

- Strategisch wichtige Investitionen müssen nicht verschoben werden, Ausgaben für Forschung und Entwicklung können getätigt werden.

- Das Ausnutzen kurzfristiger Preisschwankungen trägt zur Optimierung der Einkaufspreise bei.

- Ein Risikomanagementsystem ist ein Beitrag zur Verbesserung des Unternehmensratings. Positive Auswirkungen auf die Finanzierungskonditionen sind unmittelbar erfolgswirksam.

Im weiteren Verlauf wird zunächst auf typische Rohstoffrisiken in Unternehmen eingegangen, anschließend werden (Mindest-)Anforderungen an ein Risikomanagementsystem diskutiert und organisatorische Voraussetzungen besprochen.

1.1   Marktpreisrisiken

Unternehmen setzen in einem nicht unerheblichen Umfang Rohstoffe direkt oder indirekt im Produktionsprozess ein. Risiken aus der Entwicklung von Rohstoffpreisen bestehen für Unternehmen aus der Ungewissheit zukünftiger Zahlungsströme aus dem Ein- und Verkauf von Rohstoffen sowie aus Wertänderungen fest kontrahierter oder sich im Bestand befindlicher Rohstoffe und Abbaurechte. Steht die Beschaffung der Rohstoffe erst noch bevor, so besteht das Risiko in zwischenzeitlich steigenden Marktpreisen. Dies wird auch als **Lieferpreisrisiko** oder Cashflow-Risiko bezeichnet. Das Risiko liegt darin, dass zwischenzeitlich steigende Preise den geplanten Einkauf verteuern. Mithilfe von Derivaten können Festpreise oder Preisobergrenzen vereinbart werden. Dadurch wird das Preisrisiko reduziert.

Als **Vermögensrisiko** bezeichnet man es, wenn die Rohstoffe beschafft und noch als Vorräte bzw. während des Produktionsprozesses im Unternehmen vorhanden sind. Hier besteht das Risiko in fallenden Preisen. So führte der rasante Konjunktureinbruch Ende 2008 dazu, dass die Lagerbestände vieler Unternehmen im Automobil- und Maschinenbau stark anwuchsen. Bei gleichzeitig sinkenden Rohstoffpreisen reduzierte sich der Wert dieser Lagerbestände beträchtlich. Bei der Inventur am Jahresende mussten diese Unternehmen außerplanmäßige Abschreibungen auf ihr Vorratsvermögen sowie auf unfertige und fertige Erzeugnisse vornehmen.

Ein **Spreadrisiko** entsteht, wenn Unternehmen nicht nur Rohstoffe verbrauchen, sondern sie in veränderter Form wieder dem Markt zur Verfügung stellen, das heißt, wenn der Verkaufspreis der Produkte wesentlich von der Preisentwicklung eines Rohstoffs abhängig ist. Dies ist beispielsweise bei Raffinerien der Fall, die Rohöl in Ölprodukte (zum Beispiel Diesel, Heizöl, Kerosin) umwandeln. Auch bei der energieintensiven Aluminiumproduktion besteht das Risiko in steigenden Strompreisen und fallenden Aluminiumpreisen.

Da das Cashflow-Risiko unmittelbar auf die GuV und auf die Margen wirkt, wird es von vielen Unternehmen als bedrohlicher wahrgenommen und im Risikomanagement priorisiert. Das Management des Vermögensrisikos erfolgt in der Regel im Rahmen des Working Capital Managements, indem Lagerbestände nur in Höhe des unmittelbar erforderlichen Bedarfs gehalten werden. Sollte es einmal bei den Rohstoffen zu Lieferengpässen kommen, kann daraus ein **Versorgungsrisiko** entstehen.

Rohstoffmanagement bedeutet unter anderem, das Preisänderungsrisiko bei allen Entscheidungen im Blick zu haben und zu analysieren, welche Risiken und Chancen mit dem Einkauf von Rohstoffen verbunden sind. Es sind Maßnahmen zur Begrenzung der Risiken und zur Nutzung der Chancen zu ergreifen.

Entscheidend für die wirksame Gestaltung eines Treasurymanagements ist die Frage, wann Risiken im Unternehmen erfasst werden. Geschieht dies erst bei Rechnungsstellung, greift dies zu kurz. Finanzwirtschaftlichen Risiken ist ein Unternehmen bereits bei Auftragserteilung (bzw. schon in der Planungsphase) ausgesetzt. Beispielsweise dürfte in vielen Unternehmen bereits im Vorfeld bekannt sein, wie groß in etwa der monatliche Treibstoffbedarf zur Unterhaltung des Fuhrparks sein wird. Die Absicherung vor steigenden Benzinpreisen ist daher schon sehr frühzeitig möglich. Wird jedoch das Risiko erst mit Rechnungserstellung sichtbar, ist keine Absicherung mehr möglich.

1.2 Mengenrisiken

Mengenrisiken entstehen dadurch, dass Rohstoffe nicht in der geplanten Menge beschafft oder abgesetzt werden können. Beispielsweise schließen kommunale Energieversorgungsunternehmen häufig langfristige Abnahmeverträge zur Sicherung ihrer Gas- oder Stromversorgung ab. Überschreitungen der vereinbarten Menge müssen kurzfristig zu Marktpreisen nachgekauft werden. Der Prognose des zukünftigen durchschnittlichen Verbrauchs für unterschiedliche Tageszeiten, Wochentage und Monate liegen in der Regel Erfahrungswerte und eigene Annahmen zugrunde. Davon kann es jedoch aufgrund von Sondereinflüssen immer wieder zu Abweichungen kommen. Solche Sondereinflüsse werden durch ein verändertes Nachfrageverhalten der Verbraucher sichtbar. Die Nachfrage nach Energie in Form von elektrischem Strom oder Gas wird stark beeinflusst durch das Wetter. Beispielsweise führt ein relativ warmer Winter zu weniger Energieverbrauch als prognostiziert. Im Zusammenspiel mit festen Abnahmeverträgen seitens der Stadtwerke ergibt sich daraus ein Mengenrisiko. Dieses kann auch als **Absatzrisiko** bezeichnet werden. Es entsteht durch ein unerwartetes Nachfrageverhalten und beschreibt die Summe aller Verlustgefahren, die bei der Veräußerung der Produkte auftreten. **Beschaffungsrisiken** treten beim Bezug der für die Leistungserstellung notwenigen Güter auf. Eine weitere Unterteilung ist möglich in Transport-, Lager- und Lieferrisiko. Letzteres entsteht dadurch, dass die für die Produktion notwendigen Rohstoffe in einer bestimmten Qualität und Menge zu einem bestimmten Zeitpunkt verfügbar sein müssen. Anhand der Analyse von Terminkurven ist auch für Außenstehende die Versorgungssituation bei einem Rohstoff erkennbar. Befindet sich der Markt in Backwardation, das heißt, liegen die Preise länger laufender Termingeschäfte unter denen mit einer kürzeren Fälligkeit, kann dies auch als Zeichen für aktuelle Knappheit interpretiert werden. Der physische Besitz des Rohstoffs bringt also Vorteile (Aufrechterhaltung der Produktion), die Inhaber von Terminprodukten nicht haben.

1.3   Kontrahentenrisiken

Als **Kontrahentenrisiko** bezeichnet man ein Risiko, das durch den vollständigen oder teilweisen Ausfall oder durch die Verschlechterung der Bonität einer Gegenpartei (Kontrahent) ein Wertverlust aus einem Finanzgeschäft eintritt. Ein Risiko entsteht, wenn der Kontrahent sich nicht vereinbarungsgemäß verhält und es dadurch zu Verlusten kommen kann. Das Kontrahentenrisiko zählt damit zu den Kreditrisiken.

Als Kontrahent wird der Vertragspartner bezeichnet, der sich zur Erbringung einer zukünftigen Leistung verpflichtet hat. Ein gewisser Schutz vor dem Ausfall eines Kontrahenten ist möglich, indem nur mit Partnern Geschäfte abgeschlossen werden, die einen guten Ruf und eine einwandfreie Bonität besitzen. Eine Einschätzung dieser Bonität kann durch die Verwendung und Limitierung externer oder interner Ratings und durch die Beobachtung der Spreads von Credit Default Swaps erfolgen. Die Einführung von Kontrahentenlimiten begrenzt die Anzahl und das jeweilige Volumen pro Kontrahent und kann so zu einer Verteilung und Verringerung der Risiken führen.

Wie hoch das Kontrahentenrisiko tatsächlich ist, wird neben der Ausfallwahrscheinlichkeit des Kontrahenten auch von Art und Position der Finanztransaktion beeinflusst. Bei Derivaten ist der ausfallgefährdete Betrag häufig viel niedriger, als das vereinbarte Nominalvolumen.

Beispielsweise besteht beim Verkauf einer Option (Shortposition) nach Vereinnahmung der Prämie überhaupt kein Adressrisiko (aber sowohl ein Marktpreisrisiko), da nur dann geleistet werden muss, wenn der Käufer der Option dies verlangt.

1.4   Basisrisiken

Das auch als Korrelationsrisiko bezeichnete Basisrisiko beschreibt das Risiko, dass die Wertentwicklung eines Absicherungsinstruments von der Wertentwicklung des abzusichernden Gutes abweicht. Dies kann seine Ursache darin haben, dass sich das Absicherungsinstrument nicht auf den gleichen Ort, das gleiche Produkt oder die gleiche Fälligkeit bezieht wie der abzusichernde Rohstoff. Bei der Absicherung von Rohstoffrisiken ist die Verwendung eines Absicherungsinstruments mit einem abweichenden Basiswert oft unvermeidbar, da der großen Anzahl an Rohstoffen nur wenige wirklich liquide Absicherungsinstrumente gegenüberstehen. Die Basis bezeichnet die Differenz zwischen dem Terminpreis und dem Kassapreis des gleichen oder eines verwandten Rohstoffs.

Befinden sich die Rohstoffmärkte in Contango, notieren Terminpreise über den Kassakursen. Die Basis ist damit negativ. Genau andersherum verhält es sich, wenn der Markt in Backwardation notiert. Dieser Zusammenhang ist in nachstehender Abbildung dargestellt.

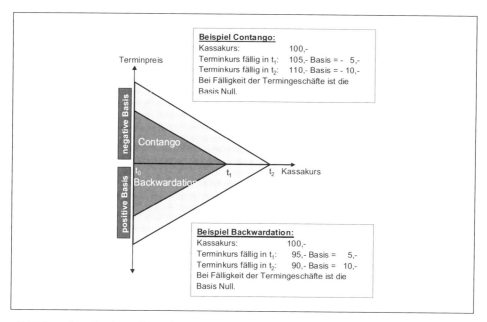

Abbildung 1:   *Basis und Basiskonvergenz*

Das Risiko, dass sich der Preis des Termingeschäfts nicht gleich dem Preis des abzusichernden Rohstoffs entwickelt, gehört zu den größten Unsicherheitsfaktoren einer Absicherung. Von großer Bedeutung für den Erfolg einer Absicherungsstrategie ist die richtige Auswahl des Finanzderivats mit dem »richtigen« Basiswert. Häufig ist kein Absicherungsprodukt verfügbar, das in allen Merkmalen dem abzusichernden Rohstoff entspricht und über eine ausreichende Liquidität verfügt. Es ist also das Absicherungsinstrument zu wählen, dessen erwartete Preisentwicklung der des abzusichernden Rohstoffes am nächsten kommt. Unterstützung bei der Auswahl bietet, sofern möglich, die Analyse historischer Zeitreihen.

2. Grundlagen und Rahmenwerke des betrieblichen Risikomanagements

Die Bedeutung des Risikomanagements für die Stabilität von Unternehmen und damit der gesamten Volkswirtschaft wurde auch vom Gesetzgeber erkannt. Gläubiger und Kapitalgeber sind ebenfalls an nachhaltig erfolgreichen Unternehmen interessiert und erwarten entsprechende Informationen über die Risikolage und die Leistungsfähigkeit der Risikomanagementsysteme. Aufgabe der Unternehmensleitung ist es, klare Richtlinien und Ziele für das Risikomanagement und das Treasury zu erlassen. Diese müssen in Einklang mit den Unternehmenszielen stehen. National und international wurden zahlreiche Gesetze und Rahmenwerke veröffentlicht, die Unternehmen zur Einführung eines Risikomanagements verpflichten und sie dabei unterstützen. Nachfolgend werden die wichtigsten genannt.

KonTraG

Mit Verabschiedung des Gesetzes zur Kontrolle und Transparenz im Unternehmensbereich (KonTraG) im April 1998 und hier insbesondere mit der Änderung des § 91 Abs. 2 Aktiengesetz (AktG) wurde deutlich gemacht, welche allgemeinen Anforderungen der Gesetzgeber an ein Risikomanagementsystem stellt. Beim KonTraG handelt es sich nicht um ein eigenständiges Gesetz, sondern um die Änderung anderer Gesetze, insbesondere dem Aktiengesetz (AktG) und dem Handelsgesetzbuch (HGB). Durch den § 91 Abs. 2 AktG verdeutlicht der Gesetzgeber die Verpflichtung des Vorstands, für ein angemessenes Risikomanagement und eine angemessene interne Revision zu sorgen. Die Verletzung dieser Organisationspflicht kann gemäß § 93 Abs. 2 AktG zur Schadensersatzpflicht führen. Dies verlangt von der Geschäftsleitung die Auseinandersetzung mit den Risiken des Geschäftsbetriebs. Im Sinne eines umfassenden Risikomanagements gehören dazu die Identifizierung, Beurteilung, Bewertung, Steuerung und Kontrolle der Risiken. Mit dem KonTraG fordert der Gesetzgeber von börsennotierten Unternehmen auch eine Berichterstattung über die Risiken der künftigen Entwicklung der Unternehmen sowie eine Überprüfung durch den Abschlussprüfer. Das Institut der Wirtschaftsprüfer (IDW) hat zu diesem Zweck einen Prüfungsstandard (IDW PS 340) geschaffen. Dieser kann indirekt als Mindestanforderung an ein im Unternehmen zu implementierendes Risikofrüherkennungs- und Überwachungssystem angesehen werden.

Rechnungslegung

Sowohl die nationalen als auch die internationalen Rechnungslegungsvorschriften erwarten ebenfalls von den Unternehmen, dass sie in der Lage sind, Finanzrisiken zu identifizieren und zu quantifizieren, und eine Strategie für den Umgang mit Risiken besitzen.

So wird von Unternehmen, die einen Lagebericht bzw. Konzernlagebericht aufstellen, verlangt, dass dieser auch auf die Risikomanagementziele und -methoden sowie auf bedeutende Preisänderungs-, Liquiditäts-, Ausfall- und Zahlungsstromrisiken eingeht. Bei der Bildung von Bewertungseinheiten ist gem. § 285 Nr. 23 HGB im Anhang anzugeben, mit welchem Betrag und zur Absicherung welcher Risiken Vermögensgegenstände, Schulden, schwebende Geschäfte und mit hoher Wahrscheinlichkeit vorgesehene Transaktionen in welche Arten von Bewertungseinheiten einbezogen sind. Außerdem sind die Höhe der mit den Bewertungseinheiten abgesicherten Risiken anzugeben und warum, in welchem Umfang und für welchen Zeitraum sich die gegenläufigen Zahlungsströme künftig ausgleichen.

Bei der Bilanzierung nach International Financial Reporting Standards (IFRS) sei auf IAS 39 und IFRS 7 hingewiesen. Demnach sind zu Beginn der Absicherung sowohl die Sicherungsbeziehung als auch die Risikomanagementzielsetzungen und -strategien, die das Unternehmen im Hinblick auf die Absicherung verfolgt, formal festzulegen und zu dokumentieren. Weiterhin haben Unternehmen zu jeder Art von Marktpreisrisiko eine Sensitivitätsanalyse durchzuführen, aus der hervorgeht, wie sich Änderungen der relevanten Risikoparameter, die zu diesem Zeitpunkt für möglich gehalten wurden, auf Periodenergebnis und Eigenkapital ausgewirkt haben würden. Die bei der Erstellung der Sensitivitätsanalyse verwendeten Methoden und Annahmen sind ebenfalls anzugeben.

Ein Risikomanagementsystem soll jedoch nicht nur dazu dienen, den gesetzlichen Anforderungen zu genügen, vielmehr ist es im ureigensten Interesse jedes Unternehmens, langfristig den Fortbestand zu sichern. Von verschiedenen Organisationen veröffentlichte Rahmenwerke und Leitlinien geben Aufschluss darüber, wie ein (unternehmensweites) Risikomanagementsystem zu gestalten ist.

Risk Management-Standard

Die australisch-neuseeländische Norm AS/NZS 4360:2004 »Riskmanagement« wurde vom »Australia/Standards New Zealand Committee« erarbeitet und stellt eine Überarbeitung der Standards aus den Jahren 1995 und 1999 dar. Der Standard gilt als die erste auch international akzeptierte Risikomanagement-Norm. Er regelt die Identifikation, Analyse, Bewertung, Handhabung, Kontrolle und Kommunikation der Risiken sowie der organisatorischen Rahmenbedingungen im Rahmen eines unternehmensweiten Risikomanagements. Ein Risikomanagementsystem muss in das existierende strategische Zielsystem des Unternehmens integriert werden. Externe und interne Rahmenbedingungen sind dabei zu berücksichtigen. Dem nächsten Schritt, der Risikoidentifikation, kommt eine besondere Bedeutung zu, da nicht entdeckte wesentliche Risiken im weiteren Verlauf auch nicht gesteuert werden können. Bei der Risikoidentifikation ist zu beantworten, was, wann, wie, wo und warum die Unternehmensziele gefährden kann. Nachdem den identifizierten Risiken Schadenshöhen und Eintrittswahrscheinlichkeiten zugeordnet wurden, kann festgelegt werden, welche Risiken so bedeutend sind, dass sie regelmäßig gesteuert werden müssen. Die Dokumentation des gesamten Prozesses und die Integration in das Management-Informations-System runden den Prozess ab.

COSO

Das Committee of Sponsoring Organizations of the Treadway Commission (COSO) ist eine im Jahre 1985 gegründete Initiative privatwirtschaftlicher amerikanischer Wirtschaftsinstitute, die sich zum Ziel gesetzt haben, die Finanzberichterstattungen durch ethisches Handeln, wirksame interne Kontrollen und gute Unternehmensführung zu verbessern.

Abbildung 2: *Komponenten des Risikomanagements nach COSO*

Bereits 1992 wurde mit COSO I (Internal Control – Integrated Framework) ein Verhaltenskodex veröffentlicht, der als Grundlage zur Identifikation, Bewertung, Kommunikation und Überwachung von Risiken weitreichende Akzeptanz erlangt hat und der die Basis für viele internationale Prüfungsstandards darstellt. Im September 2004 wurde unter dem Titel »ERM – Enterprise Risk Management« COSO II verabschiedet. Das Ziel besteht darin, einen Standard zu schaffen, an dem sich die Unternehmen bei der Implementierung eines Risikomanagementsystems halten oder ihr bereits vorhandenes Risikomanagementsystem auf Effektivität überprüfen können.

ONR 49000ff – Anwendung der ISO/DIS 31000 in der Praxis

Das Österreichische Normungsinstitut ON hat 2004 mit der ersten Ausgabe der ON-Regeln ONR 49000 ff. »Risikomanagement für Organisationen und Systeme« die Initiative für ein umfassendes Regelwerk zum unternehmensweiten Risikomanagement ergriffen. Mit der zweiten Ausgabe der ON-Regeln 49000 im Jahr 2008 werden die inzwischen international erfolgten Normungsarbeiten zum Risikomanagement integriert und die gewonnenen Erfahrungen in der Anwendung der ON-Regeln berücksichtigt. Die ON-Regeln bestehen aus folgenden Teilen:

■ ONR 49000   –   Begriffe und Grundlagen

■ ONR 49001   –   Elemente des Risikomanagementsystems

■ ONR 49002-1   –   Leitfaden für die Einbettung des Risikomanagementsystems in das
                    Managementsystem

■ ONR 49002-2   –   Leitfaden für die Methoden der Risikobeurteilungen

■ ONR 49002-3   –   Leitfaden für das Krisen- und Kontinuitätsmanagement

■ ONR 49003   –   Anforderungen an die Qualifikation des Risikomanagers

Teile der ersten Ausgabe der ON-Regeln ONR 49000:2004 ff. sind in den neuen Standard
ISO/DIS 31000 »Risk Management – Principles and Guidelines for Implementation«, einge-
flossen, welcher voraussichtlich Mitte 2009 veröffentlicht wird. Dieser enthält Grundsätze
und Richtlinien für die Anwendung des Risikomanagements. Die neuen ON-Regeln ONR
49000:2008 ff. sollen die Abstimmung mit dem neuen Standard ISO/DIS 31000 sicherstellen
und insbesondere aufzeigen, wie er in der Praxis anzuwenden ist.

MaRisk und Leitlinien des VDT e. V.

Die Mindestanforderungen an das Risikomanagement der Kreditinstitute beziehen sich auf
das Risikomanagement von Kreditinstituten. Auch wenn sie für Unternehmen außerhalb des
Finanzsektors nicht bindend sind, wird deren sinngemäße Anwendung für die Steuerung der
Finanzrisiken in Unternehmen vielerorts empfohlen. Die Veröffentlichung der MaRisk veran-
lasste auch den Verband Deutscher Treasurer e. V., seine 1998 publizierten »Mindestanforderungen der Aufbau- und Ablauforganisation im Industrietreasury« zu überarbeiten. Im Februar 2008 wurden die »Governance in der Unternehmens-Treasury« veröffentlicht. Dieser Leitfaden gibt Empfehlungen zur Ausfüllung der vom Gesetzgeber nicht näher präzisierten
Anforderungen an ein finanzielles Risikomanagementsystem. Er ist gegliedert in allgemeine
Anforderungen an das Treasury sowie Funktionsbereiche und Aufgaben des Treasury. Für die
Einführung eines Treasurymanagements hilfreich sind auch die 2005 veröffentlichten »Kon-
zernfinanzrichtlinien«. Diese bieten eine Orientierung für die Ausgestaltung eines Regel-
werks für das Finanzmanagement eines Unternehmens. Bewährt hat sich ein dreistufiges
Konzept, bestehend aus einer Rahmenrichtlinie, Funktionsrichtlinien (zum Beispiel für das
Cash Management, Risikomanagement, Asset Management) und funktionsbezogenen Ar-
beitsanweisungen. Über allem stehen die Unternehmensstrategie und die unternehmensweite
Risikostrategie.

3. Risikomanagementprozess

Ein systematisches Risikomanagement ermöglicht es, rechtzeitig Situationen zu erkennen und zu vermeiden, die negative Auswirkungen auf die Zielerreichung des Unternehmens haben können. Es ist die Aufgabe der Geschäftsleitung, einen strategischen und operativen Regelkreis in der Aufbau- und Ablauforganisation des gesamten Unternehmens zu verankern. Ist in kleinen und mittelständischen Unternehmen bisher noch kein Risikomanagementprozess etabliert, ist die Formulierung einer Einführungsstrategie empfehlenswert. Der Horizont sollte nicht mehr als zwölf Monate betragen. Im Rahmen der Einführung werden zunächst die größten Risiken identifiziert. Sofern eine Absicherung über Derivate das Ziel ist, wird mit wenigen Geschäften, die unter enger Beobachtung stehen, gestartet. Parallel werden die Dokumentation aufgebaut, weitere Risiken identifiziert, bewertet und ggf. in den Risikosteuerungsprozess integriert sowie aufbau- und ablauforganisatorische Rahmenbedingungen konkretisiert.

Im Rahmen des strategischen Risikomanagements erfolgen in der Regel jährlich die Identifikation und Bewertung von Risiken und die Überprüfung der Strategie. Es werden vorbehaltlos alle Risiken identifiziert, die in irgendeiner Form schlagend werden können. Bei der Risikobewertung wird festgestellt, ob das Risiko als unwesentlich eingestuft und somit vernachlässigt werden kann oder ob es ins operative Management aufzunehmen ist. Die Einschätzung der Risikosituation sollte für Dritte nachvollziehbar dokumentiert werden. Im Rahmen des operativen Risikomanagements erfolgen in zeitlich kürzeren Abständen, mindestens jedoch monatlich, die Messung, Steuerung und das Reporting der Risiken. Das operative Risikomanagement trägt Sorge dafür, Veränderungen in der Risikosituation des Unternehmens rechtzeitig zu erkennen und steuernd einzugreifen, sodass die Erreichung der Organisationsziele nicht gefährdet wird.

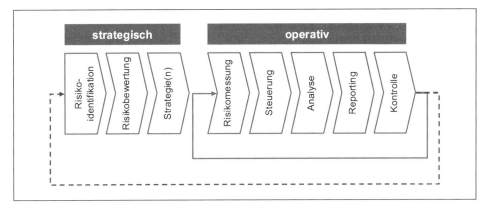

Abbildung 3: *Prozess der Risikomanagements*

3.1   Analyse der Ausgangssituation

Eine der ersten Handlungen bei der Einführung eines Risikomanagements ist die Analyse der Ausgangssituation. Diese bildet gewissermaßen den Startpunkt aller Optimierungsmaßnahmen. Erst wenn der Status quo bekannt ist, lassen sich darauf aufbauend Ziele und Strategien entwickeln. Schwerpunkt der Ist-Analyse ist eine auf die äußeren Rahmenbedingungen gerichtete Umweltanalyse und eine auf die internen Potenziale gerichtete Unternehmensanalyse. Ein Verfahren zur Analyse des gegenwärtigen Zustands als Voraussetzung der Strategiefindung ist die SWOT-Analyse. Mithilfe der SWOT-Analyse können aus der Markt-, Wettbewerbs- und Organisationsanalyse Stärken (strengths), Schwächen (weaknesses), Chancen (opportunities) und Bedrohungen (threats) abgeleitet werden. In einer Matrix werden die aus einer internen Analyse gewonnenen Stärken und Schwächen des Unternehmens kombiniert mit den aus einer Umweltanalyse gewonnenen Chancen und Risiken des Marktumfelds. Daraus ergeben sich in der Regel eine Vielzahl von Handlungsfeldern, die im Rahmen einer Strategieentwicklung konkretisiert werden. Obwohl die SWOT-Analyse ein Instrument der Strategiefindung ist und damit eher globalen Charakter hat, muss zeitnah im Rahmen einer detaillierten Risikoinventur festgestellt werden, welchen Risiken das Unternehmen auf dem Weg der Zielerreichung ausgesetzt ist. Da auch die Risikoinventur eine Bestandsaufnahme darstellt und die Risiken Teil der SWOT-Analyse sind, ist eine zeitliche Trennung nicht sachgerecht.

3.2   Risikoidentifikation und -beurteilung

Die Identifizierung der Risiken ist bereits Bestandteil der Analyse der Ausgangssituation und Voraussetzung für ein Risikomanagementsystem. Im Rahmen des strategischen Risikomanagement-Prozesses stellt die Risikoidentifikation und -bewertung den ersten Schritt dar, der oft auch als Risikoinventur bezeichnet wird. Idealerweise fällt dieser Prozess zusammen mit der strategischen Unternehmensplanung. Gegenstand der Analyse sind derzeit vorhandene Risiken und die bei der Umsetzung der Geschäftsstrategie potenziell entstehenden Risiken. Das Ziel der Risikoinventur ist es, das Risikomanagementsystem möglichst angemessen auf Umfang und Charakter der Risiken zuschneiden zu können. Für identifizierte Risiken werden bestehende **Verlustpotenziale** und **Eintrittswahrscheinlichkeiten** abgeschätzt. Folgende Abbildung zeigt beispielhaft eine Entscheidungsmatrix zur Erstellung eines Risikoprofils. Genauere Unterteilungen (zum Beispiel in einer 6x6-Matrix) sind möglich. Die Erhebung der Daten kann zum Beispiel durch Auswertung der Vergangenheit, durch Expertenbefragung oder durch Workshops erfolgen.

			Wesentlichkeit		
			gering	mittel	hoch
			• Finanzielle Folgen auf die Organisation wahrscheinlich kleiner als X • keine bzw. geringe Auswirkungen auf Strategie • kein bzw. geringes Interesse der Stakeholder	• Finanzielle Folgen auf die Organisation zwischen X und Y • mäßige Auswirk-ungen auf Strategie • mäßiges Interesse der Stakeholder	• Finanzielle Folgen auf die Organisation über Y • bedeutende Auswirk-ungen auf Strategie • starkes Interesse der Stakeholder
Eintrittswahrscheinlichkeit	hoch	• Risikofall ist schon mehrfach vorgekommen • Eintreten in der Zukunft ist wahrscheinlich • ein oder mehr Risikofälle pro Jahr			laufende Überwachung und Steuerung im Risikomanagement, enges Limitsystem, regelmäßiges und zeitnahes Reporting
	mittel	• Risikofall ist schon vorgekommen bzw. • Eintreten in der Zukunft ist nicht unwahrscheinlich • mehr als ein Risikofall in 10 Jahren			
	niedrig	• Risiko ist bisher nicht eingetreten bzw. • Eintreten in der Zukunft ist unwahrscheinlich • ein Risikofall in ca. 10 Jahren	Keine Steuerung, Überwachung einmal jährlich im Rahmen der Überprüfung der Risikostrategie		

Quelle: Eigene Darstellung in Anlehnung an Ferma-Risikomatrix, www.ferma.eu
Abbildung 4: *Matrix zur Risikobeurteilung;*

Das Ergebnis ist ein Risikoprofil, welches dem Unternehmen eine Identifikation der **wesentlichen** Risiken erlaubt und Anknüpfungspunkte für notwendige strategische und organisatorische Maßnahmen liefert. Das Risikoprofil liefert erste Hinweise, wie mit den identifizierten Risiken umgegangen werden sollte. Eine solch strukturierte Vorgehensweise trägt dazu bei, innerhalb der Organisation zu einer einheitlichen Risikowahrnehmung zu gelangen. Eine einheitliche, von der Geschäftsleitung determinierte Risikokultur trägt dazu bei, Risiken bereits auf operativer Ebene zu erkennen und ein ausgewogenes Verhältnis zwischen Risikofreude und Risikoscheu zu entwickeln

3.3   Geschäfts- und Risikostrategie

Nach der Analyse der Ausgangssituation ist zu überlegen, wie die daraus gewonnen Erkenntnisse am besten umgesetzt werden können. Es ist also eine Strategie zu entwickeln, die unter Berücksichtigung der Chancen und Risiken sowie der Stärken und Schwächen festlegt, welche Ziele vordergründig verfolgt und welche Produkte an welchen Märkten gehandelt werden sollen. Eine durch die Geschäftsleitung zu autorisierende Risikostrategie konkretisiert die Ergebnisse der Risikobewertung und legt fest, wie mit den Risiken verfahren werden soll (zum Beispiel Vermeiden, Abschluss von Versicherungen, Risikomanagement durch Derivate usw.). Sie ist Grundlage eines Limitsystems und damit Basis für Abweichungsanalysen. Aussagen in der Strategie müssen so konkret verfasst werden, dass eine Kontrolle der Zielerreichung möglich ist.

Die Angst vor Risiken sollte nicht zu einer Risikovermeidungsstrategie führen. Bei aller Beschäftigung mit den Risiken darf nicht vergessen werden, dass der Zweck jeder Unternehmensführung die Nutzung von Chancen ist, wobei risikolose Gewinne den Ausnahmefall darstellen. Eine Risikostrategie muss daher mit der übergeordneten – gegebenenfalls aus einer Vision abgeleiteten – Geschäftsstrategie harmonieren bzw. kann sogar in ihr integriert sein.

Die **Risikoneigung** und -toleranz der Organisation wird maßgeblich von der Geschäftsleitung bestimmt. Sie findet ihre Konkretisierung in der Strategie unter anderem durch folgende Festlegungen:

- Bestimmung der zur **Risikodeckung** reservierten Kapitalbestandteile (Risikotragfähigkeit).

- Definition des **Risikohorizonts** (Wird nur das laufende Jahr betrachtet oder auch Folgeperioden?).

- Festlegung des **Konfidenzniveaus** (Werden die Risikodeckungsmassen bereits durch relativ häufig eintretende Risiken aufgebraucht oder reichen sie auch für Risikofälle, die nur mit einer geringen Wahrscheinlichkeit erwartet werden?).

- Vorgaben für die Implementierung eines **Limitsystems** (Bis zu welchem Grad werden welche Risiken selbst getragen, wann erfolgt eine Absicherung?). Hierbei ist die gewünschte Struktur einer strategischen Asset Allocation zu berücksichtigen.

Eine schriftliche Dokumentation der Strategien, Verantwortlichkeiten und Rahmenbedingungen des Risikomanagements ist Ausdruck der Erwartungen und der Risikoneigung der Geschäftsleitung und gibt den Mitarbeitern den Rahmen vor, in dem sie sich bewegen können. Richtlinien, zum Beispiel im Treasury, unterstützen die Zielerreichung und reduzieren operationelle Risiken. Eine Richtlinie des Risikomanagements ist immer Ausdruck der **individuellen** internen und externen Rahmenbedingungen, der Risikotragfähigkeit und des Umfanges und Risikogehaltes der (geplanten) Geschäftsaktivitäten.

Auch bei der Absicherung von Rohstoffrisiken ist es sinnvoll, einige grundsätzliche Festlegungen in einer Strategie zu formulieren. Dabei ist es (zumindest als Gedankenmodell) hilfreich, zwischen einer Geschäftsstrategie und einer Risikostrategie zu unterscheiden. Bei einer großen Abhängigkeit von Rohstofflieferungen kann auch die Formulierung einer Beschaffungsstrategie sinnvoll sein. In der Geschäftsstrategie sollten Ziele festgelegt werden, die mit dem Preis- und Risikomanagement erreicht werden sollen. Dies könnte zum Beispiel die Stabilisierung des Jahresergebnisses sein oder die Motivation, durch Termingeschäfte Zusatzerträge zu erwirtschaften. Die Risikostrategie beinhaltet, in Abhängigkeit von der Geschäftsstrategie, Festlegungen, welche Risiken mit den Zielen der Geschäftsstrategie verbunden sind, wie hoch diese Risiken im Extremfall werden können und ob sie von der Organisation getragen werden können. Ziel der Geschäfts- und Risikostrategie ist damit, Sicherheit für das Unternehmen und Handlungssicherheit für die betroffenen Mitarbeiter, durch genehmigte Instrumente im Rahmen einer vorgegebenen Risikostrategie, die durch Limite operationalisiert ist, zu erhalten. Die Geschäfts- und Risikostrategie sollte dabei unbedingt schriftlich formuliert und von der Geschäftsleitung beschlossen werden.

Im Bereich Rohstoffmanagement sind folgende Festlegungen wichtig:

- Welche Zielsetzung hat das Rohstoffmanagement?

  Aus den Ergebnissen der Analyse der Ausgangssituation lassen sich die Ziele meist direkt ableiten. Die Zielsetzung könnte zum Beispiel lauten, alle in den nächsten zwölf Monaten geplanten Rohstoffeinkäufe über 500.000 EURO Gegenwert abzusichern. Ziel des Einsatzes derivativer Finanzinstrumente muss es sein, die Ausgaben für die Beschaffung von Rohstoffen zu reduzieren und zu stabilisieren und so die Marge des Unternehmens zu sichern. Ferner ist festzulegen, in welchem Maß Derivate auch zur Optimierung und Spekulation eingesetzt werden dürfen.

- Wie werden die Risiken ermittelt?

  Es ist die Frage zu beantworten, welcher Risikoart Priorität eingeräumt wird (Cashflow-Risiko oder Vermögensrisiko). Die Ermittlung des Cashflow-Risikos kann zum Beispiel durch Szenarioanalysen oder mittels Cashflow at Risk erfolgen. Zur Quantifizierung des Vermögensrisikos eignen sich ebenfalls Szenarioanalysen und der Value at Risk.

- Welche Instrumente werden zum Risikomanagement eingesetzt?

- Wie sind die konkreten Prozesse zum Handel, zur Abwicklung und um das Reporting der Geschäfte definiert?

  Es sind für die Absicherungsinstrumente Händlerzettel als Papiervorlage zu erstellen. Es muss festgelegt werden, wer die zulässigen Geschäfte mit welchem Kreditinstitut abschließen darf, wer die Zahlungen aus den Absicherungsgeschäften vornimmt und wer das Reporting in welchem Turnus erstellt.

Eine **Beschaffungsstrategie** gibt ebenfalls wichtige Hinweise, wie ein adäquates Preis- und Risikomanagement ausgestaltet sein muss. Hierbei wird festgelegt, wie der Prozess der Rohstoffbeschaffung vertraglich und organisatorisch ausgestaltet werden soll. In der Regel wird es nicht möglich sein, den Beschaffungszeitpunkt mit dem niedrigsten Preis zu prognostizieren. Es ist somit die Frage zu beantworten, zu welchem Zeitpunkt welche Produkte in welcher Höhe beschafft werden sollen.[2] Folgende Parameter haben unmittelbaren Einfluss auf die Organisation des Beschaffungsprozesses:

- **Kundenprofil**: Industrielle Endverbraucher sind besser informiert und legen größeren Wert auf marktaktuelle Preise. Je genauer Großkunden in der Lage sind, ihren zukünftigen Bedarf zu prognostizieren, desto detaillierter kann die Beschaffung strukturiert werden.

- **Risikoneigung**: Das Sicherheitsempfinden der Geschäftsleitung bestimmt, wie groß ungesicherte Positionen sein dürfen und in welchem Umfang die Umsetzung eigener Markterwartungen zulässig ist. Hierzu ist es erforderlich, sich der Risiken bewusst zu werden und zu überlegen, welcher Anteil des Betriebsergebnisses bzw. des Eigenkapitals maximal für die Deckung ungünstiger Marktentwicklungen bereitgestellt wird.

- **Risikotragfähigkeit und Mindestertrag**: Diese beiden Parameter bilden eine »natürliche« Ober- und Untergrenze. Die Risikotragfähigkeitsrechnung setzt auf aggregierter Ebene das für die Risikodeckung bereitgestellt Kapital mit den Risiken ins Verhältnis.

- **Technische Ressourcen**: Neben den für die reine Beschaffung notwendigen Ressourcen spielen beispielsweise auch die Lagerfähigkeit und die Lagermöglichkeiten eine wichtige Rolle. Auch die Möglichkeiten zur Eigenerzeugung bzw. zum Einsatz alternativer Energieträger sind zu berücksichtigen.

- **Personelle Ressourcen**: Die Mitarbeiter müssen in der Lage sein bzw. dazu befähigt werden, die Beschaffungsstrategie umzusetzen und zu überwachen.

Die Rohstoff-Strategie sollte nicht alleine stehen, sondern eingebettet sein in die meist ähnlichen Prozesse für das Kredit-, Liquiditäts-, Währungs- und Zinsmanagement.

3.4   Preisbeeinflussende Faktoren und Marktmeinung

Das Verständnis über die Wirkung der preisbeeinflussenden Faktoren und deren Beobachtung ist ein wichtiger Beitrag zur Optimierung des Risikomanagements bei Rohstoffen. Dabei wird es in der Regel darum gehen, die zukünftige Preisentwicklung des benötigten Rohstoffs zu prognostizieren und zu entscheiden, ob eine Absicherung sinnvoll ist. Da die Einflussfaktoren selten isoliert auftreten, liegt die Herausforderung letztendlich darin, deren Wirkung auf den Preis zu ermitteln. Eine Marktmeinung ist nicht erforderlich, wenn im Rahmen eines passiven Managements immer ein bestimmter Anteil des offenen Rohstoff-Exposures abgesichert wird. Bei einer solchen Strategie werden weiter in der Zukunft liegende Cashflows (geringere Eintrittswahrscheinlichkeit bzw. hohes Absatzrisiko) nur zu einem kleinen Prozentsatz und eher mit Optionen abgesichert (Worst-Case-Sicherung). Je näher der Zahlungszeitpunkt

---

2   Vgl. Ritzau/Hintze (2005).

rückt, desto größer wird die Absicherungsquote gewählt und desto eher wird auf unbedingte Termingeschäfte wie Futures, Forwards und Swaps zurückgegriffen. Auch bei einer solchen Strategie sollte auf eine Marktbeobachtung nicht verzichtet werden und sei es, um das Basisrisiko im Blick zu behalten.

Die Preisentwicklung von Rohstoffen ist von einer Vielzahl von Parametern abhängig. Alle diese Parameter haben letztlich Auswirkungen auf das Angebot und die Nachfrage nach einem bestimmten Rohstoff. Damit sich Unternehmen eine Marktmeinung bilden können, gilt es, die für den jeweiligen Rohstoff relevanten Parameter zu identifizieren, zu analysieren und regelmäßig zu beobachten. Dies kann zum Beispiel im Rahmen eines quartalsweise tagenden Treasury-Komitees erfolgen. Folgende Tabelle gibt einen Überblick über »typische« Faktoren, die Auswirkungen auf den Preis von Rohstoffen haben können und deren mögliche Interpretation (siehe auch Bernhard Herz und Christian Drescher im Beitrag „Rohstoffe und wirtschaftliche Entwicklung").

Preis beeinflussender Faktor	Beschreibung
Angebot und Nachfrage	Die Angebots- und Nachfragesituation von Rohstoffen unterliegt natürlichen und künstlichen Schwankungen, die es zu analysieren gilt. Zu den natürlichen Faktoren zählt das je nach Jahreszeit und Wetter schwankende Nachfrageverhalten der Verbraucher und Produzenten.
Produktionskosten	Die Produktionskosten inklusive Gewinnmarge bilden langfristig die Preisuntergrenze. Sinken die Preise an den Rohstoffmärkten unter ein kostendeckendes Niveau, werden die Produzenten früher oder später die Produktion einstellen. Ein nachhaltig hoher Marktpreis macht die Erschließung bisher unrentabler Rohstofflagerstätten wirtschaftlich. Dies führt wiederum zu einem steigenden Angebot in der Zukunft. Produktionskosten werden unter anderem beeinflusst durch die Kosten für die Suche und Erschließung neuer Lagerstätten (Exploration), Lohnniveau, Förderkosten, sonstige Auflagen (z. B. für Umweltschutz).
Konjunktur	Eine gut funktionierende Wirtschaft erhöht den Bedarf an Rohstoffen. Neben der globalen Entwicklung entfaltet auch die regionale und branchenbezogene Konjunkturentwicklung ihren Einfluss.
Spotpreis	Der Preis an den Kassamärkten hat einen nicht zu vernachlässigenden Einfluss auf den Preis an den Terminmärkten. Dabei gilt: Die preisbeeinflussende Wirkung bestimmter Faktoren ist am größten auf den Spotpreis. Je weiter die Fälligkeit des Termingeschäfts in der Zukunft liegt, desto schwächer wird der Einfluss.
Lagerbestände	Die Höhe der Vorräte ist ein Indikator für die Verfassung der Angebotsseite. Sie signalisieren, in welchem Umfang eine kurzfristige Rohstoffversorgung gewährleistet werden kann. Nehmen die Lagerbestände ab, heißt dies, dass es bei der kurzfristigen Rohstoffversorgung zu einem Engpass kommen könnte. Zur Sicherung ihres Bedarfs werden Konsumenten bereit sein, einen höheren Preis zu zahlen. Lagerbestände unterliegen häufig saisonalen Schwankungen.

Preis beeinflussender Faktor	Beschreibung
Reserven und Ressourcen	Bereits durch die Unterscheidung in nicht erneuerbare, fossile Energieträger und erneuerbare Energien wird deutlich, dass der größte Teil der heute verwendeten Energieträger nicht unbegrenzt zur Verfügung steht. Wie lange die konventionellen Energieträger tatsächlich noch reichen werden, hängt unter anderem davon ab, in welchem Umfang Ressourcen nutzbar gemacht werden können.
Förderverhalten	Politische und ökonomische Gründe führen dazu, dass Länder und Unternehmen nicht immer das Maximum an Rohstoffen dem Markt zur Verfügung stellen. Vielmehr wird die Steuerung der Förderquoten aktiv als Mittel der Preisbeeinflussung (z. B. OPEC) oder als politisches Druckmittel (z. B. Russland und Ukraine) gesehen.
Transformationskapazitäten	Rohstoffe werden von Verbrauchern selten in ihrer natürlichen Form benötigt. Vielmehr durchlaufen sie z. B. in Raffinerien einen Veredelungsprozess. Die wachsende Nachfrage nach Erdölprodukten sorgt für eine hohe Auslastung der Raffinerien. Die Kapazitäten der Raffinerien stellen somit einen weiteren Engpassfaktor bei der Rohstoffversorgung dar. Kommt es hier zu Störungen, kann dies schnell zu Verknappungen beim Öl und demzufolge zu steigenden Preisen führen.
Markterwartungen	Neben der aktuellen Versorgungs- und Preissituation spielen auch die Erwartungen der Marktteilnehmer bezüglich der zukünftigen Marktentwicklung eine große Rolle beim Angebots- und Nachfrageverhalten. Marktteilnehmer sind, neben Produzenten und Verbrauchern mit Absicherungsbedarf, auch Anleger und Spekulanten. Nicht immer muss die Einschätzung der aktuellen Situation mit der zukünftigen Markterwartung übereinstimmen. Ein Indikator für diese Einschätzung bieten die in Terminkurven dargestellten Preise von Futures mit unterschiedlichen Fälligkeiten.
Jahreszeit	Der jahreszeitliche Verlauf im Energiebereich hat zu einem großen Teil mit der Heizperiode auf der nördlichen Erdhalbkugel zu tun. So kommt es bei Heizöl in den Sommermonaten aufgrund des geringeren Bedarfs meist zu günstigeren Preisen als im Winter.
Wetter	Sondereinflüsse, wie ungewöhnliche Klimaentwicklungen, die Auswirkungen auf Produktionsergebnis und Bedarf haben können, spielen eine wichtige Rolle bei der Preisentwicklung von Rohstoffen.
Politik	Darunter zu subsumieren sind die Auswirkungen politischer Eingriffe in den Markt durch Regulierungsbehörden, Subventionspolitik, Besteuerung bestimmter Energieträger usw.
Technik	Der Stand der Technik und deren zukünftige Entwicklung spielen auf allen Stufen der Rohstoffversorgung eine wichtige Rolle. Technologische Verbesserungen tragen zur Erschließung neuer Reserven bei, verbessern die Ausbeute der Lagerstätten, sorgen für eine effektivere Verarbeitung und eine energiesparende Verwendung.

Preis beeinflussender Faktor	Beschreibung
Substitutionsmöglich-keiten	Rohstoffe werden international gehandelt und stehen miteinander im Wettbewerb. Zum Beispiel wird es ab einem bestimmten Öl-preis für Verbraucher günstiger, die Energieversorgung durch einen anderen Rohstoff (z. B. Kohle) sicherzustellen. Daraus ergibt sich, dass der Preis vieler Energierohstoffe steigt, wenn der Ölpreis steigt.
Transport und Fracht	Die Verwendung von Rohstoffen im Produktionsprozess macht es nötig, dass diese am Produktionsort zur Verfügung stehen. Die damit verbundenen Kosten erhöhen den Endpreis.

Tabelle 1: *Preis beeinflussende Faktoren*

3.5   Risikomessung

Risikoidentifikation und -bewertung sowie die Risikostrategie sind Bausteine des strategi-schen Risikomanagements. Dies ist die Grundlage für das nun folgende operative Risikoma-nagement, beginnend mit der Risikomessung. Zur Quantifizierung von Risiken existieren mehrere Verfahren (siehe Abbildung), auf die jedoch an dieser Stelle nicht vertiefend einge-gangen wird.

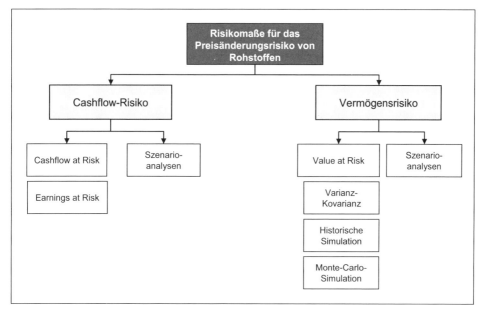

Abbildung 5:   *Methoden zur Quantifizierung des Preisänderungsrisikos*

In der Strategie oder, bei großen Organisationen, in einer separaten Dienstanweisung ist fest-zulegen, nach welchen Verfahren die als wesentlich definierten Risiken zu messen sind. Die Komplexität der Verfahren sollte der Höhe der Risiken angemessen sein. Wurde beispielswei-se in der Risikoanalyse festgestellt, dass bereits gewöhnliche Preisänderungen bei Rohstoffen eine große Wirkung auf den Jahresüberschuss haben, muss die Messung der Risiken genau sein und häufig erfolgen, sodass Steuerungsmaßnahmen unmittelbar wirken können. In die-sem Zusammenhang ebenfalls von Bedeutung ist, die Grenzen und Prämissen der verwende-ten Methode zu kennen (Modellrisiko). Wird beispielsweise das Vermögensrisiko mit dem Value at Risk quantifiziert, ist zu berücksichtigen, dass Basis der Berechnungen meist histori-sche Preisentwicklungen sind. An der Preisentwicklung von Rohöl ist sehr gut zu erkennen, dass die Risikoquantifizierung allein auf Basis historischer Daten nicht ausreichend ist. Ob-wohl eine sehr lange Historie vorliegt, hätte der enorme Preisanstieg ab dem Jahr 2004 und der stärke Rückgang in der zweiten Jahreshälfte 2008 zu Ausreißern geführt. Dem kann im gewissen Umfang durch Szenarioanalysen begegnet werden. Dennoch ist auch für die Zu-kunft nicht ausgeschlossen, dass es zu Preisentwicklungen kommt, die über Werte der Ver-gangenheit und die Erwartungen der Marktteilnehmer hinausgehen.

3.6   Risikosteuerung

Grundsätzlich gilt, dass die Übernahme von Risiken für gewinnorientierte Unternehmen unvermeidlich ist. Eine allein auf Vermeidung von Risiken ausgerichtete Strategie kann somit nicht sachgerecht sein, da diese auch den Verzicht auf Chancen bedeuteten würde. Wurde im Rahmen des Risikomanagementprozesses ein Handlungsbedarf erkannt, so stehen verschie-dene Möglichkeiten zur Verfügung.

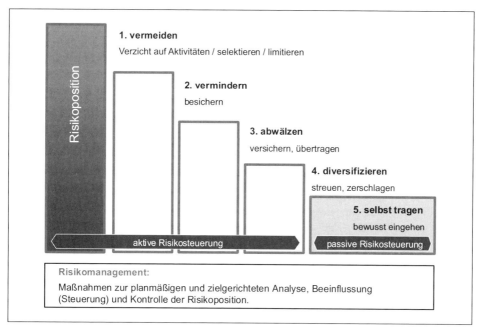

Abbildung 6: *Maßnahmen des Risikomanagements*

Kommen Finanzderivate als Instrument zur Übertragung des Marktpreisrisikos auf Dritte zur Anwendung, ist dem Basisrisiko besonderes Augenmerk zu widmen. Bei OTC-Produkten wie Swaps besteht häufig die Möglichkeit, eine direkte Absicherung oder einen sogenannten Proxy Hedge zu wählen. Erfolgt bei fehlendem Terminmarkt trotzdem eine direkte Absicherung, kann zwar das Basisrisiko reduziert werden, gleichzeitig steigen jedoch die Absicherungskosten.

Dies soll an folgendem Beispiel erläutert werden. Ziel ist die Absicherung von Heizöl HEL und HSL am Ort »Rheinschiene«. Für den Kauf von Swaps stehen mehrere Alternativen mit individuellen Vor- und Nachteilen zur Verfügung:

Direkte Absicherung über HEL/HSL	
Die Preise für HEL/HSL werden vom Statistischen Bundesamt aufgezeichnet und einmal pro Monat für verschiedene Orte veröffentlicht. Die Währung des Swaps lautet auf EURO. Volumenangaben für HEL erfolgen in EUR/hl und für HSL in EUR/MT. Im Gegensatz zur Preisangabe des Statistischen Bundesamtes werden beim Swap Mineralölsteuer und Abgabe für Erdölbevorratung (EBV) nicht berücksichtigt.	
Vorteile:	Das Unternehmen trägt kein Basisrisiko, da der dem Swap zugrunde liegende Rohstoff mit dem abzusichernden Rohstoff identisch ist.
Nachteile:	Da für Heizöl in Deutschland kein liquider Terminmarkt vorhanden ist, kann sich der Verkäufer des Swaps (die Bank) nur über einen anderen Terminmarkt absichern. Das dadurch entstehende Basisrisiko wird als Aufschlag auf den Swappreis zu berücksichtigen sein.

Proxy Hedge	
Die Inflexibilität und die Intransparenz der Preisfindung sind als Nachteil einer direkten Heizölabsicherung zu sehen. Ein Proxy Hedge der entsprechenden finanziell international handelbaren Ölprodukte ICE Gasoil (als Äquivalent für HEL) bzw. Fueloil 1% fob bgs RDM (als Äquivalent für HSL) erscheint sinnvoll. Als Referenzpreis kann sowohl der Preis zu einem bestimmten Termin als auch der monatliche Durchschnittspreis dienen. Die Währung des Swaps lautet auf EURO oder US-Dollar. Volumenangaben erfolgen in metrischen Tonnen (MT).	
Vorteile:	Hohe Preistransparenz, da Preise für diese Ölprodukte kontinuierlich festgestellt und entsprechende Abrechnungspreise täglich veröffentlicht werden.
Nachteile:	Es entsteht ein Basisrisiko, da der dem Swap zugrunde liegende Rohstoff mit dem abzusichernden Rohstoff nicht identisch ist. Jedoch konnte in der Vergangenheit eine hohe Korrelation zwischen HEL und ICE Gasoil bzw. HSL und Fueloil festgestellt werden. Zur Bestimmung der Absicherungsmenge ist ggf. eine Anpassung der Mengeneinheiten notwendig. Der internationale Handel erfolgt in US-Dollar. Die Umrechnung in EURO erfolgt zum jeweiligen am Abrechnungstermin gültigen Wechselkurs bzw. zum monatlichen Durchschnittskurs.

Tabelle 2: *Direkte vs. indirekte Absicherung*

3.7   Risikotragfähigkeit

Um ernsthaft entscheiden zu können, wie mit Risiken umgegangen werden soll, sind sie unter Berücksichtigung der absoluten Höhe und der Eintrittswahrscheinlichkeit einer im Vorfeld definierten Risikodeckungsmasse gegenüberzustellen. Risikotragfähigkeit ist grundsätzlich gegeben, wenn durch die Risikodeckungsmasse alle wesentlichen Risiken laufend abgedeckt sind. Die Risikotragfähigkeit beschreibt, welche potenziellen Deckungsmassen dem Unternehmen zur Risikodeckung zur Verfügung stehen. Typischerweise sind dies neben den stillen Reserven und dem Jahresgewinn auch die Gewinnrücklagen und das Eigenkapital. Im Rahmen dieser Möglichkeiten wird von der Geschäftsleitung entsprechend ihrer Risikoneigung festgelegt, welcher Anteil der Deckungsmasse für welche Risikofälle tatsächlich zur Verfügung gestellt wird (Budgetierung). Diese Risikobudgets werden dann in Form von Limiten auf die relevanten Risikoarten verteilt. Die Risikoneigung eines Unternehmens zeigt sich bei der Gegenüberstellung von Risiken und Risikodeckungsmassen. Die Inanspruchnahme von Eigenkapitalpositionen zur Risikodeckung sollte den selten eintretenden, schweren Risiken vorbehalten bleiben. Eine Reduzierung des Eigenkapitals aufgrund von Verlusten hat nicht selten eine hohe Öffentlichkeitswirkung zur Folge. Kapitalgeber werden verunsichert und sind nicht mehr bereit, Eigen- oder Fremdkapital zur Verfügung zu stellen. Dies führt zur Verschlechterung der Finanzierungsbedingungen und ggf. zu einer Herabstufung des Ratings. Ebenfalls von Bedeutung in diesem Zusammenhang ist die Frage, wie oft hintereinander ein schwerer Risikofall ausgehalten werden könnte. Die Risikoneigung der Geschäftsleitung bestimmt auch, wie groß ungesicherte Positionen sein dürfen und in welchem Umfang die Umsetzung eigener Markterwartungen zulässig ist. Hierzu ist es erforderlich, sich der Risiken bewusst zu werden und zu überlegen, welcher Anteil des Betriebsergebnisses bzw. des Eigenkapitals maximal für die Deckung ungünstiger Marktentwicklungen bereitgestellt wird. Ebenfalls Ausdruck der Risikoneigung ist es, ob Wechselwirkungen zwischen den Risiken berücksichtigt werden oder alle Risiken zum Gesamtrisiko addiert werden.

3.8   Risikoreporting

Aufgabe der Risikoberichterstattung ist es, die Geschäftsleitung und Aufsichtsorgane in angemessenen Abständen mit relevanten Informationen zu unterstützen. Ein Reportingsystem kann immer nur so gut sein, wie die vorhergehenden Prozesse (Risikoidentifikation, Strategie, Limite usw.). Es muss adressatengerecht und entscheidungsorientiert sein und unterstützt die Risikoanalyse und Maßnahmenableitung.

Adressaten der regelmäßigen, mindestens monatlichen Risikoberichterstattung sind üblicherweise die Geschäftsleitung, das Controlling und das Rechnungswesen. Ein längerer Zyklus (zum Beispiel vierteljährlich) gilt in der Regel für die Berichterstattung an die Aufsichtsorgane. Davon unabhängig müssen für das Treasury verantwortliche Personen **zu jedem Zeitpunkt** über die Situation in »ihrem« Portfolio informiert sein. Dies ist zwingende Voraussetzung, um in Form einer Ad-hoc-Berichterstattung auf besondere Ereignisse reagieren zu können.

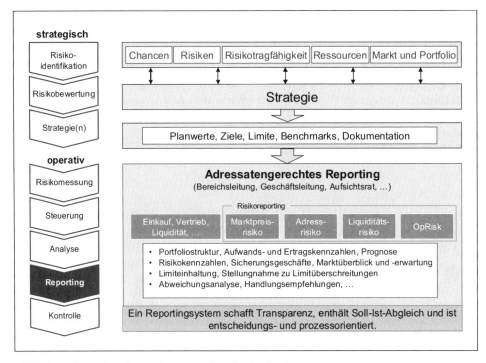

Abbildung 7: *Einordnung des Reportings in das Risikomanagement*

Neben der Limitauslastung des Vermögensrisikos und des Cashflow-Risikos könnte die Berichterstattung noch zu folgenden Punkten Stellung nehmen:

- Cashflow-Struktur (Zeitpunkte und Volumina geplanter Rohstoffeinkäufe und -verkäufe),

- Analyse der im Portfolio enthaltenen und sich entwickelnden Risikopositionen sowie Vorschläge zur Steuerung,

- Marktanalyse (Preisentwicklung, Marktmeinung, Analyse preisbeeinflussender Faktoren),

- Bestätigung der Limiteinhaltung und Verbindung zum Grundgeschäft, Stellungnahme zu Limitüberschreitungen,

- Zahl, Umfang, Marktwert und Erfolg der Derivate,

- Handlungsempfehlungen, neue Produkte, geplante Aktivitäten.

4. Organisatorische Anforderungen an ein aktives Risikomanagement

Die Erfüllung bestimmter organisatorischer Anforderungen dient der Reduzierung operationeller Risiken. Ausgestaltung und organisatorische Anforderungen an ein Risikomanagementsystem sind abhängig von der Unternehmensgröße, dem Umfang und Risikogehalt der (geplanten) Geschäftsaktivitäten sowie dem Verhältnis von Risiken und Risikodeckungsmassen (Risikotragfähigkeit). Der Komplexitätsgrad sollte immer erst dann gesteigert werden, wenn praktikable Verfahren nicht mehr angemessen sind.

4.1 Neue Produkte und Märkte

Die Einführung eines Treasurymanagements unter der Verwendung von Derivaten wird in der Regel in einem mehrstufigen Prozess erfolgen, bei dem mit einem Derivat (zum Beispiel Swap) und wenigen Geschäften begonnen wird. Erst, wenn dieses Produkt von allen Beteiligten sicher beherrscht wird, kann mit dem laufenden Handel begonnen werden. Diese strukturierte Vorgehensweise, bei der von Anfang an alle betroffenen Mitarbeiter einbezogen werden, sorgt dafür, dass auch komplexe Produkte sicher beherrscht werden.

Von einem neuen Produkt oder einem neuen Markt spricht man, wenn das Geschäft

- mit dem vorhandenen Know-how der Mitarbeiter,
- mit der gegenwärtigen technischen Ausstattung,
- im Rahmen der bisherigen Prozessabläufe oder
- auf Basis der vorhandenen rechtlichen Vereinbarungen

nicht mehr abgewickelt werden kann. In diesem Fall ist die Durchführung eines Neue-Produkte-Prozesses erforderlich. Bestehen bereits Erfahrungen mit dem Management von Zins- und Währungsrisiken durch Swaps und sollen diese Erfahrungen auf das Management von Rohstoffrisiken ausgedehnt werden, handelt es sich um einen neuen Markt. Produkte-Märkte-Prozesse bieten folgende Vorteile:

- Aufschluss über die Verhaltensweisen des Produkts,
- Erkenntnisse über Erträge und Kosten,
- Beurteilung der Probleme und Risiken,
- Verringerung der operationellen Risiken.

Im Rahmen dieses Prozesses gilt es, das neue Produkt bzw. den neuen Markt in die Ablauforganisation des Unternehmens zu integrieren, Bewertungsmöglichkeiten für das neue Produkt zu finden und die Mitarbeiter so zu qualifizieren, dass ein sachgerechter Umgang mit dem Produkt bzw. Markt möglich ist. Für die Aufnahme von Aktivitäten in neuen Produkten oder auf neuen Märkten ist vorab ein **Genehmigungsprozess** zu durchlaufen. Mindestanforderungen an diesen Prozess sind in den Organisationsrichtlinien zu dokumentieren. Betroffene Bereiche, die an diesem Prozess zu beteiligen sind, sind in der Regel Treasury, Abwicklung, Controlling, Rechnungswesen, EDV, Rechtsabteilung und gegebenenfalls die Innenrevision. Des Weiteren kann es sinnvoll sein, die Geschäftsleitung und Aufsichtsorgane rechtzeitig über geplante Aktivitäten zu informieren bzw. sie in den Genehmigungsprozess zu integrieren. Die Initiative für die Einführung neuer Produkte geht in der Regel vom Treasury oder vom Risikocontrolling aus. Bestandteil des Genehmigungsprozesses sollte ein **Fachkonzept** sein, das mindestens die folgenden Punkte abdeckt:

- **ausführliche Produktbeschreibung**: Bezeichnung, Zusammensetzung, Marktzuordnung, Handelsplätze, Handelsusancen, Marktliquidität, bilanzielle und steuerrechtliche Behandlung, typische Einsatzmöglichkeiten, Chance- und Risikoprofil, Bewertung, Worst-Case-Szenarien, geplantes Volumen, Laufzeit;

- **geschäftspolitische Zielsetzung**: Ziel, welches mit der Produkteinführung verfolgt wird. Übereinstimmung mit Geschäfts- und Risikostrategie;

- **Grundgeschäft**: aktuelle Portfolioaufstellung, Chance- und Risikoprofil vor und nach Produkteinführung, aktuelle Markteinschätzung und Marktmeinung;

- **Organisation**: Handelskompetenzen, Kontrahenten, Abwicklung, Bewertungs- und Reportingzyklen, Einhaltung bestehender Limite, neue Limite, technische Ausstattung, Marktdatenversorgung, Prüfung der Marktgerechtigkeit, Jahresabschluss;

- **Einführungsprozess**: Beteiligte Personen, Kosten, Zeitplan, Schulungen.

Gerade bei Geschäften, die nicht unerhebliche finanzielle Verpflichtungen nach sich ziehen können, hat es sich in der Praxis bewährt, im Rahmen der Produkteinführung die Zusammenarbeit zwischen Geschäftsabschluss, Abwicklung, Risikomanagement und Überwachung an einem Testgeschäft zu simulieren. Je nach Umfang und Risikogehalt kann ein Testgeschäft intern bzw. unter Hinzuziehung des (zukünftigen) Geschäftspartners erfolgen. Im ersten Fall werden Geschäftsabschluss und weitere Verarbeitung lediglich simuliert. Im zweiten Fall erfolgt im überschaubaren Umfang der tatsächliche Geschäftsabschluss. Von allen beteiligten Mitarbeitern werden die Arbeitsschritte dokumentiert und auf Schwachstellen analysiert. Der Handel ist nur mit Produkten gestattet, die den Einführungsprozess durchlaufen haben und in einem Produktkatalog aufgenommen wurden.

4.2 Personelle und technische Ausstattung

Personelle Voraussetzungen

Sowohl in quantitativer als auch in qualitativer Hinsicht müssen die Mitarbeiter die Produkte beherrschen und in der Lage sein, die mit dem Risikomanagement verbundenen Aufgaben zu erfüllen. Das heißt, sie müssen über die entsprechenden Kompetenzen und Verantwortlichkeiten und über die erforderlichen Kenntnisse und Erfahrungen verfügen. Durch geeignete Maßnahmen ist zu jeder Zeit zu gewährleisten, dass das Qualifikationsniveau der Mitarbeiter angemessen ist. Ebenso sollte die Abwesenheit oder das Ausscheiden von Mitarbeitern nicht zu nachhaltigen Störungen der Betriebsabläufe führen (Vertretungsregeln).

Technische Voraussetzungen

Die Datenverarbeitungssysteme sind den mit dem Einsatz derivativer Produkte verbundenen Anforderungen anzupassen. Sie müssen die Echtheit, Verfügbarkeit und Sicherheit der Daten sowie die Umsetzung der Funktionstrennung gewährleisten. Dazu kann beispielsweise ein Dateninformationssystem gehören, das den beteiligten Personen stets einen Überblick über die aktuelle Marktentwicklung erlaubt. Noch wichtiger ist jedoch die Möglichkeit, zeitnah Informationen über den Erfolg in der Vergangenheit getätigter Absicherungsgeschäfte zu erhalten.

4.3 Funktionstrennung

Eine durchgängige organisatorische Funktionstrennung von Geschäftsabschluss (Treasury), Abwicklung (Back Office) und Risikoüberwachung (Controlling) gehört zu den zentralen Aspekten einer risikobewussten Organisationsgestaltung. Die Trennung dieser Verantwortungsbereiche vermindert die Entstehung von Fehlerquellen insbesondere bei den direkt mit dem Geschäftsabschluss beauftragten Personen. Je nach Art, Umfang, Komplexität und Risikogehalt der Geschäftsaktivitäten sind Funktionsbereiche sowohl ablauforganisatorisch als auch aufbauorganisatorisch in unterschiedlichen Ausprägungsstufen voneinander zu trennen. Auch wenn die Treasuryaktivitäten keine aufbauorganisatorische Trennung – also eine eigene Abteilung – rechtfertigen, so ist darauf zu achten, dass Personen, die Geschäfte abschließen, nicht mit deren Kontrolle und Abwicklung beauftragt sind. Praktisch bedeutet dies beispielsweise, dass sie nicht Empfänger von Geschäftsbestätigungen sein dürfen. Eine relativ einfach umzusetzende Variante der Funktionstrennung ist das sogenannte »Vier-Augen-Prinzip«. Dieses sollte bei allen Tätigkeiten des Treasury Standard sein. Eine Funktionstrennung auf personeller Ebene muss auch durch die EDV unterstützt werden.

Treasury

Der Handel in zugelassenen Produkten und mit zugelassenen Kontrahenten erfolgt durch das Treasury. Aufgabe des Treasury ist auch die Einholung und Auswertung von Angeboten. Dies setzt eine regelmäßige Analyse der Märkte und des Portfolios voraus. Die »Ernennung« zum Händler erfolgt schriftlich durch eine übergeordnete Stelle (zum Beispiel durch die Geschäftsleitung). Kontrahenten werden zeitnah über die Ernennung und das Ausscheiden von Händlern informiert.

Basis einer Handelsentscheidung ist in der Regel eine Marktmeinung. Diese sollte nicht nur im Kopf des Händlers vorhanden sein, sondern revisionssicher dokumentiert werden. Die Marktmeinung ist Grundlage von Handelsentscheidungen, sie hat somit direkte Auswirkungen auf den Jahresüberschuss eines Unternehmens. Aufgrund der Bedeutung der Marktmeinung sollte die Meinungsbildung durch einen strukturierten und regelmäßigen Prozess in einem Komitee (Treasury-Komitee, Anlageausschuss) getroffen werden, an dem die Geschäftsleitung direkt beteiligt ist bzw. über dessen Ergebnisse sie regelmäßig informiert wird. Je nach Umfang und Risikogehalt der Geschäftsaktivitäten kann der Überprüfungsturnus der Marktmeinung zwischen monatlich und vierteljährlich liegen. Der Horizont beträgt in der Regel zwischen drei Monaten und einem Jahr. Geschäftsaktivitäten sind so an veränderte Markterwartungen anzupassen, dass das Erreichen der Organisationsziele gewährleistet bleibt. Alle Geschäftsabschlüsse haben grundsätzlich zu marktgerechten Konditionen zu erfolgen und sind unverzüglich zu dokumentieren. Grundlage ist ein Händlerzettel. Dieser ist für die Kontrolle der Marktgerechtigkeit und zur EDV-Erfassung an die Abwicklung zu übermitteln.

Abwicklung und Kontrolle

Vereinbarungen an den Geld- und Kapitalmärkten kommen durch Verträge zustande. Dabei ist es nicht unüblich, dass diese Verträge mündlich abgeschlossen werden und eine schriftliche Bestätigung im Nachgang erfolgt. Da solche Vereinbarungen erhebliche Verpflichtungen hervorrufen können, ist der Geschäftsabschluss mit besonderer Sorgfalt durchzuführen. Aufgabe des Backoffice ist es, auf Basis der vom Treasury erhaltenen Abschlussdaten eine ordnungsgemäße Abwicklung und Kontrolle der Finanztransaktionen zu gewährleisten. Die Kontrolle der Handelsgeschäfte sollte unmittelbar (zum Beispiel innerhalb von 30 Minuten) nach deren Abschluss erfolgen. Fehlerhaft abgeschlossene Geschäfte können so kurzfristig storniert bzw. wieder aufgelöst werden, und der daraus entstehende Schaden wird begrenzt. Insbesondere ist zu kontrollieren, ob

- die Geschäftsunterlagen vollständig und zeitnah vorliegen,

- die Angaben der Händler richtig und vollständig sind und, soweit vorhanden, mit den Angaben auf Maklerbestätigungen, Ausdrucken aus Handelssystemen oder Ähnlichem übereinstimmen,

- die Abschlüsse sich hinsichtlich Art und Umfang im Rahmen der festgesetzten Limite bewegen,

- marktgerechte Bedingungen vereinbart sind und

- Abweichungen von vorgegebenen Standards (zum Beispiel Stammdaten, Anschaffungswege, Zahlungswege) vereinbart sind.

Zu den Aufgaben der Abwicklung gehören auch die Eingangsüberwachung und Kontrolle von Geschäftsbestätigungen und die Abwicklung des Zahlungsverkehrs. Die Geschäftsbestätigungen werden vom Kontrahenten verschickt und sind direkt an die Abwicklungsabteilung zu adressieren.

4.4 Limitsystem

Wenn Risiken identifiziert sind, ist ein Limitsystem einzurichten, das den Risiken bestimmte Risikodeckungsmassen (zum Beispiel Reserven, Jahresüberschuss, Eigenkapitalbestandteile) gegenüberstellt und so gewährleistet, dass jederzeit Risikotragfähigkeit gegeben ist. Dabei sollte möglichst für alle wesentlichen Risiken ein Limit vergeben werden und darüber hinaus ausreichend Kapital vorhanden sein, um auch unvorhergesehene Risiken abzudecken. Überdies dient die Einbindung eines Limitsystems in ein Reportingsystem dazu, die Geschäftsleitung jederzeit über die Risikosituation zu informieren. Im Rahmen der Risikosteuerung fungiert die Limitauslastung als eine Art Frühwarnsystem für eine Risikoentwicklung und signalisiert, ob Handlungsbedarf besteht. Limite dienen der Einhaltung getroffener Entscheidungen zur Zielerreichung. Weiterhin sind sie Mittel zur Risikoverteilung. Sie tragen dazu bei, dass auch bei Eintritt der Risiken der Fortbestand der Organisation nicht gefährdet wird. Limite sind somit ein Instrument zur Strategieumsetzung und Überwachung.

Folgende Limite kommen im Treasurymanagement häufig zum Einsatz:

- **Kontrahentenlimite**: Die ratingabhängige Volumenbegrenzung dient der Diversifizierung auf mehrere Kontrahenten und damit der Begrenzung des Kontrahentenrisikos sowie der Verbesserung der Informationslage.

- **Produktlimite**: Begrenzung der handelbaren Produkte (zum Beispiel Begrenzung von Art, Volumen und Laufzeit von Derivaten).

- **Marktlimite**: Begrenzung der Märkte, auf denen gehandelt werden darf (zum Beispiel Fremdwährungslimite, Länderlimite).

- **Strukturlimite**: zum Beispiel Begrenzung des Anteils aller variabel verzinslichen Positionen am gesamten Kreditportfolio; Einhaltung einer gewünschten Bilanzstruktur (»Goldene Bilanzregel«).

- **Limite der Liquiditätssteuerung**: Auszahlungen der nächsten … Tage/Wochen/Jahre müssen sichere Einzahlungen in gleicher Höhe zuzüglich einer Liquiditätsreserve von … gegenüberstehen.

- **Risikolimite**: Direkte Begrenzung der Risiken (zum Beispiel Höhe des Zinsänderungsrisikos, Adressrisikos, …).

Im Zusammenhang mit der Bereitstellung von Limiten sind Meldegrenzen zu definieren, die je nach Limitauslastung die Abarbeitung eines festgelegten Maßnahmenkatalogs erfordern (zum Beispiel Information der Geschäftsleitung, Maßnahmen zur Verringerung der Limitauslastung, sofortige Glattstellung der Position). In diesem Zusammenhang ist es sinnvoll, Limite so zu gestalten, dass daraus Steuerungsimpulse für das operative Geschäft zu erwarten sind. Das heißt, Limite sollten nicht zu eng sein, jedoch so gestaltet werden, dass bei deren Erreichen Maßnahmen im Rahmen der üblichen Reporting- und Entscheidungswege umgesetzt werden können, ohne die operativen Ziele zu gefährden. Im Rahmen der jährlichen Strategieüberprüfung und Festlegung der Risikodeckungsmassen ist auch eine Überprüfung des Limitsystems vorzunehmen.

5. Fazit

Die Sub-Prime-, Finanz- bzw. Wirtschaftskrise hat allen Marktteilnehmern einmal mehr vor Augen geführt, dass hohe Gewinne nur in Kombination mit hohen Risiken erzielbar sind. Dabei lebt ein gutes Risikomanagement nicht so sehr von der Komplexität der angewandten Verfahren, sondern vielmehr von dem guten Willen aller Beteiligten. Welche Bedeutung dem Risikomanagement beigemessen wird, hängt unter anderem ab von der Größe und damit Verantwortung des Unternehmens sowie den Risiken im Verhältnis zum Risikodeckungspotenzial. Unternehmen, die Risikomanagement ernst nehmen, haben eine größere Chance auf ein langfristiges und stabiles Wachstum. Solche Unternehmen wissen, welche Chancen sie nutzen können und ab wann die Risiken nicht mehr tragfähig sind. Werden Unternehmensziele verfehlt, deutet dies immer darauf hin, dass Risiken schlagend geworden sind und nicht ausreichend gegengesteuert wurde. Ehrlicherweise sollte eine Ursachenanalyse nicht nur bei negativen Zielabweichungen ansetzen, sondern auch bei über den Erwartungen liegenden Ergebnissen. Auch hohe Gewinne sind ein Ausdruck für hohe Risiken. Entscheidend ist es, diese Risiken rechtzeitig zu erkennen und zu überlegen, wie mit ihnen umgegangen werden soll.

Literatur

ARBEITSKREIS ON-W 1113 DES ÖSTERREICHISCHEN NORMUNGSINSTITUTS ON (2008): Risikomanagement für Organisationen und Systeme – Zur Neuausgabe der ON-Regeln ONR 49000 – Anwendung von ISO/DIS 31000 in der Praxis, 2008

FERMA (2003): Der Risikomanagement-Standard, 2003

KÜHNE, J. (2008A): Revenue – Einführungs- und Umsetzungsleitfaden Professionelles Risikomanagement und Risikocontrolling; exklusiv für Deutsche Bank AG, Capital Market Sales; Potsdam 2008

KÜHNE, J. (2008B): Revenue – Einführungs- und Umsetzungsleitfaden Professionelles Rohstoffmanagement; exklusiv für Deutsche Bank AG, Capital Market Sales; Potsdam 2008

RITZAU, M./HINTZE, D. (2005): Beschaffungsstrategien an der Schnittstelle Energiehandel/Vertrieb; in: Zenke/Schäfer (Hrsg.), Energiehandel in Europa, München 2005

VERBAND DEUTSCHER TREASURER E. V. (2005): Konzernfinanzrichtlinien; Frankfurt am Main 2005

VERBAND DEUTSCHER TREASURER E. V. (2008): Governance in der Unternehmens-Treasury; Frankfurt am Main 2008

WOLKE, TH. (2007): Risikomanagement, München 2007

Produkte und Praxisfälle des Risikomanagements

Thomas Paschold

1. Einführung

Eines der Hauptkennzeichen von Rohstoffmärkten in jüngerer Zeit ist die ausgeprägte Schwankung der Preise wie aus Abbildung 1 zu ersehen ist. Die quantitative Betrachtung dieser Größe wird als Volatilität[1] bezeichnet.

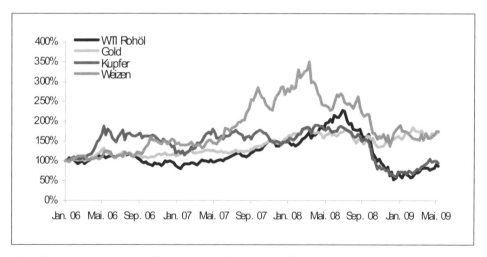

Abbildung 1:   Preisentwicklung ausgewählter Rohstoffe (referenziert)

---

[1]   Volatilität (< lat. volatilis »fliegend«, »flüchtig«): Standardabweichung der Preisänderungen.

Im Jahr 2008 erreichten unterschiedliche Rohstoffe neue All-Time-Highs[2]: Beispielsweise Öl (WTI) mit 147,27 USD/bbl[3] am 11. Juli 2008, Gold mit 1033,80 USD/toz[4] am 17. März 2008, Kupfer mit 8.950 USD/mt[5] am 03. Juli 2008, Weizen mit 1335 USc/bsh[6] am 27. Februar 2008 um anschließend wieder auf ein deutlich niedrigeres Niveau zu fallen (Abbildung 1).

Generell sind in Rohstoffmärkten zyklische Bewegungen der Preise zu beobachten. Der häufig zitierte »Superzyklus«[7] wird zwar als abgeschlossen angesehen, dennoch sind (mehr oder weniger) starke Preisschwankungen eine weiterhin vorhandene Eigenschaft. Als Ursachen hierfür können das Aufstreben der Emerging Markets, die Globalisierung und Erweiterung der Rohstoffmärkte, politische Einflüsse, Währungsänderungen sowie der Einfluss von Investoren angeführt werden. Im Zusammenhang mit dem Finanzeinfluss auf die Rohstoffmärkte sei angemerkt, dass es seit jeher Marktteilnehmer gibt, welche eine reine Profitorientierung bei der Investition in Rohstoffe haben. Über die Größe des Einflusses geben die Daten der CFTC[8] eine erste Einschätzung für den US-Markt, genaue Zahlen für den gesamten Rohstoffmarkt sind jedoch nicht vorhanden.

Die dargestellte Situation führt aufgrund der immer schwieriger zu stellenden Prognose von Rohstoffpreisen zu einem signifikanten Risiko für Industrieunternehmen. Die extreme Unsicherheit bei der Kalkulation von Rohstoffpreisen in den Herstellkosten erhöht den Margendruck auf Unternehmen, wodurch das Thema »Risikomanagement« immer mehr an Bedeutung erlangt. Basierend auf der klassischen Risikomanagementlehre handelt es sich bei Preisrisiken um Risiken der Klasse III (Operative Risiken).[9] Für die Kompensation dieser Positionen sind neben klar definierten Prozessen mit abgegrenzten und eindeutigen Zuständigkeiten eine hinreichend große Transparenz sowohl der Einkaufs- als auch Verkaufspreisstrukturen unabdingbar. Unzureichende Datenqualität an dieser Stelle *erhöht* bei Einsatz von Hedging-Instrumenten das unternehmerische Risiko anstatt es zu minimieren.

Zwar sind Preisschwankungen eine generelle und wohl bekannte Erscheinung in Rohstoffmärkten, allerdings nicht in der aktuell vorhandenen Intensität. Vor diesem Hintergrund waren in der Vergangenheit Preissicherungen zur Herstellung der Kalkulationssicherheit von Verkaufspreisen über physische Lieferanten bei geringerer Volatilität leichter möglich. Aufgrund der Markteinflüsse sind jedoch Produzenten und Händler von Rohstoffen immer weniger bereit, derartige Möglichkeiten zu offerieren bzw. nur in begrenztem Umfang bezüglich Menge und Zeitraum bereitzustellen. Neben der resultierenden festen Bindung an den jeweiligen Lieferanten sind derartige Preisfixierungen meist mit Aufschlägen versehen, was wiederum die Herstellkosten in diesem Punkt erhöht.

---

2   Daten: Reuters, Bloomberg.
3   bbl = Blue Barrel; 1bbl = 159 Liter.
4   toz = Troy Ounce; 1toz = 31,103477 g.
5   mt = metrische Tonne; 1mt = 1.000 kg.
6   bsh = Bushel; 1bsh = 27,3 kg. Andere Bezeichnung: Sheffel.
7   Diese Bezeichnung entstand aufgrund des lang andauernden Preisanstiegs sowie des hohen erreichten Preisniveaus in diesem Zyklus.
8   www.cftc.org.
9   Vgl. Keitsch (2007), S. 105-156; weiterführend: Wolke (2008); Näheres s. auch Abschnitt 3.1.

Im Gegensatz hierzu bieten Finanzinstrumente zur Preissicherung von Rohstoffen einen einfachen Zugang zu fixierten Rohstoffeinkaufspreisen. Darüber hinaus ermöglichen sie die Flexibilisierung des Einkaufs sowie eine lieferantenunabhängige Preisstruktur. Derartige Instrumente werden von Konzernen seit Langem erfolgreich eingesetzt[10] und gewinnen bei mittelständischen Unternehmen immer mehr an Bedeutung.

2. Warentermingeschäfte als Basis für Rohstoffpreissicherung

Finanzinstrumente zur Preissicherung von Rohstoffen, egal welcher Art und Struktur, basieren auf Warentermingeschäften. Letztere haben sich historisch aus dem Wunsch der Produzenten nach festen Kauf- bzw. Verkaufspreisen von Waren zu bestimmten Zeitpunkten entwickelt. Um den sich daraus entwickelten Handel zwischen den Parteien zu vereinfachen, erfolgte die Gründung von Börsen. Die 1848 gegründete *Chicago Board of Trade* (CBOT) stellt das erste nennenswerte Beispiel dar. Im Laufe des 19./20. Jahrhunderts erfolgten weitere Gründungen sowie im Zuge der Globalisierung Zusammenschlüsse verschiedener Handelsplätze.

Während sich die meisten Rohstoffbörsen auf Agrarrohstoffe, Öl und Metalle konzentrieren, kamen in neuerer Zeit auch andere Rohstoffe wie zum Beispiel Strom hinzu, welcher an der European Energy Exchange (EEX[11]) gehandelt wird. Zur Systematisierung und damit zur Vereinfachung des Handels wurde pro Rohstoff die Basiseinheit eines Kontraktes geschaffen. Diese Handelseinheit beinhaltet abhängig vom Rohstoff unterschiedliche Mengeneinheiten (neben anderen Merkmalen wie Qualität, Lieferort, Handelszeiten u. a.). Die heute gehandelten Rohstoffe weisen demnach aus ihrer Historie heraus völlig verschiedene Handelseinheiten auf: So werden Rohöl in Barrel[3], Edelmetalle in Troy Ounces[4], Basismetalle in (metrischen) Tonnen[5] und Weizen in Bushel[6] gehandelt – um die wesentlichen Handelseinheiten zu nennen.

An den Börsen entwickelte sich zur Deckung des jeweils tagesaktuell vorhandenen Rohstoffbedarfs der Unternehmen der Kassa-/Spotmarkt. Für die Belieferung der Bedarfe in der Zukunft entstand nach und nach zusätzlich der Terminmarkt. Dieser stellt eine Preisbasis für den zukünftigen Bezug von Waren dar und ermöglicht damit den Handel zu Fälligkeitsterminen in der Zukunft. Die Laufzeiten der einzelnen Kontrakte sind dabei von Rohstoff zu Rohstoff verschieden. So wird Rohöl beispielsweise bis zu einer Kontraktfälligkeit von acht Jahren gehandelt.

---

10 Vgl. www.lufthansa-financials.de.

11 www.eex.com.

Der Handel findet zu bestimmten Börsenzeiten statt. Während in der Vergangenheit das Verfahren *open outcry*[12] die maßgebliche Form der Geschäftsabschlüsse darstellte, erfolgte vermehrt der Wechsel zu elektronischen Plattformen. Damit einhergehend findet der Handel quasi »in jeder Sekunde bzw. im Bruchteil einer Sekunde« statt. Vorteil der so ermöglichten verstärkten Handelsaktivität ist die Erhöhung der *Liquidität* der Kontrakte und damit die daraus resultierende verbesserte Preisstellung. Die Preiserwartung zu einem Handelszeitpunkt in der Zukunft wird dabei durch unterschiedliche Formen der Terminkurve ausgedrückt.[13] Die Form der rein steigenden Terminkurse wird als *Contango*-Form der Terminkurve bezeichnet. Das Gegenteil, rein fallende Terminkurse, als *Backwardation*-Form. Darüber hinaus gibt es Mischformen wie die *Saisonale* Form (zum Beispiel im Fall von Erdgas) oder die *Hybrid*-Form, welche im Fall von Rohöl im Kalenderjahr 2008 zu beobachten war.

Die verschiedenen an den Rohstoffbörsen der Welt gehandelten Kontrakte können als Basis für Finanzinstrumente herangezogen werden. Die Wahl des entsprechenden Rohstoffkontraktes hängt dabei im Wesentlichen von Ort und Preisstruktur der physischen Beschaffung, der Rahmenbedingungen des Handelsplatzes sowie der Handelsaktivität für den jeweiligen Kontrakt ab.

3.   Finanzinstrumente als Lösung

Die im weiteren Verlauf dieses Artikels vorgestellten Finanzinstrumente stellen »einfache« Lösungen zur Preissicherung von Rohstoffeinkäufen dar. Diese maßgeschneiderten Produkte (*tailor made compounds*) bieten Lösungen für die jeweilige Bedarfssituation des Industrieunternehmens. Die Kontraktgröße des jeweiligen Rohstoffs verbunden mit der Laufzeit des nächstfälligen Kontraktes stellt dabei die Untergrenze für eine Preissicherung dar. Aufgrund der Weiterentwicklungen der Märkte für Strukturierte Finanzprodukte können auch im Rohstoffbereich je nach Bedarfssituation komplexere Strukturen zur Preissicherung von Rohstoffen dargestellt werden. Allen Lösungen gemeinsam ist, dass sie eine bestimmte Menge an Kontrakten als Basis benötigen, um zu funktionieren. Aufgrund der Vielfalt der möglichen Strukturen gibt es daher für (fast) jede Bedarfssituation eine entsprechende Lösung zur Preissicherung.

---

12   Open outcry: Abwicklung von Handelsgeschäften auf Zuruf. Dieses Verfahren existiert zum Beispiel noch an der **LME** (**L**ondon **M**etal **E**xchange), Basismetallbörse, www.lme.com.

13   Es sei ausdrücklich darauf hingewiesen, dass die Terminkurve eine Momentaufnahme des Marktes darstellt und *keine tatsächliche Preisentwicklung* des jeweiligen Rohstoffes in der Zukunft zeigt.

Der Einsatz von Hedging-Instrumenten setzt voraus, dass die anwendende Partei (also der Handlungsbevollmächtigte des Unternehmens) *warentermingeschäftsfähig* ist. Die genaueren Details hierzu wie auch die Rechte und Pflichten der beteiligten Parteien regelt das Wertpapierhandelsgesetz (WpHG) in seiner jeweils gültigen Form.

Es sei in diesem Zusammenhang noch darauf verwiesen, dass bei Einsatz von Finanzinstrumenten, deren Laufzeit über den Bilanzstichtag eines Unternehmens hinaus läuft, diese in der Bilanz zu berücksichtigen sind.[14] Die genaue Art der Bilanzierung hängt vom jeweiligen Unternehmen und dessen Bilanzierungsform (HGB, USGAAP oder IFRS) ab. In jedem Fall ist es ratsam, von Beginn an den Wirtschaftsprüfer des Unternehmens mit einzubeziehen.

Wenn auf den folgenden Seiten Absicherungsmöglichkeiten für Rohstoffpreise dargestellt werden, so ist zu berücksichtigen, dass

- die Preissicherung im Wesentlichen für börsengehandelte Rohstoffe möglich ist,

- der Zugang zu anderen Rohstoffen über Korrelationen bzw. OTC-Lösungen[15] ermöglicht werden kann,

- viele für uns sehr wichtige Rohstoffe nicht abgesichert werden können (zum Beispiel Milch, Wasser),

- sich aus der Mengenabhängigkeit der Finanzinstrumente der *Future*[16] als einfachste Art der Rohstoffpreissicherung anzusehen ist. Darauf aufgebaute Instrumente benötigen größere Volumina, um darstellbar zu sein und

- die Absicherung bei allen dargestellten Varianten immer sowohl zum Schutz gegen steigende als auch fallende Rohstoffpreise eingesetzt werden kann.

3.1 Zusammenhang zwischen Einkauf und Finanzinstrument

Die Anwendung von Hedging-Instrumenten zur Sicherung von Rohstoffpreisen setzt voraus, dass das Unternehmen sich über die vorhandenen Preisrisiken in seiner Wertschöpfungskette bewusst ist. Immer dann, wenn eine Konvergenz zwischen der Struktur von Einkaufs- und Verkaufspreisbasis vorliegt, resultiert aus der Sicherung der Rohstoffeinkaufspreise eine Minimierung des Preisrisikos und damit ein Mehrwert für das Unternehmen.

---

14 Vgl. Bertsch (2003), S. 550-563.
15 OTC = Over The Counter; Vereinbarung, die außerbörslich ausschließlich zwischen zwei Parteien geschlossen wird.
16 Vgl. Kap. 4.

Ausgangspunkt ist die Untersuchung der Einkaufs- und Verkaufspreisstruktur. Liegt diese Basis vor, bildet sich das Unternehmen im nächsten Schritt auf der Grundlage von unterschiedlichen Quellen (Marktbeobachtungen, Research-Analysen, Nachrichten, Internet etc.) eine Einschätzung über« die Entwicklung des jeweiligen Rohstoffpreises. Es folgt eine Anpassung der Produktkalkulation, woraus ein fester Verkaufspreis inklusive einer Marge für ein Gut resultiert. Wird das Produkt auf dieser Basis zu einem Festpreis an den Endkunden verkauft, sichert der Einsatz des Finanzinstruments die Marge. Der Hintergrund dafür ist, dass Finanzinstrument und physischer Einkauf voneinander unabhängig sind, sich jedoch wechselseitig ergänzen, wie Abbildung 2 zeigt.

Sobald der Marktpreis des Rohstoffs steigt, erhält das Unternehmen aus dem Finanzinstrument eine Ausgleichszahlung, um den gestiegenen Einkaufspreis für die physische Beschaffung zu kompensieren. Fällt der Marktpreis, leistet das Unternehmen eine Ausgleichszahlung – kauft aber gleichzeitig den Rohstoff günstiger am Markt ein. Dies gilt für alle symmetrischen Finanzinstrumente (Futures, Forwards, Collar-Strukturen). Eine Ausnahme bilden unsymmetrische Varianten (Optionen): Hier erfolgt der Geldstrom nur in eine bestimmte Richtung, sofern ein Schwellenwert (Ausübungspreis der Option) überschritten wird (s. Kap. 3.4).

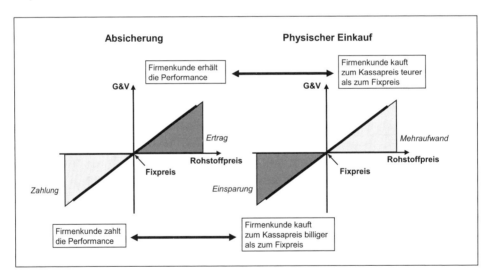

Abbildung 2:   *Prinzipieller Zusammenhang zwischen physischem Einkauf und Finanzinstrument*

In sehr vielen Fällen erfolgt bei Einsatz von Finanzinstrumenten keine physische Lieferung. Vielmehr fließen »nur« Zahlungsströme in die eine oder andere Richtung, das heißt von der Bank an den Kunden bzw. umgekehrt (*cash settlement*). Vorteil für das Unternehmen ist, dass es in der Wahl seiner Lieferanten frei bleibt und damit den Einkauf im Sinne eines Lieferantenmanagements optimieren kann.

Des Weiteren liefert der Einsatz von Finanzinstrumenten dem Unternehmen einen Wettbe-werbsvorteil, da (Rohstoff-)Preissteigerungen nicht an den Endkunden weitergegeben werden müssen. Sofern diese dennoch weitergegeben werden können, hat das Unternehmen die Mög-lichkeit, eine zusätzliche Marge zu generieren.

Aus dem Gesagten geht der prinzipielle Unterschied zwischen *Geldanlage in* und *Preissiche-rung von* Rohstoffen im Einkauf hervor: Die beim Hedging (in die eine oder andere Rich-tung, das heißt zum Kunden bzw. zur Bank) fließenden Geldströme sind *keine* Erträ-ge/Verluste für das Unternehmen, sondern *müssen vielmehr mit den Kosten für den physi-schen Einkauf des Rohstoffs verrechnet werden*. Die reine Betrachtung von Gewinn oder Verlust durch das Finanzinstrument ist an dieser Stelle falsch. Vielmehr muss man sich die Frage stellen: Wie hätte die Ertragssituation des Unternehmens ausgesehen, wenn das Finanz-instrument nicht abgeschlossen worden wäre?

Die prinzipiellen Möglichkeiten der Risikominimierung über Rohstoffpreissicherung mittels Finanzinstrumenten werden in den nachfolgenden Kapiteln anhand von Praxisbeispielen besprochen.

3.2   Futures/Forwards

Bei *Futures* handelt es sich um standardisierte, börsengehandelte Produkte. Diese beinhalten beim Kauf das Recht bzw. beim Verkauf die Pflicht, eine Ware zu einem bestimmten Zeit-punkt zu einem vereinbarten Preis zu kaufen bzw. zu verkaufen. Futures bilden aufgrund ihrer Standardisierung die Basis aller Terminmärkte an den Börsen. Im Fall von OTC-Geschäften[15] werden die Rahmenbedingungen (Menge, Laufzeit, Preis etc.) individuell zwi-schen den Partnern vereinbart. Man spricht in diesem Fall von einer speziellen Form der Futures, den *Forwards*.

Unter dem Aspekt der Rohstoffpreissicherung ist es für ein rohstoffverarbeitendes Unterneh-men interessant, eine definierte Menge Rohstoff zu einem bestimmten Preis zu einem be-stimmten Zeitpunkt zu beziehen. Die Umsetzung dieser Strategie mittels Futures führt zum Kauf selbiger gegen eine geringe Transaktionsgebühr für den entsprechenden Rohstoff in analogem Mengengerüst mit der relevanten Laufzeit.

Für den Erwerb der Futures wendet sich die Firma an eine Bank, welche die Transaktion an der gewünschten Börse ausführt. In beiden Fällen wird zur Abwicklung des Geschäfts ein sogenanntes Marginkonto eingerichtet, auf dem die durch die Wertänderungen der Futures entstehenden Geldströme in beide Richtungen abgewickelt werden. Gängigerweise werden derartige Konten in USD geführt, da der US-Dollar die Leitwährung für Rohstoffe darstellt. Sofern der Rohstoff in einer anderen Währung gehandelt wird, kann auch diese als Kontowährung verwendet werden. Für den Fall, dass die Konto- von der Einkaufswährung des Rohstoffs abweicht, sollte zusätzlich eine Devisensicherung vorgenommen werden, um das Währungsrisiko auszuschließen.

Auf das so eingerichtete Konto muss zunächst eine Basiszahlung (*Initial Margin*) zuzüglich eines Sicherheitspuffers (*Variation Margin*) vor Beginn des Geschäfts hinterlegt werden. Beide Geldbeträge hängen von den Rahmenbedingungen sowie der Bonitätseinschätzung der Bank gegenüber dem Kunden ab. Häufig bewegt sich die Gesamtmargin im Bereich von ca. sechs bis 15 Prozent des Nominalwertes der jeweils gehandelten Kontrakte. Alternativ können auch Wertpapiere in entsprechender Höhe bei der Bank hinterlegt werden. Somit handelt es sich bei dieser Art von Finanzprodukten um Hebelprodukte, das heißt, mit einem Bruchteil des Gesamttransaktionsvolumens kann die Gesamtposition kontrolliert werden. Das generelle Auszahlungsprofil eines entsprechenden Futures ist in Abbildung 3 dargestellt. Ein Praxisbeispiel wird nachfolgend dargestellt.

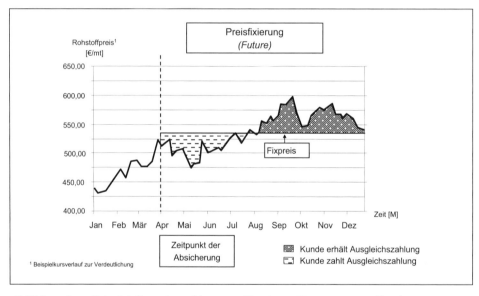

Abbildung 3:   *Prinzipielles Auszahlungsprofil eines Futures zur Absicherung gegen steigende Preise*

Beispiel:

Ein Kabelhersteller – also ein kupferverarbeitendes Unternehmen – möchte sich gegen steigende Kupferpreise absichern. Aus diesem Grund erfolgt im Februar 2008 der Kauf von vier Futurekontrakten an der LME[12] mit Fälligkeit März 2008 gegen eine geringe Transaktionsgebühr. Damit hat das Unternehmen ab dem Kaufdatum den Einkaufspreis für die äquivalente Kupfermenge von vier Kontrakten à 25 mt (insg. 100 mt) zu $/mt 7500.- gesichert. Auf dem Marginkonto werden vom Gesamtnominalvolumen (750.000 $[17]) nach Vorgaben der Bank davon zum Beispiel acht Prozent (60.000 $) als Gesamtmargin zu Beginn hinterlegt.

Auf Basis des jeweiligen Tagesschlusskurses wird dann der Gesamtwert der vier Kontrakte bewertet. Im Fall eines Preisanstiegs entsteht zwischen dem Kaufpreis des Futures und dessen Tagesschlusskurs eine positive Differenz. Diese – multipliziert mit der Gesamtrohstoffmenge – wird dem Marginkonto gutgeschrieben. Im umgekehrten Fall (Preisverfall des Rohstofffutures) wird in analoger Weise die Differenz berechnet und das Konto entsprechend belastet. Fällt dabei der Kontostand unter die zu Beginn hinterlegte Summe, so ist der Käufer der Futures verpflichtet, den entsprechenden Fehlbetrag bis zu Beginn des nächsten Handelstages auszugleichen. Kommt er dieser Verpflichtung nicht nach, wird das Geschäft automatisch durch Abschluss des Gegengeschäfts durch die Bank aufgelöst (*Glattstellung*).

Nach Fälligkeit der Futures im März 2008 wies das Marginkonto ein Saldo von $ 84.300[18] auf. Abzüglich der zu Beginn eingezahlten $ 60.000 verblieben $ 24.300 welche zur Kompensation des zeitgleich teurer gewordenen physischen Einkaufs von Kupfer verwendet wurden. Hierzu verteilen sich die $ 24.300 auf 100 mt woraus sich ein Betrag von $/mt 243 ergibt. Dieser Ertrag aus dem Rohstoffpreissicherungsgeschäft wird dazu verwendet, die zeitgleich gestiegenen Kosten des Unternehmens für die Beschaffung zu kompensieren.

Die Absicherung gegen steigende Preise über Futures (*Long*-Position) ermöglicht aufgrund des Vorhandenseins von Instrumenten für die Gegenposition (*Short*-Position) gleichfalls die Absicherung gegen fallende Preise.[19] Diese Art der Absicherung ist für Unternehmen von Vorteil, welche den Wertverlust ihres Lagers aufgrund gefallener Rohstoffpreise zwischen Beschaffung und Verkauf des daraus gefertigten Produktes fürchten müssen. Das so produzierte Gut müsste damit billiger am Markt verkauft werden. Zum Ausgleich des Wertverlustes muss eine Sicherung des Lagerwertes erfolgen, um die kalkulierte Marge zu realisieren. Das allgemeine Auszahlungsprofil eines Futures zur Absicherung gegen fallende Preise zeigt Abbildung 4.

---

[17] Vier Kontrakte x 25 mt/Kontrakt x $/mt 7.500 = $ 750.000.

[18] Auf eine detaillierte Darstellung der Kontobuchungen wurde aufgrund des Umfangs dieses Artikels verzichtet.

[19] Prinzipiell stellen alle in diesem Teil des Buches dargestellten Finanzinstrumente Möglichkeiten für die Absicherung gegen steigende und fallende Preise dar. Aufgrund der starken Reduktion des *working capital* in Unternehmen und den in diesem Zusammenhang extrem reduzierten Lagerbeständen (Produktion »*just in time*«) sind Absicherungsstrategien gegen fallende Preise von geringerer Bedeutung. Eine beispielhafte Darstellung erfolgt nur für Futures.

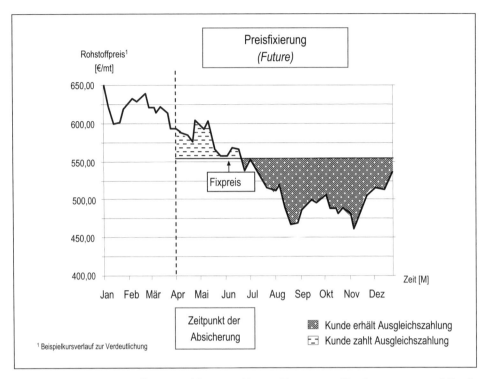

Abbildung 4:   Prinzipielles Auszahlungsprofil eine Future zur Absicherung gegen fallende Preise

Beispiel:

Ein Edelstahlhersteller – also eine nickelverarbeitende Firma – hat einen Lagerbestand an Nickel, der zu einem Preis X eingekauft wurde und aufgrund der Annahme von fallenden Nickelpreisen gegen Wertverfall abgesichert werden soll. Aus diesem Grund kauft das Unternehmen im Juni 2007 gegen eine geringe Transaktionsgebühr zehn Nickelkontrakte an der LME mit Fälligkeit Juli 2007 zum Preis von \$/mt 44.000 und sichert damit den Lagerwert von 60 mt für diesen Zeitraum ab. Auf dem Marginkonto werden vom Gesamtnominalvolumen (\$ 2.640.000) analog des Kupferbeispiels acht Prozent (\$ 211.200[20]) als Gesamtmargin zu Beginn hinterlegt.

Im Verlauf des Sicherungsgeschäfts erfolgen Margincalls und -gutschriften wie im Fall der Sicherung gegen steigende Preise durch Futures.[18] In Summe betrachtet fällt der Nickelkurs an der LME im abgesicherten Zeitraum, woraus aus dem Finanzinstrument eine Zahlung resultiert. Nach Erreichen der Fälligkeit der Terminkontrakte weist das Konto einen

---

20   10 Kontrakte x 6 mt/Kontrakt x \$/mt 44.000 = \$ 750.000; \$ 750.000 x 18% = \$ 211.200.

Stand von $ 676.200 aus. Abzüglich der eingesetzten $ 211.200 verbleiben $ 450.000 bzw. $/mt 7.750, welche zur Kompensation des Wertverlusts des Nickellagerbestands verwendet werden.

Ohne Einsatz des Finanzinstruments hätte das Unternehmen eine deutliche Wertberichtigung aufgrund gefallener Rohstoffpreise vornehmen müssen. Der Ausgleich des resultierenden Wertverlusts hätte nicht stattgefunden. Durch den Kauf der Nickelkontrakte und den daraus resultierenden Margingutschriften wurde dieser Verlust ausgeglichen.

3.3   Preisfixierungen – Swaps

Die Preissicherung mittels Futures/Forwards bindet durch die Einzahlungen auf das Marginkonto Liquidität. Aus diesem Grund ist es für viele Unternehmen von Interesse, einen Zugang zu Finanzinstrumenten zu haben, welche keine Geldmengen binden. Eine Möglichkeit, diese zu realisieren, ist die Verwendung von Swaps[21]. Prinzipiell handelt es sich bei einem Swap um ein Tauschgeschäft zwischen zwei Parteien, bei denen fixe gegen variable Kurse einer Referenz verrechnet werden. Aus der Differenz ergibt sich ein Zahlungsstrom in die eine oder andere Richtung. Ziel für beide Seiten ist es, einen *fixen Kurs/Preis* für eine bestimmte Referenz zu haben. Klassische Bereiche für Swaps sind die Sicherung von Zinsen und Währungen. Im Rohstoffbereich wird damit eine analoge Strategie verfolgt. Nachfolgende Abbildung 5 zeigt das Prinzip.

---

[21]   To swap: engl., tauschen.

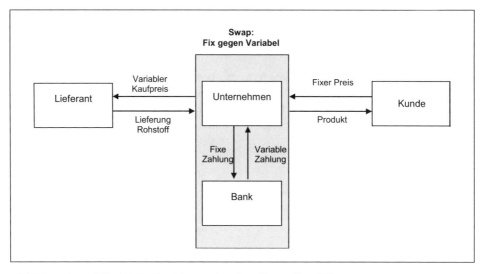

Abbildung 5:   Prinzipielle Funktionsweise eines Swap-Geschäfts

Finanzmathematisch[22] basiert der Swap auf den Terminkontrakten des jeweiligen Referenz-rohstoffs (*Underlying*), wodurch seine maximale Laufzeit bedingt ist. Unter Berücksichti-gung der Liquidität der einzelnen Terminkontrakte während der Laufzeit des Finanzinstru-ments, der Laufzeit selber, des Währungsrisikos sowie weiterer Risikoparameter werden die Kurse der jeweiligen Kontraktfälligkeiten mit Aufschlägen versehen. Aus diesen berechneten Kursen wird der Mittelwert gebildet, der den fairen Preis (*fair value*) für einen Swap berech-net. Bedingt durch Marktgegebenheiten (zum Beispiel hohe Volatilitäten) kann es zu Abwei-chungen vom *fair value* kommen. Da der Swap auf Futures basiert, handelt es sich demzufol-ge gleichfalls um ein symmetrisches Finanzinstrument. Aufgrund von Kursänderungen kön-nen Zahlungen in beide Richtungen (das heißt von der Bank an den Kunden und umgekehrt) erfolgen. Abbildung 6 zeigt das generelle Auszahlungsprofil eines Swaps.

---

22 Einen Einstieg in die finanzmathematische Betrachtung der Finanzinstrumente bietet Hull (2008).

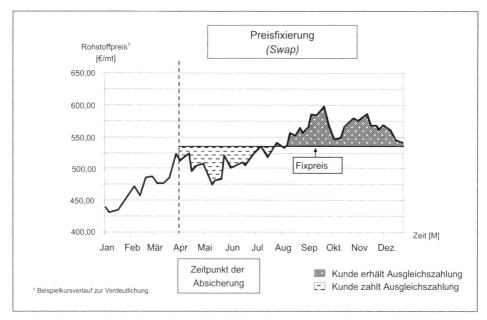

Abbildung 6:   *Prinzipielles Auszahlungsprofil eines Swaps zur Absicherung gegen steigende Preise*

Beispiel:

Ein Batteriehersteller – also ein bleiverarbeitendes Unternehmen – möchte seinen Einkaufspreis fixieren, ohne dafür zu Beginn Liquidität zu binden bzw. das Risiko einzugehen, Margincalls zu erhalten. Aus diesem Grund entscheidet die Geschäftsleitung, eine Sicherung über einen Swap basierend auf Blei/LME abzuschließen. Als Sicherungsmenge werden 600 mt für den Zeitraum September 2007 bis Februar 2008 definiert. Basierend auf der Einschätzung des Unternehmens, dass mit steigenden Bleipreisen zu rechnen ist, wurde ein Swap mit analogen Rahmendaten im August 2007 zu 2.175 EUR/mt abgeschlossen.

Im Verlauf des Sicherungsgeschäfts wird auf monatlicher Basis der durchschnittliche Rohstoffpreis an der relevanten Börse ermittelt und mit dem vereinbarten Fixpreis (2.175 EUR/mt) verglichen. Die daraus resultierende (positive oder negative) Differenz wird mit der Monatsrohstoffmenge multipliziert und ergibt so den Zahlungsstrom in die eine oder andere Richtung (das heißt von der Bank an den Kunden bzw. umgekehrt).

Die Gesamtbetrachtung des Geschäfts zeigt, dass sich im Betrachtungszeitraum ein negativer Ertrag von 71 EUR/mt aus dem Rohstoffpreissicherungsgeschäft für das Unternehmen ergibt. Dieser Betrag ist jedoch nicht als Verlust zu werten, sondern muss vielmehr mit den Einsparungen aus gefallenen Rohstoffeinkaufspreisen verrechnet werden. Ohne diese Sicherung wäre natürlich der negative Ertrag nicht aufzuwenden gewesen. In diesem Fall hätte das Ergebnis für das Unternehmen jedoch anders ausgesehen: Bei gegenläufiger Marktbewegung (also steigenden Preisen, wie bei der Geschäftsentscheidung für den Swap angenommen) wäre eine Weitergabe der gestiegenen Kosten an Endkunden sehr schwierig gewesen. Unabhängig davon bleibt die auf Basis der Preisfixierung kalkulierte Marge unberührt.

3.4   Optionen

Im Gegensatz zu den bisher behandelten symmetrischen Finanzsicherungsinstrumenten für Rohstoffe gehören Optionen zu der Klasse der unsymmetrischen. Diese Eigenschaft versetzt den Inhaber in die Situation, sowohl an steigenden als auch an fallenden Preisentwicklungen zu partizipieren. Durch den Erwerb einer Kaufoption zur Absicherung gegen steigende Preise erhält der Inhaber nach Überschreitung des Ausübungspreises (*Strike-Preis*) Ausgleichszahlungen für die abgesicherte Rohstoffmenge im jeweiligen Betrachtungszeitraum. Gleichzeitig kann er an fallenden Kursen vollständig partizipieren. Nachfolgende Abbildung 7 zeigt das allgemeine Auszahlungsprofil einer Kaufoption.

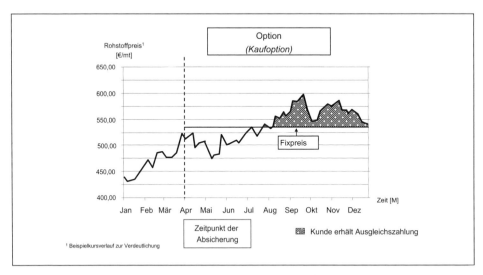

Abbildung 7:   *Prinzipielles Auszahlungsprofil einer Kaufoption zur Absicherung gegen steigende Preise*

Bei den hier behandelten Optionen handelt es sich um OTC-Varianten[15], welche neben den börsengehandelten[23] Optionen existieren und bevorzugt für Rohstoffpreissicherungen herangezogen werden. Ein Praxisbeispiel soll dies verdeutlichen.

Beispiel:

Ein Spediteur kommt aufgrund seiner Markteinschätzung zu der Annahme, dass die Dieselpreise steigen werden. Vor diesem Hintergrund möchte er sich mittels eines Finanzinstrumentes gegen Preissteigerungen absichern. Da er sich die Möglichkeit offenlassen will, an fallenden Preisen vollständig zu partizipieren, wählt er die Variante einer Kaufoption. Er erwirbt diese im September 2007 mit der Laufzeit von Oktober 2007 bis März 2008 und einem Ausübungspreis von 561 EUR/mt für ein Volumen von 2.400 mt Diesel (ca. 2,8 MioL). Die Kalkulation seiner Verkaufspreise beinhaltet dabei den Ausübungspreis zzgl. der Prämie der Option als maximalen Rohstoffpreis. Aufgrund der Preisentwicklung des Dieselkraftstoffes am Markt erhält der Unternehmer in allen Monaten außer Januar 2007 Auszahlungen aus der Option. Im Fall der Auszahlungen stieg also der Marktpreis für Diesel über den Ausübungspreis. Im Januar 2007 ist dies nicht der Fall, woraus keine Zahlungen aus der Option resultieren. Vielmehr ist der Dieselpreis unter dem Ausübungspreis der Option geblieben, wodurch der Spediteur ohne weitere Zahlungen (wie zum Beispiel bei einem analogen Swap) vollständig an günstigeren Einkaufspreisen partizipieren kann. Insgesamt erhält der Unternehmer Auszahlungen in Höhe von 19.000 EUR (8 EUR/mt), welche er zur Kompensation des teurer gewordenen Dieseleinkaufs verwendet. Durch den Abschluss des Finanzinstrumentes hat der Spediteur gegenüber seinen Wettbewerbern den Vorteil, dass er sowohl bei steigenden Preisen eine Ausgleichszahlung bekommt als auch an sinkenden Preisen vollständig partizipieren kann.

3.5   Bandbreitenabsicherungen – Collar-Strukturen

Das Ziel des Unternehmers bei den bisher dargestellten Finanzinstrumenten war es, einen fixierten Rohstoffeinkaufspreis für die Kalkulation der Herstellkosten zu erhalten. Sofern in den Preisberechnungen der Produkte keine fixe Größe für die Rohstoffposition gewünscht ist, gibt es mit der Variante der Bandbreitenabsicherung die Möglichkeit, einen Preiskorridor für die Kalkulation zu erhalten. Die Entscheidung, ob fixierter Preis oder fixierter Preiskorridor als Finanzinstrument gewählt wird, liegt beim Unternehmer und ist letztendlich in der Struktur der Firma begründet.

---

23   Näheres s. Uszczapowski (2008), S. 45-94.

Im Hinblick auf den Bau der Bandbreitenabsicherung erhält man dieses Instrument durch die Kombination zweier Optionen: einer Kauf- und einer Verkaufsoption. Aus der Wahl der Ausübungspreise der Optionen ergibt sich – im Gegensatz zur Preisfixierung – ein Preiskorridor, in dem keinerlei Zahlungsströme fließen. Wird eine der beiden Ausübungspreise überschritten, fließen Zahlungsströme in die eine oder andere Richtung (also an den Kunden bzw. an die Bank) wie Abbildung 8 zeigt. Gleichzeitig bestimmen die Ausübungspreise der Optionen durch ihre Prämien den Gesamtpreis des Produktes.

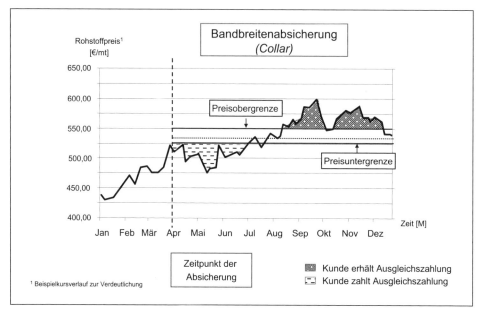

Abbildung 8:   Prinzipielles Auszahlungsprofil einer Bandbreitenabsicherung gegen steigende Preise

Beispiel:

Eine Verzinkerei – also ein zinkverbrauchendes Unternehmen – kommt aufgrund von Marktbeobachtungen zu der Ansicht, dass die Zinkpreise steigen werden. Vor diesem Hintergrund wird im November 2007 eine Bandbreitenabsicherung für den Zeitraum Dezember 2007 bis Februar 2008 für eine Menge von 1.650 mt abgeschlossen. Die Preisobergrenze beträgt 1.630 EUR/mt, die Preisuntergrenze liegt bei 1.500 EUR/mt. Während der Laufzeit kommt es im Dezember 2007 sowie im Februar 2008 zu Auszahlungen an den Kunden. Im Januar 2008 liegt der Rohstoffpreis innerhalb des Korridors – es fließen keine Zahlungsströme. In der Gesamtbilanz erhält der Unternehmer 19 EUR/mt, welche er zur Kompensation gestiegener Zinkeinkaufspreise verwendet.

Durch den Abschluss des Finanzinstrumentes zur Sicherung des Zinkeinkaufspreises kalkuliert der Unternehmer mit einem Preiskorridor. Im Gegensatz zur Preisfixierung fließen so nicht zwingend in jedem Abrechnungszeitraum Geldströme. Dennoch hat die Firma wie bei den anderen Finanzinstrumenten den Vorteil, dass Rohstoffpreisanstiege durch Ausgleichszahlungen kompensiert werden und diese nicht zwingend an seinen Endkunden weitergeben werden müssen. Im Falle der Weitergabe kann eine Zusatzmarge generiert werden.

4.   Fazit

Generell handelt es sich bei den Preisentwicklungen von Rohstoffen um zyklische Bewegungen. Der in der jüngeren Vergangenheit aufgrund des hohen Preisniveaus viel diskutierte »Superzyklus«[7] wird aktuell als abgeschlossen angesehen. Unter der Annahme, dass die Zyklizität als Charakteristikum für Rohstoffpreise weiterhin vorhanden sein wird, ist in der Zukunft erneut mit steigenden Rohstoffpreisen zu rechnen. Unabhängig davon sind starke Schwankungen bei Rohstoffpreisen zu beobachten, was auch weiterhin als Merkmal dieser Märkte zu sehen ist.

Als Konsequenz der starken Preisbewegungen sind immer weniger physische Lieferanten bereit, ihren Kunden Preissicherung von Rohstoffen über einen längeren Zeitraum zu gewähren. Vor diesem Hintergrund hat eine zunehmende Sensibilisierung der (mittelständischen) Unternehmen für Rohstoffpreissicherung über Finanzinstrumente stattgefunden. Dabei können im Bereich symmetrische/unsymmetrische Instrumente für unterschiedlichste Bedarfssituationen von Firmen Lösungen angeboten werden. Die Ausgestaltung des Finanzinstrumentes kann dabei auf den individuellen Bedarf des Unternehmens zurechtgeschnitten werden (*tailor made compounds*).

Für den Unternehmer ermöglichen die Finanzinstrumente zur Preissicherung von Rohstoffen weiterhin die eindeutige Festschreibung des Kalkulationspreises. Zusätzlich erfolgt eine Erhöhung der Freiheitsgrade in der Lieferantenwahl, was im Sinne eines modernen Lieferantenmanagements von deutlichem Vorteil ist. Insgesamt minimiert sich damit das Risikopotenzial des Unternehmens, was auch zu einer Erhöhung der Bonität führen kann. Das Hedging von Rohstoffpreisen mit Finanzinstrumenten stellt damit eine Grundvoraussetzung für eine Firma dar, um auch weiterhin im sich schnell bewegenden und hart umkämpften Marktumfeld bestehen zu können.

Literatur

BERTSCH, A. (2003): Kapitalmarktorientierte Rechnungslegung, 2003

HULL, J. C. (2008): Options, Futures and other Derivatives, 7. Aufl., New Jersey 2008

KEITSCH, D. (2007): Risikomanagement, 1. Aufl., Stuttgart 2007

USZCZAPOWSKI, I. (2008): Optionen und Financial Futures, 6. Aufl., München 2008

WOLKE, T. (2008): Risikomanagement, 2. Aufl., München 2008

Management von Industriemetallrisiken im Treasurymanagement

Wolfgang M. Frontzek

1. Einführung

> *»If you can look into the seeds of time*
> *and say which grain will grow and which will not,*
> *speak.«*

[William Shakespeare]

Diese weitsichtige Definition der Grundlagen des finanziellen Risikomanagements spiegelt eine zutreffende Beschreibung der Aufgaben und Problemstellungen des finanziellen Risikomanagements wider.

In Zeiten, in denen das tägliche weltweite Devisenhandelsvolumen nahe der zwei Billionen USD-Grenze liegt, und das weltweite Derivate Volumen einen Wert von ca. 600 Billionen USD erreicht haben soll, wird ersichtlich, welchen Marktpreisrisiken Industrieunternehmen, die im internationalen Geschäft tätig sind und weltweit gehandelte Rohstoffe verarbeiten, ausgesetzt sind.

Ebenfalls haben uns die bisherigen Auswirkungen der weltweiten Finanzmarktkrise und besonders die schmerzlichen Erfahrungen im vierten Quartal 2008 deutlich gemacht, dass das weitgehend auf dem Dominosteinprinzip beruhende Derivatgeschäfte ein empfindlicher und verwundbarer Markt ist. Allein der Ausfall von zwei großen Derivatehäusern (Lehmann, Bear & Stearns) haben die weltweiten Finanzmärkte zutiefst erschüttert und nahe an den Kollaps geführt. Das über viele Jahre negierte Adressenausfall- bzw. Kontrahentenrisiko wurde nicht nur unter Banken, sondern auch bei Industrieunternehmen ein wichtiges Thema. Die Erkenntnis ist bitter und schmerzlich gewesen, dass nicht alles machbar oder beherrschbar ist, was rechenbar ist.

Auch haben im Zuge der Auswirkungen der Finanzmarktkrise einige Unternehmen Probleme dadurch bekommen, dass hohe Kurssicherungsquoten gefahren worden sind, und kämpfen mit den Problemen einer Übersicherung. Der teils rapide Einbruch beim Umsatz in verschiedenen Branchen hat dazu geführt, dass die Sicherungsbeziehung zum Grundgeschäft nicht mehr gegeben ist. Dies kann sowohl bei Problemen mit dem Cashflow zur Erfüllung der Geschäfte als auch in Hedge-Account-Beziehungen – sofern entsprechend gewollt – führen.

Traditionell ist das Rohstoffpreismanagement heute in vielen Unternehmen im Einkauf angesiedelt, dessen Ziel mehr auf Kostenreduzierung und Versorgungssicherheit denn auf Risikomanagement von volatilen Preisen ausgerichtet ist. Zunehmender globaler Wettbewerb, die Internationalisierung des eigenen Geschäfts und größerer Kostendruck fordern auch hier eine Effizienzsteigerung im Rahmen der Steuerung finanzwirtschaftlicher Risiken.

In diesem Zusammenhang sind in den letzten Jahren verstärkt Anforderungen durch die stark volatile Preisentwicklung bei den Industriemetallen auf die Treasury-Abteilungen von Industrieunternehmen entstanden.

2.   Industriemetalle – eine kurze Beschreibung

Industriemetalle enthalten kein Eisen und werden deshalb auch als Nichteisenmetalle (NE-Metalle) bezeichnet. Zu den auch als Basismetalle bezeichneten und am meisten gehandelten Metallen zählen Aluminium, Blei, Kupfer, Nickel und Zink.

Diese werden im produzierenden Gewerbe und der Bauindustrie eingesetzt. Daher ist dessen Nachfrage sehr stark von der weltwirtschaftlichen Entwicklung abhängig. Dies hat dazu geführt, dass die Preisentwicklung teilweise als Frühindikator für die Einschätzung der gesamtwirtschaftlichen Lage genutzt wird.

Aluminium

Die wichtigsten Eigenschaften von Aluminium sind seine Korrosionsbeständigkeit und sein geringes Gewicht.

Aluminium lässt sich nur unter großem Aufwand aus dem Rohmaterial Bauxit gewinnen. Aus diesem Grund ist der Herstellungsprozess schwierig und erfordert einen hohen Energieaufwand.

In Anbetracht der hohen Produktionskosten ist die Gewinnung von Aluminium aus Schrott ein wichtiger Bestandteil der industriellen Aluminiumherstellung geworden, die erst im Jahre 1888 begann. Heute übersteigt die jährliche Aluminiumproduktion die aller anderen Nichteisenmetalle zusammengenommen.

Bei den meisten Materialien, bei denen es sich vorgeblich um Aluminium handelt, liegt in Wirklichkeit eine Aluminiumlegierung vor. Da Aluminium eines bestimmten Volumens weniger als ein Drittel desselben Volumens an Stahl wiegt, eignet sich Aluminium gut für den Bau von Flugzeugen, Autos und Eisenbahnwaggons. Rund 50 Prozent der Aluminiumerzeugnisse entfallen auf das Bau- und das Transportwesen.

Aluminium wird an der London Metal Exchange (LME), der New York Mercantile Exchange (NYMEX), der Tokyo Commodity Exchange (TOCOM), der Osaka Mercantile Exchange (OME) und der Shanghai Futures Exchange (SFE) gehandelt.

Das gehandelte Volumen ist das höchste von allen Industriemetallen

Aluminium Alloy

Das zuvor genannte Rein-Aluminium wird häufig mit anderen Metallen verbunden, um die Härte und Festigkeit zu verstärken. Dagegen nimmt die elektrische Leitfähigkeit meist ab. Es gibt über 100 bedeutende Aluminiumlegierungen.

Aluminiumlegierungen werden für chemische Tanks und Rohre, im Schiff- und Automobilbau, im Kraftwerksbau sowie in Gebäude- und Brückenkonstruktionen eingesetzt. In der Luft- und Raumfahrt kommt Aluminium Alloy ebenfalls zur Anwendung; so sind die Tanks des Space Shuttle aus einer Aluminiumlegierung gebaut. Auch werden viele Werkzeuge aus Aluminiumlegierungen gefertigt.

An der London Metal Exchange (LME) ist ein Handel mit Aluminium Alloy grundsätzlich möglich, jedoch ist das Volumen äußerst gering. Durch die große Anzahl an verschiedenen Legierungen verwendet die LME als Referenz jeweils eine Legierung aus Amerika, Europa und Japan.

Blei

Die erste nachgewiesene Nutzung von Blei liegt über 5.500 Jahre zurück, womit es eines der ersten von Menschen genutzten Metalle ist. Man findet es meist in Erzen zusammen mit Zink, Silber und Kupfer. Es ist sehr weich, gut verformbar und dehnbar, hat jedoch eine relativ geringe elektrische Leitfähigkeit. Das Metall ist äußerst korrosionsbeständig, verfärbt sich jedoch, wenn es der Luft ausgesetzt wird.

Blei wird vorwiegend zur Herstellung von Batterien verwendet. Zusätzlich fand Blei breite Anwendung bei der Herstellung von Rohren und für Erdölprodukte. In der letzten Zeit wird das Metall in diesen Bereichen wegen seiner giftigen Wirkung jedoch zunehmend durch andere Stoffe ersetzt.

Börsenhandel

Die einzige internationale Börse, an der Blei gehandelt wird, ist die London Metal Exchange (LME).

Kupfer

Kupfer ist das am frühesten von Menschen genutzte Metall der Welt: Es wurde bereits vor mehr als 10.000 Jahren verwendet. Eine Legierung aus Kupfer und Zinn ergibt Bronze, und aus einer Kupfer-Zink-Legierung entsteht Messing.

Kupfer wird in großem Ausmaß für elektrische Anwendungen verwendet, die rund 75 Prozent der gesamten Kupferverwendung ausmachen. Hierbei ist das Baugewerbe der größte Absatzmarkt. Da Kupfer biostatisch ist, das heißt Bakterien sich auf seiner Oberfläche nicht vermehren können, kommt es in Klimaanlagen und bei der Lebensmittelherstellung zum Einsatz.

Börsenhandel und Preiskonventionen

Kupfer wird an der London Metal Exchange (LME), der COMEX (einem Teil der New York Mercantile Exchange (NYMEX)) und an der Shanghai Futures Exchange (SFE) gehandelt.

Nickel

Nickel ist ein hartes, schmiedbares und verformbares Metall mit einem silbrigen Farbton, das sich hervorragend polieren lässt. In der Natur liegt Nickel vorwiegend als Oxid, Sulfid und Silikat vor.

Nickel wird hauptsächlich für die Herstellung von Edelstahl und anderen korrosionsbeständigen Legierungen verwendet.

Seine Hauptverwendung findet Nickel bei der Herstellung von Edelstahl (70 Prozent). Nickel trägt zur Verbesserung der Festigkeit und Korrosionsbeständigkeit von Stahl bei.

Nickel wird an der London Metal Exchange (LME) gehandelt.

Zinn

Zinn ist ein leicht schmelzbares und gut dehnbares Metall und wird aus Zinnerz gewonnen. Die Entdeckung, dass Kupfer durch die Legierung mit Zinn gehärtet werden konnte, machte es unseren Vorfahren bereits im Jahre 3500 v. Chr. möglich, Bronzewerkzeuge herzustellen.

Seine Hauptanwendung findet Zinn als Lötzinn in der Elektroindustrie und für die Zinnplattierung. Das Metall wird auch gern in der Glasindustrie und für supraleitende Magneten verwendet.

Zinn wird an der London Metal Exchange (LME) gehandelt. Der Handel ist jedoch sehr illiquide.

Zink

Zink ist nach Eisen, Aluminium und Kupfer das am vierthäufigsten genutzte Metall und wird zur Galvanisierung anderer Metalle verwendet.

Rund 55 Prozent der gesamten Produktion von metallischem Zink werden heute zur Galvanisierung anderer Metalle wie Stahl oder Eisen verwendet, um diese vor Korrosion zu schützen.

Zink wird an der London Metal Exchange (LME) gehandelt. Es handelt sich nach Aluminium und Kupfer um den liquidesten Kontrakt an der LME.

3. Welchen Beitrag kann das Treasury leisten?

In den letzten Jahren mussten Einkäufer auf der Rohstoffseite extreme Preisanstiege und Preisschwankungen verkraften. Solche Preisanstiege haben dort, wo sie nicht abgefedert oder weitergegeben werden können, oft einen negativen Einfluss sowohl auf die Gewinne als auch den Cashflow der Unternehmen. Steigende Rohstoffpreise allein sind aber nicht das Problem des Einkäufers. Vielmehr ist ein Einkäufer sowohl für eine feste Kalkulations- bzw. eine Preisbasis als auch für die Versorgungssicherheit für den Produktionsprozess verantwortlich. Die beobachtete Volatilität in den vergangenen Jahren hat dies aber für die Einkäufer eher zu einem Roulettespiel werden lassen.

Voraussetzung ist natürlich, dass es für den verarbeiteten Rohstoff einen Kontrakt gibt, der an der Börse gehandelt wird oder für den eine möglichst hohe Korrelation zu einem börsengehandelten Rohstoff festgestellt werden kann.

Sollte dies gegeben sein, besteht die Möglichkeit, eine Risikoposition aus der Rohstoffbeschaffung durch den Einsatz von derivativen Finanzinstrumenten gegen negative Marktpreisentwicklungen durch eine adäquate Gegenposition abzusichern.

Voraussetzung hierfür ist allerdings, dass ein aktives Financial Risk Management etabliert ist, welches die Antworten auf folgende Fragen liefern kann:

- Wie groß ist das Exposure?

- Wie hoch ist der Anteil der Rohstoffpreise an den Herstellkosten?

- Welchen Einfluss haben die Rohstoffpreisschwankungen auf das Gesamtergebnis?

- Können Preisschwankungen an den/die Kunden weitergegeben werden?

- Was macht die Konkurrenz?

Erst wenn eine solche Analyse durchgeführt worden ist und die Zusammenhänge verstanden worden sind, empfiehlt es sich, Risikostrategien zu definieren und den Einsatz von derivativen Instrumenten zu erwägen.

Hier kommt die Erfahrung des Treasury dem Unternehmen und dem Einkauf zugute. Schon lange bevor man bei Rohstoffen über hohe Volatilitäten und hohe Preisschwankungen gesprochen hat, war dies ein gängiges Umfeld für den Treasurer. Schon seit Jahren setzt er sich mit Volatilitäten im Zins- und Währungsbereich auseinander, analysiert und strukturiert, um die Auswirkung auf das Unternehmens- als auch Finanzergebnis in den Griff zu bekommen.

Die schon seit Jahren bekannten Instrumente aus dem Bereich des Financial Hedgings für Währungs- und Zinsrisiken bieten mittlerweile ein ganzes Spektrum von Möglichkeiten, Rohstoffpreise auch mittelfristig kalkulierbar zu gestalten.

4.   Wer nicht hedgt, der spekuliert – nicht umgekehrt!

Ein strategisches oder auch Financial Hedging kann zwar äußerst attraktiv für den Rohstoffeinkäufer ein, verlangt aber eine Menge an Fachwissen, welches häufig nur Spezialisten in Banken oder Treasury-Abteilungen mitbringen.

Dieses Know-how kann aber von Unternehmen genutzt werden, um ihre Preisänderungsrisiken zu sichern. Auf der physischen Seite kann ein solches Hedging oft über Absprachen mit den Rohstofflieferanten umgesetzt werden. Hierzu bedarf es aber in der Regel einer bedeutenden Marktstellung auf der Abnehmerseite, die oft mittelständische, aber auch teils Großunternehmen aufgrund ihrer Bedarfsmengen, nicht haben.

Wer als Einkäufer einen Planungspreis hat, kann diesen auch über den Einsatz von derivativen Finanzinstrumenten – dem sogenannten Financial Hedging – sichern. Im Gegensatz zu Spekulanten oder den Kapitalanlegern, die an den Rohstoffmärkten tätig sind – hat der Einkäufer, der seine Preise über ein Financial Hedging sichert, einen wirklichen Bedarf an der physischen Ware, und er verfolgt als Ziel die Sicherstellung des Planpreises respektive die Kalkulationssicherheit für die Produktion.

Daher gilt sowohl für Unternehmen als auch den Einkäufer selbst: Wer nicht hedgt, der spekuliert! Nicht umgekehrt.

Tipps zur Realisierung von Hedgingstrategien

1. *Das Handwerk lernen.*
   Financial Hedging ist keine Hexerei, sondern die Anwendung von bewährten Finanzinstrumenten, die man lernen kann. Banken und darauf spezialisierte Berater bieten Seminare und Workshops an, in denen man sein Wissen über Derivate als auch das Rohstoff-Know-how aufbauen bzw. erweitern kann. Häufig findet der Einkäufer in der Finanzabteilung bzw. im Treasury seines Unternehmens einen Partner, der bereits Erfahrungen mit dem finanziellen Risikomanagement und dem Einsatz von Derivaten gemacht hat.

2. *Kontrakt identifizieren.*
   Voraussetzung für eine Absicherung über Financial Hedging ist, dass ein an der Börse gehandelter Kontrakt für den Rohstoff existiert. So gibt es zum Beispiel für eisenhaltige Metalle, wie Edelstahl oder Eisenerz, keine Kontrakte. Für Stahl wurde im Vorjahr an der LME der erste Standardkontrakt eingeführt, dessen Entwicklung noch abzuwarten bleibt. Unabdingbare Voraussetzung für jedes Unternehmen ist, dass zunächst sorgfältig analysiert werden muss, welche Möglichkeiten und Voraussetzungen, aber auch welche Risiken gegeben sind.

3. *Korrelationen berechnen.*
   Beruht die eingekaufte Komponente oder Warengruppe auf einem Rohstoff – wie beispielsweise Aluminiumlegierungen –, dann lässt sich das Preisänderungsrisiko über die Korrelation zwischen dem eingekauften Preis der Komponente und dem Börsenpreis berechnen. In den folgenden Kapiteln wird hierauf näher eingegangen.

4. *Lernen und Verstehen*
   Kein Unternehmen sollte direkt zu Beginn seinen gesamten Rohstoffbedarf über Finanzinstrumente – dem Financial Hedging – sichern wollen. Vielmehr ist es wichtig, ein Pilotvorhaben zu starten, mit dem erste Erfahrungen gewonnen werden können. Dies sowohl im Hinblick auf die Wirksamkeit der ausgesuchten Kontrakte als auch im Hinblick auf die Behandlung im Rechnungswesen und Controlling. Erst wenn das Unternehmen sicher in der Handhabung und der Interpretation der Wirksamkeit ist, sollten sukzessive mehr Volumen und/oder weitere Warengruppen gesichert werden.

5. *Rohstoffeinkauf optimieren.*
   Kurssicherungen sind nicht nur auf der finanziellen Seite eine Herausforderung. Idealerweise sollten vor der Entscheidung für ein Financial Hedging Überlegungen zur Optimierung des Rohstoffeinkaufs angestellt werden. So kann zum Beispiel auch die Festpreisvereinbarung in Bezug auf den verwendeten Rohstoff mit dem Lieferanten diskutiert

werden. Allerdings stellt sich hier das Problem, wie der Verarbeiter sicherstellen kann, dass die Festpreiszusage auch gegenüber dem Abnehmer einhalten werden kann (wie zum Beispiel über den Nachweis von Kurssicherungskontrakten).

6. *Beteiligte an einen Tisch bringen.*
Da der Einkauf sowohl Kenntnis über die Mengen, die Planpreise, das zugekaufte Material und die Lieferantenvereinbarung hat, sollte dieser in Bezug auf die verschiedenen Abteilungen in der Wertschöpfungskette die Rolle des Koordinators übernehmen. Nur in Absprache mit der Produktion, dem Vertrieb, der Treasury-Abteilung, dem Rechnungswesen und dem Controlling kann das richtige Volumen mit den richtigen Instrumenten abgesichert werden. Beachtlich dabei ist, dass auch von vornherein Klarheit über die bilanzielle Behandlung besteht, um zum Jahresabschluss oder anderen relevanten Stichtagen Überraschungen im Ergebnis zu vermeiden.

5. Beispiel Ermittlung eines Rohstoffrisikos

Ausgangslage

Das Unternehmen kauft im Jahr rund 3.000 Tonnen einer Aluminiumlegierung ein. Zurzeit notiert die Tonne Aluminium Alloy an der LME mit einem Preis von 1.150 USD – einem langjährigen Tiefststand. Das gesamte Einkaufsvolumen beträgt auf der Basis aktueller Marktpreise rund 3,5 M-USD.

Die historische Volatilität liegt bei rund 45 Prozent, der historische Höchststand bei 2.860 USD.

Ausgehend von diesem Höchttand ist das Unternehmen bei einem Preisänderungsrisiko von 1.700 USD je Tonne oder insgesamt bei rund 5,1 M-USD ausgesetzt.

Demgegenüber stellt sich die Preischance auf der Basis der historischen Tiefstände aus dem Jahr 1997 mit rund 1.000 USD nur relativ gering dar, beispielsweise 150 USD je Tonne bzw. ca. 0,5 M-USD.

Neben dem Marktpreisrisiko sind die Auswirkungen der Rohstoffkosten auf die Herstellkosten beachtlich.

Ermittlung der Ausgangslage

	Mio. EUR	%
Herstellkosten	100	100
Strukturkosten	20	20
Personalkosten	30	30
Materialkosten	50	50
Aufteilung der Materialkosten		
Rohstoffkosten	40	80
Andere Kosten	10	20
Aufteilung der Rohstoffkosten		
Kupfer	10	25
Aluminium	8	20
Andere	22	55

Tabelle 1: Anteil der Rohstoffkosten an den Herstellkosten
Hinweis: Die vorstehende Tabelle dient nur als Beispiel und spiegelt weder realistische Größenordnungen noch reale Werte wider.

Interpretation

Die durchschnittlichen Materialkosten beeinflussen die Herstellkosten zu rund 50 Prozent. Die Rohstoffkosten wiederum haben einen Anteil von rund 80 Prozent an den Materialkosten. Der Anteil des Aluminiums liegt bei rund 20 Prozent der Materialkosten, insofern ein beachtenswerter Hebel im Verhältnis zu den gesamten Herstellkosten des Unternehmens.

Steigen die Kosten zum Beispiel für das Aluminium um nur zehn Prozent, erhöhen sich:

■ die Herstellkosten um 0,8 Prozent

■ die Materialkosten um 1,6 Prozent

■ die Rohstoffkosten um 1,7 Prozent

Um diese zehnprozentige Preissteigerung kostenneutral auffangen zu können, wäre eine Produktivitätssteigerung von 0,8 Prozent (= 800.000 EUR) erforderlich.

Wird eine historische Volatilität von ca. 45 Prozent zugrunde gelegt, liegt das Kostenrisiko bei rund 8 M-EUR, welches sich allein aus der Veränderung der Beschaffungspreise für Kupfer und Aluminium ergeben kann.

Dass dies für einen Verarbeiter von Aluminiumgussteilen nicht immer kurzfristig möglich sein kann bzw. ist, bedarf keiner zusätzlichen Erläuterung.

Insofern kann über eine gute Hedging-Strategie Zeit gewonnen werden, notwendige Anpassungsmaßnahmen vorzunehmen und umzusetzen, um die Wettbewerbsposition zu halten oder auszubauen.

Ermittlung des Rohstoffpreisrisikos auf der Basis einer Aluminiumlegierung

Das Unternehmen kauft Aluminiumgussteile ein, deren Bestandteil die Aluminiumlegierung »L226« ist. Die Preisermittlung erfolgt auf der Basis von Veröffentlichungen der Wirtschaftsvereinigung Metalle (WVM).

Diese Gusslegierung ist keine Qualität, die in Standardkontrakten an der London Metall Exchange (LME) gehandelt wird.

An der LME werden standardmäßig folgende Kontrakte gehandelt:

- Rein-Aluminium oder Aluminium High Grade (HG): Hier werden Kontrakte auf Aluminium in einer Qualität von 99,7 Prozent Aluminium gehandelt.

- Aluminium Alloy: hier werden Kontrakte auf Aluminiumlegierungen gehandelt, die sich aus den Legierungsqualitäten A380.1, 226 oder AD 12. 1 zusammensetzt.

Im Vergleich zu den Aluminium-Alloy-Kontrakten weist der Aluminium-HG-Markt eine deutlich höhere Liquidität aus; das Handelsvolumen ist ungefähr im Faktor von 100 größer als jenes bei Alloy-Kontrakten. Optionsmodelle lassen sich einfach darstellen und sind Standard, beim Alloy-Markt eher die Ausnahme.

Dies vorausgesetzt, soll im Folgenden untersucht werden, welcher Markt für eine Kurssicherungsstrategie für das Aluminiumpreisrisiko des Unternehmens ggf. geeignet wäre.

Die längerfristige Chartanalyse auf Tagesbasis (Quelle: eigene Erfassung, Basis LME-Daten) zeigt auf, dass sich die Märkte für Rein-Aluminium und Aluminium Alloy weitgehend parallel im Sinne von Preistendenz entwickelt haben, doch sind die Schwankungen im Rein-Aluminium-Markt sehr viel deutlicher ausgeprägt.

Andererseits zeigen die vorstehenden Grafiken auch deutlich das Währungsrisiko auf, dem der Verarbeiter von Aluminium in EUR ausgesetzt ist – dies sowohl positiver als auch negativer Art – da an der LME ausschließlich in USD gehandelt wird.

Für den EURO-Verarbeiter waren die Preissteigerungen teils weniger dramatisch, da der USD insbesondere in den Jahren 2007 und 2008 deutlich an Wert verloren hat.

Analyse des Marktumfeldes

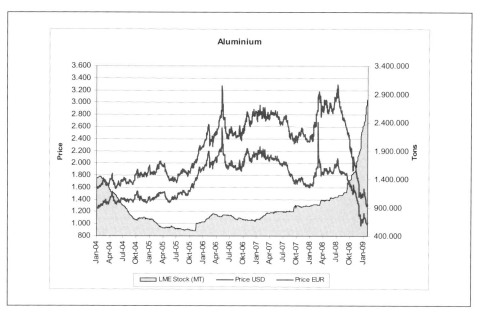

Abbildung 1:   Chartanalyse Rein-Aluminium

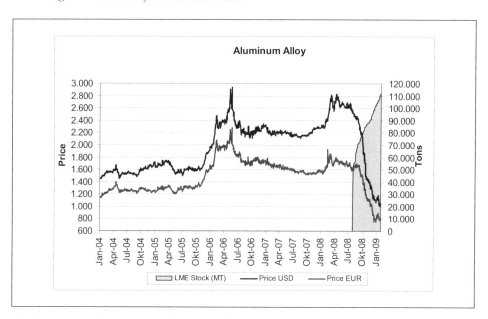

Abbildung 2:   Chartanalyse Aluminium Alloy

Analyse Einkaufspreis zu LME-Preisen

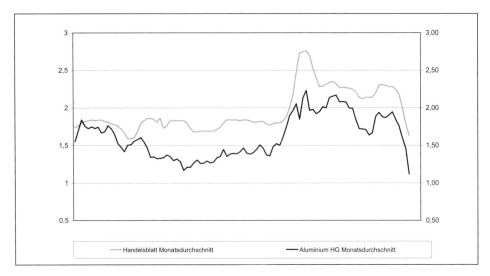

Abbildung 3:   Kursverlauf Reinaluminium zum Einkaufspreis

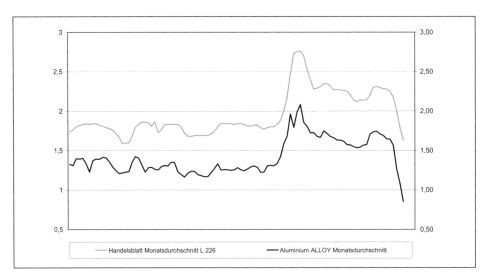

Abbildung 4:   Kursverlauf Aluminium Alloy zum Einkaufspreis

Der optische, langfristige Vergleich der Einkaufspreise zu den LME-Notierungen der Marktpreise auf Monatsdurchschnittsbasis lässt erste Zweifel erkennen, ob der Rein-Aluminium-Markt
die geeignete Basis für eine Absicherungsstrategie des Materialpreisrisikos sein könnte.

Es ist deutlich erkennbar, dass der LME-Preis des Rein-Aluminiums anscheinend volatiler ist und deutlich höhere Preisausschläge zeigt, während die Aluminium-Alloy-Notierung einen gleichmäßigeren Verlauf zu haben scheint.

Korrelationsanalyse

Nach dem optischen Vergleich wird in einem zweiten Schritt die Korrelation zwischen den Preiszeitreihen durchgeführt. Diese befasst sich mit der Wechselbeziehung zwischen zwei Werten – hier dem Preiszeitreihenvergleich des Einkaufspreises mit den entsprechenden LME-Notierungen.

Korrelation zu Aluminiumlegierung L 226	
Aluminium HG	0,3869
Aluminium Alloy	0,6011

Die einfache Preiskorrelation zeigt auf, dass eine deutlich höhere Korrelation zum Einkaufspreis zum Aluminium Alloy besteht. Allerdings kommen Zweifel auf, ob auf der Basis dieser relativ geringen Korrelation (< 0,8) Kurssicherungen den gewünschten Erfolg bringen werden.

Die einfache Preiskorrelation ist allerdings nur bedingt aussagefähig, da diese lediglich zum Ausdruck bringt, dass zum Beispiel der L226-Preis in der Vergangenheit sich in einem bestimmten Verhältnis zum Börsenpreis geändert hat. Oder anders ausgedrückt: Sie bringt zum Ausdruck, mit welcher Geschwindigkeit ein Auto fährt, aber nicht, in welche Richtung.

Das im Weiteren ermittelte Bestimmtheitsmaß soll Aufschluss darüber geben, wie viel der Änderungen der Preise über Änderungen der Preise an der LME für Aluminium HG und Aluminium Alloy erklärt werden können.

Korrelation zu Aluminium HG		Korrelation zu Aluminium Alloy	
Korrelation	0,3869	Korrelation	0,6011
Bestimmtheitsmaß	0,1497	Bestimmtheitsmaß	0,3613

Das vorstehende Analyseergebnis ist zunächst ernüchternd und lässt die Aussage zu: »Finger weg vom Hedging. « Das Bestimmtheitsmaß bringt zum Ausdruck, dass in lediglich 36 Prozent der Fälle die Preisveränderung der Gusslegierung durch die Veränderung am Aluminium-Alloy-Markt erklärt werden kann.

Doch stellt sich die Frage, ob die Korrelation auf der Basis monatlicher Preisveränderungen tatsächlich zielführend ist, denn das Preisänderungsrisiko des Unternehmens bei den Herstellkosten liegt eher in einem Bereich von 12 bis 18 Monaten, da mit festen Preislisten im Markt agiert wird und Preissteigerungen aufgrund von Verteuerungen von Rohstoffen 1) nur sehr schwierig und 2) mit deutlichem Zeitversatz realisierbar sind.

Die im Folgenden durchgeführte Korrelationsanalyse soll Aufschluss darüber bringen, ob und inwieweit bei längeren Zeitintervallen eine Parallelentwicklung ggf. nachweisbar ist, die eine Kurssicherung des Rohstoffpreises rechtfertigen könnte.

Korrelation und Bestimmtheitsmaß für unterschiedliche Zeit-Deltas

	Korrelation		Bestimmtheitsmaß	
	Aluminium HG	Aluminium Alloy	Aluminium HG	Aluminium Alloy
1 Monats Delta	0,3869	0,6011	0,1497	0,3613
3 Monats Delta	0,5358	0.7886	0,2871	0,6219
6 Monats Delta	0,6333	0,8679	0,4011	0,7533
12 Monats Delta	0,7344	0,9175	0,5394	0,8418
18 Monats Delta	0,8151	0,9175	0,6644	0,8825

Die vorstehende Tabelle zeigt deutlich auf, dass der gewonnene optische Eindruck aus der langfristigen Chartanalyse bestätigt wird.

Kurzfristig betrachtet kann es sein, dass die Preiskurven unterschiedliche Entwicklungen zeigen, mittel- bis langfristig bietet eine Absicherung über Aluminium Alloy den gewünschten Effekt der Preisstabilität.

Eine Kurssicherung über den Aluminium-HG-Markt empfiehlt sich aber nicht.

Regressionsanalyse

Um diese Aussage weiter zu unterstützen bzw. zu überprüfen, wurde eine Regressionsanalyse durchgeführt. Hierbei soll der lineare Zusammenhang, wie auch schon bei der Korrelationsanalyse, zwischen den beiden Zeitreihen quantifiziert und optisch dargestellt werden.

Dabei sind vor allem die Regressionsgerade und die Abweichung der einzelnen Punkte für die Stärke des Zusammenhangs von Bedeutung. Die Steigung der Regressionsgeraden stellt den Zusammenhang zwischen den Veränderungen der unabhängigen Variablen (LME-Preis) und jenen der abhängigen Variable (Einkaufspreise) dar.

In Abbildung 1 sind die Veränderungen der Aluminium-Alloy-Preise auf Monatsbasis dargestellt, in Abbildung 2 die Veränderungen der Aluminium-Alloy-Preise der LME über einen Zeitraum von zwölf Monaten abgetragen.

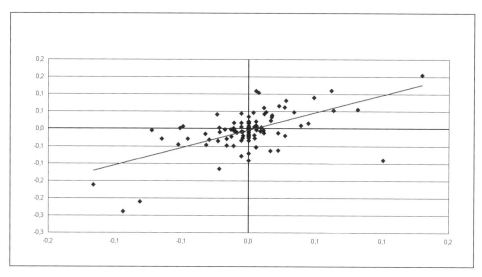

Abbildung 5:   Korrelationsanalyse Alloy monatlich

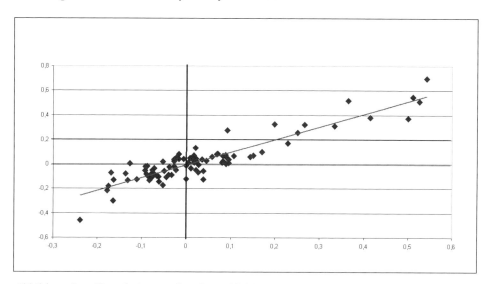

Abbildung 6:   Korrelationsanalyse Basis 12 Monate

Als Schussfolgerung dieser Grafik lässt sich sagen, das Veränderungen der LME-Preise für Aluminium Alloy mit dem Faktor 0,91 auf die Einkaufspreise wirken (wenn sich der Preis an der LME um 1 EUR/kg erhöht, steigt der Einkaufspreis um 0,91 EUR/kg).

Des Weiteren lässt sich daraus ablesen, dass über 84 Prozent der Veränderungen der Einkaufspreise dadurch erklärt werden können.

Zusammenfassung

Wie die zuvorstehende Analyse aufzeigt, ist eine Hedging-Strategie und die Erwartung einer möglichst hohen Kompensation zu den Einkaufseffekten auf Monatsbasis eher nicht wahrscheinlich.

Die Korrelation ist im Bereich bis 3 Monate mit 0,7 relativ niedrig und das Bestimmtheitsmaß bei lediglich 0,6. Was zum Ausdruck bringt, dass die Einkaufspreise der Börsennotierung in rund 60 Prozent der Fällen folgt, in den anderen 40 Prozent eben nicht.

Die Korrelation verbessert sich aber deutlich, wenn längerfristige Zeiträume hinzugezogen werden. Doch lohnt sich deswegen Hedging nicht?

Es kommt ganz wesentlich auf die Erwartung und Zielsetzung des Hedgings respektive der verfolgten Strategie des finanziellen Risikomanagements an.

Ist die Erwartungshaltung eine möglichst hohe Kompensation zum Preisänderungsrisiko des eingekauften Rohstoffs, so wäre dies hier eindeutig zu verneinen und von einer Kurssicherung abzuraten.

Ist die Erwartungshaltung, einen zusätzlichen Deckungsbeitrag in Relation zum budgetierten Rohstoffpreis und somit einen Beitrag zur Budgetsicherheit zu erhalten, ist eine Absicherung des finanziellen Risikos eindeutig zu befürworten.

6.   Definition einer Hedging-Strategie

Grundsätzlich zielt eine Risikostrategie auf die Verringerung oder den Ausschluss von Risiken durch Finanzderivate, die durch ungünstige Zins-, Kurs- oder Preisentwicklungen entstehen können.

Davon ausgehend empfiehlt sich folgende Vorgehensweise bzw. die Beantwortung der Fragestellungen:

■ Welche Ziele werden mit dem aktiven Rohstoffpreismanagement verfolgt?

■ Welche Risiken sollen abgesichert werden?

■ Welche Risiken kann ich (muss ich) selbst tragen (Risikotragfähigkeit)?

■ Welche Instrumente und Strategien zur Absicherung sind geeignet?

Bei den Beispielunternehmen wurde entsprechend vorgegangen und Folgendes schriftlich niedergelegt:

- Ziel des Rohstoffmanagements ist es, das operative Geschäft gegen Ergebnis- und Cashflow-Schwankungen abzusichern.

- Ziel der verfolgten Kurssicherungspolitik ist, das Finanzergebnis zu stabilisieren sowie Reduzierung der Ergebnis- und Cashflow-Volatilität für den Konzern für die Budgetperiode zu erreichen.

- Messlatte für den Erfolg der Hedging-Aktivitäten bei den Rohstoffen ist der jeweilige Budgetkurs und nicht, eine möglichst hohe Kompensation zum Einkaufspreis auf Monatsebene zu erreichen.

- Basis hierfür bilden Normstrategien, die regelmäßig überprüft werden, messbar sind und primär die Reduzierung der Ergebnisvolatilität und Risikoreduzierung verfolgen.

- Die Treasury-Funktion arbeitet in Bezug auf das Rohstoffpreismanagement als Servicecenter im Sinne von Methodenkompetenz, Analyse-Know-how, Risikobeurteilung der eingesetzten Sicherungsinstrumente, des monatlichen Berichtswesen sowie der Marktbeobachtung.

- Der Einkauf ist zuständig für die Planung und Beobachtung der Mengenentwicklung und die Definition der Preisziele für die Hedging-Aktivitäten. Der Einkauf legt auch fest, ob die Kosten für optionale Strategien getragen werden wollen – oder nicht.

- Derivative Finanzinstrumente werden ausschließlich zu Sicherungszwecken eingesetzt, das heißt nur im Zusammenhang mit korrespondierenden Grundgeschäften aus der originären unternehmerischen Tätigkeit, die ein dem Sicherungsgeschäft gegenläufiges Risikoprofil mit möglichst hoher Korrelation aufweisen.

- Maßnahmen mit spekulativem Charakter sind nicht zulässig. Ziel der Vorgehensweise ist eine langfristige Stabilität des Finanzergebnisses sowie die Reduzierung der Ergebnis- und Cashflow-Volatilität für den Konzern

Beispiel einer für die mittelfristige Planung (Zeithorizont drei Jahre) definierten Kurssicherungsstrategie für Rohstoffe

■ Grundsätzlich erfolgt die Absicherung in einem rollierenden System, welches quartalsweise mit IST-Zahlen überprüft wird.

■ Der durchschnittliche Sicherungsgrad soll 75 Prozent nicht überschreiten.

■ Der Sicherungszeithorizont beträgt maximal 18 Monate

■ Darauf aufbauend wurden Normstrategien definiert, die einen höheren Sicherungsgrad auf der Basis einer erhöhten Prognosewahrscheinlichkeit erlauben:

  – 6 Monate = 90 Prozent,
  – danach wird das Sicherungslevel je Laufzeitmonat um fünf Prozent reduziert

  Beispiel:

  – 7 Monate = 85 Prozent
  – 12 Monate = 60 Prozent
  – 15 Monate = 45 Prozent

■ Im Rahmen dieser Vorgaben erstellt Treasury Handelsstrategien und setzt diese mit geeigneten Instrumenten um

■ Es dürfen keine Handelspositionen ohne Grundgeschäft eingegangen werden.

Für den Fall, dass eine solche rollierende Strategie zu aufwendig sein sollte, hat sich die Definition einer einfachen Normstrategie durchaus als erfolgreich erwiesen, der sogenannten Drittelstrategie:

■ 1/3 gesichert über Termingeschäfte,

■ 1/3 gesichert über Optionen,

■ 1/3 ungesichert.

In Konsequenz liegt man zu 2/3 auf der »richtigen« Seite, egal, wie sich der Markt entwickelt.

Insofern sollte ein Unternehmen immer in Betracht ziehen, eine sogenannte »dynamische Risikostrategie« zu definieren, die es im Fall von nicht vorhersehbaren Marktentwicklungen erlaubt, Sicherungskontrakte auch auflösen zu können und diese nicht bis Fälligkeit halten zu müssen.

Sie erfordert die regelmäßige Bewertung der angewandten Hedging-Instrumente, der Risikotragfähigkeit des Unternehmens und die Entwicklung der analysierten Risikopositionen und die Definition von (möglichen) Exit-Szenarien.

Allerdings darf nicht verkannt werden, dass das Preisänderungsrisiko durch den Abschluss von Kurssicherungsgeschäften – insbesondere bei Termingeschäften – gegen ein Marktpreisrisiko der eingesetzten Derivate »getauscht« wird, sofern keine Hedge-Accounting-Beziehung nach IFRS oder eine Bewertungseinheit nach HGB vorliegt bzw. gegeben ist.

Nach Meinung des Autors empfiehlt es sich dringend, dass Unternehmen sich der Mühe unterziehen, eine für das Unternehmen angepasste Zielsetzung und daraus abgeleitete Risikostrategien zu definieren.

Dies ermöglicht einerseits die Erfolgsmessung und Anpassung bzw. Korrektur von Strategien aufgrund von Marktveränderungen. Es verhindert andererseits aber auch, dass bei einer unvermutet negativen Marktentwicklung – wie zum Beispiel dem rapiden Verfall seit Mitte September diesen Jahres – alles infrage gestellt wird und »Panik« ausbricht.

7. Umsetzung der Hedging-Strategie und Effizienzmessung

»To achieve quality: measure, analyze, improve, and control«

[Jack Welch]

Ausgehend von den definierten Zielsetzungen und Normstrategien sollte ein Unternehmen dann auch ein geeignetes Controlling für die Auswirkung implementieren; dies sowohl auf der Ebene der Einkaufseffekte bzw. als Beitrag zu den Herstellkosten als auch bei den Handelsgeschäften selbst.

Herstellkosten

Hier ist es erforderlich, dass zum Beispiel auf Monatsbasis – oder je nach Ausprägung des Controlling des betroffenen Unternehmens – die IST-Kosten der Herstellung mit den Standardkosten der Herstellung gemäß Budget verglichen werden.

Mat Group	Quant. * Ø 06	Deviation (€)	Deviation (%)
Copper	15.174.616	- 4.901.204	-47,7%
BRASS	1.768.472	- 272.228	-18,2%
Bronze(Casted)	3.699.205	- 1.044.759	-22,0%
ALU	8.913.039	- 951.833	-12,0%
	29.555.332	- 7.170.024	-19,5%
Copper compensation		3.806.605	
Rest	144.244.668	1.584.546	1,1%
YTD SEP PV	173.800.000	- 1.778.873	-1,0%
w /o transport & others			

Abbildung 7:   Abweichung aus dem Einkauf von Produkten mit Kupferpreiskomponente

Wie aus der vorstehenden Tabelle ersichtlich, hat das Unternehmen eine negative Abweichung aus dem Einkauf von Produkten mit einer Kupferpreiskomponente von rund 4,9 M-EUR in dem Betrachtungszeitraum gegenüber dem Planansatz hinzunehmen.

Das Unternehmen hatte sich aber entschieden, Kurssicherungsgeschäfte für den Rohstoff Kupfer abzuschließen. In der Zeile »copper compensation« ist der Beitrag ersichtlich, den diese Absicherungsverträge im Betrachtungszeitraum geliefert haben. Werden diese beiden Informationen gegenübergestellt, ist die Aussage zulässig, dass fast 78 Prozent des Preisänderungsrisikos durch entsprechende Kurssicherungskontrakte abgefedert werden konnten.

Diese Betrachtung allein ist aber nicht aussagefähig, sondern nur im Zusammenhang mit der verfolgten Absicherungsstrategie, das heißt mit der Quote, mit der das Rohstoffpreisrisiko abgesichert werden sollte.

Hierfür ist ein separater Bericht erforderlich, der dem Unternehmen zuverlässig auf Monatsebene darüber Auskunft geben sollte, wie hoch das jeweilige Absicherungsvolumen ist und wie hoch ggf. das noch offene, nicht gesicherte Volumen das Ergebnis beeinflussen kann – dies sowohl positiver als auch negativer Art.

Beispiel für ein Berichtswesen auf Monatsbasis

	Gesamt	Monat 01	Monat 02	Monat 03	etc.
Gesamt Bezugsmenge des Rohstoff	**3.000**				
Davon kursgesichert	2.000				
Hedge Ratio	66,7%				
Offenes, ungesicherters Risiko	1.000				
Budget Preis	1.700				
Aktueller Marktpreis	1.100				
Bewertung des offenen Risiko zu Marktpreisen	600.000				

Negativer Wert = Kursrisiko, positiver Wert = Kurschance

Abbildung 8:   Berichtswesen auf Monatsbasis

Es ist auch erforderlich, eine konsequente Marktwertbeobachtung der abgeschlossenen Sicherungsgeschäfts zu implementieren, um sicher in der Aussage im Hinblick auf die Risikotragfähigkeit des Unternehmens zu sein.

Warum? Entscheidet sich das Unternehmen zur Kurssicherung eines Marktpreisrisikos, ist oftmals nicht bewusst, dass dadurch keine Immunisierung gegen jede Marktschwankung erreicht, sondern das Marktpreisrisiko des zu beschaffenden Rohstoffes gegen das Marktpreisrisiko eines Derivates »getauscht« wird.

Ist es einem Unternehmen zum Beispiel nicht möglich, eine Hedge-Account-Beziehung nach IFRS oder eine Bewertungseinheit nach HGB zu bilden – welches in der Regel der Fall beim Bezug von Komponenten mit Materialspreisgleitklausel der Fall sein wird –, sind auf Monats- oder Jahresabschlussebene die sich noch im Bestand befindlichen Sicherungsgeschäfte zum Marktwert zu bewerten und in das Finanzergebnis einzustellen. Die korrespondierenden, geplanten Einkaufseffekte dürfen aber nicht berücksichtigt werden.

Dies ist immer dann von besonderer Bedeutung, wenn die Kurssicherungsverträge nicht nur für den Zeitraum des Geschäftsjahres, sondern ggf. über einen längeren Zeitraum abgeschlossen worden sind. An und für sich wirtschaftlich sinnvolle Kurssicherungszeiträume könnten dann für ein Unternehmen schnell zu einem Problem im Jahresabschluss werden, wenn sich die Marktpreise signifikant ändern.

Beispiel: Ein Unternehmen hat zum Bilanzstichtag noch Sicherungskontrakte über 1.000 To im Bestand.

Menge (to)	Terminkurse	Marktpreis	Marktwert	Auswirkung Finanzergebnis
1.000	1.800	2.000	+ 200	+ 200.000
1.000	1.800	1.100	- 700	- 700.000

Insofern kann es durchaus von Bedeutung für ein Unternehmen sein, dass ein Finanzergebnis wie im vorstehenden Fall mit 200.00 EUR positiv oder mit 700.000 EUR negativ zum Bilanzstichtag belastet wird. Dies kann unter Umständen sogar Auswirkung auf Finanzierungsverträge haben, welche an Financial Covenants gebunden sind.

Nur durch das konsequente Verfolgen des Planes als auch der IST-Zahlen ist es möglich, die Entwicklung im Griff zu behalten und Lernkurveneffekte zu erzielen wie zum Beispiel im Hinblick auf die eingesetzten Geschäfte (Termingeschäft versus Optionen versus offenem Risiko?), die Kurssicherungsquote (ist der Prozentwert angemessen gewesen?) als auch der bilanziellen Auswirkungen (sind die Zeiträume richtig definiert, ist die Risikotragfähigkeit richtig eingeschätzt worden?) und auf die Wirksamkeit der Kurssicherungsgeschäfte gegenüber dem zugrunde liegenden Einkaufsgeschäft.

Ziel ist es, aus diesem geplanten und gewollten Vergleich von Plan- zu IST-Werten Lernkurveneffekte für künftige Kurssicherungsstrategien abzuleiten.

8.   Zusammenfassung

»Nobody's perfect, but a team can be«

[Dr. Meredith Belbin]

Die deutlich gestiegenen Rohmaterialpreise haben ein Problem in den Vordergrund gedrängt, welches vor einigen Jahren in der Industrie – außer im professionellen Metallhandel – nicht so richtig wahrgenommen worden ist. Von einigen Ausnahmen einmal abgesehen können die erratischen Preisschwankungen bei den Rohstoffen – insbesondere für Verarbeiter - nur bedingt in den Markt weitergegeben werden. Zunehmend sind die Metalle (und auch andere Rohstoffe) nicht mehr nur der Preisbildung durch die industriellen Nutzer unterworfen, sondern werden als »heiß gehandeltes Anlagegut mit hohen Renditen« sowohl von Hedge-Fonds als auch von Banken vertrieben.

Es spielt sich somit eine Entwicklung an den Märkten ab, die seit vielen Jahren an den Devisenmärkten zu beobachten ist. Die Entwicklung der Preise ist nicht immer ökonomisch nachvollziehbar, und es wird in Größenordnungen von Finanzinvestoren gehandelt, die enge Märkte nachhaltig bewegen können.

Der gestiegene Rohstoffbedarf in den Entwicklungsländern – insbesondere den BRIC-Staaten – in Kombination mit dem Anlagebedarf der institutionellen als auch rein spekulativ tätigen Anleger haben in den letzten Jahren die Rohstoffmärkte bis August 2008 auf nie gekannte Rekordkurse getrieben.

Umso härter hat sich die im Anschluss an den bisherigen Höhepunkt der Finanzmarktkrise im September 2009 durch den Konkurs zweier großer »Player« im Derivatmarkt ausgefallene Preiskorrektur an den weltweiten Rohstoffmärkten ausgewirkt.

Die beobachteten Preisschwankungen stellen industrielle Unternehmen vor relativ große Probleme, denen viele weitgehend ungeschützt ausgesetzt waren, da ein aktives Risikomanagement auf der Rohstoffbeschaffungsseite entweder nicht betrieben worden ist oder einfach keine geeigneten Instrumente zu Verfügung gestanden haben.

Allerdings dürfen finanzielles Risiko- und aktives Rohstoffpreismanagement nicht als Heilsbringer verstanden werden, die helfen, ungünstige Marktentwicklungen zu kompensieren. Längerfristige Marktveränderungen wie zum Beispiel den anhaltenden USD-Verfall seit 1999 oder die stetig steigenden Rohstoffpreise seit 2002 kann keine (verantwortlich definierte) Hedging-Strategie kompensieren.

Gute Kurssicherungsstrategien helfen aber jedem Unternehmen, Zeit für die Anpassung zu gewinnen.

Zeit, notwendige Anpassungsmaßnahmen zu planen und umzusetzen, Zeit, um die Wettbewerbsposition nachhaltig zu sichern oder sogar auszubauen.

Der Einkauf von Rohstoffen und Energie sollte sich vor diesem Hintergrund auf die Optimierung des Rohstoffeinkaufs in Kombination mit dem Einsatz von Finanzinstrumenten konzentrieren, um die Situation zumindest planbar zu gestalten, denn im Mittelpunkt der Aufgabenstellung des Einkaufs steht die Versorgungssicherheit zu möglichst konstanten und guten Preisen.

Im Mittelpunkt des Finanzmanagements der Treasury-Abteilung eines Unternehmens steht die Steuerung und Sicherung der Liquidität. Zunehmender globaler Wettbewerb, die Internationalisierung des eigenen Geschäfts und größerer Kostendruck fordern auch im Treasury eine Effizienzsteigerung im Rahmen der Steuerung finanzwirtschaftlicher Risiken.

Insofern stellt sich also nicht die Frage, wer denn nun die Verantwortung für das finanzielle Risikomanagement in einem Unternehmen hat – der Einkauf oder das Treasury.

Die Antwort kann nur in der Teamarbeit liegen, denn die Komplexität ist in den letzten Jahren enorm gestiegen, sei es durch Preisschwankungen, sei es durch die Möglichkeit an Instrumenten, sei es durch die Herausforderungen in Rechnungslegung und Controlling.

Literatur

ELLER, R. (2009): Jahrbuch Treasury und Private Banking

HÖLSCHER, R./ELFGEN, R. (2002): Herausforderung Risikomanagement, Wiesbaden 2002

PRICEWATERHOUSECOOPERS: Commodity Risk Management in der stahlverarbeitenden Industrie

PRICEWATERHOUSECOOPERS: Mehr Wert und weniger Risiken: Sicherer Dirigent der Finanzinstrumente ist das Treasury

WIRTSCHAFTSWOCHE Ausgabe 38, 2007, Rohstoffe clever absichern

KÜHNE, J.: Re-venue, 3 professionnelles Rohstoffmanagement

KÜHNE, J.: Einführungs- und Umsetzungsleitfaden, professionelles Anlagemanagement

DER TREASURER, Ausgabe 03, 2009, Finance Verlag

DER TREASURER, Ausgabe 23, 27.11.2008, Finance Verlag

SEETHALER, P./STEITZ, M. (2007): Praxishandbuch Treasury-Management, Wiesbaden 2007

DEUTSCHE BANK (2008): Global Market Research: A User Guide To Commodities, London 2008

DEUTSCHE BANK (2007): Global Markets Research: Nutzerleitfaden Rohstoffe, London 2007

Energiepreisabsicherung mit Derivaten

Christoph Braun

1.   Hintergrund und Bedarf

Gestiegene Volatilitäten an Energie- und Rohstoffmärkten stellen für eine Vielzahl von Unternehmen ein schwer kalkulierbares Risiko dar. Dies betrifft sowohl Rohstoffproduzenten als auch rohstoffintensive Verbraucher. Insbesondere Unternehmen, deren Umsatzerlöse beziehungsweise Gesamtkosten zu einem Großteil von Energie- und Rohstoffpreisen abhängen, haben zunehmend Schwierigkeiten, verlässliche Ertragsprognosen zu erstellen. Daraus folgende Ergebnisschwankungen führen häufig zu Problemen im operativen Geschäft.

Energie- und Rohstoffpreisentwicklungen unterliegen höheren Volatilitäten und damit Risiken als beispielsweise Devisen oder Zinsen. Auch in Zukunft sind große Schwankungen von Energie- und Rohstoffpreisen aufgrund der produktspezifischen Angebots- und Nachfragesituation, der begrenzten Speichermöglichkeiten dieser Ressourcen und dem Engagement spekulativer Investoren zu erwarten. Vor diesem Hintergrund muss ein vorausschauendes und qualifiziertes Risikomanagement im Unternehmen darauf ausgerichtet sein, diese Faktoren zu identifizieren, zu bewerten, zu steuern und zu überwachen. Der professionelle Umgang mit Chancen und Risiken der Energie- und Rohstoffmärkte hat unmittelbar Einfluss auf den Unternehmenserfolg und letztlich auf den Wert eines Unternehmens. Steigende Transparenz führt dazu, dass Investoren als auch Kunden in Zukunft weniger bereit sind, Schwankungen aufgrund von Energie- und Rohstoffpreisveränderungen zu akzeptieren. Dies verlangt von der Unternehmensführung zunehmend ein aktives Risikomanagement. Diverse Sicherungsinstrumente ermöglichen es, Preisrisiken kalkulierbar zu machen und vorhandene Risiken unternehmensspezifisch abzusichern. Derivative Finanzinstrumente, die heute auf eine Vielzahl von Produkten erhältlich sind, bieten die Möglichkeit, schnell und flexibel auf Marktpreisveränderungen reagieren zu können. Ferner fordern auch diverse Regularien, wie das Gesetz zur Kontrolle und Transparenz im Unternehmensbereich, kurz KonTraG[1], ein unternehmensweites Früherkennungssystem von Risiken und geeignete Maßnahmen im Umgang mit diesen.

---

[1]   Vgl. Deutscher Bundestag (1998).

Derzeit werden am häufigsten Preisrisiken aus der Kategorie »Energie« abgesichert.[2] Neben den hohen Volatilitäten dieser Produkte ist dies vorrangig im physischen Bedarf dieser Handelsgüter begründet. Ferner ist es möglich, durch eine Absicherung des Ölpreises, der als »Leitwährung« für viele Energie- und Rohstoffprodukte fungiert, eine Art Makro-Hedge zu tätigen. In diesem Fall wird mittels einer Ölpreisabsicherung das Preisrisiko anderer Energieprodukte abgesichert. Hierbei gilt es, darauf zu achten, dass eine ausreichende Korrelation der jeweiligen Position mit dem Ölpreis gegeben ist. Neben der Planungssicherheit bietet der Einsatz von Sicherungsinstrumenten den Vorteil, dass der Fokus der Geschäftstätigkeit auf das operative Geschäft gelegt werden kann und Risiken im Kerngeschäft eher toleriert werden können.

Abbildung 1 gibt einen Überblick über die derzeit üblichen Basiswerte für Energie- und Rohstoffderivate. Neben den für den deutschsprachigen Raum wichtigsten Produkten werden auch die weltweit gängigsten Spezifikation dargestellt. Soweit relevant werden ausgewählte Lieferorte in Klammern angegeben. Grundsätzlich wird zwischen den Bereichen Energie, Metalle und Agrarrohstoffe (Soft Commodities) unterschieden.

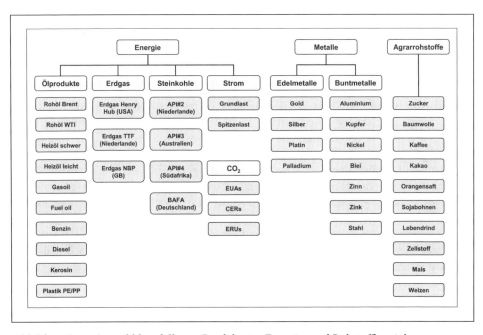

Abbildung 1:   Auswahl handelbarer Produkte im Energie- und Rohstoffbereich

Das folgende Kapitel 2 gibt einen Überblick über Risiken im Energie- und Rohstoffbereich unter Einbezug der jüngsten Veränderungen auf diesen Märkten. Dabei zeigt sich, dass das Marktpreisrisiko eine dominierende Rolle einnimmt, aber gerade auch bei Rohstoffen, die in

---

2   Vgl. KPMG International (2007), S. 22.

US-Dollar fakturiert werden, ein nicht unerhebliches Währungsrisiko besteht. Statistische Methoden zur Quantifizierung von Energie- und Rohstoffpreisschwankungen helfen der Unternehmensführung im Umgang mit diesen Risiken.

In Kapitel 3 werden am Markt übliche Finanzinstrumente vorgestellt und deren Vor- und Nachteile beschrieben. Die Wahl des geeigneten Absicherungsinstrumentes hängt letztlich von verschiedenen Faktoren, insbesondere aber vom betrieblichen Bedarf und den individuellen Erwartungen, ab. Zudem wird an einem Beispiel erläutert, wie die am Markt vorhandenen Instrumente genutzt werden können und was dabei zu beachten ist.

Im abschließenden Fazit finden eine Zusammenfassung der wichtigsten Punkte und ein Ausblick auf die künftige Bedeutung von Energie- und Rohstoffpreissicherungen statt.

2.   Risiken im Energie- und Rohstoffbereich

Langfristig gestiegene Energie- und Rohstoffpreise sowie signifikante Schwankungen, einhergehend mit einer kontinuierlichen Berichterstattung in Presse und Medien, führten in jüngster Vergangenheit zu einer zunehmenden Sensibilisierung von betroffenen Unternehmen, aber auch einer breiten Öffentlichkeit. Diese Entwicklung fordert von einer modernen, wertorientierten Unternehmensführung zunehmend die bewusste Auseinandersetzung mit strategischen und operativen Risiken, die aus Energie- und Rohstoffmärkten erwachsen. Wenn dieses Risiko nicht gesichert wird, ist der Materialaufwand aufgrund der hohen Schwankungsbreite von Rohstoffpreisen nicht mehr kontrollierbar.

Betroffen von Rohstoffpreisrisiken sind typischerweise energie- und rohstoffintensive Unternehmen aus den Branchen Maschinenbau, Chemie, Papier, Glas, Steine und Erden, Metallerzeugung und -bearbeitung, Automobil- und Zulieferindustrie, Transport, Lebensmittel, Elektronik aber auch Versorger, Kraftwerksbetreiber und Stadtwerke. Gestiegene Kosten, verursacht durch Energie- und Rohstoffpreise, müssen entweder an Kunden weitergegeben werden oder belasten direkt das operative Ergebnis. Im ersten Fall ist mittelfristig mit einer Verschlechterung der Marktposition zu rechnen, da Wettbewerber unter Umständen günstiger anbieten können oder Kunden das Überwälzen von Preisrisiken nicht mehr akzeptieren.[3]

Für ein Unternehmen, das seinen Kunden Produkte oder Dienstleistungen optimal und preisgünstig anbieten möchte, ist es unerlässlich, die vorhandenen Marktpreisrisiken zu beherrschen. Im Energie- und Rohstoffbereich spielen neben Marktpreisveränderungen des jeweiligen Handelsguts auch Zinsänderungs- und Währungsrisiken eine Rolle, Letztere insbesondere bei Rohstoffen, die in US-Dollar fakturiert werden wie beispielsweise Öl oder Gold. Für

---

3   Vgl. KPMG International (2007), S. 14.

jedermann spürbar werden diese Risiken an der Tankstelle, wo Benzinpreise neben dem Rohölpreis auch vom Wechselkurs beeinflusst werden.

Das Risikomanagement eines Unternehmens sollte darauf ausgerichtet sein, potenzielle Risiken frühzeitig zu identifizieren, zu bewerten und den Umgang mit vorhandenen Risiken zu definieren, beziehungsweise vorhandene Risiken zu sichern, die nicht toleriert werden sollen. Im ersten Schritt müssen hierzu bestehende Rohstoffpreisrisiken identifiziert werden. Bei vielen Produkten ist dies für die meisten Unternehmen gut möglich. Ein Kupferdrahthersteller kann aus dem Marktpreis des Rohstoffs und der Marge für die Umarbeitung den Preis für seine Produkte errechnen. In einigen Fällen ist das Risiko jedoch nicht so direkt identifizierbar. Beispielsweise sind Gasverträge häufig an Ölnotierungen gekoppelt, wobei unterschiedliche Bindungscharakteristika und Zeitverzüge die Identifikation des bestehenden Risikos erschweren.

Im nächsten Schritt gilt es, bestehende Risiken zu quantifizieren. Hierzu bedarf es einer entsprechenden IT-Infrastruktur und der relevanten Informationen zu Beschaffung, Rohstoffgüte und Transportkosten. Mithilfe dieser Daten lässt sich das bestehende Preisrisiko bestimmen. Neben historischen Preisveränderungen und einer Bewertung der offenen Position zu Marktpreisen (marked-to-market) stehen unterschiedliche statistische Methoden zur Verfügung. In der Praxis sind Sensitivitätsanalysen, Szenariomethoden und die sogenannte Value-at-Risk-Methode (VaR) verbreitet. Mit Sensitivitätsanalysen kann man den Einfluss einer bestimmten Rohstoffpreisentwicklung auf das Unternehmensergebnis messen, Szenariomethoden ermöglichen die Betrachtung verschiedener Zukunftsentwicklungen und VaR liefert eine Schätzung des zu erwartenden Verlusts, der mit einer gewissen Wahrscheinlichkeit in einem bestimmten Zeitraum überschritten wird. Beispielsweise könnte der VaR für die Beschaffung von Strom (Grundlast) im Folgemonat mit einer Wahrscheinlichkeit von fünf Prozent bei mindestens 3,50 EUR/MWh oder umgekehrt mit einer Wahrscheinlichkeit von 95 Prozent bei nicht mehr als 3,50 EUR/MWh liegen.[4]

Nachdem ein Unternehmen bestehende Rohstoffrisiken quantifiziert hat, gilt es festzulegen, wie der Umgang erfolgen soll. In Abhängigkeit der Risikoneigung und den Unternehmenszielen kann eine individuelle Sicherungsstrategie ausgearbeitet werden. Die Risikoposition kann hier unter Einbezug der am Markt verfügbaren Derivate ganz oder teilweise abgesichert werden. Für eine Absicherung wird dem physischen Bedarf ein mengen- und laufzeitenkongruentes Finanzprodukt gegenübergestellt.

Wenn kein liquider Markt auf ein Grundgeschäft existiert, muss eruiert werden, ob ein anderes Produkt, das mit dem Grundgeschäft hoch korreliert ist, liquide gehandelt wird. Daraufhin können die Derivate auf dieses Vergleichsprodukt abgeschlossen werden (Proxy Hedge). Die Sicherung wäre jedoch nicht vollkommen effektiv, wenn sich beide Produkte nicht absolut identisch entwickeln. In diesem Fall verbleibt ein sogenanntes Basisrisiko zwischen dem physischen Produkt und dem finanziellen Absicherungsgeschäft. Basisrisiken können im Zusammenhang mit unterschiedlichen Produktspezifikationen (zum Beispiel Schwefelgehalt

---

4   Vgl. Pilipovic (2007).

bei Ölprodukten), Lieferorten (zum Beispiel Rotterdam oder Düsseldorf) und Zeitpunkten (zum Beispiel Monatsdurchschnitt oder Stichtag) zwischen physischem Produkt und finanzieller Sicherung auftreten.

Für den Umgang mit Preisrisiken stehen unterschiedliche Absicherungsinstrumente zur Verfügung. Für die Auswahl des geeigneten Produktes sind die Unternehmensziele und der definierte Umgang mit Marktpreisrisiken von zentraler Bedeutung. Nachfolgender Abschnitt beschreibt die im Energie- und Rohstoffbereich üblichen Instrumente und deren Vor- und Nachteile.

3. Derivate zur Energiepreisabsicherung

Energiederivate bieten die Möglichkeit, sich vor den eingangs beschriebenen Risiken auf unterschiedliche Art und Weise zu schützen. Derivate sind Instrumente, deren Marktwert von einem oder mehreren zugrunde liegenden Vermögenswerten bestimmt wird. Schon die Bedeutung des lateinischen Wortes »derivatio«, welches mit »Ableitung« übersetzt werden könnte, deutet darauf hin, dass diese Produkte ihren Wert von einem anderen Produkt, dem sogenannten Underlying, ableiten. Diese Underlyings sind zumeist andere Finanzprodukte, Handelsgüter oder Indizes.

Die Anwendungsbereiche sind in erster Linie:

▪ Absicherung gegen unvorteilhafte Marktbewegungen

▪ Spekulation durch aktiven Handel

▪ Ausnutzen von Arbitragemöglichkeiten

Grundsätzlich lässt sich eine Aufteilung in bedingte und unbedingte Termingeschäfte vornehmen. Mit unbedingten Termingeschäften, wie Futures, Forwards oder Swaps, lassen sich die zukünftig zu entrichtenden Kosten fixieren. Optionen (Call, Put, Collar) bieten Schutz vor einer adversen Preisentwicklung, bei gleichzeitiger Wahrung an einer für das Unternehmen positiven Preisentwicklung zu partizipieren.

Weiterhin wird zwischen außerbörslich, individuell abgeschlossenen Geschäften, den sogenannten OTC[5]-Produkten, und standardisierten, börsengehandelten Geschäften unterschieden. Bei den an der Börse gehandelten Produkten ist ein Ausfallrisiko des Vertragspartners praktisch nicht vorhanden, da eine unabhängige Institution den Bestand und die rechtmäßige Verfügung der Terminpositionen garantiert. Im Gegensatz hierzu besteht bei den OTC-

---

5   OTC: Over the Counter.

Kontrakten ein gewisses Risiko, dass der Vertragspartner seinen Verpflichtungen nicht nach-
kommt. Deshalb ist es bei Letzteren unerlässlich, die Bonität des Vertragspartners zu berücksichtigen.

Im Falle von Termingeschäften auf Energie und Rohstoffe wird zudem zwischen physischen
und finanziellen Kontrakten unterschieden, je nachdem ob eine physische Lieferung stattfindet oder die Ausgleichszahlungen rein finanziell abgewickelt werden. In der Regel werden
Finanzderivate finanziell abgerechnet, sodass ein etwaiges physisches Geschäft parallel hierzu abläuft. Für ein Unternehmen, das beispielsweise Diesel beschafft, bedeutet dies, dass bei
einer Absicherung mit einem Finanzderivat die physische Beschaffung von Diesel separat zu
erfolgen hat.

Abbildung 2 gibt einen Überblick über die am Markt gehandelten Derivate.

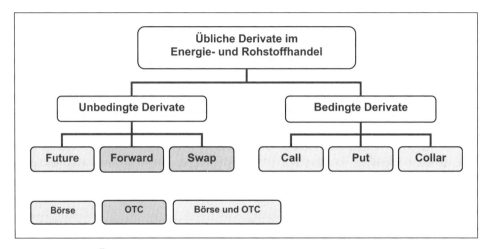

Abbildung 2:   Übliche Instrumente zur Preisabsicherung im Energie- und Rohstoffbereich

Auch wenn sich Energiederivate von herkömmlichen Derivaten unterscheiden und einige
Besonderheiten aufweisen, sind die Grundstrukturen identisch. Im Energie- und Rohstoffbereich sind Standardprodukte, die sogenannten Plain-Vanilla-Kontrakte, am weitesten verbreitet, sodass Forwards/Futures, Optionen und Swaps einen Großteil der gehandelten Produkte
darstellen. Zudem lassen sich viele der neuartigen und komplexeren Strukturen auf diese drei
Grundformen – oder Kombinationen hiervon – zurückführen. Im Folgenden sollen die
Grundstrukturen dieser Instrumente näher beleuchtet werden.

3.1 Forwards und Futures

Forwards und Futures sind unbedingte Terminkontrakte. Das bedeutet, sie beinhalten die Verpflichtung, eine bestimmte Menge des jeweiligen Basiswertes zu einem bestimmten Termin zu einem festgelegten Preis abzunehmen. Der Käufer muss demnach den Basiswert am Fälligkeitstag unbedingt abnehmen und den vereinbarten Preis dafür bezahlen. In analoger Weise ist der Verkäufer dazu verpflichtet, den entsprechenden Basiswert zu liefern. Demnach sind Forwards und Futures für beide Vertragspartner bindende Vereinbarungen. Diese symmetrische Verteilung von Chancen und Risiken führt dazu, dass bei Forwards und Futures keine Prämienzahlung bei Abschluss des Geschäftes fällig wird und die Auszahlungsfunktion dieser Kontrakte linear verläuft.

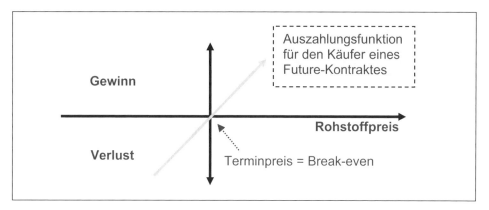

Abbildung 3:   Wert eines Future-/Forward-Kontraktes aus Sicht des Käufers

Aufgrund standardisierter Konditionen sind Future-Kontrakte fungibel an der Börse handelbar.[6] Bei Forwards hingegen werden die Bedingungen individuell zwischen den Vertragspartnern ausgehandelt. Teilweise erfolgt beim Forward bei Fälligkeit eine physische Erfüllung, das heißt die effektive Lieferung bzw. Abnahme des Basiswertes. Im Gegensatz hierzu erfolgt beim Future in der Regel ein finanzieller Ausgleich. Dieser erfolgt meistens börsentäglich und zwar nach dem Marked-to-Market-Prinzip. Dies bedeutet, dass die von den Kontrahenten gestellten Sicherheiten den Preisveränderungen angepasst werden. In der Praxis wird der tägliche Marktpreis im Vergleich mit dem Einstiegspreis bewertet und die daraus entstehende Differenz den Konten der Marktteilnehmer gutgeschrieben bzw. belastet. Tendiert eine Position ins Plus, werden dem Kontrahenten Gewinne gutgeschrieben, dreht die Position ins Minus, müssen für die entstandenen Verluste zusätzliche Sicherheiten nachgeschossen werden (Margin Calls). Überwacht und bewertet werden diese Preisveränderungen von der Clearing-Stelle, einem Zentralinstitut, über welches die Zahlungen im bargeldlosen Zahlungsver-

---

6   Vgl. Hull (2008).

kehr verrechnet werden. Die Clearing-Stelle tritt zwischen Käufer und Verkäufer und ist somit Vertragspartner. Sie hat die Aufgabe, die Zahlungen zu garantieren und diese durch Sicherheitsleistungen (Margins) abzusichern.[7] Mit einem Future oder Forward kann ein Unternehmen, das beispielsweise in sechs Monaten einen Bedarf an 100 Tonnen Aluminium hat, das in der Zukunft entstehende Preisrisiko absichern. Hierdurch kann das Unternehmen seine Produkte bereits heute kalkulieren. Hierzu kauft das Unternehmen einen Aluminiumforward über 100 Tonnen, dessen Settlement analog zum physischen Einkauf in sechs Monaten stattfindet. Liegt der Settlementpreis über dem Terminpreis, erhält der Käufer eine Ausgleichszahlung in Höhe der entsprechenden Differenz. Im umgekehrten Fall hat der Käufer eine Zahlung zu leisten. In Kombination mit einer physikalischen Gegenposition bieten sowohl Forwards als auch Futures eine sichere Kalkulationsbasis.

3.2   Swaps

Swaps können als Kontrakte beschrieben werden, die klassischerweise einen Tausch von einem festen mit einem variablen Preis beinhalten. In periodischen Zeiträumen erfolgt eine Bewertung, aufgrund welcher der Unterschiedsbetrag zu einem festgelegten Swap-Level (Festpreis) errechnet wird. Dieser Unterschiedsbetrag wird zwischen den Kontrahenten finanziell ausgeglichen, so dass es bei einem Swap für beide Seiten zu Zahlungseingängen als auch -ausgängen kommen kann. Anstelle eines stichtagsbezogenen Termins wird beim Swap häufig der Durchschnittskurs aus den täglichen Schlusskursen einer Periode berechnet und darauf basierend eine Ausgleichszahlung vorgenommen. Im Energiebereich erfolgen die Ausgleichszahlungen in der Regel zu bestimmten Zeitpunkten während der Laufzeit, zum Beispiel monatlich oder vierteljährlich. Die beidseitige Zahlungsverpflichtung des Swaps führt ebenso wie bei Forwards oder Futures zu einer symmetrischen Verteilung von Chancen und Risiken. Konsequenterweise sind beim Abschluss des Geschäfts keine Zahlungen fällig, da auch Chancen verkauft werden. Somit hängt beim Swap, analog zum Forward oder Future, die Auszahlung linear von dem zugrunde liegenden Basiswert ab.[8]

Da beim Swap der Basispreis so gewählt wird, dass der erwartete Cashflow bei Null liegt und Abweichungen hiervon durch die Gegenpartei in finanzieller Weise ausgeglichen werden, bietet dieser eine sichere Kalkulationsgrundlage. Damit kann ein Unternehmen die Kostenabhängigkeit von Energie- und Rohstoffpreisen ausschalten oder zumindest reduzieren. Da es sich bei Swaps um individuell gestaltbare Termingeschäfte handelt, können Produktspezifikationen, Mengen und Zeiträume zwischen den Vertragsparteien so vereinbart werden, dass eine bestmögliche Deckungsgleichheit zum physischen Produkt gegeben ist. Das Kontrahentenrisiko bei Swaps trägt die jeweilige Gegenpartei. Deshalb ist es wichtig, vor Abschluss eines Swap-Geschäftes die Bonität des Vertragspartners zu prüfen und eine entsprechende

---

7   Vgl. Bloss/Ernst (2008), S. 185 ff.
8   Vgl. Bloss/Ernst (2008), S. 153 ff.

Kreditlinie einzuräumen. Im Gegensatz zum Future sind bei Swaps in der Regel keine Sicherheitszahlungen nötig. Da Swaps in Form von OTC-Geschäften abgewickelt werden, ist ein Glattstellen von Geschäften zwar grundsätzlich möglich, jedoch nicht standardisiert wie beim Future. Wird das Geschäft mit einem anderen Kontrahenten als dem ursprünglichen glattgestellt, ist zu beachten, dass bei Ausfallen eines Vertragspartners ein Marktpreisrisiko besteht.

Neben den individuellen Gestaltungsmöglichkeiten zählt das Schaffen von Planungssicherheit zu den Vorteilen eines Swaps. Für ein Unternehmen, das physisch beispielsweise Diesel beschaffen muss, stellen die zukünftigen Dieselkosten einen Unsicherheitsfaktor dar, da die Dieselkosten variablen Marktpreisen unterliegen. Tauscht das Unternehmen in einem finanziellen Swap die variablen Dieselkosten gegen einen Festpreis (Swap-Preis), heben sich für das Unternehmen insgesamt die Kosten für die variablen Zahlungsströme auf. In Summe bezieht das Unternehmen Diesel zu einem Festpreis. Preisanstiege des physischen Bezugs werden für den Swap-Käufer exakt durch Gewinne aus dem Swap-Geschäft kompensiert, Preisrückgängen auf der physischen Seite stehen Verluste aus dem finanziellen Geschäft gegenüber. Das Ergebnis aus physischer Beschaffung und finanzieller Absicherung ist ein Festpreis für den Käufer des Swaps. Dieser erreicht somit das gewünschte Ergebnis der Absicherung, nämlich die Planungssicherheit künftiger Dieselkosten.

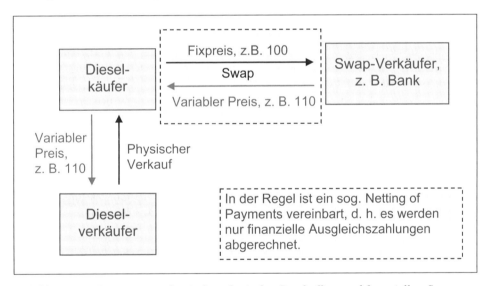

Abbildung 4:   Zusammenspiel zwischen physischer Beschaffung und finanziellem Swap

3.3   Optionen

Eine Option stellt ein Recht dar, einen bestimmten Basiswert zu einem festgelegten Preis zu kaufen oder verkaufen. Als Basiswerte dienen zumeist Aktien, Indizes oder Handelsgüter. Besteht dieses Recht während einer vorher festgelegten Dauer, wird von einer amerikanischen Option gesprochen. Hierbei hat der Optionskäufer das Recht, seine Option innerhalb einer bestimmten Frist auszuüben. Im Gegensatz dazu ist die Ausübung bei einer europäischen Option nur an einem gewissen Stichtag möglich. Im Energie- und Rohstoffbereich werden häufig sogenannte asiatische Optionen verwendet, deren Ausübung nicht von einem Stichtagskurs, sondern von einem Durchschnitt über einen gewissen Zeitraum abhängt. Grundsätzlich wird zwischen der Call- und der Put-Option unterschieden. Beim Call erhält der Käufer das Recht, einen bestimmten Basiswert zu kaufen, beim Put zu verkaufen.

In jedem Fall ist die Option nur für den Optionsverkäufer bindend, dem Käufer bleibt immer das Wahlrecht, die Option auszuüben oder verfallen zu lassen. Im Vergleich zu unbedingten Termingeschäften (Future, Forward, Swap) bleiben bei der Option die Chancen erhalten, da lediglich das Schadenspotenzial gegen die Zahlung einer Prämie veräußert wird. Diese asymmetrische Verteilung von Chancen und Risiken führt dazu, dass bei Abschluss einer Option der Käufer die Optionsprämie zu zahlen hat. Die Höhe der Optionsprämie setzt sich aus dem sogenannten inneren Wert, nämlich dem Verhältnis zwischen Basiswert und Ausübungskurs, und dem Zeitwert der Option zusammen. Der Zeitwert der Option wird bestimmt durch die Restlaufzeit, dem risikolosen Zinssatz und der Volatilität des Basiswertes. Je länger die Restlaufzeit, je höher der risikolose Zins und je höher die implizite Volatilität, desto höher ist der Wert der Option und somit die Prämie. Im Falle einer Call-Option ist der innere Wert der Option umso höher, je größer die Differenz zwischen Basiswert und Ausübungskurs ist. Das Recht ein bestimmtes Handelsgut zum Ausübungspreis von 100 zu kaufen, wenn der Basiswert bei 120 ist, ist höher zu bewerten als bei einem Basiswert von 80. Ist der Basiswert höher als der Ausübungskurs, wird die Option als »im Geld« bezeichnet, im umgekehrten Fall als »aus dem Geld«. Decken sich Basiswert und Ausübungskurs spricht man von einer »am Geld«-Option.[9] Bei einer Put-Option, also dem Recht, ein bestimmtes Handelsgut zu verkaufen, ist dieser Zusammenhang zwischen Basiswert und Ausübungskurs entgegengesetzt.

Mit Optionen lassen sich unterschiedliche Auszahlungsdiagramme abbilden, sodass sich für Käufer und Verkäufer unterschiedliche Risikoprofile ergeben:

---

9   Vgl. Steinbrenner (2002).

Optionen		Call (Kaufoption)	Put (Verkaufoption)
Käufer	Rechte	Kauf der Ware zum Aus-übungspreis	Verkauf der Ware zum Ausübungspreis
	Pflichten	Zahlung der Optionsprä-mie	Zahlung der Optionsprä-mie
	Pay-off	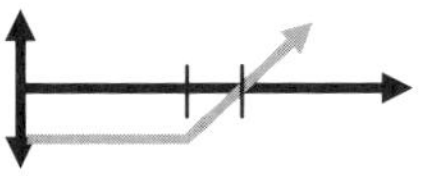	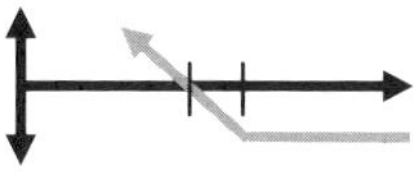
Verkäufer	Rechte	Anspruch auf die Opti-onsprämie	Anspruch auf die Opti-onsprämie
	Pflichten	Lieferung der Ware zum Ausübungspreis	Abnahme der Ware zum Ausübungspreis
	Pay-off	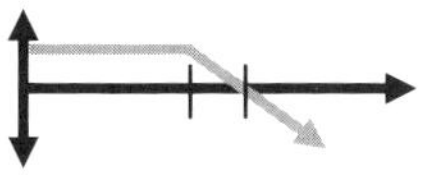	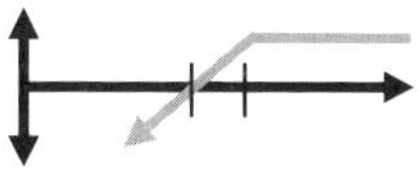

Abbildung 5:   Rechten und Pflichten von Optionskäufer und -verkäufer

Energieoptionen ermöglichen dem Käufer, durch Zahlen einer Prämie das Preisrisiko abzusichern, ohne dabei auf zusätzliches Gewinnpotenzial zu verzichten, wenn sich die Energiepreise für seine Erträge günstig entwickeln. Ein weiterer Vorteil von Optionen ist das fest kalkulierbare Risikopotenzial für ein Unternehmen. Der Käufer kann lediglich die Prämie verlieren, da es bei Optionen keine negativen Auszahlungsbeträge gibt.

3.3.1   Call-Option

Eine Call-Option auf Energie- oder Rohstoffprodukte ermöglicht einem Unternehmen die Absicherung preisbedingter Geschäftsrisiken, da der Käufer eine Kompensationszahlung erhält, wenn der Basiswert am Ausübungstag über dem vereinbarten Ausübungskurs liegt. Somit ist eine Call-Option ein Absicherungsinstrument gegen zu hohe Ausprägungen des Basiswertes, beispielsweise gegen zu hohe Rohölpreise. Die Zahlung erfolgt, wenn die Call-Option eine bestimmte Schwelle, den Ausübungspreis, überschreitet. Weiterhin wird zwischen Kauf (long) und Verkauf (short) einer Call-Option unterschieden. Für den Käufer einer Call-Option ist das Risiko auf die Optionsprämie beschränkt, für den Verkäufer sind die möglichen Verluste unbegrenzt, wenn es keine vereinbarten Obergrenzen gibt (vgl. Abbildung 5).

3.3.2   Put-Option

Eine Put-Option ermöglicht – analog zum Call – die Absicherung von Energiepreisrisiken. Allerdings erhält der Käufer hierbei die Kompensation, wenn der Basiswert zum Auszahlungszeitpunkt unter dem vereinbarten Ausübungskurs liegt. Unternehmen, deren Erlöse beispielsweise von bestimmten Handelsgütern abhängen, können Put-Optionen im Risikomanagement einsetzen. Dies könnte zum Beispiel ein Dieselproduzent sein, dessen Verkaufserlöse direkt von der Höhe des Dieselpreises abhängen. Bei sinkenden Dieselpreisen erhält der Käufer aus der Put-Option eine Ausgleichszahlung, wenn der Preis des Basiswertes unter dem Ausübungskurs liegt. Beim Kauf einer Put-Option ist das Risiko wiederum auf die Optionsprämie begrenzt. Wird eine Option verkauft, entspricht das maximale Verlustpotenzial dem möglichen Preisrückgang des Basiswertes abzgl. der Prämie (vgl. Abbildung 5).

3.3.3   Collar

Ein Collar ist ein Instrument, das auf der Verbindung eines Calls mit einem Put basiert. Der Verkäufer verpflichtet sich zu einer Ausgleichszahlung an den Käufer, wenn eine bestimmte Obergrenze (Cap) überschritten wird, wobei der Käufer seinerseits bei Unterschreiten einer bestimmten Untergrenze (Floor) die Differenz an den Verkäufer vergüten muss. Oftmals werden Collars so konstruiert, dass sich die Prämien für Call und Put gegenseitig aufheben (Zero-Cost-Collar). Mit einem Collar werden sowohl Risken als auch Chancen begrenzt, da ab bestimmten Ober- und Untergrenzen der Call oder der Put weitere Preisausschläge kompensiert. Ein Collar eignet sich für ein Unternehmen, das eine klare Marktmeinung hat, Risken begrenzen möchte, aber gleichzeitig auch bereit ist, Chancen aufzugeben.

3.4   Umsetzung einer Energiepreisabsicherung

Die Auswahl eines geeigneten Absicherungsproduktes und der entsprechenden Strategie hängt letztlich von den Zielen ab, die ein Unternehmen mit der Absicherung verfolgt. Ist eine feste Kalkulationsbasis und somit eine hohe Planungssicherheit das vordergründige Ziel eines Unternehmens, eignen sich eher Future-Kontrakte oder Swaps. Erfordert jedoch die Wettbewerbssituation ein Profitieren an sinkenden Rohstoffpreisen kann das Unternehmen beispielsweise mit einer Call-Option eine Preisobergrenze zukünftiger Rohstoffpreise erreichen. Die nachfolgende Abbildung gibt zusammenfassend nochmals einen Überblick über gängige Preissicherungsinstrumente im Energie- und Rohstoffmarkt und deren Charakteristika.

Future	Swap	Option
✓ Standardisierte, börsengehandelte Terminkontrakte	✓ Individuell gestaltbare Termingeschäfte	✓ Individuelle oder standardisierte Strukturen möglich
✓ Preisfixierung für eine definierte Menge und definierten Zeitpunkt	✓ Preisfixierung für eine definierte Menge und definierten Zeitraum	✓ Preisbegrenzung bei gleichzeitiger Wahrung von Chancen
✓ Kein Kontrahentenrisiko, keine Prämie, Margin-zahlungen erforderlich	✓ Kontrahentenrisiko, keine Prämie, keine Marginzahlungen	✓ Prämie für Call und Put, Zero-Cost-Konstrukte möglich (Collar)
✓ Ausgleichzahlungen nach Settlement bekannt	✓ Ausgleichzahlungen nach Settlement bekannt	✓ Maximaler Verlust (für Käufer): Optionsprämie

Abbildung 6:   Charakteristika gängiger Preissicherungsinstrumente im Rohstoffmarkt

In der Praxis ist bei der Absicherung von Energie- und Rohstoffprodukten nicht nur darauf zu achten, dass das eingesetzte Finanzinstrument im Einklang mit den Zielen steht, sondern auch, dass ein für das physische Produkt geeignetes Finanzderivat verwendet wird. Im folgenden Abschnitt sollen geeignete Absicherungsinstrumente für die gängigsten physischen Produkte vorgestellt werden. In Deutschland sind Gaspreise zum Beispiel typischerweise an Ölnotierungen gekoppelt. Somit erfolgt die Absicherung ölgebundener Gaspreise meist über die in der Formel enthaltene Ölkomponente. Bei Buntmetallen spielen die Preise der London Metal Exchange eine dominierende Rolle. Diese finden sich in einer Vielzahl von Lieferverträgen und somit nehmen Absicherungen auf diese Notierungen eine vorherrschende Stellung im Metallbereich ein. Dieselpreise werden in der Praxis am häufigsten mit den Notierungen für »ULSD 10 ppm FOB Barges Rotterdam« abgesichert, da diese dem deutschen Tankstellendiesel weitgehend entsprechen. Dies entspricht einer Dieselspezifikation mit niedrigem Schwefelgehalt von 10 ppm, free on board (FOB) eines Binnenschiffes der Kategorie »Barge« mit Lieferort in Rotterdam.

Nachfolgende Grafik gibt einen Überblick über wichtige physische Produkte in Deutschland und hierfür geeignete Basiswerte für eine Absicherung:

Physisches Produkt	Geeignete Absicherungsinstrumente
✓ Erdgas	✓ Bei Ölbindung: Heizöl leicht Rheinschiene, Heizöl schwer Deutschland, Gasoil, Fuel Oil ✓ Ohne Ölbindung: Gas TTF oder Gas EGT
✓ Diesel	✓ ULSD 10 ppm FOB Barges Rotterdam ✓ Gasoil 0,1% FOB Barges Rotterdam

Physisches Produkt	Geeignete Absicherungsinstrumente
✓ Schiffsdiesel	✓ Fuel Oil 3,5% FOB Barges Rotterdam
✓ Steinkohle	✓ Notierungen des Bundesamtes für Wirtschaft und Ausfuhrkontrolle (BAFA) frei deutscher Grenze oder Steinkohle API#2 mit Lieferort Rotterdam
✓ Buntmetalle	✓ Notierungen der London Metal Exchange für Aluminium, Blei, Kupfer, Nickel, Zink, Zinn und Stahl
✓ Strom	✓ Notierungen für Grund- und Spitzenlast an der European Energy Exchange (EEX); bei indexierten Verträgen auch Steinkohle- und Gaskomponenten
✓ CO_2	✓ EU-Emissionsrechte (EUAs) und Emissionsgutschriften aus Klimaschutzprojekten (CERs, ERUs)

Abbildung 7:   Geeignete Absicherungsinstrumente gängiger physischer Produkte

Nachdem ein für den physischen Bedarf eines Unternehmens geeignetes Absicherungsinstrument bestimmt wurde, gilt es, die gewählte Strategie umzusetzen. Nachfolgendes Beispiel soll die Umsetzung einer Energiepreisabsicherung an einem Praxisfall verdeutlichen. Dabei wird von einem Unternehmen aus der Transportbranche ausgegangen, welches über eine eigene Fahrzeugflotte verfügt und somit Diesel für den Geschäftsbetrieb benötigt. Die fiktive Spedition verfügt über 100 Lkw, welche einen monatlichen Dieselbedarf von 400 Tonnen[10] verursachen. Der Diesel wird zu unterschiedlichen Zeitpunkten während des Monats beschafft, so dass die Kosten in etwa dem monatlichen Durchschnitt der täglichen Dieselpreise entsprechen. Da die Spedition ihren Kunden Festpreise für die nächsten zwölf Monate anbieten möchte, sollen die Kosten der künftigen Dieselbeschaffung fixiert werden. Das Unternehmen möchte eine feste Kalkulationsgrundlage für die zukünftigen Dieselkosten. Ferner möchte die Spedition vorab keine Prämie für die Absicherung ausgeben oder Sicherheiten stellen. Aus diesem Grund entscheidet sich das Unternehmen für eine Absicherung mit einem Swap auf Diesel ULSD 10 ppm FOB Barges Rotterdam über die folgenden zwölf Monate. Der Swap-Preis beträgt in diesem fiktiven Beispiel 500 EURO/Tonne. Der Kauf des Swaps ist für das Unternehmen nicht liquiditätsbelastend, da lediglich eine Handelslinie mit einem Swap-Verkäufer (zum Beispiel einer Bank) bestehen muss. Daneben sind vor Abschluss des Geschäftes in der Regel weitere Voraussetzungen, wie Rahmenverträge sowie Legitimations- und Geldwäschevereinbarungen, zu schaffen. Während der Laufzeit des Swaps wird der Mittelwert der täglichen Dieselpreise dem Swap-Preis (Festpreis) gegenübergestellt. Liegt dieser über dem Festpreis, erhält die Spedition eine Ausgleichszahlung in Höhe der entspre-

---

[10] 100 Fahrzeuge x 760 km/Tag x 250 Tage/Jahr x 30 Ltr/100 km = 5,7 Mio. Ltr/Jahr = 475.000 Ltr/Monat = ca. 400 Tonnen/Monat (Eine metrische Tonne entspricht ca. 1.185 Litern).

chenden Differenz. Die finanziellen Ausgleichszahlungen finden in der Regel monatlich, jeweils am 5. Arbeitstag des Folgemonats statt. So wird beispielsweise am 05. Februar der Monat Januar abgerechnet. Folgende Abbildung zeigt beispielhaft anhand fiktiver Preise die Berechnung der Ausgleichszahlungen einzelner Monate:

Monat	Monatsmittelwert Dieselpreise	Ausgleichszahlungen
✓ Januar	✓ 550 EURO/Tonne	✓ Spedition erhält 20.000 EURO (50 EURO/Tonne x 400 Tonnen)
✓ Februar	✓ 480 EURO/Tonne	✓ Spedition bezahlt 8.000 EURO (20 EURO/Tonne x 400 Tonnen)
✓ März	✓ 500 EURO/Tonne	✓ Keine Ausgleichszahlungen

Abbildung 8: Auszahlungsprofil eines Dieselswaps bei einem Fixpreis von 500 EURO/Tonne

Ausgleichszahlungen aus dem Swap stehen gestiegene oder gesunkene Kosten für die physische Beschaffung gegenüber. In Summe ergibt sich für die Spedition durch das getätigte Absicherungsgeschäft und die physische Beschaffung von Diesel eine Preisfixierung bei 500 EURO/Tonne. Diese ermöglicht der Spedition das Angebot von Festpreisen an ihre Kunden, was für das Unternehmen einen Wettbewerbsvorteil darstellt.

4. Fazit und Ausblick

Energie- und Rohstoffpreise haben einen zunehmenden Einfluss auf die Ergebnisse vieler Unternehmen. Signifikante Preisschwankungen haben in der Vergangenheit erheblich das Risiko erhöht. Für die Zukunft deuten die meisten Faktoren weiterhin auf volatile Energie- und Rohstoffpreise und somit ein hohes Risiko für betroffene Unternehmen hin. Der Einsatz von Sicherungsinstrumenten liegt somit nahe, doch in der Praxis scheitert dieser auch heute noch. Die Quantifizierung von Risiken ist nicht immer einfach. Zudem decken die angebotenen Sicherungsinstrumente nicht in allen Bereichen die tatsächlichen Risiken vollständig ab. Beispielsweise können sich Transportkosten oder auch die Rohstoffgüte zwischen finanzieller Sicherung und physischem Produkt unterscheiden. Ferner gilt es für ein Unternehmen, das Derivate zur Sicherung einsetzt, die Sicherungsbeziehung im Jahresabschluss darzustellen. Dabei ist darauf zu achten, dass die Wirksamkeit der Absicherung dokumentiert wird und entsprechend bilanziert werden kann. Trotz dieser Hindernisse hat der Einsatz von finanziellen Sicherungsinstrumenten in den letzten Jahren deutlich zugenommen. Starke Preisbewegungen und langfristig steigende Rohstoffpreise haben das Bewusstsein bei vielen Unternehmen für diese Risiken erhöht. Eine erhöhte Planungssicherheit, Preisober- bzw. -untergrenzen, und die Erhöhung der Flexibilität bei Marktpreisveränderungen, zählen zu den Vorteilen einer finanziellen Sicherung. Der physische Bedarf kann unter Einhaltung gewisser Mindestmengen[11] jederzeit für Teilmengen gesichert werden. Bei einer veränderten Markteinschätzung kann eine Sicherung auch wieder aufgelöst werden.

Neben der Frage, ob und in welchen Mengen eine Sicherung sinnvoll ist, sehen sich Unternehmen mit der Wahl des Absicherungszeitpunktes konfrontiert. Eine Streuung der Mengen auf unterschiedliche Zeitpunkte kann helfen, eine Sicherung zu Höchstständen zu vermeiden. Der optimale Zeitpunkt ist ex-ante kaum zu bestimmen, und die permanente Hoffnung auf bessere Preise hat schon bei vielen Unternehmen dazu geführt, das komplette Risiko offen und damit ungesichert zu belassen. Dies stellt jedoch für ein Unternehmen das größte Risiko dar, da es kontinuierlich auf für sein Ergebnis günstigere Preise spekuliert. Hierdurch versäumen es nach wie vor viele Unternehmen, ihre Rohstoffpreisrisiken, die sich durch die produktspezifische Angebots- und Nachfragesituation, politische Unsicherheiten, aber auch spekulative Einflüssen ergeben, rechtzeitig zu managen.

Energie- und Rohstoffderivate bieten die Möglichkeit, sich vor diesen Risiken zu schützen, und stellen somit ein wesentliches Element eines modernen Risikomanagements dar. Vor diesem Hintergrund ist in Zukunft mit einer weiteren Zunahme der Bedeutung und des Bedarfs von Preissicherungen mit Energie- und Rohstoffderivaten zu rechnen.

Literatur

BLOSS, M./ERNST, D. (2008): Derivate. Handbuch für Finanzintermediäre und Investoren, München 2008.

DEUTSCHER BUNDESTAG (1998): Gesetz zur Kontrolle und Transparenz im Unternehmensbereich. 1998. http://www.beckmannundnorda.de/kontrag.html

HULL, J. (2008): Options, Futures and Other Derivatives, 7. Aufl., New Jersey 2008

KPMG INTERNATIONAL (2007): Energie- und Rohstoffpreise – Risiken und deren Absicherung. 2007. http://www.kpmg.de/media/Energie-_und_Rohstoffpreise_-_Risiken_und_deren_Absicherung.pdf

PILIPOVIC, D. (2007): Energy Risk. Valuing and managing energy derivatives. McGraw-Hill. New York, 2nd Edition 2007

STEINBRENNER, H.-P. (2002): Professionelle Optionsgeschäfte. Moderne Bewertungsmethoden richtig verstehen, Wien 2002

---

[11] Mindestmengen variieren bei unterschiedlichen Produkten und Handelspartnern. Sicherungen sind heute bei Banken zum Beispiel ab 100 Tonnen/1.000 hl bei Ölprodukten und ab 25 Tonnen bei vielen Buntmetallen üblich.

Strukturierte Beschaffung zur Absicherung von Gaspreispreisrisiken

Jan von Drathen

1.   Einleitung

Die Liberalisierung des Gasmarktes offeriert den Verbrauchern eine Erweiterung der angebotenen Produktpalette. Dabei wird Gas in der Regel durch zwei Vertragstypen beschafft: durch die preisindexierte Vollversorgung oder durch die strukturierte Beschaffung am Handelsmarkt. Die Vollversorgungsverträge stellen dabei die herkömmliche Beschaffung dar, während die strukturierte Beschaffung nun durch den in den letzten Jahren neu geschaffenen Gas-Handelsmarkt in Deutschland möglich ist. Wesentlicher Unterschied der beiden Beschaffungsarten ist bei strukturierter Beschaffung die Transparenz des Preises zu jeder Stufe der Wertschöpfungskette der Gasbeschaffung bei bezogener Gasmenge, Kapazitätsschwankungen und Vorhersagegenauigkeit. Diese Komponenten erlauben dann eine gezieltere Kostensteuerung innerhalb eines Produktionsprozesses, die eventuelle Quersubventionen durch die Beschaffung vermeiden.

Dadurch ergeben sich für den Großverbraucher neue Optimierungsmöglichkeiten, die besser auf seine Bedürfnisse abgestimmt werden können. Allerdings sind auch neue Regeln zu berücksichtigen, die ein verändertes Risikoprofil für den Gasgroßverbraucher bedeuten. Diese Risiken beschränken sich dabei nur bedingt auf das Marktpreisrisiko. Ebenso bedeutend sind auch operative Risiken, die zum einen in Vertragsstrafen gegenüber dem Netzbetreiber enden können und zum anderen durch korrekte Ausnutzung von gewährten Toleranzen signifikante Kostenersparnisse darstellen können. Entscheidend ist, dass die Gasbelieferung auf die Wertschöpfungskette des Gasgroßverbrauchers und seine Produktionsprozesse abgestimmt ist. Dabei muss der Gasgroßverbraucher prüfen, welche Vertragsart für seinen individuellen Gasbezug am besten geeignet ist.

2.   Verträge für die Gasbeschaffung

Die Gasbeschaffung wird in der Regel durch den örtlichen Versorger (Stadtwerk, Regional-versorger) oder die überregionalen Importeure wie Wingas oder Ruhrgas in Deutschland betrieben. Europaweit ist ein ähnliches Bild in den jeweiligen Ländern zu beobachten, in denen ein Übertragungsnetzbetreiber und ein Regionalnetzbetreiber den Transport sicherstel-len. Des Weiteren gibt es einen Lieferanten, der das Gas an die Verbrauchstelle liefert.

Mit der Öffnung des deutschen Gashandelsmarktes ist es jetzt möglich, in bestimmten Markt-gebieten (auch virtuellen Handelpunkten genannt) bilaterale standardisierte Handelsgeschäfte oder Futures über die European Energie Exchange zu handeln. Hierbei wird nun zwischen Lieferant und Transporteur unterschieden, was in der Vergangenheit über ein und denselben Vertragspartner lief.

In Deutschland gibt es derzeit acht Marktgebiete (H-Gas 5, L-Gas 3), und es bestehen weitere Bestrebungen, die Anzahl der unterschiedlichen virtuellen Handelspunkte zu reduzieren. Ein Marktgebiet ist das Gasübertragungsnetz eines bestimmten Netzunternehmens. Ein Netz kann auch eine Transportleitung mit mehreren Ausgangspunkten sein. Die bedeutenden Netze für Standardhandelsprodukte liegen vornehmlich in Nord- und Westdeutschland und werden von der BEB-Gasunie und E.ON Gastransport betrieben.

2.1   Indexierte Gasbeschaffungsverträge

Indexierte Gasbeschaffungsverträge sind die herkömmliche Art der Beschaffung und stellen für den Verbraucher ein Rundumsorglospaket dar. Sie werden daher auch Gasvollversor-gungsverträge genannt. Der Verbraucher kann in der Regel je nach Produktionsprozess den Gasverbrauch nach Bedarf abrufen. Für dieses Optionsrecht muss der Verbraucher jedoch eine Prämie bezahlen.

Die Preisgestaltung der Gasvollversorgungsverträge orientiert sich vornehmlich an einen Ölpreisindex, hierzu wird in Deutschland hauptsächlich leichtes (HEL) und schweres Heizöl (HSL) verwendet. Zusätzlich wird noch der Lieferpunkt spezifiziert, wobei sich die Rhein-schiene (verschiedene Lieferstellen entlang des Rheines) etabliert hat.

Wer sich gegen die Preisschwankungen von HEL und HSL absichern möchte, kann bei Ban-ken finanziell die Preisformel absichern. Ebenso können auch die HEL- und HSL-Preisschwankungen mit Futures direkt abgesichert werden, jedoch ist für viele Gasgroß-verbraucher die monatliche Anpassung der Futures an die Formel zu aufwendig, sodass diese Absicherung nur bei wesentlich größeren Umsätzen wie zum Beispiel bei den großen Markt-teilnehmern durchgeführt wird.

2.1.1 Vertragsaufbau

Die indexierten Lieferverträge sind keine Standard-Verträge und beschreiben im Wesentlichen den individuell vereinbarten Lieferort, die Qualität des Gases, das Abnahmevolumen mit den Kapazitätsgrenzen und den Preis. Des Weiteren sind allgemeine Regeln vereinbart wie Force Majeur[1] und Preiswiederverhandlungsklauseln.

Wesentliche Bestandteile für die Gasbelieferung bis zum Verbrauchspunkt sind die Arbeitsgasmenge in MWh, die Kapazitätsbereitstellung im Spitzenverbrauch in MW und der Transport. Diese Bestandteile sind in Form eines Lastprofiles in Abbildung 1 dargestellt[2], wobei es eine Verbrauchsbandbreite oder Volumenbeschränkung gibt.

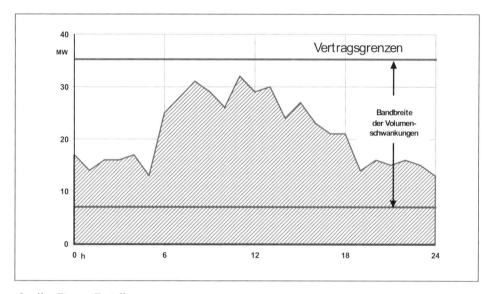

Quelle: Eigene Erstellung
Abbildung 1:   Volumenabnahmeregelung

Des Weiteren ist im Vollversorgungsvertrag die gesamte Jahresabnahmemenge (ACQ) sowie die entsprechende Unterteilung auf die Monate (MCQ) und Tage (DCQ) festgelegt.[3] Diese sind auch auf eine Minimalgrenze (Minimum Pay) und ein Maximalgrenze (Maximum Pay) beschränkt und stellen für den Gasbezieher in der Regel enorme Freiheitsgrade in der Abnahmeplanung und im Verbrauchsverhalten dar, weil keine stunden- oder tagesscharfen Verbrauchszahlen fixiert sind.

---

1   Force Majeur ist ein stehender Rechtsbegriff für höhere Gewalt.
2   Das Integral unter der Lastprofilkurve stellt die Arbeitsgasmenge in MWh dar. Die Kapazitätsbereitstellungsgrenze des Vertrages beträgt 35 MW.
3   ACQ: Annual Consumption Quantity, MCQ: Monthly Consumption Quantity, DCQ: Daily Consumption Quantity

2.1.2   Preisformel

Das Nicht-Vorhandensein eines vollständigen konkurrenzfähigen Gasmarktes im Sinne der volkswirtschaftlichen Lehre (Liquidiät, Vergleichbarkeit der im Markt angebotenen Produkte) begünstigt den Einsatz eines Referenzindexpreises. Anlegbarer Referenzpreis sind HEL und HSL, weil diese ein gutes Verbrauchssubstitut für Gas darstellen. Zusätzlich ist dieser Bewertungsansatz aus den Vermarktungsregeln nach der Erschließung der europäischen Gasfelder entstanden, insbesondere durch das Gronningen Gasfeld in Friesland, Niederlande. HEL und HSL sind auch akzepzierte Referenzgrößen für die Anbieter, die vornehmlich Ölgesellschaften und mit den Ölpreisen gut vertraut sind.

Die Preisformel kann unter den Vertragspartnern frei gewählt werden. Es hat sich aber ein Aufbau ergeben, der die folgenden fünf Vertragskomponenten enthält:

1. Gewichtung des Ölpreisanteils am gesamten Preis
2. Konvertierungsfaktor des Referenz-Rohstoffes (Heizwert, Mengeneinheit)[4]
3. Indexpreis des Referenz-Rohstoffes (HSL, HEL)[5]
4. Als zusätzliche Referenzgrößen werden auch Lebenshaltungs- oder Inventitionsgüter-Indices verwendet
5. Allgemeiner Zusatzfaktor für Volumenschwankungen, Marge, Transport

Addiert man die Faktoren, so ergibt sich daraus der Preis für die gelieferte Energie in EUR/MWh.

Die Indexpreisberechnung des Referenz-Rohstoffes basiert auf einer Durchschnittsberechnung nach den Vertragsspezifikationen. Zum Beispiel eine Berechnungsformel (6, 0, 3) nimmt den Durchschnittspreis der letzten sechs Monate, der Preisfestsetzungszeitpunkt findet mit 0 Monaten Verzug statt und gilt für die kommenden drei Monate. Zum Beispiel wird am 1.1.2009 der Durchschnittspreis vom 1.7.2008 bis 31.12.2008 berechnet. Dieser Preis gilt vom 1.1.2009 bis 31.3.2009.

Diese Art der Preisformeln ist einfach anzuwenden und relativ transparent, was durch den Preisindexierungsmechanismus erreicht wird. Die einfache Handhabung mittels der Faktoren ermöglicht es, die einzelnen Vertragskomponenten (Kapazitätsvorhaltung, Unvorhersehbarkeit der Verbrauchsmengen) preislich abzudecken. Die Preisvergleichbarkeit kann dann nur durch Konkurrenzangebote erreicht werden. Dies konnte in der Vergangenheit eher auf der Produktionsseite (Up-Stream) beobachtet werden. Auf der Vertriebsseite (Down-Stream) war in den europäischen Ländern keine große Konkurrenz zu beobachten. Aufgrund der Liberalisierung der letzten Jahre ist hier ein neuer Trend mit verstärkter Konkurrenz zu erkennen.

---

4   Für die Umrechnung von HEL in EUR/hl oder ct/l zu wärmeäquivalenten Gaspreisen in ct/kWh verwendet man den Faktor 0,09133 ((Heizölpreis * Heizwert Gas) / (Heizöldichte* Heizwert Öl* Brennwert Gas). Für die Umrechnung von HSL in EUR/t zu wärmeäquivalenten Gaspreisen in ct/kWh verwendet man 0,007859.

5   HSL: Heating Oil Sulphur Light, HEL: Heating Oil extra Light

2.1.3   Absicherungsmethode

Die genannten Gaspreisformeln können auch finanziell abgesichert werden, sodass der Gasbezugspreis letztendlich in einem Festpreis für den Verbraucher mündet. Hierbei können zwei Ansätze verfolgt werden. Zum einen lässt der Gasverbraucher seine Formel durch einen Finanzdienstleister absichern und vereinbart ein Swap-Geschäft auf Basis der mit dem Gaslieferanten vereinbarten Preisformel. In Abbildung 2 sind Vertragsbeziehungen, Lieferbeziehungen und Cashflow zwischen den Vertragspartnern dargestellt.

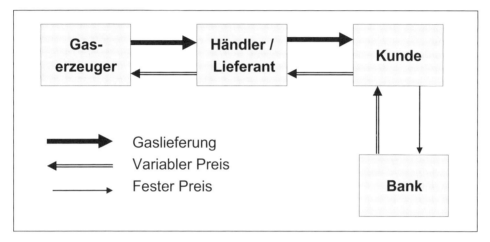

Quelle: Eigene Erstellung

Abbildung 2:   Gas und Cash bei der Formelabsicherung durch einen Finanzdienstleister oder eine Bank

Dieses sogenannte Formel-Hedging durch einen Finanzdienstleister/Bank ist ein etabliertes Geschäft und wird vornehmlich durch die Origination-Teams der Investmentbanken umgesetzt, da die Hedges durch die Formeln in der Regel individuell sind und nicht standardisiert gehandelt werden können.

Zum anderen kann ein Gasverbraucher aber auch selber die Tätigkeit der Investmentbanker übernehmen und die Formel mittels Futures absichern. Die Vorgehensweise dazu verlangt die Berechnung der Anzahl der benötigten Futures. Hierzu wird das Delta-Risiko berechnet, in dem man über eine Mengenkonvertierungsberechnung von der Gas-Energiemenge und des preisquotierten Referenz-Rohstoffes die nötige Anzahl an Futures ermittelt. Diese halten dabei die Preisformel preisneutral, wenn sich der Referenz-Rohstoffpreis ändert.

Bei dieser selbstständigen Absicherung sollte berücksichtigt werden, inwieweit Restmengen behandelt werden, die durch die Absicherung aufgrund der Odd-Lot-Problematik[6] nicht ge-hedged werden können. Des Weiteren muss die Durchschnittspreisbildung des Referenzin-dexpreises bezüglich der Referenzformel (vgl. 6, 0, 3) abgebildet werden.

2.2   Beschaffung über Gashandelsmärkte

Die Beschaffung über Gashandelsmärkte bedeutet, dass der Beschaffer die Standard-Gashandelsprodukte mit festen Lieferzeiten auf den schwankenden Bedarf seines Gas-verbrauchs abstimmt. Hierbei werden in der Regel 80 bis 90 Prozent des geplanten Verbrau-ches mit langfristig fest vereinbarten Mengen (siehe Abbildung 3: Standard-Handelsgeschäfte) kontrahiert und die verbleibende Menge wird kurzfristig über den Spot-markt eingedeckt (Strukturierte Komponente) und mittels eines Flexibilitäsvertrages aus Speicherzugang oder Reservevertrag (Imbalance) ausgeglichen.

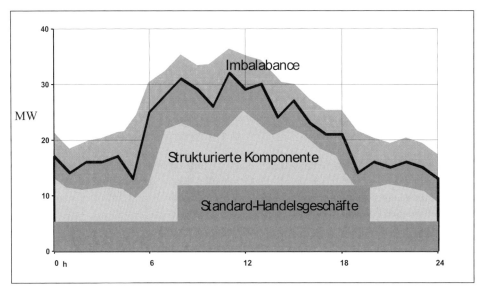

Quelle: Eigene Erstellung
Abbildung 3:   Komponenten der Gasbelieferung

---

6   Odd-Lot sind nicht handelbare Mengen, weil diese nicht in den vorgegebenen Futureslosgrößen erfasst werden. Die Odd-Lots müssen dann in der Regel mit anderen Mengen zusammengefasst werden oder blei-ben ungehedged.

Bei der Überwachung der Anzahl der zu unterschiedlichen Zeitpunkten kontrahierten Mengen, die Preisschwankungen ausgesetzt sind, bedient man sich der Portfoliomanagement-Technik für die Energiebeschaffung. Hierbei kann über Preislimite und Risikomanagement-Grenzen von einem relativ fixierbaren und gesicherten Bezugspreis ausgegangen werden.

Der Vorteil dieser Beschaffungsmethode ist die Transparenz über die Risikoaufschläge. So werden bei Indexverträgen diese Zusatzkomponenten in Form eines allgemeinen Zusatzfaktors verschlüsselt und stellen erfahrungsgemäß einen Anteil von ungefähr zehn Prozent an den Beschaffungskosten dar.

2.2.1 Vertragsaufbau

Bei strukturierter Beschaffung werden unterschiedliche Verträge zur Beschaffung und zum Transport abgeschlossen.

Die Beschaffung durch Handelverträge kann bilateral (OTC) oder über die Börse ausgeführt werden. Im bilateralen OTC-Markt, der durch die Broker/Makler gefördert wird, sind Rahmenverträge (Masteragreements) notwendig. Deren Abschlüsse haben sich als langwierig herausgestellt, sodass die Handelsteilnehmer die Vertragsausführung auf Börsen aufgrund des einfacheren Prozesses bevorzugen. Jedoch können sich Börsen erst etablieren, sobald genügend Umsatz und Marktteilnehmer vorhanden sind. Insofern ist der OTC-Markt ein Vorläufer des Börsenmarktes.

Sind diese Rahmenverträge einmal abgeschlossen, können auf deren Basis Einzelverträge oder Einzelgeschäfte am Telefon für Termingeschäfte oder Spotmengen abgeschlossen werden.

Für den Transport bedarf es eines zusätzlichen Transport- bzw Entry-/Exit-Vertrages mit dem Übertragungsnetzbetreiber (TSO). Die OTC-beschafften Mengen werden am virtuellen Handelspunkt[7] geliefert. Von dort können sie durch den TSO direkt an den Verbrauchspunkt geliefert werden, wenn der Verbraucher auch dort angeschlossen ist (in der Regel für Großverbraucher der Fall). Ansonsten müssen die Gasmengen durch das Regional- oder sogar das örtliche Netz transportiert werden. Je nach Besitzverhältnissen ist hierzu dann ein weiterer Transport- bzw. Entry-/Exit-Vertrag notwendig.

Diese Transportverträge schließen auch die Abrechnungsmodalitäten für die Differenz zwischen nominierten Verbrauchsmengen und tatsächlich verbrauchtem Gas ein. Dieses Vertragselement wird Imbalance oder Regelenergie genannt und kann bei hohen Abweichungen zwischen nominierten und tasächlich verbrauchten Mengen einen erheblichen Kostenanteil an den Gesamtkosten ausmachen. Es ist nicht ungewöhnlich, den doppelten Energiepreis für Imbalance gegenüber dem anzusetzenden Marktpreis zu entrichten.

---

7 Ein virtueller Handelspunkt ist der Lieferort für Gas irgendwo innerhalb eines Gasnetzes. In der Vergangenheit hat man an einem Flange (Gasknoten mehrer Pipelines) den Lieferort fixiert. In diesem Zusammenhang spricht man von einem virtuellen Handelspunkt, weil der Punkt auf ein Netz ausgeweitet wurde.

2.2.2   Vertragspreis

Im Gegensatz zum Indexvertrag oder Vollversorgungsvertrag ist der Preis der strukturierten Beschaffung nicht exakt vorhersagbar, da Teilmengen im Verlauf einer vorherbestimmten Zeitspanne eingedeckt werden. Je nachdem wie das Preisgefüge durch Angebot und Nachfrage im Gasmarkt ist, werden Tranchen eingekauft. Der Vertragspreis ergibt sich aus dem mengengewichteten Preisen der Einzelverträge zuzüglich der Imbalance- und Transportvertragskosten.

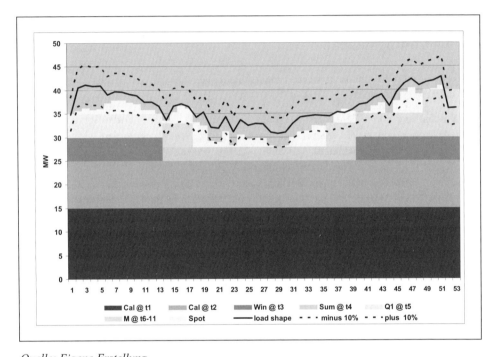

Quelle: Eigene Erstellung
Abbildung 4:   Darstellung der strukturierten Beschaffung zu verschieden Zeitpunkten[8]

Da die genaue Verbrauchsmenge langfristig noch unbekannt ist und nur ein bis zwei Tage vorher oder sogar erst am selben Tag der Lieferung bekannt wird, werden langfristige Schätzungen angesetzt. Erst kurz vor Lieferung werden diese Schätzungen durch Zu- oder Rückverkäufe im Spot- oder Intraday-Markt korrigiert. Diese kurzfristige Schwankungsbreite ist in Abbildung 4 durch die zehnprozentige Abweichung zur Lastkurve (Loadshape) gezeigt.

---

8   Cal @ t1 steht für die Beschaffung eines Jahresvertrages zum Zeitpunkt t1 oder t2. Win @ t3 steht für die Beschaffung eines Vertrages über die Winter Saison. Sum steht für Sommer. Q1 für das erste Quartal, M für die entsprechenden Monate und Spot steht für die Tageslieferungen.

Die Beschaffung zu den verschiedenen Zeitpunkten verringert das Preisschwankungsrisiko der noch nicht beschafften Mengen. Abbildung 5 verdeutlicht, wie über den Zeitablauf vor der Belieferung schematisch das Preisschwankungsrisiko reduziert wird. Mit jedem zusätzlichen Einzelvertrag erhöht sich der Absicherungsgrad (Hedge-Ratio) und fixiert den gesamten Beschaffungspreis entsprechend.

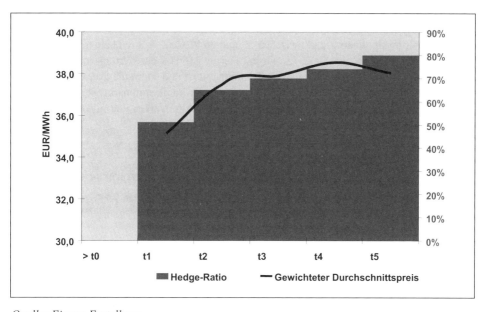

Quelle: Eigene Erstellung
Abbildung 5:   Preisbildung und Absicherungsgrad

Wie in Abbildung 4 anhand des gewichteten Durchschnittspreises erkenntlich gemacht, haben Preisschwankungen in der Anfangsphase der Beschaffung folglich ein höheres Gewicht als zum Ende der Beschaffungsphase, wenn schon 80 bis 90 Prozent der eingedeckten Mengen preislich fixiert sind.

2.2.3   Termin- und Spotgeschäfte

Wie bereits dargestellt werden Standardhandelsprodukte im OTC-Markt und an der Börse gehandelt. Die Energiebörsen in Europa erfahren zunehmende Popularität aufgrund des einfachen Marktzuganges und der verbesserten Kreditabsicherung. In Europa etablieren sich erst jetzt länderübergreifende Börsen wie APX (Amsterdam Power Exchange) für UK und Niederlande, EEX (European Energie Exchange in Leipzig) für Deutschland, Frankreich und ICE (Intercontinental Exchange) für diverse Rohstoffe weltweit. In Abbildung 6 sind die verschiedenen Einzelvertragstypen für Gas nach ihrer Lieferzeit dargestellt und an welchen Märkten diese Einzelverträge gehandelt werden können.

Dabei wird grundsätzlich zwischen Spotmarkt (auch Prompt genannt) und Terminmarkt unterschieden. Grundsätzlich folgt der Spotmarkt den fundamentalen Entwicklungen aus Angebot und Nachfrage. Das Angebot wird hauptsächlich durch die Produktion, Speicherstände und Transportleistung beeinflusst, während die Nachfrage durch Temperaturschwankungen beeinflusst wird.

Der Terminmarkt folgt dagegen dem Spotmarkt sowie technischen und langfristig fundamentalen Faktoren. Im Vergleich zum Spotmarkt reagiert der Terminmarkt wesentlich langsamer. Die Volatilität im Spotmarkt liegt zwischen 50 und 80 Prozent, während sie im Terminmarkt zwischen 10 und 30 Prozent liegt. Ein Grund hierfür ist, dass das Vertragsvolumen für den Spotmarkt wesentlich geringer als für den Terminmarkt ist und somit die Preiselastizität auch im Zusammenhang mit der Lieferfristigkeit geringer als im Terminmarkt ist. Grundsätzlich gilt, wer im Spotmarkt agiert, hat in der Regel weniger Alternativen und muss handeln; derjenige, der im Terminmarkt ist, kann warten.

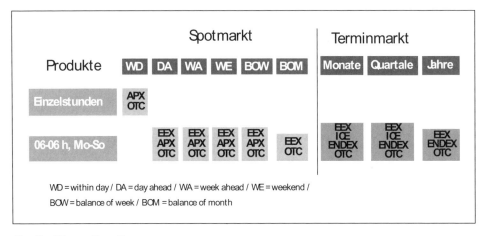

Quelle: Eigene Erstellung
Abbildung 6:   Darstellung der Standard-Gashandelsprodukte mit den entsprechenden Handelsplätzen

Als Beispiel für die Preisentwicklung am Spotmarkt wurde in Abbildung 7 der niederländische Spotmarkt (TTF) dargestellt, der nach dem NBP für UK die stärkste Liquidität in Europa hat und als guter Proxy[9] für den deutschen Markt gilt. In der Regel erkennt man im Sommer niedrigere Preise als im Winter. Diese Entwicklung wurde aber durch die verbesserte Vernetzung zu den anderen europäischen Ländern nun kompensiert, und die Preise verlieren dadurch die Saisonalität.

---

9   Proxy wird im Handelssprachgebrauch als Näherung oder Beinah-Absicherung/Referenz verwendet.

Für die Preisentwicklung am Spotmarkt kann in letzter Zeit nur bedingt eine Abhängigkeit zum Ölmarkt abgeleitet werden. Durch den zunehmenden Gashandel verlieren die indexierten Verträge, gegen die man im Gashandelsmarkt optimiert hat, an Bedeutung. Es sollte jedoch die Wechselwirkung zwischen Öl und Gas nicht außer Acht gelassen werden. Gleiches gilt für die Saisonalität der Gaspreise, die sich bei einer Normalisierung der wirtschaftlichen Verfassung durchaus wieder einstellen kann. Als Grundregel für die Preisentwicklung am Gasmarkt ist das kurzfristige Gleichgewicht zwischen Angebot und Nachfrage in Kombination mit verfügbaren Gasspeichern und Transportkapazitäten preisentscheidend.

Quelle: Erstellung auf Basis der beobachteten OTC-Preise
Abbildung 7:   Preisentwicklung des niederländischen Spotmarktpreises am TTF

Gegenüber dem Spotmarkt ist der Terminmarkt abhängig von langfristigen Entwicklungen und Marktmeinungen. Diese stehen in Abhängigkeit zu den Ölpreisen, der wirtschaftlichen Verfassung und den Entwicklungen, die den Spotmarkt beeinflussen könnten.

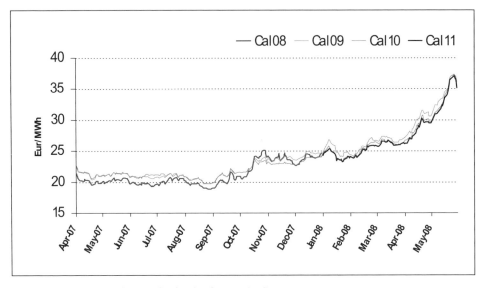

Quelle: Erstellung auf Basis der beobachteten OTC-Preise
Abbildung 8:   Preisentwicklung des niederländischen Terminmarktpreises am TTF

2.2.4   Imbalance und Volumenrisiko

Aufgrund der zunehmenden Marktöffnung werden die Komponenten der Wertschöpfungskette der Gaslieferung transparenter. Das bedeutet, dass die Stufen von Up-Stream bis Down-
Stream aufgeteilt werden und einzeln mit den jeweiligen Anbietern kontrahiert werden können. Eine wesentliche Komponente der Gaslieferung ist das Management des Volumenrisi-
kos.[10] Abweichungen zwischen geplanter und tatsächlich abgenommener Gasmenge werden
Imbalance der Regelenergie genannt.

Je nach Regelung, die im Allgemeinen von der technischen Verfassung des Netzes abhängt,
gibt es in Europa das Tages-Regime oder das Stunden-Regime. Das heisst der Verbraucher
muss am Ende des Tages oder am Ende der Stunde die bestellte/nominierte Gasmenge vom
Netzbetreiber abnehmen. Die Differenz zwischen nominierter und tatsächlich verbrauchter
Menge nennt man Imbalance.

Insbesondere durch die strukturierte Beschaffung gewinnt die Imbalance-Komponente an
Bedeutung, da Standardhandelsprodukte feste Lieferungen sind, die keinen Volumenspiel-
raum zulassen und somit nur im Zusammenhang mit einer Imbalance-Regelung genutzt werden können.

---

10   Das Volumenrisiko stellt die mögliche Abweichung von geplanter und tatsächlich abgenommener Gas-
     menge dar. Sind die Abweichung zu groß, kann sogar die Versorgungssicherheit innerhalb eines Gasnetzes
     infrage gestellt werden, dass ggf. nicht genügend Gas in der Pipeline ist.

Imbalance-Kosten können als Komponente eines Liefervertrages darin mit enthalten sein. Reine Imbalance-Verträg sind eher ungewöhnlich. Die gelieferte Gasmenge ist verhältnismäßig gering gegenüber dem hohen Risiko der Abweichung zu nominierten Mengen, daher fällt der spezifische Energiepreis (EUR/MWh) in der Regel sehr hoch aus.

Eine weitere Möglichkeit, Imbalance zu handhaben, ist, durch Speicherkapazitäten den Verbrauch im Messbereich zu nominieren, also zeitnah die Gasmengen (stundenscharf) zu liefern. Speicherkapazitätsanbieter und Netzbetreiber nennen diese Dienstleistung auch Flexibilitätsdienstleistung.oder virtuellen Speicher. Hierbei sind die Verträge entsprechend der physischen Speicher nach Arbeitsgas und Entry Exit Capacities spezifiziert. Jedoch erfüllt der Anbieter der Flexibilitätsdienstleistung die Verträge durch eine Kombination aus mehreren Speichern, Gasfeldern und Leistungskapazitäten, sodass technische Ausfälle wie bei einem einzelnen physischen Speicher aufgrund mangelnder Zuverlässigkeit unwahrscheinlich sind. Diese Methode wird hauptsächlich in der Kombination mit Standardhandelsprodukten gewählt, um den physischen Verbrauch liefern zu können.

Im Gegensatz zum Strom ist das Gasnetz flexibler angelegt, und ein stundenscharfer Ausgleich des Netzes ist ausreichend. Anders dagegen im Strom, wo minütlich das Netz ausgeglichen werden muss.

Kosten für Speicher sind abhängig vom Arbeitsgasvolumen, also der Speichermenge und der Kapazität, die in einer bestimmten Zeit, in der Regel innerhalb eines Tages, ausgespeist werden kann. Als Kenngröße spricht man von Arbeitsgastagen, das heißt, wie lange kann man bei kontrahierter Exit Capacity die kontrahierte Arbeitsgaskapazität ausspeisen.[11] Abbildung 9 zeigt, wie die Preise der verschiedenen Marktanbieter für verschiedene Spezifikationen der Flexibilitätsdienstleistung variieren. Flexibilitätstdienstleistung wird beschrieben nach dem Arbeitsgasvolumen in Tagen und bepreist nach EUR/Kubikmeter oder EUR/MW pro Vertragstag. Da der Markt nicht transparent ist, schwanken die Angebote sehr stark entsprechend der Marktverfassung. Man kann aber davon ausgehen, dass etwa 1 EUR/MW/d oder ein Zuschlag von fünf Prozent auf den Börsenpreis als Prämie angesetzt werden kann.

---

[11] Flexibiltätsdienstleistung wird vornehmlich für den Ausgleich und die Ergänzung zu börslich eingekauften Gasmengen verwendet, und deswegen besteht im Markt eine größere Nachfrage nach Exit als nach Entry Capacity.

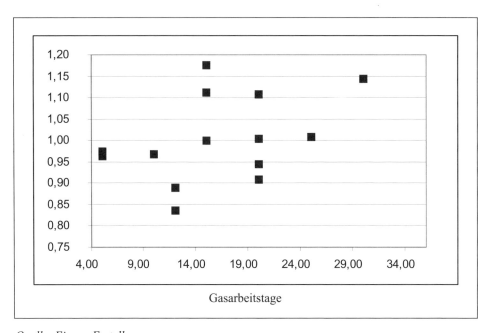

Quelle: Eigene Erstellung
Abbildung 9:   Preise für Flexibilitätsdienstleistung in EUR/MW/Vertragstag (Y-Achse)

Mit zunehmender Liquidität des Gasmarktes kann auch die Bepreisungsmethodik von Speichern immer mehr an den Handelsmarkt gebunden werden. Speicherkapazitäten sind Real-Optionen, und wenn diese Real-Optionen durch die Handelsprodukte eines Marktes substituiert werden können, kann man vergleichbar zu Wertpapieroptionen mittels Optionspreismodellen die Speicherkapazitäten bewerteten.

Vergleicht man hierzu den Markt für Speicher in UK und den Niederlanden, so ist der UK-Markt wesentlich liquider als der niederländische Gasmarkt. Dadurch ist es notwendig, in den Niederlanden immer noch einen Aufschlag gegenüber dem errechneten Modellpreis auf Basis des Handelsmarktes zu bezahlen. Zum einen ist die Nachfrage nach Speichern in den Niederlanden sehr hoch aufgrund des Stundenregimes, und zum anderen kann der niederländische Gasmarkt nicht zu jeder Zeit die geforderte Gasmenge im Intraday-Bereich aufnehmen, sodass die Substitutstionsfähigkeit begrenzt ist.

2.3 Absicherung des Beschaffungspreises und Sicherung der operativen Marge

Die Anforderung an die Gasbeschaffung ist für unterschiedliche Großkunden verschieden. Dabei ist der Kostenanteil von Gas an der Kostenfunktion des Großkunden von entscheidender Bedeutung. Die klassischen Großkunden sind Kraftwerksbetreiber, Weiterverteiler, die Chemie- und Metallindustrie.

Die Gasbeschaffung über den Handelsmarkt ist aufwendiger und erfordert entsprechendes Know-how bei der Verbrauchplanung, der Datenqualität, dem Risikomanagement, der Kreditabsicherung und dem operativen Risiko.

2.4 Planung des Gasverbrauchs

Für die Planung des Gasverbrauchs wird im ersten Schritt auf die vergangenen Messdaten zurückgegriffen. Der Netzbetreiber kann diese Werte dem Nutzer zur Verfügung stellen. Jedoch müssen diese in der Regel noch aufbereitet werden, da die Netzbetreiber nur die Rohdaten herausgeben. Bei diesen Daten ist die Konvertierung in MWh/h notwendig, da Zähler die Menge nach Gasdichte oder Volumen herausgeben.

Im nächsten Schritt ist es notwendig, aus den vergangenheitsbezogenen Daten die Planung abzuleiten. Man kann mittels allgemeiner Näherungsverfahren Produktionsveränderungen über prozentuale Änderungen anpassen, oder man summiert alle Gasverbraucher innerhalb des Produktionsprozesses nach geplantem Einsatz auf.

Da man nur schwer die Planung bis auf die kleinste Einheit trifft, sollte man sich aber auf die wesentlichen Komponenten des Verbrauchs konzentrieren. Hierbei sind in der Regel Temperaturerwartungen, Neuinvestitionen, Produktionsplanung oder Effizienzsteigerungsprogramme zu berücksichtigen.

3. Zusammenfassung

Die Vorteile der strukturierten Beschaffung sind die erhöhte Transparenz über Preisentwicklung und Kosten sowie das Verbrauchsverhalten. Mittels der transparenteren Kostendarstellung innerhalb eines Unternehmens oder sogar Produktionsprozesses lässt sich auch die Profitabilität verschiedener Aktivitäten, Dienstleistungen und Produkte besser darstellen. Daraus können dann Effizienzsteigerungsmaßnahmen abgeleitet werden.

Die Risiken sind verbunden mit den schwankenden Preisen, die bei nicht vorhandenem Risikomanagement schnell die Kostenstruktur stark beeinflussen können. Ebenso erfordert diese Art der Gasbeschaffung ein erhöhtes Know-how in den Bereichen Beschaffung und Verbrauch/Produktion.

Die Beschaffung über die Gashandelsmärkte ist derzeit für den europäischen Markt noch in der Anfangsphase. Erste Konzepte etablieren sich in den Märkten, und die Abnehmer machen sich vertraut mit den zusätzlichen technischen und administrativen Anforderungen an diese Art der Beschaffung.

In der Zukunft werden im Bereich der Industriekunden verstärkt Zuwächse für die strukturierte Beschaffung zu erwarten sein. Im Stromerzeugungsmarkt wird bereits heute schon die strukturierte Beschaffung bei den Gaskraftwerksbetreibern praktiziert. Sie macht jedoch nur Sinn für Großabnehmer, die auch bereit sind, sich mit den Risiken der Handelsmärkte vertraut zu machen. Für den Endkundenmarkt ist diese Art der Beschaffung nur im Weiterverteilermarkt wie für Stadtwerke sinnvoll. Für Verbraucher, die weniger als 50.000 MWh Gas im Jahr verkonsumieren, kann eine Umstellung auf die strukturierte Beschaffung nur noch begrenzte Einsparpotenziale bringen, die von Fall zu Fall genauer bewertet werden sollten.

Risikosteuerung in rohstoffintensiven Unternehmen – Notwendigkeit des integrierten Portfolioansatzes in der Praxis

Julia Kubis / Richard Nickel

1. Risikomanagement – wesentliches Element der Unternehmenssteuerung

1.1 Hintergrund und Bedarf

Welche fatalen Auswirkungen eine falsche oder unterlassene Steuerung von Risiken wirtschaftlichen Handelns haben kann, wird der Welt zum Erscheinungszeitpunkt dieses Buches durch die wahrscheinlich größte Weltfinanz- und Wirtschaftkrise seit dem Zweiten Weltkrieg mehr als deutlich vor Augen geführt.

Besonders vor dem Hintergrund, dass sich „Risikomanagement" in den letzten Jahren - in Deutschland spätestens seit der Einführung des Gesetzes zur Kontrolle und Transparenz im Unternehmensbereich (KonTraG) - fast schon zu einem Modebegriff entwickelt hatte, ist es für viele Beobachter schwer nachvollziehbar, dass sich Risikomanagementsysteme derzeit auf so breiter Front als lückenhaft erweisen.

Nach KonTraG ist die Unternehmensführung dazu verpflichtet, „*geeignete Maßnahmen zu treffen, insbesondere ein Überwachungssystem einzurichten, damit den Fortbestand der Gesellschaft gefährdende Entwicklungen früh erkannt werden.*"[1] Aus der Begründung zum Gesetzesentwurf geht hervor, dass die Maßnahmen zur internen Überwachung so eingerichtet sein sollen, dass gefährdende Entwicklungen frühzeitig, also zu einem Zeitpunkt erkannt

---

[1] § 91 (2) AktG.

werden, zu dem noch Schritte zur Sicherung des Fortbestandes des Unternehmens ergriffen werden können. Dies beinhaltet für Unternehmen die Verpflichtung, in ihrem Lagebericht Aussagen zu ihren Geschäftsrisiken bzw. deren Struktur zu veröffentlichen.

Die Praxis zeigt, dass viele dem KonTraG unterliegenden Unternehmen lediglich der Verpflichtung zur Veröffentlichung von Aussagen zum (inner-) betrieblichen Risikomanagement nachkommen. Eine Bewusstseinsänderung im Hinblick auf die eigentliche Auseinandersetzung mit dem Thema Risiko und Risikomanagement ist in der Breite allerdings noch nicht zu erkennen.

Die Formulierungen in vielen Geschäftsberichten belegen diese Beobachtung. So beschränken sich beispielsweise Unternehmen, die im Produktionsprozess in nicht unerheblichem Umfang Rohstoffe erzeugen, verarbeiten oder verbrauchen, in ihren Ausführungen zu Marktpreisänderungsrisiken und deren Steuerung oft auf Zins-, Währungs- und ggf. noch Kontrahentenrisiken. Sofern das Thema Rohstoffe überhaupt Erwähnung findet, bleibt es häufig bei Floskeln wie: *„Im Bereich der Marktpreisrisikosteuerung spielen für die Stadtwerke [...] insbesondere die sich aus der Liberalisierung des Strom- und Gasmarktes ergebenden Preisrisiken bei den Primärenergien sowie Preisrisiken auf der Absatzseite (Strom, Gas, Fernwärme) eine entscheidende Rolle. Diesen Risiken begegnen wir mit geeigneten Preis- und Vertriebsstrategien.“*[2]

Aus der Zusammenarbeit mit einer Reihe von Stadtwerken wie dem zitierten wissen wir, dass eine übergeordnete Steuerung von z.B. Beschaffungs- und Absatzpreisrisiken kaum stattfindet. Grund hierfür ist in vielen Fällen das Fehlen einer zentralen Unternehmenseinheit, die die Aufgabe hat, alle Risikotreiber zu beleuchten, diese der Geschäftsführung transparent darzustellen und konkrete Strategien zur Steuerung der ermittelten Risiken zu erarbeiten.

Die Tatsache, dass dem Thema Risikomanagement nach wie vor kaum Ressourcen gewidmet werden, zeigt, dass die Mehrzahl der Unternehmen die Auseinandersetzung mit diesem Thema immer noch als reine, mit minimalem Aufwand zu erfüllende (Dokumentations-) Pflicht ansieht. Erst wenn die Unternehmensführung erkennt, dass die detaillierte Analyse und transparente Aufarbeitung aller Risiko- und damit natürlich auch Chancentreiber häufig einen Wert im Sinne eines Erkenntnisgewinns über das eigene Unternehmen sowie zusätzliche Steuerungsimpulse mit sich bringen, kann von der aus unserer Sicht notwendigen Bewusstseinsänderung gesprochen werden.

Im Folgenden möchten wir anhand von Beispielen erläutern, dass es für eine sachgerechte Risikosteuerung unabdingbar ist, das Unternehmen als Portfolio einer Vielzahl von Liefer- und Leistungsbeziehungen mit dahinterliegenden Verträgen und Geschäftsgewohnheiten zu betrachten. Um dem Titel des Buches Rechnung zu tragen, wird der Fokus unserer Analyse auf der Rohstoffseite liegen. Andere Marktpreisrisiken sowie operative Risiken blenden wir bei den folgenden Ausführungen bewusst aus.

---

2   Aus dem Geschäftsbericht eines Stadtwerkes.

1.2 Das Unternehmen als Portfolio

Nach unserer Erfahrung beschränkt sich die Analyse der finanziellen Risikosituation eines Unternehmens vielfach auf die Beleuchtung von Einzelaspekten. Wie wir später in den Praxisbeispielen zeigen werden, führt dies oft zur Ergreifung von Einzelmaßnahmen, die nicht selten das Gesamtrisiko des Unternehmens sogar vergrößern. Um solche Fehlsteuerungen zu verhindern, ist es notwendig, ein Unternehmen entlang seiner gesamten Wertschöpfungskette, d.h. von der Beschaffung über Produktion und Logistik bis hin zum Absatz des Endproduktes, auf seine Risikotreiber hin zu untersuchen. Vereinfacht ausgedrückt muss das Unternehmen als Portfolio unterschiedlicher „Short"- und „Long"-Positionen betrachtet werden. Dabei handelt es sich bei den *Short*-Positionen um zukünftige Zahlungsausgänge für die Beschaffung von Material, Personal und Kapital, bei den *Long*-Positionen analog um Zahlungseingänge aus Absatzvorgängen. Die Aufgabe der Steuerung dieses Portfolios obliegt naturgemäß der Geschäftsführung, deren Ziel es sein sollte, das Portfolio so zu steuern, dass es saldiert einen möglichst positiven Netto-Cashflow (Einzahlungen abzüglich Auszahlungen) unter Einhaltung der Risikovorgaben der Kapitalgeber generiert. Hierbei gilt es insbesondere ausgleichende Effekte innerhalb des Portfolios zu berücksichtigen und zu gestalten.

Wie wir in den folgenden Unternehmensbeispielen zeigen werden, müssen zur korrekten Ermittlung des „Risikoprofils"[3] eines Portfolios dessen Zahlungsströme sowie deren beeinflussende Parameter bekannt sein. Dazu ist zu untersuchen, welche Mengen zu welchen Preisbedingungen bzw. -regeln beschafft und abgesetzt werden.

In der betrieblichen Praxis liegen diese, für eine strukturierte Steuerung des Unternehmensportfolios notwendigen Informationen häufig nicht in auswertbarer Form vor. Insbesondere bei Unternehmen, in denen Beschaffungs-, Produktions- und Absatzaktivitäten operativ eng verknüpft sind, erfolgt der Abgleich eher intuitiv auf Basis der Kenntnisse und Erfahrungen der beteiligten Mitarbeiter. Wenn der Umfang und die Komplexität der Aktivitäten dies zulassen, kann ein solcher Modus Operandi durchaus praktikabel sein. Anders verhält es sich jedoch bei Unternehmen, in denen Einkauf, Produktion und Vertrieb organisatorisch voneinander getrennt sind, und deren Unternehmenskultur abteilungsinterne oder persönliche Optimierung zulässt. In einer solchen Kultur, die durch die Dominanz hierarchischer Einzelinteressen vernetztes Denken und Handeln hemmt oder gar unterdrückt, aber auch in Betrieben, in denen informelle Abstimmungen aufgrund ihrer Größe, Komplexität oder hoher Mitarbeiterfluktuation kaum möglich sind, bedarf es einer (nicht immer vorhandenen) organisatorischen Struktur, welche die Einkaufs-, Produktions- und Absatzaktivitäten miteinander synchronisiert. Insbesondere Abschlüsse von Verträgen, deren Laufzeiten und Konditionen müssen zentral gesteuert und erfasst werden. Die Funktion der zentralen „Steuereinheit" kann dabei durchaus von einer der beteiligten Einheiten übernommen werden. Voraussetzung hierfür ist allerdings, dass diese mit der notwendigen Kompetenz und Autorität ausgestattet wird.

---

3   Risikoprofil: Das nach Berücksichtigung von Ausgleichseffekten verbleibende, nach Art, Umfang und zeitlicher Struktur gegliederte Netto-Marktpreisrisiko des Unternehmens.

1.3 Finanzderivate - wichtiger Baustein der Risikosteuerung

Ein wichtiger Baustein der bewussten Steuerung des unternehmerischen Risikoprofils sind Finanztermingeschäfte bzw. Finanzderivate. Mit ihrer Hilfe können Risiken nicht nur ausgeschaltet werden. Ihr Einsatz ermöglicht es dem Management vielmehr, das Risikoprofil des operativen Betriebes so (um-) zu gestalten, dass es anschließend dem von der Unternehmensleitung vorgegebenen Ziel-Risikoprofil entspricht.

Grundsätzlich können dabei sowohl *„bedingte"*[4] als auch *„unbedingte"*[5] Finanzderivate zum Einsatz kommen. Bei *bedingten* Finanzderivaten handelt es sich um Optionen, zu denen z.B. die so genannten „Caps" und „Floors" zählen. Diese stellen - vereinfacht ausgedrückt - Versicherungen gegen negative Preisentwicklungen oberhalb oder unterhalb eines bestimmten Preisniveaus dar. Wie bei allen Versicherungen muss der Käufer der Option, der „Versicherungsnehmer", eine Versicherungsprämie dafür bezahlen, dass der Verkäufer der Option, der „Versicherer", das definierte Risiko für ihn übernimmt (asymmetrisches Risikoprofil).

Im Gegensatz dazu haben beim Abschluss eines *unbedingten* Finanzderivates beide Vertragspartner in gleichem Maße das Recht und die Pflicht auf zukünftige Ein-/Auszahlungen (symmetrisches Risikoprofil). Der Abschluss *unbedingter* Finanzderivate erfordert daher auch keine Prämien-Zahlungen. Das *unbedingte* Finanztermingeschäft ist bekannt unter dem Namen „Swap". Hierbei tauschen (von engl. *to swap*) die Vertragspartner einen zum Abschlusszeitpunkt des Swaps noch ungewissen, in der Zukunft festzustellenden Preis, definiert z.B. durch eine bestimmte Rohstoffpreisveröffentlichung, gegen einen vorab vereinbarten Fixpreis.

Die Kombination eines physischen Mengenvertrages zu variablen Preisen mit einem Swap ist vom Marktpreisrisiko her gleichzusetzen mit einem physischen Festpreisgeschäft.

Abbildung 1 zeigt die Basisstrategien der Preissicherung aus Sicht eines Konsumenten.

---

4   *„Bedingtes"* Finanzderivat: Die Ausführung der vereinbarten Transaktion ist an eine „Bedingung" geknüpft. Hierbei erhält die eine Vertragspartei das Recht, die Ausführung der Transaktion zu erzwingen. Die andere Vertragspartei hingegen ist verpflichtet, die Transaktion auf Verlangen durchzuführen. Der Inhaber des Rechts wird nur dann Gebrauch davon machen, wenn dies zu seinem (wirtschaftlichen) Vorteil ist. Das Vorliegen dieser Vorteilhaftigkeit stellt die „Bedingung" dar.

5   *„Unbedingtes"* Finanzderivat: Durch Vertragsschluss wird die zukünftige Ausführung der Transaktion „ohne Bedingung" vereinbart. Beide Parteien sind *unbedingt* verpflichtet, den Vertrag zu erfüllen.

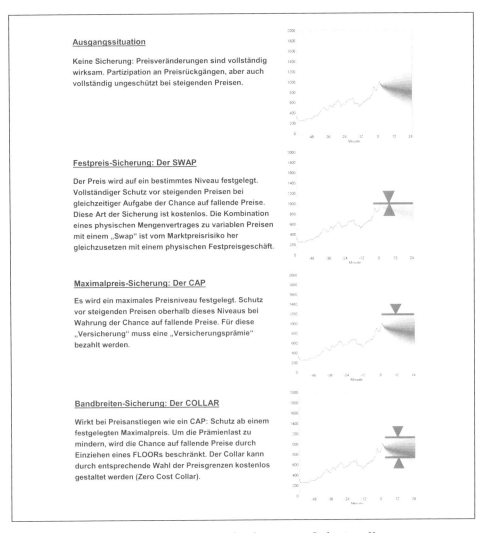

Ausgangssituation

Keine Sicherung: Preisveränderungen sind vollständig wirksam. Partizipation an Preisrückgängen, aber auch vollständig ungeschützt bei steigenden Preisen.

Festpreis-Sicherung: Der SWAP

Der Preis wird auf ein bestimmtes Niveau festgelegt. Vollständiger Schutz vor steigenden Preisen bei gleichzeitiger Aufgabe der Chance auf fallende Preise. Diese Art der Sicherung ist kostenlos. Die Kombination eines physischen Mengenvertrages zu variablen Preisen mit einem „Swap" ist vom Marktpreisrisiko her gleichzusetzen mit einem physischen Festpreisgeschäft.

Maximalpreis-Sicherung: Der CAP

Es wird ein maximales Preisniveau festgelegt. Schutz vor steigenden Preisen oberhalb dieses Niveaus bei Wahrung der Chance auf fallende Preise. Für diese „Versicherung" muss eine „Versicherungsprämie" bezahlt werden.

Bandbreiten-Sicherung: Der COLLAR

Wirkt bei Preisanstiegen wie ein CAP: Schutz ab einem festgelegten Maximalpreis. Um die Prämienlast zu mindern, wird die Chance auf fallende Preise durch Einziehen eines FLOORs beschränkt. Der Collar kann durch entsprechende Wahl der Preisgrenzen kostenlos gestaltet werden (Zero Cost Collar).

Abbildung 1:   Basisinstrumente der Preisabsicherung aus Sicht eines Konsumenten

Wie groß und vielfältig die Auswahl im „Werkzeugkasten" der Derivate in Bezug auf Verfügbarkeit von Instrumenten und Laufzeiten jeweils ist, hängt von der Reife des Marktes für jeden einzelnen Basiswert[6], das so genannte Underlying (von engl. *to underlie* - zugrunde liegen), und dessen Liquidität ab. So werden beispielsweise Optionen nur auf Produkte und Laufzeiten angeboten, deren Terminmarkt hinreichend liquide ist. Liquidität im Basiswert ist

---

6   Basiswert: Die im Derivat vereinbarte Preisreferenz, deren Ausprägung bei Fälligkeit die Ausführung der Transaktion bzw. den dabei zu zahlenden Betrag bestimmt. Hierbei handelt es sich i.d.R. um einen von einer Börse oder einer anderen neutralen Instanz festgestellten Marktpreis.

eine wichtige Voraussetzung, da der Anbieter der Option, der so genannte „Market Maker" jederzeit die Möglichkeit haben muss, die Risiken seiner Optionsposition abzusichern, auf neudeutsch zu „hedgen" (von engl. *to hedge* - absichern).[7]

2.   Risikomanagement für Gasverträge mit Ölpreisbindung

2.1   Deutscher Gas-„Markt" - Spieler und Mitspieler

Trotz der Liberalisierungstendenzen im europäischen Gasmarkt[8] ist in Deutschland der überwiegende Teil des Marktvolumens noch in längerfristigen Verträgen gebunden, in denen der Preis des Gases an Roh- bzw. Heizölnotierungen gekoppelt ist. Diese Ölpreisbindung ist keine gesetzlich verankerte Regelung, sondern ein bracheninterner Standard, der sich mit Beginn des Imports ausländischen Erdgases in deutsche Gasnetze etabliert hat.

Der Beginn der deutschen Gaswirtschaft findet sich im frühen 19. Jahrhundert. Gas wurde in dieser Zeit überwiegend zur nächtlichen Straßenbeleuchtung verwendet. Das so genannte Leuchtgas wurde durch Erhitzen von Kohle unter Sauerstoffabschluss (Pyrolyse) gewonnen und lokal gezielt zum Zwecke der Straßenbeleuchtung als Stadtgas produziert. In diesem Prozess, im Volksmund auch als Verkokung bekannt, wird aus Kohle Koks. Koks ist ein wichtiger Bestandteil der Stahlproduktion. Daher wird die Verkokung von Kohle bis heute auch von der Montanindustrie betrieben. Mit dem technischen Fortschritt und der Optimierung des Pyrolyseprozesses entstanden zunehmend Überschussmengen, und die Montanindustrie wurde zum wichtigsten Lieferanten von Leuchtgas, welches später auch zur Wärmeproduktion verwendet wurde. Da die Vermarktungsmöglichkeiten durch lokal fragmentierte Gasnetze zunächst begrenzt waren, erfolgte insbesondere im Umkreis von Montanrevieren der Ausbau von Ferngasnetzen durch die öffentliche Hand.

---

7   Da Optionen meist individuell auf Kundenbedürfnisse zugeschnitten sind, gibt es häufig keine Standardkontrakte, mit deren Hilfe sich der „Market Maker" absichern könnte. Wie der Namen schon sagt, „macht" der „Market Maker" den Markt. Die Risiken aus den an Kunden verkauften oder von Kunden gekauften *bedingten* Finanzderivaten sichert er typischerweise mit Hilfe *unbedingter* Finanzderivate ab. Das Volumen seiner Sicherungsposition hängt u.a. von der Sensitivität des Optionspreises ggü. Veränderungen des (Termin-) Preises des Basiswertes, dem so genannten „Delta" der Option, ab. Das Delta verändert sich bei Preisveränderungen im Basiswert, so dass der „Market Maker" seine Sicherungsposition regelmäßig anpassen muss. Dies kann er nur, wenn jederzeit Liquidität im Terminmarkt für *unbedingte* Finanzderivate auf das Underlying besteht.

8   Vgl. hierzu die Beiträge *Der europäische Energiemarkt* und *Strukturierte Beschaffung zur Absicherung von Gaspreisrisiken* von Jan von Drathen.

Die Entwicklung des Gasmarktes zu seiner heutigen Struktur begann mit der Entdeckung und Ausbeutung ergiebiger Erdgasvorkommen in Holland, später Norwegen und schließlich Russland. Dieses Erdgas hatte zwei nicht von der Hand zu weisende Vorteile gegenüber dem Kokereigas: Es war deutlich preiswerter in der Förderung, und die Verfügbarkeit war unabhängig von der zyklischen Montanindustrie.

Zur Vermarktung des Erdgases wurden nun überregionale Leitungsnetze gebaut, über die das Gas der ausländischen Gaslieferanten an Stadtwerke und andere Großabnehmer verteilt wurde. Bei den Lieferanten handelte es sich überwiegend um Mineralölkonzerne, die jeweils Mehrheiten an den Gasfördergesellschaften besaßen und darüber hinaus auch strategische Anteile an (über-) regionalen Gasversorgungsgesellschaften hielten. Dieses Machtgefüge ermöglichte es den Mineralölgesellschaften, ihren Gasabsatz mit dem ihrer Ölprodukte zu „synchronisieren".

Durch Liefervereinbarungen, in denen der Gaspreis an den aktuellen Heizölpreis gekoppelt ist, sollte und konnte nahezu ausgeschlossen werden, dass eine preisinduzierte Substitution des von denselben Herstellern gelieferten Heizöls durch Erdgas erfolgt. Dies führte zu einer besseren Planbarkeit der Absatzmengen für beide Produkte. Positiver Nebeneffekt: Die Finanzierung der hohen Investitionen in die Transportnetze wurde durch die geringere Unsicherheit erheblich erleichtert.

Wenn man die Lieferkette des Gases auf dem Weg zum Endkunden weiterverfolgt, stellt man fest, dass die deutschen Importeure das Ölpreisrisiko aus ihren Beschaffungsverträgen (meist deckungsgleich) an Stadtwerke und andere Abnehmer weiterreichen. Anhand des folgenden Praxisbeispiels möchten wir aufzeigen, welche Risikopositionen sich daraus bei einem Energieversorgungsunternehmen (EVU) ergeben und welche Anforderungen sich dort an deren Steuerung stellen.

2.2   Praxisfall: Ein deutsches Stadtwerk

Als Fallbeispiel sei nun ein fiktives, kleines Stadtwerk gewählt, das aufgrund seines Aktivitäten-Spektrums alle Merkmale aufweist, aus denen sich der typische Bedarf nach Preisabsicherung ergibt. Als Primärenergieträger[9] setze unser Stadtwerk ausschließlich Gas ein.

Die Hauptaufgabe von Stadtwerken besteht in der Versorgung der lokalen Bevölkerung und Industrie mit Strom, Wärme und Gas. Während das Gas extern zugekauft wird, kann Wärme nicht ohne vertretbaren Verlust über größere Distanzen transportiert werden und muss daher in räumlicher Nähe zum Abnehmer vom Stadtwerk selbst produziert werden. Für Strom besteht sowohl die Möglichkeit des externen Zukaufs als auch der Eigenproduktion.

---

9   Primärenergie: Natürlich vorkommende Energieform, die zur Produktion von Sekundärenergie (z.B. Strom, Dampf, Wasserstoff) verwendet werden kann.

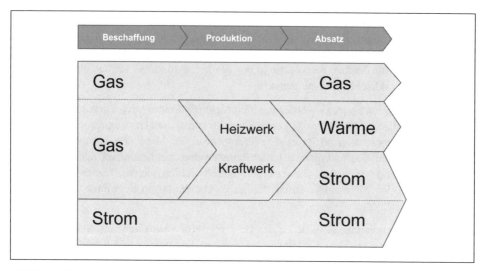

Abbildung 2:   *Das Aktivitätenspektrum eines kleinen Beispielstadtwerkes*

In der Regel produzieren auch kleine Stadtwerke einen Teil des von ihnen benötigten Stroms selbst, obwohl die Möglichkeit des externen Zukaufs besteht. Der Hauptgrund für den Betrieb eigener Stromerzeugungskapazitäten ist der deutlich höhere Wirkungsgrad der kombinierten Produktion von Wärme und Strom (Kraft-Wärme-Kopplung oder kurz „KWK" genannt). Das wirtschaftliche Kalkül, welches sich bei Stadtwerken hinter einer eigenen Stromproduktion verbirgt, soll im Folgenden näher erläutert werden.

Grundsätzlich gilt: Bei uneingeschränkter Entscheidungsfreiheit wird sich das Stadtwerk in der Frage „Make or Buy" für den von ihm zu liefernden Strom für die Variante entscheiden, die die geringsten Kosten verursacht. Kostenseitig bedeutendster Faktor der Stromproduktion sind die Kosten der Primärenergie, deren chemische Energie im Produktionsprozess in Sekundärenergie umgewandelt wird. Diese Kosten werden maßgeblich durch zwei Parameter bestimmt:

1. den so genannten Wirkungsgrad der Anlage und

2. den Bezugspreis pro Primärenergieeinheit.

Der Wirkungsgrad des Kraftwerkes drückt aus, wie viel Prozent der chemischen Energie des Primärenergieträgers tatsächlich in veredelte, nutzbare Energieformen umgewandelt werden.

Bei allein auf die Produktion von Strom optimierten Kraftwerken beträgt dieser Wirkungsgrad nur um die 50%.[10] Das bedeutet, dass für die Produktion 1er Megawattstunde

---

[10] Die geringe Effizienz einer ausschließlich auf Stromproduktion ausgelegten Anlage liegt darin begründet, dass ein wesentlicher Teil der im Produktionsprozess entstehenden Verbrennungswärme aus technischen Gründen nicht in Strom gewandelt werden kann. Wenn diese Wärme nicht anderweitig genutzt werden kann, z.B. durch Vermarktung als Fernwärme oder Prozessdampf für die Industrie, verpufft ihre Energie im Kühlturm.

(MWh)[11] Strom 2 MWh des Primärenergieträgers benötigt werden. Damit liegen die minimalen variablen Produktionskosten einer in einem solchen Kraftwerk produzierten Einheit Strom beim Preis von zwei Einheiten des Primärenergieträgers.

Da rein auf die Stromproduktion ausgelegte Kraftwerke die Grenz*kapazitäten* im Strommarkt darstellen, bestimmen ihre Grenz*kosten* auch den minimalen Marktpreis. Für unser Stadtwerk lohnt sich somit die Eigenproduktion von Strom strukturell nur dann, wenn diese mit einem Wirkungsgrad > 50% erfolgt.[12] Dies ist der Fall, wenn die bei der Stromerzeugung anfallende Wärme ebenfalls genutzt wird, denn dann erhöht sich der Wirkungsgrad ohne weiteres auf 85%. Da unser Stadtwerk wie beschrieben einen Versorgungsauftrag im Bereich Fernwärme hat, wird es sinnvoller Weise lokal eine (energetisch hocheffiziente) KWK-Anlage betreiben und die dabei entstehende Wärme lokal sowie den erzeugten Strom lokal und/oder überregional (z.B. an der Leipziger Strombörse EEX) vermarkten. Unser Stadtwerk ist also im Rahmen seiner lokalen Wärmeproduktion in der Lage, Strom zu strukturell konkurrenzfähigeren Bedingungen zu produzieren, als dies in einer für sich betriebenen Stromproduktion möglich ist. Der maximale Wirkungsgrad wird dabei allerdings nur bei einem bestimmten Outputverhältnis der beiden Produkte Strom und Wärme erreicht. Die technisch bzw. energetisch optimale Fahrweise (die nicht zwangsweise auch das ökonomische Optimum darstellen muss) wird erreicht, wenn die Anlage „wärmegeführt" gefahren wird, d.h. wenn die abgerufene Wärmemenge die Auslastung des Kraftwerkes und damit auch die produzierte Menge Strom bestimmt. Aufgrund der räumlich eingeschränkten Vermarktbarkeit der Wärme und des jahreszeitbedingt stark schwankenden Wärmebedarfs wird das Kraftwerk in den Monaten ohne oder mit nur eingeschränktem Heizbedarf nicht mit optimalem Wirkungsgrad und maximaler Auslastung gefahren werden können. Hier besteht zum einen die Möglichkeit, bei reduzierter Last weiterhin mit optimalem Wirkungsgrad zu arbeiten. Der geringe Wärmebedarf ist in diesem Fall die Determinante für die gefahrene Last. Da das Outputverhältnis Wärme / Strom jedoch unter Inkaufnahme eines geringeren Gesamtwirkungsgrades variiert werden kann, kann der Betrieb der Anlage je nach Marktpreisverhältnissen für Strom einerseits und Primärenergie andererseits auch deutlich unterhalb des energetischen Optimums sinnvoll sein. Auf das wirtschaftliche Kalkül hinter dieser Entscheidung wird in Kapitel 2.4.4 *Wärme und Strom – eine Kuppelproduktion* näher eingegangen.

In der Regel, abhängig von der Wärmeintensität des Kundenportfolios, deckt der mit diesen KWK-Kapazitäten produzierte Strom nur teilweise den lokalen Strombedarf. Die Bedarfslücke wird dann über externe Zukäufe geschlossen. Der Zukauf von Strommengen soll jedoch in unserem Fallbeispiel nicht näher betrachtet werden.[13]

---

11   Energiemaßeinheit; eine Megawattstunde (MWh) = 1.000 Kilowattstunden (kWh) = 1.000.000 Wattstunden (Wh). Eine Wattstunde entspricht der Energie, die eine Maschine mit einer Leistung von einem Watt in einer Stunde aufnimmt oder abgibt.

12   Hierbei wird unterstellt, dass die Bezugskosten des Primärenergieträgers für alle Marktteilnehmer gleich sind. Netzdurchleitungsgebühren und Subventionen wie die staatliche KWK-Förderung bleiben der Einfachheit halber ebenfalls unberücksichtigt.

13   Für weitergehende Ausführungen zur Strombeschaffung im Großhandelsmarkt vgl. Beitrag *Physische und finanzielle Absicherung von elektrischem Strom* von Dr. Stefan Ulreich.

Fassen wir zusammen: Unser Stadtwerk kauft Gas und verwendet diese Mengen, um sie auf der einen Seite weiterzuverkaufen, auf der anderen Seite, um daraus Wärme und Strom zu produzieren. Damit ist unser Stadtwerk *short* Erdgas und *long* Wärme, Strom und Erdgas.

2.3   Risikoanalyse des Beschaffungsportfolios

Typischerweise bezieht ein Stadtwerk seine Gasmengen aus einer ganzen Reihe von längerfristigen Lieferverträgen. In diesen Verträgen werden sowohl der Leistungs- als auch der Arbeitspreis geregelt. Der Leistungspreis ist dabei als Grundgebühr für die Bereitstellung des Anschlusses bzw. das Vorhalten der Gaskapazität zu verstehen. Er wird unabhängig vom abgenommenen Gasvolumen berechnet. Der Arbeitspreis (AP), der bei den weiteren Betrachtungen im Vordergrund steht, wird hingegen pro abgenommener Abrechnungseinheit[14] fällig.

Ein absoluter Wert für den Arbeitspreis wird in den betrachteten Großhandelsverträgen nicht genannt. Vertraglich festgelegt wird lediglich die Abnahmemenge für einen bestimmten Zeitraum in der Zukunft sowie die Regel, nach der der Arbeitspreis für die einzelnen Lieferperioden während der Vertragslaufzeit berechnet wird. Die Parameter dieser Regel, aus denen sich über den konkreten Gaspreis pro Lieferperiode hinaus auch Art und Umfang des Preisrisikos aus der Indizierung ergeben, sind:

1. der Referenzpreis,

2. die Sensitivität des Gaspreises in Bezug auf den Referenzpreis,

3. die Referenz- bzw. Preisbildungsperioden.

Da diese drei Parameter für das erste Fallbeispiel von zentraler Bedeutung sind, seien sie im Folgenden näher erklärt.

1. Referenzpreis

Wesentlicher Bestandteil der Gaspreisformel ist ein Referenzpreis. Bei dieser freien Variablen handelt es sich meist um eine Heizölnotierung, weswegen man auch von der Ölpreisbindung spricht. Weit verbreitet sind die zwei unten näher spezifizierten Referenzen für Heizöl, die vom Statistischen Bundesamt veröffentlicht werden. Daneben finden sich auch Referenzindizes wie Fuel Oil oder Gasoil mit Lieferung in europäische Häfen (z.B. FOB[15] Rotterdam). Sie werden von neutralen Marktinformationsdienstleistern (z.B. Platts) oder der Rohstoffbörse ICE (Intercontinental Exchange), früher IPE (International Petroleum Exchange), veröffentlicht.

---

14   Bezugswert der Verbrauchsabrechnung ist in der Erdgaswirtschaft immer der Brennwert. Nicht das Volumen (abhängig vom Druck) oder das Gewicht, sondern die mit dem Gas gelieferte Energiemenge, wie z.B. eine Kilowattstunde (kWh) oder eine Megawattstunde (MWh), ist die maßgebliche Abrechnungseinheit.

15   Vgl. hierzu Abbildung 21.

Die Referenzpreise unserer folgenden Beispielverträge sind HSL (Schweres Heizöl) und HEL (Leichtes Heizöl), veröffentlicht vom Statistischen Bundesamt. Da es mehrere Notierungen für unterschiedliche Qualitäten, Lieferorte und Lieferbedingungen gibt, müssen die Referenzpreise im Vertrag im Hinblick auf diese Parameter präzise definiert werden. Abbildung 3 zeigt beispielhaft einen Auszug aus einem typischen Gasvertrag.

.....

b)   In vorstehenden Preisformeln bedeutet **HEL = Preis in Euro/hl für extra leichtes Heizöl und HSL = Preis in Euro/t für schweres Heizöl** gemäß Ziffer 4.1 c) und d) sowie 4.4.

c)   Der Preis für extra leichtes Heizöl (ohne Umsatzsteuer) in Euro/hl ist den monatlichen Veröffentlichungen des Statistischen Bundesamtes, Wiesbaden, unter der Fachserie 17 – Preise, Reihe 2 „Preise und Preisindizes für gewerbliche Produkte (Erzeugerpreise)" – zu entnehmen, und zwar der Preis frei Verbraucher in Düsseldorf, Frankfurt und Mannheim/Ludwigshafen bei Tankwagenlieferung, 40-50 hl pro Auftrag, einschließlich Verbrauchsteuer.

   Maßgebend ist das arithmetische Mittel der Monatswerte der v.g. Berichtsorte.

d)   Der Preis für schweres Heizöl (ohne Umsatzsteuer) in Euro/t ist den monatlichen Veröffentlichungen des Statistischen Bundesamtes, Wiesbaden, unter der Fachserie 17 – Preise Reihe 2 „Preise und Preisindizes für gewerbliche Produkte (Erzeugerpreise)" – zu entnehmen, und zwar der Preis bei Lieferung in Tankkraftwagen, an gewerbliche Verbraucher i m Bereich von 30 Straßenkilometern ab Stadtmitte, einschließlich Mineralölsteuer und EBV, Schwefelgehalt max. 1%, bei Abnahme von 15t und mehr im Monat für den Geltungsbereich Deutschland.

   Für den Fall, dass mehrere Preise für schweres Heizöl, schwefelarme Ware, mit unterschiedlichen Schwefelgehalten veröffentlicht werden, gilt der Preis für schweres Heizöl, schwefelarme Ware, mit dem niedrigsten Schwefelgehalt als Preis für schweres Heizöl, schwefelarme Ware.

.....

Abbildung 3:   Auszug aus einem Gasvertrag: Spezifikation der Referenzpreise

2. Sensitivität des Gaspreises in Bezug auf den Referenzpreis

Der Arbeitspreis (AP) ist der Preis, der pro gelieferter Energieeinheit Gas in Rechnung gestellt wird. Er ergibt sich aus einer Preisformel, die die Form einer linearen Funktion mit einer oder mehreren fixen Komponenten sowie einer oder mehreren Variablen hat. Die fixen Komponenten haben keinen (direkten) Einfluss auf das Preisrisiko. Dieses wird allein durch die Sensitivität bzw. den „Hebelfaktor" des Gaspreises ggü. den Referenzpreisen, den Variablen der Funktion, bestimmt. Vereinfachend gehen wir zunächst von einer Variablen aus. Da die Preisformel den effektiven Hebel meist nicht direkt erkennen lässt, muss die Funktion durch Auflösen zunächst in die Form $a=b+cx$ gebracht werden. Der Faktor c gibt dann den Hebel bzw. die Sensitivität des Gaspreises ggü. Schwankungen der entsprechenden (Heiz-)Ölnotierungen an.

Hierbei ist zu beachten, dass in den meisten Gasverträgen die Einheiten der in der Formel verwendeten Variablen und Fixkomponenten nicht genannt werden. Fast immer wird lediglich das Ergebnis der Berechnungsformel als Cent (=0,01 €) pro Kilowattstunde (kWh), kurz ct/kWh, definiert. Während das Fehlen der Einheiten bei der Berechnung des Gaspreises keine Schwierigkeiten bereitet, führt es nach unserer Erfahrung schnell zu Fehlinterpretationen bei der Preissensitivität des Gaspreises ggü. dem (Heiz-) Ölpreis und damit zu einer falsch berechneten Risikoposition (engl. *„Exposure"*) im Öl. Die Ermittlung des Hebelfaktors soll daher im Folgenden ausführlich beschrieben werden. Später werden wir die Rechnung an einem konkreten Beispiel durchführen und aufzeigen, wie das Ergebnis mittels eines einfachen Plausibilitätschecks validiert werden kann.

Wie eingangs erwähnt, lag der Einführung der Ölpreisbindung das Bestreben zugrunde, weitestgehend Preisgleichheit der alternativen Energieträger Gas und Heizöl pro Energieeinheit sicherzustellen, um eine preisgetriebene Substitution des einen Energieträgers durch den anderen auszuschließen. Um dies zu gewährleisten, müsste die Gaspreisformel so kalibriert werden, dass eine Veränderung des Heizölpreises pro Energieeinheit (z.B. kWh) identisch ist mit der daraus resultierenden Veränderung des Gaspreises für dieselbe Energieeinheit. Damit muss die Formel für die Berechnung des Preises für 1 kWh Gas proportional abhängig sein von der Menge des Referenzproduktes, in unserem Beispiel des schweren Heizöls HSL, die einen Energiegehalt von ebenfalls 1 kWh hat. Die Energiegehalte pro Masse- oder Volumeneinheit sind produktspezifisch. D.h. die „Hebelfaktoren" werden für HSL, HEL und Rohöl unterschiedlich sein. Für schweres Heizöl liegt der Energiegehalt beispielsweise bei 11.900 kWh/Tonne. D.h. dass 1 / 11.900 = 0,000084 Tonnen Heizöl einen Energiegehalt von 1 kWh haben. Unter der sehr vereinfachten Annahme, dass der potentielle Käufer des Gases bei der Wahl seiner Primärenergie zwischen Gas und Öl beliebig wechseln kann, steht er regelmäßig vor der Entscheidung, 1 kWh Gas oder 0,000084 Tonnen schweres Heizöl einzusetzen.[16] Um ein preisinduziertes Wechseln von Gas auf Öl zu verhindern, müsste die Preisbedingung wie folgt aussehen: Preis für 1 kWh Gas = Preis für 0,000084 Tonnen HSL.

Man würde also erwarten, dass in der Praxis und auch im folgenden Beispielfall die Hebelfaktoren in der Größenordnung von 0,000084 liegen. In unserem Beispiel weicht dieser Faktor aber mit 0,007 erheblich, nämlich um mehr als den Faktor 100, von der auf Basis der Energiegehalte hergeleiteten Sensitivität ab. Hierfür gibt es zwei Gründe, wobei ersterer besonders zu beachten ist:

1. Der Referenzpreis, in unserem Beispiel schweres Heizöl HSL, wird in der Preisformel ohne Berücksichtigung seiner Einheit Euro pro Tonne (€/t) eingesetzt. Da die Einheit der Formel global als Cent pro Kilowattstunde (ct/kWh) definiert ist, kommt es implizit zu einer Umwidmung des HSL-Wertes von Euro in Cent. Bei der Preisberechnung 1 kWh Gas wird also nur ein Hundertstel einer Tonne HSL berücksichtigt. Das heißt, dass das Verhältnis von 0,000084 Tonnen Heizöl pro Kilowattstunde Gas einem Hebelfaktor von

---

16 An dieser Stelle wird vereinfachend unterstellt, dass die Substitution eines Energieträgers durch einen anderen jederzeit ohne zusätzlichen Aufwand möglich ist und die Entscheidung des Energieverbrauchers eine reine Preisoptimierung darstellt. Andere Aspekte wie Umweltverträglichkeit werden ausgeblendet.

0,0084 in der Berechnungsformel entspricht. Diese versteckte Transformation muss bei der Berechnung der aus der Preisregel resultierenden *Risiko*volumina berücksichtigt werden. Andernfalls würde das Preisrisiko um den Faktor 100 überschätzt.

2. Dies berücksichtigt, bleibt noch die Differenz zwischen 0,007 und 0,0084 zu erklären. Diese ist im Wesentlichen darauf zurückzuführen, dass die Preisformeln neben dem Hebelfaktor auch Fixkomponenten enthalten, die bei der preislichen Kalibrierung der Formel ebenfalls eine Rolle spielen.[17] Man kann sagen, dass i.d.R. vergleichsweise hohe Fixkomponenten mit niedrigeren Hebeln und umgekehrt niedrige Fixkomponenten mit höheren Hebeln einhergehen. Darüber hinaus haben die Vertragsparteien natürlich auch die Vertragsfreiheit, von der Energieidentität der Preisregel abzuweichen (z.B. wenn für den Käufer die Alternative Heizöl nicht in Betracht kommt).

Welche Steuerungsinformationen beinhaltet der ermittelte Hebelfaktor aber jetzt in der Praxis? Wenn aus einer konkreten Gaspreisformel hervorgeht, dass 1 kWh Gas das gleiche Preisrisiko aufweist wie 0,000084 Tonnen Heizöl, bedeutet dies, dass zur „Neutralisierung" der Preisschwankungen von 1 kWh Gas 0,000084 Tonnen Heizöl abgesichert werden müssen.

3. Referenz- bzw. Preisbildungsperioden

Abschließend muss noch ermittelt werden, wie häufig, zu welchen Zeitpunkten und auf Basis welcher Referenzperioden die Anpassung des Gaspreises erfolgen soll. Zur Veranschaulichung dient der in Abbildung 4 gezeigte zweite Auszug aus einem typischen Gasvertrag.

---

17 Bei Neuvertragsabschlüssen steht der formelgebundene Gasvertrag in Konkurrenz zu anderen Primärenergieträgern und im Zuge der Liberalisierung vor allem auch zur Beschaffung am „freien" Gasmarkt, z.B. über die European Energy Exchange (EEX). Der Anbieter eines formelgebundenen Gasvertrages wird also im Optimalfall bei der Angebotserstellung immer auch auf die (Termin-) Preise der alternativen Energiebezüge des Kunden schauen und, wenn möglich, die Formel so kalibrieren, dass der anhand von Terminpreisen ermittelte Lieferwert der zukünftigen, (hoffentlich) von ihm gelieferten Mengen, nicht höher liegt als der der Alternativen des Kunden.

...

Der Arbeitspreis nach Ziffer 4.1 verändert sich mit Wirkung vom 1. Januar, 1. April, 1. Juli und 1. Oktober eines jeden Jahres. Dabei wird jeweils zugrunde gelegt:

- für die Bildung des Arbeitspreises zum 1. Januar das arithmetische Mittel der Preise für extra leichtes und schweres Heizöl der Monate Juni bis November des vorhergehenden Kalenderjahres.

- für die Bildung des Arbeitspreises zum 1. April das arithmetische Mittel der Preise für extra leichtes und schweres Heizöl der Monate September bis Dezember des vorhergehenden Kalenderjahres, und der Monate Januar bis Februar des laufenden Kalenderjahres.

- für die Bildung des Arbeitspreises zum 1. Juli das arithmetische Mittel der Preise für extra leichtes und schweres Heizöl des Monats Dezember des vorhergehenden Kalenderjahres, und der Monate Januar bis Mai des laufenden Kalenderjahres.

- für die Bildung des Arbeitspreises zum 1. Oktober das arithmetische Mittel der Preise für extra leichtes und schweres Heizöl der Monate März bis August des laufenden Kalenderjahres.

...

Abbildung 4:   Auszug aus einem Gasvertrag: Spezifikation der Referenzperioden

Der Vertrag regelt in dieser Passage zwei wichtige Aspekte der Preisfindung: Zum einen, dass für jedes Lieferquartal eine Neuberechnung erfolgt, zum anderen, dass für die Durchschnittspreisbildung über die Referenzpreise eine bestimmte Periode vor dem Lieferquartal zu Grunde zu legen ist. Die konkrete Übersetzung von „*Liefer*periode" Gas in „*Risiko*periode" Heizöl gemäß vorliegendem Vertragsauszug ist in Abbildung 5 schematisch dargestellt.

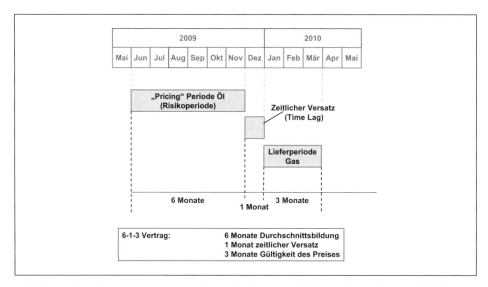

Abbildung 5:   Zusammenhang zwischen „Lieferperiode" Gas und „Risikoperiode" Heizöl

Häufig wird die Regel der Referenz- bzw. Preisbildungsperiode stark gekürzt in drei Zahlen ausgedrückt, die jeweils für

1. die Anzahl Monate, die für die Durchschnittsbildung der Referenzpreise herangezogen wird (in obigem Beispiel 6),

2. den zeitlichen Abstand (engl. *time lag*) zwischen dem letzten, der Durchschnittsbildung zugrundliegenden Monat und dem ersten Monat der Gültigkeit des Gaspreises (in obigem Beispiel 1) und

3. die Gültigkeitsdauer des berechneten Gaspreises (in obigem Beispiel 3)

stehen. Der bisher in seinen Regeln beschriebene Beispielvertrag ist also ein so genannter 6-1-3 Vertrag.

Die Ausführungen zum Referenzpreis, dem Hebelfaktor und den Referenz- bzw. Preisbildungsperioden zeigen, dass zu unterscheiden ist zwischen

1. „*Liefer*produkt" Gas und (im Preisrisiko stehenden) „*Risiko*produkt" Heizöl

2. „*Liefer*volumina" in kWh Gas und „*Risiko*volumina" in Tonnen Heizöl

3. „*Liefer*perioden" Gas (z.B. Q1 2010) und „*Risiko*perioden" Heizöl (Juni-November 2009).

Um die Komplexität für die folgenden Darstellungen zu reduzieren, nehmen wir in unserem Beispiel an, dass das Muster-Stadtwerk lediglich über zwei Lieferverträge verfügt. Darüber hinaus im freien Handel oder bspw. über die EEX (European Energy Exchange) bestehende Beschaffungsmöglichkeiten werden hier bewusst nicht weiter betrachtet.

Die wichtigsten Merkmale dieser beiden Verträge seien:

	Vertrag 1	Vertrag 2
Laufzeit:	01.10.08 - 30.09.10	01.10.10 - 30.09.11
Abnahmevolumen:	2 bis 2,2 Mrd. kWh/Jahr (500 bis 550 Mio. kWh/Quartal)	
Abnahmepreis:	Der zu zahlende Preis variiert während der Laufzeit und wird quartalsweise neu festgesetzt. Die Berechnung des Abnahmepreises erfolgt nach einer Preisgleitklausel.	
Preisgleitformel:	$AP = 1 + 0,007 * (HSL -100)$ in [ct/kWh]	$AP = 2 + 0,5 * [(0,0065 * (HSL-150)] + 0,5 * [(0,08 * (HEL- 40)]$ in [ct/kWh]
Referenzperiode:	6-1-3	3-1-3

Abbildung 6: Übersicht Gasverträge des Praxisbeispiels

Zur Feststellung des finanziellen Risikos von Beschaffungsvertrag 1 ermitteln wir nun nach oben beschriebenem Muster den „Hebelfaktor" und damit das *Risiko*volumen des Referenzproduktes HSL sowie dessen *Risiko*perioden.

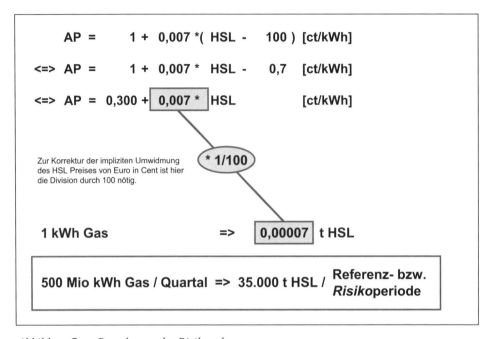

Abbildung 7:   Berechnung des Risikovolumens

Die Berechnung hat ergeben, dass das Risikovolumen von 500 Mio. kWh Gas bei 35.000 t HSL liegt. Zur Erinnerung: Dies bedeutet, dass 35.000 Tonnen HSL und 500 Mio. kWh Gas dieselbe Sensitivität ggü. Schwankungen des HSL-Preises aufweisen und damit die Auszahlungen aus einem Sicherungsgeschäft auf 35.000 Tonnen HSL die auf Veränderungen des Heizölpreises basierenden Schwankungen des Gaspreises neutralisieren müssten. Da sich aufgrund der Einheitenlosigkeit der Gaspreisformel häufig Fehler bei der Exposure-Berechnung einschleichen, unterziehen wir dieses Ergebnis wie angekündigt einem Plausibilitätscheck.

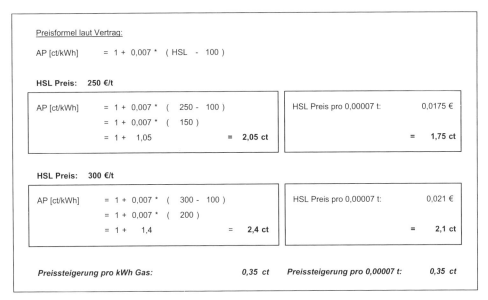

Abbildung 8:   *Plausibilitätscheck: Überprüfung der Berechnung zum Risikovolumen*

Zunächst berechnen wir den Gaspreis pro Kilowattstunde bei einem HSL-Preis von 250 €/t. Außerdem berechnen wir den Wert von 0,00007 t Heizöl zu 250 €/t. Anschließend führen wir diese Rechnungen mit einem um 50 €/t höheren HSL-Preis durch. Wie sich durch anschließende Differenzenbildung zeigt, hat eine Erhöhung des HSL-Preises um 50 €/t die gleiche Wirkung auf 1 Kilowattstunde Gas wie auf 0,00007 Tonnen Heizöl. Sie verursacht in beiden Fällen eine Wertsteigerung um 35 Cent. Damit haben wir gezeigt, dass die vorher durchgeführte Berechnung des *Risiko*volumens korrekt war. Als nächstes ist zu ermitteln, auf welche *Risiko*perioden dieses Volumen aufzuteilen ist.

Wie gezeigt, ergibt sich aus der Liefermenge von 500 Mio. kWh Gas in Q4 2008 ein *Risiko*volumen von 35.000 Tonnen HSL über die Referenz- bzw. *Risiko*periode. Nach der 6-1-3 Regel handelt es sich um eine sechsmonatige Durchschnittspreisbildung, d.h. das Volumen von 35.000 Tonnen muss auf sechs Preisbildungsmonate verteilt werden. Damit ergibt sich ein monatliches *Risiko*volumen von (35.000 / 6 =) 5.833 Tonnen. Aufgrund des einmonatigen Zeitversatzes ist dieses *Risiko*volumen auf die Monate März bis August 2008 zu verteilen. Analog ergibt sich die Aufteilung des *Risiko*volumens für Q1 2009. Hier müssen die 35.000 Tonnen auf die Monate Juni bis November 2008 verteilt werden. Es wird deutlich, dass sich die *Risiko*perioden der einzelnen Lieferquartale jeweils überlappen (vgl. Abbildung 9, obere Hälfte). Daher beträgt das monatliche Gesamt-*Risiko*volumen für Gasvertrag 1 ab Juni 2008 11.666 Tonnen. In den letzten drei *Risiko*monaten (März bis Mai 2010) beläuft sich das monatliche Volumen auf die einfache Menge von 5.833 Tonnen.

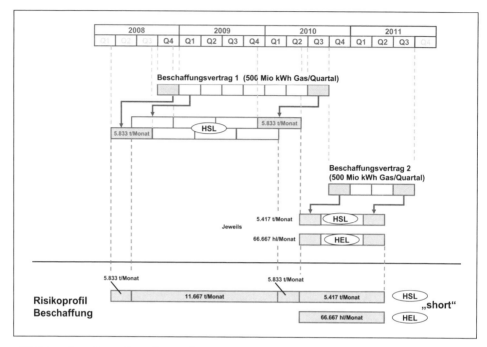

Abbildung 9:   Ermittlung des Risikoprofils der Beschaffung

Analog ist dieses Vorgehen ebenfalls auf Beschaffungsvertrag 2 anzuwenden. Zusammen ergeben beide Profile das Risikoprofil der Beschaffung (Abbildung 9). Bei der Berechnung haben wir uns auf die Mindestabnahmemengen der Verträge beschränkt, da nur diese aufgrund der vertraglichen Abnahmepflicht als sicher angenommen werden.

Wir haben nun alle *Short*-Positionen des Portfolios analysiert. Um aber eine Aussage darüber treffen zu können, ob und ggf. in welchem Ausmaß von der offenen Ölposition der bisher allein betrachteten Beschaffungsseite überhaupt eine „Gefahr" für unser Stadtwerk ausgeht, müssen wir überprüfen, welchen Einfluss die *Long*-Positionen aus den Absatzverträgen auf die Risikoposition des Gesamtportfolios haben.

2.4   Beschaffung und Absatz synchronisieren - Fallbeispiele zur Portfoliosteuerung

Wie in Abbildung 2 dargestellt, wird das Gas entweder direkt oder veredelt als Strom oder Wärme an private und gewerbliche Kunden weiterverkauft. Wählen wir zu Illustrationszwecken zunächst den Absatzkanal mit der geringsten Komplexität, den Weiterverkauf des Gases.

Um beim Weiterverkauf, dem Gashandel, einen positiven Netto-Cashflow zu generieren, muss eigentlich nur eine einfache Regel befolgt werden: Verkaufe das Gas zu einem höheren Preis als dem eigenen Einstandspreis.

Dies ließe sich einfach erreichen, indem mit allen Gaskunden - abgesehen von einem zusätzlichen fixen Preisaufschlag - die gleiche Preisformel vereinbart wird, wie sie in den Beschaffungsverträgen zu finden ist. Bei größeren gewerblichen Kunden wurde (und wird) dieses Verfahren häufig angewendet. Kleinere gewerbliche und private Kunden werden hingegen üblicherweise über Vollversorgungsverträge mit ungeregeltem Preisanpassungsvorbehalt beliefert. Eine Preisanpassung in letztgenanntem Kundensegment birgt die Gefahr langwieriger Genehmigungsprozesse und kann ggf. durch die Bundesnetzagentur oder das Bundeskartellamt verhindert werden.[18] Preisanpassungen werden daher von den Versorgern in diesem Segment so lange wie möglich vermieden.

2.4.1 Gasabsatz zu Festpreisen

Betrachten wir zunächst den Fall eines großen gewerblichen Kunden. Mit diesem wurde eine Preisgleitformel - zuzüglich eines fixen Aufschlags - vereinbart, die die gleiche Struktur hat, wie die Preisanpassungsformel des Beschaffungsvertrages 1. Die vertraglich vereinbarte Liefermenge betrage 1 Mrd. kWh pro Jahr bei konstanter Lieferleistung. Da dieser Kunde für die nächsten Jahre seine Energiekosten verlässlich planen möchte, bittet er Ende Juni 2009 um eine Wandlung seiner öl-indizierten Preisformel in einen fixen Preis für die Lieferungen im Gaswirtschaftsjahr 2010 (Oktober 2009 bis September 2010). Das Management des Stadtwerkes sei gewillt, dieser Bitte nachzukommen und beginnt mit der Kalkulation eines Fixpreisangebots.

Die Umstellung des Kundenvertrages bedeutet zunächst die Aufgabe eines natürlichen Hedges[19] für Teilmengen aus Beschaffungsvertrag 1. Die Geschäftsführung des Stadtwerkes muss nun entscheiden, wie sie mit dem veränderten Risikoprofil umgehen möchte. Das Stadtwerk könnte die Position offen lassen. Im positiven Fall (HSL Notierungen sinken) ergäbe sich eine höhere Marge aus der Differenz zwischen gesunkenem Einkaufspreis und fixem Verkaufspreis; im ungünstigen Fall (HSL Notierungen steigen) kann es umgekehrt natürlich auch zu einem Verlust aus dieser Vertragskonstellation kommen.

Da in unserem Fallbeispiel sehr enge Risikovorgaben seitens der Unternehmensleitung bestehen, soll die Risikoposition, die durch das Festpreisangebot entstanden ist, geschlossen werden. Hierzu muss sich das Stadtwerk so stellen, als bezöge es die vom Kunden gewünschte Menge ebenfalls zu fixen Preisen.

---

18 Vgl. z. B.: Bundesgerichtshof, VIII ZR 36/06, 13. Juni 2007.

19 Man spricht von einem „natürlichen Hedge", wenn eine Risikoposition (z.B. die implizite Heizöl-*Short*-Position aus einem Gasbeschaffungsvertrag) durch eine genau gegenläufige Risikoposition (z.B. eine implizite Heizöl-*Long*-Position aus einem Gasabsatzvertrag) ausgeglichen wird.

Die Neutralisierung der neu entstandenen Risikoposition kann z.B. durch den Abschluss eines Swaps erreicht werden, der genau das Risikoprofil kompensiert, welches aus der Beschaffung dieser Mengen zu variablen Preisen resultiert. Da der Gasbezug für die gewünschte Laufzeit nur aus Beschaffungsvertrag 1 besteht, erfolgt die Berechnung dieses Risikoprofils analog zur Analyse in Abschnitt 2.3 für die Teilmenge des Kunden von 1 Mrd. kWh pro Jahr (250 Mio. kWh/Quartal).

Abbildung 10 zeigt, welche *Risiko*volumina und -perioden sich aus dem geplanten *Liefer*volumen für den Kunden im Gaswirtschaftsjahr 2010 ergeben.

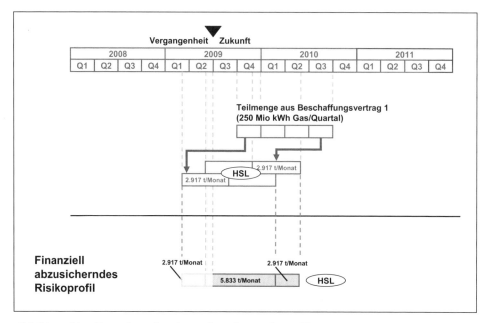

Abbildung 10:   Ermittlung des abzusichernden Risikoprofils

Es fällt auf, dass ein Teil des Risikoprofils für die zukünftigen Lieferungen in der Vergangenheit liegt. Hier hat bereits die Preisbildung nach der Preisgleitformel des Vertrages 1 (6-1-3) stattgefunden. Ein Absichern dieser Mengen ist daher nicht mehr notwendig. Lediglich die noch offenen *Risiko*perioden (hier Juli 2009 bis Mai 2010) müssen in einem Absicherungsgeschäft berücksichtigt werden. Bei dem zu „swap"enden Risikoprofil handelt es sich also um jeweils 5.833 Tonnen HSL in den Monaten Juli 2009 bis Februar 2010 und 2.917 Tonnen HSL in den Monaten März bis Mai 2010. Die in den abgelaufenen Perioden bereits festgestellten Preise (März – Juni 2009) sind jedoch, wie wir später zeigen werden, bei der Kalkulation des Fixpreisangebotes an den Kunden mit einzubeziehen.

Zunächst sei aber erläutert, wie der Swappreis für die offenen Perioden ermittelt wird. Wie in Abbildung 11 dargestellt, ergibt sich der Swappreis aus der zum Zeitpunkt des Geschäftsabschlusses gültigen Terminkurve (engl. *forward curve*) für HSL.

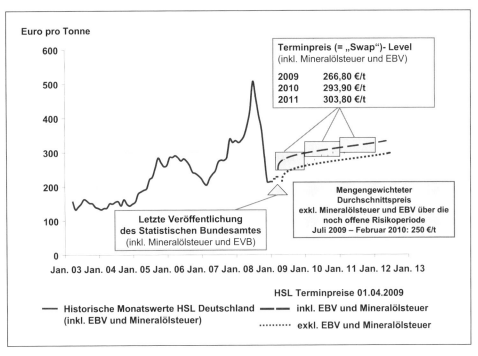

Abbildung 11: Terminkurven als Basis des Swappreises

Im Falle HSL und HEL ist zu beachten, dass die Veröffentlichungen des Statistischen Bundesamtes sowohl die jeweils gültige Mineralölsteuer als auch den so genannten Energiebevorratungsbeitrag (EBV)[20] beinhalten. Da sich sowohl die Mineralölsteuer als auch der EBV ändern können, handelt der (Finanz-) Terminmarkt für HSL und HEL exklusive dieser beiden Komponenten.[21] Im Falle HSL beispielsweise beträgt die Mineralölsteuer aktuell 25 €/t, der EBV 3,70 €/t.

Dies vorweggeschickt, sieht das Term-Sheet eines auf das oben berechnete und in Abbildung 10 dargestellte Risikoprofil zugeschnittenen Swaps wie folgt aus:

---

20 Der EBV ist eine Abgabe an den Erdölbevorratungsverband, der kraft Gesetzes Ölreserven für den Fall von Störungen der Mineralölversorgung Deutschlands hält.

21 D.h. der Finanzmarkt handelt „nur" das reine Rohstoff- und das Transportkostenrisiko.

Laufzeit:	Gaswirtschaftsjahr 2010 (Gasquartale Q4 2009 bis Q3 2010), d.h. noch offene Risikoperioden Öl Juli 2009 bis Mai 2010	
Referenzpreis:	Der für den jeweiligen Abrechnungsmonat veröffentlichte Preis des Statistischen Bundesamtes für HSL Deutschland abzüglich des jeweils gültigen Energiebevorratungsbeitrages (EBV) und der jeweils gültigen Mineralölsteuer*	
Fix-Preis:	250 €/t	
Fix-Preis-Zahler:	Stadtwerk	
Referenzpreiszahler:	Bank	
Settlement:	Monatliches Cash Settlement, d.h. finanzieller Ausgleich der Differenz zwischen Referenzpreis und vereinbartem Fix-Preis. Es erfolgt keine physische Lieferung.	
Volumina:	Juli 2009 bis Februar 2010	5.833 t / Monat
	März 2010 bis Mai 2010	2.917 t / Monat
	Gesamt	55.417 t

*aktuell gültige Werte: EBV 3,70 €/t, Mineralölsteuer: 25,00 €/t

Abbildung 12:   Term-Sheet eines Swaps zur Preisfixierung

Das Swap-Level von 250 €/t bestimmt nun, zusammen mit den bereits feststehenden Preisen der Referenzperioden in der Vergangenheit, auf welchem Niveau die variable Komponente HSL fixiert wird.

Wir nehmen vereinfachend an, dass die bereits veröffentlichten Referenzpreise für März bis Juni 2009 ebenfalls 250 €/t exklusive Mineralölsteuer und EBV betragen.

Da HSL und HEL auf dem Terminmarkt wie erläutert exkl. Mineralölsteuer und EBV gehandelt werden, in die Formel zur Berechnung des Gaspreises aber die Notierungen inklusive derselben einzusetzen sind, müssen die Abgaben für die Erstellung des Festpreisangebotes an den Kunden wieder hinzugerechnet werden. Dieses Vorgehen sowie die Übersetzung des in €/t fixierten HSL-Preises in einen Preis für Gas in Cent pro kWh ist in Abbildung 13 dargestellt.

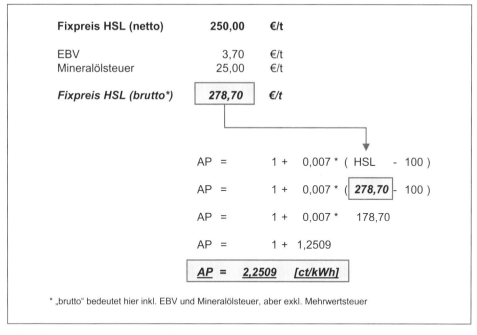

Abbildung 13: Berechnung des durch einen Swap fixierten Gaspreises in ct/kWh

Werden beide Verträge, Swap und Kundenvertrag, simultan abgeschlossen, besteht für unser Stadtwerk zu keinem Zeitpunkt ein Preisrisiko.[22] Wie oben hergeleitet, liegt der Fixpreis, den das Stadtwerk seinem Kunden für das Gaswirtschaftsjahr 2010 anbieten kann, bei 2,2509 ct/kWh.

2.4.2   Schließen einer strukturellen Nettoposition aus langfristigen Gasbeschaffungs- und Absatzverträgen

Erweitern wir nun unseren Fall: Der ursprünglich formelgebundene Kundenvertrag mit der Formelstruktur des Beschaffungsvertrages 1 hat für Lieferungen im Gaswirtschaftsjahr 2011, d.h. ab Oktober 2010, weiterhin Bestand. Für die Beschaffung von Mengen ab Oktober 2010 greift jedoch schon der Folgevertrag 2, in dem für die Preisermittlung andere Parameter gelten. Vertrag 2 unterscheidet sich in zwei wesentlichen Punkten vom ersten Vertrag.

1. Der Gasbezugspreis des Stadtwerkes ist nun nicht mehr allein vom HSL-, sondern auch vom HEL-Preis abhängig. Im Kundenvertrag erfolgt die Preisermittlung nur auf Basis HSL.

---

22 Dabei wird unterstellt, dass sich EBV und Mineralölsteuer während der Vertragslaufzeit nicht ändern.

2. Die Risikoperiodenregel lautet nun 3-1-3. Im Kundenvertrag hingegen wird nach der 6-1-3 Regel gerechnet.

Die Risikopositionen aus Beschaffungsvertrag 2 und Kundenvertrag für das Gaswirtschafts-jahr 2011 sowie die Netto-Risikoposition aus der Summe der beiden Verträge sind in Abbil-dung 14 hergeleitet.

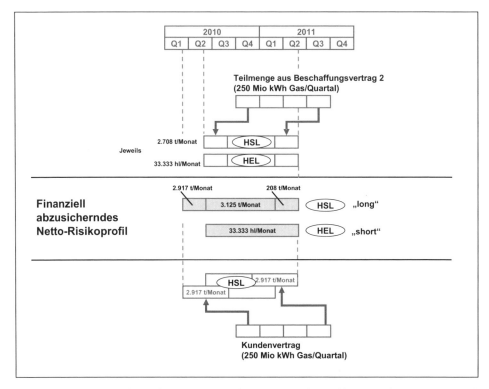

Abbildung 14:   Ermittlung des abzusichernden Netto-Risikoprofils aus indiziertem Beschaf-fungs- und Absatzvertrag

Aufgrund der Inkongruenz dieser Parameter stellen die Öl-Risikopositionen aus Beschaf-fungs- und Absatzvertrag keine deckungsgleichen Gegenpositionen mehr dar. Es verbleibt eine Nettoposition, in der unser Stadtwerk *long* HSL in den Monaten März 2010 bis Mai 2011 und *short* HEL in den Monaten Juni 2010 bis Mai 2011 ist.

Der Ertrag des Stadtwerkes aus diesen beiden Verträgen hängt nun zum einen von der Preis-entwicklung der Produkte HEL und HSL zueinander ab, zum anderen ergibt sich ein Risiko durch die unterschiedlichen Referenzperioden. Da die Marge aus dieser Vertragskonstellation unplanbar ist, bittet die Geschäftsführung um Vorschläge, wie die Preisrisiken ausgeschaltet und die Marge, hoffentlich im positiven Bereich, fixiert werden kann.

Analog zum Basisfall kann auch dieses Risikoprofil mit Hilfe von Finanzderivaten neutralisiert werden. Wie in Abbildung 15 dargestellt, gibt es hier zwei Alternativen für das „operative Design" der Absicherungsmaßnahme.

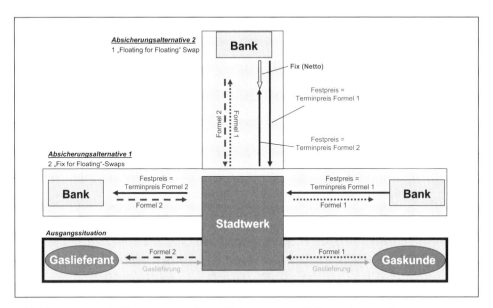

Abbildung 15:   Schließen einer „Spread"-Position mit Hilfe von Finanzderivaten

Alternative 1

Die Risiken aus Beschaffungs- und Absatzvertrag werden jeweils separat mit Hilfe von zwei „*Fix for Floating*"-Swaps abgesichert. Hinter *Fix-for-Floating* verbirgt sich nichts anderes als der klassische Swap, in dem ein Fixpreis (*Fix*) gegen einen variablen, später anhand eines Referenzpreises oder einer Referenzpreisformel zu bestimmenden Preises (*Floating*), getauscht wird. Zur Neutralisation der Risiken aus dem Gasbezug wird das Underlying des Swaps gleich der Formel des Bezugsvertrags 2 gesetzt. Die variable Zahlung wird in diesem Falle von der Bank geleistet. Der im Gegenzug an die Bank zu zahlende Fixpreis entspricht dem durch Einsetzen von Terminpreisen in die Formel des Bezugsvertrags 2 ermittelten, mengengewichteten Durchschnittspreis pro kWh Gas. Analog dazu wird der Swap auf der Absatzseite gestaltet, wobei hier die Formel des Kundenvertrages, die gleich der Formel des Bezugsvertrages 1 zzgl. eines fixen Aufschlags ist (im Folgenden „Absatzformel 1"), zugrundegelegt wird.

Von den zum Abschlusszeitpunkt des Swaps handelbaren Terminpreisen für HEL und HSL bzw. den zu Terminpreisen bewerteten Einkaufs- und Verkaufsformeln hängt es ab, ob durch Schließen der offenen Position ein Gewinn oder Verlust für das Stadtwerk fixiert werden kann. Die Länge der Pfeile, die die fixen Zahlungsströme des Swaps auf beiden Seiten darstellen, zeigt, dass offensichtlich die mit Terminpreisen bewertete Absatzformel 1 einen höhe-

ren Wert pro Abrechnungseinheit aufweist als die zu Terminpreisen bewertete Einkaufs-
formel. Das bedeutet, dass das Stadtwerk bei simultanem Abschluss dieser beiden Swaps eine
positive Marge fixieren kann.

Alternative 2

Grundsätzlich können die beiden einzelnen *Fix for Floating*-Swaps auch in einem Sicherungsgeschäft zusammengefasst werden. In diesem Fall wird der Hedge als „*Floating for
Floating*"-Swap ausgestaltet, in dem sich die von der Bank an das Stadtwerk zu zahlenden
Beträge auf Basis der Beschaffungsformel 2 berechnen, und die vom Stadtwerk zu leistenden
Zahlungen auf der Absatzpreisformel 1 basieren. Die Differenz der beiden Fixkomponenten
aus den Ursprungsswaps wird dem Stadtwerk entweder bei Eingehen des Geschäftes barwer-
tig ausgezahlt, oder es erhält zu jedem Zahlungszeitpunkt die undiskontierte Differenz von
der Bank.

Welche Gestaltungsvariante für das Absicherungsgeschäft zu bevorzugen ist, hängt vom
Gesamtunternehmenskontext und den Zielen ab, die mit der Transaktion verfolgt werden.
Muss unser Stadtwerk bspw. einen Jahresabschluss auf Basis der International Financial
Accounting Standards (IFRS) erstellen, und wünscht die Unternehmensleitung eine Bilanzie-
rung der Sicherungsinstrumente nach den Regeln des „Hedge Accounting", wäre es ratsam,
Variante 1 zu wählen. Diese erleichtert die von den IFRS geforderte Einzelzuordnung der
Absicherungsgeschäfte zu den zugrundeliegenden physischen Beschaffungs- und Absatzverträgen.[23] Zusätzlich kann für die einzelnen Sicherungsgeschäfte der jeweils beste Preis von
unterschiedlichen Anbietern gewählt werden. Ist das vorrangige Ziel hingegen die Schließung
der Position mit geringen Transaktionskosten, so ist Variante 2 zu wählen. Hier entfällt die
Herausforderung, zwei separate Geschäfte ggf. mit zwei unterschiedlichen Marktpartnern
zeitgleich abzuschließen.

In der Praxis ist das skizzierte Problem unterschiedlicher Indizierungen auf der Beschaf-
fungs- und Absatzseite keine Seltenheit. So gibt es beispielsweise Stadtwerke, deren langfristige Absatzverträge für Wärme historisch bedingt, z.B. aufgrund früher vorhandener, zwischenzeitlich aber stillgelegter kohlebasierter Erzeugungskapazitäten, noch an Kohleindizes
gekoppelt sind, während die Kostenstruktur der Erzeugung mittlerweile auf Gas- bzw. Heizölnotierungen beruht. In diesem Fall ist das Stadtwerk *short* Erdgas bzw. Heizöl, und *long*
Kohle. Umgekehrt kann die Situation unterschiedlicher Indizierungen bei Einkauf und Absatz
auch durch den Wunsch eines Kunden, die Indizierungen in einem laufenden Vertrag umzu-
stellen, ausgelöst werden. Aktuell gibt es diese Bestrebungen z.B. in der Glasindustrie, die
aufgrund neugestalteter Absatzverträge für Glas mit einer preislichen Kopplung ihrer Gasbe-
züge an die Preisentwicklung von Rohöl der Nordseesorte Brent einen natürlichen Hedge
erzeugen würde. In beiden Fällen kann das Stadtwerk die sich ergebende Spread-
Risikoposition wie oben beschrieben mit Hilfe von Finanzderivaten schließen.

---

[23] Für detaillierte Ausführungen zum Thema „Hedge Accounting" vgl. Beitrag *Bilanzierung von Derivaten
des Rohstoffmanagements* von Olaf Maulshagen und Sven Walterscheidt.

2.4.3 Gasabsatz mit ungewissem Mengen- und Preisgefüge

Die bisher diskutierten Fälle hatten eines gemeinsam: Sowohl das Mengengerüst als auch die Preisfindung waren durch vertragliche Regelungen eindeutig festgelegt, und deren Einhaltung haben wir als sicher angenommen. Dies hat es verhältnismäßig einfach gemacht, Art und Umfang von passenden Absicherungsmaßnahmen zu bestimmen. Bei der Betrachtung weiterer Absatzkanäle von Stadtwerken stellen wir fest, dass die Eingangsdaten dort nicht so komfortabel diskret sind, sondern dass Mengen und Werte einer Unsicherheit unterliegen, die es in der Portfoliosteuerung zu berücksichtigen gilt.

Grund für diese Unsicherheit ist die Versorgungszusage an private Haushalte und Gewerbe, Gas, Wärme und Strom jederzeit in den Mengen zur Verfügung zu stellen, wie sie von den Kunden abgerufen werden. Allein das Verbraucherverhalten bestimmt somit das bereitzustellende bzw. zu produzierende Mengenprofil. Um unter diesen Umständen eine Mengenplanung durchführen zu können, muss eine Prognose des Kundenverhaltens die bisher diskutierten vertraglichen Mengenvereinbarungen ersetzen. Diese Prognose erfolgt dabei unter Berücksichtigung von Erfahrungswerten und wichtigen Einflussfaktoren für das Verbrauchsverhalten wie z.B. Jahres- und Tageszeit, Wochentag oder Wetter. Auch wenn das Verbrauchsverhalten gewissen Regeln folgt, kann eine Langfristplanung nur grob erfolgen, da insbesondere die Wetterlage nur auf kurze Sicht halbwegs kalkulierbar ist. Für die langfristige Risikosteuerung bedeutet dies, dass aus dem Kundensegment Haushalt und Gewerbe mit *unbedingten* Finanzderivaten maximal der Anteil der prognostizierten Mengen preislich abgesichert werden sollte, der als weitgehend sicher gilt.

Eine weitere Unsicherheit ist dadurch gegeben, dass mit diesen Kunden keine festen Regeln zur Preisbestimmung vereinbart sind. Hier wird auf Basis eines bis auf weiteres gültigen Preises abgerechnet, wobei der Anbieter das Recht hat, diesen in regelmäßigen Abständen anzupassen. Der Anbieter wird sein Recht, insbesondere zur Erhöhung des Preises, aus zwei Gründen nicht übereilt geltend machen. Zum einen haben die Kunden durch die Liberalisierung des Energiemarktes inzwischen die Möglichkeit, den Lieferanten zu wechseln. Eine Preiserhöhung gibt in der Regel Anlass für solche Überlegungen. Zum anderen müssen hierfür ggf. die bereits erwähnten aufsichtsrechtlichen Genehmigungsprozesse durchlaufen werden.

Um dieser Mengen- und Preisunsicherheit Rechnung zu tragen, empfiehlt sich zur Risikosteuerung der entsprechenden Mengen der Einsatz von Optionen. Mit einem Cap könnte unser Stadtwerk beispielsweise verhindern, steigende Preise in seinem Gaseinkauf unmittelbar an seine Kunden weiterreichen zu müssen. Für den Fall, dass die Heizöl- und damit die Einstandspreise für Gas steigen, die Kunden aber weniger als die abgesicherten Mengen abnehmen, erzielt das Stadtwerk durch die Auszahlung der Versicherungsleistung aus dem Cap einen zusätzlichen Ertrag (zumindest soweit wir unterstellen, dass der entfallene Deckungsbeitrag aufgrund geringerer verkaufter Menge den aus der Option erhaltenen Betrag nicht übersteigt). Fallen hingegen die Einkaufspreise für das Gas, ist maximal die gezahlte Versicherungsprämie als zusätzlicher Aufwand angefallen.

2.4.4   Wärme und Strom - eine Kuppelproduktion

Nachdem wir Gas bisher lediglich als Handelsware betrachtet haben, die „unbehandelt" an Kunden weiterverkauft wird, lenken wir unseren Blick nun auf die beiden Produkte, die unser Stadtwerk selbst produziert: Wärme und Strom. Hier geht es nun nicht mehr nur um die Erzielung einer positiven Handelsmarge, sondern vielmehr um die Frage der Wirtschaftlichkeit der eigenen Produktion sowie deren wirtschaftlicher Optimierung.

Im Blickpunkt stehen jetzt einerseits die Preise, die man für die Kombinationsprodukte Strom und Wärme erzielt und andererseits die zur Herstellung dieser Produkte anfallenden Gaskosten. Im Gegensatz zu unseren bisherigen Fallbeispielen ist hier auch das Mengengerüst der Produktion in der Kraft-Wärme-Kopplungs-Anlage zu berücksichtigen.

Bei den Wärmekonsumenten handelt es sich im Wesentlichen um private Haushalte und gewerbliche Kunden, die die Fernwärme vorwiegend zur Beheizung von Gebäuden, aber auch zum Zwecke der Warmwasserbereitung nutzen. Die Nachfrage nach Fernwärme ist dabei stark abhängig von der jahreszeitbedingten Außentemperatur. Wie beim Gas erfolgt die Lieferung von Fernwärme und Strom an private und kleine Gewerbekunden meist über Vollversorgungsverträge ohne Preisgleitung.

Da der Bedarf an Wärme im Winter hoch und im Sommer nahezu Null ist, fällt beim Betrieb des Kraftwerkes mit optimalem Wirkungsgrad die als Kuppelprodukt abfallende Strommenge im Winter deutlich höher aus als im Sommer. Ein wesentlicher Teil der Produktionskapazität unseres Kraftwerks bleibt also in den Sommermonaten ungenutzt. Da im Gegensatz zum Strom für die Wärme keine zusätzlichen Vermarktungsmöglichkeiten bestehen, handelt es sich faktisch um freie Stromkapazität.

Wir möchten nun im Folgenden überprüfen, unter welchen Marktbedingungen sich die Nutzung der freien Kapazität wirtschaftlich lohnt. Grundsätzlich ist die Nutzung immer dann opportun, wenn die variablen Kosten (v.a. die Primärenergiekosten) für die Produktion einer zusätzlich produzierten Einheit Strom unter dem für diese Einheit erzielbaren Preis am Strommarkt liegen.

Da in einem Kraft-Wärme-Kopplungs-Kraftwerk aus dem zugeführten Gas zwei Produkte hergestellt werden, stellt sich die Frage, welcher Anteil der Gaskosten den jeweiligen Endprodukten zuzuordnen ist. Aufgrund des vom Outputverhältnis abhängigen Wirkungsgrades kann die proportionale Zuordnung der Kosten auf die jeweiligen Mengeneinheiten nur scheinbar verursachungsgerecht erfolgen. Denn reduziert man die Produktionsmenge nur eines Produkts, so sinken die variablen Kosten aufgrund des abnehmenden Gesamtwirkungsgrades in geringerem Umfang, als sie diesem Produkt unter der Annahme des optimalen Wirkungsgrades zugeordnet wurden. In der Praxis können die Gaskosten daher kalkulatorisch lediglich unter der Annahme eines bestimmten Wirkungsgrades zugerechnet werden. Wird mit einem anderen Wirkungsgrad produziert, ist die kalkulatorische Zurechnung der Primärenergie nicht mehr korrekt.

Um den Portfolioeffekt der kombinierten Produktion korrekt zu berücksichtigen, muss geklärt werden, welche zusätzlichen Gaskosten für die alleinige Erhöhung der Stromproduktion, ausgehend von einer bekannten Kraftwerkskonfiguration, entstehen würden (Grenzkostenbetrachtung).[24]

Wir nehmen in unserem Beispiel eine Sommerproduktion mit geringen Wärmemengen an. Betrachten wir diese Wärmemengen nun als vernachlässigbar klein im Vergleich zu den zur Diskussion stehenden Strommengen, dann ist unsere Ausgangskonfiguration als reine Stromproduktion zu verstehen. Der Wirkungsgrad dieser Konfiguration sei 45%.

Auf Basis dieser Information zum Wirkungsgrad können nun die benötigten Gasmengen für die Stromproduktion errechnet werden. Dabei bedeutet ein Wirkungsgrad von 45%, dass aus 1 MWh Primärenergie 0,45 MWh „Sekundär"energie, in diesem Fall Strom, hergestellt werden. Anders ausgedrückt benötigt man für die Produktion von 1 MWh Strom 1:0,45 = 2,22 MWh Gas.

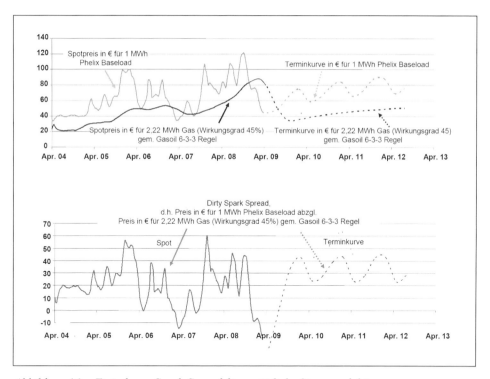

Abbildung 16:   Fixierbarer Spark-Spread für zusätzliche Stromproduktion

In Abbildung 16 haben wir in der oberen Darstellung die historischen Preise und die Terminkurve für 1 MWh Strom (Phelix Baseload) sowie die Kosten für die benötigten 2,22 MWh

---

24 Hierfür wird angenommen, dass keine Limitation für die dennoch anfallende Restwärme besteht.

Gas abgetragen. Die untere Darstellung zeigt den so genannten „Dirty" (von engl. *dirty* - schmutzig)[25] Spark-Spread, d.h. die Differenz zwischen dem Strompreis und den mit dem Wirkungsgrad der Anlage gewichteten Kosten der Primärenergie. Die Nutzung der freien Stromkapazität ist ökonomisch immer dann sinnvoll, wenn der „Clean" (von engl. *clean* - sauber) Spark Spread, d.h. der Spark-Spread nach Berücksichtigung der in der obigen Darstellung vernachlässigten Kosten für CO_2-Zertifikate, positiv ist.

Die Entscheidung, ob die Kraftwerkskapazität genutzt wird oder nicht, muss dabei nicht von Tag zu Tag fallen. Vielmehr sollte die Energieerzeugung ihre physischen Kapazitäten mit den individuellen Parametern jeder Anlage sowie den Flexibilitäten aus den Gasbezugsverträgen regelmäßig im Terminmarkt entsprechend dem oben vereinfacht dargestellten Vorgehen bewerten. Ergibt sich aus der Struktur der relevanten Terminkurven ein positiver „Clean Spark Spread", so kann eine positive Erzeugermarge durch zeitgleichen Abschluss eines Terminverkaufes Strom (z.B. an der EEX) und eines auf die benötigten Gasmengen zugeschnittenen Swaps fixiert werden.

3.   Risikomanagement im Kohle- und Trockenfrachtenmarkt

Im vorherigen Beispiel haben wir beschrieben, wie sich das Portfolio eines Stadtwerkes zusammensetzt und wie das Risiko dieses Portfolios mit Hilfe von Finanzderivaten gesteuert werden kann. In einem zweiten Beispiel soll nun das Portfolio eines Kohlehändlers genauer unter die Lupe genommen werden, um daran die Möglichkeiten des Einsatzes von Finanzinstrumenten auf Kohle und Frachtindizes aufzuzeigen.

3.1   Entwicklungen am Kohle- und Frachtenmarkt

Da sich die vorhergehenden Beiträge dieses Buches nicht näher mit dem Kohle- und dem Frachtenmarkt beschäftigt haben, möchten wir an dieser Stelle kurz auf aktuelle Entwicklungen und die Bedeutung dieser beiden Märkte eingehen.

---

[25] Die beim Betrieb eines Kraftwerks anfallenden Kosten für CO_2-Zertifikate werden im Fallbeispiel nicht näher betrachtet.

3.1.1 Entwicklung Kohle weltweit

Wie Abbildung 17 zeigt, wies die Kohle mit einer durchschnittlichen jährlichen Wachstumsrate von 4,8% in den letzten Jahren mit Abstand das höchste Nachfragewachstum unter allen bedeutenden Energieträgern weltweit auf. Dies mag für viele Leser überraschend sein, hatte doch die Kohle in der Wahrnehmung vieler Europäer in den letzten Jahren aufgrund immer schärferer Klimaschutzbestimmungen stark an Bedeutung verloren.

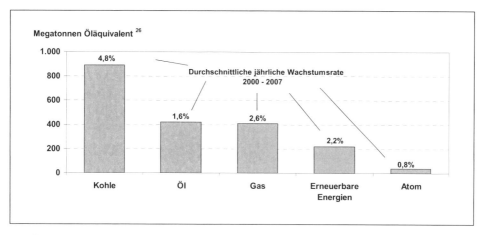

Quelle: IEA, World Energy Outlook 2008 (12.11.2008), eigene Darstellung
*Abbildung 17: Durchschnittliches Wachstum der globalen Nachfrage nach Primärenergie-
trägern*

Auch für die Zukunft geht die International Energy Agency (IEA) davon aus, dass die Kohle ihre Position als zweitwichtigste Energiequelle nach Öl weiter ausbauen wird (vgl. Abbildung 18), wobei die Hauptwachstumstreiber auch in den kommenden Jahren die Nicht-OECD Länder, allen voran China und Indien mit ihrem stark zunehmenden Energiebedarf (vor allem nach elektrischer Energie), sein werden.[27]

---

[26] Die Öleinheit (ÖE), auch als Rohöleinheit (RÖE) oder engl. *oil equivalent* (oe) bekannt, ist eine Energie-einheit. 1 Tonne ÖE = 11,63 MWh, 1 Megatonne, d.h. 1.000.000 Tonnen ÖE = 11,63 TWh.

[27] Dies alles geht aus dem Referenz-Szenario der IEA für das Jahr 2030 hervor. Hierbei ist jedoch der Hin-weis wichtig, dass das Referenz-Szenario von unveränderten ordnungs- und klimapolitischen Rahmenbe-dingungen ausgeht.

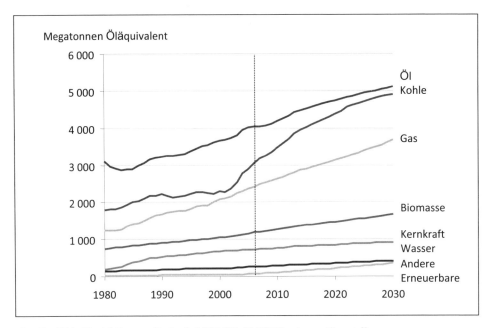

Quelle: IEA, World Energy Outlook 2008 (12.11.2008), eigene Darstellung
Abbildung 18:   Prognostiziertes Weltnachfragewachstum nach Primärenergieträgern bis 2030

Wie Abbildung 19 zeigt, hat der Kohlepreis in den letzten zwei Jahren eine bis dahin nicht gekannte Schwankungsbreite aufgewiesen.

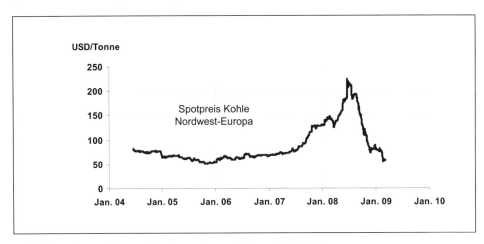

Abbildung 19:   Historische Spotpreisentwicklung Kohle in Europa

Ein Grund hierfür war der rasante Anstieg des Ölpreises im selben Zeitraum. Er zog aufgrund der (teilweisen) Substituierbarkeit unter den Energieträgern den Preis der bis dahin als „langweilig" eingestuften Kohle mit sich in die Höhe. Dieser preistreibende Impuls von der Nachfrageseite wurde durch eine Häufung von Problemen auf der Angebotsseite verstärkt.[28] Ein weiterer, in den folgenden Abschnitten näher zu beleuchtender Preistreiber auf Seiten der für Deutschland wichtigen Importkohle waren die Engpässe bei den Frachtkapazitäten. Der Preis für Frachtraumcharter vervielfachte sich im betrachteten Zeitraum und ließ damit den Preis für Kohle mit Lieferort Nordwest-Europa entsprechend in die Höhe schnellen.

3.1.2 Implikationen für die deutsche Kohleversorgung

Während in 2008 der allgemeine Energieverbrauch in Deutschland leicht gestiegen ist, sank der Steinkohleverbrauch um rund sieben Prozent.[29] Einer der Gründe hierfür war der im Vergleich zu einigen anderen Energieträgern sehr hohe Preis der Kohle im Jahr 2008. Auf die deutschen Kohleimportmengen hatte der Nachfragerückgang kaum Auswirkungen, da die Inlandsproduktion in ähnlichem Maße einbrach wie der Kohlebedarf und somit die Einfuhren stabil blieben.[30]

Wie bedeutend Importkohle für den deutschen Energiemarkt ist, zeigt die folgende Statistik: Gut 70% des deutschen Steinkohlebedarfs wurden durch Importkohle gedeckt, nur knapp 30% aus heimischer Förderung, Tendenz der heimischen Förderung stark abnehmend.[31]

Im Jahr 2008 waren die nach Anteilen bedeutendsten Herkunftsländer der importierten deutschen Steinkohle Russland (21,5%), Südafrika (20,3%), Polen (14%), USA (12,9%), Kolumbien (11,1%) und Australien (10,6%).[32] Der überwiegende Teil dieser Importkohle erreichte Deutschland auf dem Seeweg.

Welche Bedeutung das Thema Seefracht für den internationalen Kohlehandel und damit für eine der größten Importnationen wie Deutschland hat, wird durch Abbildung 20 noch einmal deutlich. Im Jahr 2008 wurden mit 839 Mio. Tonnen gut 90% des weltweiten Kohlehandels über den Seeweg abgewickelt.

---

28 Zu nennen sind hier beispielsweise unwetterbedingte Produktionsausfälle in Australien sowie die zeitweise Sperrung von Schienenzulieferstecken in Südafrika zum Export-Hafen Richards Bay.

29 AG Energiebilanzen, Energieverbrauch in Deutschland im Jahr 2008.

30 Verein der Kohleimporteure - Jahresbericht 2009.

31 Verein der Kohleimporteure - Jahresbericht 2009.

32 AG Energiebilanzen, Energieverbrauch in Deutschland im Jahr 2008.

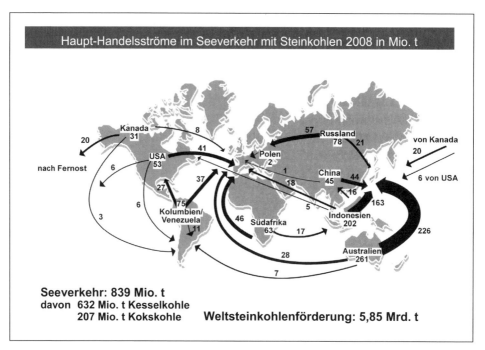

Quelle: Verein der Kohleimporteure e.V., Jahresbericht 2009
Abbildung 20:   Steinkohleseeverkehr 2008

Bevor wir der hohen Bedeutung der Frachtraten in diesem Zusammenhang gerecht werden
und in Vorbereitung auf das Praxisbeispiel näher auf die Entwicklung dieses Marktes eingehen, seien an dieser Stelle noch kurz die wichtigsten Preisbenchmarks für Kohle, die API-
Indizes, vorgestellt. Für unseren folgenden Praxisfall spielen zwei dieser Indizes eine zentrale
Rolle: der API#2 und der API#4. Die genauen Spezifikationen der beiden Indizes sowie der
dazugehörigen internationalen Handelsklauseln („Incoterms") FOB und CIF werden in der
Infobox, Abbildung 21, aufgezeigt.

Die Spezifikation der Kohleindizes API#2 und API#4

API#2

Der API#2 ist das arithmetische Mittel aus dem von Argus und McCloskey jeweils separat durch telefonische Befragung von Marktteilnehmern ermittelten und veröffentlichten Preis für einen Durchschnittskohlekorb. Dieser enthält auf dem Seeweg nach Nordwesteuropa gelangte Kohle mit folgenden Spezifikationen:

- Energiegehalt: 6.000 kcal/kg
- Schwefelgehalt: 1% NAR (net as received)
- geliefert CIF (vgl. Erläuterungen weiter unten) in die ARA Häfen (Amsterdam, Rotterdam, Antwerpen)
- mit Lieferung in den nächsten 90 Tagen

API#4

Vergleichbar dem API#2 gibt es den so genannten API#4 Index für Kohle derselben Spezifikation wie API#2, allerdings mit Lieferkondition FOB (Free on Board, vgl. Erläuterungen weiter unten) Richards Bay, Südafrika.

Die Incoterms (von engl. „International Commercial Terms" = Internationale Handelsklauseln) CIF und FOB

Die von der Internationalen Handelskammer (International Chamber of Commerce) entwickelten Incoterms regeln vor allem die Art und Weise der Lieferung von Gütern. Die Bestimmungen legen fest, welche Transportkosten der Verkäufer, welche der Käufer zu tragen hat, und wer im Falle eines Verlustes der Ware das finanzielle Risiko trägt.

Der Code CIF steht dabei für Cost, Insurance and Freight (deutsch: Kosten, Versicherung und Fracht bis zum Bestimmungshafen); der Code FOB steht für Free on Board (deutsch: frei an Board).

Die folgende Tabelle gibt einen Überblick über die Zahlungspflichten aus der Perspektive des Verkäufers:

	Verladung auf LKW	Export-Verzollung	Transport zum Exporthafen / Entladen des LKW im Exporthafen / Ladegebühren im Exporthafen	Transport zum Importhafen	Entladegebühren im Importhafen / Verladen auf LKW im Importhafen	Transport zum Zielort	Versicherung	Einfuhr-Verzollung und Einfuhrver_steuerung
FOB	Ja	Ja	Ja	Nein	Nein	Nein	Nein	Nein
CIF	Ja	Ja	Ja	Ja	Nein	Nein	Ja	Nein

Abbildung 21:   Definitionen API#2 und API#4 sowie Incoterms FOB und CIF

3.1.3   Frachtraten: Volatile Kostenkomponente der Importkohle

Der Preis für den Transport von Waren auf dem Seeweg ist die Fracht- oder Charterrate. Der Versender einer Ware zahlt diese als Gegenleistung für die Beförderung der Ware von A nach B bzw. für die Überlassung des Schiffes über einen definierten Zeitraum an den Reeder.[33]

Wie die jüngste Vergangenheit gezeigt hat, ändert sich das Welthandelsvolumen überproportional zum globalen Wirtschaftswachstum. Zieht die Weltkonjunktur an, steigt das Welthandelsvolumen und damit die Nachfrage nach Frachtkapazität sprunghaft an. Kühlt die Weltkonjunktur ab, kommt es zu überproportionalen Einbrüchen beim Frachtvolumen. D.h. die Frachtnachfrage ändert sich häufig sehr kurzfristig und sprunghaft, während das Angebot auf kurze Sicht sehr träge reagiert. Damit wird deutlich, dass Schiffs- und Frachtenmärkte stark

---

[33]   Dabei muss der Reeder nicht der Schiffseigner sein. Er kann die Schiffe wiederum selbst gechartert haben, z.B. von Fondshäusern.

zyklische Märkte sind. Der Preis als Korrektiv für Angebots- und Nachfrageüberhänge reagiert aufgrund des kurzfristig relativ unelastischen Angebotes[34] sehr stark auf die sprunghaften Nachfrageschwankungen, was eine hohe Preisvolatilität bei den Frachtraten zur Folge hat.

Was Volatilität bedeutet, sei an der Entwicklung der Zeitcharter-Rate[35] für Schüttgutfrachter der Größe Capesize[36] im Jahr 2008 verdeutlicht: Die Tagesrate für die Charter eines solchen Schiffes stieg, gemessen am Capesize Timecharter Index 4TC[37], von rd. 80.000 USD Mitte Januar auf ein Allzeithoch von 234.000 USD Anfang Juni, bevor sie dann innerhalb von sechs Monaten um 99% auf einen Tiefststand von knapp über 2.300 USD am 2. Dezember abstürzte.[38]

3.1.4 Physischer Frachten-Terminmarkt und Kreditrisiko

Um in diesem zyklischen Frachtenmarkt mit seinen extremen Preisausschlägen die Kosten- und Erlössituation für Charterer und Reeder kalkulierbarer zu machen, ist es seit Jahren gängige Praxis, längerfristige Zeitcharterverträge mit Laufzeiten zwischen sechs Monaten und zehn Jahren abzuschließen.[39] Der Charterer „mietet" das Schiff für einen vereinbarten Zeitraum zu einem vereinbarten Mietzins, der Zeitcharterrate. In dieser Zeitcharterrate inbegriffen, und damit vom Reeder zu zahlen, sind die Betriebskosten des Schiffes wie Crew und Instandhaltung. Zusätzliche Kosten der konkreten Reise wie z.B. Treibstoff, Hafen- und Kanaldurchfahrtsgebühren sind bei der Zeitcharter vom Charterer zu tragen.

Einen solchen Zeitchartervertrag kann man bereits als Frachtderivat auffassen. Die Zeitcharter stellt dabei einen Terminkontrakt (engl. *forward contract* oder kurz *forward*) auf die Frachtrate mit physischer Erfüllung dar.

---

34 Besteht ein Mangel an Schiffskapazität, so wird kurzfristig die Geschwindigkeit der Schiffe unter Inkaufnahme höherer Treibstoffkosten erhöht. Zudem werden Verschrottungen verschoben und ältere Schiffe so lange weiterbetrieben wie technisch möglich. Bei Überkapazitäten wird zunächst die Fahrgeschwindigkeit reduziert. Zu einer (vorübergehenden) Stilllegung kommt es in der Regel aufgrund der hohen Kapitalintensität erst dann, wenn mit einer Weiterbeschäftigung die variablen Kosten nicht mehr gedeckt werden. Erst wenn die Frachtraten aufgrund anhaltender Kapazitätsknappheit länger auf einem ungewöhnlich hohen Niveau verharren, werden dadurch Investitions- oder Umbauentscheidungen ausgelöst. Bleiben die Frachtraten längerfristig sehr niedrig, so kommt es zu frühzeitiger Verschrottung älterer Schiffe.

35 Zeitcharter-Rate: „Mietzins" für ein Schiff für eine bestimmte Zeit. I.d.R. wird die Rate in USD pro Tag angegeben.

36 Der Begriff Capesize bezeichnet Frachtschiffe, deren Größe es nicht erlaubt, den Suezkanal bzw. den Panamakanal zu passieren, und die daher gezwungen sind, um Kap Horn bzw. das Kap der guten Hoffnung zu fahren. Unabhängig von den aktuellen Begrenzungen der beiden großen Schifffahrtswege bezeichnet Capesize heute meist die Massengutfrachter mit der größten Tragfähigkeit.

37 Zur Zusammensetzung des Index siehe Abbildung 22.

38 Die Zeitcharter-Rate für Capesize-Schiffe war damit günstiger als die der kleineren Schüttgutfrachter (Panamaxe, Supramaxe und Handymaxe) und lag deutlich unter den von JP Morgan geschätzten Betriebs- und Fixkosten von rund 19.000 USD/Tag (vgl. JP Morgan Dry Bulk Shipping, S. 10).

39 Häufig definierten Banken den Abschluss langfristiger Zeitcharterverträge als Auszahlungsvoraussetzung bei Schiffsfinanzierungen. Mit einer festen Charterrate sollten positive Cashflows aus dem Betrieb des Schiffes und damit die Kapitaldienstfähigkeit sichergestellt werden.

Ein kritischer Punkt bei der längerfristigen Preisfixierung im physischen Markt ist allerdings das Kontrahentenrisiko, dem sich Charterer und Reeder durch Abschluss eines solchen Kontraktes (früher) häufig unbewusst ausgesetzt haben. Das Kontrahentenrisiko wird immer dann zum Problem, wenn sich der Markt seit Abschluss des Geschäftes preislich stark verändert hat und ein Vertragspartner seinen vertraglichen Verpflichtungen nicht mehr nachkommen kann.

Während die Bonitätsanalyse vor Abschluss von reinen Finanzderivaten inzwischen „Best Practice" ist, ist die Bonität von Vertragspartnern im Bereich der physischen Frachtbeschaffung bzw. -vermarktung bisher nur eingeschränkt berücksichtigt worden. Dabei wurde häufig außer Acht gelassen, dass ein langfristiger Chartervertrag zu einem Fixpreis das gleiche Kreditrisiko birgt wie eine Eindeckung / Vermarktung der physischen Frachtkapazität im Spot-Markt mit darauf abgestelltem Sicherungsgeschäft. Was hilft dem Reeder eine in 2008 vereinbarte Zeitcharter-Rate von 120.000 USD pro Tag über drei Jahre für ein Capesize-Schiff, wenn der Charterer seinen Verpflichtungen nicht mehr nachkommen kann und der Reeder aktuell zu niedrigeren Spotraten verchartern muss oder zeitweise sogar gar keine Beschäftigung für sein Schiff findet? Der Ausfall von Kontrahenten ist und war im Frachtenmarkt während der Krise keine Seltenheit, da vielen Charterern Aufträge weggebrochen sind und sie damit in finanzielle Engpässe gerieten.

Neben der bisher beschriebenen „*Zeit*"- oder engl. „*Time*"-Charter werden wir im nächsten Praxisbeispiel auf zwei weitere typische Vertragsvarianten im (physischen) Frachtenmarkt zurückgreifen: Die so genannte „*Reise*"- oder „*Voyage*"-Charter und das so genannte „*Contract of Affreightment*" (COA).

Bei der *Reise*charter verpflichtet sich der Reeder, eine spezifizierte Ladung auf einem festgelegten Schiff zu einem vereinbarten Preis pro Tonne von A nach B zu transportieren. Die im folgenden Praxisbeispiel verwendete *Reise*charter-Rate auf der Route C4 beispielsweise ist die in USD pro Tonne ausgedrückte Rate für den Transport von Kohle auf einem Capesize Schiff der Größe 150.000 dwt[40] von Richards Bay, Südafrika, nach Rotterdam. Die vereinbarte *Reise*charter-Rate beinhaltet dabei im Gegensatz zur *Zeit*charter-Rate auch die Hafengebühren sowie die Kosten des Treibstoffes (Bunkeröl).

Eine Variante der *Reise*charter stellt das so genannte *Contract of Affreightment* (COA) dar. In einem solchen ist geregelt, dass der Reeder regelmäßig (z.B. monatlich) Mengen einer festgelegten Ladung zu einem festgelegten Preis transportiert. Dabei kann er innerhalb festgelegter Grenzen ein Schiff seiner Wahl für diesen Transport nutzen. Dem Reeder erlaubt diese Art der Vertragsgestaltung aufgrund der ihm zugestandenen Flexibilität eine effizientere Nutzung seiner Kapazitäten. Dadurch kann er zu geringeren Charterraten anbieten. Da *COA*s durchaus auch für längere Zeiträume abgeschlossen werden und das Risiko steigender Treibstoffkosten durch die festgelegte „All-In-Rate" beim Reeder läge, werden *COA*s häufig mit einem „Bunker Adjustment Factor" (Bunkeröl-Anpassungs-Faktor) versehen. Dieser regelt, dass bei Veränderungen des Bunkerölpreises ggü. dem zum Zeitpunkt des Vertragsabschlusses gülti-

---

40 dwt = Dead weight tons = Tragfähigkeit eines Schiffes. Die dwt sind eine Angabe über die Gesamtzuladung eines Schiffes.

gen Preis ein Zuschlag (für den Fall, dass der Bunkerölpreis zwischenzeitlich gestiegen ist) bzw. Abschlag (im Fall gesunkener Bunkerölpreise) auf die vereinbarte Charterrate anfällt.

3.2 Entstehungsgeschichte des Marktes für (finanzielle) Frachtderivate - Forward Freight Agreements (FFAs)

Der Bedarf an höherer Flexibilität in Bezug auf preisliche Absicherung zukünftiger Frachtraten führte zu der Entstehung eines Marktes für finanzielle Frachtderivate, so genannter Forward Freight Agreements (FFAs). FFAs sind das Frachten-Pendant zu einem klassischen Rohstofftermingeschäft (Swap). Es handelt sich auch bei ihnen um finanzielle Ausgleichsgeschäfte zwischen zwei Vertragspartnern. Ausgeglichen werden die Differenzen zwischen einem fixierten Preis für eine Charterrate und dem zukünftigen Spotpreis derselben.

Für den Erfolg des neu entstehenden Derivatemarktes mussten, wie bei jedem neuen Markt, drei Hauptvoraussetzungen erfüllt sein:

1. Existenz eines zuverlässigen Referenzpreises, gegen den abgerechnet („gesettled") werden kann,

2. ausreichende Anzahl von Marktteilnehmen zur Gewährleistung der notwendigen Liquidität und

3. Möglichkeit der separaten Steuerung oder Ausschluss des Kontrahentenrisikos.

Um die notwendige Akzeptanz zu erlangen, muss ein Referenzpreis den Preis des physischen Marktes, gegen dessen Veränderung sich beide Parteien in einem Termingeschäft absichern wollen (z.B. Spotpreis der *Reise*charter-Rate auf der Route C4), zuverlässig abbilden. Weiterhin sollte der Index von einer unabhängigen Partei ermittelt und veröffentlicht werden und nicht manipulierbar sein.

Die Rolle des unabhängigen Preisermittlers im Frachtenmarkt übernimmt seit 1985 die Baltic Exchange[41], die mit dem Baltic Freight Index (BFI) den damals ersten „Benchmark-Index" für das Preisniveau im Bereich Schüttgutfrachten auflegte.[42] Der BFI wurde als Settlement-Mechanismus für den 1985 von der Baltic International Futures Exchange (BIFFEX) aufgelegten ersten Frachtfuture entwickelt. 1999 wurde der Baltic Freight Index durch den Baltic Dry Index (BDI) abgelöst. Dieser, seine zwischenzeitlich eingeführten Sub-Indizes und sein Vorgänger BFI werden bzw. wurden in Indexpunkten angegeben.

---

41 Die Baltic Exchange ist, obwohl der Name dies suggeriert, selbst keine Börse im Sinne eines organisierten Marktes, an dem effektiver Handel stattfindet. Sie ist vielmehr eine Informationsplattform, die handelstäglich sowohl Spot- als auch Terminpreise für eine Vielzahl von Frachtrouten ermittelt und veröffentlicht.

42 Der BFI basierte anfangs auf dem gewichteten Durchschnitt von 13 Reisecharter-Routen.

Der Baltic Dry Index war zwar ein von der Industrie schnell akzeptierter Indikator für die Entwicklung von Schüttgut-Frachtraten allgemein. Als Basiswert (Underlying) zur Preissicherung von Einzelverträgen war er allerdings ungeeignet, da er zum einen, im Gegensatz zu den physischen Frachtverträgen, in Indexpunkten veröffentlicht wurde und zum zweiten durch den Mix unterschiedlicher Schiffsgrößen im Bezug auf die Preisentwicklung den für einzelne Schiffsgrößen relevanten Markt nicht gut (genug) abbildete.[43] Aus diesem Grund erreichte auch die Liquidität des BIFFEX-Future nie das gewünschte Niveau, so dass er im Jahre 2002 eingestellt wurde.

Die Baltic Exchange reagierte zwischenzeitlich auf den Wunsch der Marktteilnehmer nach repräsentativeren Preisinformationen, indem sie die Anzahl der durch standardisierte Befragung eines Broker-Panels täglich ermittelten Charterraten erhöhte. Die heute 26 Einzelraten werden zu verschiedenen Indizes zusammengefasst, wobei das Gruppierungskriterium die Schiffsgröße ist. So wurden in den letzten Jahren sukzessive die aktuell vier Dry Indizes eingeführt:

- Baltic Capesize Index (BCI)

- Baltic Panamax Index (BPI)

- Baltic Supramax Index (BSI) und

- Baltic Handysize Index (BHSI)

Neben den Einzelrouten und den in Indexpunkten ausgedrückten fünf Dry-Indizes veröffentlicht die Baltic Exchange mittlerweile auch reine *Zeit*charter-Indizes je Schiffsgröße. Diese Indizes, der Capesize 4TC (TC steht für *Time*-Charter, die 4 für die Anzahl der im Index enthaltenen Einzelraten), Panamax 4TC, Supramax 6TC und Handysize 6TC, werden in USD pro typischer *Zeit*charter"einheit" Tag veröffentlicht. In Abbildung 22 ist beispielhaft die Zusammensetzung des Baltic Capesize Index (BCI) sowie dessen Sub-Index Capesize 4TC (CS4TC) dargestellt.

---

43 Die unterschiedlichen Schiffsgrößen werden für unterschiedliche Transportgüter eingesetzt. Die Frachtraten der einzelnen Größenklassen unterliegen damit, genau wie die Nachfrage nach den Haupttransportgütern, unterschiedlichen Preiseinflussfaktoren und damit unterschiedlichen Preisentwicklungen.

Baltic Capesize Index (veröffentlicht in Indexpunkten)

Route	Grösse (dwt)	Route		Liquidität (Einzelroute)
C2	160,000	Tubarao (Brasilien)– Rotterdam (Niederlande)	Eisenerz	Gering
C3	150,000	Tubarao (Brasilien) – Beilun/Baoshan (China)	Eisenerz	Gering
C4	150,000	Richards Bay (Südafrika) – Rotterdam (Niederlande)	Kohle	Ja
C5	150,000	Western Australia - Beilun/Baoshan (China)	Eisenerz	Gering
C7	150,000	Bolivar (Kolumbien) – Rotterdam (Niederlande)	Kohle	Ja
C12	150,000	Gladstone (Australien) - Rotterdam (Niederlande)	Kohle	Gering
C8_03	172,000	Transatlantik-Rundreise; Dauer 30 – 45 Tage Abholung und Ablieferung: Gebiet Gibraltar – Hamburg	Zeitcharter	Gering
C9_03	172,000	Trip von Westeuropa nach Far East; Dauer ca. 65 Tage Abholung: ARA Häfen oder Vorbeifahrt an Passero (Italien); Ablieferung: Gebiet China-Japan	Zeitcharter	Gering
C10_03	172,000	Nordpazifik-Rundreise; Dauer 30 – 40 Tage Abholung und Ablieferung: Gebiet China – Japan	Zeitcharter	Gering
C11_03	172,000	Trip von Far East nach Westeuropa; Dauer ca. 65 Tage Abholung: Gebiet China – Japan; Ablieferung: ARA Häfen oder Vorbeifahrt an Passero (Italien)	Zeitcharter	Gering

(C8_03 bis C11_03: Zeitcharter-Index CS4TC, veröffentlicht in USD / Tag)

Quelle: HSH Nordbank, eigene Darstellung
Abbildung 22:   Zusammensetzung Baltic Capesize-Index und Zeitcharter-Index Capesize 4TC

Da es sich bei FFAs um flexible, bilateral verhandelte Over-the-Counter (OTC-)[44] Geschäfte handelt, kann grundsätzlich jeder Index als Basiswert für ein Forward Freight Agreement verwendet werden. Die bedeutendsten Referenzgrößen für FFAs im Bereich der Trockenfracht sind allerdings die vier Zeitcharter-Indizes sowie bestimmte Einzelrouten, unter ihnen die bereits erwähnte Kohleroute C4 von Richards Bay nach Rotterdam.[45]

Der OTC Handel mit FFAs begann im Jahre 1992. Die Gründung der International Maritime Exchange (IMAREX) in Oslo, einem internetbasierten Marktplatz für Frachtderivate, war dabei ein wichtiger Meilenstein in der Entwicklung. Vor allem die Möglichkeit, über das zur IMAREX Gruppe gehörende Norwegian Options and Futures Clearing House (NOS) gelistete OTC Derivate zu „clearen" und damit das Kontrahentenrisiko unter den Marktteilnehmern auszuschalten, beflügelte die Liquidität des Marktes.[46]

---

[44] Der OTC- (von engl. *over the counter* – über den Tresen) Handel bezeichnet finanzielle Transaktionen zwischen Finanzmarkt-Teilnehmern, die nicht über die Börse abgewickelt werden.

[45] Investorenprodukte werden häufig auf den BDI abgeschlossen, da für Investoren der Bezug zu physischen Einzelraten nicht gegeben sein muss.

[46] Inzwischen bieten auch andere Clearing-Häuser, wie z.B. das London Clearing House (LCH) Clearing-Services für FFAs an.

Basis für die Berechnung der Margin-Calls durch das Clearing-Haus sind Terminkurven für die Underlyings. Um auch für die Terminkurven eine möglichst hohe Akzeptanz zu erzielen, legt man auch an dieser Stelle Wert auf eine enge Verzahnung mit dem physischen Markt. Die Baltic Exchange als unabhängige Partei lässt sich von den erwähnten Broker-Panels handelstäglich neben den Spot Assessments (auf deutsch: Bewertungen) auch Forward Assessments pro gelistetem Underlying melden.[47]

Das über die letzten Jahre stark gestiegene Handelsvolumen bei FFAs (vgl. Abbildung 23) macht zweierlei deutlich: Zum einen bestand bzw. besteht seitens des Marktes der Bedarf nach flexiblen, finanziell abgerechneten Lösungen zur Steuerung von Frachtpreisrisiken. Zum anderen haben die Haupttreiber der Entwicklung, die Baltic Exchange, die IMAREX und die Forward Freight Agreement Brokers Association (FFABA) offensichtlich die richtigen Maßnahmen ergriffen, um FFAs als ein vom physischen Markt akzeptiertes „Werkzeug" in der „Toolbox" des Frachtenhandels zu etablieren.

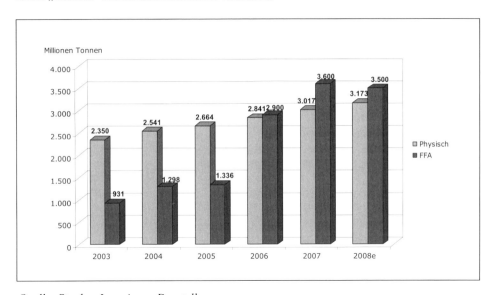

Quelle: Staples, Ian, eigene Darstellung

Abbildung 23:   Entwicklung des FFA Handelsvolumens im Vergleich zum physischen See-handelsvolumen

---

47   Da nicht jede beliebige Laufzeit bei der standardisierten Befragung mit abgedeckt werden kann, hat man sich auf gewisse Laufzeiten geeinigt und Interpolationsregeln zur Berechnung der Terminkurve festgelegt.

3.3   Praxisfall: Beschaffungs- und Absatzportfolio eines Kohlehandelshauses

Unser Muster-Handelshaus beliefert weltweit Kunden mit Kohle unterschiedlicher Qualitäten. Der Handel umfasst dabei den Einkauf der Kohle in verschiedenen Förderregionen der Welt, den Einkauf und die physische Disposition des See- und Landtransportes sowie den Vertrieb der Kohle. Der Einfachheit halber beschränken wir uns bei der Betrachtung des Transportportfolios im Folgenden auf den Seetransport.

Die Vertragsausgestaltungen auf der Einkaufs-, Verkaufs- sowie der Transportseite sind sehr heterogen. Einen Überblick über die Beschaffungsportfolien im Bereich Kohle und Fracht sowie das Absatzvertragsportfolio gibt die folgende Darstellung.

Beschaffungsportfolio		Absatzportfolio
Kohle	Fracht	Kohle
Rahmenverträge über die Abnahme definierter Mengen für Lieferperioden in der Zukunft mit Preisindizierungen - Kopplung z.B. an API#4, API#2, …	Langfristige Zeit- oder Reisechartverträge zu Festpreisen	Mengenverträge mit Preisindizierung - z.B. API#2, historisch bedingt BAFA[48], aber z.B. auch API#4 zzgl. Fracht, ausgedrückt durch Preis für C4, …
Festpreisverträge über längere Zeiträume (z.B. drei Jahre)	Rahmenverträge über den Transport bestimmter Mengen mit Preisindizierung - z.B. gekoppelt an C4, C7, Implied Freight, Baltic Panamax oder Capesize Index, teilweise mit Bunker Adjustment-Factor	Festpreisverträge
Spoteinkäufe - z.B. zur Deckung von Bedarfsspitzen und opportunistisch bei günstigen Marktkonstellationen	Spot-Charter	Spot-Verträge

Abbildung 24:   Beispiel eines heterogenen Vertragsportfolios

Voraussetzung für ein gezieltes Risikomanagement der Handelsmarge ist, genau wie im vorgelagerten Fall des Stadtwerkes, die Zerlegung des Vertragsportfolios in die entsprechenden Marktpreisrisikokomponenten.

---

[48] BAFA = Bundesamt für Wirtschaft und Ausfuhrkontrolle. Das BAFA veröffentlicht quartalsweise einen Preis-Index für Kraftwerkssteinkohle frei deutsche Grenze. Der Preis für Kohle des BAFA-Standards wird im Gegensatz zu den internationalen Kohlepreisen nicht pro Masseeinheit (metrische Tonne), sondern pro Energieeinheit (Tonne Steinkohleeinheit oder kurz SKE) veröffentlicht. Dabei entspricht 1 Tonne SKE 8,141 MWh oder 0,7 t Öleinheiten (ÖE).

3.4   Risikoanalyse eines Kohlebelieferungsvertrages

Aus Übersichtlichkeitsgründen wählen wir für die folgenden Ausführungen einen Absatzvertrag aus dem oben gezeigten Gesamtportfolio des Händlers aus und ordnen diesem entsprechende Beschaffungsverträge für Kohle und Fracht zu. Weiterhin vereinfachen wir dahingehend, dass alle Betrachtungen auf dem USD, der Welthandelswährung für Kohle und Fracht, basieren sollen. Der Einfluss der Währungskomponente auf die Marge des Händlers wird im Folgenden bewusst ausgeblendet.

Der konkrete Fall: Unser Händler unterzeichnet Ende 2007 einen Liefervertrag zur Versorgung eines Kraftwerkes mit 50.000 Tonnen Importkohle pro Monat über eine Laufzeit von fünf Jahren. Das Kraftwerk befindet sich noch im Bau. Inbetriebnahme und damit Lieferbeginn für die Kohle ist Januar 2009. Unsicherheit in Bezug auf das Volumen besteht nicht, da die Vertragsmenge als „Take-or-Pay"[49] vereinbart wurde. Der Kohlepreis berechnet sich monatlich entsprechend der folgenden vereinfachten Formel:

$$P_{(Kraftwerkskohle)} \text{ (in USD/t)} = API\#2 \text{ (in USD/t)} + 15 \text{ USD/t}$$

Die 15 USD/t sollen dabei die Abwicklungskosten sowie die Marge des Handelshauses abdecken.

Die Kohle für dieses Projekt importiert das Handelshaus über einen langfristigen Vertrag aus Südafrika; hier erfolgt die Preisfeststellung monatlich auf Basis des API#4 (Kohle FOB Richards Bay). Die beiden Lieferbeziehungen sind in Abbildung 25 dargestellt.

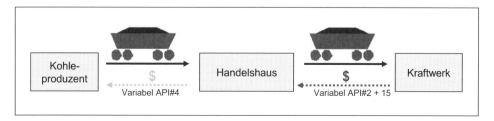

Abbildung 25:   Kohlelieferbeziehungen des Handelshauses im Fallbeispiel

---

49 Take-or-Pay-Verträge sind Verträge zwischen Lieferanten und Abnehmern, in denen sich der Lieferant verpflichtet, eine bestimmte (monatliche oder jährliche) Menge des Vertragsproduktes zu liefern. Der Käufer verpflichtet sich, eine fest definierte Menge zu zahlen, unabhängig davon, ob er diese Menge auch tatsächlich abnimmt.

3.4.1 Risikoprofil aus Kohlebeschaffung und -absatz ohne Berücksichtigung der Fracht

In der beschriebenen Vertragskonstellation sind sowohl Einkaufs- als auch Verkaufspreise variabel. Genauer gesagt: Der Kohlepreis auf der Einkaufsseite variiert mit dem Kohleindex API#4, der Preis auf der Absatzseite mit dem API#2.

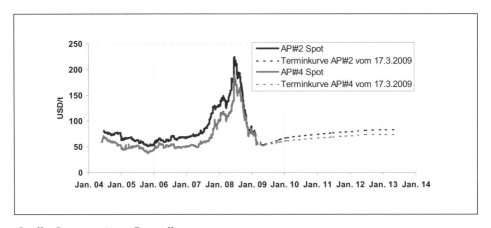

Quelle: Reuters, eigene Darstellung

Abbildung 26:   Historische Spotpreisentwicklung API#2 und API#4 mit Terminkurven

Beim ersten Blick auf die Preishistorie fällt der gleichförmige Verlauf der beiden Indizes ins Auge. Daraus könnte zunächst der Schluss gezogen werden, dass die Nettoposition nur ein geringes Risiko für das Handelshaus beinhaltet. Wir überprüfen diese Vermutung, indem wir die Differenz zwischen API#2 und API#4 genauer betrachten.

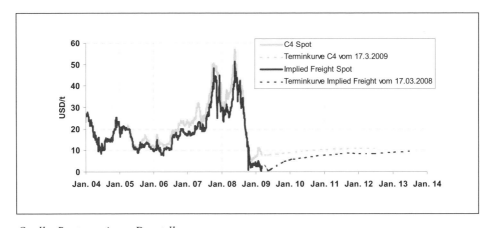

Quelle: Reuters, eigene Darstellung

Abbildung 27:   API#2-API#4 (Implied Freight) vs. C4

Wie sich dabei zeigt, weist die Differenz der zwei Kohleindizes eine hohe Schwankungsbreite auf. Der Grund hierfür ist schnell ersichtlich: Beim API#4 handelt es sich um den Preis für Kohle FOB Richards Bay (Hafen eines Produzenten- / Exportlandes). Von hier aus muss die Kohle noch ihren Weg in ein Abnehmerland finden. Beim API#2 handelt es sich um den Preis für Kohle CIF Amsterdam, Rotterdam, Antwerpen, d.h. diese Kohle hat schon den Seeweg aus einem Produzentenland hinter sich gebracht.

Die Preisdifferenz API#2 – API#4 spiegelt also die implizite Frachtrate (im Folgenden mit dem im Markt gängigen engl. Begriff „*Implied Freight*" bezeichnet) zwischen Südafrika und den ARA Häfen wider. In Abbildung 27 haben wir neben der Historie der Implied Freight auch die Historie der Reisecharter-Rate C4 (Richards Bay – Rotterdam) dargestellt. Dadurch ist der enge Zusammenhang zwischen beiden auch optisch sehr schnell ersichtlich.

Als Basis für die weiteren Analysen zur Herleitung der Netto-Risikoposition des Handelshauses ermitteln wir zunächst das Risiko aus der Kombination von Beschaffungs- und Absatzvertrag.

Handelshaus erhält (+) vom Kraftwerk pro Tonne: + (API#2 + 15)

Handelshaus zahlt (-) an südafrikanischen Lieferanten: -   API#4

Nettoposition aus Beschaffungs- und Absatzvertrag   + (API#2 + 15) – API#4

                                                           = API#2 – API#4 + 15

                                                           = Implied Freight + 15

Abbildung 28:   Netto-Risikoposition aus Beschaffungs- und Absatzvertrag

Da es sich bei den 15 USD/t um eine fixe Marge handelt, ist die Implied Freight die einzige variable, d.h. dem Risiko schwankender Preise ausgesetzte Größe der Nettoposition.

Wie die Gesamtrisikoposition unseres Beispielhändlers aber nun genau aussieht und welche Steuerungsmaßnahmen er konkret hätte treffen können, kann aus den bisherigen Informationen noch nicht abgeleitet werden. Hierzu muss bekannt sein, wie und zu welchen Konditionen der Seetransport von Südafrika nach Rotterdam organisiert wird. Die Auswirkung unterschiedlich gestalteter Frachtverträge auf das Risikoprofil des Vertragsportfolios wird im folgenden Abschnitt untersucht.

3.4.2   Risikoprofil des Belieferungsvertrages unter Berücksichtigung unterschiedlicher Frachtverträge

Unser Kohlehändler informiert seinen Frachteneinkäufer darüber, dass er gerade einen Fünfjahresvertrag über den Kauf von 50.000 Tonnen Kohle pro Monat, FOB Richards Bay, abgeschlossen hat und bittet ihn, sich nun des Themas Seetransport nach Rotterdam anzunehmen.

Da das Gesamtprojekt äußerst eng kalkuliert sei, liege ihm Preissicherheit sehr am Herzen. Dies sei beim Abschluss des Frachtvertrages dringend zu berücksichtigen.

Der Frachteinkäufer schreitet zur Tat und holt Angebote ein. Die einzigen Vorgaben in der Ausschreibung sind die zu befördernde Menge von 50.000 Tonnen Kohle pro Monat von Richards Bay nach Rotterdam sowie die Laufzeit des Vertrags von fünf Jahren (Januar 2009 bis Dezember 2013).

Neben der „klassischen" Variante der jeweiligen Befrachtung zur Spot-*Reise*charter C4 (Richards Bay - Rotterdam) liegen dem Einkäufer schnell zwei weitere Angebote in Form von *Contracts of Affreightment (COAs)* vor. Die drei Alternativen, auf die wir uns in der weiteren Betrachtung beschränken wollen, sind in ihrer preislichen Ausgestaltung im Folgenden kurz skizziert.

▣ *Angebot 1 – Spot-Reisecharter*
  Der Preis der Fracht ist der Preis, ausgedrückt in Euro pro Tonne, für eine *Reise*charter auf der Kohleroute C4 zum Zeitpunkt der Verschiffung.

▣ *Angebot 2 – Contract of Affreightment – variable Rate*
  Der Preis der Fracht orientiert sich an der Implied Freight, d.h. pro transportierter Tonne Kohle müsste das Handelshaus die Differenz zwischen den Kohleindizes API#2 und API#4 zum Zeitpunkt der Verschiffung zahlen.

▣ *Angebot 3 – Contract of Affreightment – feste Rate*
  Hierbei handelt es sich um ein Festpreisangebot. Pro transportierter Tonne Kohle zahlt das Handelshaus 20 USD.

Wir gehen davon aus, dass sich der verantwortliche Frachteneinkäufer für Angebot 3 entscheidet, da dieses aus seiner Sicht die einzige risikofreie Alternative darstellt.

Um zu zeigen, wie fatal diese isolierte Betrachtung des Frachtvertrages unter Risikogesichtspunkten ist, ermitteln wir im Folgenden die Netto-Risikoposition des gesamten Vertragsportfolios, bestehend aus Beschaffungs-, Absatz- und Frachtvertrag.[50] Dabei bauen wir auf der im letzten Abschnitt hergeleiteten Nettoposition aus Beschaffungs- und Absatzvertrag auf und ergänzen diese Betrachtung um die drei Frachtvertragsangebote (vgl. Abbildung 29). In Summe ergibt sich jeweils der Deckungsbeitrag bzw. die Netto-Risikoposition des Vertragsportfolios. Zur Veranschaulichung der jeweiligen offenen Marktpreis-Risikoposition haben wir die tabellarische Herleitung derselben um modellhafte Zukunftsszenarien ergänzt. Die Breite der Streuung deutet dabei an, wie risikobehaftet das jeweilige Nettoprofil ist.

---

50 Wenn wir im weiteren Verlauf von „Vertragsportfolio" sprechen, ist damit immer die Summe dieser drei Verträge gemeint.

Werte in USD/t	Angebot 1 Fracht zu Spotpreisen	Angebot 2 Frachtvertrag auf Basis Implied Freight	Angebot 3 Frachtvertrag mit festem Preis pro Tonne
Nettorisiko ohne Fracht[51]	Implied Freight + 15	Implied Freight + 15	Implied Freight + 15
Fracht	– C4	– Implied Freight	– Fixe Rate: 20
Deckungsbeitrag nach Fracht (Netto-Risikoposition)	Implied Freight – C4 + 15	15	Implied Freight + 15 – 20 = Implied Freight – 5

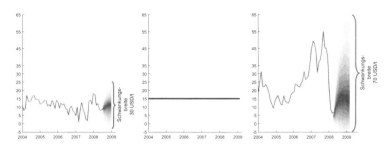

Abbildung 29:   Schematische Übersicht der Deckungsbeiträge bzw. Netto-Risikopositionen der alternativen Frachtverträge

Risikoprofil bei Wahl des Angebotes 1

Die Netto-Risikoposition bei Eindeckung der Fracht im Spot-Markt entspricht der Preisdifferenz zwischen der Implied Freight und der Frachtrate C4. Der fixe Aufschlag von 15 USD/t stellt kein Risiko dar.

Wie die modellierten Szenarien zeigen, ist das Risiko negativer Deckungsbeiträge in dieser Vertragskonstellation sehr gering. Der wahrscheinlichste Deckungsbeitrag pro Tonne liegt bei knapp unter 15 USD.[52]

Risikoprofil bei Annahme des Angebotes 2

Wie sich nach Analyse des Frachtvertrages im Gesamtkontext des Vertragsportfolios zeigt, hätte die Annahme des Angebotes Nr. 2 das Handelsunternehmen marktrisikoseitig neutral gestellt. Resultierend aus Kohleein- und -verkauf ist das Unternehmen *long* die Implied Freight, aus dem Frachtvertrag heraus *short* die Implied Freight => In Summe wäre kein

---

51   Herleitung siehe Abschnitt 3.4.1.

52   Dies ist leicht zu erklären. Da die Differenz Implied Freight – C4 im Mittel leicht negativ ist und der Deckungsbeitrag sich aus dieser Differenz zuzüglich 15 USD ergibt, muss das wahrscheinlichste Ergebnis hier auch rechnerisch knapp unter 15 USD liegen.

Marktpreisrisiko beim Unternehmen verblieben. Vielmehr hätte sich das Unternehmen einen sicheren Deckungsbeitrag von 15 USD pro Tonne über fünf Jahre festgeschrieben.

Risikoprofil durch Wahl von Angebot 3

Durch Annahme des Fixpreisangebotes für den Seetransport bleibt für das Unternehmen die Risikoposition, die sich aus Kohleeinkauf und Kohleverkauf ergibt, unverändert bestehen. D.h. das Unternehmen ist risikoseitig *long* die Implied Freight.

Die Streubreite des modellierten Deckungsbeitrages macht deutlich, dass dieser so risikofrei geglaubte Festpreis in der Vertragsportfoliobetrachtung zum höchsten Marktpreisrisiko führt.

3.4.3   Fazit

Das Beispiel zeigt, dass die Risikobeurteilung und Risikosteuerung einer einzelnen Position ohne Einbettung in den Gesamtkontext zu folgenschweren Fehlentscheidungen führen kann. Besonders vor dem Hintergrund, dass die Unternehmensleitung offensichtlich besonderen Wert auf eine sichere Kalkulationsbasis bzw. sichere Marge gelegt hatte, hätte sie dem Frachteinkäufer die Konstellation des Gesamtportfolios darlegen müssen. Außerdem hätte es in der Verantwortung der Geschäftsleitung gelegen, vor Vertragsunterzeichnung das Gesamtrisikokonzept noch einmal zu überprüfen.

3.5   Einfluss des Frachtvertrages auf den Unternehmenswert

Für unseren Kohlehändler stellt der oben beschriebene Lieferauftrag aufgrund der Mengen und der fest vereinbarten Laufzeit von fünf Jahren einen seiner bedeutendsten Verträge dar. Damit hat der Wert des dazugehörigen Vertragsportfolios einen nicht unerheblichen Einfluss auf den gesamten Unternehmenswert.

Der aktuelle Wert des Vertragsportfolios ergibt sich jeweils aus der Summe der für die Zukunft erwarteten Deckungsbeiträge. Für deren Ermittlung setzen wir den zum jeweiligen Betrachtungszeitpunkt gültigen Terminpreis der Implied Freight in die unter 3.4.2. hergeleitete Deckungsbeitragsformel für Alternative 3 ein. Diese lautet:

$$DB = \text{Implied Freight} - 5$$

Vereinfachend verzichten wir auf die Abzinsung der zukünftigen Cashflows zur (Barwert-) Berechnung des Vertragsportfolios.

Wert des Vertragsportfolios Ende 2007

Bei Abschluss des Frachtvertrages Ende 2007 wurde eine feste Charterrate von 20 USD/t vereinbart. Zum Vergleich: Der Durchschnittsterminpreis der Implied Freight für die Laufzeit Januar 2009 bis Dezember 2013 lag zu diesem Zeitpunkt bei 24 USD/t.

Der im Durchschnitt über die Vertragslaufzeit erwartete Deckungsbeitrag pro Tonne lag damit zum Zeitpunkt des Vertragsabschlusses bei

DB = 24 USD/t (Terminpreis Implied Freight) – 5 USD/t = 19 USD/t.

Das Vertragsportfolio hatte, bezogen auf die jährliche Vertragsmenge von 600.000 Tonnen und der Vertragslaufzeit von fünf Jahren, somit ein Wert von

Wert (Vertragsportfolio) = 19 USD/t * 600.000 t/Jahr * 5 Jahre = 57 Mio. USD

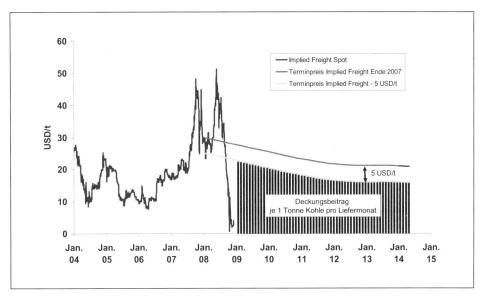

Abbildung 30:   Erwarteter Deckungsbeitrag auf Basis Implied Freight-Terminkurve Ende 2007

Diese positive Summe der zukünftigen Deckungsbeiträge hätte sich das Handelshaus durch Fixierung der Implied Freight Ende 2007 sichern können (vgl. hierzu Term-Sheet Abbildung 33).

Wert des Vertragsportfolios im Sommer 2008

Im Rahmen des explosionsartigen Anstiegs der Frachtraten im Jahr 2008 stieg auch der Wert des Vertragsportfolios entsprechend an. Als die Implied Freight ihr Allzeithoch von 51 USD/t auf Spot-Basis erreicht hatte, lag der Fünfjahresdurchschnitt der Terminpreise bei 33 USD/t.

Dadurch ergab sich zu diesem Zeitpunkt ein erwarteter Deckungsbeitrag pro Tonne von

DB = 33 USD/t (Terminpreis Implied Freight) – 5 USD/t = 28 USD/t

und somit ein (undiskontierter) Vertragwert von

Wert (Vertragsportfolio) = 28 USD/t * 600.000 t/Jahr * 5 Jahre = 84 Mio. USD

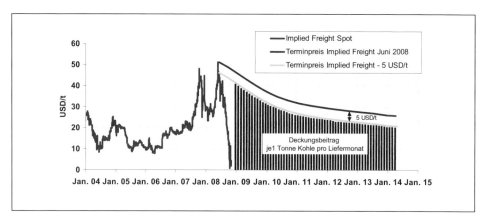

Abbildung 31: Erwarteter Deckungsbeitrag auf Basis Implied Freight-Terminkurve Juni 2008

Wert des Vertragsportfolios Januar 2009

Im Januar 2009 sah sich das Unternehmen aufgrund der stark eingebrochenen Frachtraten einem negativen Marktwert des Gesamtvertragskonstruktes gegenüber. Der Terminpreis der Implied Freight lag bei 3 USD/t. Daraus ergab sich ein negativer Marktwert von -6 Mio. USD.

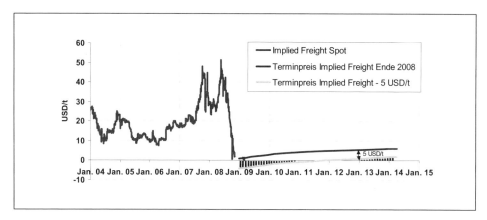

Abbildung 32: Erwarteter Deckungsbeitrag auf Basis Implied Freight-Terminkurve Januar 2009

3.6   Absicherungsmöglichkeiten

Wie eingangs dargelegt und im Fallbeispiel 1 auch mehrfach gezeigt, kann das Risikoprofil eines Vertrages oder Portfolios durch den Einsatz von Finanzderivaten nahezu beliebig gestaltet werden, sofern für das entsprechende Underlying die Basisinstrumente, Forwards bzw. Swaps und Optionen, in ausreichender Liquidität zur Verfügung stehen.

3.6.1   Direkte Absicherung der Implied Freight-Position

Das Unternehmen hätte die offene Risikoposition durch einen Swap auf die Implied Freight mit einer Laufzeit von Januar 2009 bis Dezember 2013 absichern können. Diese Möglichkeit besteht natürlich für die Restlaufzeit (wenn auch jetzt zu deutlich schlechteren Konditionen) immer noch. Wie ein solcher Swap konkret ausgesehen hätte, ist zur Veranschaulichung im folgenden Term-Sheet dargestellt.[53]

Laufzeit:	**Januar 2009 – Dezember 2013**
Referenzpreis:	**Implied Freight, d.h. Differenz zwischen Monats-durchschnitt API#2 und Monatsdurchschnitt API#4**
Fix-Preis:	**24 €/t**
Fix-Preis-Zahler:	**Bank**
Referenzpreiszahler:	**Kohlehandelshaus**
Settlement:	**Monatliches Cash Settlement, d.h. finanzieller Ausgleich der Differenz zwischen Referenzpreis abzüglich vereinbartem Fix-Preis**
Volumina:	**50.000 t / Monat**
	3.000.000 t über die Gesamtlaufzeit

Abbildung 33:   Term-Sheet für „Produzentenswap" auf die Implied Freight

---

53 Für den Fall, dass unser Handelshaus einen Jahresabschluss auf Basis der International Financial Reporting Standards (IFRS) erstellt und die Bilanzierung nach den Regeln des „Hedge Accounting" gewünscht ist, ist es (möglicherweise) ratsam, die Implied Freight in zwei Einzelswaps, einen „Konsumenten"swap auf API#4 und einen „Produzenten"swap auf API#2, zu zerlegen. Diese können dann als „Hedging Instruments" den einzelnen Verträgen, also dem Einkaufs- und dem Verkaufsvertrag, zugeordnet werden. Für detaillierte Ausführungen zum Thema „Hedge Accounting" vgl. Beitrag *Bilanzierung von Derivaten des Rohstoffmanagements* von Olaf Maulshagen und Sven Walterscheidt. Dieser Aspekt zeigt einmal mehr, dass das „operative Design" eines Absicherungsgeschäftes immer im Gesamtunternehmenskontext gesehen werden muss.

Unterstellen wir nun einmal positiv, dass unser Handelshaus das Risiko aus der gewählten Vertragskonstellation durchaus erkannt hat, aber im Bezug auf Absicherung der Risikoposition nicht tätig geworden ist, da es von steigenden Frachtraten und damit auch von einem Anziehen der Implied Freight ausgegangen ist. Mit der oben beschriebenen Fixierung der Implied Freight durch Abschluss eines Swaps auf dieselbe hätte sich das Unternehmen auch die Chance auf steigende Deckungsbeiträge genommen. Optionen auf die Implied Freight, so wurde unserem Handelshaus mitgeteilt, wären nicht handelbar.

Wie die beiden Ziele des Unternehmens nach Begrenzung bzw. Management der offenen Risikoposition unter gleichzeitiger Beibehaltung der Chance auf steigende Gewinnmarge zu vereinen gewesen wären bzw. sind, zeigen wir im folgenden Abschnitt.

3.6.2   Indirekte Absicherung der Implied Freight über einen „Proxy"

Da Optionen auf die Implied Freight in der Tat nur sehr beschränkt und mit sehr hohen Illiquiditätsaufschlägen angeboten werden, haben wir für den Kohlehändler nach alternativen Absicherungen mit ähnlich guter Wirkung gesucht.

Naheliegend wäre es gewesen, alternativ auf Optionen für die Kohleroute C4 auszuweichen, da diese, wie Abbildung 27 grafisch zeigt, sehr hoch mit der Implied Freight korreliert ist. Da aber auch für C4, speziell für lange Laufzeiten, kein liquider Optionsmarkt existiert, haben wir überprüft, ob sich bspw. der liquide gehandelte *Zeit*charter-Index Capesize 4TC als Basiswert für eine Absicherung der Implied Freight Position eignet.

Der Capesize 4TC ist ein in USD pro Tag veröffentlichter Index, der einen gewichteten Preisdurchschnitt von vier Zeitcharterrouten enthält. Die der Implied Freight inhaltlich und vom Preisverhalten her sehr nahe Kohleroute C4 ist selbst nicht im Index enthalten, da sie eine *Reise*charterroute ist, deren Rate wie die Implied Freight in USD pro Tonne angegeben wird. Aufgrund der besseren Datenverfügbarkeit haben wir den Untersuchungen anstelle der historischen Daten der Implied Freight die entsprechenden Daten der Kohleroute C4 zugrunde gelegt. Sowohl optisch (vgl. Abbildung 34) als auch mathematisch (vgl. Korrelationsmatrix in Abbildung 35) zeigt sich, dass sich der liquide *Time*charter-Index Capesize 4TC gut als Underlying für eine optionale Absicherung des Reisecharter-Risikos bzw. des damit hoch korrelierten Implied Freight-Risikos eignet.[54]

---

54 Vor dem Hintergrund, dass der Preis für die Reisecharter C4 die Treibstoffkosten enthält, während diese in den Zeitcharterraten des Capesize 4TC nicht enthalten sind, haben wir die Analyse um eine zusätzliche Bunkerölkomponente beim Capesize 4TC ergänzt. Es hat sich jedoch gezeigt, dass sich die Ergebnisse durch die Ergänzung der Bunkerölkomponente kaum verändern, so dass sie zur Vereinfachung außen vor gelassen werden kann.

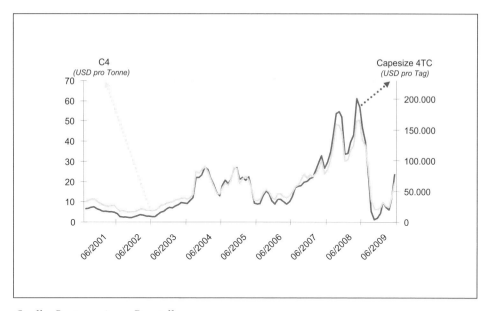

Quelle: Reuters, eigene Darstellung

Abbildung 34:   Historische Entwicklung Monatsdurchschnitte Capesize 4TC vs. C4

Preiskorrelationen												
	C4 spot	C4 1.Monat	C4 3. Quartal	C4 1. Jahr	C4 2. Jahr	C4 3. Jahr	CS spot	CS 1. Monat	CS 3. Quartal	CS 1. Jahr	CS 2. Jahr	CS 3. Jahr
C4 spot	100%											
C4 1.Monat	99%	100%										
C4 3. Quartal	94%	96%	100%									
C4 1. Jahr	93%	96%	98%	100%								
C4 2. Jahr	91%	94%	97%	99%	100%							
C4 3. Jahr	87%	89%	96%	94%	95%	100%						
CS spot	99%	98%	95%	94%	93%	88%	100%					
CS 1. Monat	98%	99%	97%	96%	95%	90%	99%	100%				
CS 3. Quartal	89%	92%	98%	95%	94%	95%	91%	94%	100%			
CS 1. Jahr	92%	95%	95%	99%	98%	93%	93%	95%	93%	100%		
CS 2. Jahr	90%	94%	95%	98%	98%	95%	91%	94%	93%	99%	100%	
CS 3. Jahr	88%	91%	93%	97%	98%	96%	89%	92%	92%	97%	97%	100%

Abbildung 35:   Korrelationen C4 vs. CS4TC Spot und Terminkontrakte,
Datenbasis 2000-2008

Abschließend bleibt die Frage zu beantworten, wie viele Tage *Zeit*charter für die 600.000 Tonnen Kohle pro Jahr abgeschlossen werden müssen. Hier hat sich gezeigt, dass die Preisentwicklung von 50.000 Tonnen C4 bzw. Implied Freight am besten durch ein Sicherungsgeschäft auf elf Tage Capesize 4TC zu neutralisieren gewesen wären. Dieses Ergebnis konnte durch ein entsprechendes „Backtesting" validiert werden.

Durch das Ausweichen auf einen Proxy hat das Handelshaus nun auch im Fall der Implied Freight die Möglichkeit, sein Risikoprofil gegen Zahlung einer Optionsprämie von einem symmetrischen in ein asymmetrisches zu transformieren.

4.   Schlusswort

Bei der Gestaltung unserer Fallbeispiele haben wir uns bewusst auf Sachverhalte geringer Komplexität beschränkt. Dem inhaltlichen Schwerpunkt des Buches Rechnung tragend, wurden zudem nur Risiken aus Rohstoffpreisentwicklungen betrachtet. Währungs-, Kontrahenten-, Zins-, aber v.a. auch Mengenrisiken haben wir bewusst ausgeblendet. Dadurch konnten anhand von 1:1 Beziehungen verschiedener Verträge die Zusammenhänge, die - teilweise allein, teilweise im Zusammenspiel - finanzielle Risiken beinhalteten, relativ leicht hergeleitet und analysiert werden.

Bei den gewählten Beispielen handelte es sich um Handels- oder handelsnahe Aktivitäten mit geringer Wertschöpfungstiefe, deren Beschaffungs- und Absatzmärkte relativ eng verknüpft sind. Auch existierten für die in den Beispielen gewählten Risikofaktoren liquide Terminmärkte, so dass die Möglichkeit einer Portfolio(um)gestaltung mit Hilfe von Finanzinstrumenten gegeben war. Das Vorliegen solcher Merkmale ist jedoch keine notwendige Voraussetzung für die effiziente Steuerung eines Portfolios unternehmerischer Geschäftsrisiken.

Vor dem Hintergrund, dass die Analyse bestehender Verträge und der Einsatz von Finanzderivaten zur Steuerung der daraus resultierenden Preisrisiken im Vordergrund dieses Beitrages stehen sollten, haben wir die hierfür relevanten Beschaffungs- und Absatzentscheidungen als weitestgehend gegeben angenommen. Es gehört jedoch in der Praxis ebenso zu den Instrumenten der bewussten, aktiven Portfoliosteuerung, *vor* Abschluss von (vor allem) längerfristigen Beschaffungs- und Absatzverträgen und *vor* Investitionen in Technologie oder Standorte unter Berücksichtigung der Portfoliozusammenhänge strukturierten Einfluss auf alle Geschäftsentscheidungen entlang der Wertschöpfungskette zu nehmen. Denn in welchem Maße ein Unternehmen von Veränderungen in den Märkten, in denen es operiert, jeweils betroffen ist, hängt davon ab, wie es sich in diesen Märkten aufstellt und agiert.

Da die unternehmerische Realität im Vergleich zu unseren Fallbeispielen von einer hohen Komplexität geprägt ist, bedarf es in der Praxis einer (bisher nur vereinzelt vorzufindenden) ablauf- und aufbauorganisatorisch verankerten Portfolio- und Risikomanagementstruktur, die dieser Vielschichtigkeit Rechnung trägt und eine effektive Steuerung der unternehmerischen Risiken ermöglicht. Wie aber schon anhand der sehr einfachen Fallbeispiele deutlich geworden sein sollte, ist die fortlaufende Überwachung und Steuerung eines Portfolios zahlreicher Liefer-, Leistungs- und Produktionsbeziehungen nur durch eine hohe Integration aller wesentlichen operativen Aktivitäten in den Risikomanagementprozess und auf Basis konsolidierter Informationen möglich. Die Verantwortung für die Risikosteuerung sollte daher organisatorisch im Umfeld der Unternehmensleitung angesiedelt sein. Über die organisatorische Struktur hinaus wird die Effektivität des betrieblichen Risikomanagements von einem weiteren entscheidenden Faktor geprägt: der Risiko- und Unternehmenskultur. Die Aufarbeitung dieses Aspektes muss jedoch an anderer Stelle erfolgen.

Literaturverzeichnis

AG ENERGIEBILANZEN E.V. (HRSG.). 20.02.2009. Energieverbrauch in Deutschland im Jahre 2008. <http://ag-energiebilazen.de/componenten/download.php?filedata=12351 22659.pdf&filename=AGEB_Jahresbericht2008_20090220.pdf&mimetype=application/pdf> (29.03.09).

BALTIC EXCHANGE (HRSG.). November 2007. A History of Baltic Indices; Informationsbroschüre.

INTERNATIONAL ENERGY AGENCY (IEA) (HRSG.). 2008. Key World Energy Statistics 2008. <http://iea.org/textbase/nppdf/free/2008/key_stats_2008.pdf> (29.03.09).

INTERNATIONAL ENERGY AGENCY (IEA) (HRSG.). 12.11.2008. World Energy Outlook 2008, Presentation to the Press <http://www.iea.org/textbase/speech/2008/Birol_WEO2008_PressConf.pdf> (29.03.09).

J.P. MORGAN. ASIA PACIFIC DRY BULK SHIPPING. <http://www.scribd.com/doc/7756623/20081105-JPMAsia-Pacific-Dry-Bulk-Shipping> 03.08.09.

STAPLES, IAN (FIS FREIGHT INVESTOR SERVICES). 03.12.2008. FFA Overview & Its Recent Developments. <http://www.balticexchange.com/media/pdf/fis.pdf> (29.03.09)

STOPFORD, MARTIN. Maritime Economics. Third edition published 2009 by Routledge, 2 Park Square, Milton Park, Abigdon, Oxon OX14 4RN. ISBN13: 978-0-203-89174-2.

VEREIN DER KOHLENIMPORTEURE E.V. (HRSG.). 2009. Jahresbericht 2009, Fakten und Trends 2008/2009. < http://www.verein-kohlenimporteure.de/download/jahresbericht2009.pdf?navid=15> (03.08.09).

VEREIN DER KOHLENIMPORTEURE E.V. (HRSG.). 20.01.2009. Turbulente Zukunft für Kohle-Weltmarkt (Veröffentlichung von Global Press am 20. Januar 2009). <http://www.verein-kohlenimporteure.de/wDeutsch/aktuelles/meldungen/2009_02_05_06373745_meldung.php?navtext=Aktuelles> (29.03.09).

WILKENS, SASCHA; JENS WIMSCHULTE. O.J. Leinen los. <http://www.die-bank.de/finanzmarkt/leinen-los> (29.03.09).

Physische und finanzielle Absicherung von elektrischem Strom

Stefan Ulreich

1. Einleitung

Der Strommarkt in Deutschland ist nun seit einiger Zeit liberalisiert und entwickelte sich inzwischen zu einem sehr großen und aufgrund der Bedeutung von Strom für unterschiedlichste Verbrauchergruppen auch sehr wichtigen Markt. Ebenso fortgeschritten ist die von der EU initiierte Liberalisierung in anderen europäischen Ländern, sodass der grenzüberschreitende Handel kontinuierlich zunimmt und von nationalen Märkten nicht mehr gesprochen werden kann. Ein Ende der Entwicklung ist noch nicht abzusehen, da auch die Märkte der zehn Beitrittskandidaten freier werden und die dortigen Akteure aktiv in das Geschehen an den europäischen Strommärkten eingreifen.

Schätzungen der EFET (»European Federation of Energy Traders«) haben die Umsätze des Stromhandels für den deutschen Markt für 2004 auf mehr als 2.500 TWh beziffert, das entspricht in etwa dem fünffachen Stromverbrauch in Deutschland. Die Umsätze in England lagen im gleichen Jahr knapp unter 2.500 TWh, im skandinavischen Raum waren es knapp 2.000 TWh. Allein die in Leipzig beheimatete EEX, welche als europäische Leitbörse angesehen wird, konnte im Jahr 2005 einen Börsenumsatz von 602 TWh verzeichnen, eine Steigerung um 52 Prozent im Vergleich zum Vorjahr (Börsenumsatz 2004: 397 TWh). Die Handelsumsätze in Europa auf den Strom- und Gasmärkten wurden von der EFET für das Jahr 2004 auf über 600 Milliarden EURO geschätzt. In der EU-Sektorenbefragung wurde festgestellt, dass bereits zwischen Juni 2004 und Mai 2005 knapp das Siebenfache des deutschen Stromverbrauchs gehandelt wurde.

Strom zeichnet sich als Handelsware durch eine besondere Eigenschaft aus: Er kann nicht gelagert werden, sondern muss im Moment der Produktion auch verbraucht werden. Das Speichern von Strom ist in engen Grenzen durch Pumpspeicherkraftwerke möglich – hier wird das Wasser in ein Reservoir hochgepumpt, um dann zu einem gewünschten Zeitpunkt sehr schnell, jedoch nur für einen kurzen Zeitraum, eine große Menge an Strom bereitstellen zu können. Die dabei erzielten Wirkungsgrade erlauben jedoch nur einen bedingten wirtschaftlichen Nutzen. Pumpspeicher werden vor allem zum Abfahren von Spitzenlasten verwendet. Die nicht gegebene Lagerfähigkeit ist die Ursache dafür, dass Strom zu jeder einzelnen Stunde am Tag einen unterschiedlichen Preis hat. Ebenso führt das zu einem fundamental anderen Verhalten als beispielsweise bei den lagerfähigen Energieträgern Öl und Gas. Die Speicherung erlaubt es hier, bestimmte saisonale Effekte zu glätten, zum Beispiel den erhöhten Bedarf an Heizöl und Gas im Winter. Strom hingegen muss stets so produziert werden, dass der instantane Bedarf gedeckt wird.

2.   Marktplätze für Strom in Europa

Strom wird sowohl OTC (»Over-the-Counter«) gehandelt als auch an verschiedenen Börsenplätzen in Europa. Beim OTC-Handel treffen die Parteien direkt aufeinander, eventuell noch durch einen Makler (oft auch mit dem englischen Ausdruck »Broker« bezeichnet) miteinander in Kontakt gebracht. Der Abschluss eines Handelsgeschäfts erfolgt über Telefon und in den letzten Jahren vermehrt über elektronische Handelsplattformen, welche von großen Maklern betrieben werden. Per »click-and-trade« im Internet werden standardisierte Stromprodukte gekauft und verkauft. Der Strommarkt hat damit sehr schnell aufgeschlossen zu älteren Märkten, wie zum Beispiel Anleihen und Devisen, wo elektronischer Handel seit ein paar Jahren üblich ist.

Handelsteilnehmer sind natürlich zunächst die »üblichen Verdächtigen«: große und kleine Firmen, die Strom produzieren und verbrauchen. Dabei ist die Lieferrichtung jedoch nicht generisch vorgegeben. Auch große Stromproduzenten treten durchaus als Käufer auf dem Markt auf, zum Beispiel wenn Kraftwerke der Konkurrenten den Strom billiger produzieren können als es mit dem eigenen Kraftwerkspark möglich ist. Verbraucher führen Revisionen ihrer Anlagen durch – sowohl geplante als auch unplanmäßige – und verkaufen dann den nicht benötigten Strom in den Strommarkt. Zu Zeiten sehr hoher Strompreise in den USA wurde sogar von Aluminiumschmelzen berichtet, die für einige Stunden ihre Öfen abgeschaltet hatten, um Strom an der Börse zu verkaufen. Das war rentabler, als die Produktion von Aluminium fortzuführen. Nicht zuletzt gibt es auch Verbraucher, welche selber Kraftwerke betreiben und damit täglich vor der Entscheidung stehen: Produziere ich selbst oder kaufe ich am Markt. Darüber hinaus haben jedoch auch mehr und mehr spekulative Händler den Strommarkt als interessantes Betätigungsfeld für sich entdeckt. Vor allem Banken mit einer starken Ausrichtung zum Rohwarenhandel treten zunehmend als Handelspartner an den Strommärkten auf. Bei den zuletzt genannten Marktteilnehmern steht natürlich der finanzielle Handel im Vordergrund, eine physische Lieferung des Stroms erfolgt in der Regel nicht.

Die Internationalität des Stromhandels wird oft unterschätzt. Zunächst würde man vermuten, dass die lokale Stromproduktion den Preis setzen würde und nur die lokal ansässigen Kraftwerksbetreiber und Stromverbraucher in der Region untereinander handeln. Das ist jedoch bei dem vorhandenen europäischen Hochspannungsnetz überhaupt nicht der Fall. Deutschland ist verbunden mit Dänemark, den Niederlanden, Frankreich, der Schweiz und Österreich. Auch die Beitrittskandidaten Tschechien und Polen können Strom nach Deutschland exportieren bzw. von Deutschland importieren. Und für viele überraschend: Es besteht auch eine unterseeische Anbindung des deutschen Stromnetzes an das schwedische Stromnetz. Das führt zu einem länderübergreifenden Wettbewerb auf der Stromerzeugungsebene und beeinflusst damit auch den deutschen Markt. Preisunterschiede zwischen einzelnen Regionen sind nach wie vor vorhanden. Das ist eine Folge der teilweise begrenzten Durchleitungskapazitäten. Deutschland und Frankreich sind beispielsweise über sehr hohe Transportkapazitäten elektrisch verbunden, damit ist die Preisdifferenz am Großhandelsmarkt verschwindend gering. Die Anbindung Deutschlands an die Niederlande ist jedoch vergleichsweise stark ausgelastet, daher sind die Preisdifferenzen größer. Typischerweise ist der Strom in den Niederlanden teurer und daher wird im Normalfall Strom aus Deutschland exportiert. Die Grenzkapazitäten werden in Europa kontinuierlich ausgebaut.

Der direkte Zugang zum OTC-Markt oder zur Strombörse ist erst für Teilnehmer ab einem bestimmten Handelsumsatz lohnend. Kleinere Handelsteilnehmer bleiben deswegen jedoch nicht außen vor, da es Intermediäre gibt, welche den Marktzugang als Dienstleistung anbieten, also völlig analog zu Wertpapierbörsen. Hier erlauben Banken oder Makler ihren Kunden den Zugang zu Börsen wie beispielsweise Frankfurt am Main.

2.1 Börse

Wie bei eigentlich jeder Handelsware bildet sich zunächst ein OTC-Markt aus, dem dann die Börsenplätze folgen. Sehr schnell nach der Liberalisierung tauchten dann auch die ersten Börsen in Europa auf. Im direkten Vergleich zum bilateralen Handel kennen Börsen kein Kreditrisiko. Gehandelt wird zumeist mit dem Modell des »zentralen Kontrahenten«, das heißt zwischen Käufer und Verkäufer steht jeweils die Börse als Vertragspartner. Über ein Marginkonto der Börsenteilnehmer, reduziert die Börse das Kreditausfallrisiko. Im Gegenzug für diese Dienstleistung sind natürlich Gebühren fällig. Auf dem OTC-Markt sind Maklercourtagen für die Geschäftsvermittlung üblich.

Börsen erfüllen zudem eine wichtige Aufgabe, indem sie Preise für die gehandelten Produkte publizieren und so allen Teilnehmern neutrale Informationen zur Verfügung stellen. Ebenso informieren Börsen über die Handelsumsätze und liefern so wichtige Hinweise zur Liquidität des Marktes und einzelner Produkte. Auf den OTC-Märkten wird diese Aufgabe von Maklern übernommen. Die meisten von ihnen versenden nach Handelsschluss E-Mails an Marktteilnehmer mit den Schlussnotierungen der Handelsprodukte sowie den Handelsumsätzen. Dabei achten sie natürlich auf Diskretion: Wer mit wem welche Mengen gehandelt hat, wird nicht verraten. Die gleiche Anonymität wird auch von der Börse garantiert. Zusätzlich unterliegen sie der Überwachung durch eine Börsenaufsicht. Unterschiedliche Preise am OTC-Markt und an den Börsen werden nicht beobachtet. Arbitrageure würden etwaige Differenzen sofort ausnutzen und damit die Preisniveaus sofort angleichen.

In Europa haben sich inzwischen einige Strombörsen entwickelt, darunter

- EEX   www.eex.com   Deutschland

- Powernext   www.powernext.fr   Frankreich

- IPEX   www.mercatoelettrico.org   Italien

- APX   www.apx.nl   Niederlande

- EXAA   www.exaa.at   Österreich

- PolPX   www.polpx.pl   Polen

- Nordpool   www.nordpool.com   Skandinavien

- Borzen   www.borzen.sl   Slowenien

- OMEL   www.omel.es   Spanien

- UKPX   www.ukpx.co.uk   Vereinigtes Königreich

An der EEX handeln inzwischen 217 Unternehmen aus 19 Ländern (Stand Januar 2009). Das unterstreicht nochmals das internationale Geschehen am deutschen Markt. Einflüsse aus Frankreich, Polen, dem Alpenraum und Skandinavien beeinflussen den deutschen Markt in erheblicher Weise. Wenn auch zunächst auf kleinerer Skala, so erlebt auch der Stromhandel einen Wandel hin zu einer globalisierten Betrachtung. Fügt man nun noch den internationalen Metallhandel hinzu – es gibt eigentlich keine bessere Art und Weise, Strom ohne Netze zu transportieren als mit dem stromintensiv produzierten Aluminium – so erkennt man, dass der Wettbewerb um günstige Strompreise sogar Kontinente übergreifend stattfindet. Zwar auf einer erheblich längeren Zeitskala als durch direkt verbundene Strommärkte, dafür aber mit der Gefahr des irreversiblen Wegzugs großer Stromverbraucher in Länder mit günstigerem Strom. Beispiele hierfür sind Aluminiumschmelzen, welche sich in Brasilien in der Nähe des Itaipu-Wasserkraftwerks niedergelassen haben oder aktuelle Projekte in Island und in Qatar. Wahrgenommen wurde dieser Effekt auch vor einigen Jahren an der London Metal Exchange (LME). Eine große Dürre in Brasilien führte zu deutlich verminderter Stromproduktion aus Wasserkraft, und die Aluminiumschmelzen mussten den Betrieb einstellen – mit der Folge von Aluminiumverknappung und stark steigenden Aluminiumnotierungen an der LME. Oft wird die Versorgungssicherheit mit Strom als selbstverständlich betrachtet. Das Beispiel zeigt zum einen die Folgen mangelnder Stromversorgung auf andere Märkte und zum anderen die weltweite Verknüpfung der unterschiedlichsten Märkte.

2.2 OTC-Markt

Notwendig für ein Anbahnen eines Geschäfts über Telefon oder auf einer Handelsplattform per Internet ist der Abschluss eines sogenannten Rahmenvertrags zwischen den beiden Kontrahenten. Dieser Vertrag regelt den gesamten Geschäftshintergrund wie Festlegung der Lieferorte bei physischen Verträgen, Zeitpunkte der Geldzahlungen und der Lieferungen mit Strom; der Vertrag enthält auch Klauseln zu höherer Gewalt. In Kontinentaleuropa wird hierbei vor allem auf den EFET-Vertrag zurückgegriffen.

Ein besonders wichtiger Punkt bei OTC-Verträgen ist das Kreditrisikomanagement. Da Geschäfte bilateral erfolgen, muss sich der Stromverkäufer eine Meinung bezüglich der Kreditwürdigkeit des Käufers bilden. Bei einigen Firmen genügt die Einstufung durch eine der bekannten Rating-Agenturen (Moody´s, Fitch IBCA, Standard & Poor´s), andere Firmen stellen Bankbürgschaften. Durch den Niedergang der US-Firma Enron vor einigen Jahren wurde einer Reihe von Marktteilnehmern das Thema Kredit- und Lieferrisiko eindrücklich bewusst gemacht.

Für viele Unternehmen ist es keine Frage: Sie nehmen sowohl am OTC-Handel teil als auch am Börsenhandel. Andere Unternehmen betrachten die Transaktionskosten und vergleichen den Aufwand, den sie für OTC-Handel einerseits und für einen Börsenhandel andererseits betreiben müssen, und entscheiden sich dann für einen der Marktplätze. Für die Marktpreise ist es jedoch unerheblich, ob man OTC handelt oder über die Börse geht – die rege Handelsaktivität in beiden Marktsegmenten nivelliert kurzfristig auftretende Preisdifferenzen sofort aus.

2.3 Spot- und Terminmärkte für Strom

Zunächst betrachten wir die verschiedenen Märkte für Strom. Der Einfachheit halber werden wir dabei stets die Strombörse betrachten, das Vorgehen am OTC-Markt für Strom läuft völlig analog. Die Preise am Spotmarkt bilden sich im Wettbewerb zwischen Anbietern und Käufern, typischerweise steht hier die physische Lieferung von Strom im Vordergrund. Bei Termingeschäften kann zwar auch eine tatsächlich stattfindende Stromlieferung beabsichtigt sein. Jedoch erlaubt die Liquidität des Marktes, Terminkontrakte als finanzielle Transaktionen zu sehen, da Positionen jederzeit geschlossen werden können. Die Besonderheiten bei der physischen Stromlieferung, zum Beispiel Einrichtung von Bilanzkreisverträgen, blenden wir aus. Diese sind zum Verständnis der Preisbildung am Strommarkt unerheblich.

2.3.1   Spotmarkt

Am Spotmarkt für Strom werden die 24 Stunden des folgenden Tages gehandelt. Fällt der Handelstag auf einen Freitag, so wird das Wochenende und der darauf folgende Montag gehandelt. Vor Feiertagen werden ebenfalls nachfolgende Tage in den Bietprozess an der Börse eingeschlossen. Eine weitere Ausnahme bilden die Tage vor der Zeitumstellung. Für diese Tage werden 23 bzw. 25 Stunden gehandelt.

Neben den 24 Einzelstunden werden auch Blöcke gehandelt, vor allem der sogenannte Base-Block (Grundlast), welcher alle 24 Stunden des nächsten Tages abdeckt, und der Peak-Block, der die Stunden 8 bis 20 eines Werktages (ohne Samstag) beinhaltet, also den Stromverbrauch zwischen 8:00 und 20:00. In anderen Ländern sind teilweise andere Definitionen von Peak möglich, die Base-Definition ist jedoch in allen Ländern die gleiche. Base- und Peak-Blöcke werden kontinuierlich gehandelt, die Preise für die Einzelstunden werden an der Börse im Rahmen einer Auktion festgestellt. Hierzu wird von allen Börsenteilnehmern eine Bietkurve an der Börse eingereicht. Das geschieht elektronisch und muss bis zu einem bestimmten Zeitpunkt erfolgt sein. Die Kurve für eine Stunde besteht aus Wertepaaren von nachgefragter oder angebotener Leistung in MW und dem Preis, zu welchem man bereit ist, die Menge zu kaufen oder zu verkaufen. Mit höherem Preis wächst natürlich das Angebot der Produzenten, und die Kaufneigung der Verbraucher sinkt. Die Börse errechnet nun aus allen eingegangenen Kurven den Preis, an welchem der höchste Handelsumsatz erfolgt. Dieser Preis ist dann der Marktpreis. Alle Produktion, welche bis zu diesem Preis geboten hat, wird am nächsten Tag eingesetzt, alle Verbraucher, die bereit waren, mindestens den Preis zu bezahlen, erhalten die gewünschte Menge Strom am nächsten Tag zu den mitgebotenen Stunden.

Vor allem unerwartete Wettereinbrüche können die Preisausschläge hervorrufen, zum Beispiel Einbruch einer Kältephase – oder wie im Jahr 2003 die Hitzewelle, die in Europa vorherrschte. Hier trafen unterdurchschnittliche Wasserkraftproduktion und hoher Strombedarf aufeinander. Allerdings sind nur wenige Stunden von diesen Preisausschlägen betroffen, durch eine vernünftige Absicherung auf den Terminmärkten kann das Risiko, durch derartige Preisspitzen einen finanziell hohen Schaden zu erleben, deutlich gemindert werden.

2.3.2   Terminmarkt

Am Terminmarkt werden Base- und Peak-Lieferungen für die kommenden Monate, Quartale und Jahre gehandelt. An der EEX werden die folgenden neun Monate, elf Quartale und die kommenden sechs Jahre gehandelt.

Die Produkte am Terminmarkt werden kontinuierlich an der EEX und ebenso im OTC-Markt gehandelt. Die Produkte mit der jeweils kürzesten Fristigkeit sind typischerweise am liquidesten, Base ist ein aktiver gehandeltes Produkt als Peak.

Leitprodukt an der Börse und im OTC-Markt ist die Base-Lieferung für das nächste Jahr, also im oben genannten Beispiel die Grundlastlieferung für das Jahr 2007. Sie umfasst 365 Tage ×

24 Stunden / Tag = 8.760 Stunden. Die typische Handelsmenge sind Bänder von 25 MW, ein Jahresband ist also eine Lieferung über 219.000 MWh (219.000.000 kWh). Zum Vergleich: Der typische Jahresverbrauch eines 3-Personen-Haushalts liegt bei 3.500 kWh, also 3,5 MWh. Ein Jahresband Grundlast ist also die Strommenge, welche von etwas mehr als 62.500 Haushalten jährlich verbraucht wird. Das Jahresband Grundlast 2010 hat bei einem Marktpreis von zum Beispiel 55,33 EUR/MWh einen Kontraktwert von 219.000 MWh × 55,33 EUR/MWh = 12.117.270 EUR, also etwas mehr als 12 Mio. EUR. Eine Preisänderung von 0,10 EUR/MWh führt damit zu einer Änderung des Kontraktwertes um 21.900 EUR. Auf dem OTC-Markt werden auch kleinere Tranchen gehandelt, zum Beispiel fünf MW – Intermediäre bieten ebenso Zugang zu Bändern zu geringeren Leistungswerten. Monats- und Quartalsbänder bieten eine weitere Möglichkeit zu Investitionen in geringerer Höhe.

2.4 Einflussfaktoren

Nun sollen die Einflüsse auf den Strompreis an Spot- und Terminmärkten betrachtet werden. Natürlich legt die Summe aller Parameter zuzüglich marktpsychologischer Faktoren den letztlich am Markt gesehenen Preis fest. Insofern kann nicht zwangsläufig aus einer Verbilligung der Kohlepreise auf eine Dämpfung der Strompreise geschlossen werden, wenn andere Kenngrößen dieser Bewegung entgegenlaufen.

Zu den trivialen Treibern des Strompreises gehört natürlich das Wirtschaftswachstum. Ein Anwachsen der Wirtschaft ist nun mal gekoppelt an einen höheren Verbrauch, auch wenn die Korrelation in den letzten Jahren abgenommen hat. Das ist vor allem begründet mit einem Wandel innerhalb der Industrielandschaft in Deutschland. Dazu kommen jedoch Faktoren, die mehr oder minder spezifisch für den Strommarkt sind. Diese wollen wir nun im Einzelnen darstellen.

Die mittelfristige Preiserwartung für langlaufende Terminprodukte ist wie an jedem Rohwarenmarkt durch die Kosten für die günstigste hinzukommende Neukapazität gegeben – eine einfache Tatsache aus dem Grenzkostenansatz, welcher der Preisbildung zugrunde liegt. Phasen mit höheren Terminpreisen als Neubaukosten liefern einen Anreiz zum Zubau neuer Kraftwerke und wirken damit langfristig preisdämpfend. Die Neubaukosten sind natürlich den Terminpreisen für Brennstoffe unterworfen und variieren dementsprechend mit den Kurven für Kohle, Gas und Öl – und neuerdings auch mit den Preisen für CO_2-Emissionsrechte.

2.4.1 Saisonalität der Strompreise

Strompreise an den Spotbörsen unterliegen einem saisonalen Verhalten. Ursache hierfür ist der typische Verlauf der Durchschnittstemperaturen und die Helligkeit. In Deutschland ist im Winter der Verbrauch an Strom durch die Kälte und die kürzere Tageszeit höher als im Sommer. Damit sind die Stundenpreise im Winter typischerweise teurer, und man erhält die Abendspitze durch das verstärkte Einschalten der Beleuchtung. Andere Länder wie zum Beispiel USA oder Italien haben im Sommer ebenfalls relativ hohe Preise, bedingt durch den hohen Einsatz von Klimaanlagen.

An den Terminmärkten wirken sich die jahreszeitlichen Schwankungen bei den Jahreskontrakten natürlich nicht aus, da sich hier das saisonale Verhalten ausmittelt. Bei den Monats- und Quartalskontrakten findet sich die Abhängigkeit von den Jahreszeiten wieder. Dabei weisen die Sommer- und die Winterquartale untereinander noch leichte Abweichungen auf, ebenso die Monatsfutures.

2.4.2   Wochenende, Feiertage und Urlaub

Da am Wochenende und an Feiertagen in vielen Betrieben die Arbeit ruht, ist an diesen Tagen der Stromverbrauch insgesamt geringer. Daher sind Samstage und Sonntage günstiger als Wochentage. Dabei sind Sonntage im Normalfall günstiger als Samstage, da am Samstag noch der Strombedarf der Geschäfte zu beachten ist.

Die Urlaubssaison ist ebenso eine Zeit niedrigen Verbrauchs, sei es im Winter zwischen Weihnachten und Heilige Drei Könige oder in der Zeit der Sommerferien der Schulen. Auch hier läuft die Produktion in geringerem Maße ab, sodass weniger Strom benötigt wird.

Die Terminmärkte werden davon auch in Mitleidenschaft gezogen. Monate mit einer hohen Anzahl an Wochenendtagen bzw. Feiertagen wie Ostern oder Pfingsten werden am Markt günstiger bewertet als Monate mit einer sehr hohen Anzahl an Arbeitstagen.

Der grenzüberschreitende Stromhandel erfordert es jedoch, sich über Feiertage und Urlaubszeiten in anderen europäischen Ländern zu informieren. Feiertage zum Beispiel in Frankreich, Österreich oder der Schweiz führen zu der Möglichkeit verstärkter Stromexporte nach Deutschland und sorgen damit für ein preisdämpfendes Signal. Gleiches gilt, wenn Ferientage landesweit gelten wie zum Beispiel in Frankreich nach dem Nationalfeiertag. Auch das ist Ausdruck der nicht vorhandenen Lagerbarkeit von Strom.

2.4.3   Wettereinflüsse

Alle reden vom Wetter, auch die Strombörsen. Das Wetter beeinflusst sowohl die Produktion als auch den Verbrauch von Strom. Neben den die Saisonalität hervorrufenden Parametern Temperatur und Tageslicht spielen Regen- und Schneefälle eine wichtige Rolle, in den letzten Jahren zunehmend auch der Wind. Die Wettervorhersage für den nächsten Tag übt einen wesentlichen Einfluss auf die Preisbildung am Spotmarkt aus. Werden für eine Region, in der Klimaanlagen in nur geringem Umfang genutzt werden, höhere Temperaturen vorausgesagt, so sinken die Preise.

Ebenso führen Regenfälle zu einer Entspannung auf den Spotmärkten, da Flusswasser- und Staukraftwerke durch sie mehr Wasser zur Stromproduktion zur Verfügung haben. Diese Auswirkung ist umso stärker, je höher der Anteil der Wasserkraft an der Gesamtstromproduktion eines Landes ist. Beispiele hierfür finden sich in Nordeuropa, in Österreich und in der Schweiz. Die Anbindung dieser Länder an ihre Nachbarn, die über einen stärkeren fossilbasierten Kraftwerkspark verfügen, dämpft jedoch die Volatilität der Preise. In Nordeuropa verfügen Finnland und Dänemark über Kohle- und Kernkraftwerke, Österreich und die Schweiz können hier auf den Kraftwerkspark in Deutschland und Frankreich zurückgreifen.

Der oben genannte Punkt sollte auch verdeutlichen, dass nicht nur regionale Wettereffekte einen Einfluss auf das Marktgeschehen haben. Im Jahr 2005 erlebte Spanien eine extreme Trockenheit. Deshalb wurde dort wesentlich weniger Strom aus Wasserkraft gewonnen als im langjährigen Mittel. Das führte zu verstärktem Strombezug aus Frankreich, die Franzosen deckten sich wiederum stärker als sonst üblich in Deutschland ein.

Schneefälle zum Beispiel in den Alpen oder in Skandinavien beeinflussen die Terminmärkte für die Frühjahrsmonate und damit ebenso für die ersten beiden Jahresquartale. Zunächst ist die Menge des gefallenen Schnees entscheidend. Bei der Schneeschmelze werden damit die Stauseen gefüllt, ebenso führen die Flüsse mehr Wasser. Schwieriger ist es, den Zeitpunkt der Schneeschmelze am Terminmarkt richtig zu erfassen. Hier können sich je nach Temperaturverlauf Schwankungen um einige Monate ergeben.

Der zunehmende Ausbau der Windenergie in Deutschland schlägt sich auch im Spotmarkt nieder. An windreichen Tagen verdrängt die Windproduktion die übrigen Kraftwerke, da Windenergie mit Vorrang eingespeist wird. Nicht ganz einfach ist jedoch die Vorhersage der Windstärke und vor allem des Zeitpunktes des Einsetzens der Windflanke. Der stark schwankende Charakter der Windenergie erhöht die Volatilität an den Spotmärkten.

Noch liefert die Stromerzeugung aus Fotovoltaik nur einen geringen Bruchteil an der Gesamterzeugung, das kann sich jedoch durch den raschen Ausbau schnell ändern. Dann werden Einflüsse wie Sonneneinstrahlung wichtiger werden und in dem Zusammenhang auch Effekte durch Bewölkung. Die Vergütung für fotovoltaisch erzeugten Strom aus einer Dachanlage, welche im Jahr 2004 errichtet worden ist, beträgt nach dem Erneuerbare-Energien-Gesetz (EEG) abhängig von der Anlagenleistung zwischen 540 EUR/MWh und 574 EUR/MWh, das heißt etwa das 10-Fache des EEX-Börsenpreises für Grundlast-Jahresband 2010.

Wind und Sonne als Quellen der Stromerzeugung werden also die Wetterabhängigkeit auf der Stromerzeugungsseite erhöhen. Damit können diese Erzeugungsarten nur dann sinnvoll verwendet werden, wenn ein ausreichend großer Kraftwerkspark vorhanden ist, der die Schwankungen im Bedarfsfall ausgleichen kann. Würde man sich ausschließlich auf diese Quellen verlassen, so kann eine sichere Versorgung rund um die Uhr nur erreicht werden, wenn eine wirtschaftliche Speicherung von Strom zur Verfügung stehen würde. Letzteres ist auf absehbare Zeit nicht in Sicht.

2.4.4 Brennstoffmärkte

Fossile Kraftwerke brauchen Kohle oder Gas, um Strom zu produzieren, Kernkraftwerke benötigen dafür Uran in Form von Brennstäben. Also wirken die Marktpreise für Kohle, Gas und Uran auch auf die Marktpreise für Strom.

Uranpreise haben jedoch einen relativ geringen Einfluss. Der wichtigste Kostenfaktor bei einem Kernkraftwerk ist durch die Fixkosten beim Bau gegeben, die laufenden Kosten zum Beispiel für Brennstoffe spielen hier eine geringere Rolle. Uran wird in Kanada an einer Börse gehandelt und hat in den letzten Jahren einen sehr hohen Preisanstieg erfahren. Grund hierfür ist der Neubau von Kernkraftwerken in Indien und China. Marktteilnehmer gehen jedoch davon aus, dass dieser Preisanstieg keine nennenswerten Auswirkungen auf die Strommärkte in Europa hat.

Einen bedeutenden Einfluss vor allem auf die Grundlastpreise haben die Kohlepreise, da Kohlekraftwerke zur Deckung der Grund- und der Mittellast eingesetzt werden. Spitzenlasten werden in Deutschland vorwiegend von Gaskraftwerken abgedeckt, sodass der Gaspreis die Peak-Stunden beeinflusst.

Ölkraftwerke sind in Deutschland kaum noch anzutreffen, dennoch ist der Rohölpreis relevant. Kohle kommt als Seefracht nach Deutschland, damit verbunden ist der Verbrauch von Schiffsdiesel. Das addiert sich zu den Frachtraten für die Schiffe und führt zum Gesamtpreis für Kohle bei Anlandung an einem deutschen Hafen. Das hohe Wirtschaftswachstum Chinas führte zu einer beträchtlichen Verteuerung der Frachtraten, da China erhebliche Mengen Eisenerz aus Brasilien importierte. Zudem führte der hohe Bedarf nach Kohle in China und Indien auch zu einem Preisanstieg auf dem internationalen Kohlemarkt. Das ist einer der Gründe für den Anstieg der Strompreise an den Strombörsen in den letzten Jahren. Ein weiteres Beispiel, wie globale Ereignisse den Strommarkt in Europa beeinflussen.

Der Gasmarkt erlebte im Jahr 2005 infolge der steigenden Ölnotierungen eine sehr beeindruckende Aufwärtsbewegung. Verstärkt wurde die Entwicklung durch die Diskussion in England über das nahende Ende der Gasförderung aus den Nordseefeldern. Das schlug stark auf die Preise für EU-Emissionsrechte durch, wie wir in dem Kapitel über den Emissionshandel noch diskutieren werden. Zudem verteuerte sich der Strompreis in England drastisch, da in diesem Land Gaskraftwerke stark eingesetzt werden. Über Frankreich wurde diese Preisentwicklung zumindest teilweise nach Deutschland weitergegeben.

Kohle und Öl werden in der Regel in US-$ gehandelt, somit sind diese Märkte auch einem Wechselkursrisiko ausgesetzt: Zum EURO für die Strommärkte im Euroland, zur norwegischen, schwedischen oder dänischen Krone in den skandinavischen Strommärkten oder zum britischen Pfund in England. Dementsprechend finden Entwicklungen auf den Devisenmärkten auch ihren Eingang in die Marktpreise für Strom.

3.   Absicherungsgeschäfte

Nachdem nun einige Produkte des Strommarktes bekannt sind und ein knapper Überblick über Einflussfaktoren auf den Strommarkt gegeben wurde, kann man sich der Fragestellung nähern, wie man sich auf diesem Markt gegenüber finanziellen Risiken absichern kann. Für Endverbraucher erfordert das vor allem eine gute Kenntnis über den eigenen Stromverbrauch, das Erreichen einer hohen Planbarkeit ihres Verbrauchs sowie eine abschließende Bewertung, ob der Absicherungsaufwand sich rechtfertigen lässt. Falls die Stromkosten nur einen geringen Anteil an der Wertschöpfung eines Unternehmens ausmachen, sind Vollversorgungsverträge sicherlich eine ausreichende und bequeme Lösung. Je bedeutender jedoch der Stromanteil für die Kostenseite eines Unternehmens ist, umso ernsthafter sollte es sich dann mit einer strukturierten Beschaffung des Stromportfolios beschäftigen. Spezialisten müssen sich dann Gedanken über den richtigen Zeitpunkt zur Eindeckung am Markt machen.

Ausgehend von dem erwarteten Verbrauch, der idealerweise in einer stundenscharfen Lastkurve vorliegen sollte, kann man sich dann Gedanken über den Kauf von Jahres-, Quartals- und Monatsbändern für Base und Peak machen. Geht man von steigenden Preisen aus, so empfiehlt es sich, leicht über Bedarf zu kaufen, um von Verkäufen am Spotmarkt zusätzlich zu profitieren – umgekehrt: Erwartet man fallende Preise, sollte man sich unter Bedarf eindecken. Ein komplettes Eindecken am Spotmarkt ist auch möglich, wenn ein Unternehmen bereit ist, sich völlig den Preisbewegungen am Markt auszuliefern. Firmen mit solidem Risikomanagement werden jedoch stets bestrebt sein, die Risiken von zukünftigen Marktbewegungen auf ein gewünschtes Maß einzustellen.

Neben den rein finanziellen Aspekten der Strombeschaffung sind jedoch stets technische Optimierungsmöglichkeiten im Auge zu behalten: Kann ich den Strombedarf verstetigen, indem ich mögliche Spitzen ausglätte? Gelingt es mir, den Strombedarf von den teuren Tagesstunden in günstigere Nachtstunden zu verlagern? Strombeschaffung für Verbraucher ist eben nicht nur ein Problem mit Preisrisiken, sondern vor allem auch mit Volumenrisiken. Bei anderen Energieträgern hilft die Speicherbarkeit, das Volumenrisiko zu beherrschen. Genau das ist bei Strom nicht möglich.

3.1   Optionen

An der EEX werden auch Optionen gehandelt, darunter Kauf- und Verkaufoptionen für Jahresbänder Base und Quartalbänder Base zu einer Reihe von Ausübungspreisen.

Die Bewertung der Optionen erfolgt üblicherweise über die Black-Formel. Auch wenn die Anwendung dieser Formel einer berechtigten Kritik unterliegt, wird sie von der überwiegenden Anzahl der Marktteilnehmer als Standardansatz verwendet. Ähnlich wie an Zinsmärkten sind eine Reihe sehr anspruchsvoller Verfahren zur Bewertung von Derivaten entwickelt worden. Der Einsatz von Optionen beim Risikomanagement besteht, wie nicht anders zu erwarten, in der Absicherung des Preisniveaus.

Eine (amerikanische) Option ist oft nützlich bei einer geplanten Revision, deren Anfangszeitpunkt noch nicht festgelegt ist. Weiß man von einer Produktionsanlage, dass sie im nächsten halben Jahr für zwei Wochen gewartet werden muss, so kann man sich über eine Verkaufsoption absichern. Sobald das Datum der Revision feststeht, kann sie ausgeübt werden.

3.2   Swing-Optionen

Für die meisten Leser dürfte eine Swingoption der Normalzustand sein, auch wenn sie sich dessen nicht bewusst sind. In ihrem Haushalt wird einfach das Licht an- oder ausgemacht, ohne dass zuvor der betreffende Stromlieferant darüber in Kenntnis gesetzt wird. Der Verbraucher hat hier also das Recht zu jedem Zeitpunkt eine beliebige Menge Strom zu ziehen, lediglich begrenzt durch technische Obergrenzen, welche durch das hausinterne Leitungsnetz vorgeben. Diese Optionen werden Swing-Optionen genannt und sind sehr komplex zu bewerten. Sie erlauben sowohl Variationen im Volumen als auch im Zeitpunkt.

Ihre Bewertung geschieht typischerweise über sehr komplexe numerische Verfahren, welche auf Bi- oder Trinomialbäumen beruhen. Diese Berechnungen sind nicht nur schwierig, sondern auch sehr zeitaufwendig.

3.3   Risikobewertung

Eine sehr einfache Art, das Risiko zu bewerten, besteht darin, das Delta einer Position festzustellen, das heißt, wie verändert sich der Wert meines Stromportfolios, wenn sich die Terminkurve um einen festen Betrag verändert. Bei einem Terminkontrakt ist das Delta im Wesentlichen durch die Stundenanzahl der Lieferperiode gegeben.

Ein Monatsband Mai über 25 MW umfasst eine Lieferung von 744 Stunden. Erhöht sich der Marktpreis des Kontrakts um 1 EUR/MWh, so verteuert sich der Kontrakt um 25 MW × 744 h × 1 EUR/MWh = 18.600 EUR. Hält man also eine offene Position über 25 MW für den Mai, so ist man bei einer Marktbewegung um 1 EUR/MWh diesem Risiko bzw. dieser Chance ausgesetzt. Zur Risikoverringerung kann man zum Beispiel 15 MW auf dem Terminmarkt eindecken, womit sich das Delta der offenen Position auf 7.440 EUR mindert.

Sehr beliebt zur Risikobewertung ist auch die Bestimmung des Value at Risk (VaR). Auch wenn die Annahme normalverteilter Marktbewegungen gerade im Strommarkt mit teilweise sehr hohen Preisspitzen eigentlich nicht sehr vernünftig erscheint, ist es vor allem die einfache und schnelle Risikobewertung, welche VaR zu einer beliebten Methode macht. Hinzu kommt der Vorteil, sich über Korrelationen zum Beispiel zu den Brennstoffmärkten oder Wetterderivaten, ein VaR für ein sehr vielfältiges Portfolio zu bestimmen. Zudem können Effekte wie die Auflösung eines Portfolios über einen bestimmten Zeitraum sehr gut erfasst werden. Dennoch sollte man sich stets der Annahmen bewusst sein, die hinter einer VaR-Berechnung liegen und die Zahlen mit der erforderlichen Vorsicht betrachtet.

Zudem werden sehr gern Szenarioanalysen zur Bewertung der Risiken verwendet, vor allem auch zur Durchführung von Stresstests. Hiermit kann das Risiko der Position gegen überraschende und schnell stattfindende Ereignisse gemessen werden. Während VaR-Methoden immer von regulären Marktbewegungen ausgehen, kann die Robustheit des Energieportfolios gegen Preisschocks naheliegenderweise besser mit Szenarioanalysen erfasst werden. Hier kann man auf historische Preiskurven zurückgreifen oder sich auch Preishistorien mit Extremausschlägen über einen Zufallsgenerator bestimmen. Die Bewertung des Portfolios erfolgt dann auf Basis dieser Kurven.

4.   Fazit

Die Strommärkte in Europa sind ein im wahrsten Sinne des Wortes spannendes Betätigungsfeld. Die große Anzahl der Produzenten und Verbraucher und die unterschiedlichen Einflussfaktoren sorgen für einen sehr facettenreichen Markt. Strompreise werden beeinflusst durch Bewegungen an den Brennstoffmärkten, durch Wettereinflüsse, durch die allgemeine wirtschaftliche Situation, durch politische Entscheidungen. Je nach Marktlage dominieren immer wieder einzelne der genannten Faktoren, auch der Strommarkt ist nicht gegen Moden in der Meinungsbildung gefeit. Scheut man jedoch nicht den Aufwand, sich mit der Vielzahl der Parameter vertraut zu machen, so erwartet jeden Marktteilnehmer ein reizvolles Umfeld.

Wieso zahle ich als Endkunde aber mehr für meinen Strom als den EEX-Preis? Neben dem reinen Energiepreis, der auf dem Großhandelsmarkt der EEX festgestellt wird, muss der Strom natürlich auch noch in die Steckdose im trauten Heim geliefert werden. Dies ist nur möglich mit einem vorhandenen Stromnetz, und so fallen zusätzliche Kosten durch die betreffenden Netzentgelte an. Nicht zuletzt greift auch der Staat bei den privaten Stromrechnungen gern zu: Vor der Liberalisierung betrug der Steueranteil an der Stromrechnung für Haushalte 25 Prozent (Jahr 1998), im Jahr 2008 lag er bei 40 Prozent. Damit wurden die Effizienzgewinne durch die Liberalisierung der Strommärkte nahezu komplett aufgebraucht.

CO2-Emissionshandel in der Europäischen Union

Stefan Ulreich

1. Einleitung

Der 1. Januar 2005 war der Startschuss für ein Emissionshandelssystem in der EU-25 (inzwischen in der EU-27). Es zielt darauf ab, kostengünstigste CO_2-Vermeidungsmöglichkeiten zu finden. Seitdem ist der Emissionshandel eine Aktivität neben vielen anderen in Unternehmen.

Hintergrund für die Einführung des EU-Emissionshandels ist das Kyoto-Protokoll. Hier haben sich die Vertragsstaaten verpflichtet, den Ausstoß an Treibhausgasen zu mindern. Das mengenmäßig wichtigste Treibhausgas ist Kohlendioxid CO_2. Das Kyoto-Protokoll setzt zunächst Ziele für die Jahre 2008 – 2012. Die EU sieht sich im Klimaschutz als Vorreiter und begann deshalb eine Testphase für den Emissionshandel für die Jahre 2005 bis 2007, der dann die Kyoto-Phase folgt. Das Wort Testphase darf jedoch nicht täuschen: Das errichtete Handelssystem ist funktionsfähig und verpflichtend für die beteiligten Bereiche. Erfasst werden unter anderem die Emissionen im Bereich der Stromerzeugung, der Stahlproduktion, der keramischen Industrie oder der Papierindustrie. Jedes EU-Land erstellt einen nationalen Allokationsplan (NAP), in welchem die Emissionsrechte nach bestimmten Verfahren den Industriebetrieben zugeteilt werden. Damit eine Knappheit entsteht, werden die Rechte so zugeteilt, dass möglichst alle Firmen etwas weniger Emissionsrechte erhalten, als sie voraussichtlich in den drei Jahren zwischen 2005 und 2007 emittieren werden. Nach jedem Jahr müssen die Anlagen für die tatsächlich angefallenen CO_2-Emissionen die entsprechende Menge an Emissionsrechten entwerten. Reicht die Menge nicht aus, musste das betreffende Unternehmen in der Testphase eine Strafe von 40 EUR je Tonne zahlen, in der Kyoto-Phase 2008 – 2012 sind es 100 EUR je Tonne. Zusätzlich muss das Unternehmen noch die fehlende Menge an Emissionsrechten am Markt beschaffen. Damit stellt die Strafzahlung nicht den maximal erreichbaren Preis für ein Emissionsrecht dar. Die EU hat auch bereits für die Post-Kyoto-Phase Regeln geschaffen: So wird die dritte Handelsphase von 2013 – 2020 dauern.

Die Emissionsrechte werden elektronisch in Registern verwaltet. Jede Anlage erhält ein Konto, auf welchem die Emissionsrechte bei der Zuteilung eingebucht werden. Analog zum Zugriff auf elektronische Bankkonten können dann Übertragungen auf andere Konten getätigt werden, man kann den Kontostand feststellen und kontrollieren, ob Einbuchungen stattgefunden haben. Zur Erfüllung der Verpflichtungen können dann auch die Rechte gelöscht werden. In Deutschland führt die Deutsche Emissionshandelsstelle (DEHSt – www.dehst.de) das Register. Eine Kontoeröffnung ist für jedermann möglich, sodass der Handel nicht nur auf Anlagenbetreiber reduziert ist.

Bereits hier sollte klar sein, dass der Emissionsrechtemarkt auch politisch getrieben ist. Erst wenn die regulatorischen Rahmenbedingungen vorgegeben sind und die Marktteilnehmer sich auf diese verlassen können, kann ein liquider Handel entstehen. Vor allem sollte ausgeschlossen sein, dass Änderungen während einer Zuteilungsperiode auftreten, da das mit erheblichem Markteinfluss und mit Preissprüngen verbunden ist.

2.   Operativer Handel mit Emissionsrechten

2.1   Operativer Handel

Der operative Handel begann schon lange vor der Verabschiedung der EU-Emissionshandelsrichtlinie und der Ausgestaltung der nationalen Allokationspläne (NAP). Freilich waren die Umsätze zu Beginn aufgrund der hohen Unsicherheit über Ausgestaltungsdetails sehr gering, dennoch war diese Periode von entscheidender Bedeutung. Weniger wegen der Preissignale im Markt, sondern weil hier bereits wertvolle Infrastruktur für einen operativen Handel vorbereitet wurde.

Oft wird unterschätzt, welche Vorbereitungen in Unternehmen für den Emissionshandel vonnöten sind. Dies umfasst zum Beispiel unternehmensübergreifende Aktivitäten wie das Erstellen eines Rahmenvertrages. Handelsgeschäfte werden per Telefon oder über elektronische Plattformen abgeschlossen. Damit diese Geschäfte einerseits rechtsgültig werden, sich andererseits die Händler aber auch auf die wesentlichen Kenngrößen konzentrieren können, sprich Art der gehandelten Ware, Liefermenge und Preis, werden Rahmenverträge verwendet. Diese regeln Details wie Ort und Tag der Lieferung, Zahlungsfristen, erfassen Kredit- und Lieferrisiken. Die European Federation of Energy Traders (EFET) hat basierend auf den langjährigen Erfahrungen im europäischen Stromhandel einen Rahmenvertrag für den Emissionshandel entwickelt, der auch rege eingesetzt wird. Die frühen Geschäfte dienten auch dazu, Vorläufer dieses Rahmenvertrages und auch den Rahmenvertrag selbst von möglichst vielen Rechtsabteilungen wieder und wieder auf Herz und Nieren zu überprüfen.

Neben diesem rechtlichen Aspekt, der im Wesentlichen von den Marktteilnehmern selbst geregelt wird, gibt es noch weitere unternehmensübergreifende Aspekte wie steuerliche Behandlung, rechtliche Auflagen, denen Handelsabteilungen generell unterworfen sind, und die Erfassung derartiger Geschäfte in der Unternehmensbilanz. Auch diese Fragen wurden durch erste Handelsaktivitäten bewusst gemacht und konnten adressiert werden.

Es ist leicht nachzuvollziehen, dass Unternehmen mit einem hohen Grad an aktivem Risikomanagement zu den Vorreitern gehörten. Dies waren vor allem die international tätigen Unternehmen aus dem Öl- und Strombereich. Diese adaptierten die bereits vorhandene Handelsinfrastruktur und konnten den operativen Handel mit Emissionsrechten relativ problemlos integrieren. Handelsfernere Unternehmen konnten zum Aufbau der Handelsaktivitäten auf Berater/Makler zugreifen. Wenn die Handelsgeschäfte ein kritisches Volumen nicht überschreiten, werden die damit verknüpften Aufgaben gern an externe Dienstleister vergeben.

Auf dem OTC-Markt handeln die Teilnehmer bilateral, wobei eine Reihe von Geschäften durch Vermittlung von Maklern zustande kommt. Börsen spielen eine zunehmend wichtigere Rolle. Der Vorteil einer Börse liegt vor allem in einer deutlichen Minderung des Kontrahentenausfallrisikos. Dies ist bei einem Markt, in welchem sich Kontrahenten aus mindestens 27 Länder treffen, ein nicht zu unterschätzender Punkt. Bisher sind unter anderem folgende Börsenplätze entstanden: EEX (Deutschland), Nordpool (Skandinavien), EXAA (Österreich), Powernext (Frankreich), ECX und NewValues (Niederlande), SendeCO2 (Spanien). Die Börsen sind stets für Teilnehmer aus allen EU-Ländern und Nicht-EU-Ländern offen.

Zwischen den Marktplätzen existieren allenfalls geringe Preisunterschiede für Emissionsrechte. Arbitrageure würden Preisdifferenzen sofort ausnutzen, um an preislich niedrigeren Marktplätzen zu kaufen und an teureren zu verkaufen. Dieser Mechanismus, der auch an Aktien- und Zinsmärkten ausgenutzt wird, führt innerhalb kürzester Zeit zu einem weitgehenden Angleichen der Preise an allen Handelsplätzen. Damit erhält man einen europaweit einheitlichen Preis für ein CO_2-Emissionsrecht.

Wie bei anderen Märkten üblich werden die Börsen- und die OTC-Notierungen gesammelt und einer breiten Öffentlichkeit zur Verfügung gestellt. Neben etablierten Nachrichtenanbietern wie DowJones, Reuters oder Argus, sind hier auch neue spezialisierte Firmen wie die norwegische PointCarbon tätig. Die damit verbundene Preistransparenz und der Einfluss der Makler und der Börsen sorgen dafür, dass Vertrauen in die Marktpreise und in den Markt gewonnen wird.

Ein EU-Emissionsrecht erlaubt den Ausstoß einer Tonne CO_2. Sie werden am Spot- und Terminmarkt gehandelt, ebenso sind auch Optionen auf sie verfügbar.

2.2   Preishistorie und fundamentale Preistreiber

Bereits seit dem Jahr 2003 werden Geschäfte mit EU-Emissionsrechten auf Terminbasis getätigt. Bei diesen ersten Geschäften versuchten sich die Handelsteilnehmer aufgrund der bekannten Kyoto-Ziele und des jeweiligen politischen Diskussionsstandes eine Preismeinung zu erarbeiten. Die hohen Unsicherheiten, die damit verknüpft waren, spiegelten sich auch in der Spanne zwischen Angebots- und Nachfragepreisen wider. Erst als schrittweise die Rahmenbedingungen für den Emissionsrechtemarkt klarer wurden, verengte sich die sogenannte Geld-Brief-Spanne deutlich: Während im Februar 2003 Käufer 3,50 EUR/t CO_2 bezahlen wollten, Verkäufer jedoch erst ab 7,50 EUR/t zu finden waren (damit lag das Preismittel bei 5,50 EUR/t und die Spanne bei vier EUR/t), liegt aktuell die Spanne meist bei 0,10 EUR/t, oft sogar 0,05 EUR/t.

Der genannte Marktpreis von etwa fünf EUR/t war aufgrund der oben skizzierten Überlegungen auch lange Zeit am Markt vorherrschend, stärkere Abweichungen von diesem Preis kamen erst ab Mitte 2003 zustande (Abbildung 1). Diese Änderungen waren im Wesentlichen durch politische Entscheidungen induziert. Die Verabschiedung der Emissionshandelsrichtlinie durch die EU führte zum Beispiel zu einer Erhöhung der Marktpreise, da nun klar wurde, dass die bisher gehandelte Ware zum 1.1.2005 wirklich einen reellen Wert darstellen würde. In der Folgezeit stiegen die Preise bis auf 13 EUR/t. Die ersten NAP-Vorschläge hatten zunächst durch die vorgeschlagenen relativ großzügigen Allokationsmengen einen preisdämpfenden Einfluss. In Folge führte die Kritik der EU-Kommission an der Höhe dieser Mengen wieder zu einer festeren Tendenz der Preise. In der zweiten Jahreshälfte 2004 verharrte dann der Preis in einem sehr engen Band um die neun EUR/t. Interessanterweise konnte man in dieser Phase bereits feststellen, dass der Markt an Reife dazu gewonnen hatte, da politische Nachrichten einen zunehmend geringeren Einfluss auf die Preise zeigten, hingegen fundamentale Betrachtungen an Bedeutung gewannen.

Am Anfang des Jahres 2005 führten relativ milde Temperaturen, feiertagsbedingte niedrige Nachfrage und überdurchschnittlich hohe Windeinspeisung in Skandinavien und Norddeutschland zunächst zum Nachgeben der Preise. Durch die genannten Effekte wurde weniger CO_2 als erwartet in der Stromwirtschaft ausgestoßen. Bereits Ende Januar begann jedoch ein Preisanstieg, der letztlich auf ein von den meisten Marktteilnehmern nicht erwartetes Preisniveau führte. Als Hauptursache hierfür wurde die Entwicklung der Gaspreise betrachtet. Die genannten fundamentalen Preistreiber werden nun detaillierter betrachtet.

Wettereinflüsse spielen eine große Rolle bei der Preisbildung am Strommarkt und damit am Emissionsrechtemarkt und wirken sich sowohl auf die Nachfrage als auch auf das Angebot an Emissionsrechten aus. Höhere Nachfrage nach Strom kann typischerweise nur durch fossil befeuerte Kraftwerke abgedeckt werden und ist daher mit einem stärkeren CO_2-Ausstoß gekoppelt. Überdurchschnittlich hohe Temperaturen führen im Winter zu einer niedrigeren Nachfrage nach Wärme und nach Strom und damit zu geringeren CO_2-Emissionen. Überdurchschnittlich hohe Temperaturen im Sommer haben den gegenteiligen Effekt, da bedingt durch den verstärkten Einsatz von Klimaanlagen die Stromnachfrage steigt. Dieser Effekt wurde 2005 vor allem in Spanien, Portugal, Italien und im Süden Frankreichs spürbar. Zudem können höhere Sommertemperaturen zu Kühlwassermangel und damit zu geringerer Produktion aus CO_2-armen Kernkraftwerken vor allem in Frankreich führen.

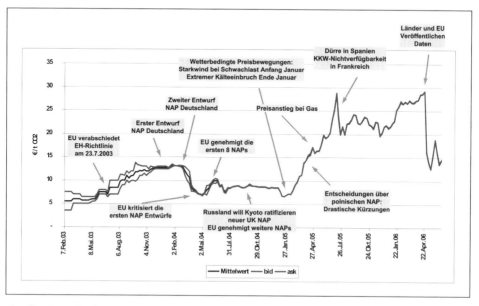

Quelle: PointCarbon
Abbildung 1:   Preis der EU-Emissionsrechte mit Lieferdatum 1. Dezember 2005 seit Mai 2003

Die Niederschlagsmenge, sowohl in Form von Regen als auch von Schnee, hat einen erheblichen Einfluss auf die Wasserkraftproduktion. Je mehr CO_2-freie Wasserkraft vorhanden ist, desto weniger muss auf fossile Produktion zurückgegriffen werden. Die große Trockenheit dieses Jahres vor allem in Südwesteuropa führte zu einer deutlich unter dem Mittel liegenden Wasserkraftproduktion. Die Schwankungen bei der Wasserkraftproduktion liegen dabei in der Größenordnung von einigen TWh, das heißt die daraus resultierenden Schwankungen beim CO_2-Inventar in der Größenordnung von einigen Millionen Tonnen.

Zum dominierenden Faktor für den Emissionsrechtepreis wurden im Verlauf des Jahres 2005 die Brennstoffmärkte für Gas, Kohle und Rohöl. Der Brennstoffwechsel von Kohle zu Gas ist einer der wenigen sofort verfügbaren CO_2-Vermeidungsmöglichkeiten. Er ist jedoch nur dann realisierbar, wenn der Kraftwerkspark geeignete Kapazitäten an Gas- und Kohlekraftwerken vorweisen kann. Letzteres ist innerhalb Europas eigentlich nur im Vereinigten Königreich und in etwas geringerem Ausmaße innerhalb der Niederlande der Fall. Die Einsatzentscheidung zwischen einem Kohle- und einem Gaskraftwerk kann auf täglicher Basis gefällt werden. Diese rein ökonomische Entscheidung wird getroffen durch den Vergleich zwischen den

Großhandelspreisen für Strom und den Brennstoffpreisen sowie den Marktpreisen für Emissionsrechte. Typischerweise sind Gaskraftwerke erst mit Beachtung des Emissionsrechtepreises günstiger als Kohlekraftwerke, sodass der Emissionshandel die Einsatzentscheidung in Richtung der CO_2-ärmeren Erzeugung lenkt und damit der gewünschte Steuerungseffekt erreicht wird. Durch den starken Anstieg der Gaspreise im Verlauf des Jahres 2005 wurden Gaskraftwerke aber erst bei zunehmend höheren Emissionsrechtepreisen wettbewerbsfähig.

Die Tatsache, dass der Brennstoffwechsel einer der wenigen schnell verfügbaren Möglichkeiten zur Emissionsvermeidung ist, kann jedoch noch nicht ausreichend erklären, warum dieser Mechanismus so marktbestimmend geworden ist. Die englischen Stromproduzenten sind äußerst knapp mit Emissionsrechten ausgestattet worden, sodass sie fast die gesamte Last der Vermeidung der englischen Emissionshandelssektoren allein zu tragen haben. Die geringe Allokation führte naheliegenderweise auch zu einer risikoscheuen Absicherungsstrategie, das heißt konkret, jede auf Termin verkaufte Menge Strom wird sofort mit der benötigten Menge an Emissionsrechten unterlegt. Damit wird eine hohe Nachfrage nach CO_2-Emissionsrechten aufgebaut, die nicht mit einem verstärkten Angebot seitens des vergleichsweise gut ausgestatteten Nichtstromsektors korrespondiert.

Es fällt auf, dass bisher als fundamentale Preistreiber neben dem politisch-regulativen Rahmen vor allem solche aus dem Bereich der Strom- und Wärmeerzeugung genannt worden sind. Dies ist etwas überraschend, wenn man sich vor Augen hält, dass die Verteilung der Emissionsrechte in Europa während der Testphase den Strom- und Wärmesektor mit etwa 57 Prozent bedacht hat, die restlichen 43 Prozent jedoch an andere Industrien gingen. Dass Letztere bisher am Markt im Vergleich zur Allokation kaum in Erscheinung getreten sind, hat mehrere Ursachen.

Zum einen sind in diesen Sektoren überdurchschnittlich viele Kleinanlagen mit sehr geringen Emissionen enthalten, für die eine aktive Marktteilnahme keine Vorteile verspricht. Diese Firmen werden den Markt lediglich zur Bedarfsdeckung nutzen. Zum anderen ist für eine Reihe von Unternehmen die Teilnahme an Handelsmärkten eine neue Herausforderung, auf die zunächst mit dem Aufbau der benötigten Handelsinfrastruktur reagiert werden muss bzw. mit dem Suchen eines geeigneten externen Portfoliomanagers.

Im weiteren Verlauf der Testphase folgte Ende April/Anfang Mai 2006 ein deutlicher Preisrutsch: Die allozierte Menge an Emissionsrechten war deutlich größer als der angenommene Verbrauch. Da die Rechte aus der Testphase nicht auf die Kyoto-Phase 2008 bis 2012 übertragen werden können, gingen die Preise im Zeitverlauf auf Werte um die 0,10 EUR/t zurück.

Im bisherigen Verlauf der Handelsperiode 2008 – 2012 sind es wieder die fundamentalen Treiber, welche den Preis setzen, das heißt vor allem das Brennstoffdifferenzial von Kohle zu Gas. Dazu kommen noch Erwartungen des Marktes an bestimmte CO_2-Minderungstechnologien und den damit verbundenen Vermeidungskosten: Investitionen in CO_2-arme Technologien setzen verstärkt den Preis, sind aber immer noch mit der Unsicherheit über

Ausgestaltungsdetails nach 2012 behaftet. Da die Rechte aus der Phase 2008 – 2012 auch in den folgenden Handelsperioden verwendet werden können, ist allerdings ein Preis nahe 0 EUR/t nicht mehr zu erwarten.

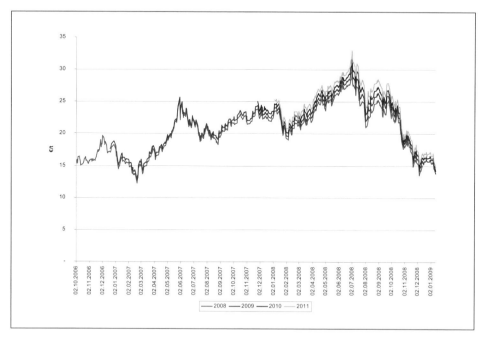

Abbildung 2: Preishistorie für Emissionsrechte der Kyoto-Phase 2008 – 2012 für unterschiedliche Lieferzeitpunkte. Die Preisdifferenz ist auf Zinsarbitrage zurückzuführen. Der schwächer werdende Gaspreis sorgte im Verlauf des 2. Halbjahres 2008 für einen Preisrückgang

Festzuhalten bleibt damit zunächst, dass der Emissionshandel funktioniert, weil sich ein Preissignal für CO_2-Emissionen ergeben hat und der Markt nach Meinung einer Vielzahl aktiver Teilnehmer über eine ausreichende Liquidität verfügt. Die Internationalität des Handels, die Vielfalt der Einflussfaktoren, die unterschiedlichen Interessen von betroffenen Sektoren und spekulierenden Händlern sowie der problemlose grenzüberschreitende Austausch von Emissionsrechten führen des Weiteren zu einem ausgewogenen und fairen Marktgeschehen. Seit geraumer Zeit nehmen daher auch reine Händler und Banken am Markt teil. Die Höhe der Marktpreise ist kein Zeichen für das Funktionieren oder Nichtfunktionieren eines Marktes, sondern ist in erster Linie eine Aussage über Angebot und Nachfrage. Zur Senkung eines als zu hoch empfundenen Marktpreises müssen daher in einem marktwirtschaftlichen Umfeld Bemühungen zur Steigerung des Angebots unternommen werden. Ebenso unerlässlich sind Investitionen in CO_2-mindernde Technologien. Hierzu benötigen die Investoren ausreichende Sicherheit über die weitere Ausgestaltung des Emissionshandels, vor allem, wenn die Investitionszeiträume sehr lang sind, wie es für die Energiewirtschaft typisch ist.

3.   Wechselwirkung zwischen Emissionshandel und Strommarkt

Der Emissionshandel hat in weiten Teilen der energieintensiven Industrien durch die Auswirkungen auf die Strompreise für Aufsehen gesorgt. Dabei waren derartige Effekte schon in einer Reihe von Studien und Simulationen vorhergesagt worden, so beispielsweise auch in der BASREC-Simulation im Jahr 2002. Allerdings ist zu beachten, dass der Emissionsrechtepreis nur einer von vielen Einflussfaktoren auf den Strompreis ist.

Die Art der Allokation – ob kostenfrei oder per Auktion – ist letztlich für die Funktionsweise des Emissionshandels unerheblich, entscheidend ist lediglich, dass es einen Preis für Emissionen gibt. Würde bei der täglichen Einsatzentscheidung im Kraftwerkspark davon ausgegangen werden, dass die zugeteilten Emissionsrechte nicht als Kosten zum Wiederbeschaffungspreis zu berücksichtigen sind, so würde sich keinerlei Änderung beim Kraftwerkeinsatz ergeben. Weiterhin wären Kohlekraftwerke im Einsatz günstiger als Gaskraftwerke. Dadurch würde die Wirkungsweise des Emissionshandels in zweifacher Weise untergraben. Einerseits würden Kraftwerksbetreiber die Kosten für den Umweltverbrauch nicht adäquat erfassen. Andererseits würde die Vermeidungsmöglichkeit durch den Brennstoffwechsel dadurch nicht am Markt als günstigste Vermeidungsform den Preis setzen, sondern wesentlich teurere Vermeidungsmöglichkeiten. Am Ende würde somit ein derartiges Unterlaufen des Emissionshandels die Vermeidungslast vom Stromsektor auf andere Handelssektoren übertragen.

4.   Investitionsentscheidungen

Theoretisch sollen die Preissignale des Emissionsrechtemarktes dazu dienen, neben kurzfristigen Einsatzentscheidungen auch langfristige Investitionsentscheidungen in CO_2-ärmere Technologien herbeizuführen. Die meisten Projekte haben zumindest in der Energiewirtschaft relativ lange Vorlaufzeiten. Kraftwerksneubauten gehen stets jahrelange Planungen voraus und auch deren Umsetzung ist selbst bei relativ schnell zu realisierenden Gaskraftwerksprojekten mit wenigstens zwei Jahren anzusetzen. Selbst Vermeidungsmöglichkeiten am existenten Kraftwerkspark durch Wirkungsgradverbesserungen benötigen einige Monate teilweise sogar Jahre von der Idee bis zur Umsetzung.

Dies führt letztlich dazu, dass einige Vermeidungsmaßnahmen mit einem Gesamtvolumen von etlichen Millionen Tonnen CO_2 erst in der Kyoto-Periode 2008 bis 2012 oder sogar danach vollständig umgesetzt sind. Für eine solide Marktmeinung ist es daher unerlässlich, sich mit Technologien, deren Kosten und deren zeitlicher Umsetzbarkeit zu beschäftigen.

5. Risikomanagement

Für einen Anlagenbetreiber umfasst das Risikomanagement beim Emissionshandel mehrere Aspekte. Zunächst muss er sich um eine vollständige Erfassung aller dem Gesetz unterliegenden Emissionen kümmern. Das erfordert vor allem eine saubere Definition der Prozesse und Kommunikationsschnittstellen, damit gesetzliche Meldefristen eingehalten werden können.

Eine Erfassung der historischen Emissionen ist ein weiterer wichtiger Schritt. Die Historie wird nicht nur benötigt, um die Zuteilung nach historischen Emissionen per Gesetz zu erhalten. Sie gibt einem Unternehmen auch wichtige Informationen darüber, wie stark die jährlichen Emissionen schwanken und welche Ursachen damit verbunden sind. Zudem kann die Erfassung erste Hinweise dazu geben, wie durch technische Maßnahmen CO_2 vermieden werden kann.

Den möglichst vollständigen Überblick über die technischen Vermeidungsmöglichkeiten an CO_2 muss sich ein Unternehmen auf jeden Fall erarbeiten. Hier sind die möglichen Vermeidungsmengen wichtig, aber auch die aufzuwendenden Kosten. Die Marktpreise geben dann Auskunft darüber, welche Maßnahmen rentabel umsetzbar sind oder ob es günstiger wäre, sich am Markt mit der benötigten Menge an Emissionsrechten einzudecken. Hierfür kann sich ein Unternehmen eine interne Grenzkostenkurve errechnen. Die Kurve sollte regelmäßig aktualisiert werden, um sich so stets die Entscheidung offenhalten zu können, ein internes Vermeidungsprojekt anzugehen. Dabei sollte man sich stets vor Augen halten, dass die so errechneten Grenzkostenkurven Veränderungen unterliegen. Ursachen hierfür sind Projektunsicherheiten, das überraschende Auffinden günstigerer Vermeidungsmöglichkeiten oder Veränderungen im Anlagenpark. Veränderungen der Grenzkostenkurve könnten zur Situation sehr hoher Vermeidungskosten führen, sodass es sich hier auf jeden Fall empfiehlt, eine stärkere Absicherung über Handelsinstrumente zu verfolgen.

In der Zwischenzeit hat sich der Markt so erfreulich entwickelt, dass das übliche Value-at-Risk zur Risikobewertung verwendet werden kann. Die Marktpreishistorie ist inzwischen lang genug, um Parameter wie die Volatilität bestimmen zu können. Die Liquidität des Marktes ist für das Schließen von Mengen einer bestimmten Größenordnung inzwischen ausreichend.

Emissionsrechte werden an einem Spot- und am Terminmarkt gehandelt. Am Terminmarkt werden Emissionsrechte mit Lieferung zum 1. Dezember gehandelt. Ein EUA 2009 ist dementsprechend ein EU-Emissionsrecht mit Lieferung im Dezember 2009. Typische Handelsmengen für ein Geschäft sind 10.000 Tonnen, das heißt bei einem Marktpreis von 25 EUR/t, wäre ein Betrag von 250.000 EUR aufzuwenden. Notierungen auf dem Emissionsrechtemarkt sind typischerweise in EUR. Die Bedeutung des Terminmarktes resultiert vor allem aus dem Zwang heraus, dass man auf dem Registerkonto nicht »short« gehen kann. Da der Kontostand immer einen Wert größer gleich 0 Emissionsrechte aufweisen muss, können keine Leerverkäufe getätigt werden. Einen direkten Zugang zum Markt erhält man über Börsen oder über Handelspartner für OTC-Geschäfte. Intermediäre bieten ebenso eine Zugangsmöglichkeit. Einige Banken haben bereits Zertifikate entwickelt, welche an den Markt für Emissionsrechte gekoppelt sind.

Optionen auf Emissionsrechte werden auch auf dem Markt gesehen, hier hat sich aber bislang noch eine sehr geringe Liquidität ausgebildet. Die Risikobewertung der Optionen erfolgt dabei über die Black-Formel, zumal ja Emissionsrechte auch den Charakter eines Wertpapiers ohne Erträge haben. Damit werden auch Risikokenngrößen wie das Delta aus dieser Formel bestimmt. Für die Forwards ergibt sich das Delta natürlich einfach aus der Höhe der Position.

Hat sich ein Unternehmen alle Daten zu den erwarteten Emissionen besorgt, sich einen Überblick über die technischen Vermeidungsmöglichkeiten im eigenen Anlagenpark verschafft und die Handelsinfrastruktur aufgebaut, gilt es, einen Beschaffungsplan zu erstellen. Hierzu sollte ab einem gewissen Mindestbedarf die Eindeckung in Tranchen erfolgen, wobei das penible Beachten von »Stop-Loss«-Preisen zu beachten ist. Überschreitet der Marktpreis einen »Stop-Loss«-Preis, so ist sofort die benötigte Tranche einzudecken, um das Verlustrisiko durch erzwungenen teuren Einkauf nach oben zu deckeln. Idealerweise ergänzt man diese Strategie noch um niedrig liegende Preismarken, an denen man ebenso die Tranche automatisch eindeckt. Die Vorgabe dieser beiden Preismarken unterstützt die rationale Entscheidungsfindung. In einer fallenden Preiskurve ist es natürlich verlockend, der Annahme zu verfallen, die Preise würden noch weiter nach unten gehen. Das kann zwar auch eintreten, aber das Unternehmen steht auf der sichereren Seite, wenn es die Gelegenheit nutzt und kauft. Risikomanagement ist in erster Linie eben das Bemühen, den Ereignishorizont für ein Unternehmen auf ein erträgliches Maß zu reduzieren, und nicht das Erzielen möglichst hoher Handelsgewinne.

Die in Abbildung 3 skizzierte Absicherungsstrategie macht zudem deutlich, dass für die meisten Handelsteilnehmer der Emissionsrechtemarkt ein Beschaffungsmarkt ist, auf welchem sie ihre physischen Risiken (das heißt ihre CO_2-Emissionen) absichern. Rein finanzielle Player, die im Wesentlichen spekulative Interessen haben, würden Handelsstrategien wählen.

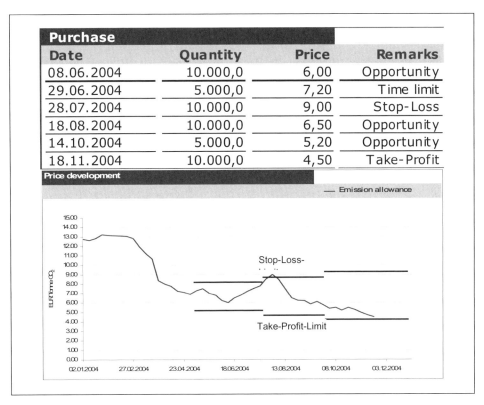

Purchase			
Date	**Quantity**	**Price**	**Remarks**
08.06.2004	10.000,0	6,00	Opportunity
29.06.2004	5.000,0	7,20	Time limit
28.07.2004	10.000,0	9,00	Stop-Loss
18.08.2004	10.000,0	6,50	Opportunity
14.10.2004	5.000,0	5,20	Opportunity
18.11.2004	10.000,0	4,50	Take-Profit

Abbildung 3:   *Beschaffungsstrategie mit Stop-Loss und Take-Profit-Limits. Zu Beginn des Jahres erstellte das Unternehmen einen Beschaffungsplan (Tabelle oben) und definierte dabei Einkaufszeitpunkte sowie Limite, bei denen sofort gekauft werden muss: Sei es, um die Verluste bei steigenden Preisen zu deckeln, sei es, um Opportunitäten auszunutzen*

6.   Weiterentwicklung des Emissionshandels

Betrachtet man die weltweiten Emissionen von Kohlendioxid für das Jahr 2003, so stellt man fest, dass über 70 Prozent auf die USA, die EU-27, China, Indien, Russland, Japan, Kanada, Südkorea und Australien zurückzuführen sind, wobei China mit etwas mehr als 14 Prozent nahezu denselben Anteil wie die EU-27 hat. Ein Nachfolgeabkommen von Kyoto ohne USA, China und Indien wird daher nicht zu einer nachhaltigen Verringerung der Erderwärmung führen. Die zuletzt genannten Länder vereinen über 40 Prozent der globalen Emissionen auf sich. Darüber hinaus wird erwartet, dass die beiden asiatischen Länder ihre Emissionen in Zukunft deutlich steigern werden.

Eng verknüpft mit dieser Zieldebatte ist die Instrumentendebatte. Während die EU-27 gegenwärtig ein starker Befürworter von Systemen mit absoluten Obergrenzen ist, gibt es als starken Gegenpol dazu die USA, die relative Ziele befürworten. Auch Staaten, mit denen sich die EU-27 in Gesprächen darüber befindet, geplante Emissionshandelssysteme mit dem EU-System zu verknüpfen, haben die absoluten Obergrenzen aufgeweicht. Sei es Kanada, wo eine Preisobergrenze für handelbare Emissionsrechte festgelegt wird, oder die Schweiz, welche eine Steuer plant, aus der man sich durch Einlösen von Vermeidungszertifikate freikaufen kann.

Ob andere Staaten dem EU-System letztendlich folgen, ist vielleicht nicht die richtige Frage. Wichtiger ist es, dass in allen Ländern Restriktionen für den Ausstoß an Treibhausgasen eingerichtet werden. Nur dadurch kann der momentan vorhandene Wettbewerbsnachteil im Vergleich zu Ländern ohne Emissionshandel gemindert werden.

Neben den Diskussionen, die auch in der EU über die Art und Weise der Fortführung des Kyoto-Protokolls geführt werden, ist die weitere Ausgestaltung der Zeit nach 2012 ein wichtiges Thema. Erste Richtlinienvorschläge der EU sind bereits erarbeitet, dabei sind aber noch einige Details zu klären.

Trotz der noch anstehenden Arbeiten sind die meisten Marktteilnehmer davon überzeugt, dass der Emissionshandel sich über kurz oder lang ausdehnen und so zu einem globalen Markt wird. Das wäre nicht nur ökologisch wünschenswert, sondern auch ökonomisch: Erst ein weltweiter Preis für CO_2 wird überall die gleichen Investitionsanreize setzen und dabei wettbewerbliche Verzerrungen vermeiden.

7.   Resümee und Ausblick

In einem kurzen Überblick wurden die operativen Aspekte des eigentlichen Handelsgeschäfts, das Geschehen an den Handelsplätzen und Börsen sowie die zugrunde liegende Preisdynamik erläutert. Bewusst wurde nicht versucht, Einflussfaktoren zu quantifizieren. Dies ist in sich entwickelnden Märkten nur bedingt sinnvoll, hier benötigen die Marktteilnehmer noch mehr Erfahrung, um die Auswirkungen einzelner Faktoren quantitativ besser erfassen zu können.

Das Emissionshandelssystem ist ein noch sehr junges Instrument. Die ersten Erfahrungen in Bezug auf die Funktionsfähigkeit des Marktes stimmen optimistisch, die Strompreiseffekte für die energieintensiven Industrien müssen jedoch in einem Umfeld generell steigender

Energiepreise mit Sorge betrachtet werden. Wenn das gegenwärtige Preisniveau für Emissionsrechte als zu hoch empfunden wird, so sollte man systemkonform zunächst die Angebotsseite stärken.

Wenn Klimaschutz als wichtige weltweite Aufgabe gesehen wird, so ist vordringlich erforderlich, dass auch alle wesentlichen Emittenten ihren Beitrag zum Klimaschutz leisten. Es ist momentan nicht zu erwarten, dass es in Bezug auf das zu verwendende Instrument zu einer Einigung kommen wird. Vielmehr ist davon auszugehen, dass es unterschiedliche Ausgestaltungen geben wird, beispielsweise in Form von Steuern oder Technologievorgaben. Der Emissionshandel ist bei einer Mengenvorgabe sicherlich das effizienteste Instrument für mengenmäßige Ziele, sodass seine Verwendung aus volkswirtschaftlicher Sicht sinnvoll ist.

Teilnehmer am Emissionsrechtemarkt werden also auch weiterhin ein gewisses politisches Risiko zu tragen haben. Solange man sich auf die Phasen konzentriert, für welche die Zuteilung bereits erfolgt ist, kann das Risiko jedoch deutlich gemindert werden. Für Emissionsrechte ab den Jahren 2013 ist das zum jetzigen Zeitpunkt noch nicht der Fall. Der Markt 2008 bis 2012 bietet jedoch in hohem Maße interessante und spannende Möglichkeiten.

Bewertung von Stromderivaten

Jan Marckhoff / Matthias Muck

Zusammenfassung

In dieser Arbeit stellen wir die grundlegenden Eigenschaften von Strommärkten dar, um dann auf deren Bedeutung bei der Bewertung von Stromderivaten einzugehen. Hierbei sind insbesondere die Reduced-Form-Modelle von zentraler Bedeutung. Ausgehend von dem grundlegenden Ansatz von Lucia/Schwartz (2002) zur Bewertung von Stromkontrakten diskutieren wir Modellerweiterungen, die sich in den letzten Jahren in der Literatur herausgebildet haben. Eine zentrale Aufgabe kommt der adäquaten Berücksichtigung von Preissprüngen zu, wobei die spezifischen Charakteristika einzelner Strommärkte einzubeziehen sind. Es hat sich gezeigt, dass Regime-Switching-Modelle, als Teil der Reduced-Form-Modelle, eine gute Möglichkeit bieten, Strompreise sowohl in Bezug auf ihre statistischen Eigenschaften als auch ihre Trajektorie angemessen zu modellieren.

1.   Einführung

Seit Ende der Achtzigerjahre des letzten Jahrhunderts hat in den Strommärken weltweit ein drastischer Wandel stattgefunden. Diese waren ursprünglich von staatlich kontrollierten und vertikal integrierten Unternehmen dominiert, welche von der Stromerzeugung über den Transport bis zum Vertrieb an den Endkunden die komplette Wertschöpfungskette übernommen hatten. Hierbei wurden die Preise ebenfalls von öffentlicher Hand bestimmt und grundsätzlich kostendeckend kalkuliert. Mit Beginn der 1990er-Jahre fand eine Deregulierung dieser Märkte statt, was zur Folge hatte, dass die Staatskonzerne aufgespalten und Privatunternehmen der Zugang zum Strommarkt erleichtert wurde. Ziel war ein durch Wettbewerb geprägter Markt, in dem die Preise durch freies Spiel der Kräfte von Angebot und Nachfrage bestimmt werden. In diesem Zusammenhang haben sich auch die Lieferverträge zwischen Produzenten und Kunden gewandelt. Waren die Liefervereinbarungen ursprünglich durch langfristige Beziehungen mit konstanten Preisen geprägt, so wurden diese stetig durch kürzer laufende Vereinbarungen ersetzt. Dies hatte eine stärkere Orientierung an kurzfristigen Preisen zur Folge und führte damit zu einer erhöhten Unsicherheit für die Marktteilnehmer. Somit ist, auf Grund der im Vergleich zu Finanz- oder anderen Rohstoffmärkten weitaus höheren Volatilität, ein nicht zu unterschätzendes Preisrisiko für Stromproduzenten als auch Stromabnehmer entstanden.[1] Ein erhöhter Bedarf an Transparenz in der Preisfestsetzung sowie eine vermehrte Nachfrage von Instrumenten zum Management des entstandenen Risikos führten im Zuge der Liberalisierung zu der Etablierung von Strombörsen. Obwohl der Anteil des außerbörslich gehandelten Stroms, auch als Over-the-Counter-Markt (OTC) bezeichnet, zurzeit dominiert, gewinnen die Strombörsen immer mehr an Liquidität und somit an Bedeutung.[2]

Neben der Liberalisierung nationaler Strommärkte ist in den letzten Jahren ein vermehrtes Zusammenwachsen internationaler Strommärkte erkennbar. Dies ist insbesondere in Europa, aufgrund der eng verbundenen Stromnetze, zu beobachten. So werden rund zehn Prozent des in der EU, Norwegen und der Schweiz genutzten Stroms grenzüberschreitend geliefert.[3] Neben der hohen Integration der Stromnetze existieren seit Anfang 2005 CO_2-Zertifikate in Europa. Da diese für die gesamte EU gelten, stellen sie einen gemeinsamen Preisfaktor verschiedener Strommärkte dar. Aus diesen Gründen nähern sich die Strompreise innerhalb Europas kontinuierlich an. Weil die grenzüberschreitenden Kapazitäten jedoch limitiert sind, kommt es vor allem während der nachfrageintensivsten Stunden vermehrt zu Engpässen und somit zu erheblichen Preisdifferenzen an Grenzkuppelstellen.[4]

Das gestiegene Risiko im nationalen und internationalen Stromhandel hat zu einer verstärkten Bedeutung des Risikomanagements geführt. Grundlegend hierfür ist ein profundes Verständnis über die Preisbildung im Strommarkt, um darauf aufbauend die vorhandenen Risiken angemessen zu quantifizieren und somit ein adäquates Risikomanagement zu ermöglichen. Hierzu liefert die vorliegende Arbeit in Kapitel 2 zunächst einen Überblick über die Eigenschaften von Strom sowie dessen charakteristischen Preisverlauf. Darauf aufbauend gibt Abschnitt 3 zunächst einen Überblick der im Strommarkt relevanten derivativen Produkte. Anschließend wird die Bewertung von Stromderivaten erläutert, wobei ein Fokus auf den zur Bewertung üblich genutzten *Reduced-Form*-Modellen liegt. Abschnitt 4 fasst zusammen.

---

1   Vgl. Weron (2006) für einen Vergleich historischer Volatilitäten in verschiedenen Märkten.

2   Vgl. Schiffer (2008) für eine detaillierte Beschreibung des deutschen Strommarktes.

3   Allerdings handelt es sich bei den zehn Prozent lediglich um eine Nettogröße. Da sich entgegengesetzte Stromflüsse nivellieren, ist der Bruttostromfluss als weitaus höher einzuschätzen. Vgl. EC (2007).

4   Zachmann (2008) zeigt, dass die Strompreise innerhalb Europas stark miteinander korrelieren. Dies ist primär auf die miteinander verbundenen Stromnetze zurückzuführen.

2.   Strom als Commodity

2.1   Eigenschaften von Strom

Strom unterscheidet sich in mehrerer Hinsicht von anderen Rohstoffen. Zum einen ist es nicht möglich, Strom zu einem bestimmten Zeitpunkt zu beziehen, da Strom nur genutzt werden kann, wenn er über einen gewissen Zeitraum geliefert wird. Aus diesem Grund wird Strom als *flow commodity* bezeichnet und Vereinbarungen über die Lieferung von Strom haben somit immer eine zeitliche Dimension (zum Beispiel Stunde, Woche, Monat). Zweitens gilt Strom als nicht ökonomisch lagerfähig.[5] Drittens ist Strom an ein gegebenes Netz gebunden und nicht beliebig transportierbar. Wird Strom in ein Netz eingespeist, breitet es sich unmittelbar über das gesamt Netz aus. Somit erhält jeder Abnehmer von Strom ständig einen Mix verschiedener Anbieter, was aufgrund der perfekten Fungibilität von Strom jedoch keinen Nachteil darstellt. Die Netzgebundenheit sowie fehlende Lagerfähigkeit haben erhebliche Auswirkungen auf die Preisbildung im Strommarkt. Die Netzbetreiber (Transmission System Operators TSOs) müssen sicherstellen, dass zu jedem Zeitpunkt Angebot und Nachfrage übereinstimmen. Aufgrund der fehlenden Lagerfähigkeit von Strom ist es jedoch nicht möglich, kurzfristige Angebotsdefizite und Nachfrageüberhänge durch Vorräte auszugleichen. Weil die TSOs dafür sorgen, dass eine bestimmte Netzspannung nicht über- bzw. unterschritten wird, treten zum Teil extreme Preissprünge auf, und es sind auch negative Strompreise möglich.[6]

In einem effizienten Markt entspricht der Preis eines Gutes dessen Grenzkosten. Bei der Bestimmung der zur Stromerzeugung zu nutzenden Kraftwerke ist es aus der Sicht der Kraftwerksbetreiber sinnvoll, zuerst Kraftwerke mit geringen Grenzkosten in Betrieb zu nehmen und teurere Kraftwerke (bzw. teurere Generatoren innerhalb eines Kraftwerkes) bei Bedarf zuzuschalten. Diese Aufstellung der Kraftwerke nach steigenden Grenzkosten wird auch als *power stack* bezeichnet. Ist anfangs der Anstieg der Grenzkosten relativ gering, so können mit steigender Nachfrage die Grenzkosten erheblich steigen, was zu stark steigenden Strompreisen führt. Des Weiteren beeinflussen auch Rohstoffpreise (zum Beispiel Öl, Gas und CO_2) den Verlauf der Kurve und können zu einer Verschiebung der Kraftwerke im *power*

---

5   Zwar ist es möglich, Strom mithilfe von Pumpspeicherkraftwerken zu speichern. Allerdings ist diese Alternative im Moment nicht ökonomisch akzeptabel. Das liegt zum einen an dem einhergehenden Energieverlust und zum anderen an dem geringen Anteil von Hydrostrom in den meisten Märkten Europas (eine Ausnahme bildet Norwegen, wo bis zu 90 Prozent der Stromerzeugung von Wasserkraftwerken stammt). Laut dem Bundesministerium für Umwelt, Naturschutz und Reaktorsicherheit (2008) betrug der Anteil von Hydrostrom am Stromverbrauch in Deutschland lediglich 3,4 Prozent im Jahr 2007.

6   Fällt die Nachfrage rapide, so ist es für Stromproduzenten zum Teil günstiger, Geld für die Stromabnahme zu bezahlen als einzelne Kraftwerke abzuschalten. Das liegt an der je nach Kraftwerk variierenden Wartezeit, die benötigt wird, um ein abgeschaltetes Kraftwerke wieder in Betrieb zu nehmen.

stack führen. Zusätzlich kommt es neben geplanten Kraftwerksabschaltungen (zum Beispiel im Rahmen der routinemäßigen Wartung) manchmal auch zu ungeplanten Ausfällen, was zu einem Schock der Angebotskurve führen kann.

Neben der Angebotskurve unterliegt auch die Nachfragekurve erheblichen Schwankungen. Hierbei sind vor allem die Nachfragegruppen Industrie-, Gewerbe- und Privatkunden zu unterscheiden. So variiert die Nachfrage nach Strom innerhalb eines Tages sowie an verschiedenen Wochentagen bzw. in Abhängigkeit von Arbeits- bzw. Feiertagen. Diese Nachfrageschwankungen sind aufgrund ihrer Regelmäßigkeit recht gut vorherzubestimmen. Darüber hinaus gibt es Faktoren der Nachfrage, die einer gewissen Unsicherheit unterliegen. Hier ist vor allem das Wetter zu nennen.[7] Bei dem Einfluss von Wetter auf die Stromnachfrage sind durchaus regionale Unterschiede zu beobachten. Steigt in den USA im Sommer die Stromnachfrage aufgrund des erhöhten Bedarfs an Klimageräten, so ist in kälteren Regionen der Strompreis grundsätzlich im Winter, bedingt durch vermehrten Bedarf an Beleuchtung sowie elektrisch erzeugter Wärme, höher. Abbildung 1 zeigt die sich im Tagesverlauf ändernde Nachfrage sowie das veränderte Angebot. Dargestellt sind jeweils die aggregiert Angebots- und Nachfragekurve für zwei Einzelstunden im Februar 2007 an der European Energy Exchange (EEX). Die unelastische Nachfrage für geringe sowie die stark ansteigenden Kosten für hohe Mengen an Strom sind deutlich erkennbar.

Die Abbildung zeigt die Angebotskurve (schattiert) und Nachfragekurve (dunkel) für die zwölfte (linke) sowie 24. (rechts) Stunde des 22. Februar 2007. Die Werte der X-Achse sind angegeben in MW.

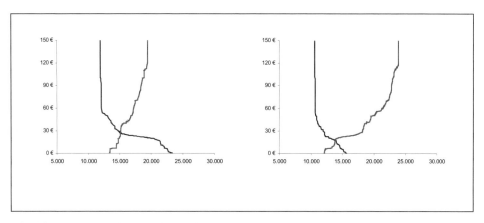

Abbildung 1:   Angebots- und Nachfragekurve für stündlichen Strom an der EEX

---

7   Unter anderem nutzen Pirrong und Jermakyan (2008) und Weron (2006) Temperatur und Niederschlag zur Modellierung von Strompreisen.

2.2   Charakteristika von Strompreisen

Die spezifischen Charakteristika von Strom als Commodity spiegeln sich in den beobachtbaren Strompreisen wieder. Abbildung 2 zeigt die täglichen Spotpreise an der EEX zwischen dem 1. Januar 2001 und dem 31. Dezember 2008 (entspricht 2.922 Tagen). Die täglichen Spotpreise sind berechnet als Mittelwert der Preise der 24 Einzelstunden. Insgesamt umfasst der Datensatz 70.128 stündliche Preise.

Die Abbildung zeigt die täglichen Spotpreise an der EEX, berechnet als arithmetisches Mittel über die Preise der 24 Einzelstunden, zwischen dem 01. Januar 2001 und dem 31. Dezember 2008 gemessen in EUR/MWh.

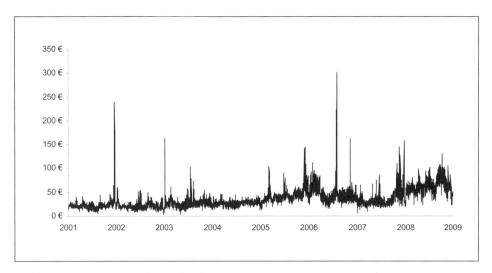

Abbildung 2:   Tägliche Spotpreise der EEX

Abbildung 2 zeigt, dass die Strompreise um ein bestimmtes Niveau fluktuieren und von Zeit zu Zeit extremen Preissprüngen unterliegen. Diese sind jedoch meistens nicht länger als einen Tag zu beobachten. Die Preissprünge haben einen erheblichen Einfluss auf das Gesamtrisiko. Die Standardabweichung der täglichen prozentualen Veränderungen beträgt für den oben dargestellten Zeitraum 47 Prozent. Allerdings liegen signifikante Unterschiede im Vergleich einzelner Stunden des Tages vor. Beträgt die Standardabweichung für die 14. Stunde des Tages rund 89 Prozent, so liegt der Wert für die 23. Stunde bei lediglich 18 Prozent.[8] Neben der Varianz der Strompreise haben die Preissprünge einen bedeutenden Einfluss auf die höheren Momente der Zeitreihe. Die täglichen Preise weisen für den Zeitraum eine Schiefe (Kur-

---

[8]   Hierbei wurde der Datensatz auf Basis der Einzelstunden vor Berechnung um negative Strompreise bereinigt. Auf Basis täglicher Preise sind keine negativen Preise vorhanden.

tosis) von 2,43 (14,21) auf. Auch hier sind die Unterschiede zwischen den Einzelstunden beträchtlich. Für die erste (19.) Stunde des Tages beträgt die Schiefe 1,06 (21,16) und die Kurtosis 0,73 (627,29). Diese hohe Kurtosis in Strompreisen führt zu *fat tales* in deren Verteilung. Diese *fat tales* wurden von Huisman und Huurman (2003) und von Weron (2005) für Strompreise der Amsterdam Power Exchange (APX) und der EEX nachgewiesen.

Neben den Preissprüngen beobachten wir, dass die Strompreise gewissen Saisonalitäten unterliegen. Diese sind sowohl im Tages-, Wochen- als auch im Jahresverlauf zu beobachten. Saisonalitäten innerhalb eines Tages lassen sich in Abbildung 3 (links) erkennen. Dieses sogenannte Doppel-Peak Muster zeigt, dass die mittleren Strompreise innerhalb des Tages erheblich voneinander abweichen. Liegen die stündlichen Preise für die Zeit zwischen 3 und 5 Uhr im Mittel bei rund 20 EUR, erreichen die Preise während der zwölften und 19. Stunde bis zu 60 EUR bzw. 50 EUR respektive. Burger et al. (2004) zeigen darüber hinaus für tägliche Strompreise an der EEX zwischen Januar 2002 und Juli 2002 eine hohe Autokorrelation im Bereich von 24 Stunden. Eine zweite Saisonalität lässt sich im Wochenverlauf zeigen. Abbildung 3 (rechts) zeigt die mittleren Strompreise je Wochentag zwischen 2001 und 2008. Insbesondere ist erkennbar, dass am Wochenende der Strompreis erheblich unterhalb der anderen Tagespreise liegt. Dieses Ergebnis bestätigen Huisman und Huurman (2003) für Preise der APX. Sie zeigen, dass der logarithmierte Strompreis während des Zeitraumes Januar 2001 bis Juli 2003 samstags im Mittel 0,29 und sonntags im Mittel 0,64 unterhalb des Gesamtmittels lag.

Die linke Abbildung zeigt die mittleren Preise pro Stunde gemessen in EUR/MWh. Die rechte Abbildung zeigt die durchschnittlichen Preise je Wochentag in EUR/MWh. Beide Abbildungen beziehen sich auf Strompreise an der European Energy Exchange (EEX) zwischen dem 1. Januar 2001 und dem 31. Dezember 2008.

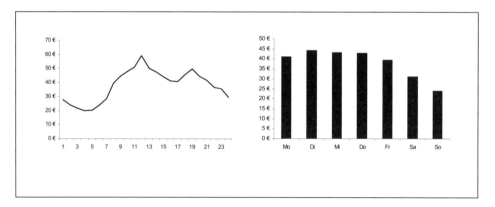

Abbildung 3:   Saisonalität der Spotpreise

Neben den unterschiedlichen Preisniveaus zwischen Arbeitstagen und Wochenenden ist eine wöchentliche Saisonalität der Strompreise mithilfe der Autokorrelationsfunktion erkennbar. Abbildung 4 zeigt die Autokorrelationsfunktion für die täglichen Spotpreise der EEX zwischen 2001 und 2008. Es ist eine deutlich erhöhte Autokorrelation im Wochenrhythmus zu erkennen. Weron (2006) findet für Returns der Strompreise an der Californian Power Exchange (CalPX) zwischen Mai 1998 und April 2000 ebenfalls eine deutliche Autokorrelation mit einem Lag von sieben Tagen. Schließlich ist auch im Jahresablauf Saisonalität nachzuweisen. Dies ist insbesondere durch die oben erwähnte Abhängigkeit der Strompreise von der Nachfrage bedingt und lässt sich anhand von Futurespreisen der EEX in Abbildung 5 erkennen.

Die Abbildung zeigt die Autokorrelationsfunktion für tägliche Spotpreise der EEX zwischen Januar 2001 und Dezember 2008. Die X-Achse gibt den Lag in Tagen an.

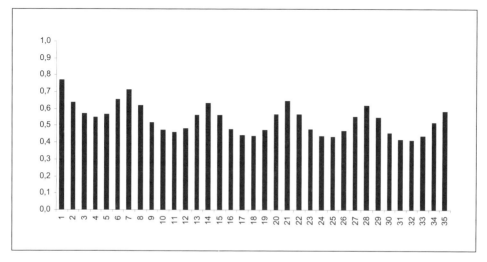

Abbildung 4: Autokorrelationsfunktion täglicher Spotpreise der EEX

Die Abbildung zeigt Futurespreise für Monatsfutures am 14.12.2005 (links) und 14.06.06 (rechts). An der EEX werden maximal die nächsten sechs Monatskontrakte für Strom gehandelt.

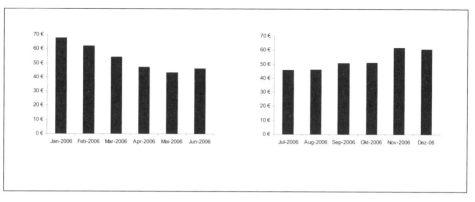

Abbildung 5:   Saisonalität monatlicher Stromfutures

Weiterhin zeigt Abbildung 1, dass Strompreise nicht beständigen Trendbewegungen folgen, sondern um einen bestimmten Mittelwert schwanken. Diese Eigenschaft wird als Mean-Reversion bezeichnet. Hierbei ist es nicht notwendig, dass es sich um einen konstanten Trend handelt. In der Tat ist zu beobachten, dass es sich hierbei um einen saisonalen Trend handelt. Weron (2002) weist die Mean-Reversion für Daten der CalPX zwischen April 2001 und März 2000 nach, indem für diese Daten einen Hurst Exponenten errechnet, der signifikant unterhalb von 0,5 liegt.[9]

Neben diesen charakteristischen Eigenschaften der Strompreise werden in der Literatur darüber hinaus noch weitere Implikationen diskutiert. Burger et al. (2004) zeigen, dass die Volatilität abhängig vom Strompreisniveau ist. Hierbei ist zu beobachten, dass die Volatilität in Zeiten höherer Strompreise ebenfalls steigt. Daneben findet Popova (2004) eine langfristige Nicht-Stationarität in Strompreisen der Börse Pennsylvania-New Jersey-Maryland (PJM). Dieses Ergebnis können Wilkens und Wimschulte (2007) allerdings für Preise der EEX nicht bestätigen.

3.   Risikomanagement im Strommarkt

3.1   Derivative Produkte auf Strom

3.1.1   Produkte im nationalen Strommarkt

Ein wesentliches Marktsegment ist – wie für Finanzprodukte auch – der Spotmarkt. Aufgrund der oben genannten Eigenschaften von Strom ist es allerdings nicht sinnvoll, Strom zu einem bestimmten Zeitpunkt zu liefern, da Strom immer über einen gewissen Zeitraum benötigt wird. Darüber hinaus ist es nicht möglich Strom unmittelbar zu liefern, weil die Bereitstellung mit einer Vorlaufzeit verbunden ist, die von den zur Verfügung stehenden Kraftwerken abhängig ist. Deshalb bezeichnet der Spotmarkt für Strom grundsätzlich den sogenannten *Day-Ahead Markt*. Hierbei wird der Strom einen Tag vor Lieferung (an Wochenenden und Feiertagen am letzten Arbeitstag) verauktioniert. Die Nachfrage nach Strom variiert stark im Verlauf eines Tages. Aus diesem Grund wird für jede einzelne Stunde (in manchen Märkten, wie zum Beispiel UK, auch auf halbstündiger Basis) eines Tages ein eigener Strompreis festgelegt. Der Mittelwert über alle 24 Stundenpreise wird auch als Baseload-Preis bezeichnet

---

9   Der Hurst-Exponent misst die Beständigkeit eines Trends. Hierbei entspricht weißes Rauschen einem Hurst-Exponenten in Höhe von 0,5. Zeitreihen mit unbeständigen (beständigen) Trends weisen hingegen einen Wert kleiner (größer) als 0,5 auf.

und stellt den täglichen Spotpreis dar.[10] Darüber hinaus wird ebenfalls der mittlere Preis für die zwölf nachfrageintensivsten Stunden (von 8 bis 20 Uhr) als Peakload-Preis ausgewiesen. Baseload- und Peakload-Preis werden von der EEX als *Physical Electricity Index* (Phelix) ausgewiesen und stellen die bedeutendsten Indizes im Spotmarkt dar. Sie dienen als Underlying für börslich oder außerbörslich gehandelte Derivate.[11] Neben dem *Day-Ahead*-Markt gibt es auch einen *Intraday*-Handel, wo Strom mit einer Vorlaufzeit von ca. 60 bis 90 Minuten gehandelt wird.[12]

Neben dem Spotmarkt existiert der Terminmarkt, der den Handel mit Stromderivaten umfasst. Diese ermöglichen den Marktteilnehmern den Kauf oder Verkauf von Strom zu einem späteren Zeitpunkt. Bei Terminkontrakten oder Derivaten wird zwischen physischem und finanziellem Ausgleich unterschieden, wobei Letztere bei Weitem liquider gehandelt werden. Obwohl eine Vielzahl von Produkten existiert, stellen Forward- bzw. Futureskontrakte den weitaus größten Teil des börsengehandelten Volumens dar. Bei den Lieferperioden unterscheidet man grundsätzlich zwischen Tages-, Wochen-, Monats-, Quartals- und Jahreskontrakten, wobei nur die letzten drei Lieferperioden an der EEX verfügbar sind. Der Käufer eines Forwards verpflichtet sich, während der Lieferperiode jeden Tag die vereinbarte Menge an Strom (normalerweise 1 MW je Stunde) gegen Zahlung des Forwardpreises abzunehmen. Somit ergibt sich für einen Forwardkontrakt mit Lieferung zwischen T_1 und T_2 ein Pay-off von

$$\text{Payoff Forward} = \frac{1}{T_2 - T_1} \sum_{t=T_1}^{T_2} \left(P_t - F \right),$$

wobei P_t der tägliche Spotpreis und F der Forwardpreis ist.[13] Da der Pay-off im Fall eines finanziellen Forwards den täglichen Tausch von Spotpreis gegen Forwardpreis impliziert, handelt es sich streng genommen um einen Swap-Kontrakt. Dieser ist im Strommarkt jedoch abgrenzend definiert als Tausch zweier beliebiger Preise bzw. Güter, was sich meistens auf Strom an zwei geografisch unterschiedlichen Punkten bezieht. Hierbei muss eine Partei den Strom (bzw. Strompreis) in Region A (P_t^A) liefern und empfängt im Gegenzug den Strom (bzw. Strompreis) von Region B (P_t^B). Der Pay-off eines solchen Kontraktes stellt sich somit dar als

---

10 Im Folgenden steht der Begriff Spotpreis synonym für den Baseload-Preis.

11 Neben Base- und Peakload-Preis gibt es weitere von der EEX ausgewiesene Preise, die als Mittelwert verschiedener Stunden berechnet werden und als Underlying für OTC-Derivate dienen können. Siehe http://www.eex.de für weitere Informationen.

12 An der EEX gibt es seit dem 25. September 2006 einen Intraday-Markt, an dem Marktteilnehmer mit einer Vorlaufzeit von mindestens 75 Minuten Strom kaufen oder verkaufen können.

13 Eigentlich müsste der Pay-off noch mit der Anzahl der Lieferstunden je Tag multipliziert werden (das heißt 24 für Baseload- und 12 für Peakload-Kontrakte). Aus Gründen der Übersichtlichkeit verzichten wir im Folgenden jedoch darauf.

$$\text{Payoff Swap} = \frac{1}{T_2 - T_1} \sum_{t=T_1}^{T_2} \left(P_t^B - P_t^A \right).$$

Neben beidseitig verpflichtenden Geschäften gibt es darüber hinaus auch Optionen im Strom-markt. Hierbei hat der Halter der Option das Recht, aber nicht die Pflicht, Strom gegen den vorher vereinbarten Strike-Preis zu kaufen bzw. zu verkaufen. Außerbörslich gehandelte Optionen machen den weitaus größeren Anteil am Handelsvolumen aus. Diese können so-wohl auf den Spotpreis, als auch auf andere Derivate (zum Beispiel Futures oder Forwards) geschrieben sein und unterschiedliche Ausübungsrechte besitzen (neben europäischen Optio-nen meistens asiatische oder Bermuda-Optionen). Börsengehandelte Optionen werden grund-sätzlich auf einen Forward- bzw. Futureskontrakt geschrieben und nicht auf den Spotpreis direkt. Hierbei handelt es sich normalerweise und europäische Optionen. Der Pay-off eines Plain-Vanilla-Calls, geschrieben auf den Spotpreis, mit dem Strike-Preis K errechnet sich als

$$\text{Payoff Call} = \max\left[\left(\frac{1}{T_2 - T_1} \sum_{t=T_1}^{T_2} (P_t - K) \right), 0 \right].$$

Das Problem bei der Ausübung von Optionen im Strommarkt ist, dass der Halter der Option vor Beginn der Lieferperiode die Option ausüben muss. Da zum Zeitpunkt der Ausübung jedoch nicht bekannt ist, wie die Strompreise sich exakt entwickeln, ist es exante nicht garan-tiert, einen positiven Pay-off zu erzielen.

Neben den beschriebenen standardisierten Produkten gibt es eine Reihe weiterer Derivate, die, zumindest im europäischen Strommarkt, fast ausschließlich OTC gehandelt werden. Die wichtigsten Kontrakte sind der *Spark-Spread*-Kontrakt und die *Swing*-Option. *Spark-Spread*-Kontrakte beziehen sich auf die Differenz zwischen Strompreis und dem Preis des Rohstof-fes, der zur Stromerzeugung genutzt wird. *Spark-Spread*-Kontrakte werden als Forward oder Option gehandelt.[14] Dabei wird eine Energieeffizienzrate H (gemessen in Btu/kWh)[15] verein-bart, um die Strom- und Rohstoffpreise in Relation zu bringen. Für eine *Spark-Spread* Call Option ergibt sich somit ein Pay-off von

$$\text{Payoff Spark-Spread Call} = \max\left[\left(\frac{1}{T_2 - T_1} \sum_{t=T_1}^{T_2} (P_t - H \cdot R) \right), 0 \right].$$

---

14 Im engeren Sinne bezieht sich Spark-Spread auf die Differenz von Strom und Gaspreis. Für andere Roh-stoffe existieren die Bezeichnungen Crack-Spread (Öl), Dark-Spread (Kohle) sowie Green-Spread (CO_2-Zertifkatspreise).

15 Eine British Thermal Unit (Btu) ist eine Maßeinheit für Energie. Hierbei entspricht eine Btu der Menge an Energie, die nötig ist, um ein britisches Pfund (circa 453,59 Gramm) Wasser von 63 auf 64 Grad Fahren-heit zu erwärmen.

Auch *Spark-Spread*-Optionen bergen das Risiko, dass diese vor Beginn der Lieferperiode auszuüben sind und somit Unsicherheit über den Preisverlauf und damit den Pay-off existiert. Neben diesem Risiko besteht des Weiteren das Problem, dass die Liefermenge nach Ausübung der Option über den gesamten Lieferzeitraum konstant ist. Dieses Problem der Unflexibilität, welches auch im Fall von Forwardkontrakten existiert, versuchten *Swing*-Optionen zu reduzieren. Bei einer *Swing*-Option vereinbaren beide Parteien – analog zum Forwardkontrakt – eine Grundliefermenge. Darüber hinaus beinhaltet dieser Kontrakt eine vorher vereinbarte Anzahl an Swings, das heißt das Recht des Halters, während einer definierten Periode (meistens ein Tag je Swing) nach oben oder unten von der Grundlast abweichende Liefermengen abzunehmen. Zusätzlich wird meistens eine Strafzahlung vereinbart, falls die Gesamtliefermenge am Ende der Lieferperiode ober- oder unterhalb einer bestimmten Schwelle liegt. Somit bieten *Swing*-Optionen die Flexibilität insbesondere bei längerfristigen Lieferperioden, auch während dieser auf sich ändernde Marksituationen reagieren zu können.

3.1.2 Produkte im grenzüberschreitenden Stromhandel

Derivate im grenzüberschreitenden Stromhandel lassen sich analog zu Produkten im nationalen Strommarkt in physische und finanzielle Kontrakte unterteilen. Im europäischen Strommarkt sind insbesondere drei Arten von Derivaten von Bedeutung.[16] Physical Transmission Rights (PTRs) erlauben es dem Inhaber, während einer bestimmten Periode (grundsätzlich beziehen sich PTRs auf einzelne Stunden) Strom grenzüberschreitend zu liefern. PTRs werden in Form von Optionen vergeben. Das bedeutet, dass der Inhaber vor Beginn der Lieferperiode bestimmen muss, ob er die Option ausübt. Im Fall von Netzengpässen und damit einhergehenden Preisdifferenzen in angrenzenden Regionen ist es mithilfe eines PTRs möglich, durch den Kauf von Strom in der günstigen und Verkauf in der teuren Region, einen Profit zu erzielen. Da PTRs das Recht auf Lieferung in nur eine Richtung ermöglichen, ist es für den Pay-off relevant, welcher der regionalen Preise höher ist. Somit stellt sich der Pay-off aus einem PTR dar als

$$\text{Payoff PTR} = \max\left[\left(\frac{1}{T_2 - T_1}\sum_{t=T_1}^{T_2}\left(P_t^A - P_t^B\right)\right), 0\right].$$

Das finanzielle Pendant zu den PTRs bilden Financial Transmission Rights (FTRs). FTRs werden als Forward oder Option ausgegeben und beziehen sich auf die Preisdifferenz zweier regionaler Strompreise. Im Fall von verbindlichen FTRs stellt sich der Pay-off nach Gleichung (2), wohingegen bei Optionen der Pay-off identisch zu den PTRs in Gleichung (5) ist. Im Gegensatz zu PTRs muss der Halter von FTRs kein physisches Geschäft tätigen, um einen Profit zu erhalten. Bei PTRs und FTRs werden stündliche, monatliche und jährliche Kontrakte unterschieden. Im Fall von monatlichen oder jährlichen PTRs ist der Halter jedoch weiter-

---

16 Eine detaillierte Übersicht der in Europa genutzten Derivate bietet ETSO (2006). Krisitansen (2004) liefert einen Überblick der in den USA relevanten Produkte.

hin dazu verpflichtet, für jede einzelne Stunde anzumelden, ob er die Option ausübt. Sowohl PTRs als auch FTRs werden von den TSOs verauktioniert. Alle Zahlungen laufen somit über den TSO und dieser bestimmt – in Abhängigkeit der vorhandenen Kapazität – das zu verauktionierende Kontraktvolumen.[17]

Die dritte Gruppe von Derivaten im grenzüberschreitenden Stromhandel bilden Contracts-for-Difference (CfDs). Dies sind Forwardprodukte auf den Unterschied von zwei regionalen Strompreisen. Somit haben CfDs denselben Pay-off wie FTR Forwards. Allerdings handelt es sich bei CfDs um börsengehandelte, bilaterale Kontrakte. Das bedeutet, dass diese nicht von TSOs verauktioniert werden und somit auch keiner Volumenrestriktion unterliegen.[18]

3.2   Modelle zur Bewertung von Stromderivaten

Die Tatsache, dass Strom als grundsätzlich nicht lagerfähig gilt, wirkt sich auf die Modellierung von Strom und auf die Bewertung von Stromderivaten aus. Einfache Arbitrage- oder Hedging-Argumente, wie sie aus dem Aktienmarkt oder anderen Rohstoffmärkten bekannt sind, bedürfen der Haltung des entsprechenden Gutes und sind somit nicht auf Strommärkte anwendbar. Vielmehr beinhalten Stromderivate eine Risikoprämie, die zur Bewertung von Derivaten bestimmt werden muss.[19] Zur Bewertung von Stromderivaten unterscheidet man grundsätzlich drei verschiedene Modelle. Diese umfassen ökonometrische Modelle, Gleichgewichtsmodelle und sogenannte *Reduced-Form*-Modelle.

3.2.1   Ökonometrische Modelle

Bei ökonometrischen Modellen wird versucht, zukünftige Spot- oder Futurespreise auf Basis vergangener Preise und anderer Daten zu bestimmen. Letztere beinhalten alle weiteren den Strompreis beeinflussenden Faktoren, wie Nachfrage, Wetterdaten oder auch Informationen zu den zur Stromerzeugung genutzten Ressourcen (zum Beispiele Preise oder Lagerbestände von Gas oder Öl). Die Risikoprämie wird hierbei grundsätzlich implizit bestimmt. Die Arbeiten von Elliot et al. (2003) sowie Felten und Lemming (2003) nutzen diesen Ansatz zur Bewertung von Stromderivaten.

---

17   Obwohl PTRs und FTR Optionen zu theoretisch identischen Pay-offs führen, haben diese Kontrakte doch sehr unterschiedliche Auswirkungen auf die Marktmacht ihrer Inhaber. Vgl. Hogan (2000, 2003) für eine Diskussion der Auswirkungen von PTRs und FTRs auf die Effizienz der Strommärkte.

18   Vgl. Marckhoff und Wimschulte (2009) für eine ausführliche Diskussion der Eigenschaften von CfDs.

19   Longstaff und Wang (2004) sowie Geman (2005) zeigen, dass im Markt von Stromderivaten signifikante Risikoprämien existieren.

3.2.2   Gleichgewichtsmodelle

Gleichgewichtsmodelle basieren auf der Modellierung von den im Strommarkt relevanten ökonomischen Treibern. Hierbei wird der Strompreis endogen bestimmt und resultiert auf Grund der nötigen Gleichgewichtsbestimmung im Markt. Der Vorteil von Gleichgewichts-modellen liegt in der Bestimmung der Einflussfaktoren auf den Strompreis und daher in der ökonomischen Interpretierbarkeit der resultierenden Strompreise. Als nachteilig erweist sich jedoch die erschwerte Anwendbarkeit von Gleichgewichtsmodellen zur Bewertung von Stromderivaten. Das liegt an den ökonomischen Parametern, welche sich häufig nicht direkt beobachten lassen (zum Beispiel die Kostenfunktion der Stromerzeuger). Die Risikoprämie wird in Gleichgewichtsmodellen endogen bestimmt. Zwei grundlegende Arbeiten sind im Rahmen der Gleichgewichtsmodelle zu nennen. Routledge et al. (2001) leiten Gleichge-wichtspreise für Strom sowie für die zur Erzeugung genutzten Ressourcen endogen her, wo-bei die Konsumentennachfrage nach den Gütern als stochastische Funktion des Preises exo-gen bestimmt wird. Die zu bestimmenden Preise für Strom und weiterer Energieressourcen resultieren aus der Bedingung, dass alle Märkte jederzeit geräumt sein müssen unter der Annahme der Nutzenmaximierung der Marktteilnehmer. Bessembinder und Lemmon (2002) entwickeln ein statisches Ein-Perioden-Modell in dem Spot- und Forwardpreise endogen bestimmt werden.[20] Ebenfalls wird die Nachfrage exogen gegeben. Aufgrund der fehlenden Speicherbarkeit von Strom wird zu jedem Zeitpunkt die Übereinstimmung von Angebot und Nachfrage im Markt gefordert und resultiert in den im Gleichgewicht geltenden Spot- und Forwardpreisen. Ulrich (2007) erweitert dieses Modell, indem für die Bestimmung der Spot-preise nicht die absolute Nachfrage, sondern die Nachfrage in Relation zur vorhandenen Kapazität genutzt wird. Dies führt zu realistischeren Strompreisen des Modells insbesondere bezüglich der Modellierung von Sprüngen. Bühler und Müller-Merbach (2007a, 2007b) entwickeln eine dynamische Variante des Bessembinder und Lemmon (2002) Modells und nutzen dieses zur Bewertung von Futureskontrakten an der skandinavischen Strombörse Nord Pool. Sie kommen zu dem Ergebnis, dass Gleichgewichtsmodelle zwar in der Lage sind die zugrunde liegenden Preise besser zu erklären, aber aufgrund der komplexen Anwendung zur Bewertung von Stromderivaten Reduced-Form-Modelle vorzuziehen sind.

3.2.3   Reduced-Form-Modelle

Reduced-Form-Modelle stellen die am häufigsten genutzte Art von Modellen zur Bewertung von Stromderivaten dar. Hierbei wird eine möglichst geringe Anzahl (grundsätzlich bis zu drei) stochastischer Faktoren genutzt, um den zugrunde liegenden Spotpreisprozess möglichst angemessen zu modellieren. Aufbauend auf den – exogen spezifizierten – Prozessen für den

---

20   Vgl. Muck und Rudolf (2008) für eine ausführliche Diskussion des Bessembinder und Lemmon Models.

Spotpreis und die Risikoprämie lassen sich Derivatepreise ableiten.[21] Bei den Faktoren kann es sich entweder um Diffusions- oder Sprungkomponenten handeln, die je nach zugrunde liegendem Preisprozess zu wählen sind. Ziel ist es den relevanten Charakteristika (siehe Abschnitt 2.2) des zu modellierenden Prozesses adäquat Rechnung zu tragen.

Eine Kombination aus Reduced-Form-Modellen und Gleichgewichtsmodellen bieten die von Pirrong (2008) genannten Strukturmodelle. Hierbei werden die den Strompreis bestimmenden grundlegenden Faktoren (zum Beispiel Angebot, Nachfrage, Kapazität oder Rohstoffpreise) mithilfe von Reduced-Form-Modellen modelliert. Der resultierende Spotpreis ist dann eine Funktion der modellierten Inputfaktoren. Eydeland und Geman (1999), Eydeland und Wolyniec (2003), Cartea und Villaplana (2008) sowie Pirrong und Jermakyan (2008) nutzen diesen Ansatz zur Modellierung von Strompreisen und Bewertung von Stromderivaten.

3.3 Bewertung von Stromderivaten mittels Reduced-Form-Modellen

In diesem Abschnitt wird die Bewertung eines Stromforwards zunächst detailliert am Beispiel des Ein-Faktor-Modells erklärt von Lucia und Schwartz (2002). Forward- bzw. Futureskontrakte sind die wichtigsten Derivate im Strommarkt und momentan wohl die einzigen, die an der Börse einigermaßen liquide gehandelt sind. Im Anschluss daran werden Modellerweiterungen vorgestellt.

3.3.1 Ein-Faktor-Modell von Lucia/Schwartz

Da bei der Auswahl der zu nutzenden stochastischen Faktoren lediglich der stochastische Teil der Strompreise zu berücksichtigen ist, ist es notwendig, die Zeitreihe um den deterministischen Trend zu bereinigen. Es wird grundsätzlich die Annahme getroffen, dass der Strompreis zum Zeitpunkt t (P_t) sich aus einem deterministischen Trend $f(t)$, sowie aus einer stochastischen Komponente Y_t zusammen setzt. Der Strompreis lässt sich somit schreiben als[22]

---

[21] Darüber hinaus ist es möglich Forwardpreise direkt zu modellieren. Benth und Koekebakker (2008) nutzen den Ansatz von Heath et al. (1992) zur Modellierung der Forwardkurve an der Nord Pool. Eydeland und Geman (1999) modellieren einzelne Forwardpreise als Funktion des heutigen Spotpreises, des Forwardpreises des Brennstoffs sowie der erwarteten Nachfrage. Da der Ansatz der direkten Modellierung von Forwardpreisen zurzeit wenig genutzt wird, beschränken wir uns im Weiteren auf die Modellierung der Spotpreise.

[22] Oftmals wird anstatt des Strompreises der logarithmierte Strompreis modelliert. In diesem Fall würde sich Gleichung (1) darstellen als $ln P_t = f(t) + Y_t$. Da sich des Weiteren keine Änderungen ergeben, gelten auch die folgenden Aussagen analog, und es wird nicht explizit auf die Modellierung von logarithmierten Strompreisen eingegangen.

$$P_t = f(t) + Y_t.$$

Zur Bestimmung von *f(t)* gibt es verschiedene Ansätze. Wichtig ist, dass diese den saisonalen Eigenschaften der Strompreise (siehe Abschnitt 2.2) Rechnung tragen. Pilipovic (2007), Weron et al. (2004) sowie Hikspoors und Jaimungal (2007) nutzen eine Sinusfunktion, um den deterministischen Trend zu berücksichtigen. Huisman und De Jong (2003) und Haldrup und Nielsen (2006) verwenden Dummy-Variablen, um den deterministischen Effekt einzelner Wochentage und Monate herauszurechnen. Eine Kombination aus beiden Ansätzen stammt unter anderem von Lucia und Schwartz (2002), Seifert und Uhrig-Homburg (2006), Nomikos und Soldatos (2008) sowie Bierbrauer et al. (2007). Letztere nutzen eine deterministische Funktion *f(t)*, die wie folgt aussieht

$$f(t) = \alpha + \beta \cdot t + \boldsymbol{d}_i \cdot \boldsymbol{D}_{Tag} + \boldsymbol{m}_j \cdot \boldsymbol{D}_{Monat} + \gamma \cdot \sin\left((t+\tau)\frac{2\pi}{365}\right).$$

Bei *t* handelt es sich um eine fortlaufende Zahl, die – beginnend mit dem 1. Januar 2001 – die Tage zählt.[23] $\boldsymbol{D}_{Tag}$ und $\boldsymbol{D}_{Monat}$ bezeichnen Vektoren von Dummy-Variablen für alle Wochentage *i* (*i = 1,...,7*) und Kalendermonate *j* (*j = 1,...,12*). Die Dummy-Variablen nehmen den Wert 1 an, falls *t* der entsprechende Wochentag ist (bzw. in dem entsprechenden Kalendermonat liegt) und 0 ansonsten. α, β, $\boldsymbol{d}_i$, $\boldsymbol{m}_j$, γ und τ sind konstante Parameter wobei es sich bei $\boldsymbol{d}_i$ ($\boldsymbol{m}_j$) um einen Vektor von *i = 7* (*j = 12*) konstanten Parametern handelt, die zu schätzen sind. Zur Schätzung der Parameter nutzen wir das Verfahren der nicht-linearen kleinsten Quadrate. Die geschätzten Parameter auf Basis der täglichen Spotpreise an der EEX zwischen 2001 und 2008 sind in Tabelle 1 dargestellt.

Die Tabelle zeigt die geschätzten Parameter der saisonalen Trendfunktion *f(t)* aus Gleichung (2) basierend auf täglichen Spotpreisen der EEX zwischen dem 1. Januar 2001 und 31. Dezember 2008. Alle Werte sind angegeben in EUR/MWh.

Parameter	Wert	Parameter	Wert	Parameter	Wert
α	5,4639	d_7	-8,6007	m_8	3,6043
β	0,0147	m_1	-2,1239	m_9	2,1715
d_1	8,6126	m_2	5,5254	m_{10}	-2,6160
d_2	11,7513	m_3	10,0379	m_{11}	-3,8067

---

23 Wir wählen als Startdatum den 1. Januar 2001, da dies der erste Tag unserer Zeitreihe ist.

Parameter	Wert	Parameter	Wert	Parameter	Wert
d_3	10,7235	m_4	14,6116	m_{12}	-6,6829
d_4	10,3731	m_5	13,2834	γ	-14,5762
d_5	6,8548	m_6	18,3152	τ	-54,3198
d_6	-1,4793	m_7	16,8227		

Tabelle 1:   *Parameter der deterministischen Trendfunktion*

Die Ergebnisse in Tabelle 1 verdeutlichen die wöchentliche und die jährliche Saisonalität der Strompreise. Betragen die Preise an einem Dienstag im Mittel rund 11,75 EUR über der konstanten α, so liegen diese am Wochenende deutlich darunter. Ähnliches zeigt die Betrachtung der monatlichen Parameter sowie der Sinusfunktion, die einen jährlichen Zyklus abbildet. Dies bedeutet, dass auf Basis der Sinusfunktion der Strompreis einer jährlichen Saisonalität unterliegt. Die Phasenverschiebung τ führt dazu, dass das Minimum im November und das Maximum im Mai liegt (14,5762 EUR/MWh bzw. -14,5762 EUR/MWh). Diese jährliche Sinusschwankung wird durch die Parameter m_j entsprechend ihrer Werte nach oben oder unten korrigiert.

Nachdem der deterministische Trend bestimmt ist, gilt es, den Spotpreis zu bereinigen, um den stochastischen Teil aus Gleichung (1) zu erhalten. Der mithilfe der Trendfunktion aus Gleichung (2) bereinigte Spotpreis an der EEX zwischen 2001 und 2008 ist in Abbildung 6 dargestellt. Der desaisonalisierte Strompreis fluktuiert um Null und ist stationär.[24]

Die Abbildung zeigt die täglichen desaisonalisierten Spotpreise an der EEX zwischen dem 01. Januar 2001 und dem 31. Dezember 2008 gemessen in EUR/MWh. Die Werte ergeben sich als Differenz der am Markt beobachteten Strompreise und dem deterministischen Trend $f(t)$ aus Gleichung (2).

---

[24] Die Stationarität der desaisonalisierten Strompreise wird mithilfe des Augmented-Dickey-Fuller-Testes überprüft. Hierbei erhalten wir einen t-Wert in Höhe von -8.6131, woraufhin die Nullhypothese der Nichtstationarität (bzw. der Existenz einer Einheitswurzel) verworfen wird.

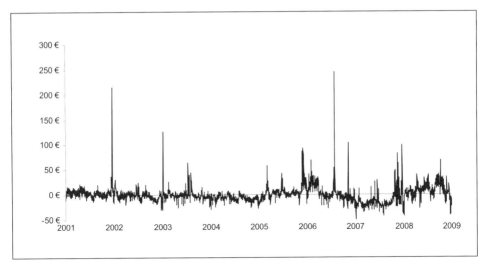

Abbildung 6:   Desaisonalisierter Spotpreis der EEX

Nach Erhalt des stochastischen Residuums ist ein geeigneter stochastischer Prozess zu modellieren. Ausgehend von der in Abschnitt 2.2 vorgestellten Mean-Reversion, werden in der Literatur mehrere Ansätze diskutiert. Eines der ersten Papiere zu diesem Thema war die Arbeit von Lucia und Schwartz (2002). Sie modellieren die Spotpreise an der Nord Pool mithilfe zweier Modelle.[25] Zuerst wählen sie den stochastischen Prozess als Ornstein-Uhlenbeck-Prozess, wobei Y_t aus Gleichung (1) folgendem Prozess folgt[26]

$$dY_t = -\kappa Y_t dt + \sigma dW \ .$$

Hierbei stellt κ die Mean-Reversion Geschwindigkeit, σ^2 die Varianz von dY_t und dW das Inkrement eines Wiener-Prozesses dar. Durch diesen Prozess wird die Eigenschaft modelliert, dass Strom zwar kurzfristig zum Teil stark fluktuiert, aber langfristig zum Mittelwert tendiert.

Die Bewertung von Derivaten erfolgt grundsätzlich auf Basis des risikoneutralen Bewertungsprinzips. Das bedeutet, dass es durch den Wechsel in das risikoneutrale Maß möglich ist, Derivate als abdiskontierten Erwartungswert des zukünftigen Pay-offs zu bewerten. Ein Wechsel in das risikoneutrale Maß bedeutet intuitiv, dass wir die Wahrscheinlichkeiten adjustieren müssen, um dadurch eventuell existierende Risikoprämien aus den Preisen herauszurechnen. Harrison und Kreps (1979) und Harrison und Pliska (1981) habe gezeigt, dass in einem arbitragefreien Markt, als welcher der Strommarkt zu bezeichnen ist, mindestens ein risikoneutrales Maß existiert. Dieses wird zur Abgrenzung vom empirischen Maß normalerweise mit Q bezeichnet. Allerdings gilt weiter, dass im Strommarkt, aufgrund von dessen

---

25 Vgl. Wilkens und Wimschulte (2007) für eine Anwendung der von Lucia und Schwartz (2002) vorgestellten Modelle auf Preise der EEX.

26 Diese Formulierung wurde ursprünglich von Vasiček (1977) zur Modellierung von Zinsen genutzt.

Unvollständigkeit, unendlich viele risikoneutrale Maße existieren.[27] Unter Hinzunahme am Markt gehandelter Derivate (zum Beispiel Forwards), ist es möglich, das von den Marktteilnehmern zur Bewertung zugrunde gelegte risikoneutrale Maß zu bestimmen. Die Bestimmung des risikoneutralen Maßes Q ist gleichbedeutend mit der Kenntnis des Marktpreises des Risikos λ.

Gegeben der Marktpreis der Risikos λ können wir mithilfe des Girsanov-Theorems vom empirischen in das risikoneutrale Maß wechseln.[28] Hierzu müssen wir lediglich den Drift des stoachstischen Prozesses anpassen. Nach Gleichung (3) erhalten wir somit

$$dY_t = -\kappa Y_t dt + \sigma \left(dW^Q - \lambda dt \right)$$
$$= \kappa_t \left(\alpha - Y_t \right) dt + \sigma dW^Q$$

wobei

$$\alpha = -\frac{\sigma \lambda}{\kappa}.$$

Hierbei dient der Superindex Q der Verdeutlichung, dass es sich um das risikoneutrale Maß handelt. Wie Gleichung (4) und (5) verdeutlichen, bleibt die grundlegende Mean-Reversion-Eigenschaft des stochastischen Prozesses erhalten. Lediglich das Niveau, um den der stochastische Prozess fluktuiert, ist nun nicht mehr Null, sondern α.

Die Bewertung eines Forwardkontraktes können wir nun im risikoneutralen Maß vornehmen, da wir wissen, dass unter dem risikoneutralen Maß Q Derivate als abdiskontierter Erwartungswert des Pay-offs bewertet werden. Der Pay-off aus einem Forwardkontrakt F beträgt bei Fälligkeit $P_T - F$. Da Forwardkontrakte keiner Anfangsinvestition bedürfen gilt somit

$$\frac{E^Q \left[P_T - F \right]}{e^{-rT}} = 0$$
$$\Leftrightarrow \quad E^Q \left[P_T \right] = F .$$

Somit entspricht der Forwardpreis dem erwarteten Spotpreis unter dem risikoneutralen Maß. Nach Berechnung des Erwartungswertes von P_t ergibt sich für $t = 0$ folgender Forwardpreis[29]

$$F_0 = E^Q \left[P_T \right] = f(T) + \left(P_0 - f(0) \right) e^{-\kappa T} - \frac{\lambda \sigma}{\kappa} \left(1 - e^{-\kappa T} \right).$$

---

27   Für eine ausführliche Diskussion zur Bewertung und zum Hedging in unvollständigen Märkten, vgl. Carr et al. (2001).

28   Für eine ausführliche Behandlung des Maßwechsels mithilfe des Girsanov-Theorems, vgl. Baxter und Rennie (2001).

29   Vgl. den Anhang für eine Herleitung von Gleichung (7).

Neben dem Ein-Faktor Modell haben Lucia und Schwartz (2002) ebenfalls ein Zwei-Faktor-Modell vorgestellt, in dem das langfristige Mean-Reversion-Niveau ebenfalls als stochastischer Diffusionsprozess modelliert wird.[30] Obwohl diese Erweiterung mehr Flexibilität bietet und gleichfalls analytisch handhabbar bleibt, wird bei einer erneuten Betrachtung der Abbildung 1 deutlich, dass die Hinzunahme von Diffusionskomponenten den Sprungeigenschaften des Spotpreises nicht gerecht wird. Allerdings wäre es möglich, den Futurespreis, welcher weitaus geringeren Schwankungen unterliegt, direkt zu modellieren. Abbildung 5 zeigt den Verlauf der täglichen Preise des Phelix-Futures-Kontraktes der EEX für Lieferung im Kalenderjahr 2008. Obwohl es auch hierbei zu Sprüngen kommt[31], wäre eine Modellierung mit dem Ein- oder Zwei-Faktor-Modell von Lucia und Schwartz (2002) grundsätzlich als realistisch zu beurteilen.

Die Abbildung zeigt die täglichen Preise des Phelix Futures für Lieferung im Kalenderjahr 2008 für jeden Handelstag zwischen dem 1. Oktober 2003 und dem 21. Dezember 2007. Die Werte sind gegeben in EUR/MWh.

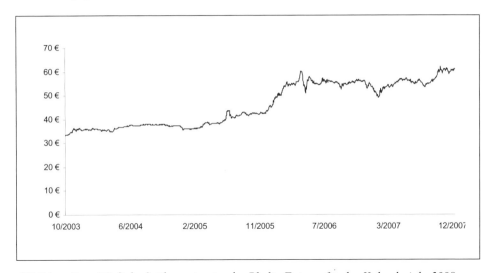

Abbildung 7:   Tägliche Settlementpreise des Phelix-Futures für das Kalenderjahr 2008

---

30 Vgl. Marckhoff und Muck (2008) für eine ausführliche Betrachtung des Zwei-Faktor-Modells von Lucia und Schwartz (2002) .

31 Im April 2006 kam es zu einem größeren Preisverfall, als bekannt wurde, dass ausreichend CO_2-Zertifikate im Markt vorhanden waren. Obwohl die Information sich auf die aktuell im Markt befindlichen Zertifikate bezog, welche mit Ablauf des Kalenderjahres 2007 ihre Gültigkeit verloren, ist eine Kursreaktion beim Futureskontrakt für das Jahr 2008 deutlich erkennbar.

3.3.2   Modellerweiterungen

Aufbauend auf den Ein- und Zwei-Faktor-Diffusionsmodellen gibt es eine Reihe von Erweiterungen, um den speziellen Eigenschaften von Strom Rechnung zu tragen. Das in Abbildung 1 und 2 gezeigte sprunghafte Verhalten steht hierbei im Fokus der Modellierung. Der Implementierung von Sprungkomponenten in Reduced-Form-Modelle kam somit eine zentrale Bedeutung zu. Wichtig ist in diesem Zusammenhang die Beachtung der spezifischen Eigenschaften der Sprünge des zugrunde liegenden Prozesses.

Grundsätzlich sind im Strommarkt zwei Arten von Sprüngen zu beobachten. Betrachtet man das Sprungverhalten der Spotpreise an der EEX in Abbildung 1 ist auffällig, dass die Preise bereits am nächsten Tag (oftmals schon innerhalb weniger Stunden) das ursprüngliche Preisniveau wieder erreichen. Diese Form des Sprungverhaltens wird auch als Spike bezeichnet. Eine andere Form von Sprüngen ist an der skandinavischen Nord Pool zu beobachten (siehe Abbildung 7). Obwohl hier auch extreme Preissprünge auftreten, fallen die Preise nicht abrupt wieder auf das ursprüngliche Niveau herab, sondern verlaufen eher graduell.

Die Abbildung zeigt die täglichen Spotpreise (Systempreise) an der Nord Pool zwischen dem 1. Januar 2001 und dem 31. Dezember 2008 gemessen in EUR/MWh.

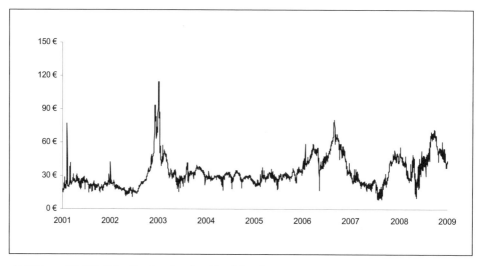

Abbildung 36: **Tägliche Spotpreise der Nord Pool**

Eine Möglichkeit, Sprünge im Preisverlauf zu berücksichtigen, ist die Aufnahme einer Sprungkomponente im stochastischen Term des Preisprozesses. In Anlehnung an Escribano et al. (2002) wird sich Gleichung (3) zu

$$dY_t = -\kappa Y_t dt + \sigma dW + \ln J_t dq_t.$$

Hierbei stellt q_t einen Poissonprozess dar mit der Sprungintensität λ und einer log-normal verteilten Sprunggröße mit $J_t \sim N(\mu_J, \sigma_J^2)$. Das bedeutet, dass in einem Zeitintervall dt die Sprungwahrscheinlichkeit λdt beträgt. Dieser Ansatz wird unter anderem von Johnson und Barz (1999), Clewlow und Strickland (2000) sowie Cartea und Figueroa (2005) genutzt. Hierbei ist es nicht zwingend notwendig, dass die Sprungintensität konstant ist. Die Intensität λ könnte zum Beispiel selbst stochastisch sein oder einem deterministischen saisonalen Trend folgen und somit zum Beispiel in Wintermonaten zu einer höheren Anzahl an Sprüngen führen. Einen anderen Ansatz zur Berücksichtigung höherer Sprünge in Zeiten hoher Strompreise wählen Eydeland und Geman (1999). Sie wählen die Sprungkomponente $J_t Y_t dq_t$. Somit sind die Sprünge in Zeiten höherer Strompreise ebenfalls höher. Durch die Hinzunahme einer Sprungkomponente ist es daher möglich, zusätzlich zu den geringen Fluktuationen, extreme Ausschläge in den Strompreisen zu modellieren.

Die Modellierung der in Abbildung 1 dargestellten Spikes im Strompreisprozess der EEX stellt sich allerdings mit dem in Gleichung (8) vorgestellten Modell als sehr schwierig dar. Zwar ist es möglich, extreme Preissprünge zu modellieren. Allerdings ist es nicht sicher gestellt, dass nach einem Sprung nach oben der Kurs direkt wieder auf das vorherige Niveau zurückfällt (charakteristische Eigenschaft eines Spikes). Es wäre zwar möglich, mithilfe einer sehr hohen Mean-Reversion Geschwindigkeit κ den Strompreis sehr schnell auf das ursprüngliche Niveau zu ziehen. Jedoch würde dies zu einer unrealistischen Mean-Reversion-Geschwindigkeit führen und das Modell somit verfälschen. Eine Alternative zur Modellierung des Spike-Verhaltens bieten Geman und Roncoroni (2006). Sie definieren die Richtung des Sprunges anhand des aktuellen Preisniveaus. Liegt der Strompreis unterhalb eines zu bestimmenden Wertes, so springt der Preis nach oben bzw. im Falle oberhalb des Grenzwertes liegender Strompreise nach unten. Eine andere Möglichkeit zur Abbildung des Spike-Verhaltens ist die Trennung der Sprungkomponente von dem Mean-Reversion-Prozess. In Anlehnung an Simonsen et al. (2004) wird die stochastische Komponente in Gleichung (1) wie folgt unterteilt

$$Y_t = X_t + Z_t$$
$$dX_t = -\kappa X_t dt + \sigma dW$$
$$Z_t = \ln J_t dq_t \ .$$

Die Aufteilung der stochastischen Komponente hat zur Folge, dass Sprünge, die sich im Zeitpunkt t ereignen, direkt im Anschluss wieder verschwinden und somit zu einem Strompreisverlauf führen, welches den am Markt beobachteten Spikes entspricht.

Die Bewertung von Derivaten mithilfe der vorgestellten Sprungmodelle funktioniert analog zum Modell Lucia und Schwartz (2002).[32] Durch den Wechsel in das risikoneutrale Maß wird auch die Sprungkomponente adjustiert. Hierbei erhöht sich in der Regel sowohl die Sprungintensität als auch die mittlere Sprunghöhe im Vergleich zum empirischen Maß.

---

[32] Vgl. Benth et al. (2008) für Informationen zum Maßwechsel im Fall von Sprungprozessen.

Zur Beurteilung der Modelle in Bezug auf deren Angemessenheit werden grundsätzlich zwei Komponenten untersucht. Zum einen sollte das Modell in der Lage sein, im Rahmen von Simulationen Preispfade zu erzeugen, die den am Markt beobachteten Preisverläufen entsprechen. Dies gilt insbesondere in Bezug auf die Spikes. Des Weiteren ist relevant, dass die von den Modellen simulierten Preispfade ähnliche statistische Eigenschaften wie die Marktpreise besitzen. Insbesondere gilt dies für die Varianz, Schiefe und Kurtosis. Seifert und Uhrig-Homburg (2007) untersuchen verschiedene Modelle anhand von Daten der EEX. Obwohl in Bezug auf die Berücksichtigung der Sprungkomponente kein Modell dominiert, hat sich gezeigt, dass eine nicht konstante Sprungintensität die simulierten Preise sowohl in Bezug auf deren Trajektorie als auch deren statistische Eigenschaften hin verbessert.

Neben den beschriebenen Modellen, bei denen der Strompreis mithilfe eines stochastischen Prozesses modelliert wird, existiert darüber hinaus ein weiterer Ansatz. Hierbei wird der Strompreis nicht durch einen einzelnen Prozess beschrieben, sondern durch mehrere Prozesse gleichzeitig. Die Grundüberlegung ist, dass sich das Verhalten von ökonomischen Größen im Zeitablauf strukturell verändern kann. Diese Modelle werden als *Regime-Switching*-Modelle bezeichnet und werden für den Strommarkt unter anderem von Huisman und Mahieu (2003), De Jong (2005) sowie Bierbrauer et al. (2007) genutzt. Für eine ausführliche Diskussion von Regime-Switching-Modellen vgl. Hamilton (1989).

Es sei angenommen, dass sich der stochastische Teil Y_t des Strompreises von zwei Prozessen beschreiben lässt. In Zeiten ruhigen Marktverhaltens gilt[33]

$$Y_t = c_1 + \varphi Y_{t-1} + \varepsilon_t .$$

In Zeiten turbulenter Märkte gilt dagegen

$$Y_t = c_2 + \varphi Y_{t-1} + \varepsilon_t .$$

Hierbei sind c_1 und c_2 verschiedene Konstanten, φ eine in beiden Regimes identische Konstante und die Störterme ε sind unabhängig und identisch verteilt mit $\varepsilon \sim N(\mu_\varepsilon, \sigma_\varepsilon^2)$. Abbildung 9 stellt einen simulierten Verlauf von Y_t dar.

Die Abbildung zeigt einen basierend auf den Gleichungen (10) und (11) simulierten Pfad für Y_t für t = 1,...,2922. Hierbei gilt für $Y_0 = 3$, $c_1 = 3$, $c_2 = 6$, $\varphi = 0,3$, $\mu_\varepsilon = 0$ und $\sigma_\varepsilon^2 = 2$, wobei für die Zeitschritte 974 bis 1.948 Gleichung (11) den Verlauf von Y_t bestimmt und Gleichung (10) für die übrigen Zeitschritte.

---

33 Aus Gründen der Anschauung nutzen wir diskrete Modelle. Bei den Prozessen der Gleichungen (10) und (11) handelt es sich um diskrete Formen des Vasicek-Modells.

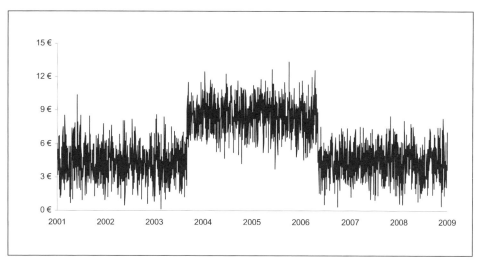

Abbildung 9:   Simulierte Strompreise mit zwei Regimes

Abbildung 9 verdeutlicht die Idee der *Regime-Switching*-Modelle. Bei der Modellierung von Strompreisen wird grundsätzlich zwischen einem Sprungregime und einem normalen Regime unterschieden. Der Zeitpunkt des Wechsels zwischen beiden Regimes ist in der Regel a priori nicht zu bestimmen. Der Regimewechsel erfolgt mit den sogenannten Übergangswahrscheinlichkeiten, die anhand von Marktdaten zu schätzen sind. Im Fall von zwei Regimes sieht die Matrix der Übergangswahrscheinlichkeiten Π wie folg aus

$$\Pi = P\left(R_{t+1} = j \mid R_t = i\right)_{i,j=1,2} = \begin{pmatrix} p_{11} & p_{12} \\ p_{21} & p_{22} \end{pmatrix}.$$

Π bestimmt somit die bedingten Wahrscheinlichkeiten p_{ij} im nächsten Zeitpunkt $(t+1)$ in Regime j zu sein, gegeben, dass man sich aktuell in Regime i befindet, für alle $i,j = 1,2$. Würde man mithilfe dieses Aufbaus einen Spike modellieren wollen, würde $p_{21} = 1$ gelten, da somit sichergestellt wäre, dass nach jedem Wechsel in das zweite (das heißt höhere) Regime automatisch in das erste (das heißt untere) Regime gewechselt würde.

Bierbrauer et al. (2007) untersuchen die Modellierung von Spotpreisen der EEX anhand mehrerer Sprung-Diffusionsmodelle und vergleichen die Ergebnisse mit Regime-Switching-Modellen. Dabei ist ein Regime-Switching-Modell mit zwei Regimes (ein normales und ein Sprung-Regime) den anderen Modelle durchgehend überlegen. Dies gilt sowohl in Bezug auf die Verteilung der Strompreise, als auch auf deren Trajektorie. Allerdings gab es bisher noch keine umfangreichen Untersuchungen in Bezug auf die Anwendbarkeit von Regime-Switching-Modelle zur Bewertung von Stromderivaten.

3.3.3 Bewertung von Derivaten im grenzüberschreitenden Stromhandel

Die in Abschnitt 3.1. vorgestellten Produkte im grenzüberschreitenden Strommarkt beziehen sich ausschließlich auch die Preisdifferenz zwischen zwei regionalen Strompreisen. Aufgrund des daraus resultierenden Pay-off-Profils handelt es sich bei diesen Kontrakten somit um Exchange Kontrakte, da der Bezug der Differenz identisch ist mit dem Tausch der beiden Preise. Margrabe (1978) thematisiert erstmals die Bewertung von Exchange-Optionen und liefert eine analytische Lösung in Anlehnung an die berühmte Black/Scholes-Formel. Dempster et al. (2008) zeigen jedoch, dass es ebenfalls möglich ist, im Falle von kointegrierten Strompreisen, die Preisdifferenz direkt zu modellieren. Aufgrund der guten Vernetzung der europäischen Stromnetze untereinander (zumindest in Kontinentaleuropa) können Preisdifferenzen benachbarter Ländern grundsätzlich als kointegriert angesehen und daher direkt modelliert werden. Somit können die im nationalen Strommarkt genutzten Modelle für den grenzüberschreitenden Fall analog übernommen werden.

4. Zusammenfassung

Im Rahmen der Liberalisierung der internationalen Strommärkte sehen sich die Marktteilnehmer zunehmend erheblichen Preisrisiken gegenüber. Diese haben im Zuge der Loslösung von ehemals langfristigen Liefervereinbarungen mit fixierten Preisen hin zu kurzfristigen Verträgen an Bedeutung gewonnen. Da Strompreise aufgrund ihrer charakteristischen Eigenschaften eine erhebliche Volatilität mit extremen kurzfristigen Sprüngen aufweisen, besteht der Bedarf eines adäquaten Risikomanagements, für welches Derivate eine zentrale Rolle spielen. Hierzu ist es notwendig, die Treiber der Strompreise zu kennen und die zugrunde liegenden Strompreise angemessen zu modellieren. Während Ersteres durch Gleichgewichtsmodelle ermöglicht wird, beruht die Modellierung von Strompreisen und die Bewertung von Derivaten größtenteils auf Reduced-Form-Modellen. Während Mean-Reversion-Diffusionsmodelle genutzt werden können, um Futurespreise direkt zu modellieren, kommt für die Modellierung der Spotpreise den Sprüngen eine zentrale Bedeutung zu. Hierbei ist jedoch darauf zu achten, dass jeder Strommarkt seine eigenen Charakteristika – insbesondere in Bezug auf das Sprungverhalten – hat. Es hat sich gezeigt, dass Regime-Switching-Modelle eine gute Möglichkeit bieten, die statistischen Eigenschaften sowie die Trajektorie von am Markt beobachteten Strompreisen nachzubilden. Hier besteht allerdings insbesondere in Bezug auf deren Angemessenheit zur Bewertung von Stromderivaten weiterer Forschungsbedarf.

Anhang

Ausgehend von Gleichung (3) ist Y_t gegeben durch den Prozess

$$Y_t = Y_0 + \int_0^t \kappa \left(\alpha - Y_s \right) ds + \sigma \int_0^t dW_s^Q \ .$$

Durch Substitution von $f(t, Y) = X_t = e^{\kappa t} Y_t$ und Anwendung des Itô Lemma folgt

$$X_t - X_0 - \int_0^t \kappa \alpha e^{\kappa t} ds = \int_0^t \left[f_t \left(s, Y \right) - \kappa Y_s f_Y \left(s, Y \right)_s + \frac{1}{2} \sigma^2 f_{YY} \left(s, Y \right) \right] ds$$

$$+ \int_0^t \left[\sigma f_Y \left(s, Y \right) \right] dW_s^Q$$

wobei

$$f_t \left(s, Y \right) = \kappa f \left(s, Y \right)$$

$$f_Y \left(s, Y \right) = e^{\kappa t}$$

$$f_{YY} \left(s, Y \right) = 0 \ .$$

Nach einsetzen von (A.3) in (A.2) erhält man

$$X_t = X_0 + \int_0^t \kappa \alpha e^{\kappa t} ds + \sigma \int_0^t e^{\kappa s} dW_s^Q \ .$$

Berechnung des vorderen Integrals und Resubstitution führt zu

$$Y_t = e^{-\kappa t} Y_0 + \alpha \left(1 - e^{-\kappa t} \right) + \sigma e^{-\kappa t} \int_0^t e^{\kappa s} dW_s^Q \ .$$

Durch einsetzen von (A.5) in Gleichung (1) erhält man letztlich

$$P_t = f \left(t \right) + \left(P_0 - f \left(0 \right) \right) e^{-\kappa t} + \alpha \left(1 - e^{-\kappa t} \right) + \sigma e^{-\kappa t} \int_0^t e^{\kappa s} dW_s^Q \ .$$

Die Bildung des Erwartungswertes von (A.6) führt unter Berücksichtigung von $E^Q[dW^Q] = 0$ schließlich zu Gleichung (7).[34]

---

[34] Für eine ausführliche Diskussion dieser Herleitung, vgl. zum Beispiel Mikosch (1999).

Literatur

BAXTER, M.; RENNIE, A. (2001): Financial Calculus: An Introduction to Derivative Pricing. Cambridge University Press

BENTH, F. E.; BENTH, J. Š.; KOEKEBAKKER, S. (2008): Stochastic Modelling of Electricity and Related Markets. World Scientific Publishing

BENTH, F. E.; KOEKEBAKKER, S. (2008): Stochastic Modelling of Financial Electricity Contracts in: Energy Economics 30, 1116-1157

BESSEMBINDER H.; LEMMON, M. L. (2002): Equilibrium Pricing and Optimal Hedging in Electricity Forward Markets in: Journal of Finance 57, 1347-1382

BIERBRAUER, M.; MENN, C.; RACHEV, S. T.; TRÜCK, S. (2007): Spot and Derivative Pricing in the EEX Power Market in: Journal of Banking & Finance 31, 3462-3485

BÜHLER, W.; MÜLLER-MERBACH, J. (2007A): Dynamic Equilibrium Valuation of Electricity Futures. Working Paper, Universität Mannheim

BÜHLER, W.; MÜLLER-MERBACH, J. (2007B): Valuation of Electricity Futures: Reduced-Form vs. Dynamic Equilibrium Models. Working Paper, Universität Mannheim

BUNDESMINISTERIUM FÜR UMWELT, NATURSCHUTZ UND REAKTORSICHERHEIT (2008): Erneuerbare Energien in Zahlen – Nationale und Internationale Entwicklung, Stand Juni 2008

BURGER, M.; KLAR, B.; MÜLLER, A.; SCHINDLMAYR, G. (2004): A Spot Market Model for Pricing Derivatives in Electricity Markets in: Journal of Quantitative Finance 4, 109-122.

CARR, P.; GEMAN, H.; MADAN, D. B. (2001): Princing and Heding in Incomplete Markets in: Journal of Financial Economics 62, 131-167

CARTEA, Á.; FIGUEROA, M. G. (2005): Pricing in Electricity Markets: A Mean Reverting Jump Diffusion Model with Seasonality in: Applied Mathematical Finance 12, 313-335

CARTEA, Á.; VILLAPLANA, P. (2008): Spot Price Modeling and the Valuation of Electricity Forward Contracts: The Role of Demand and Capacity in: Journal of Banking & Finance 32, 2502-2519

CLEWLOW, L.; STRICKLAND, C. (2000): Energy Derivatives: Pricing and Risk Management. Lacima Publications

DE JONG, C. (2005): The Nature of Power Spikes: A Regime-Switch Approach. Working Paper, Erasmus University Rotterdam

DEMPSTER, M. A. H.; Medova, E.; Tang, K. (2008): Long Term Spread Option Valuation and Hedging in: Journal of Banking & Finance 32, 2530-2540

EC (2007): Report on the Experience Gained in the Application of the Regulation (EC) No. 1228/2003 Regulation on Cross-Border Exchanges in Electricity. Brussels.

ELLIOT, R. J.; SICK, G. A.; STEIN, M. (2003): Modelling Electricity Price Risk. Working Paper, University of Calgary

ESCRIBANO, A.; PEÑA, J. I.; VILLAPLANA, P. (2002): Modelling Electricity Prices: International Evidence. Working Paper, Universidad Carlos III de Madrid

ETSO (2006): Transmission Risk Hedging Products - Solutions for the Market and Consequences for the TSOs. Brussels

EYDELAND, A.; GEMAN, H. (1999): Fundamentals of Electricity Derivatives in: R. Jameson: Energy Modelling and the Management of Uncertainty. London, 35-44

EYDELAND, A.; WOLYNIEC, K. (2003): Energy and Power Risk Management. John Wiley & Sons

FLETEN, S. E.; LEMMING, J. (2003): Constructing Forward Price Curves in Electricity Markets in: Energy Economics 25, 409-424

GEMAN, H. (2005): Commodities and Commodity Derivatives. John Wiley & Sons

GEMAN, H.; RONCORONI, A. (2006): Understanding the Fine Structure of Electricity Prices in: Journal of Business, 79, 1225-1261

HALDRUP, N.; NIELSEN, M. Ø. (2006): A Regime Switching Long Memory Model for Electricity Prices in: Journal of Econometrics 135, 349-376

HARRISON, M. J.; KREPS, D. (1979): Martingales and Arbitrage in Multiperiod Securities Markets in: Journal of Economic Theory 20, 381-408

HARRISON, M. J.; PLISKA, S. R. (1981): Martingales and Stochastic Integrals in the Theory of Continuous Trading in: Stochastic Processes and Their Applications 11, 215-260

HAMILTON, J. D. (1989): A New Approach to the Economic Analysis of Nonstationary Time Series and the Business Cycle in: Econometrica 57, 357-384

HEATH, D.; JARROW, R.; MORTON, A. (1992): Bond Pricing and the Term Structure of Interest Rates: A New Methodology for Contingent Claims Valuation in: Econometrica 60, 77-105

HIKSPOORS, S.; JAIMUNGAL, S. (2007): Energy Spot Price Models and Spread Options Pricing in: International Journal of Theoretical and Applied Finance 10, 1111-1135

HOGAN, W. W. (2000): Flowgate Rights and Wrongs, Working Paper, Harvard University

HOGAN, W. W. (2003): Transmission Market Design, Working Paper, Harvard University

HUISMAN, R.; DE JONG, C. (2003): Option Formulas for Mean-Reverting Power Prices with Spikes in: Energy Power Risk Management 7, 12-16

HUISMAN, R.; HUURMAN, C. (2003): Fat Tails in Power Prices. Working Paper, Erasmus University Rotterdam

HUISMAN, R.; MAHIEU, R. (2003): Regime Jumps in Electricity Prices in: Energy Economics, 25, 425-434

JOHNSON, B.; BARZ, G. (1999): Selecting Stochastic Processes for Modelling Electricity Prices in: Energy Modelling and the Management of Uncertainty, Risk Books, London, 3-22

KRISTIANSEN, T. (2004): Risk Management in Congested Electricity Networks in: Energy Studies Review 12, 228-257

LONGSTAFF, F. A.; WANG, A. W. (2004): Electricity Forward Prices: A High-Frequency Empirical Analysis in: Journal of Finance 59, 1877-1900

LUCIA, J. S.; SCHWARTZ, M. L. (2002): Electricity Prices and Power Exchanges: Evidence from the Nordic Power Exchange in: Review of Derivatives Research 5, 5-50

MARCKHOFF, J.; MUCK, M. (2008): Die Bewertung von Stromderivaten mit Hilfe von Reduced-Form-Modellen in: A. Oehler und U. Terstege: Finanzierung, Investition und Entscheidung. Einzelwirtschaftliche Analysen zur Bank- und Finanzwirtschaft, Festschrift für Michael Bitz, Springer, 295-320

MARCKHOFF, J.; WIMSCHULTE, J. (2009): Locational Price Spreads and the Pricing of Contracts for Difference: Evidence from the Nordic Market in: Energy Economics, forthcoming

MARGRABE, W. (1978): The Value of an Option to Exchange one Asset for Another in: Journal of Finance 33, 177-186

MIKOSCH, T. (1999): Elementary Stochastic Calculus with Finance in View. World Scientific Publishing

MUCK, M.; RUDOLF, M. (2008): The Pricing of Electricity Forwards in: R. Füss, D. G. Kaiser und F. J. Fabozzi: The Handbook of Commodity Investing, Wiley, 596-612

NOMIKOS, N. K.; SOLDATOS, O. (2008): Using Affine Jump Diffusion Models for Modelling and Pricing Electricity Derivatives in: Applied Mathematical Finance 15, 41-71

PILIPOVIC, D. (2007): Energy Risk: Valuing and Managing Energy Derivatives. McGraw-Hill

PIRRONG, C. (2008): Structural Models of Commodity Prices in: H. Geman: Risk Management in Commodity Markets: From Shipping to Agriculturals and Energy, John Wiley & Sons, 1-8

PIRRONG, C.; JERMAKYAN, M. (2008): The Price of Power: The Valuation of Power and Weather Derivatives in: Journal of Banking & Finance 32, 2520-2529

POPOVA, J. (2004): Spatial Pattern in Modeling Electricity Prices: Evidence from the PJM Market. Working Paper, West Virginia University

ROUTLEDGE, B. R.; SEPPI, C S. (2001): The Spark Spread: An Equilibrium Model of Cross-Commodity Price Relationships in Electricity. Working Paper, Carnegie Mellon University

SCHIFFER, H. W. (2008): Energiemarkt Deutschland. Tüv Media

SEIFERT, J.; UHRIG-HOMBURG, M. (2007): Modelling Jumps in Electricity Prices: Theory and Empirical Evidence in: Review of Derivatives Research 10, 59-85.

SIMONSEN, I.; WERON, R.; WILMAN, P. (2004): Modelling Highly Volatile and Seasonal Markets: Evidence From the Nord Pool Electricity Market in: H. Takayasu: The Application of Econophysics, Springer, 182-191

ULLRICH C. J. (2007): Constrained Capacity and Equilibrium Forward Premia in Electricity Markets. Working Paper, Virginia Polytechnic Institute and State University

VASICEK, O. (1977): An Equilibrium Characterisation of the Term Structure in: Journal of Financial Economics 5, 177-188

WERON, R. (2002): Estimating Long Range Dependence: Finite Sample Properties and Confidence Intervals in: Physica A 312, 285-299

Weron, R. (2005): Heavy Tails and Electricity Prices. Working Paper, Wroclaw University of Technology

WERON, R. (2006): Modelling and Forecasting Electricity Loads and Prices. John Wiley & Sons

WERON, R.; BIERBRAUER, M.; TRÜCK, M. (2004): Modelling Electricity Prices: Jump Diffusion and Regime Switching in: Physica A 336, 39-48

WILKENS, S.; WIMSCHULTE, J. (2007): The Pricing of Electricity Futures: Evidence from the European Energy Exchange in: Journal of Futures Markets 27, 487-410

ZACHMANN, G. (2008): Electricity Wholesale Market Prices in Europe: Convergence? in Energy Economics 30, 1659-1671

Preis- und Risikomanagement bei Soft Commodities

Eva Lambert

1.   Marktüberblick

Soft Commodities lassen sich in drei Gruppen unterteilen: Nahrungs- und Genussmittel, industrielle Agrarrohstoffe und tierische Agrarrohstoffe.

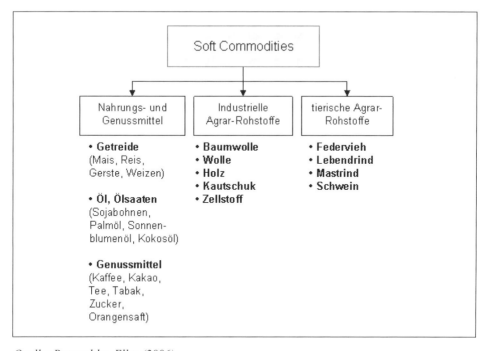

Quelle: Berggold u. Eller (2006)
Abbildung 1:   Gliederung der Soft Commodities

Der Begriff bezieht sich im Allgemeinen auf Rohstoffe, die aus landwirtschaftlicher Produktion stammen. Soft Commodities spielen in Futures-Märkten eine große Rolle. Terminmärkte werden beispielsweise von Landwirten genutzt, die den Preis ihrer in der Zukunft liegenden Ernte absichern wollen aber auch von Spekulanten, die Gewinne erzielen möchten.

Die USA und China sind die weltweit größten Produzenten von Agrarrohstoffen. Die Produktion dieser beiden Länder zusammengenommen übersteigt fast das Doppelte der Produktionsmenge der nachfolgenden Länder Indien und EU-27. Dennoch gibt es einen großen Unterschied zwischen den beiden Ländern, die an der Spitze der Agrarrohstoffproduktion stehen: Während die USA ein Hauptexporteur von Agrarrohstoffen ist, wächst die Abhängigkeit Chinas von Importen dieser Rohstoffe zunehmend. In den Jahren 2007 und 2008 beispielsweise waren die USA für 30 Prozent des weltweiten Exportes für Mais, 41 Prozent für Sojabohnen und 63 Prozent für Weizen verantwortlich. Im gleichen Zeitraum wurde China der weltweit größte Importeur für Baumwolle, Palmöl, Kautschuk und Sojabohnen.

Von allen Agrarrohstoffen haben Mais und Weizen das größte Produktionsvolumen. Die weltweite Weizenproduktion ist jedoch in den letzten beiden Jahren zurückgegangen. Dies war insbesondere auf erhebliche Trockenperioden in Hauptproduktionsländern wie beispielsweise Australien zurückzuführen. Dagegen ist die weltweite Maisproduktion um etwa 15 Prozent angestiegen, was insbesondere eine Folge der Vergrößerung der Maisplantagen in den USA ist. Dieser Ausbau war vorwiegend zur Versorgung der Ethanolindustrie erforderlich, die mittlerweile 25 Prozent der Maisernte des Landes aufbraucht, während zu Beginn des Jahrzehnts fünf Prozent ausreichend waren.

Die Nachfrage nach Agrarrohstoffen ist im Laufe des vergangenen Jahrzehnts stetig angestiegen. Ursache hierfür waren insbesondere ein rasantes Bevölkerungswachstum, starkes Wirtschaftswachstum sowie ein steigender Fleischkonsum pro Kopf. Außerdem wurde das Wachstum der landwirtschaftlichen Produktion durch die weltweite Knappheit von Land und Wasser verlangsamt. Des Weiteren führten in den letzten Jahren ansteigende Energiekosten, der rasche Anstieg der Herstellung von Biobrennstoff sowie ungünstige Wetterverhältnisse und politische Maßnahmen einiger Agrarrohstoff exportierender Länder dazu, dass die Preise vieler Agrarrohstoffe in 2008 Allzeithochs erreichten.

Insbesondere diese immer volatiler werdenden Rohstoffpreise sowie das Erreichen neuer Allzeithochs führt zu einer stetig steigenden Nachfrage der Marktteilnehmer nach Preissicherungs- sowie auch Spekulationsinstrumenten. Im Folgenden werden sich die Ausführungen auf das Preis- und Risikomanagement bei Soft Commodities beschränken.

2.   Terminhandel von Soft Commodities

Wie bei den Hard Commodities gibt es auch bei den Soft Commodities einen standardisierten und einen nicht-standardisierten Handel über Futures bzw. OTC-Derivate. Die ursprüngliche Idee des Rohstoffhandels auf Termin war, dass Landwirte ihre Ernte bereits im Voraus auf Termin verkaufen wollten. Der Landwirt wollte sich damit gegen Preisschwankungen absichern und Planungssicherheit erreichen. Der Käufer auf Termin hatte währenddessen den Vorteil, dass zum einen bereits sein zukünftiger Einkaufspreis feststand und er zum anderen vor Lieferengpässen geschützt war. Der ursprüngliche Terminhandel fand OTC statt, er war eine nicht-standardisierte, direkte Vereinbarung zwischen Rohstoff-Verkäufer (Produzent) und Rohstoff-Käufer (Konsument). Die Geschichte des Terminhandels begann demnach mit Soft Commodities.

Die erste Terminbörse für Futures, die sich mit heutigen Derivatebörsen vergleichen lässt, hieß »Dojima Rice Market« und wurde gegen Ende des 17. Jahrhunderts in Osaka gegründet. Gehandelt wurden dort hauptsächlich Reis und Seide. Der einzige wesentliche Unterschied zu den modernen Terminbörsen für Warenterminkontrakte lag darin, dass im Allgemeinen keine physische Lieferung vereinbart wurde. Alle anderen wesentlichen Eigenschaften, wie beispielsweise die Existenz einer Clearingstelle, gab es jedoch bereits damals.

Zu Beginn des 18. Jahrhunderts wurden in Amsterdam bereits Termingeschäfte gehandelt. In den USA begann hingegen erst etwa ein Jahrhundert später die Gründung von Warenterminbörsen. Auslöser waren insbesondere der rasant ansteigende Handel mit Agrarprodukten sowie der Ausbau der industriellen Produktion im Mittleren Westen. Die ersten Warenterminbörsen entstanden in Chicago und New York, wo 1833 die ersten klassischen Geschäfte auf Termin gehandelt wurden. Hieraus entstanden Futures-Kontrakte, die ab 1870 an der »New York Produce Exchange« und der »New York Cotton Exchange« notiert und börslich gehandelt wurden. Finanzterminkontrakte (»financial futures«) gab es zu dieser Zeit jedoch noch nicht. Financial Futures entstanden erst 1972, als am International Monetary Market in Chicago Devisen-Futures eingeführt wurden.

Seither wurden zahlreiche weitere Terminbörsen gegründet. Die 1848 gegründete Chicago Board of Trade (CBOT) und die 1898 gegründete Chicago Mercantile Exchange (CME) sind mittlerweile die größten Futures-Börsen. Weitere wichtige Terminbörsen sind die Euronext.liffe, die London Metal Exchange (LME), die Mexican Derivatives Exchange (MexDer), die Bolsa de Mercadorias & Futuros (BM&F, Brasilien), die Korea Futures Exchange (Kofex) und die Tokyo Commodity Exchange (TCOM). Eine der weltweit größten Terminbörsen für Financial Futures ist die elektronische Handelsplattform Eurex (European Exchange).

Ursprünglich gab es nur börsliche Termingeschäfte auf lagerfähige Welthandelswaren. Zu Beginn der 1960er-Jahre wurden jedoch von der CME Futures auf verderbliche Ware, lebende Schweine sowie Rinder, eingeführt.

Die ursprüngliche Idee der Vereinbarung eines Termingeschäftes zwischen zwei Parteien wurde also übertragen auf standardisierte Kontakte, die an einer Terminbörse gehandelt werden. Die Terminbörse wird im Wesentlichen von Finanzinvestoren wie beispielsweise Hedge-Fonds und strategischen Anlegern genutzt. Marktteilnehmer, die Sicherungsgeschäfte zum Hedging ihrer Grundgeschäfte in kleineren Volumina eingehen möchten, können über Broker oder Banken Termingeschäfte bzw. Optionen handeln.

Typische Marktteilnehmer beim Terminhandel von Soft Commodities sind Großhändler, Banken, Agrargenossenschaften sowie große Verbraucher. Marktteilnehmer, die direkt über eine Börse handeln, werden in der Mitgliedsliste gezeigt, die im Internet abgerufen werden kann. Der Link beispielsweise zur Mitgliedsliste der EURONEXT lautet http://www.euronext.com/forourclient/mbs/market/list-1663-EN.html.

Kleinere Marktteilnehmer können über Broker oder Banken Termingeschäfte in Soft Commodities auf Börsenreferenzen abschließen. In Lieferverträgen von Soft-Commodity-Einkäufern wird nicht sehr häufig auf Börsenwerte referenziert. Dennoch besteht ein enger Zusammenhang zwischen den Börsenpreisen und dem physischen Handel außerhalb der Börse. Wenn das Grundgeschäft an die Notierungen an der Börse gekoppelt ist bzw. eine Korrelation hierzu besteht, ist es sicherlich sinnvoll für ein Unternehmen, über Sicherungen nachzudenken. Wenn ein Unternehmen die Einkaufspreise nicht eins zu eins weitergeben kann, können gerade die extremen Niveaus des vergangenen Jahres zu Schwierigkeiten geführt und eine Preisabsicherung notwendig gemacht haben. Direkt an der Börse zu agieren ist hierbei allerdings für viele mittlere bis kleine Marktteilnehmer eher nicht sinnvoll. Hier bieten sich unter Umständen eher OTC-Geschäfte über Banken an. Es gibt beispielsweise die Möglichkeit, Termingeschäfte mit Barausgleich abzuschließen. Hierbei ist keine Registrierung des einzelnen Unternehmens an einer Börse notwendig.

Für eine Preisabsicherung ist es wichtig, eine zum Grundgeschäft passende Referenz zu finden. Diese Referenz stellt die Grundlage für die Absicherung dar. Es muss eine an einer Börse gehandelte Referenzgröße mit liquidem finanziellem Markt gefunden werden, damit eine Preisabsicherung möglich wird. Der Weizenpreis, den ein Weizenkäufer in Deutschland zahlt, muss nicht zwangsläufig mit einem Weizenpreis in den USA übereinstimmen. Aufgrund der Einflüsse von Witterung, Ernte oder entsprechenden Meldungen können die Preise in verschiedenen Ländern durchaus voneinander abweichen. Daher sollte ein Weizenkäufer Wert darauf legen, eine passende Referenz für seine Absicherung zu finden, da diese anderenfalls zu einem zusätzlichen Risiko werden kann. Die einfachste Lösung ist es, wenn der Käufer in seinem Vertrag mit dem Lieferanten eine Börsennotierung als Preisreferenz vereinbart. Eine solche Referenz kann beispielsweise CBOT Wheat sein. Sollte dies nicht möglich sein, so kann der Vergleich historischer Einkaufspreise mit historischen Preisen verschiedener Börsen bei der Referenzfindung helfen. Bei einer Korrelationsanalyse kann herausgefunden werden, inwiefern eine Absicherung mittels einer Börsenreferenz zumindest historisch gesehen funktioniert hätte. Wird die Korrelation als ausreichend betrachtet, so kann die entsprechende Referenz zur Absicherung herangezogen werden. Orientiert sich der Einkaufspreis jedoch nicht eins zu eins an der Referenz, die zur Absicherung genutzt wird, verbleibt ein Basisrisiko bei dem Rohstoffkäufer. Es ist durchaus denkbar, dass sich der Einkaufspreis des Rohstoffes und der abgesicherte Börsenpreis unterschiedlich entwickeln. Bei der Börsenreferenz ist es wichtig, dass es sich auch um einen liquiden Future handelt. Es gibt Warenterminbörsen mit geringerem Umsatz, wie beispielsweise der Warenterminbörse Hannover, die für deutsche Weizeneinkäufer eine wichtige Preisreferenz sein kann, die derzeit nicht liquide genug sind, um Derivate darauf handeln zu können. Grund hierfür ist, dass Banken, die Derivate auch für kleinere Absicherungsmengen von Weizen oder Mais anbieten (circa eine Million EUR Volumen p. a.), einen liquiden finanziellen Markt brauchen, um das Risiko wiederum am Markt zu hedgen.

Abbildung 2 verdeutlicht, wie unterschiedlich sich der Weizenpreis in verschiedenen Ländern entwickeln kann.

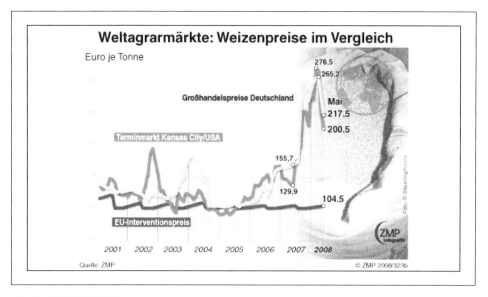

Quelle: ZMP (2008a)
Abbildung 2:   Weltagrarmärkte – Weizenpreise im Vergleich

3.   Ermittlung von Terminpreisen

In der Regel handeln Soft Commodities in Contango, das heißt, der länger laufende Future-Kontrakt ist teurer als der mit einer kürzeren Laufzeit. Der Grund dafür liegt im Wesentlichen darin, dass ein Rohstoff, der zu einem späteren Zeitpunkt geliefert wird, gelagert werden muss. Je länger die Laufzeit des Terminkontraktes, desto länger muss der Verkäufer die Ware lagern, folglich steigen die Lagerkosten mit weiter in der Zukunft liegender Lieferung. Die Kosten, die dem Produzenten entstehen, beinhalten zum Beispiel die Kosten des Lagerhauses, Versicherungen und Gehälter. Diese Kosten, die durch die Lagerung von Rohstoffen entstehen werden als Cost of Carry bezeichnet. Dem gegenüber können aber auch Carry-Erträge stehen, die während der Lagerung entstehen. Dies gilt beispielsweise für den Terminpreis einer Kuh. Hier stehen unter anderem die Kosten für Futter, Stallhaltung und Finanzierungskosten den Milcherträgen gegenüber.

Soft Commodities können jedoch auch in Backwardation handeln. Das bedeutet, dass der Terminpreis unter dem Spotpreis liegt. Dieses Phänomen kann mit dem Verhalten von Produzenten und Investoren erklärt werden. Rohstoffverkäufer akzeptieren einen niedrigeren Terminpreis, um sich gegen das Kassapreisrisiko abzusichern, während Investoren Risiken eingehen, wenn sie mit einem niedrigeren Einstandskurs belohnt werden. Bei der Rohstoff-Terminmarktkurve spielen Erwartungen eine große Rolle. Handelt ein Rohstoff in Backwardation, so ist tendenziell die Erwartung der Marktteilnehmer, dass der Spotpreis des Rohstoffes fallen wird. Grund hierfür kann zum einen sein, dass Marktteilnehmer den aktuellen Preis für überhöht befinden, zum anderen, dass sich das Angebot plötzlich unerwartet verknappt, beispielsweise durch eine schlechte Ernte. Ist dies der Fall, so trifft die Nachfrage auf ein verringertes Angebot, und der Spotpreis sowie der aktuell fällige Future steigen an. Backwardation ist jedoch kein temporäres Phänomen, wie Tabelle 1 zeigt.

Rohstoff	Tage insgesamt	Anteil Backwardation in %
Lebendvieh	5868	51
Weizen	5865	29
Mais	5865	17
Sojabohnen	5866	16

Quelle: Goldman Sachs (2007)
Tabelle 1:   Anteil Backwardation bei ausgewählten Soft Commodities

Veränderungen der Terminmarktkurve von Contango in Backwardation bzw. umgekehrt sind durchaus üblich. Für einen Rohstoffkäufer ergibt sich hierbei die Möglichkeit, von einer Kurve in Backwardation zu profitieren. Er kann auf Termin einen günstigeren Kaufpreis als bei einem Spotkauf erzielen. Umgekehrt kann ein Rohstoffverkäufer von einer Kurve in Backwardation profitieren, da er auf Termin einen höheren Preis als am Spotmarkt erzielen kann.

Wie bereits erwähnt, spielen Erwartungen, aber auch Psychologie, eine große Rolle bei der Bildung der Terminpreiskurve eines Rohstoffes. In manchen Situationen wird der »physische Besitz von Rohstoffen« höher bewertet als ein »Finanzkontrakt auf Rohstoffe«, in anderen Situationen verhält es sich umgekehrt. Ursache für die unterschiedlichen Einschätzungen ist der individuell erlebte Convenience Yield von Produzenten und Konsumenten. Der physische Besitz von Rohstoffen wird laufend anhand von Knappheiten, Lagerfähigkeit, Verderblichkeit sowie Reproduktionszeit neu bewertet.

Der Nutzen für einen Verbraucher, einen bestimmten Rohstoff zu besitzen, steht in direktem Zusammenhang mit dem Volumen verfügbarer Lagerbestände. Convenience Yield ist ein Indikator für die Knappheit eines Gutes. Je höher die Wahrscheinlichkeit ist, dass Engpässe auftreten, desto höher die Convenience Yield. Bei Energie-Rohstoffen ist die Convenience Yield tendenziell deutlich höher als bei Soft Commodities (s. Abbildung 4 im Beitrag von Peter Menne, Rohstoffindizes).

Zusammengefasst ergibt sich der Terminpreis eines Rohstoffes aus der Summe von Cost of Carry, Carry-Erträgen und Convenience Yield.

Im Folgenden sind die aktuellen Terminpreiskurven von CBOT Weizen und CBOT Mais abgebildet. Beide handeln derzeit in Contango.

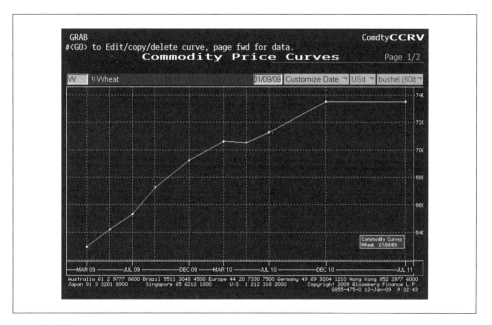

Quelle: Bloomberg, Stand: 09.01.2009
Abbildung 3:   Terminpreiskurve CBOT Weizen

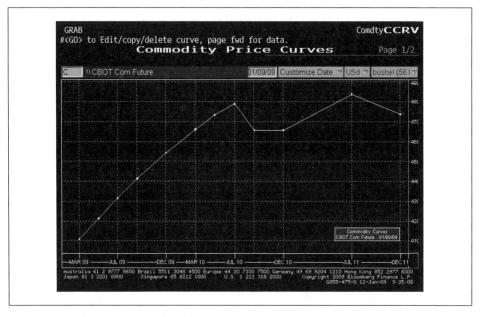

Quelle: Bloomberg, Stand: 09.01.2009
Abbildung 4:   Terminpreiskurve CBOT Mais

4.   Handelsplätze für Weizen und Mais

Futures und Optionen auf Weizen werden an der Chicago Board of Trade (CBOT), der Kansas City Board of Trade (KCBT) sowie der Minneapolis Grain Exchange (MGE) gehandelt. An der chinesischen Zhengzhou Commodity Exchange findet der Handel mit Kontrakten auf den kleberreichen Weizen und den Winter-Hartweizen statt. Außerdem werden Weizenfutures an der Mid America Commodity Exchange (MidAm), der Winnipeg Commodity Exchange (WCE), der Mercado a Termino de Buenos Aires (MAT), EURONEXT sowohl als auch an der Budapest Commodity Exchange (BCE) gehandelt. Die Weizenfutures der CBOT beziehen sich auf roten Weichweizen (No. 1 und 2), roten Winter-Hartweizen (No. 1 und 2) sowie Dark Northern Frühjahrsweizen (No. 1 und 2). Der Weizenpreis wird in US-Cent pro Scheffel notiert.

Weizen wird nach Jahreszeit/Form, Glutengehalt sowie Kornfarbe eingeteilt. Die verschiedenen Anbauzeiten bedeuten, dass es entweder Winter- oder Sommerweizen gibt. Winterweizen wird in den USA von September bis Dezember angebaut und Anfang Juli geerntet. Je nach

Glutengehalt gibt es Hart- oder Weichweizen. Hartweizen zeichnet sich durch einen hohen Eiweißgehalt aus, während Weichweizen einen hohen Stärkeanteil hat. Weizen wird auch nach Kornfarbe klassifiziert, wie zum Beispiel rot, weiß oder amberfarben. Im Frühjahr gepflanzter Weizen ist meistens rot, Winterweizen ist hingegen meistens weiß.

Hinter der Erwartung liegende weltweite Ernten, ungebremste Nachfrage und starke spekulative Aktivitäten führten an den internationalen Weizenmärkten ab Mitte 2007 zu einem Preisanstieg von bislang ungekannter Intensität. Ihren vorläufigen Höchststand erreichten die Weizen-Notierungen im Februar 2008. Seither fiel der Preis wieder deutlich. Die Ursache für die Preisschwäche Mitte 2008 waren hauptsächlich die optimistischen Angebotsprognosen, die von einer Steigerung des weltweiten Weizenangebotes um etwa 40 Millionen Tonnen ausgingen. Nach dem steilen Preisanstieg 2007 brachen die Kurse im Herbst 2008 auf ein Zweijahrestief ein. Die weltweite Ausdehnung der Produktion war dafür jedoch nicht allein verantwortlich, von den Aktien- und Rohstoffmärkten kam zusätzlicher Druck.

Kontrakt	Börse	Umsatz 2005	Umsatz 2007	Veränderung in %
Sojamehl	Dalian Commodity Exchange	36,7	64,7	76
Mais	Dalian Commodity Exchange	21,9	59,4	172
Mais	Chicago Board of Trade	28,0	54,5	95
Sojabohnen No.1	Dalian Commodity Exchange	40,0	47,4	18
Kautschuk	Shanghai Futures Exchange	9,5	42,1	344
Hartweizen	Zhengzhou Exchange	16,6	39,0	135
Sojabohnen	Chicago Board of Trade	20,2	31,7	57
Zucker #11	New York Board of Trade	12,4	21,4	73
Weizen	Chicago Board of Trade	10,1	19,6	94

Quelle: Deutsche Bank (2008)

Tabelle 2:   Die am meisten gehandelten Agrarfutures in Millionen-Kontrakten

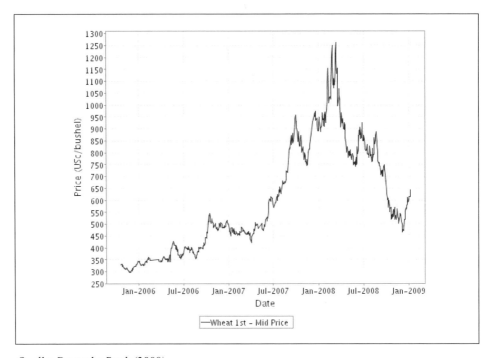

Quelle: Deutsche Bank (2009)
Abbildung 5:   Historische Entwicklung des Weizenpreises (nächstfälliger Kontrakt) an der CBOT

Gemessen am Umsatz in 2007 sind die Dalian Commodity Exchange (DCE) und die Chicago Board of Trade (CBOT) die wichtigsten Handelsplätze für Maisfutures. Während der Umsatz der DCE den der CBOT überstieg, ist zu beachten, dass es einen signifikanten Unterschied bezüglich der Kontraktgröße gibt. Während ein Kontrakt sich an der CBOT auf 5.000 Scheffel bezieht, handelt es sich bei einem Kontrakt der DCE um 400 Scheffel. Weitere Handelsplätze für Maisfutures sind Tokyo Grain Exchange (TGE), MidAm Commodity Exchange, Bolsa de Mercadarios & Futuros (BM&F) in Brasilien, Budapest Commodity Exchange (BCE), Mercado a Termino de Buenos Aires in Argentinien (MAT), EURONEXT Paris und Johannesburg Securities Exchange. CBOT Maisfutures beziehen sich auf jeweils 5.000 Scheffel Mais der Sorte No. 2 Yellow. Der Maispreis wird in US-Cent pro Scheffel notiert. Die Kontraktmonate für den Chicago Board of Trade Maisfutures sind März, Mai, Juli, September und Dezember.

Wie Abbildung 7 zeigt, hat der Maispreis eine dem Weizenpreis entsprechende Entwicklung über die letzten Jahre gezeigt. Nach dem Allzeithoch im Februar 2008 ist der Maispreis um circa 45 Prozent bis Oktober 2008 gefallen.

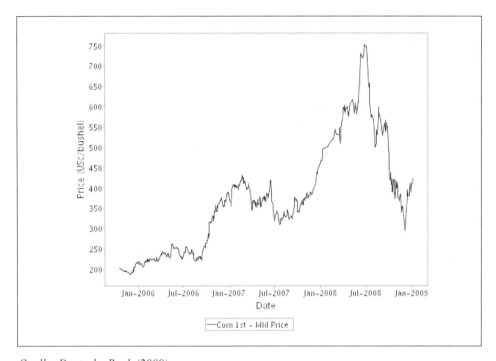

Quelle: Deutsche Bank (2009)

Abbildung 6:   Historische Entwicklung des Maispreises (nächstfälliger Kontrakt) an der CBOT

5.   Beispiele derivativer Absicherungsstrategien

Vor dem Hintergrund betriebswirtschaftlicher Ziele suchen Produzenten und Konsumenten nach Möglichkeiten, Rohstoffpreisrisiken abzusichern.

Im Folgenden werden verschiedene Möglichkeiten zur finanziellen Absicherung des Kaufs von Weizen auf der Basis einer CBOT-Referenz dargestellt. Es wird eingegangen auf die Varianten Swap und Call-Option. Es wird gezeigt, wie sich ein Käufer von Weizen gegen steigende Weizenpreise absichern kann. Hierbei werden verschiedene derivative Instrumente beschrieben, die in Abhängigkeit der Markterwartung eingesetzt werden können.

Für die folgenden Beispiele wird die Situation eines Soft-Commodities-Käufers herangezogen. Es wird die Annahme getroffen, dass es sich um einen Käufer von circa 4,5 Millionen Bushel Weizen pro Jahr handelt. Die Lieferantenverträge enthalten eine Bindung an CBOT

Wheat bzw. es gibt eine ausreichend hohe historische Korrelation zwischen Einkaufspreisen und CBOT Wheat. Der Weizenkäufer ist sich unsicher bezüglich der weiteren Entwicklung der Weizenpreise. Er möchte zum einen vor drastisch steigenden Preisen geschützt sein, zum anderen auch an möglicherweise weiter fallenden Weizenpreisen im nächsten Jahr partizipieren. Daher wählt er eine Strategie, in der er seinen Gesamtbedarf an Weizen in drei Teile unterteilt. Hierbei lässt er einen Teil offen, schließt für einen weiteren Teil ein Festpreisgeschäft und für den letzten Teil eine Option ab. Somit hat er zwei Drittel seines Einkaufsportfolios vor drastisch steigenden Preisen abgesichert, behält sich jedoch noch die Option vor, teilweise an fallenden Preisen teilzuhaben.

Durch die gewählte Absicherungsstrategie hat der Weizeneinkäufer eine bessere Kalkulationsgrundlage und kann möglicherweise neue Kunden gewinnen, indem er die Möglichkeit der Vereinbarung eines Festpreises für eine bestimmte Laufzeit für seine Produkte anbietet.

5.1   Swap

CBOT-Weizen-Swap in USD

Mit einem Swap kann heute der Preis für Weizen für einen späteren Zeitraum gesichert werden.

Ausgangssituation und Hintergrund
- Das Ergebnis aus dem Grundgeschäft ist abhängig vom Weizenpreis.

- Es wurden noch nicht sämtliche Weizenmengen für die nächsten Jahre eingekauft.

- Bei einem Anstieg des Weizenpreises an der CBOT wird das individuelle Ergebnis negativ beeinflusst.

- Der Marktteilnehmer möchte sich für einen bestimmten Zeitraum gegen einen Preisanstieg sichern.

- Die Marktmeinung des Weizenkäufers ist ein Preisanstieg.

Lösung
Der Marktteilnehmer schließt einen Weizenswap ab, mit dem er seinen Preis für das zukünftige Jahr fixiert, im folgenden Beispiel für Februar 2009 bis Januar 2010, und somit sein Weizenpreisrisiko für dieses Jahr eliminiert.

Ausgestaltung eines CBOT-Weizen-Swap

Laufzeit:	Februar 2009 bis Januar 2010
Rohstoff:	CBOT Wheat
Zahler Festpreis:	Kunde

Zahler var. Preis:	Bank
Nominalbetrag:	1.500.000 Bushel (125.000 Bushel pro Monat)
Festpreis:	670 USc/Bushel, monatliches Settlement
Referenzpreis:	Monatlicher Durchschnitt aus den Tagespreisen des »nächstfälligen« Kontraktes
Referenzquelle:	CBOT Chicago Board of Trade
Abwicklung:	Das Termingeschäft basiert auf »Cash Settlement«, das heißt, es erfolgt kein physischer Austausch der Ware
Ausgleichszahlung:	Der Kunde zahlt den Festpreis, und die Bank zahlt den variablen Preis (Referenzpreis)

Analyse

Sollte der Referenzpreis für eine Referenzperiode über dem Festpreis liegen, erfolgt eine Ausgleichszahlung zugunsten des Zahlers des Festpreises.

Beispiel:

Referenzpreis:	800 USc/Bushel
Festpreis (Kunde):	670 USc/Bushel
Var. Preis (Bank):	800 USc/Bushel
Ausgleichzahlung	
zugunsten des Kunden:	130 USc/Bushel
	hier: 125.000 Bushel * 130 USc/Bushel = 162.500 USD

Sollte der Referenzpreis für eine Referenzperiode unter dem Festpreis liegen, erfolgt eine Ausgleichszahlung zugunsten des Zahlers des variablen Preises.

Beispiel:

Referenzpreis:	500 USc/Bushel
Festpreis (Kunde):	670 USc/Bushel
Var. Preis (Bank):	500 USc/Bushel
Ausgleichzahlung	
zugunsten der Bank:	170 USc/Bushel
	hier: 125.000 Bushel * 170 USc/Bushel = 212.500 USD

Fazit

■ Der Marktteilnehmer ist nunmehr gegen den Anstieg der Weizenpreise an der CBOT für einen bestimmten Zeitraum abgesichert.

- Dadurch hat der Marktteilnehmer für diesen Zeitraum in der Zukunft seinen Weizenpreis für die entsprechenden Mengen fixiert.

- Sollte der Weizenpreis an der CBOT steigen, realisiert der Marktteilnehmer aus diesem Swap einen Gewinn. Sollte der Weizenpreis an der CBOT fallen, realisiert er aus diesem Swap einen Verlust.

- Der Marktteilnehmer hätte am Markt günstiger einkaufen können. Mittels eines Swaps kann der Festpreiszahler jedoch nicht an fallenden Preisen partizipieren.

- Die Grundintention des Marktteilnehmers war aber nicht Gewinn/Verlust zu machen, sondern für einen Zeitraum in der Zukunft eine klare Kalkulationsgrundlage für seinen physischen Weizenkauf zu haben.

5.2   Option

CBOT-Weizen-Option in USD

Mit einer Option kann sich der Weizenkäufer den maximalen Preis für einen späteren Zeitpunkt/Zeitraum sichern.

Ausgangssituation und Hintergrund
- Das Ergebnis aus dem Grundgeschäft ist abhängig vom Weizenpreis.

- Bei einem Anstieg des CBOT-Weizenpreises wird das individuelle Ergebnis negativ beeinflusst.

- Der Marktteilnehmer möchte sich für einen bestimmten Zeitraum gegen einen Preisanstieg über ein bestimmtes Niveau hinaus sichern, jedoch an fallenden Preisen partizipieren.

- Die Marktmeinung des Weizenkäufers ist ein stark fallender Weizenpreis.

Lösung
Der Marktteilnehmer kauft eine CBOT-Weizen-Call-Option, mit der er den maximalen Preis für das zukünftige Jahr sichert, im folgenden Beispiel für Februar 2009 bis Januar 2010, und somit das Risiko eines Weizenpreisanstieges über ein bestimmtes Niveau hinaus für dieses Jahr eliminiert und unbegrenzt an fallenden Preisen partizipieren kann.

Ausgestaltung einer CBOT-Weizen-Call-Option

Optionskäufer:	Kunde
Laufzeit:	Februar 2009 bis Januar 2010
Rohstoff:	CBOT Wheat
Nominalbetrag:	1.500.000 Bushel (125.000 Bushel pro Monat)

Basispreis:	670 USc/Bushel, monatliches Settlement
Prämie:	97 USc/Bushel
Referenzpreis:	Monatlicher Durchschnitt aus den Tagespreisen des »nächstfälligen« Kontraktes
Referenzquelle:	CBOT Chicago Board of Trade
Ausgleichszahlung:	Sollte der Referenzpreis über dem Basispreis liegen, erhält der Optionskäufer die Differenz ausgezahlt:
	[Referenzpreis – Basispreis] × Nominalvolumen
	Andernfalls erfolgt keine Zahlung.

Analyse

Sollte der Referenzpreis für eine Referenzperiode über dem Basispreis liegen, erfolgt eine Ausgleichszahlung zugunsten des Optionskäufers.

Beispiel:

Referenzpreis:	800 USc/Bushel
Bank bezahlt:	[800 - 670] × 125.000 Bushel = 162.500 USD
Resultat:	Basispreis 670 + Prämie 97 = 767 USc/Bushel

Sollte der Referenzpreis für eine Referenzperiode unter dem Basispreis liegen, erfolgt keine Ausgleichszahlung. Das heißt, der Kunde kann unbegrenzt an fallenden Kursen partizipieren und kauft zu dem aktuellen Marktpreis ein.

Break-even: Der Break-even ergibt sich aus der Differenz zwischen Terminpreis und Optionsprämie. In diesem Fall bedeutet dies 670 – 97 = 573 USc/Bushel. Das heißt, dass erst unter diesem Preisniveau der Kauf der Option zu einem besseren Absicherungsergebnis im Vergleich zum Termingeschäft führt.

Fazit

■ Der Marktteilnehmer ist nunmehr für einen bestimmten Zeitraum gegen einen Preisanstieg über ein bestimmtes Niveau hinaus abgesichert. Der Absicherungspreis ergibt sich aus dem Basispreis der Call-Option zuzüglich der Optionsprämie.

■ Dadurch hat der Marktteilnehmer für diesen Zeitraum in der Zukunft einen fest definierten Worst Case, kann aber weiterhin an fallenden Preisen partizipieren.

Literatur

DEUTSCHE BANK (2008): Global Markets Research: A User Guide to Commodities, September 2008

DEUTSCHE BANK (2009): Global Markets Research: Commodities Outlook, 09.01.2009

DEUTSCHE BANK (2007): Global Markets Research: Nutzerleitfaden Rohstoffe, Januar 2007

HULL, J. C. (2006): Optionen, Futures und andere Derivate. 6. Aufl., München 2006

ROLAND ELLER CONSULTING GMBH (2008): Strategien mit Rohstoffen, April 2008

BERGGOLD, U.; ELLER, R. (2006): Investmentstrategien mit Rohstoffen, Wiley-Verlag, 2006

ZMP (2008A): Zentrale Markt- und Preisberichtstelle für Erzeugnisse der Land-, Forst- und ErnährungswirtschaftGmbH, http://www.zmp.de/infoportal/marktgrafiken/2008_06_04_zmpmarktgrafik_323b_Weltweizenpreise_Vergleich.asp

ZMP (2008B): Zentrale Markt- und Preisberichtstelle für Erzeugnisse der Land-, Forst- und ErnährungswirtschaftGmbH, Jahresbericht 2008 | 2009 Rückblick und Vorschau auf die Agrarmärkte, November 2008

Teil III

Rahmenbedingungen

Bilanzierung von Derivaten des Rohstoffmanagements

Olaf Maulshagen / Sven Walterscheidt

1. Einleitung

Im aktuellen Marktumfeld nimmt die Komplexität der angebotenen Derivate weiterhin zu. Dieses bezieht auch den Rohstoffbereich ein. Daher müssen Unternehmen gerade auch bei der Bilanzierung umfangreiche Anforderungen erfüllen. Zudem sind im Rohstoffbereich zahlreiche Besonderheiten zu beachten, und vor dem Hintergrund, dass manche Unternehmen sich noch im Anfangsstadium des Risikomanagements von Rohstoffen befinden, stellt dieses häufig eine besondere Herausforderung da.

In den verschiedenen Rechnungslegungsvorschriften ist hierzu die bilanzielle Abbildung wirtschaftlicher Sicherungsbeziehungen unter Erfüllung spezieller Kriterien festgelegt. Die folgenden Ausführungen beziehen die Rechnungslegungsvorschriften nach dem Handelsgesetzbuch (HGB) und den International Financial Reporting Standards (IFRS) ein. Aufgrund der weiteren Konvergenz zwischen IFRS und US-GAAP und der Mehrzahl der nach IFRS bilanzierenden Unternehmen in Deutschland wird auf die Ausführungen nach US-GAAP verzichtet. Es ist jedoch zu beachten, dass trotz der Konvergenz in einzelnen Bereichen wesentliche Unterschiede zwischen IFRS und US-GAAP bestehen.

Die Besonderheiten in Bezug auf die Bilanzierung von Warentermingeschäften werden im ersten Kapitel dargelegt und erläutert. Ein Schwerpunkt liegt dabei auf der im IAS 39 aufgeführten Ausnahme für den Eigenbedarf (Own Use Exemption). Hierbei kann ein Unternehmen bei Geschäften mit physischer Erfüllung (keine Finanzkontrakte) bei Erfüllung bestimmter Voraussetzungen die komplexen Bilanzierungsvorschriften des Standards verhindern.

Im zweiten Kapitel stehen eingebettete Derivate in Warentermingeschäften im Fokus. Sind Rohstoffverträge in ihrer Gesamtheit nicht als Derivat nach IAS 39 zu bilanzieren, so enthalten sie häufig eingebettete Derivate, die ggf. einer Trennungspflicht und damit einer gesonderten Bilanzierung unterliegen.

Im 3. Kapitel werden die wirtschaftliche und bilanzielle Sicherung zueinander ins Verhältnis gestellt. Hedge Accounting bzw. die Bildung einer Bewertungseinheit sind dabei viel diskutierte Themen, bei denen es zahlreiche Vorschriften zu beachten gilt.

Eine entsprechende bilanzielle Abbildung von Derivaten im Rohstoffmanagement ist damit neben der wirtschaftlichen Steuerung von Rohstoffen innerhalb des Risiko- und Treasurymanagements ein weiteres wichtiges Ziel für ein Unternehmen. Dieses sollte unter Berücksichtigung des Risiko-Nutzen-Verhältnisses erfolgen. Insgesamt kann die Bilanzierung von Derivaten als Rahmenbedingung für ein erfolgreiches Rohstoffmanagement angesehen werden, die von jedem Unternehmen sorgfältig angegangen werden sollte.

2.   Besonderheiten bei der Bilanzierung von Warentermingeschäften

2.1   Grundlagen

Standen bei vielen Unternehmen lange Zeit Zins- und Währungsrisiken im Fokus, werden nun vermehrt auch Rohstoffrisiken aktiv gesteuert. Diese aktive Steuerung muss unter Berücksichtigung des Risiko-/Nutzen-Verhältnisses auch die bilanzielle Abbildung von Warentermingeschäften umfassen. Eine einfache Übertragung des Wissens aus dem Zins- und Währungsbereich ist dabei nicht möglich, da die Bilanzierung von Warentermingeschäften mit zahlreichen Besonderheiten verbunden ist. Diese werden im Folgenden erläutert und anhand des Energiehandels praxisbezogen dargestellt. Der Energiehandel ist vereinfacht ausgedrückt der Kauf und Verkauf verschiedener Arten von »Energie« (inkl. CO_2) am Kassa- oder Terminmarkt sowie der Abschluss finanzieller Kontrakte auf Energie-Indizes.

Ein Schwerpunkt der Ausführungen liegt auf der Bilanzierung nach IFRS, bei denen der IAS 39 die relevanten Regelungen beinhaltet.

Zunächst ist eine Abgrenzung zwischen Kassa- und Terminmarkt sowie zwischen physischer und finanzieller Erfüllung vorzunehmen. Auf dem Kassamarkt werden Rohstoffe wie Rohöl, Gas oder Strom gegen Barzahlung gekauft und verkauft. Die Erfüllung der Geschäfte erfolgt durch zeitnahe physische Lieferung des gehandelten Rohstoffes. Auf dem Terminmarkt hingegen findet die Erfüllung der Transaktion erst in der Zukunft statt. Hierbei kann sowohl eine physische Erfüllung durch Lieferung des Rohstoffes als auch eine finanzielle Erfüllung (Barausgleich) erfolgen.

Warentermingeschäfte stellen Verträge über den Kauf oder Verkauf von nicht-finanziellen Posten (Waren) dar. Damit diese in den Anwendungsbereich des IAS 39 fallen, müssen sie den Charakter eines derivativen Finanzinstrumentes aufweisen. Ein Derivat ist nach IAS 39.9 ein Finanzinstrument oder ein anderer Vertrag, der die folgenden drei Eigenschaften aufweist:

- der Wert des Vertrages ändert sich infolge von Änderungen eines spezifischen Basiswertes, dem sogenannten Underlying,

- das Instrument kann ohne oder mit einer vergleichsmäßig geringen anfänglichen Investition erworben werden, und

- es wird zu einem zukünftigen Zeitpunkt beglichen.

Schließt ein Unternehmen zum Beispiel einen Kaufvertrag über einen beliebigen Rohstoff ab, dessen Lieferung in der Zukunft liegt, so stellt dieser Vertrag ein Derivat dar. Das Underlying ist dabei der Preis des Rohstoffes. Bei Abschluss eines Kaufvertrages erfolgt in der Regel keine anfängliche Investition und die Erfüllung ist auf einen Zeitpunkt in der Zukunft festgelegt.

Verträge über den Bezug bzw. die Lieferung von Waren in der Zukunft erfüllen in der Regel die Definition eines Derivates nach IAS 39.9 unbeachtlich einer physischen Erfüllung oder eines Barausgleichs. Eine Bilanzierung als Derivat ist bei Verträgen mit physischer Erfüllung jedoch nur erforderlich, wenn diese in den Anwendungsbereich des IAS 39 fallen.

2.2 Besonderheiten des IAS 39

IAS 39 muss grundsätzlich auf solche Verträge über den Kauf oder Verkauf von nicht-finanziellen Posten (das heißt Waren) angewendet werden, die durch einen Ausgleich in bar, in anderen Finanzinstrumenten oder durch den Tausch von Finanzinstrumenten erfüllt werden können (IAS 39.5). Von diesem Grundsatz ist nur dann abzuweichen, wenn die Verträge über den Kauf oder Verkauf von nicht-finanziellen Posten die Ausnahmeregelung für den Eigenbedarf (own use exemption) erfüllen.

Ob diese Ausnahmeregelung anzuwenden ist, ist von verschiedenen Kriterien abhängig, die in folgender Abbildung zusammengefasst sind.[1]

---

[1] Die folgenden Ausführungen zu den Besonderheiten des IAS 39 erfolgen in Anlehnung an PricewaterhouseCoopers: 2008, S. 278 ff.

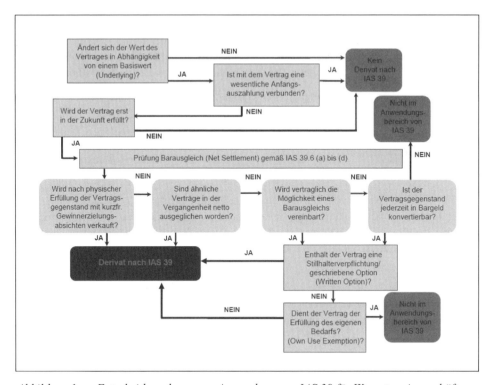

Abbildung 1:   Entscheidungsbaum zur Anwendung von IAS 39 für Warentermingeschäfte

Beispiel 1:

Ein Energieversorger veräußert eine feste Menge Strom an einen Industriekunden. Die Parteien schließen einen 12-Monats-Vertrag über eine Bandlieferung von 10 MW zu einem Festpreis von 65 Euro pro MWh. Der Energieversorger kauft den Strom zu einem variablen Preis ein und verkauft zum Festpreis in Höhe von 65 Euro. Dadurch entsteht für ihn ein Preisrisiko.

Zur Eliminierung dieses Risikos erwirbt der Energieversorger einen Strom-Future an der European Energy Exchange (EEX), sodass er seinen zukünftigen Einkaufspreis fixiert hat.

Der Liefervertrag zwischen Energieversorger und Industriekunde erfüllt die drei Kriterien eines Derivats: Der Wert des Vertrages ist abhängig vom Strompreis, es erfolgt keine Anschaffungsauszahlung und die Erfüllung in zwölf Monaten liegt in der Zukunft. Damit sind die Kriterien kumulativ erfüllt, und der Stromliefervertrag stellt ein Derivat dar.

Im Weiteren ist zu prüfen, ob bei dem Derivat eine der vier Möglichkeiten eines Barausgleichs besteht und ob ggf. die Ausnahmeregelung für den Eigenbedarf anwendbar ist (siehe folgende Kapitel).

Der an der EEX abgeschlossene finanzielle Future stellt ebenfalls ein Derivat nach IAS 39 dar. Die Erfüllung der Derivate-Kriterien ist dabei analog zum Liefervertrag. Die Möglichkeiten des Barausgleichs sind auch hier zu prüfen.

2.2.1 Möglichkeit zum Barausgleich

Wenn bei einem Vertrag zum Kauf oder Verkauf eines nichtfinanziellen Gegenstandes die Möglichkeit eines Barausgleichs (Net Settlement) besteht, so stellt der Vertrag ein Finanzinstrument dar. Ein Barausgleich bedeutet, dass ein Vertrag nicht physisch erfüllt wird, sondern die Differenz zwischen Marktpreis und Vertragspreis in bar oder anderen Finanzinstrumenten zwischen den Vertragspartnern ausgeglichen werden kann.

Der Standard definiert für die Möglichkeiten des Barausgleichs vier Kriterien (IAS 39.6). Die Möglichkeit zum Barausgleich wird als gegeben angesehen bei

- einer vertraglichen Klausel, die einen Barausgleich ermöglicht,

  Ein Stromvertrag beinhaltet einen Passus, nachdem bei Erfüllung des Vertrages nicht zwingend Strom physisch zu liefern ist, sondern auch ein finanzieller Ausgleich auf den Marktpreis stattfinden kann.

- einer Praxis des Barausgleichs von ähnlichen Verträgen trotz einer fehlenden vertraglichen Klausel,

  Ein Stromvertrag beinhaltet zwar keinen expliziten Passus, dass auch eine finanzielle Erfüllung möglich ist, jedoch hat das Unternehmen andere ähnliche Stromverträge in der Vergangenheit nicht physisch erfüllt, sondern vor Fälligkeit durch einen Barausgleich abgelöst.

- einer Praxis des Profit-Trading mit gleichartigen Verträgen,

  Ein Unternehmen schließt Verträge über den Kauf und Verkauf von Strom zu spekulativen Zwecken im Rahmen des Eigenhandels ab.

- einer dem Vertrag zugrunde liegenden Ware, die leicht in Bargeld konvertierbar ist (readily convertible to cash)[2].

  Eine Ware ist in der Regel leicht in Bargeld konvertierbar, wenn es für die Ware einen liquiden Markt gibt. In Deutschland gibt es für Strom einen liquiden Markt, sodass das Kriterium »readily convertible to cash« bei Stromverträgen stets erfüllt ist.

---

2   Der Standard führt eine weitere Erläuterung dieses Begriffes nicht an, aber die allgemeinen Ausführungen über einen aktiven Markt nach IAS 39 sollten zur Auslegung herangezogen werden.

Falls keines der vier Kriterien erfüllt ist, fällt der entsprechende Vertrag nicht in den Anwendungsbereich des IAS 39, da der Vertrag aufgrund der fehlenden Möglichkeit zum Barausgleich nicht wie ein Finanzinstrument zu behandeln ist.

Ist durch die Erfüllung eines der Kriterien ein Barausgleich möglich, ist der Vertrag im Anwendungsbereich des IAS 39, sofern er nicht unter die Ausnahmeregelung für den Eigenbedarf fällt.

Fortsetzung Beispiel 1:

In Bezug auf das o.g. Beispiel gibt es für Strom in Deutschland einen liquiden Markt, sodass Strom »jederzeit« handelbar und damit leicht in Bargeld konvertierbar ist. Damit ist das Kriterium d) erfüllt und der Vertrag ist wie ein Finanzinstrument im Sinne des IAS 39 zu behandeln. Im folgenden Abschnitt muss die Ausnahme für den Eigenbedarf geprüft werden.

Bei einem finanziellen Geschäft (zum Beispiel Future an der EEX) ist ein Barausgleich automatisch gegeben, sodass eine Bilanzierung als Derivat nach IAS 39 zu erfolgen hat. Eine weitere Prüfung ist nicht notwendig.

Bei der Anwendung der verschiedenen Kriterien des Barausgleichs ergeben sich folgende Praxisprobleme. Die Kriterien b) und c) verweisen auf die Handhabung bei gleichartigen Verträgen (Similar Contracts). Dies bedeutet, dass gleichartige Verträge auf gleiche Art und Weise zu bilanzieren sind. Wird zum Beispiel für eine Vertragsart ein Barausgleich in der Praxis durchgeführt bzw. diese zum Profit-Trading verwendet, ist die Bilanzierung für alle gleichartigen Verträge als Derivat zwingend erforderlich. Da der IAS 39 jedoch keine Definition des Begriffs »ähnliche Verträge« enthält, können hierbei folgende Faktoren einbezogen werden:

■ wirtschaftlich identische Zielsetzung (unabhängig von der Art des Instrumentes),

■ identische, gemeinsame Märkte für die Güter,

■ substitutionale Beziehungen zwischen den Gütern,

■ einheitliche organisatorische Verantwortlichkeiten im Rahmen des Risikomanagements des bilanzierenden Unternehmens.

Zudem ist hierbei auch das gewöhnliche Verhalten (Practice) in der Vergangenheit zu berücksichtigen. Ein Vertrag fällt demnach ebenso in den Anwendungsbereich, wenn er mit der Absicht einer physischen Erfüllung abgeschlossen wird, aber in der Vergangenheit bei ähnlichen Verträgen für gewöhnlich ein Barausgleich stattgefunden hat. Eine Beurteilung von »für gewöhnlich« kann dabei nur auf Einzelfallbasis erfolgen, und es sind sowohl Anzahl als auch Volumen der Verträge zu berücksichtigen, bei denen ein Barausgleich erfolgt ist. Eine Ausnahme kann lediglich bei einer »Verhaltensänderung« in Betracht kommen. Diese muss allerdings langfristig beobachtbar und von einer neuen Organisationsstruktur begleitet sein.[3]

---

3   IDW ERS HFA 25.

Um eine Abgrenzung zwischen gleichartigen Verträgen zu erreichen, die zu unterschiedlichen Zwecken verwendet werden, kann ein Unternehmen Buchstrukturen einrichten. Eine Buchstruktur bedeutet, dass das Unternehmen unter Berücksichtigung der Organisation und des Risikomanagements Verträge zweckentsprechend unterschiedlichen Büchern zuordnet, was bei Abschluss des Vertrages dokumentiert werden muss. Diese Zuordnung hat zur Folge, dass Verträge auch innerhalb einer Vertragsart als nicht gleichartig angesehen werden, wenn sie unterschiedlichen Büchern zugeordnet sind. Eine unterschiedliche Bilanzierung nach IAS 39 ist somit möglich. Eine derartige Buchstruktur kann zum Beispiel aus einem »Buch für den Eigenbedarf« und aus einem »Handelsbuch« bestehen. Eine Umgliederung zwischen den Büchern ist grundsätzlich nicht möglich. Ändert sich der Zweck eines Vertrages, sodass die ursprüngliche Zuordnung nicht länger sachgerecht ist, hat dieses zur Folge, dass eine eindeutige Trennung zwischen den Büchern nicht mehr möglich ist. Dadurch gelten fortan alle Verträge innerhalb der betroffenen Bücher als ähnlich und sind daher auf gleiche Art und Weise zu bilanzieren.

Zum Beispiel können gleichartige Verträge (Forwards zum Kauf von Rohstoffen) als Handelsgeschäft und zum Erwerb von notwendigen Einsatzstoffen für die Produktion abgeschlossen werden. Wird in diesem Fall auf eine Buchstruktur verzichtet, sind beide Verträge aufgrund des Barausgleichs des Handelsgeschäftes als Derivat zu bilanzieren. Ein Unternehmen, das hingegen ein »Handelsbuch« und ein »Buch für den Eigenbedarf« hat, kann für die Verträge aus der normalen Rohstoffbeschaffung die Own Use Exemption anwenden. Nur der Handelsvertrag ist als Derivat zu bilanzieren.

Eine »Mehrbuchstruktur« für einen Energieerzeuger kann zum Bespiel wie folgt aufgebaut sein:

Innerhalb des Unternehmens wird zwischen einem »Handelsbuch« und einem »Buch für den Eigenbedarf« unterschieden.

Die Geschäfte aus dem Handelsbereich sind als Derivate nach IAS 39 zu bilanzieren.

Des Weiteren erhält das Unternehmen aus eigenen Kraftwerken oder aus Beschaffungsverträgen Strom, den das Unternehmen über den Markt vertreiben kann. Diese Aktivitäten liegen im gewöhnlichen Geschäftsbereich des Unternehmens. Aufgrund der Buchstruktur kann dieser Bereich vom Handelsbereich getrennt werden und die Ausnahmeregelung für den Eigenbedarf darf hier angewendet werden.

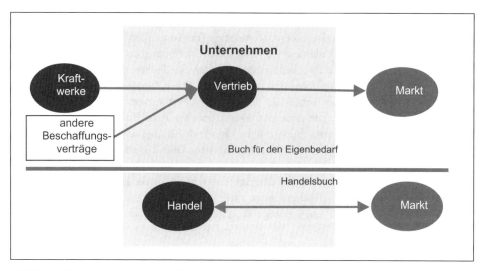

Abbildung 2:   Beispiel einer Mehrbuchstruktur

2.2.2   Ausnahme für den Eigenbedarf

Die Ausnahme für den Eigenbedarf (Own Use Exemption) hat den Zweck, dass Warentermingeschäfte, die im Rahmen der gewöhnlichen Geschäftätigkeit eines Unternehmens abgeschlossen werden, nicht in den Anwendungsbereich des IAS 39 fallen.

Im Rahmen der gewöhnlichen Geschäftätigkeit heißt, dass Verträge über den Kauf und Verkauf von Waren zum Zweck des Empfangs oder Lieferung der Ware gemäß den erwarteten Einkaufs-, Verkaufs- oder Nutzungsbedarf eines Unternehmens abgeschlossen wurden und die Verträge zu diesem Zweck weiterhin gehalten werden (IAS 39.5).

Beispiel 2:

Ein Energieversorgungsunternehmen produziert Strom in einem Kohlekraftwerk. Um sich gegen schwankende Kohlepreise zu sichern, schließt das Unternehmen einen Forward über den zukünftigen Bezug von Kohle zu einem Festpreis ab (physische Erfüllung). Der Vertrag enthält die Möglichkeit für eine Ausgleichszahlung auf den Marktpreis, die vom Unternehmen jedoch nicht in Anspruch genommen werden soll (Barausgleich nach IAS 39.6(a)). Da der Bezug von Kohle als Brennstoff im Rahmen der Produktion notwendig ist, fällt der Kohlekauf durch den Forward in den Rahmen der gewöhnlichen Geschäftätigkeit des Energieversorgungsunternehmens.

Bei Verträgen, welche die Möglichkeit b) oder c) des Barausgleichs erfüllen, kann die Ausnahmeregelung für den Eigenbedarf nicht angewendet werden, sodass entsprechende Verträge immer in den Anwendungsbereich des IAS 39 fallen. Der Grund hierfür ist, dass solche Verträge nicht als zum Zwecke der eigenen Bedarfsdeckung abgeschlossen gelten. Bei dem Kriterium b) ist im Vertrag zwar keine explizite Klausel für einen Barausgleich enthalten, jedoch wurden ähnliche Verträge in der Vergangenheit auf diese Weise beglichen. Beispiele hierfür sind der Rückkauf/Rückverkauf des Vertrages von dem/an den Vertragspartner, der Abschluss eines Gegengeschäftes oder der Verkauf des Vertrages an einen Dritten. Auf Basis dessen wird angenommen, dass nicht die physische Lieferung angestrebt wird, sondern das Ausnutzen einer Preisänderung. Bei Kriterium c) will ein Unternehmen ebenfalls die Preisdifferenzen zur kurzfristigen Gewinnerzielung nutzen. Hierdurch steht nicht die güterwirtschaftliche Wertschöpfung im Vordergrund, sodass der Vertrag nicht der eigenen Bedarfsdeckung dient.[4]

Generell sind die Trading-Aktivitäten eines Unternehmens nicht als gewöhnliche Geschäftstätigkeit anzusehen und damit immer als Derivat zu bilanzieren.

Demgegenüber kann eine Anwendung der Own Use Exemption erfolgen, auch wenn das Kriterium a) oder d) des Barausgleichs erfüllt ist. Für die Anwendung ist aber zwingend, dass eine physische Erfüllung durch Lieferung der Ware erfolgt. Zudem darf der Vertrag keine Stillhalterverpflichtung/geschriebene Option (Written Option) enthalten.

Ein Unternehmen hat als Stillhalter einer Option keinen Einfluss auf die Optionsausübung, sodass der Warenfluss durch das Unternehmen nicht steuerbar ist. Somit kann der Vertrag für ein Unternehmen ein Verlustrisiko bedeuten. Aus diesem Grund ist eine Anwendung der Own Use Exemption nicht zulässig. Die Existenz einer Stillhalterverpflichtung ist offensichtlich, wenn ein Vertrag explizit eine Prämienzahlung zur Kompensation des eingegangenen Risikos aus der Option beinhaltet. Allerdings kann es auch implizite Hinweise in Vertragsformulierungen geben, sodass ein Vertrag anhand geeigneter Kriterien auf das Vorliegen einer geschriebenen Option zu untersuchen ist. Eine geschriebene Option liegt in vielen Fällen in Form einer Mehrmengenoption vor, bei welcher der andere Vertragspartner als Optionsinhaber das Recht hat, neben der Mindestmenge (die auch null sein kann) noch weitere Einheiten der Ware zum Vertragspreis zu beziehen. Hierbei ist es jedoch von Bedeutung, dass der Optionsinhaber über die Ausübung frei entscheiden und dadurch einen wirtschaftlichen Vorteil generieren kann.

> Ein Energieversorgungsunternehmen schließt einen Vollversorgungsvertrag über Strom mit einem privaten Haushalt ab. Der Haushalt kann frei entscheiden, wann und wie viel Strom verbraucht wird, kann jedoch aus der Abnahme des Stroms keinen wirtschaftlichen Vorteil – zum Beispiel durch Weiterverkauf – erzeugen. Zudem kann die Existenz einer Stillhalterverpflichtung zusätzlich verneint werden, da der Vertrag keine explizite oder implizite Prämienzahlung beinhaltet.

---

4   IDW ERS HFA 25.

> Anders stellt sich die Situation dar, wenn das Energieversorgungsunternehmen einen Vertrag mit einer Mehrmengenoption mit einem Energiehandelsunternehmen abschließt. Die Handelsgesellschaft kann den Strom weiterveräußern und durch Preisunterschiede einen Gewinn erzielen. Hierdurch beinhaltet der Vertrag eine geschriebene Option. Zudem wird die Handelsgesellschaft für die Flexibilität eine explizite oder implizite Prämie zahlen müssen.

Bei Vorliegen einer solchen geschriebenen Option wird nicht nur die Option selbst, sondern grundsätzlich der gesamte Vertrag als Derivat bilanziert. Es kann daher ratsam sein, geschriebene Optionen als separate Verträge abzuschließen, um eine Bilanzierung als Derivat auf die Option zu begrenzen.

Sind die Kriterien für die Anwendung der Own Use Exemption erfüllt, ist die Nutzung der Ausnahmeregelung für ein Unternehmen verpflichtend. Es handelt sich somit bei der Anwendung um kein Wahlrecht. Die Anwendung der Own Use Exemption gilt allerdings nur so lange, wie das Unternehmen sicherstellen kann, dass ein Vertrag über die gesamte Vertragslaufzeit zu diesem Zweck gehalten wird.

Fortsetzung Beispiel 1:

> Es wird davon ausgegangen, dass der Stromliefervertrag keine Stillhalterverpflichtung beinhaltet.
>
> Der Vertrag wurde zur Stromlieferung an den Kunden abgeschlossen und liegt damit im Rahmen der gewöhnlichen Geschäftstätigkeit des Energieversorgers:
>
> Zusammenfassend kann bei dem Vertrag von einer Derivate-Bilanzierung abgesehen werden, da die Own Use Exemption angewendet werden muss.

Fortsetzung Beispiel 2:

> Das Energieversorgungsunternehmen hat den oben genannten Kohleforward für die eigene Produktion abgeschlossen, stellt aber während der Vertragslaufzeit fest, dass es die Kohle nicht mehr für die eigene Produktion benötigt. Das Unternehmen löst den Forward jedoch nicht auf, sondern lässt den Vertrag weiter bestehen, da es mit einer positiven Marktentwicklung des Kohlepreises rechnet und aus dem Forward einen Gewinn erzielen möchte. Das Unternehmen plant, die Kohle direkt an einen Dritten weiterzuveräußern und nicht zu verbrauchen. In diesem Fall liegt kein gewöhnliches Geschäft im Sinne des IAS 39 vor und das Unternehmen kann ab diesem Zeitpunkt die Own Use Exemption nicht mehr anwenden.

2.3   Bilanzierung nach IFRS

Erfüllen Verträge nicht die Kriterien eines Derivats oder kann die Own Use Exemption angewendet werden, fallen die Verträge nicht in den Anwendungsbereich von IAS 39, und es
handelt es sich um schwebende Geschäfte im Sinne von IAS 37.1 und IAS 37.3 (Executory
Contracts). Schwebende Geschäfte sind Verträge, bei denen beide Parteien ihre Verpflichtungen nicht vollständig erfüllt haben. IAS 37 ist nur auf solche schwebenden Geschäfte
anzuwenden, die belastende Verträge darstellen (Onerous Contracts). Für schwebende Geschäfte muss im Weiteren untersucht werden, ob diese Verträge trennungspflichtige eingebettete Derivate enthalten (Kapitel 3).[5]

Derivate im Anwendungsbereich des IAS 39 sind in der Bilanz als sonstiger Vermögensgegenstand bzw. sonstige Verbindlichkeit anzusetzen und mit ihrem beizulegenden Zeitwert
(Fair Value) zu bewerten. Sofern das Derivat nicht in einer Sicherungsbeziehung steht, für die
Hedge Accounting angewendet wird (Kapitel 4.2), ist es der Kategorie »erfolgswirksam zum
beizulegenden Zeitwert bewertete Finanzinstrumente« (financial assets/liabilities at fair value
through profit or loss; Unterkategorie held-for-trading) zuzuordnen. Dies hat zur Folge, dass
sich sämtliche Wertänderungen des Derivates unmittelbar in der Gewinn- und Verlustrechnung niederschlagen.

2.4   Bilanzierung nach HGB

Im Handelsrecht (HGB) gibt es keine spezifischen Regelungen für Derivate. Sie sind als
schwebende Geschäfte nach den allgemeinen Grundsätzen ordnungsgemäßer Buchführung
(GOB, § 243 I HGB) zu bilanzieren. Diese beinhalten ein Bilanzierungsverbot für schwebende Geschäfte, die Pflicht zur Bildung von Rückstellungen für drohende Verluste (§ 249 Abs. 1
Satz 1 HGB) sowie das Aktivierungsverbot für nicht realisierte Gewinne (§ 252 Abs. 1 Nr. 4
zweiter Halbsatz HGB).

Termingeschäfte, Swaps und Futures werden demnach nicht bilanziert. Sofern dem Unternehmen aus diesen Geschäften ein Verlust droht, ist dieser unmittelbar über eine Rückstellung zu erfassen.

Der Käufer der Option aktiviert das erworbene Optionsrecht als sonstigen Vermögensgegenstand im Umlaufvermögen mit seinen Anschaffungskosten. Eine planmäßige Abschreibung
des Optionsrechts über die Laufzeit ist nicht zulässig. Die Bewertung der Option erfolgt nach
dem strengen Niederstwertprinzip. Bei Verfall oder Auflösung der Option ist der Buchwert
des Optionsrechts ergebniswirksam auszubuchen. Bei Ausübung der Option ist zwischen

---

5   IDW ERS HFA 25.

Barausgleich und Lieferung des Underlyings zu unterscheiden. Bei einem Barausgleich ist die Ausgleichszahlung sofort ergebniswirksam zu erfassen. Bei Lieferung des Underlyings setzen sich bei einer Kaufoption die Anschaffungskosten des Rohstoffes aus dem Basispreis und dem Buchwert der Optionsprämie zusammen.[6] Bei einer Verkaufsoption mindert der Buchwert der aktivierten Optionsprämie den Veräußerungserlös des Vermögensgegenstandes.

Der Verkäufer einer Option passiviert die erhaltene Optionsprämie als sonstige Verbindlichkeit. Während der Optionslaufzeit ist zum Bilanzstichtag gegebenenfalls eine Rückstellung für drohende Verluste nach der Ausübungs- oder Glattstellungsmethode zu bilden. Bei Verfall oder Glattstellung der Option wird die passivierte Optionsprämie ergebniswirksam ausgebucht. Bei Ausübung der Option gelten für den Barausgleich die oben genannten Ausführungen. Bei Lieferung des Underlyings ist beim Verkäufer einer Kaufoption die passivierte Optionsprämie dem Veräußerungserlös des abgehenden Vermögensgegenstandes zuzurechnen; eine gebildete Drohverlustrückstellung ist erfolgswirksam aufzulösen. Bei einem Verkäufer einer Verkaufsoption verringert die passivierte Optionsprämie die Anschaffungskosten des Vermögensgegenstandes; eine gebildete Drohverlustrückstellung ist, soweit erforderlich, von den Anschaffungskosten des Vermögensgegenstandes abzusetzen (erfolgsneutrale Inanspruchnahme) und ein eventuell darüber hinausgehender Betrag ertragswirksam aufzulösen.[7]

3.   Eingebettete Derivate in Warentermingeschäften

3.1   Bilanzierung nach IFRS

3.1.1   Grundlagen

Werden Verträge über den Kauf oder Verkauf von nicht-finanziellen Posten nicht selbst als Derivate nach IAS 39 bilanziert, ist zu untersuchen, ob sie trennungspflichtige eingebettete Derivate enthalten.

Ein eingebettetes Derivat ist ein Bestandteil eines Vertrages (Hybrid), der neben dem eingebetteten Derivat einen nicht derivativen Rahmenvertrag/Basisvertrag enthält. Ein hybrides Finanzinstrument ändert seinen Wert – ähnlich einem regulären Derivat – ganz oder zumindest teilweise in Folge von Änderungen eines spezifischen Basiswertes (IAS 39.10).

---

6   Kann der Vermögensgegenstand bei Ausübung zum gleichen Preis ohne Optionsprämie erworben werden, ist eine sofortige außerplanmäßige Abschreibung auf den Zeitwert notwendig (beschaffungsmarktorientiert).

7   PricewaterhouseCoopers: 2008, S. 297 f.

Bei Erfüllung bestimmter Voraussetzungen muss ein eingebettetes Derivat vom Rahmenvertrag/Basisvertrag getrennt und als eigenständiges Derivat nach IAS 39 bilanziert werden. Dieses soll gewährleisten, dass die geforderte Bewertung von Derivaten zum beizulegenden Zeitwert nicht durch die Einbettung von Derivaten in ein hybrides Instrument umgangen werden kann, welches zu Anschaffungskosten bewertet und nicht bilanziell erfasst wird. Typische Beispiele für eingebettete Derivate sind Preisindizierungen, Mengenoptionalitäten und Verlängerungsoptionen.

Ob eine Trennung vom Basisvertrag vorzunehmen ist, ist von einem Unternehmen zum Zeitpunkt, zu dem es Vertragspartei wird, zu beurteilen. Eine Neubeurteilung zu einem späteren Zeitpunkt ist in der Regel nicht zulässig und notwendig, es sei denn, die Vertragsbedingungen werden dahingehend geändert, dass sie zu einer erheblichen Änderung der Zahlungsströme aus dem eingebetteten Derivat, dem Rahmenvertrag oder aus beiden führen. Beispiele für eine wesentliche Vertragsänderung sind:

- Änderung wesentlicher Vertragsklauseln,

- Vertragsverlängerungen,

- wesentliche Änderung der Liefermengen für das Underlying,

- wesentliche Änderung des Preises,

- wesentliche Änderung innerhalb einer Preisformel.

Bei einem Unternehmenserwerb stellt sich die Frage, ob dieser Sachverhalt zu einer erneuten Untersuchung aller Verträge des erworbenen Unternehmens nach eingebetteten Derivaten führt. Der neu überarbeitete IFRS 3, der für Geschäftsjahre, die nach dem 01. Juli 2009 beginnen, zwingend anzuwenden ist, hat klargestellt, dass eine Neubeurteilung durchzuführen ist. Dieses vor dem Hintergrund, dass der IFRS 3 bei einem Unternehmenserwerb von einem fiktiven Erwerb einzelner Vermögensgegenstände und Schulden ausgeht. Das erwerbende Unternehmen erwirbt auch die Verträge und wird somit faktisch Vertragspartner.

Sofern eine Abtrennung des eingebetteten Derivats erforderlich ist, muss der derivative Bestandteil des hybriden Instruments nach IAS 39 und das Grundgeschäft unverändert nach dem jeweils gültigen Standard bilanziert werden. Kann dabei der beizulegende Zeitwert des eingebetteten Derivats nicht verlässlich bestimmt werden, muss der gesamte Vertrag erfolgswirksam zum beizulegenden Zeitwert bilanziert werden (IAS 39.11-13).

Ein unbedingtes Termingeschäft hat zum Zeitpunkt der Trennung einen Marktwert von null. Lediglich bei Optionen kann ein anfänglicher Marktwert vorhanden sein (IAS 39.AG28).

Die Kriterien, anhand deren eine Trennungspflicht zu untersuchen ist, sind in IAS 39.11 wie folgt definiert:

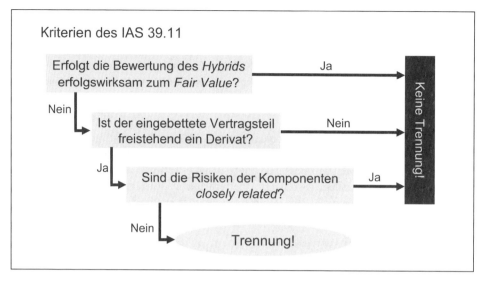

Abbildung 3: *Trennungskriterien für eingebettete Derivate*

Eine Trennung von eingebetteten Derivaten ist nur dann vorzunehmen, wenn das strukturierte, zusammengesetzte Instrument nicht als Ganzes erfolgswirksam zum beizulegenden Zeitwert bilanziert wird. Des Weiteren muss ein eigenständiges Instrument mit den gleichen Bedingungen wie das eingebettete Derivat die drei Kriterien für die Definition eines Derivats nach IAS 39.9 erfüllen (Kapitel 2.1). Ist dieses gegeben, müssen zuletzt die wirtschaftlichen Merkmale und Risiken des eingebetteten Derivats nicht eng mit denen des Grundgeschäftes verbunden sein (closely related).

Sind die ersten beiden Kriterien in der Regel leicht zu prüfen, ist die Beurteilung einer engen Verbundenheit schwierig.

3.1.2   Kriterium »closely related« bei Warenlieferverträgen

Das Kriterium »closely related« ist zu verneinen, wenn die Risiken des Basisvertrages durch das eingebettete Derivats verändert und nicht nur variiert werden. Jedoch beinhaltet der IAS 39 keine Regelungen, unter welchen Umständen eine Veränderung vorliegt. IAS 39.AG30 und IAS 39.AG33 enthalten lediglich Positiv- und Negativ-Beispiele zur Beurteilung einer Trennungspflicht. Daher sind bei der Beurteilung qualitative und quantitative Faktoren zu berücksichtigen.

Bei einem qualitativen Nachweis von »closely related« ist es notwendig, sachbezogen zu erläutern, warum ein eingebettetes Derivat die Risiken des Basisvertrages nicht verändert. Gründe hierfür können sein, dass alle Marktteilnehmer bei bestimmten Basisverträgen das eingebettete Derivat für die Preisbildung verwenden (sog. Industriepraxis) oder dass eine

Preiskoppelung an einen Produktionsbestandteil für den Rohstoff des Basisvertrages verwendet wird. Diese Gründe gelten jedoch ausschließlich für Rohstoffe, für die kein liquider Markt existiert.

Beispiel 3:

Ein Industrieunternehmen hat für den eigenen Produktionsprozess mit einem Energieversorger einen Stromliefervertrag abgeschlossen. Der Energieversorger produziert den Strom u. a. durch Kohlekraftwerke. Der Vertrag hat eine Laufzeit von zwei Jahren mit einer jährlichen festen Strommenge (5.000 Kilowattstunden). Der Strompreis wird durch die Entwicklung des Kohlepreises bestimmt (Strompreis = 40 EUR/Mwh + 0,5 x (API2 Aktuell − API2 Vertragsabschluss)). Es existiert in Deutschland ein liquider Strommarkt.

Für das Industrieunternehmen handelt es sich bei dem Vertrag um ein Derivat, das unter die Own Use Exemption fällt. Der Vertrag insgesamt wird nicht als Derivat nach IAS 39 bilanziert. Der Vertrag beinhaltet durch die Bindung an die Kohlepreisentwicklung ein eingebettetes Derivat. Die Bindung des Strompreises an den Kohlepreis kann bei einer rein qualitativen Betrachtung als »closely related« angesehen werden, da Kohle bei der Stromherstellung eingesetzt wird. Da es für Strom einen liquiden Markt gibt, muss zwingend auch ein quantitativer Nachweis bezüglich des Kriteriums »closely related« erbracht werden. Liegt kein quantitativer Nachweis vor, muss das eingebettete Kohlederivat separat als Derivat nach IAS 39 bilanziert werden.

Das Derivat stellt einen Kohle-Strom-Swap dar, dessen Konditionen so festzulegen sind, dass sich ein anfänglicher Marktwert von null ergibt. Das Derivat ist anschließend erfolgswirksam zum beizulegenden Zeitwert zu bilanzieren.

Bei Vorliegen eines liquiden Marktes (IAS 39.AG71ff) für den Rohstoff eines Basisvertrags ist der quantitative Nachweis immer notwendig, um zu zeigen, dass die Risiken nicht grundlegend verändert wurden. Ein quantitativer Nachweis allein, ohne qualitativen Nachweis, ist jedoch nicht ausreichend, da hierdurch kein sachlicher Zusammenhang zwischen den Underlyings dargestellt ist. Zum Beispiel könnte zufällig die Strompreisentwicklung mit der Preisentwicklung für Gold über einen Zeitraum eng korrelieren. Dies würde aber nicht den Schluss zulassen, dass ein eingebettetes Derivat, basierend auf dem Preis von Gold, »closely related« zu einem Stromliefervertrag als Basisvertrag ist.

Eine quantitative Begründung wird anhand von mathematischen Analysen durchgeführt. Eine vielfach verwendete Analyse ist die Regressionsanalyse, in der die Korrelation zwischen den Preisänderungen des Rohstoffes des Basisvertrags und des Basiswertes des eingebetteten Derivates dargestellt wird. Die Regressionsanalyse sollte dabei grundsätzlich die allgemeinen Anforderungen an eine statistisch signifikante Analyse (zum Beispiel bezüglich Anzahl der Datenpunkte) erfüllen. Bezüglich der Höhe der Korrelation gibt es jedoch im IAS 39 keine Vorgaben, es muss aber eine deutlich positive Korrelation vorliegen.

Fortsetzung Bespiel 3:

In dem oben genannten Beispiel des Strombezugsvertrags mit einer Preisbindung an den Kohlepreis führt das Unternehmen eine quantitative Untersuchung durch. Hierzu erstellt es eine Regressionsanalyse über die letzten drei Jahre (Datenpunkte sind die Preisänderungen des Monatsdurchschnittpreises von Strom und Kohle). Diese führt zu dem Ergebnis, dass die Korrelation zwischen der Strompreisänderung und der Kohlepreisänderung über diesen Zeitraum unter 50 Prozent liegt und teilweise auch negativ war. Dies bedeutet, dass die Risiken aus dem Basisvertrag grundlegend verändert wurden. Aus diesem Grund kann das Unternehmen das eingebettete Kohlederivat nicht als »closely related« behandeln. Dass eingebettete Derivat, das einen Kohlepreis-/Strompreisswap darstellt, ist nach IAS 39 separat zu bilanzieren.

Abschließend ist festzuhalten, dass für eine richtige Beurteilung des Kriteriums »closely related« ein Vertrag in seiner Gesamtheit einschließlich seines wirtschaftlichen Gehalts verstanden sein muss. Dies kann bei umfangreichen und komplexen Verträgen häufig zu Schwierigkeiten führen, sodass die Identifizierung der eingebetteten Derivate häufig vom Rechnungswesen allein nicht geleistet werden kann. Daher sollten Unternehmen in einem ersten Schritt grundsätzlich eine Sensibilisierung der Mitarbeiter aller betroffenen Abteilungen, wie zum Beispiel Rechtsabteilung, Treasury, Einkauf, Vertrieb und Konzerngesellschaften anstreben. Denn schon in der Vertragsgestaltung kann zum Beispiel eine geringfügige Änderung zu einem trennungspflichtigen eingebetteten Derivat führen. In einem zweiten Schritt sollten klare Prozesse und Zuständigkeiten für diese Thematik auf Basis der unternehmensspezifischen Verhältnisse definiert werden, um eine jederzeit richtige Darstellung aller Verträge gewährleisten zu können. Dabei kann ein standardisiertes Vorgehen, zum Beispiel in Form eines Erfassungsbogen oder einer Checkliste, zielführend sein.

3.2   Bilanzierung nach HGB

Das Handelsrecht enthält generell keine speziellen Regelungen zur Bilanzierung strukturierter Finanzinstrumente. Ausgenommen sind lediglich Regelungen zu Schuldverschreibungen mit Wandlungsrechten und Optionsrechte zum Erwerb von eigenen Anteilen (§ 272 Abs. 2 Nr. 2 HGB). Demnach ist der gesamte Vermögensgegenstand anhand der Grundsätze ordnungsgemäßer Buchführung zu bilanzieren. Dabei sind vor allem der Ansatz sämtlicher Vermögensgegenstände und Schulden (Grundsatz der Vollständigkeit, § 246 Abs. 1 HGB) sowie der Einzelbewertungsgrundsatz (§ 252 Abs. 1 Nr. 3 HGB) zu berücksichtigen, nach dem das strukturierte Finanzinstrument grundsätzlich als einheitliches Bilanzierungsobjekt abgebildet wird.

Da jedoch bei dem Ansatz als einheitliches Bilanzierungsobjekt die besonderen Chancen und Risiken der strukturierten Finanzinstrumente vernachlässigt werden, führt die einheitliche bilanzielle Behandlung an dieser Stelle häufig zu einer unzutreffenden Darstellung der wirtschaftlichen Lage eines Unternehmens. Zudem kann es zu einer Saldierung positiver und negativer Effekte aus einer unterschiedlichen Wertentwicklung von Basisinstrument und eingebettetem Derivat führen. Daher ist bei Vorliegen bestimmter Vertragsinhalte auch handelrechtlich eine Trennung des strukturierten Instrumentes vorzunehmen.

Nach der im Handelsrecht gebotenen wirtschaftlichen Betrachtungsweise hat sich die Entscheidung über eine Trennung insbesondere daran zu orientieren, ob das strukturierte Finanzinstrument aufgrund des eingebetteten Derivats im Vergleich zum Basisinstrument wesentlich erhöhte oder zusätzliche (andersartige) Risiken und Chancen aufweist. Eine Beurteilung ist zum Zugangszeitpunkt vorzunehmen und in den Folgeperioden grundsätzlich beizuhalten. Eine Ausnahme stellt lediglich eine Änderung von Vertragsbedingungen dar, die zu einer wesentlichen Änderung der Zahlungsströme führt.

Beispiele für trennungspflichtige eingebettete Derivate sind:

- das Basisinstrument ist mit einem Derivat verbunden, das einem über das Zinsrisiko hinausgehenden Marktpreisrisiko bzw. neben dem Bonitätsrisiko des Emittenten weiteren Risiken unterliegt,

- aufgrund des eingebetteten Derivats besteht die Möglichkeit einer Negativverzinsung,

- die Rendite des Basisinstrumentes kann sich aufgrund des eingebetteten Derivats mindestens verdoppeln,

- bedingte oder unbedingte Abnahmeverpflichtungen für weitere Finanzinstrumente zu festgelegten Konditionen sind mit dem eingebetteten Derivat verbunden,

- Verlängerung der Laufzeit ohne Anpassung der Konditionen, oder

- eingebettete Kauf-, Verkaufs-, Verzichts- oder Vorfälligkeitsoptionen.

Die genannten Regelungen sind analog auf Warenverträge anzuwenden.

Von einer Trennungspflicht wird jedoch abgesehen, wenn die einheitliche Bilanzierung zu einer zutreffenden Darstellung der Vermögens-, Finanz- und Ertragslage eines Unternehmens führt. Dieses ist anzunehmen, wenn das strukturierte Instrument am Abschlussstichtag mit dem niedrigeren Wert aus beizulegendem Zeitwert und fortgeführten Anschaffungskosten bewertet wird und die Bewertung auf einer Notierung des strukturierten Finanzinstrumentes auf einem aktiven Markt basiert. Des Weiteren gilt es für strukturierte Finanzinstrumente, die zu Handelszwecken erworben wurden, oder wenn die Risiken durch eine unbedingte Kapitalgarantie auf das Bonitätsrisiko des Emittenten reduziert werden.[8]

---

8   IDW ERS HFA 22.

4.   Wirtschaftliche vs. bilanzielle Sicherung

4.1   Einleitung

Die Absicherung als wirtschaftliches Konzept (ökonomischer Hedge) beinhaltet eine Absicherung gegen Risiken, die zu Schwankungen von Zahlungsflüssen oder Marktwerten führen können, durch den Abschluss von gegenläufigen Geschäften. Die bilanzielle Abbildung einer Sicherungsbeziehung, das sogenannte Hedge Accounting, umfasst die symmetrische, zeitgleiche Erfassung der sich gegenläufig auf das Periodenergebnis auswirkenden Wertänderungen des Grundgeschäftes und des Sicherungsinstruments bei Erfüllung bestimmter Voraussetzungen. Das Hedge Accounting erlaubt einem Unternehmen dadurch, die generellen Bilanzierungsansätze aufzuheben.

Unter betriebswirtschaftlichen Gesichtspunkten können unterschiedliche Konstruktionen sinnvoll sein. Die Vorschriften nach IFRS stellen allerdings hohe Anforderungen an ein bilanzielles Hedge Accounting, sodass wirtschaftlich sinnvolle Hedges oft bilanziell nicht entsprechend darstellbar sind. IAS 39 beinhaltet drei Kategorien von Hedges, von denen im Rohstoffbereich allerdings nur zwei – Cashflow und Fair Value Hedges – anwendbar sind. Hedge Accounting ist als Privileg anzusehen und muss durch die Erfüllung bestimmter Anforderungen »verdient« werden, welche zahlreich und komplex sind.

Nach HGB sind die Vorschriften zur Bildung von Bewertungseinheiten zwar weniger restriktiv, können aber im Einzelfall dennoch nicht erfüllt sein.

In der Konsequenz muss ein Unternehmen eine Entscheidung treffen, ob ein wirtschaftlich sinnvoller Hedge durchgeführt werden soll, obwohl die Voraussetzungen für Hedge Accounting bzw. die Bildung einer Bewertungseinheit nicht gegeben sind. Hierbei sind die Einflüsse auf die Gewinn- und Verlustrechnung zu berücksichtigen. Daher kann sich aus beiden Bereichen für ein Unternehmen ein Spannungsfeld ergeben.

Das Hedge Accounting im Rohstoffbereich ist dabei im Vergleich zum Zins- und Währungsbereich bei vielen Unternehmen noch im Anfangsstadium und bedarf aufgrund einiger Besonderheiten einer sorgfältigen Umsetzung. Dieses wird im Folgenden am Beispiel einer Nickelpreissicherung dargestellt. Die Ausführungen sind für Warenpreissicherungen in anderen Industrien im Wesentlichen übertragbar.

> Ein Unternehmen aus der metallverarbeitenden Industrie verarbeitet Werkstoffe, die das hochwertige NE-Metall Nickel enthalten. Diese Werkstoffe enthalten neben Nickel häufig weitere Rohstoffkomponenten wie zum Beispiel Chrom. Der Einkauf der Werkstoffe erfolgt zu einem festen Grundpreis zuzüglich einem sogenannten Materialteuerungszuschlag (MTZ). Durch den MTZ ist der Preis des Werkstoffes von Marktpreisen für Nickel sowie ggf. weiteren Rohstoffen abhängig. Aus wirtschaftlicher Sichtweise soll durch eine Siche-

rung mittels Derivaten auf den Marktpreis von Nickel eine Fixierung der Nickel-Cashflows erfolgen. Die Sicherung kann bilanziell bei Erfüllung der Voraussetzungen durch einen Cashflow Hedge abgebildet werden. Wenn das Unternehmen zudem hohe Nickelbestände auf Lager hält, kann es diese gegen Marktwertschwankungen absichern. Bilanziell wäre diese Sicherung als Fair Value Hedge abzubilden, sofern die Anwendungskriterien hierfür erfüllt sind.

4.2 Hedge Accounting nach IAS 39

4.2.1 Sicherungsbeziehungen

Ein Cashflow Hedge beinhaltet die Absicherung des Risikos von Schwankungen der Zahlungsmittelzu- und -abflüsse (Cashflows) aus einem Vermögenswert, einer Verbindlichkeit oder einer zukünftigen Transaktion (Forecast Transaction), die sich auf die Gewinn- und Verlustrechnung auswirken können. Durch die Sicherung erfolgt eine vollständige oder zumindest weitgehende Eliminierung des aus dem Risiko resultierenden Ergebniseffektes. Bei Absicherung einer zukünftigen Transaktion muss erwartet werden, dass ihr Eintritt als hoch wahrscheinlich (Highly Probable) gilt (IAS 39.86(b)).

Bei einem Fair Value Hedge wird das Risiko der Änderung des beizulegenden Zeitwerts eines Vermögenswertes, einer Verbindlichkeit oder einer nicht bilanzierten festen Verpflichtung (Firm Commitment) abgesichert, die Auswirkungen auf die Gewinn- und Verlustrechnung hätte (IAS 39.86(a)). Eine feste Verpflichtung nach IAS 39.9 ist eine rechtlich bindende Vereinbarung zum Austausch einer bestimmten Menge an Ressourcen zu einem festgesetzten Preis und einem festgesetzten Zeitpunkt. Werden Verträge mit Preisformeln abgeschlossen, so stellen diese kein Firm Commitment dar, da der Preis noch nicht festgelegt ist. Die im Standard definierte Ausnahme für Firm Commitments im Währungsbereich, wonach diese als Cashflow oder Fair Value Hedge bilanziert werden können (IAS 39.87), ist für den Rohstoffbereich nicht zulässig. Somit ist die Sicherung von Firm Commitments im Rohstoffbereich zwingend als Fair Value Hedge abzubilden.

Ein Unternehmen muss also feststellen, ob es sich bei seinen Ein- und Verkäufen um Forecast Transactions oder um Firm Commitments handelt, um diese dann entsprechend als Cashflow oder Fair Value Hedge zu bilanzieren. In der Praxis ist es üblich, dass ein Unternehmen noch keine verbindlichen Verträge vorliegen hat. Da aber aufgrund der Vergangenheit mit hoher wahrscheinlich davon ausgegangen werden kann, dass die gesicherte Menge zu dem gesicherten Zeitpunkt ge- oder verkauft wird, können diese als Forecast Transactions eingestuft und somit als Cashflow Hedges bilanziert werden.

Ein Unternehmen verkauft Strom an seine Kunden und möchte den Verkauf einer Strommenge eines Tages sichern (3.000 Kilowattstunden). Es liegen zwar noch keine verbindlichen Kundenverträge vor, jedoch ist sich das Unternehmen sicher, dass diese Menge Strom mindestens abgenommen wird. Dieses kann das Unternehmen anhand historischer Verkaufszahlen nachvollziehen. Somit wird der Stromverkauf als Forecast Transaction angesehen, und die Absicherung mittels Stromfutures wird als Cashflow Hedge bilanziert.

4.2.2   Zulässige Sicherungsinstrumente

Ein Sicherungsinstrument (Hedging Instrument) im Rohstoffbereich ist ein Derivat, von dessen beizulegendem Zeitwert oder Cashflows erwartet wird, dass sie die Änderungen des beizulegenden Zeitwertes oder der Cashflows eines designierten Grundgeschäftes kompensieren (IAS 39.9). Im Konzernabschluss qualifizieren sich dabei nur solche Derivate, die mit einer externen Partei abgeschlossen sind (IAS 39.73). Geschriebene Optionen (Written Option) können in der Regel nicht als Sicherungsinstrument designiert werden (IAS 39.72).

Ist ein Sicherungsinstrument identifiziert, kann es auf unterschiedliche Weise für Zwecke der Sicherung der Risiken angewendet werden. Generell ist ein Finanzinstrument in seiner gesamten Struktur als Sicherungsinstrument zu verwenden. Eine Aufhebung dieser einheitlichen Verwendung ist nur bei Optionen, durch eine Trennung des Zeitwertes und des inneren Wertes, sowie bei Termingeschäften, durch eine Aufspaltung von Termin- und Kassakurskomponente, zulässig (IAS 39.74). Dies führt allerdings dazu, dass Wertänderungen des Sicherungsinstrumentes, die auf die ausgeschlossene Komponente (Änderungen des Zeitwertes bzw. der Terminkurskomponente) zurückzuführen sind, direkt erfolgswirksam zu erfassen sind. Des Weiteren ist es möglich, nur einen Anteil, zum Beispiel 50 Prozent des Nennbetrages, zur Sicherung zu verwenden, so dass eine Betragsgleichheit zwischen Grundgeschäft und Sicherungsinstrument nicht vorgeschrieben ist (IAS 39.75). Ein Finanzinstrument kann zur Absicherung verschiedener Risiken unter den Bedingungen eingesetzt werden, dass die Risiken klar definiert sind, ein Sicherungsgeschäft eindeutig zugeordnet werden kann und die Wirksamkeit der Sicherungsbeziehung nachweisbar ist (IAS 39.76). Auch ist eine Kombination verschiedener Derivate zur Sicherung möglich (IAS 39.77). So könnte ein Unternehmen beispielsweise eine kombinierte Sicherung der Nickel- und Chrompreisrisiken aus einem Vertrag durch eine Kombination aus einem Nickel- und einem Chrompreisderivat vornehmen. Allerdings ist es nicht zulässig, dass ein Derivat nur für einen Teil seiner Laufzeit als Sicherungsinstrument fungiert (IAS 39.75).

4.2.3   Zulässige Grundgeschäfte

Unter Einbezug von Cashflow und Fair Value Hedges sind im Rohstoffbereich als Grundgeschäfte (Hedged Item) Vermögenswerte, Verbindlichkeiten, feste Verpflichtungen (Firm Commitment) oder erwartete mit hoher Wahrscheinlichkeit eintretende künftige Transaktionen (Forecast Transaction) zulässig (IAS 39.78). Ein Zusammenschluss von Grundgeschäften zu einer Portfolio-Sicherung ist nach IAS 39 nur zulässig, wenn sich die Wertänderungen der Einzelgeschäfte weitgehend proportional zur Wertänderung des Gesamtportfolios entwickeln. In Anlehnung an die Sicherungsgeschäfte muss bei einem Grundgeschäft ebenfalls eine externe Partei einbezogen sein. Die Ausnahmeregelung für die Sicherung konzerinterner Transaktionen gegen Währungsrisiken ist im Rohstoffbereich nicht anwendbar (IAS 39.80).

Für den Rohstoffbereich ist zudem zu beachten, dass nach IAS 39.82 die Designierung von Teilen eines Vertrages als Grundgeschäft bzw. der Ausschluss von einzelnen Teilrisiken aus einer Sicherungsbeziehung nicht zulässig ist. Einzige Ausnahme ist die Separierung des Fremdwährungsrisikos, welches losgelöst von den restlichen Risiken des Vertrages gesichertes Risiko designiert werden darf.

> Durch den Ausschluss der Sicherung von Teilrisiken in IAS 39.82 ist eine separate Sicherung des Nickelpreisrisikos aus den Werkstoffen im Hedge Accounting nicht möglich. Bei der Sicherung von Nickel ist stattdessen das gesamte Preisrisiko des Werkstoffes, einschließlich der weiteren Preiskomponenten, wie zum Beispiel Chrom, in die Sicherungsbeziehung einzubeziehen. Dies führt zu Ineffektivitäten, da sich die Chrompreisschwankungen des Grundgeschäfts nicht in der Wertentwicklung des Derivats niederschlagen.

4.2.4   Sonstige Vorraussetzungen zur Anwendung von Hedge Accounting

Sind die Anforderungen an die Sicherungsinstrumente und Grundgeschäfte erfüllt, muss die Sicherungsbeziehung weitere Voraussetzungen erfüllen, damit Hedge Accounting angewendet werden darf. Folgende Bedingungen müssen nach IAS 39.88 kumulativ erfüllt werden:

- Mit Beginn der Absicherung hat eine Dokumentation des Sicherungszusammenhangs und der allgemeinen unternehmerischen Risikomanagementzielsetzungen und -strategien zu erfolgen.

- Die Absicherung wird als in hohem Maße wirksam eingeschätzt hinsichtlich der Erreichung einer Kompensation der Risiken aus Änderungen des beizulegenden Zeitwertes oder der Cashflows in Bezug auf das abgesicherte Risiko, in Übereinstimmung mit der ursprünglich dokumentierten Risikomanagementstrategie für diese spezielle Sicherungsbeziehung. Die Wirksamkeit der Sicherungsbeziehung ist verlässlich bestimmbar.

- Die Sicherungsbeziehung ist fortlaufend zu beurteilen und als tatsächlich hochwirksam über die gesamte Berichtperiode einzuschätzen, für welche die Sicherungsbeziehung designiert wurde.

- Bei Absicherungen von Zahlungsströmen muss eine der Absicherung zugrunde liegende erwartete künftige Transaktion eine hohe Eintrittswahrscheinlichkeit haben und Risiken im Hinblick auf Schwankungen der Zahlungsströme ausgesetzt sein, die sich letztlich im Periodenergebnis niederschlagen könnten.

Eine Hedge-Dokumentation bildet die Grundvoraussetzung für die Durchführung des Hedge Accounting. Sie erfordert die Angabe des Sicherungsinstruments, des gesicherten Grundgeschäfts, der Art des abgeschlossenen Risikos sowie die Zielsetzung und der Strategie, die ein Unternehmen bei seinem Risikomanagement verfolgt. Es ist außerdem anzugeben, wie das Unternehmen den Effektivitätstest durchführen wird, das heißt anhand welcher Methode dieser erfolgen wird.

Die Wirksamkeit einer Sicherung (Effektivität) bezeichnet den Grad, mit dem die einem gesicherten Risiko zurechenbaren Änderungen des beizulegenden Zeitwertes oder der Cashflows des Grundgeschäfts durch Änderungen des beizulegenden Zeitwertes oder der Cashflows des Sicherungsinstrumentes kompensiert werden (IAS 39.9). Dabei muss die Effektivität in einen Bereich zwischen 80 bis 125 Prozent fallen, und es sind prospektive und retrospektive Tests verpflichtend, um nachzuweisen, dass Hedge Accounting angewendet werden darf bzw. durfte.

Der prospektiven Effektivitätstest ist ein zukunftsorientierter Test, der klären soll, ob eine Sicherungsbeziehung in zukünftigen Perioden hochgradig effektiv sein wird. Dieser Test muss zumindest bei Hedge-Beginn sowie zu den Zeitpunkten, an denen ein Unternehmen seine Zwischen- oder Jahresabschlüsse erstellt, durchgeführt werden. Der retrospektive Test ermittelt vergangenheitsorientiert, ob eine Sicherungsbeziehung in vergangenen Perioden tatsächlich hochgradig effektiv war. Die Durchführung des Tests erfolgt analog zum zukunftorientierten Test.

In IAS 39 sind keine spezifischen Methoden zur Messung der Effektivität vorgeschrieben, jedoch werden im Rohstoffbereich vor allem die Critical-Term-Match-Methode (nur prospektiv), die Dollar-Offset-Methode oder Regressionsanalysen genutzt. Die Critical-Term-Match-Methode besteht aus dem Abgleich der »Critical Terms«, das heißt der bewertungsrelevanten Parameter von Sicherungsinstrument und Grundgeschäft. Diese müssen vollständig übereinstimmen und einen Fair Value von null aufweisen. Die Dollar-Offset-Methode ist eine rechnerische Methode, in der die Veränderungen des beizulegenden Zeitwertes aus Sicherungsinstrument und Grundgeschäft, die auf das abgesicherte Risiko zurückzuführen sind, einander gegenübergestellt werden. Dieses kann unter Verwendung verschiedener Vorgehensweisen durchgeführt werden, wie zum Beispiel dem »Hypothetical Derivative Approach«, bei dem die Veränderung des Fair Value oder der Cashflows aus dem Sicherungsinstrument mit denen eines hypothetischen Derivats, welches auf Basis der bewertungsrelevanten Parametern des Grundgeschäftes modelliert ist, verglichen werden. Bei einer Regressionsanalyse wird die Ausprägung des statistischen Zusammenhanges zwischen Grund- und Sicherungsgeschäft anhand der Steigung der Regressionsgeraden und des Korrelationskoeffizienten untersucht.[9]
Des Weiteren muss in einem zweiten Schritt bei Zulässigkeit des Hedge Accounting neben der Effektivität auch die Ineffektivität der Sicherungsbeziehung gemessen werden, wobei die Dollar-Offset-Methode zwingend anzuwenden ist.

---

9   Für detailliertere Ausführungen: PricewaterhouseCoopers: 2008, S. 160 ff.

Wird eine der Bedingungen nicht erfüllt, so ist das Hedge Accounting ab dem Zeitpunkt, ab dem die Wirksamkeit der Sicherungsbeziehung letztmalig nachgewiesen worden ist, einzustellen. Das Sicherungsinstrument ist dann nach den grundsätzlichen Regelungen für Derivate zu bilanzieren. Das Grundgeschäft wird so behandelt, als wenn es nicht gesichert ist, und wird nach den für die einschlägige Bewertungskategorie geltenden Regeln bilanziert.

> Bei dem Effektivitätstest ist zu berücksichtigen, dass nicht nur die Schwankungen für den eigentlich gesicherten Rohstoff – Nickel – ermittelt werden müssen, sondern auch die der anderen Komponenten, wie zum Beispiel Chrom.
>
> Bei einer Nickel-Sicherung kann die Effektivität zum Beispiel anhand einer Regressionsanalyse ermittelt werden. Dafür werden die historischen Preise des Nickels mit denen des gesamten Werkstoffes verglichen. Damit der Hedge hoch effektiv ist, muss das Bestimmtheitsmaß einen Wert > 0,8 aufweisen und die Steigung der Regressionsgeraden muss zwischen 0,8 und 1,25 liegen. Die Ermittlung der buchhalterisch zu erfassenden Ineffektivität anhand der hypothetischen Derivate-Methode gestaltet sich wie folgt: Es wird ein hypothetisches Derivat modelliert, dass das Grundgeschäft perfekt absichert. Dieser Swap beinhaltet neben Nickel auch alle anderen Rohstoffkomponenten des Werkstoffes mit ihren prozentualen Anteilen. Danach wird die Wertänderung des Sicherungsgeschäftes mit der des hypothetischen Derivats verglichen.

4.3 Bilanzierung nach IFRS

4.3.1 Cashflow Hedge

Die Bilanzierung des Sicherungsinstrumentes im Rahmen eines Cashflow Hedge erfolgt differenziert für den als effektiv und den als ineffektiv eingestuften Teil der Wertänderungen des Sicherungsinstrumentes. Der aus der effektiven Absicherung resultierende Gewinn oder Verlust ist in einer »Hedge-Reserve« im Eigenkapital (Other Comprehensive Income - OCI) zu erfassen. Ist die absolute Wertänderung des Sicherungsgeschäftes größer als die des Grundgeschäftes (in Form des hypothetischen Derivats), wird der ineffektive Anteil in der Gewinn- und Verlustrechnung berücksichtigt (IAS 39.95). Der Posten im Eigenkapital wird erfolgswirksam aufgelöst, wenn die Cashflows aus dem Grundgeschäft erfolgswirksam werden. Zudem besteht für ein Unternehmen bei geplanten Erwerben die Möglichkeit, die vormals als Eigenkapital gebuchten Anteile bei erstmaliger Erfassung gegen die Anschaffungskosten zu rechnen (IAS 39.98).

Die Bilanzierung als Cashflow Hedge ist nur so lange zulässig, wie das Sicherungsinstrument im Bestand ist, das heißt es läuft nicht aus, wird nicht veräußert, beendet oder ausgeübt. Bei erwarteten Transaktionen (Forecast Transactions) muss ein Unternehmen zudem weiter mit dem Eintritt der erwarteten Transaktion rechnen. Außerdem müssen die notwendigen Kriterien der Sicherungsbeziehung nach IAS 39.88 erfüllt sein und der Hedge muss formal als solcher designiert sein (IAS 39.101).

4.3.2   Fair Value Hedge

Für die Bilanzierung des Fair Value Hedge gilt, dass sich die Bilanzierung des Grundgeschäftes an der Bilanzierung des Sicherungsinstrumentes orientiert. Das Sicherungsinstrument ist zum beizulegenden Zeitwert anzusetzen. Bewertungsgewinne oder -verluste werden erfolgswirksam über die Gewinn- und Verlustrechnung erfasst. Bei dem als Grundgeschäft designierten Bilanzposten bzw. Firm Commitment erfolgt ebenfalls eine Anpassung des Buchwertes, welche ergebniswirksam zu erfassen ist. Die Höhe der Buchwertanpassung richtet sich nach der Veränderung des beizulegenden Zeitwerts des Grundgeschäfts.

Diese Form der Bilanzierung ist nur so lange zulässig, wie das Sicherungsinstrument im Bestand ist, das heißt es läuft nicht aus, wird nicht veräußert, beendet oder ausgeübt. Zudem muss es die notwendigen Kriterien der Sicherungsbeziehung nach IAS 39.88 erfüllen und ein Unternehmen muss es auch als Sicherungsinstrument designieren (IAS 39.91).

4.4   Bilanzierung nach HGB

Generell finden sich im HGB keine Regelungen zur bilanziellen Abbildung von Sicherungsbeziehungen. Der Grundsatz der Einzelbewertung sagt aus, dass Vermögensgegenstände und Schulden zum Abschlussstichtag einzeln zu bewerten sind. Dieses soll verhindern, dass Wertminderungen mit Werterhöhungen verrechnet werden können. Im Rahmen der Derivatebilanzierung wird der Gesetzeswortlaut jedoch durch eine wirtschaftliche Betrachtungsweise ausgeweitet. Rechtlich unabhängige Vermögensgegenstände und/oder Schulden können zusammengefasst werden, sofern diese einen engen wirtschaftlichen Nutzen- und Funktionszusammenhang aufweisen. Dieses ist darauf zurückzuführen, dass eine strenge Anwendung des Grundsatzes dazu führen würde, dass ein Unternehmen, das seine Rohstoffrisiken durch Derivate absichert, Verluste auszuweisen hätte, obwohl diese wirtschaftlich nicht oder nicht in entsprechender Höhe entstehen. Es würde somit gegenüber einem »ungesichertem« Unternehmen stets schlechter gestellt. Hieraus ergäbe sich zwischen der wirtschaftlichen Sicherung und der bilanziellen Darstellung eine Diskrepanz, welche durch die Bildung von Bewertungseinheiten zwischen Grundgeschäft und Sicherungsinstrument behoben werden soll.

Folgende Anforderungen müssen nach herrschender Meinung bei der Bildung von Bewertungseinheiten erfüllt sein:

■ Die Grund- und Sicherungsgeschäfte stehen objektiv in einem einheitlichen Nutzungs- und Funktionszusammenhang, d. h. ihre Risiken sind annähernd homogen, sodass sich die daraus resultierenden Wertänderungen annähernd gegenläufig entwickeln; diese Anforderung bedingt auch identische Währungen von Grund- und Sicherungsgeschäften.

■ Der Nutzungs- und Funktionszusammenhang ist vom Bilanzierenden über den Bewertungsstichtag hinaus gewollt (Durchhalteabsicht).

■ Der Wille des Bilanzierenden kommt durch eine vor dem Bilanzstichtag durchgeführte Zuordnung der Einzelposten, die eine Bewertungseinheit bilden, nachprüfbar zum Ausdruck (Dokumentation).

Grund- und Sicherungsgeschäfte müssen nicht betragsidentisch sein; allerdings darf nur der übereinstimmende Teilbetrag in eine Bewertungseinheit einbezogen werden. Eine Fristenidentität ist nicht erforderlich, soweit Fristenunterschiede zwischen Grund- und Sicherungsgeschäft durch Anschlussgeschäfte überbrückt werden können. Unternehmen mit einer Vielzahl von Geschäften bilden in der Praxis häufig Portfolios, in denen Grund- und Sicherungsgeschäfte nach Marktpreisrisiken gruppiert geführt werden. Sind die genannten Voraussetzungen erfüllt, können diese Portfolios als Bewertungseinheiten bilanziert werden. Umgliederungen, zum Beispiel die Übertragung eines Derivats von einem Handelsportfolio in ein Sicherungsportfolio, sollten nur in begründeten Ausnahmefällen vorgenommen werden und dann mit einer erfolgswirksamen Erfassung des bisher eingetretenen Bewertungsergebnisses des Derivats verbunden sein.

Die Wirksamkeit der Sicherungen bei Anwendung der Portfoliobewertung erfolgt in einer Nebenrechnung, bei der sämtliche Bewertungsergebnisse saldiert werden. Eine gegebenenfalls bestehende Ineffektivität wird hierdurch handelsrechtlich zutreffend abgebildet, wobei aber das Imparitätsprinzip zu beachten ist. Ansonsten ist durch in gewissem Abstand vorgenommene Kontrollrechnungen sicherzustellen, dass die Sicherung während der Laufzeit der Geschäfte wirksam ist. Für die nicht mit Gewinnen zu verrechnenden Verluste sind Rückstellungen zu bilden.

Stillhalterpositionen werden in der Regel nicht als Sicherungsgeschäft angesehen. Die Sicherung des Nettorisikos aus gegenläufigen Bilanzposten oder schwebenden Geschäften ist unter den genannten Voraussetzungen (zum Beispiel Währungsidentität) zulässig. Bewertungseinheiten aus Sicherungsgeschäften und geplanten Transaktionen dürfen handelsrechtlich – auch bei hoher Eintrittswahrscheinlichkeit – nicht gebildet werden.

Bei der Absicherung von Rohstoffrisiken, können handelsrechtliche Bewertungseinheiten grundsätzlich nur bei Sicherungen für identifizierbare Risiken des gesamten Wertes des Vermögensgegenstandes gebildet werden. Dies führt beispielsweise bei Vorräten dazu, dass bei einer isolierten Sicherung eines einzelnen Risikos keine Bewertungseinheit gebildet werden darf, da nicht das gesamte Preisrisiko gesichert wird. Oft wird aber nur das Währungsrisiko aus nicht finanziellen Vermögensgegenständen abgesichert. Im letztgenannten Fall kann handelsrechtlich grundsätzlich nur dann eine Bewertungseinheit gebildet werden, wenn bereits ein Verkaufsvertrag für den Vermögensgegenstand vorliegt.

Die Verknüpfung von Grund- und Sicherungsgeschäft kann in der Bewertung buchungstechnisch auf zwei Wegen erreicht werden. Zum einen können sowohl das Grund- als auch das Sicherungsgeschäft bewertet werden, sodass sich die Bewertungsergebnisse kompensieren (kompensatorische Bewertung). Bei der kompensatorischen Bewertung wird insbesondere bei lang- laufenden Geschäften durch die Gegenüberstellung von Bewertungsverlusten und - gewinnen deutlich, ob der Absicherungszusammenhang auch während der Laufzeit der Geschäfte erhalten geblieben ist. Zum anderen kann lediglich die Wirkung des Sicherungsgeschäfts bei der Bilanzierung des Grundgeschäfts berücksichtigt werden und das Sicherungsgeschäft bleibt formal unbewertet (zusammengefasste Bewertung). Aus Vereinfachungsgründen wird in der Regel diese Bewertungsmethode gewählt. Durch in gewissem Abstand vorgenommene Kontrollrechnungen kann sichergestellt werden, dass die Sicherung auch während der Laufzeit der Geschäfte bestehen bleibt. Für eventuell die Gewinne übersteigende Verluste sind Rückstellungen zu bilden.

5.   Fazit

Eine Bilanzierung im Rohstoffbereich ist mit komplexen Anforderungen verbunden.

Das dynamische und aktuell turbulente wirtschaftliche Umfeld führt zu einem verstärkten Bewusstsein für Risiken. Dabei sollten bei den wirtschaftlichen Entscheidungen immer auch die bilanziellen Aspekte mit ihrer Komplexität berücksichtigt und einbezogen werden.

Hat ein Unternehmen einen Vertrag über den Kauf oder Verkauf von nicht-finanziellen Posten abgeschlossen, muss geprüft werden, ob dieser in den Anwendungsbereich des IAS 39 fällt und somit als Derivat zu bilanzieren ist. Diese Prüfung beinhaltet die Erfüllung der Derivate-Kriterien nach IAS 39.9, die vier unterschiedlichen Möglichkeiten zum Barausgleich (Net Settlement) nach IAS 39.6 sowie die Ausnahmeregelung für den Eigenbedarf (Own Use Exemption) nach IAS 39.5. Jeder dieser Bereiche hat seine eigenen Spezifika, die beachtet werden müssen. Fällt der Vertrag nicht in den Anwendungsbereich, so ist er als schwebendes Geschäft zu behandeln.

Wird der Vertrag als schwebendes Geschäft und damit nicht selbst als Derivat bilanziert, ist zu prüfen, ob der Vertrag ein eingebettetes Derivat enthält. IAS 39.11 legt drei wesentliche Kriterien zugrunde, nach denen eine Trennungspflicht des eingebetteten Derivates zu beurteilen ist. Von diesen Kriterien ist die Untersuchung auf eine Verbindung der Chancen und Risiken (closely related) am schwierigsten. Beinhalten Verträge relativ häufig eingebettete Derivate, so führt die Prüfung des Kriteriums »closely related« jedoch nicht immer auch zu einer notwendigen Abspaltung.

Ein weiterer wichtiger Aspekt bei der Bilanzierung nach IAS 39 ist die Anwendung von Hedge Accounting, welche optional ist. Ein Unternehmen sollte bei der Entscheidung der Anwendung vor allem auch die entstehenden Kosten und Erträge berücksichtigen.

Die Darstellung der Bilanzierung nach HGB verdeutlicht insgesamt, dass die handelsrechtlichen Grundsätze eine Derivate- Bilanzierung nicht explizit berücksichtigen und es einer wirtschaftlich ausgeweiteten Betrachtungsweise bedarf.

Im Rohstoffbereich ist eine sachgerechte Umsetzung der zahlreichen bilanziellen Anforderungen häufig schwieriger als zum Beispiel im Zins- oder Währungsbereich, da viele Systeme in diesem speziellen Bereich noch nicht ausreichend entwickelt sind. So können die Derivate auf Rohstoffe in der Regel nicht in dem gleichen Treasury-Management-System abgebildet werden. Zudem fallen Rohstoffe häufig nicht in den Zuständigkeitsbereich des Treasury. Bei vielen Unternehmen ist der Einkauf für Rohstoffe zuständig, sodass eine verstärkte Interaktion zwischen Treasury und Einkauf unumgänglich ist.

Werden die Bilanzierungsvorschriften in Bezug auf die Abbildung von Derivaten des Rohstoffmanagements in ihrer Gesamtheit verstanden und sachgerecht umgesetzt, bilden diese einen festen Rahmen für das Risikomanagement in Rohstoffmärkten.

Literatur

INSTITUT DER WIRTSCHAFTSPRÜFER IN DEUTSCHLAND, Entwurf IDW Stellungnahme zur Bilanzierung von Verträgen über den Kauf oder Verkauf von nicht-finanziellen Posten nach IAS 39 (IDW ERS HFA 25), Düsseldorf 2008

INSTITUT DER WIRTSCHAFTSPRÜFER IN DEUTSCHLAND, Entwurf IDW Stellungnahme zur Rechnungslegung: Zur einheitlichen oder getrennten handelsrechtlichen Bilanzierung strukturierter Finanzinstrumente (IDW ERS HFA 22), Düsseldorf 2007

PRICEWATERHOUSECOOPERS, Derivative Finanzinstrumente in Industrieunternehmen, Frankfurt am Main 2008

Anforderungen an die Eigenkapitalhinterlegung aus der Solvabilitätsverordnung (SolvV)

Markus Mues

1. International Westfalen – Entstehung und Profil

International Westfalen bietet seit 2005 eine Kompetenz, die immer mehr weltweit agierende Mittelständler im Einzugsgebiet des östlichen Ruhrgebietes zu schätzen wissen. Zum Arbeitsfeld dieses Kompetenzzentrums gehört das gesamte Spektrum des Auslandsgeschäftes sowie das Zins-, Währungs- und Rohstoffmanagement.

Das Auslandsgeschäft ist für deutsche mittelständische Unternehmen von zunehmender existenzieller Bedeutung. Dies gilt auch für die kleineren und mittleren Unternehmen, um im globaler werdenden Markt bestehen zu können. Über die Hälfte ihres Umsatzes wird nach einer Prognose des Deutschen Industrie- und Handelskammertages (DIHT) im Jahr 2010 bereits im Ausland erwirtschaftet werden.

Als wichtigster Finanzpartner der meisten Unternehmen in der siebtgrößten deutschen Stadt hat sich die Sparkasse Dortmund längst auf diese Entwicklung eingestellt. Mit mittlerweile dreizehn anderen Sparkassen aus der Region bietet das gemeinsame Kompetenzcenter International Westfalen ein Qualitätsangebot, das deren jeweilige Rolle als »Finanzpartner Nr. 1 vor Ort« festigt. Die enge regionale Verwurzelung wirkt sich für Unternehmer und Sparkassen vorteilhaft aus. Das hat nicht zuletzt das Beispiel der globalen Finanzkrise gezeigt. Deutlich wird das gerade in der lokal-realwirtschaftlichen Ausrichtung der Geschäftspolitik der öffentlich-rechtlichen Kreditinstitute. Das wird gerade von Existenzgründern, vom Mittelstand und deren Kammern deutlich gelobt.

Um in der Region echte Kernkompetenz und Wissen zu bündeln, haben sich daher in den letzten Jahren bundesweit mehrere Kompetenzzentren gebildet, wie eben auch das International Westfalen mit Sitz in Dortmund.

2. Zins- und Währungsmanagement als Vorstufe zur Preissicherung von Rohstoffen

Sparkassen treten mit fairen Konditionen hinsichtlich Zinssatz und Besicherung als verlässlicher Kreditgeber auf. Daneben kommt dem aktiven Zinsmanagement eine weiter zunehmende Bedeutung zu. Abbildung 2 über die Entwicklung der Drei-Monats-Zinsen sowie der Zehn-Jahres-Umlaufrendite von 1960 bis Mitte 2009 verdeutlicht dies.

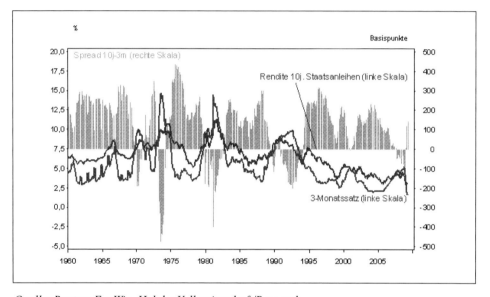

Quelle: Reuters EcoWin, Helaba Volkswirtschaft/Research
Abbildung 1:   Entwicklung der Drei-Monats-Zinsen sowie der Zehn-Jahres-Umlaufrendite von 1960 – 2009

Konjunkturelle Einflüsse haben zwar stets wellenförmig die Zinsen beeinflusst. Für die extremen Zinsausschläge in den Jahren 1974 und 1981 sind jedoch die explosiv gestiegenen Rohstoffpreise und damit einhergehende Inflationsraten verantwortlich. Dass die Europäische Zentralbank vor dem Hintergrund einer EWU-weiten Inflationsrate von 4,2 Prozent Anfang Juli 2008 noch den Leitzins um 0,25 Prozent erhöht hat, zeigt deutlich die Bedeutung der Preisstabilität und daher den klaren Vorrang vor der Unterstützung der Konjunktur für die Währungshüter. Es zeigt sich eine stark erhöhte Volatilität der Zinsentwicklung.

Ein unternehmerisch sinnvolles Zinsmanagement erlaubt dem Mittelstand bei zielgerichtetem Einsatz eine mittel- bis langfristige Kalkulations- und Planungssicherheit. Zur Vermeidung bzw. zur Reduzierung sowohl des aktivischen als auch des passivischen Zinsänderungsrisikos können diverse Produkte eingesetzt werden. Darin findet der Charakter der Zinssicherung seine Bestimmung. So kann beispielsweise eine in drei bis fünf Jahren geplante Investitionsfinanzierung schon heute im Zins für dann bis zu 20 Jahre Gesamtlaufzeit gesichert werden, ohne dass die tatsächliche Kreditaufnahme – und damit auch eine ausführliche Kreditprüfung – stattfindet. Dies ist ab einem Einstiegsbetrag von nur 250.000 EURO bereits möglich.

3.   Besonderheiten bei Bewertung und Abwicklung als Nichthandelsbuchinstitut

Sämtliche derzeit in International Westfalen zusammengeschlossenen Sparkassen sind Nichthandelsbuchinstitute und sie führen keine eigenen Swapbücher. Folglich kann die Entwicklung und Konzeption der einzusetzenden Produkte nicht hausintern stattfinden. Ebenfalls ist die Frage der Bewertung dieser Produkte offen. Letztere ist geregelt im Rundschreiben der Deutschen Bundesbank vom Februar 2008 mit dem Titel *Bankrechtliche Regelungen 2a. Teil 2, §17 Abs. 1* besagt, dass »ein Nichthandelsbuchinstitut … die Bemessungsgrundlage für derivative Adressausfallrisikopositionen nach einheitlicher Wahl anhand des laufzeitbewerteten Wiedereindeckungsaufwandes … ermitteln« kann (Laufzeitmethode).

Im weiteren Verlauf wird dies konkretisiert für solche Geschäfte, deren Preisänderungen auf Währungen, Zinssätzen oder Gold basieren; derartige Basiswerte werden allgemein auch als Underlying bezeichnet. Die Konfektionierung und Abwicklung von Zins- und Währungslösungen erfolgt daher ersatzweise durch Vermittlung derartiger Geschäfte an Landesbanken. Diese stellen, wie beispielsweise die WestLB AG und die Helaba, funktionelle Berechungstools online zur Verfügung. Andere wiederum bepreisen auf Anfrage. Neben standardisierten Produkten (Plain- Vanilla-Lösungen) werden bei Bedarf auch individuelle Lösungen konzipiert und gefunden. Dies bestätigen vorliegende positive Kundenreaktionen. Kurzum ist festzuhalten: Der Endkunde erhält trotz oder auch gerade wegen der Landesbank-Einschaltung eine voll umfängliche Beratungsqualität und auch -quantität.

Durch International Westfalen wird ein Kontrakt zwischen der Landesbank und dem Endkunden vermittelt. Sämtliche Arbeitsschritte und Korrespondenz inklusive Auslösen des Handels erfolgen hierbei über die Spezialisten der Sparkassen. Sofern risikotragende Geschäfte vereinbart werden (dies sind vornehmlich Swaps und Floors), übernimmt letztlich die jeweilige Sparkasse das hieraus entstehende Wiedereindeckungsrisiko des Geschäftes gegenüber der Landesbank. Zur Risikoübernahme wird die Sparkasse vom Kunden schriftlich beauftragt.

In Form eines Avals wird dann ein sogenanntes Kreditrisikoäquivalent beim Endkunden abgebildet. Dies geschieht in der Regel frei von Avalprovisionen. Die Quantifizierung derartiger Risiken erfolgt beim Zins- und Währungsmanagement wie oben erwähnt auf Basis der

Laufzeitmethode. Sofern Rohstoffgeschäfte anstehen, ist allerdings eine Bewertung durch die Laufzeitmethode explizit ausgeschlossen. Ersatzweise ist daher nach der Marktbewertungsmethode zu bewerten.

Ermittlung des Kreditrisikoäquivalents nach der Laufzeitmethode

Dies ist eine der drei möglichen von der Solvabilitätsverordnung (SolvV) zugelassenen Bewertungsmethoden. Sie wird vornehmlich angewendet von Nichthandelsbuchinstituten.

Der § 23 der SolvV legt fest: »Der laufzeitbewertete Wiedereindeckungsaufwand für eine derivative Adressenausfallposition ist das Produkt aus dem marktbewerteten Anspruch aus dem Derivat und der sich in Abhängigkeit von der maßgeblichen Laufzeit des Geschäfts ergebenden Volatilitätsrate nach Tabelle 2 der Anlage 1.«

Gemeint ist, dass ein etwaiger bestehender negativer Marktwert noch mit einem Zuschlag gemäß nachfolgend abgebildeter Tabelle zu versehen ist. Da ein Neuabschluss des Produktes betrachtet wird, ist ein negativer Derivatwert nicht erkennbar. Folglich gelten nur nachfolgende Tabellenwerte:

Anlage 1, Tabelle 2 zu § 23 SolvV

»Volatilitätsrate laufzeitbewerteter Wiedereindeckungsaufwand«

Laufzeit	Ausschließlich zinsbezogene Geschäfte (Restlaufzeit)	Währungskurs- und goldpreisbezogene Geschäfte (Ursprungslaufzeit)
bis 1 Jahr	0,50%	2,00%
über 1 Jahr bis 2 Jahre	1,00%	5,00%
zusätzliche Berücksichtigung eines jeden weiteren Jahres	1,00%	3,00%

Die Aussagekraft der vorgenannten Tabelle ist relativ einfach: Je länger die Laufzeit des Kontraktes, desto höher die Unwägbarkeit der künftigen Preisentwicklung des Basiswertes (Zinssatz, Währung). Demzufolge ist auch ein höheres Aval einzubuchen.

Berechnungsbeispiel I:

1.000.000 EUR Zinsswap über eine Laufzeit von 9 Jahren, Vorlaufzeitraum 9 Monate, demnach aufgerundet 10 Jahre.

1.+2. Jahr = 1,0 % + 7 Jahre á je 1,00 % = 8,00 %.

Der Kreditäquivalenzbetrag beträgt demnach 80.000 EUR

Die Sparkasse hat sich als Garantiegeber gegenüber der Landesbank verpflichtet, im Fall des Kundenausfalls für etwaige Glattstellungskosten des vermittelten Produktes einzustehen. Ein Risiko besteht gemäß Laufzeitmethode unabhängig davon, ob tatsächlich auch ein Wiedereindeckungsaufwand existiert. Kommt weiterhin eine Währungskomponente hinzu, erhöht sich das Kreditrisikoäquivalent aufgrund des Risikos der Devisenkursschwankungen auf die höheren Werte gemäß vorgenannter Tabelle:

Berechnungsbeispiel II:

Identische Beträge und Laufzeitvorgaben wie zuvor. Allerdings findet zum Ende der Laufzeit ein fest vereinbarter Tausch in Schweizer Franken statt.

Ermittlung des Kreditrisikoäquivalents:

1.+ 2. Jahr= 5,0 %. 3.-10. Jahr zu je 3,0 %= 29 %.

Gesamtsumme demnach 29 % bzw. 290.000 EUR.

Mindestens zu jedem Monatsende erfolgt eine Bewertung jedes Produktes nach der Laufzeit- und der Marktbewertungsmethode. Ferner wird ein dann aktueller Wiedereindeckungspreis (positiv wie auch negativ möglich) übermittelt. Sollte aus dem so übernommenen theoretischen Risiko aufgrund sich stark verändernder Zinsen auch ein echtes, valutarisches Risiko werden, könnte die Sparkasse ein Interesse an der Schließung des Kontraktes bzw. an einer Nachbesicherung haben. Sofern sich also der mitgeteilte Glattstellungspreis dem übernommenen Avalbetrag annähert, greifen hier branchenübergreifend übliche Formulierungen in den Verträgen. Diese ermöglichen dann die vorgenannten Rechte. Das stellt den absoluten Ausnahmefall dar und erfolgt dann stets und ausschließlich in enger Abstimmung mit dem Kunden.

Marktbewertungsmethode

Sie ist geregelt im § 21 SolvV:

»Der marktbewertete Anspruch aus einem Derivat ist bei Swapgeschäften und für die über-nommenen Gewährleistungen der effektive Kapitalbetrag oder, wenn es keinen effektiven Kapitalbetrag gibt, der aktuelle Marktwert des Geschäftsgegenstands.«

Anders formuliert: Es wird ein gegenläufiges Geschäft auf das bestehende Produkt aufge-setzt. In diesem Falle hat der Kontraktpartner keine Zahlungsverpflichtungen mehr. Sollte das aufzusetzende Produkt unter aktuellen Marktgegebenheiten (veränderte Zins- bzw. Wäh-rungslandschaft) etwas kosten, so stellt dies den Wiedereindeckungsaufwand dar.

Ermittlung des Kreditrisikoäquivalents nach der Marktbewertungsmethode

Eine Tabelle zur Ermittlung der Bemessungsbeträge ist nachfolgend aufgeführt. Es handelt sich um die »Volatilitätsrate Erhöhung Wiedereindeckungsaufwand«, Tabelle 1 zu § 20 Abs. 1, mithin Bestandteil der Anlage 1 zur SolvV.

Restlaufzeit	Zinsbezogene Geschäfte	Währungs-kurs- u. Goldpreis bezogene Geschäfte	Aktienkurs-bezogene Geschäfte	Edelmetall-preis-bezogene Geschäfte	Rohwarenpreis-bezogene und sonstige Geschäfte
bis 1 Jahr	0,0%	1,0%	6,0%	7,0%	10,0%
über 1 Jahr bis 5 Jahre	0,5%	5,0%	8,0%	7,0%	12,0%
über 5 Jahre	1,5%	7,5%	10,0%	8,0%	15,0%

Beispiel:

Rohstoffswap über 2 Jahre, Basisnominal 1.500.000 EUR

Theoretisch müssten damit lediglich 12 % = 180.000 EUR an Risiko erkannt werden.

Mit Blick auf die insbesondere in den letzten Jahren extrem gestiegene Volatilität bei Roh-stoffen nehmen Banken allerdings einen freiwilligen Add-on vor. Einen mit der BaFin abge-stimmten Ansatz von hier 32 Prozent würde die BayernLB vornehmen. Unser Haus hat sich den Empfehlungen der WestLB angeschlossen, pauschal 40 Prozent des Basisnominals bei Laufzeiten bis 1 Jahr und 50 Prozent bei darüber hinausgehenden Laufzeiten zu erkennen. Das Basisnominal lässt sich ermitteln durch Multiplikation des gesicherten Swappreises mit der gesicherten Menge über die gesamte Laufzeit.

Die Landesbank teilt auch bei der Marktbewertungsmethode der Sparkasse zum Monatsende den aktuellen Wiedereindeckungsaufwand mit.

4.   Rohstoffpreisabsicherung

Zinsänderungsrisiken wurden beschrieben und sind erkennbar aktiv steuerbar. Die Zinsaufwandsquote ist allerdings, ermittelt auf Basis bundesweit analysierter Bilanzen von Firmen jeder Rechtsform und Größe, verglichen mit der Materialaufwandsquote geradezu unbedeutend. Folgende exemplarische Gegenüberstellung verdeutlicht dies:

	Zinsaufwandsquote	Materialeinsatz
Großhandel mit Maschinen	0,7%	rd. 71%
Herstellung von Metallerzeugnissen	1,2%	rd. 37%

Zwei Möglichkeiten der Preissicherung bei Rohstoffen werden im Folgenden am Beispiel eines Herstellers von Armaturen dargestellt, der einen jährlichen Materialbedarf von 1.200 Tonnen Messing hat. Die Messinglegierung besteht in unserem Fall zu 60 Prozent aus Kupfer und zu 40 Prozent aus Zink. Der Bestellvorlauf beträgt drei Monate vor der ersten Teillieferung. Der Jahresbedarf wird von einem Zulieferer gedeckt, der zu den gewünschten Terminen die benötigte Menge liefert, also monatlich linear verteilte 100 Tonnen, davon 60 Tonnen Kupfer und 40 Tonnen Zink. Die Preise für die jeweiligen Kupfer- und Zinkmengen werden zum Zeitpunkt der Bestellung, also letztlich mit drei bis 15 (!) Monaten Vorlauf vor der tatsächlichen physischen Lieferung festgemacht. Die Kalkulationssicherheit ist also für unseren Kunden gegeben. Doch zu welchem Preis? Die Preisfindung soll systematisch erarbeitet werden.

4.1   Materialkosten

Ausschlaggebend ist der zum Zeitpunkt der Bestellung maßgebliche Marktwert der Metalle. Da der Lieferant jedoch grundsätzlich an geringstmöglicher Lagerhaltung interessiert ist und je nach Verarbeitungsstand die Rohmaterialien anschaffen wird, muss er die künftige Preisentwicklung der durch ihn zu liefernden Rohstoffe einschätzen. Hierbei helfen ihm die Futurekurven des Rohstoffes. Diese können sowohl bei den einzelnen Rohstoffbörsen, aber auch zum Beispiel bei Goldman Sachs aufgerufen werden.

4.2   Wechselkurs

Es ist festzustellen, dass der mit Abstand größte Teil der Rohstoffe in US-Dollar (USD) gefixt wird. Neben den Marktschwankungen der Rohstoffe an sich kommt also darüber hinaus noch ein Wechselkursrisiko hinzu. Letzteres hat uns Verbrauchern 2008 geholfen, die extrem gestiegenen Spritpreise durch den gleichzeitig historisch schwachen USD abzufedern. Folge waren zwar noch hohe, aber eben abgemilderte Diesel- und Benzinpreise. Dies wird deutlich an Abbildung 3, die den Preis Rohöl/Barrel einerseits in USD und weiterhin konvertiert in EUR darstellt. Hierbei bildet die blaue Linie den Preis in USD und die rote Linie den in EUR konvertierten Preis ab.

Abbildung 2: Marktinformation Preisentwicklung Diesel

Zurück zu unserem Beispiel: Der Lieferant wird sich bei der Kalkulation an die Futurekurve USD/EUR halten. Dennoch verbleibt die Ungewissheit der Devisenkursschwankung komplett beim Händler. Entweder führt dies also zu einem Wagniszuschlag oder aber der Lieferant sichert sich durch Devisentermingeschäfte/Devisenoptionen ab. Aufgrund des derzeit deutlich niedrigeren Zinsniveaus in den USA führt dies zu ungünstigen Kursaufschlägen. Beide Wege führen demnach zu einer Verteuerung der Einkaufspreise.

4.3   Gewinnaufschlag, Transportkosten usw. gemäß Kalkulation des Lieferanten

Weiterhin existiert noch das Lieferantenausfallrisiko. Nehmen wir an, aufgrund einer Insolvenz kommt es nicht zur vereinbarten Lieferung. Selbst wenn ein anderer Lieferant gefunden wird, belasten zwischenzeitliche Erhöhungen der Rohstoffpreise *und* auch ungünstige Wechselkursschwankungen zu 100 Prozent unseren Kunden. Natürlich könnte hier die Stellung einer Vertragserfüllungsgarantie durch die Bank des Lieferanten helfen. Aber die beim Lieferanten anfallende Avalprovision wird kurzum mit in dessen Kalkulation einbezogen.

Es ist zusammenzufassen, dass die Risiken der Preisfindung zwar auf den Lieferanten übertragen werden können, dieser wird jedoch ein letztlich nachvollziehbares Aufgeld hierfür verlangen.

Alternativlösung: Rohstoffderivat

Ein weiterer Weg der Absicherung ist der, aus nur einem letztlich zwei Geschäfte zu generieren:

1. Bestellung beim Lieferanten zu variablen Preisen: Dieser wird wie bisher auch die physischen Mengen termingerecht liefern. Der Unterschied ist, dass der Preis für das zu liefernde Material nicht mehr fix, sondern variabel ist. Demnach gilt der jeweilige offizielle Fixingpreis des Rohstoffes, konvertiert in EUR zu den jeweils gültigen Wechselkursen.

   Hierdurch wird dem Lieferanten das Preis- und Wechselrisiko abgenommen, was dessen Wagniszuschläge einspart und die Einkaufspreise senken wird. Allerdings liegen diese Risiken damit beim Kunden. Die Risikoschließung findet statt durch:

2. Abschluss eines Rohstoffderivates: Der Lieferant erfährt in der Regel nichts von der Preissicherung. Vielmehr reduziert sich die Abhängigkeit vom Lieferanten deutlich, da ein Wechsel zu einem Mitbewerber aufgrund der nicht mehr benötigten Preisfixierung eher erleichtert wird. Kosten für die Absicherung via Swap bei der Landesbank fallen in der Regel nicht an.

Die zuvor erkannten Risiken können katalogisiert werden:

Merkmal	über Lieferant	über Swap
Kalkulationssicherheit vorliegend	ja	ja
Futurekurve als Basis für die Preisfindung	ja	ja
Unsicherheitsaufschlag Futurekurve	ja	nein
Unsicherheitsaufschlag Devisenkurs	ja	nein
Lieferantenausfall; Kalkulationssicherheit da	nein	ja

Neben der Unabhängigkeit vom Lieferanten existieren aber weitere Gründe, sich Rohstoffpreise zu sichern:

▪ deutlich gestiegene Rohstoffpreise seit 2005 bis Mitte 2008; dies ist nach Ende der derzeitigen weltweiten Rezession erneut zu befürchten,

▪ hohe Volatilitäten an den Rohstoffmärkten bis zu 300 Prozent auf Jahressicht (Marktnervosität und teilweise auch spekulationsgetrieben),

▪ Erhöhung der Flexibilität, um auf Marktpreisveränderungen und die Beschaffungssituation reagieren zu können; dies gilt auch bei bereits bestehenden Produktlösungen, die jederzeit an neue Marktmeinungen angepasst werden können,

- Erhöhung der Planbarkeit der Beschaffungskosten inklusive Ausschluss der zuvor beschriebenen Wechselkursschwankungen USD/EUR,

- das Gesetz zur Kontrolle und Transparenz im Unternehmensbereich (KonTraG) sowie die Mindestanforderungen in Handelsgeschäften (MAHs) erfordern ein strukturiertes und belegtes Risikomanagement der Unternehmensführung,

- die rasch wachsende Nachfrage nach Rohstoffen in den Schwellenländern und Industrienationen,

- konjunkturabhängige, spekulative Prognosen über künftig benötigte Rohstoffmengen,

- bekannt eingeschränkt nachhaltige Verfügbarkeit vieler Rohstoffe (physische Endlichkeit) bzw. stets steigende Förder- und Transportkosten zur Erschließung neuer Vorkommen.

Die Notwendigkeit der Rohstoffpreissicherung sehen mittlerweile auch einzelne Unternehmensverbände. Sie bieten bereits Veranstaltungen zu diesem Thema an. Exemplarisch zu nennen sind der Verband der Spediteure sowie der Verband der Personenbeförderung.

Nach Angaben der WestLB und der BayernLB verteilt sich der durch sie bediente Markt zu 95 Prozent auf Swaps. Die restlichen fünf Prozent entfallen auf CAPs, Floors, Futures und Optionen. Aufgrund des wesentlichen Marktanteiles wird nachfolgend ein Rohstoffswap anhand eines weiteren Beispiels beschrieben.

Ein lokales Stadtwerke-Unternehmen hat für den bei ihm angesiedelten Busverkehr jährlich einen Treibstoffbedarf von vier Millionen Liter Diesel. Für das zurückliegende Jahr 2008 ist wie auch in den Vorjahren eine Mengen- und eine Preisplanung erstellt worden, auf deren Basis die Preise für die Bustickets basieren. Vorsichtig kalkulierend, hat man einen im historischen Vergleich sehr hohen Bezugspreis von 0,94 EUR (vor MwSt.) als Konstante für die Jahresplanung benutzt. Der Einkäufer verfügt darüber hinaus über einen eigenen Tank, der 125.000 Liter Diesel fassen kann. Dies entspricht dem Verbrauch von einem halben Monat. Hiermit kann er tägliche Schwankungen ausmachen und so optimierend einkaufen. Am Ende des ersten Halbjahres erfragt der Controller die tatsächlich verbrauchte Menge und auch die hierfür aufgewendeten Bezugskosten: Der Dieselverbrauch lag ziemlich genau im Plan – der Linienverkehr fährt in stets gleichem Takt dieselben Strecken. Die Bezugskosten hingegen liegen mit 20 Prozent bzw. mit 0,24 EUR über Plan. Dies würde, hochgerechnet auf den Jahresverbrauch letztlich 960.000 EUR ausmachen. Diese müssen intern, also zulasten des Gewinns der Stadtwerke gegenfinanziert werden. Die im vierten Quartal 2008 wieder gesunkenen Dieselpreise haben diese Hochrechnung nur unwesentlich auf immer noch 900.000 EUR Planüberschreitung reduziert.

Mit der klaren Aussage, so etwas nie wieder erleben zu wollen, soll künftig für Kalkulationssicherheit bei den Bezugskosten gesorgt werden. Mit diesem Wunsch kommt der Geschäftsführer zur lokalen Sparkasse und erhält nach vorhergehender Aufklärung über Chancen und Risiken als Lösung einen Gasölswap.

Gasöl (ICE) ist eine Vorstufe des Diesels, ferner auch als leichtes Heizöl bekannt. Es ist eines der Raffinerieerzeugnisse aus Rohöl und wiederum von diesem Preis abhängig. Die Preiskorrelation, also die Gleichheit der Preisentwicklung zwischen Gasöl und Diesel (vor MwSt.), beträgt 99, 67 Prozent.

Diesel selbst wird in nur geringem Ausmaß an Rohstoffbörsen gehandelt, Gasöl hingegen umfangreich.

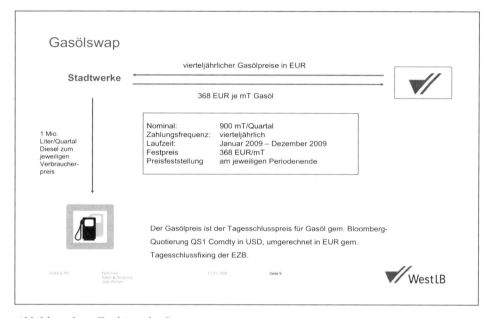

Abbildung 3:   Funktion des Swaps

Gasoil (netto) derzeit   = 340 EUR/mT bzw. 0,45 EUR/l

Gesicherter Fixpreis (netto) = 368 EUR/mT bzw. 0,49 EUR/l

Bei einem solchen Kontrakt wird anhand feststehender Verhältnisse die Dieselmenge in Liter in Gasöl umgerechnet. Gasöl wird in EURO je metrischer Tonne gehandelt. Mittels Umrechnungsfaktor 1.183 kann der Dieselverbrauch in diese Handelsgröße umgerechnet werden:

4.000.000l/1.183= gerundet 3.381 Tonnen im Jahr, das entspricht im Quartal 845,3 Tonnen.

Im obigen Beispiel wurden vierteljährlich aufgerundet 900 Tonnen berücksichtigt.

Es gibt zwei Vertragsverhältnisse:

▪ Das Verhältnis zwischen Stadtwerken als Abnehmer und dem Mineralölhandel als Lieferant: Hier wird wie bisher immer dann eingekauft, wenn Material benötigt wird. Und dies erfolgt variabel, also zum jeweiligen, den Schwankungen unterworfenen Marktpreis.

■ Die von der Sparkasse an die Landesbank vermittelte Swapvereinbarung: Eine physische Lieferung findet nicht statt. Es werden lediglich variable Marktpreise getauscht in einen bei Abschluss fixierten, in unserem Beispiel für ein Jahr gültigem Festbezugspreis für den monatlichen Bedarf von gerundet 300.000 Liter Diesel.

Ausgleichszahlungen:

Es wird die durchschnittliche Notierung aller Börsentage des Quartals ermittelt und zum jeweils amtlichen Devisenkurs von USD in EUR umgerechnet. Liegt dieser Durchschnittswert zum Beispiel bei 405 EUR/mT, zahlt die Landesbank an die Stadtwerke die Differenz zwischen Durchschnittswert und Swapbetrag aus. Dies bedeutet 37 EUR/mt x 900 mt= 33.300 EUR. Gerechnet auf abgesichert eine Million Liter Diesel macht das also einen Erstattungsbetrag von 0,30 EUR je Liter aus. Somit werden die den Stadtwerken im zurückliegenden Quartal entstandenen Preisanstiege wieder kompensiert. Der vereinbarte Swappreis ist eine bekannte Größe, sodass die kompletten Bezugskosten an Diesel für das kommende Jahr bereits zu Beginn des Jahres bekannt sind. Somit ist die Situation geschaffen worden, die der Geschäftsführer gefordert hat: Die klare Kalkulation für die Bustickets einerseits und die Gewissheit, künftige Unterdeckungen nicht anderweitig gegenfinanzieren zu müssen.

Derartige Swap-Absicherungen funktionieren bei einer Vielzahl verschiedener Produkte, Underlyings genannt.

Abbildung 4:   Energie- und Rohstoffhandel der BayernLB

Auszugsweise Mindestkontraktgrößen für ein Rohstoffgeschäft

Absicherung von Rohstoffpreisen
Mindestmengen bei Ölprodukten und Gas

- Eine Absicherung der Rohstoffpreise bei **Ölprodukten und Gas** ist für das Unternehmen ab folgenden Mengen sinnvoll (kleinere Mengen auf Anfrage möglich):

Ölprodukte	Mindestmenge pro Monat	Mindestvolumen pro Monat in EUR
Brent	500 bbl[1]	15.000,-- €
GasOil	50 t	16.000,-- €
FuelOil	50 t	7.000,-- €
Kerosin	50 t	16.500,-- €
Diesel	50.000 l	13.500,-- €
Heizöl leicht / Rheinschiene	500 hl[2]	15.500,-- €
Heizöl schwer Deutschland	50 t	8.000,-- €
Gas	Mindestmenge pro Monat	Mindestvolumen pro Monat in EUR
	1.000.000 kWh[3,4]	auf Anfrage

1) bbl = Barrel (1 bbl ~ 159 Liter)
2) hl = Hektoliter
3) kwh = Kilowattstunde
4) in Abhängigkeit der Gasformel

Abbildung 5: Absicherung von Rohstoffpreisen – Mindestmengen bei Ölprodukten und Gas

Absicherung von Rohstoffpreisen
Mindestmengen bei Buntmetallen

- Eine Absicherung der Rohstoffpreise bei **Buntmetallen** ist für das Unternehmen ab folgenden Mengen sinnvoll:

Buntmetalle	Mindestmenge pro Monat	Mindestvolumen pro Monat in EUR
Aluminium	25 t[1]	279.500,-- €
Blei	25 t	18.000,-- €
Kupfer	25 t	55.000,-- €
Nickel	6 t	55.500,-- €
Zink	25 t	22.500,-- €
Zinn	5 t	39.500,-- €
Stahl	65 t	18.000,-- €

1) t = Tonne

Abbildung 6: Absicherung von Rohstoffpreisen – Mindestmengen bei Buntmetallen

5.   Durchführung eines Neue-Produkte-Prozesses (NPP) gemäß MaRisk

Auszugsweise wird das Rundschreiben 18/2005 der BaFin zu MaRisk zitiert, um Beweggründe und vorgeschriebene Aussagekraft zu dokumentieren:

»Die Verwendung einer Produkteinführungsstruktur, die Berücksichtigung der Individuellen Anforderungen des Produktes und Ihres Institutes im Rahmen eines detaillierten NPP-Prozesses kann zu einer Minimierung von operationellen Risiken (zum Beispiel in Abwicklung und Risikocontrolling) führen.

AT 8 Aktivitäten in neuen Produkten oder auf neuen Märkten

1. Für die Aufnahme von Geschäftsaktivitäten in neuen Produkten oder auf neuen Märkten (einschließlich neuer Vertriebswege) ist vorab ein Konzept auszuarbeiten. Grundlage des Konzeptes muss das Ergebnis der Analyse des Risikogehalts dieser neuen Geschäftsaktivitäten sein. In dem Konzept sind die sich daraus ergebenden wesentlichen Konsequenzen für das Management der Risiken darzustellen.

2. Bei Handelsgeschäften ist vor dem laufenden Handel in neuen Produkten oder auf neuen Märkten grundsätzlich eine Testphase durchzuführen. Während der Testphase dürfen Handelsgeschäfte nur in überschaubarem Umfang durchgeführt werden. . .

3. Sowohl in die Erstellung des Konzeptes als auch in die Testphase sind die später in die Arbeitsabläufe eingebundenen Organisationseinheiten einzuschalten; im Rahmen ihrer Aufgaben ist auch die Interne Revision zu beteiligen.

4. Das Konzept und die Aufnahme der laufenden Geschäftstätigkeit sind von den zuständigen Geschäftsleitern ... zu genehmigen ...

5. Soweit nach Einschätzung der in die Arbeitsabläufe eingebundenen Organisationseinheiten Aktivitäten in einem neuen Produkt oder auf einem neuen Markt sachgerecht gehandhabt werden können, ist die Anwendung des AT 8 nicht erforderlich.«

Es handelt sich bei den Rohstoffgeschäften um die Vermittlung von Geschäften an Dritte (Landesbanken). Eine Ausnutzung der Ziffer 5., also die Nichtanwendung NPP, wäre damit durchaus gerechtfertigt. Dennoch hat sich unser Haus in Abstimmung mit der Verbandsprüfung auf eine Durchführung des NPP geeinigt.

6.   Bilanzierungsansatz von Zins- bzw. Rohstoffswaps nach HGB und IFRS

Eine nicht unwichtige Frage ist die der Abbildung von getätigten Rohstoffswaps im Jahresabschluss. Im Folgenden wird unterstellt, dass es sich beim Abschluss eines Swaps nicht um die Öffnung, sondern um die gezielte Schließung eines Risikos geht (Hedging). Sofern wie in unserem Hause ein Botengeschäft zugrunde liegt, buchen wir das gegenüber der Landesbank zu übernehmende Aval beim Kunden ein. Diese Eventualverbindlichkeit ist kundenseitig wie jedes andere Aval auch zu bilanzieren. Zusätzlich sind ggf. Kommentare im Anhang (HGB) bzw. in den Notes (IFRS) anzubringen. Die Kernfrage der Bilanzierung ist jedoch die Behandlung der Swaps und deren jeweiligen Marktwerte zum Bilanzstichtag. Dies soll in groben Zügen nachfolgend aufgezeigt werden:

Quellen der Regeln zum Bilanzierungsansatz für Finanzderivate

Hier: HGB
§ 285 Abs. 18+19, den Anhang betreffend

§ 285 Abs. 1a ist zu beachten. Dieser betrifft Angabepflichten für Darlehen > 5 Jahre Restlaufzeit. Bei Zinsswaps ist trotz variabler Basisverzinsung die »echte« Laufzeit zu beachten.

§ 246 Abs. 1 Vollständigkeitsprinzip. Aktivierungspflicht besteht hiernach aber nur dann, wenn die Kriterien eines Vermögensgegenstandes erfüllt sind.

§ 252 Abs. 1 Nr. 3 HGB Einzelbewertungsvorschrift. GoB (Grundsätze ordnungsgemäßer Buchführung). Es ist dann eine sogenannte Bewertungseinheit zwischen einem Derivat und einer Basisposition zu bilden, wenn:

- ein einheitlicher Zusammenhang zwischen Grund- und Sicherungsgeschäft besteht,

- die Sicherungsabsicht (bilanziell) dokumentiert ist und

- diese Sicherungsabsicht auch über den Bilanzstichtag hinausgeht.

Sind alle drei Voraussetzungen erfüllt, ist der sogenannte Micro-Hedge zwingend zu bilanzieren. Durch willentliche Nichtdokumentation in der Bilanz ist eine Bewertungseinheit nicht mehr gegeben, da eine der drei Voraussetzung fehlt. Quasi besteht damit ein freies Bewertungswahlrecht.

Zinsswaps:
Ein Zinsswap, der in Laufzeit und (!) Nominalbetrag identisch mit einem Grundgeschäft ist, verändert die originäre kreditvertraglich geregelte Verzinsung, somit entsteht eine synthetische Verzinsung. Eine solche Verzinsung gebietet sich nach den GoB so anzusetzen wie eine

originäre Zinsvereinbarung. Nach den GoB verbietet es sich in dem Moment, Marktwertveränderungen des Zinsswaps als Vermögenswert oder (Drohverlust)Rückstellung anzusetzen. Dies würde schließlich bei einem konventionell festgeschriebenen Darlehen auch nicht gemacht, wenn sich das Zinsniveau gegenüber dem Abschlussdatum verändert hat. Aufgrund des Maßgeblichkeitsprinzip der HGB-Bewertungseinheit nach § 5 Abs. 1a gelten die hier gefundenen Bewertungseinheiten auch für die Steuerbilanz.

Rohstoffswaps:

Ein Rohstoffswap ist als sogenannter schwebender Vertrag zu bewerten, der somit keine eigene Bilanzposition rechtfertigt. Erst durch Bildung einer Bewertungseinheit ist dies letztlich möglich. Es gilt die Dokumentationspflicht wie zuvor beim Zinsswap erwähnt. Zahlungen aus dem Swap sind je nachdem als Aufwand oder aber als Ertrag zu verbuchen. Im obigen Beispiel mit der Dieselpreissicherung wäre dies dann der Materialaufwand. Eine Anerkennung als Closing des abzusichernden Grundgeschäftes setzt eine hohe, im Idealfall 100-prozentige Korrelation der Basiswertes (z. B. Diesel) und dem Underlying (z. B. Gasöl) voraus. Eine Aussage hierüber ist unbedingt zu erfragen und bei der Dokumentation im Jahresabschluss vorzunehmen.

Hier: IFRS

Die IAS 39 enthalten die wesentlichen Bestimmungen. IAS 32 konkretisieren die in IAS 39 gemachten Definitionen. Es sind insbesondere Bewertungsmaßstäbe für die Ermittlung der Marktwerte der Derivate zu bezeichnen sowie deren Aufbau. Nur so kann abgeleitet werden, wie deckungsgleich das Grundgeschäft mit dem/den Derivat(en) ist und dass somit ein reeller Micro-Hedge existiert.

Rohstoffswaps:

Bei Vorliegen einer Bewertungseinheit findet eine erfolgsneutrale Bewertung des Grundgeschäftes und des Rohstoffswaps zum Fair Value statt. Eine Gegenbuchung erfolgt im Eigenkapital als Hedging-Reserve. Diese wird erst erfolgswirksam, wenn sie ausgebucht wird. Die Ausgleichzahlung wird erfolgsneutral verbucht durch Gegenbuchung als sonstiger Vermögensgegenstand (Swap) bzw. als sonstige Verbindlichkeiten (Swap).

Zinsswaps:

Variante Fail Value Hedge: Der Zinsswap wird mit dem Fair Value bewertet. Die Gegenbuchung erfolgt zum Bilanzstichtag im Hedge-Ergebnis. Erfolgswirksame Ausbuchung analog der Darstellung beim Rohstoffswap.

Dieser Abriss stellt nur auszugsweise die derzeitigen bilanziellen Eckpunkte dar. Wir empfehlen grundsätzlich jedem Kunden, mit seinem Steuerberater oder Wirtschaftsprüfer über die individuelle Absicherungsform und deren bilanziell-steuerliche Auswirkung zu sprechen.

7.   Fazit

Sparkassen sind kompetent in tatsächlich allen Facetten des Bankgeschäftes. Alle unserer Mitgliedssparkassen haben den Vorteil der genauen Kenntnis des regionalen Marktes und die Vorort-Kompetenz. Das gilt auch und insbesondere für die Begleitung der weltweiten Aktivitäten von Mittelständlern. Neben dem Zins- und Währungsmanagement gewinnt für mittelständische Unternehmen die Preisabsicherung von Rohstoffen eine zunehmende Bedeutung.

Gerade der Mittelstand ist Kunde der Sparkassen und kann im bundesweiten Vergleich die niedrigen Mindesteinstiegsmengen bei Rohstoffswaps als Zugang zur Preissicherung nutzen.

Management von Währungsrisiken bei Rohstoffpreisrisiken

Anja Baselt / Stefan Welter

1. Einführung

Die weltweiten Rohstoffmärkte sind ein US-Dollar-dominierter Markt. Abgesehen von einigen EURO-Energiefutures sowie Rohstoffbörsen in Asien, die ihre Kontrakte in Lokalwährung handeln, sind die marktbestimmenden Futures an der London Metal Exchange oder der New York Mercantile Exchange in US-Dollar quotiert.

Für sämtliche rohstoffabhängigen Unternehmen, welche nicht den US-Dollar als Heimat- oder Bilanzwährung benutzen, ergibt sich grundsätzlich eine Abhängigkeit gegenüber Wechselkursschwankungen. Unternehmen, die beispielsweise im EURO-Raum beheimatet sind, stellen somit zur Berechnung ihrer Rohstoffeinkaufspreise immer eine Mischkalkulation an. Denn neben der Wertentwicklung des jeweiligen Rohstoffs hängt der Gesamteinkaufspreis in entscheidendem Maße auch von der Wechselkursentwicklung ab. Um somit eine Einschätzung des Gesamtrisikos des Rohstoffeinkaufs überhaupt tätigen zu können, ist neben der alleinigen Analyse von Wechselkurs und Rohstoffpreis auch die Betrachtung der Abhängigkeit der beiden Marktpreise voneinander wichtig.

Darüber hinaus sind Wechselkursbewegungen im Hinblick auf Rohstoffpreise auch indirekt für Unternehmen relevant, deren Kunden oder Lieferanten in einem anderen Währungsraum agieren und somit durch Währungskurse beeinflusste Kalkulationen anstellen. In diesem Fall werden selbst US-Dollar-orientierte Konzerne nicht umhinkommen, die Situation ihrer Geschäftspartner mitzuanalysieren.

1.1   Einschätzung von Wechselkursrisiken

Nachdem aufgrund diverser ökonomischer und politischer Spannungen seit 1973 das System der festen Wechselkurse (auch als »Bretton-Woods« bekannt) für die weltweit wichtigsten Währungspaare gegenüber dem US-Dollar abgeschafft worden ist, sind die Analyse und das erfolgreiche Management von Wechselkursrisiken zu einer wichtigen Stellschraube in Treasury-Abteilungen geworden. Weiter verschärft hat sich dieses Thema vor dem Hintergrund der weltweiten Finanzkrise, da die Volatilität vieler vormals sehr gleichmäßig handelnder Währungen sprunghaft angestiegen ist.

Bei der Betrachtung der teilweise dramatischen Wertveränderungen (beispielsweise US-Dollar, Britisches Pfund, Abwertung der osteuropäischen Währungen) lässt sich schnell erschließen, dass diese kaum von realen Warenströmen ausgelöst worden sind. Vielmehr ist der internationale Devisenmarkt, der im Übrigen als reiner computergesteuerter Interbankenmarkt ohne festen Börsenplatz funktioniert, fundamental von Spekulationen getrieben. Etwa 95 Prozent aller Umsätze auf dem Devisenmarkt geschehen auf Basis spekulationsgetriebener Transaktionen. Hier geht es vorwiegend um Kapitalmarkttransaktionen wie zum Beispiel sogenannte Carry-Trades (Spekulanten, die sich in einer Niedrigzinswährung verschulden und anschließend eine Kapitalanlage in einer Hochzinswährung tätigen) und Hedge-Fonds, welche Positionen im Hinblick auf sinkende oder steigende Wechselkurse eingehen. Die Positionen können dabei über Monate bestehen oder auch in Sekundenschnelle wieder aufgelöst werden. Auf der Suche nach den Determinanten von Wechselkursbewegungen wird man zumindest teilweise doch wieder in der klassischen Ökonomie fündig. Volkswirtschaftliche Rahmendaten wie Zinsniveau, Wohlfahrt und wirtschaftliche Situation, Inflation, aber auch das politische Umfeld eines Wirtschaftsraumes bestimmen die Entwicklung einer jeweiligen Währung. Wie in jedem spekulationsgetriebenen Markt lassen sich Wechselkursbewegungen zusätzlich auch noch anhand der technischen Analyse oder auch nach bestimmten psychologischen Verhaltensmustern in der Behavioral Finance nachvollziehen.

Auch wenn die wichtigsten Währungspaare mittlerweile »free floaten«, also keinen festen Kursbändern oder -marken unterworfen sind, bleibt Zentralbanken die Möglichkeit, durch eigene Transaktionen am Währungsmarkt Kurse in eine bestimmte Richtung zu leiten. Zu beobachten war dies insbesondere Anfang 2000, als der EUR gegenüber dem US-Dollar gestützt wurde.

1.2   Analyse und Ausmaß von Wechselkursrisiken

Bei der Betrachtung der Wertveränderungen bzw. der Schwankungsbreite in den globalen Rohstoffmärkten hat sich bereits gezeigt, welche Bedeutung das Rohstoffpreisrisiko für den Unternehmenserfolg hat. Gleichwohl hat in den letzten Jahrzehnten die Analyse und das Management von Zins- bzw. Währungsrisiken deutlich mehr Aufmerksamkeit erfahren. In einer global denkenden Wirtschaft und insbesondere in Zeiten großer Unsicherheit scheint es aber allemal eine Berechtigung für die ausführliche Beschäftigung mit allen relevanten (Marktpreis)-Risiken zu geben.

Dabei erfährt auch das Management von Währungsrisiken eine weiter steigende Bedeutung. Natürlich haben sich mit der Schaffung eines einheitlichen Wirtschaftsraumes in Europa viele Währungstransaktionen erübrigt. Gleichzeitig hat die Öffnung der osteuropäischen und asiatischen Märkte dazu geführt, dass neue Währungspaare das Tagesgeschäft in Treasury-Abteilungen mitbestimmen.

Als Maßstab für die Bewertung der Größe eines Risikos ist sicherlich die Betrachtung der Volatilität, also der normalen Schwankungsbreite, eine gute Grundlage. Denn insbesondere wenn Marktpreise hohe Volatilitäten aufweisen, ist ihre weitere Entwicklung nicht abzusehen und birgt somit hohe Risiken. Der Verlauf der impliziten Volatilität des EUR-USD-Wechselkurses und des Wechselkurses selbst soll einen ersten Einblick in die Schwankungsbreiten bieten.

Dabei zeigt Abbildung 1 insbesondere, dass nach einigen vergleichsweise ruhigeren Jahren im Devisenmarkt im Umfeld der Finanzkrise extreme Wertveränderungen zu beobachten sind, welche sich in der ebenfalls sprunghaft angezogenen gehandelten Volatilität widerspiegeln. Sicherlich unterstreicht Abbildung 2, dass im Vergleich der Volatilitäten mit anderen Assetklassen Währungen immer noch eine etwas schwächere Schwankungsbreite ausweisen als Rohstoffe oder Aktien.

Doch das absolute Niveau der Schwankungsbreite befindet sich mittlerweile auf Rekordniveau und rechtfertigt damit eine Beschäftigung mit Währungsrisiken noch stärker, als es ohnehin schon in ruhigeren Marktfenstern der Fall ist.

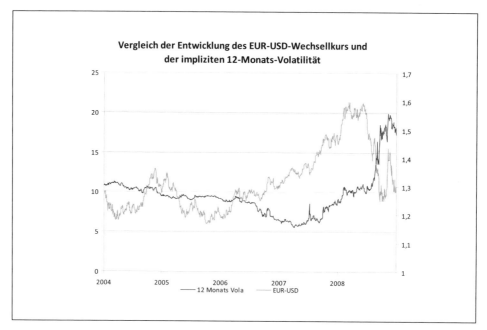

Abbildung 1:   Vergleich Wechselkurs vs. Volatilität

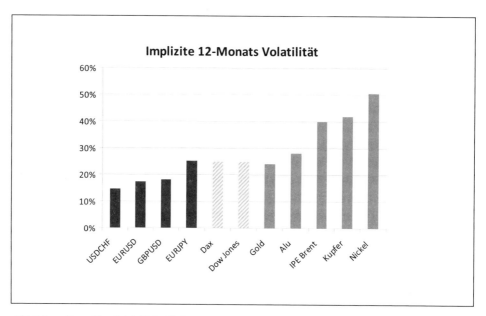

Abbildung 2:   Vergleich Volatilitäten

1.3 Auftreten und Arten von Währungsrisiken

Wie bereits angesprochen, sind mittlerweile die meisten Unternehmen Währungsrisiken ausgesetzt und damit in ihrem Erfolg von der Entwicklung der weltweiten Währungsmärkte abhängig.

Ganz elementar lassen sich Währungsrisiken in sogenannte Transaktions- und Translationsrisiken unterscheiden. Dabei werden **Transaktionsrisiken** als solche Währungsrisiken klassifiziert, die im Rahmen der Abwicklung von Geschäften eines Unternehmens auftreten. Ein klassisches Beispiel wäre hier ein Unternehmen, welches im EUR-Raum ansässig ist und Komponenten aus den USA einkauft. Dabei wird der EUR-USD-Wechselkurs den endgültigen Preis der Komponente entscheidend mitbestimmen und damit auch die Marge, die beim Weiterverkauf der Komponente entsteht, determinieren. In diesem Fall wäre die Chance des Importeurs, wenn der EUR-USD-Wechselkurs ansteigt und somit der EUR-Gesamtpreis der Maschine sinkt. Das Risiko liegt aber in einer EURO-Abwertung bzw. einer USD-Aufwertung, da durch einen schwächeren EUR-USD-Wechselkurs die Anschaffung insgesamt teurer wird. Ähnlich geht es aber auch einer Unternehmung, die in die USA exportiert. Da ihr Abnehmer die verkaufte Ware in US-Dollar bezahlt (meist mit einem Zahlungsziel versehen), liegt auch hier in der weiteren Entwicklung des EUR-USD-Wechselkurses eine Chance bzw. ein Risiko vor. Insgesamt sind Transaktionsrisiken auch als Cashflow-Risiken bekannt, da sie den Wert von zukünftigen geplanten Fremdwährungs-Cashflows bestimmen.

Um an das oben vorangestellte Beispiel anzuknüpfen, sei noch erwähnt, dass Währungsrisiken grundlegend in direkte und indirekte Risiken einzuordnen sind. Direkte Risiken sind dabei Währungsrisiken, bei denen eine Wechselkursveränderung direkt sichtbar wird und sich als Verlust oder Ertrag bemerkbar macht. Beim Kauf der oben genannten Komponente in US-Dollar ist die kaufende Unternehmung einem direkten Währungsrisiko ausgesetzt, da jede Wechselkursänderung sich unmittelbar in einer betriebswirtschaftlichen Größe messen lässt.

Indirekte Risiken sind dagegen nicht direkt messbar, sondern spiegeln sich vielmehr in der allgemeinen wirtschaftlichen Situation eines Unternehmens wider. Beispielhaft sei hier ein Unternehmen genannt, welches Maschinen in die USA exportiert und zur Vermeidung eigener Währungstransaktion auch seinen US-amerikanischen Kunden hierfür EURO-Preise stellt. Vordergründig unterliegt diese Unternehmung somit keinem Währungsrisiko, da sie lediglich EUR-Cashflows abwickelt. Ganz anders sieht es aber mit dem amerikanischen Kunden aus. Dieser wird die Maschine bestellen können, so lange der EUR-USD-Wechselkurs konstant bleibt oder aber sinkt. Bei einem steigenden EUR allerdings wird die Bestellung deutlich teurer, da der Kunde in den USA eine Gesamtkalkulation in USD anstellen muss. Folglich ist ein steigender Wechselkurs in diesem Fall ein indirektes Risiko für den Exporteur, da damit seine Ware im Ausland teurer wird und aufgrund von Wettbewerbs- oder Kostendruck seine Aufträge zurückgehen können.

Insgesamt ist das direkte Transaktionsrisiko das Risiko, welches einfacher definiert werden kann, da es auf Basis realer Cashflows messbar ist. Auch aufgrund der zahlreichen unterschiedlichen Absicherungsmöglichkeiten sind es deswegen die direkten Risiken, die Unternehmen primär aktiv managen. Grundsätzlich empfiehlt sich aber auch eine Betrachtung der indirekten Risiken – zumindest aus strategischer Sicht – damit dem langfristigen Verlust von Markt- oder Wettbewerbsvorteilen entsprechend vorgebeugt werden kann.

Translationsrisiken – auch Bilanzrisiken genannt – sind Risiken, die bei der Konsolidierung von Vermögensgegenständen oder Verbindlichkeiten aus einer Fremdwährung in die Heimatwährung am Bilanzstichtag entstehen. Ein Beispiel hierfür wäre die englische Tochter, die im britischen Pfund operiert, und deren Vermögen und Schulden am Bilanzstichtag zu dem dann gültigen EUR-GBP-Wechselkurs in die Bilanz der deutschen Mutter übertragen werden müssen. Änderungen im EUR-GBP-Wechselkurs werden somit immer Auswirkungen auf die Abschlussbilanz der Mutter haben. Die Bewertung von Translationsrisiken ist sicherlich komplexer als die Betrachtung der Transaktionsrisiken. Ihre Auswirkungen sind insbesondere von den Bilanzierungsvorschriften einer Unternehmung abhängig, in denen mögliche Abschreibungspflichten bzw. Zuschreibungsrechte geregelt sind. Ein gewichtiges Argument gegen das Management von Translationsrisiken ist jedoch die minimale Auswirkung auf Bilanzkennzahlen. Denn wenn wie im oben genannten Beispiel die Bilanz der englischen Tochter zur deutschen Mutter konsolidiert wird, dann ergeben sich aus Wechselkursschwankungen zwar Veränderungen in den absoluten Größen, die Bilanzkennzahlen (Verhältniskennzahlen) bleiben aber unverändert. Ähnlich ist es auch bei der Konsolidierung der Gewinn- und Verlustrechnung der englischen Gesellschaft. Da sowohl Gewinne- als auch Verluste entsprechend zum Jahresdurchschnittskurs in die Mutterbilanz übertragen werden, ändert sich zwar die absolute Größe der GuV, die Kennzahlen bleiben aber auch hier unverändert. Das Management von Translationsrisiken muss in diesem Fall genau nach den jeweiligen Bilanzzielen einer Unternehmung abgewogen werden.

Viel stärker ins Gewicht fallen daher Translationsrisiken, die sich nicht auf ein gesamtes Unternehmen beziehen, sondern vielmehr auf einzelne Bilanzpositionen. So besteht zum Beispiel die Verpflichtung für eine deutsche Unternehmung zu den Bilanzstichtagen ein Rohstofflager zu konsolidieren. Da dies auch auf Stichtagsbasis geschieht, kann sich im Rahmen der oben vorgestellten Volatilität ein enormer Abschreibungsbedarf bilden, der dann die Gewinn- und Verlustrechnung entsprechend treffen würde. Es sind deswegen momentan insbesondere diese Translationsrisiken, die von Unternehmen genauestens beobachtet werden müssen, da sie erheblichen Einfluss auf den Gesamterfolg des Unternehmens besitzen.

1.4 Analyse des Zusammenspiels zwischen Wechselkurs und Rohstoffpreisrisiken

Insgesamt stellt Risikomanagement jeden Treasurer grundsätzlich vor die Herausforderung, Risiken zu identifizieren und dann den Umgang mit ihnen festzulegen. Um dies effektiv tun zu können, ist es aber nicht nur wichtig, die einzelnen Risiken abzuschätzen; es müssen vielmehr auch die Beziehungen der einzelnen Risiken untereinander analysiert werden, um so eine Gesamtrisikoposition zu ermitteln. Eine Analyse dieser Zusammenhänge ist insbesondere beim Devisenmanagament im Rohstoffeinkauf unabdingbar. Denn bei der Betrachtung der Wertentwicklung des Rohstoffs zusammen mit dem jeweiligen Wechselkurs können sich die Risiken, die aus dem Rohstoffeinkauf entstehen, entweder verringern oder aber sogar deutlich erhöhen. Anhand der folgenden Beispiele soll dieser Zusammenhang verdeutlicht werden.

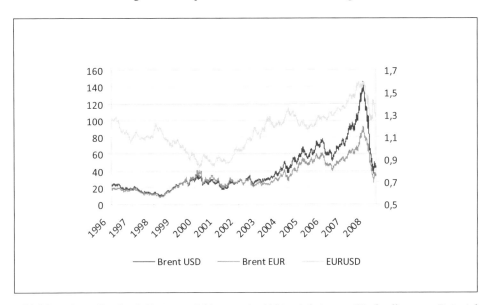

Abbildung 3:   Vergleich Preisentwicklungen in Abhängigkeit vom Wechselkurs am Beispiel Brent

Abbildung 3 zeigt den Verlauf des Preises der Nordseeölmarke Brent in EUR und USD und zusätzlich den EUR-USD-Wechselkurs. Der EUR-USD-Wechselkurs und der USD-Preis weisen über den Zeitverlauf eine positive Korrelation von knapp 0,77 auf. Für eine im Euro-Raum beheimatete Unternehmung ist dieser Gleichlauf positiv, was sich auch in der Grafik zeigt. Denn ein steigender Brentpreis in USD geht oftmals mit einem steigenden EUR-USD-Wechselkurs einher und vice versa. Damit ergibt sich für das importierende Unternehmen aus dem Euro-Raum insofern ein Vorteil, als dass ein steigender Rohölpreis zumindest teilweise von einem stärkeren EUR gelindert wird. Umgekehrt bedeutet dies aber auch, dass ein sinkender USD-Rohstoffpreis sich für einen Importeur lediglich unterproportional bemerkbar macht.

Eine ähnliche Analyse lässt sich auch auf Industriemetalle übertragen. Die Korrelation zwischen Nickel und dem EUR-USD-Wechselkurs ist mit 0,66 zwar geringer, doch immer noch positiv und somit zeigt auch hier der Chartverlauf, dass die extremen Wertveränderungen im USD-Nickelpreis von der Entwicklung des EUR-USD-Wechselkurses abgeschwächt werden.

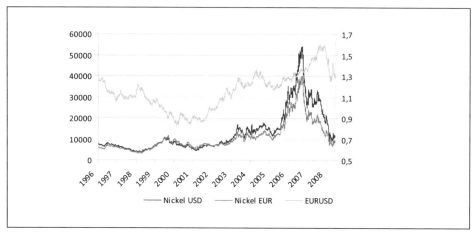

Abbildung 4:   Vergleich der Nickel-Preisentwicklung in Abhängigkeit vom Wechselkurs

1.5   Zusammenfassung und Ausblick

Das aktuelle Umfeld an den Finanzmärkten zeigt vor allem eine große Unsicherheit. Die Prognosen führender Kreditinstitute weisen eine enorme Bandbeite für die nächsten zwölf Monate auf und dies sowohl für die Rohstoffpreisentwicklung als auch auch für die weitere Entwicklung der Devisenkurse. Ungeachtet dessen bleibt die Volatilität auf hohem Niveau, sodass die Kalkulation für Unternehmen im Endergebnis eine Einfache ist. Die Marge eines Grundgeschäftes darf durch Volatilitäten von mehr als 20 Prozent im Devisenbereich nicht gefährdet sein. Hier sollte eine Risikotragfähigkeitsanalyse gemacht werden, die dann die weiteren Schritte vorgibt. Eine Betrachtung im Zusammenspiel mit den anderen Risiken kann dazu führen, dass es eine Entscheidung hin zu einer Absicherung von Risiken geben kann. Die hierfür möglichen Absicherungsinstrumente und -möglichkeiten werden im Folgenden beschrieben.

2.   Grundsätzlicher Umgang mit Währungsrisiken

Der Umgang mit Währungsrisiken ist von der Höhe des Risikos sowie der Risikobereitschaft und der Risikotragfähigkeit des Unternehmens abhängig. Dabei hat das Unternehmen grundsätzlich zwei Möglichkeiten: Nichtbehandlung des Risikos und Absicherung des Risikos.

Konsequenzen der Nichtbehandlung des Risikos sind fehlende Planungssicherheit sowie ein unbegrenztes Verlustrisiko. Dagegen steht die Gewinnchance aus dem positiven Einfluss von Wechselkursschwankungen auf die offene Position.

Sichert das Unternehmen das Währungsrisiko ab, schafft es sich Planungssicherheit und schränkt das Verlustrisiko ein. Dagegen wird je nach Auswahl des Instruments die Gewinnchance aus dem positiven Einfluss von Wechselkursschwankungen reduziert. Weiterhin bringt die Sicherung von Währungsrisiken Abwicklungs- und Überwachungsaufwand für das Unternehmen mit sich.

Bei den im Folgenden beschriebenen Strategien wird davon ausgegangen, dass eine Analyse der Gesamtwährungsrisiken im Unternehmen stattgefunden hat. Die Lösungen setzen voraus, dass das verbleibende Währungsrisiko allein aus der Rohstoffposition resultiert. Somit wird eine Verrechnung mit bestehenden Fremdwährungspositionen nicht als Lösungsmöglichkeit in Betracht gezogen.

3.   Umgang mit indirekten Währungsrisiken

Eine Möglichkeit zur Absicherung des indirekten Währungsrisikos ist die Wandlung in ein direktes Währungsrisiko. Dies ist jedoch nur dann praktikabel, wenn es sich um ein Cash-flow-Risiko handelt. Dann würde beispielsweise der Lieferant die Faktura in die Währung der Rohstoffnotierung ändern. Damit hätte das Unternehmen die Möglichkeit, das Währungsrisiko aktiv zu steuern. Wollte man auf gleichem Wege das indirekte Währungs-risiko aus Bestandspositionen eliminieren, müsste das Unternehmen die Bilanzwährung ändern. Dies kommt in der Praxis eher selten vor. Grundsätzlich sollten solche Änderungen immer langfristig ausgerichtet sein, da sie mit hohem organisatorischem Aufwand verbunden sind und nicht nur Auswirkungen auf das Unternehmen selbst haben. Vor diesem Hintergrund empfiehlt es sich, Änderungen dieser Art auf die Gesamtposition des Unternehmens einzuführen.

Alternativ können indirekte Währungsrisiken auch über derivative Instrumente gesichert werden. Diese Vorgehensweise ist sowohl für Transaktions- als auch für Translationsrisiken geeignet. Dabei ist das in der Praxis gebräuchlichste Instrument die Option, da die Höhe und der zeitliche Anfall des Währungsrisikos schwer definierbar sind. In Tabelle 1 werden die möglichen Optionsarten gegenübergestellt.

Art	Definition	Einsatz bei
Kauf Plain Vanilla Option	Eine Option gibt dem Käufer das Recht, aber nicht die Verpflichtung, eine bestimmte Währung zu einem vorher bestimmten Basispreis zu kaufen/ verkaufen. Hierfür zahlt der Käufer eine Prämie.	Transaktionsrisiken Translationsrisiken
Kauf Asian Option	Eine Asian Option gibt dem Käufer das Recht, aber nicht die Verpflichtung, eine Ausgleichszahlung auf ein bestimmtes Nominalvolumen zu erhalten, wenn sich der Wechselkurs im Durchschnitt gegenüber dem vorher bestimmten Basispreis verteuert hat. Hierfür zahlt der Käufer eine Prämie.	Transaktionsrisiken Bei Translationsrisiken unpraktikabel, da diese auf den Bilanzstichtag bezogen sind.

Tabelle 1:   *Gegenüberstellung Optionsarten*

Vorteil der Option ist die höchstmögliche Flexibilität bei 100-prozentiger Sicherheit. Preis dieses Vorteils ist die Verpflichtung zur Zahlung einer Optionsprämie. Wesentliche Einflussfaktoren auf die Prämie sind Laufzeit der Option, die Höhe des Sicherungsvolumens, der Basispreis sowie die Volatilität des Währungspaares. In die Entscheidung über den Umfang der Sicherung mittels Optionen können neben den Grundlagen des Währungsrisikomanagements (Risikotragfähigkeit und -bereitschaft des Unternehmens) auch die Wechselkurserwartung einfließen. Optionen werden aus Kostengründen eher kurzfristig eingesetzt.

4.   Umgang mit direkten Währungsrisiken

4.1   Änderung der Faktura

Die Änderung der Faktura ist die wahrscheinlich am häufigsten verbreitetste Vorgehensweise zur Reduzierung von Währungsrisiken im Zusammenhang mit Rohstoff-Ein- und -Verkäufen.

Beispiel 1: Das Währungsrisiko resultiert aus dem Einkauf eines Rohstoffs, der in USD notiert wird. Wenn dann der Rohstoffeinkauf die einzige Fremdwährungskomponente darstellt, hat das Unternehmen ein Währungsrisiko. In diesem Fall würde der Lieferant die Faktura in die Währung der Rohstoffnotiz, in diesem Beispiel USD, ändern. Damit wäre das Währungsrisiko eliminiert.

Beispiel 2: Das Währungsrisiko resultiert aus dem Rohstoffverkauf. Der Rohstoff wird in USD eingekauft. Nach Verarbeitung werden die fertigen Produkte jedoch in EUR verkauft. In diesem Fall wird die Faktura gegenüber den Abnehmern auf USD geändert, um das Währungsrisiko zu eliminieren. Dabei ist jedoch zu berücksichtigen, dass der Rohstoff nur einen Teil des Gesamtkostenblocks darstellt. Demnach kann diese Vorgehensweise zur Schaffung neuer Währungsrisiken führen.

Beide Lösungsmöglichkeiten sollten langfristig ausgerichtet sein, da mehrere Parteien (Unternehmen selbst, Lieferanten, Abnehmer) in diesen Prozess einbezogen sind und die Umstellung einen hohen organisatorischen Aufwand erfordert. Ebenso ist die Umstellung für die gesamte Rohstoffposition sinnvoll, da Teillösungen den administrativen Aufwand nur erhöhen würden. Neben den administrativen Kosten können auch Kosten wie Preiszugeständnisse etc. entstehen. Daher werden Wechselkurserwartungen für diese Maßnahme kein Kriterium für die Handlungsentscheidung darstellen.

4.2   Verlagerung des (Produktions-) Standortes

Diese Möglichkeit wird eher selten im Zusammenhang mit Währungsrisiken genutzt. Es ist aber eine denkbare Lösung sowohl für Translations- als auch Transaktionsrisiken.

Beispiel 1: Das Unternehmen verlagert seinen Firmensitz und bilanziert zukünftig in USD. Wenn nicht Lieferanten und Abnehmer ebenfalls im USD-Raum agieren, wird die Schaffung neuer Währungsrisiken die Folge dieser Maßnahme sein. Weiterhin handelt es sich um eine sehr kostenintensive Strategie, sodass eine langfristige Ausrichtung erforderlich ist. Wechselkurserwartungen können hier kein Motiv sein.

Beispiel 2: Das Unternehmen verlagert seinen Produktionsstandort und kauft oder verkauft zukünftig in USD. Durch diese Vorgehensweise kann das Währungsrisiko reduziert werden. Jedoch verändern sich damit auch weitere Kostenblöcke, wie zum Beispiel Miet-, Personal- und Transportkosten, was zum Aufbau neuer Risikopositionen führen kann. Auch diese Lösung ist sehr kostenintensiv und sollte daher langfristig orientiert sein. Wie bei der Verlagerung des Firmensitzes stellen Wechselkurserwartungen kein geeignetes Motiv dar.

4.3   Erschließung neuer Märkte

Diese Möglichkeit wird zur Reduktion von Transaktionsrisiken genutzt, da durch Erlöse in der entsprechenden Fremdwährung eine Kompensation der Fremdwährungs-Cashflows erfolgt. Auch diese Strategie sollte eher langfristig und unabhängig von Wechselkurs-erwartungen umgesetzt werden, da sie aufgrund von Markteintrittsbarrieren von hohen Anfangskosten geprägt sein kann.

4.4   Finanzierung in Fremdwährung

Diese Vorgehensweise ist sowohl für Transaktions- als auch für Translationsrisiken denkbar. Jedoch ist sie bei Translationsrisiken nur dann wirksam, wenn das Unternehmen nach IFRS bzw. US-GAAP bilanziert. Im Zusammenhang mit Transaktionsrisiken ist die Fremd-währungsfinanzierung sinnvoll, wenn das Risiko auf der Verkaufsseite enteht. Dann können die Erlöse zur Bedienung der Finanzierung genutzt werden. Dadurch werden die Reduzierung des Risikos aus Fremdwährungsverlusten sowie die Herstellung von Planungssicherheit erreicht. Allerdings kann die Fremdwährungsfinanzierung je nach Zinsniveau der entsprech-enden Währung mit hohen Kosten verbunden sein, die in jedem Fall zu berücksichtigen sind. Je nach Ausgestaltung der Finanzierung ist ein flexibler Einsatz dieses Instruments unter Anpassung an die Unternehmenssituation sowie die Wechselkurserwartung möglich.

4.5   Einsatz derivativer Instrumente

Diese Lösung ist ebenfalls für Transaktions- sowie für Translationsrisiken geeignet.

Beispiel 1: Translationsrisiken

Der Einsatz von derivativen Instrumenten ist nur dann wirksam, wenn das Unternehmen nach IFRS bzw. US-GAAP bilanziert. Geeignete Instrumente sind das Termingeschäft und die Option. Vorteile das Termingeschäfts sind, dass kein Prämienaufwand entsteht und positive sowie negative Wechselkursschwankungen ausgeglichen werden. Die Fälligkeit des Termingeschäfts muss auf dem Bilanzstichtag liegen, damit dieses voll wirken kann. Vorteile der Option sind, dass negative Wechselkursschwankungen ausgeglichen werden und an vorteilhaften Kursänderungen uneingeschränkt partizipiert werden kann. Dagegen steht der

Aufwand für die Optionsprämie. Auch hier sollte die Fälligkeit des Instruments zur optimalen Wirksamkeit auf den Bilanzstichtag gelegt werden.

Beispiel 2: Transaktionsrisiken

Zur Absicherung von Transaktionsrisiken kann die gesamte Palette der derivativen Absicherungsinstrumente genutzt werden. Die wesentlichen Kategorien sind in Tabelle 2 gegenüber gestellt.

Instrument	Definition	Sicher-heit	Partizipati-onschance	Flexibilität	Kosten
Termin-geschäft	Zwei Vertragsparteien verpflichten sich gegen-seitig, an einem be-stimmten Tag (Erfül-lungstag) in der Zukunft zwei Währungsbeträge zu einem im Vorhinein festgelegten Kursver-hältnis auszutauschen	100%	0	0	keine
Option	Eine Option gibt dem Käufer das Recht, aber nicht die Verpflichtung, eine bestimmte Wäh-rung zu einem vorher bestimmten Preis (Ba-sispreis /Strike) zu kaufen/ verkaufen	100%	100%	100%	Prämie – Einfluss-faktoren u. a. Volumen, Strike, Lauf-zeit, Volatili-tät
Flexible Terminge-schäfte	Flexible Devisentermin-geschäfte bieten die Möglichkeit, an Kurs-chancen begrenzt zu partizipieren.	100%	Je nach Ausgestal-tung des Instruments	Je nach Ausgestal-tung des Instruments	Je nach Ausgestal-tung Prämie oder negati-ve Differenz ggü. Termin-kurs

Tabelle 2:   *Gegenüberstellung derivativer Sicherungsinstrumente*

Je nach Ausgestaltung des Instruments wird somit das Verlustrisiko reduziert und es besteht eine eingeschränkte bis volle Chance, an Wechselkursbewegungen zu partizipieren. Dem können eventuelle Prämienkosten gegenüber stehen.

Für beide Risikoarten verursacht die Sicherung mit derivativen Instrumenten Abwicklungs- und Überwachungsaufwand. In die Auswahl der Instrumente sowie den Umfang der Absicherung können Wechselkurserwartung sowie die Parameter Risikobereitschaft und -tragfähigkeit einfließen.

Instrument	Geeignet für	Wirksamkeit	Zeithorizont	Flexibilität	Kosten	Markterwartung
Indirektes Währungsrisiko						
Wandel in direktes Währungsrisiko	Transaktionsrisiken	Hoch, da gut steuerbar	Langfristig	Gering	Resultieren aus organisatorischem Aufwand für die Umstellung sowie eventuellen Absicherungskosten	Unerheblich, Entscheidung ist eher strategischer Natur
Sicherung über derivative Instrumente	Transaktionsrisiken Translationsrisiken	Hoch, da gut steuerbar	In der Regel aktuelles Geschäftsjahr	Hoch	Vom Instrument abhängig – eventuell Prämienkosten	Beeinflusst die Auswahl des Instruments
Direktes Währungsrisiko						
Änderung Faktura	Transaktionsrisiken	Hoch, da Schaffung eines natürlichen Hedges	Langfristig	Gering	Resultieren aus organisatorischem Aufwand für die Umstellung	Unerheblich, Entscheidung ist eher strategischer Natur
Verlagerung des Produktionsstandortes	Transaktionsrisiken Translationsrisiken	Hoch, da Schaffung eines natürlichen Hedges – aber auch Gefahr der Schaffung einer neuen Risikoposition	Langfristig	Gering	Hoch	Unerheblich, Entscheidung ist eher strategischer Natur
Erschließung neuer Märkte	Transaktionsrisiken	Hoch, da Schaffung eines natürlichen Hedges – aber auch Gefahr der Schaffung einer neuen Risikoposition	Langfristig	Gering	Hohe Anfangskosten wg. Markteintritt	Unerheblich, Entscheidung ist eher strategischer Natur
Fremdwährungsfinanzierung	Transaktionsrisiken Translationsrisiken	Hoch, da gut steuerbar	Aktuelles Geschäftsjahr oder länger	Hoch	Zinskosten	Nutzbar zur Festlegung der Parameter wie Laufzeit und Höhe
Sicherung über derivative Instrumente	Transaktionsrisiken Translationsrisiken	Hoch, da gut steuerbar	In der Regel aktuelles Geschäftsjahr	Hoch	Vom Instrument abhängig – eventuell Prämienkosten	Beeinflusst die Auswahl des Instruments

Tabelle 3:   *Übersicht Sicherungsmöglichkeiten*

5. Zusammenfassung

Bevor eine Entscheidung über die Absicherung des Risikos getroffen wird, muss eine Gesamtrisikoanalyse stattfinden. Dabei sollten Faktoren wie unter anderem die Unternehmenssituation, Organisationsstruktur, Marktstellung/ Wettbewerbssituation, Lieferanten-/ Abnehmerstruktur, steuerliche, gesetzliche sowie konjunkturelle Rahmenbedingungen Berücksichtigung finden.

Folgende wesentliche Fragen sollten mit einer solchen Analyse beantwortet werden:

1. Wie hoch ist das Risiko?

2. Aus welcher Position resultiert es?

3. Inwieweit ist es für das Unternehmen tragbar?

Da die Antworten auf diese Fragen bei jedem Unternehmen unterschiedlich ausfallen, ist keine allgemeingültige Aussage möglich, welches Sicherungsinstrument für die Absicherung von Währungsrisiken aus Rohstoffpositionen sinnvoll ist.

Somit ist für ein Unternehmen ein entsprechendes Informationsmanagement unumgänglich, welches die Analyse und Prognose von Marktentwicklungen sowie die Überwachung der Risikopositionen und der Sicherungsinstrumente ermöglicht. Diese Analysen sind regelmäßig durchzuführen. Je nach Unternehmensgröße kann ein solcher Prozess intern installiert werden. Alternativ ist die Unterstützung durch externe Anbieter (Wirtschaftsprüfer, Banken, Unternehmensberater etc.) denkbar.

Diversifikations- und »Downside Protection-Potenzial« von Rohstoffportfolios in Multi-Asset-Portfolios

Lars Helge Haß / Denis Schweizer

1.   Einleitung

Seit dem wegweisenden Aufsatz von Markowitz (1952) ist bekannt, dass durch Diversifikation die erwartete Portfoliorendite gesteigert und dabei gleichzeitig das Risiko, gemessen an der Volatilität, gesenkt werden kann. Trotzdem kann es für Investoren sinnvoll sein, nicht blind weitere Anlageklassen in ihr Portfolio aufzunehmen, ohne im Vorfeld ihre Eigenschaften sorgfältig zu prüfen. Eine naive Allokation von neuen Anlageklassen kann, muss aber nicht unbedingt die Rendite- und Risikoeigenschaften des Portfolios verbessern, es könnte sie auch verschlechtern. Daher stellt sich die Frage, ob Rohstoffe wirklich die (risiko-adjustierte) Performance von Multi-Asset-Portfolios steigern können und wenn ja, wie stark sie in einer strategischen Asset Allocation zu berücksichtigen sind. Diese Frage soll unter Verwendung von unterschiedlichen Rohstoffbenchmarks sowie für diverse Risikomaße beantwortet werden, um robuste Aussagen ableiten zu können.

Bevor dieser Frage weiter nachgegangen wird, soll definiert werden, welche Rohstoffe Berücksichtigung finden sollen. Traditionell unterscheidet man zwei Arten von Rohstoffen, die sich in Rohstoffportfolios befinden: 1) »Harte« (nicht verderbliche) Rohstoffe, wie Energie (zum Beispiel Rohöl), Industriemetalle (zum Beispiel Nickel) und Edelmetalle (zum Beispiel Gold), und 2) »Weiche« Rohstoffe, welche verderblich und konsumierbare Rohstoffe sind wie Agrarprodukte (zum Beispiel Weizen), Viehbestand (zum Beispiel Lebendrind) (siehe beispielsweise Idzorek, 2006, für eine detaillierte Darstellung). Offensichtlich eröffnet die Möglichkeit, in Rohstoffe als Finanzanlagen zu investieren, ein neues Anlageuniversum mit einer Vielzahl von interessanten Investitionsmöglichkeiten. Im nächsten Abschnitt wird aus theoretischer Sicht analysiert, inwieweit Rohstoffe gerechtfertigte (Multi-Asset-)Portfoliobestandteile sind.

2.   Rohstoffe als wesentlicher Bestandteil von Multi-Asset-Portfolios

Investoren sollten sorgfältig und umsichtig wichtige Aspekte wie die Risikoprämien, die Renditeverteilung (besonders höhere Momente wie Schiefe und Kurtosis), die Korrelation zu anderen Anlagen im Portfolio sowie zur Inflation und letztlich die Liquidität einer Anlageklasse prüfen, bevor sie als weitere Anlage zum bestehenden Portfolio in Betracht kommt (vgl. Kat, 2007). So kann beispielsweise eine Anlageklasse, die eine hohe, erwartete positive Risikoprämie bietet, als gutes »alleinstehendes« Investment bezeichnet werden. Mit steigender Volatilität (zweites Moment der Renditeverteilung) weitet sich die Verteilung der Renditen, womit das Risiko der Anlage ebenfalls steigt. Im Gegensatz hierzu fällt die Wahrscheinlichkeit hoher Verluste mit steigender Schiefe (drittes Moment der Renditeverteilung); und mit steigender Kurtosis (viertes Moment der Renditeverteilung) erhöht sich die Wahrscheinlichkeit, extreme Rendite – positive als auch negative – zu beobachten (für eine ausführliche Diskussion siehe Proelss und Schweizer, 2008).

Die Korrelation hingegen beschreibt die Interaktion der Anlageklasse mit den bereits vorhandenen Anlageklassen im Portfolio. Das Rendite-Risiko-Profil des Portfolios kann substanziell verbessert werden, wenn die Korrelation zwischen den Anlageklassen gering oder sogar negativ ist. Darüber hinaus ist mit steigender Korrelation einer Anlageklasse mit der Inflation eine steigende Absicherung in Phasen hoher Inflation zu erwarten. Schlussendlich geht mit einer höheren Liquidität eine höhere Fungibilität der Anlageklasse einher, und der Investor kann diese schnell am Markt und mit geringeren Auswirkung auf den Preis kaufen sowie verkaufen.

In den nächsten Unterabschnitten sollen diese Aspekte in Bezug auf Rohstoffe untersucht werden.

2.1   Risikoprämie

Die Frage nach der Existenz einer Risikoprämie in den Rohstoffmärkten kann bis in die 1930er-Jahre zurückverfolgt werden und wird in der aktuellen Literatur immer noch intensiv und kontrovers diskutiert. Unter den Arbeiten mit der höchsten Beachtung befindet sich der Artikel von Erb and Harvey (2006), die den strategischen und taktischen Portfoliobeitrag von Rohstoffen untersuchen. Die Autoren finden, dass die durchschnittliche Rendite von einzelnen Rohstoff-Futures, die der Basiskomponente eines Rohstoffportfolios entspricht, historisch nahe bei Null war. Dies bedeutet, dass die meisten Rohstoffe im Allgemeinen keinen Trend über lange Zeitperioden hinweg haben, sondern eher wieder zu einem »mittleren«

Niveau zurückkehren. Dieses Verhalten wird in der Literatur als Mean-Reverting-Eigenschaft bezeichnet (siehe Kapitel 3 in Geman, 2005). Kat und Oomen (2006) finden ebenfalls keinen Beleg für eine persistente Risikoprämie, mit der Ausnahme des Rohstoffes Energie. Sie mahnen weiterhin zur Vorsicht bei Aussagen über eine positive Risikoprämie, da die hohen positiven Renditen in den Rohstoffmärkten vor allem durch die hohe Nachfrage der sogenannten BRIC-Staaten (Brasilien, Russland, Indien und China) getrieben wurden und Bestandteile einer »Blase« sein könnten. Diese Vermutung scheint sich durch die aktuelle Subprime-Krise bzw. Finanzmarktkrise zu bestätigen, in der das hohe Wirtschaftswachstum in den BRIC-Staaten deutlich nachlässt. Hierdurch sind die Preise insbesondere für Rohöl, Industriemetalle etc. so stark gefallen, dass beispielsweise die Vereinigten Staaten und China ihre strategischen Reserven dieser Rohstoffe aufstocken.

Allerdings können in der Literatur auch überzeugende Belege gefunden werden, dass Portfolios aus Rohstoffen deutlich positive Renditen generieren. Daher ist es wahrscheinlich, dass ein Portfolio aus Rohstoffen einen anderen Renditetreiber oder eine andere Renditequelle hat als die Summe der einzelnen Komponenten des Rohstoffportfolios (vgl. beispielsweise Bodie und Rosansky, 1980). Erb und Harvey (2006) analysieren unterschiedlichste Möglichkeiten und ziehen den Schluss, dass die einzige überzeugende Quelle der Rendite die Portfoliodiversifikation ist. Dies bedeutet, dass die Rendite eines Rohstoffportfolios, mit einer Gleichgewichtung aller Rohstoffe und einem regelmäßigen Rebalancing, eine signifikant höhere Rendite hat als die gewichtete mittlere Rendite der darin enthaltenen Rohstoffe. Die Intuition dahinter ist die Ausnutzung der Mean-Reverting-Eigenschaft von Rohstoffen, was bedeutet, dass tendenziell Rohstoffe nach der Realisation von hohen Renditen verkauft werden und Rohstoffe mit niedrigen Renditen gekauft werden.[1]

Auch proklamieren Gorton und Rouwenhorst (2006) die Existenz einer positiven Risikoprämie und begründen diese mit der Theorie der Normalen Backwardation nach Keynes (1930). Demzufolge sind Hedger unter normalen Marktbedingungen, bereit, eine Prämie zu bezahlen, um ein Preisrisiko zu vermeiden. Daher können die »Spekulanten« eine Prämie vereinnahmen.

Zusammenfassend kann festgehalten werden, dass die Existenz der Risikoprämie für einzelne Rohstoffe eine andauernde Diskussion ist und noch nicht abschließend geklärt werden konnte. Nichtsdestotrotz ist die Strukturierung eines diversifizierten Rohstoffportfolios für Investoren eine verlässliche Renditequelle. Als Nächstes werden weitere Charakteristika von Rohstoffen untersucht, um ihren strategischen Wert im Portfolio besser beurteilen zu können.

---

1   Die Voraussetzung hierfür ist, dass die Rohstoffe eine niedrige Korrelation untereinander haben und eine ausreichend hohe durchschnittliche Standardabweichung.

2.2   Volatilität, Schiefe und Kurtosis von Rohstoffportfolios

Im Gegensatz zur kontroversen Diskussion über die Existenz der Risikoprämie ist in der Literatur ein Konsens beim zweiten bis vierten Moment der Renditeverteilung von Rohstoffen sowie Rohstoffportfolios zu finden (siehe exemplarisch die Arbeiten von Bodie und Rosansky, 1980; Fama und French, 1987; Erb und Harvey, 2006 etc.).

Entgegen der öffentlichen Meinung unterscheiden sich die durchschnittlichen Volatilitäten einzelner Rohstoffe nicht deutlich von Aktienmärkten. Dieses gilt ebenfalls für die volatilen Rohstoffe wie Öl oder Gas, doch kann es kurzfristig bei einer Verknappung des Angebots zu enormen Spikes kommen. Weiterhin kann für mehr als die Hälfte aller Rohstoffe eine signifikante Schiefe und/oder signifikante Exzess-Kurtosis festgestellt werden, weshalb nicht von normalverteilten Renditen dieser Rohstoffe ausgegangen werden kann (siehe Proelss und Schweizer, 2008). Allerdings sind in Bezug auf die höheren Momente (Schiefe und Kurtosis) bei Rohstoffportfolios interessante Diversifikationseffekte zu beobachten. Obwohl die Renditen der meisten Rohstoffe keiner Normalverteilung folgen, sind die Renditen von Rohstoffportfolios in der Regel normalverteilt (siehe beispielsweise Busack und Schweizer, 2009, und Schweizer, 2008). Hieraus kann geschlossen werden, dass bei einer Investition in ein diversifiziertes Rohstoffportfolio keine zusätzlichen Risiken aufgrund der höheren Momente zu erwarten sind.

2.3   Korrelation von Rohstoffportfolios zu anderen Anlageklassen

Bevor die Korrelation von Rohstoffportfolios analysiert wird, sollen vorab die Diversifikationseigenschaften der zugrunde liegenden Rohstoffe betrachtet werden. Hierbei ist festzustellen, dass die Korrelation zwischen nicht verwandten Rohstoffen, wie beispielsweise Sojabohnen und Rohöl, gering oder sogar negativ ist. Im Gegensatz hierzu sind verwandte Rohstoffe, wie beispielsweise Rohöl, Heizöl und Gas, im Allgemeinen untereinander stark positiv korreliert. Dieses Verhalten der einzelnen Rohstoffe untereinander bietet ein hohes Diversifikationspotenzial für ausgewogene Rohstoffportfolios. Dementsprechend ist in der Regel für die bekannten Rohstoffbenchmarks (RICI, S&P GSCI, DJ-AIG, CRB) keine Korrelation zu den Aktien- und Anleihemärkten sowie zu Alternativen Investments (Hedgefonds, Private Equity, Real Assets) nachzuweisen, was gleichbedeutend ist mit einem hohen Diversifikationspotenzial von ausgewogenen Rohstoffportfolios (siehe hierzu beispielsweise Tabelle 2 sowie die Arbeiten sowohl von Fabozzi, Füss und Kaiser, 2008, als auch Busack und Schweizer, 2009).

2.4   Rohstoffe und die Inflation

Im Allgemeinen sind die Aktien- und Anleihemärkte negativ mit der Inflationsrate korreliert, was sie zu weniger guten Hedge-Instrumenten in Phasen hoher Korrelation macht. Rohstoffe hingegen zeigen den gegenteiligen Effekt: Sie sind positiv mit der Inflation, unerwarteten Inflation und Änderungen in der Inflationsrate korreliert. Dies macht Rohstoffe zu guten Investitionsmöglichkeiten in Phasen hoher Inflation (vgl. Bodie, 1983).

Allerdings sind nicht alle Rohstoffe in gleicher Weise gut geeignet, um einen Schutz vor steigender Inflationsrate zu bieten. So zeigen Weizen und Silber keine hohe Korrelation mit der Inflation. Energie-Rohstoffe und Lebendvieh hingegen schon, da sie auch stärker in »Warenkörben« für die Inflationsmessung enthalten sind. Allerdings sei angemerkt, dass eine historisch gesehene positive Korrelationen mit der Inflation keine Garantie für zukünftige Korrelationen sind (vgl. Erb und Harvey, 2006).

Nichtsdestotrotz merkt Froot (1995) an, dass Rohstoffe historisch gesehen gute Investitionsobjekte in Zeiten einer hohen Inflation waren und ihre Renditen über denen von Bonds lagen.

2.5   Potenzial von Rohstoffportfolios zur Portfoliodiversifikation von Multi-Asset-Portfolios

Zusammenfassend kann festgehalten werden, dass die Literatur letztlich nicht eindeutig die Existenz einer Risikoprämie für Rohstoffinvestitionen findet. Allerdings werden einstimmig effiziente und wohl diversifizierte Rohstoffportfolios als valide Quelle für eine positive Risikoprämie angesehen. Weiterhin kann für die Renditeverteilung von diversifizierten Rohstoffportfolios in der Regel keine signifikante Schiefe und Exzess-Kurtosis nachgewiesen werden. Daher gilt die Renditeverteilung von diversifizierten Rohstoffportfolios als normalverteilt.

Im Gegensatz zur Korrelation verwandter Rohstoffe untereinander ist die Korrelation nichtverwandter Rohstoffe gering, was diversifizierte Rohstoffportfolios zu guten »Portfoliodiversifizierern« für Multi-Asset-Portfolios macht (siehe Tabelle 2). Die Renditen von Rohstoffportfolios korrelieren im Allgemeinen mit der Inflation, was sie zu einem potenziellen Hedge-Instrument gegen die Inflation macht. Weiterhin entwickelten sich Rohstoffportfolios in der Vergangenheit bei wirtschaftlichen Krisen und Schocks positiv, was allerdings in der aktuellen Finanzmarktkrise nicht zu beobachten ist (siehe Edwards und Caglayan, 2001).

Unter Berücksichtigung der obigen Punkte argumentieren wir, dass ein diversifiziertes Rohstoffportfolio geeignet ist, deutliche Diversifikationseffekte in Multi-Asset-Portfolios zu entfalten und somit das (risiko-adjustierte) Chance-Risiko-Profil substanziell zu verbessern.

3. Beschreibung des Datensatzes und deskriptive Analyse

Zur Beantwortung der Frage, ob Rohstoffportfolios wirklich die (risiko-adjustierte) Performance von sogenannten Multi-Asset Portfolios steigern können und wenn ja, wie stark sie in einer strategischen Asset Allocation zu berücksichtigen sind, sollen aufgrund der starken Heterogenität von Rohstoffbenchmarks die vier bekanntesten berücksichtigt werden (für die Heterogenitätsdiskussion siehe Füss, Hoppe und Kaiser, 2007[2]): 1) Rogers International Commodities TR Index (RICI), 2) Dow Jones - AIG Commodity Index TR (DJ-AIG), 3) S&P GSCI US TR Index (S&P GSCI) und 4) Commodity Research Bureau TR Index (CRB).

Diese Rohstoffbenchmarks werden zu Multi-Asset-Portfolios, bestehend aus drei alternativen Anlageklassen (die Proxy-Indizes sind in Klammern angegeben) – Hedgefonds (HFRI Fund of Funds Composite), Private Equity (CepreX – US Growth/Small Buyout Index – (FoF)) und Real Assets (siehe Tabelle 1 für Konstruktionsdetails), und vier traditionellen Anlageklassen, bestehend aus Anleihen (Lehman (jetzt Barclays) Aggregate Bond Index), hochverzinsliche Unternehmensanleihen (ML High Yield Master II), Aktien (MSCI EMF und Aktien der Emerging Markets (MSCI The World Index), hinzugegeben, und ihre Fähigkeiten, das Rendite-Risiko-Profil steigern zu können, analysiert.

Wie aus Tabelle 1 zu erkennen ist, haben die Rohstoffbenchmarks (mit Ausnahme das CRB) die höchsten erwarteten Renditen zwischen 1,281 Prozent und 0,896 Prozent. Als Nächstes folgt Private Equity (0,808 Prozent) sowie Aktien der Emerging Markets (0,775 Prozent) und Real Assets (0,644 Prozent). Die geringsten erwarteten Renditen sind bei den Anleihen und Hedgefonds zu finden (0,361 Prozent – 0,495 Prozent). Das Schlusslicht bei Betrachtung der erwarteten Rendite stellt die Anlageklasse Aktien mit 0,163 Prozent, was nicht zuletzt auf die aktuelle Finanzmarktkrise zurückzuführen ist. Bei der Betrachtung des Risikos, gemessen an der Standardabweichung, fällt auf, dass die Anlageklassen mit einer hohen erwarteten Rendite ebenfalls das höchste Risiko haben und vice versa. Eine Ausnahme bilden die Aktien, die trotz geringer erwarteter Rendite ein hohes Risiko aufweisen. Die Schiefe ist für alle Anlageklassen (mit Ausnahme von Private Equity) negativ. Die niedrigste Schiefe ist bei den Anleihemärkten festzustellen. Die höchste Exzess-Kurtosis ist ebenfalls bei den Anleihemärkten (wieder mit Ausnahme von Private Equity die eine noch höhere Exzess-Kurtosis aufweist) zu finden. Die Exzess-Kurtosis für die Rohstoffmärkte ist vergleichsweise gering und für den S&P GSCI sogar negativ.

---

2   Die vier Rohstoffbenchmarks unterscheiden sich hauptsächlich durch die Anzahl und Art der berücksichtigten Rohstoff-Futures, Selektionskriterien (Aufnahmekriterien) für Rohstoff-Futures, Laufzeit der Rohstoff-Futures (sechs Monate, »nearby« contract etc.), Diversifikation, Indexgewichtung (Gleichgewichtung, Produktionsvolumen, etc.), Indexberechnung (arithmetisch oder geometrisch) sowie die Rollfrequenz.

In Summe muss die Annahme normalverteilter Renditen für alle Anlageklassen verworfen werden bis auf die Rohstoffmärkte sowie Aktien der Emerging Markets (siehe Jarque-Bera-Test in Tabelle 1). Aufgrund dessen ist davon auszugehen, dass die höheren Momente einen substanziellen Einfluss auf die Portfolio-Optimierung haben und sie daher Berücksichtigung finden sollten.

Abschließend werden die Risikoeigenschaften der unterschiedlichen Anlageklassen bei Verwendung alternativer Risikomaße analysiert. Bei Betrachtung der Semi-Varianz als Risikomaß gelten die gleichen Aussagen wie bei der Standardabweichung. Auch bei Verwendung des CVaR als Risikomaß besitzen die Rohstoffbenchmarks sowie Aktien das höchste Risiko. Allerdings weist nun auch Private Equity ein ähnlich hohes Risiko auf. Diese Aussagen lassen sich ebenfalls für den Fall, dass der Maximum Drawdown als Risikomaß gewählt wird, übertragen.

In Tabelle 2 wird das Diversifikationspotenzial der einzelnen Anlageklassen visualisiert. Hierbei ist zu erkennen, dass die unterschiedlichen Rohstoffbenchmarks eine signifikante, hohe positive Korrelation zueinander haben, was auch zu erwarten war. Insgesamt weisen Rohstoffe eine geringe Korrelation zu allen Anlageformen auf, sodass die Diversifikationseigenschaften von Rohstoffen als positiv einzustufen sind. Private Equity sticht ebenfalls hervor, da sie unkorreliert zu allen anderen Anlageformen ist und damit ebenfalls ein hohes Diversifikationspotenzial verspricht.

4.   Effiziente Multi-Asset-Portfolios unter Berücksichtigung unterschiedlicher Risikomaße

Nachdem die deskriptiven Statistiken der einzelnen Anlageformen sowie der unterschiedlichen Rohstoffbenchmarks eingehend beleuchtet wurden, sollen im Folgenden effiziente Portfolios gebildet werden. Aufgrund der nicht normalverteilten Renditen der einzelnen Anlageformen sollten höhere Momente berücksichtigt werden, da sonst in der Portfolio-Optimierung im Standard-Mean-Variance-Modellrahmen nach Markowitz die Wahrscheinlichkeit hoch ist, verzerrte und sub-optimale Schätzer zu erhalten. Aus diesem Grund werden vier unterschiedliche Risikomaße (RM) berücksichtigt, wobei die letzten drei gut geeignet sind, Risiken im Verlustbereich besser zu erfassen. Implizit finden damit die höheren Momente Berücksichtigung, was besonders wichtig ist aufgrund der negativen Schiefe vieler berücksichtigter Anlageformen: 1) Standardabweichung (Markowitz, 1952;) 2) Semi-Varianz (Harlow, 1991); 3) Conditional Value at Risk (Rockafellar und Uryasev, 2000, sowie Rockafellar und Uryasev, 2002) und 4) Maximum Drawdown (Grossman und Zhou, 1993).

Im Folgenden sollen effiziente Multi-Asset-Portfolios errechnet werden aufgrund der obigen vier Risikomaße (RM) und unter Berücksichtigung der vier Rohstoffbenchmarks (RICI, S&P GSCI, DJ-AIG und CRB). Ein effizientes Portfolio ist dadurch charakterisiert, dass kein anderes Portfolio existiert, das bei gegebener erwarteter Rendite ein geringeres Risiko aufweist. Hierdurch soll herausgefunden werden, unter welchen Anforderungen das Augenmerk auf der Auswahl der Rohstoffbenchmark liegen sollte und inwieweit der Wahl des Risikomaßes besondere Bedeutung beigemessen werden sollte. Für die anschließenden Portfolio-Optimierungen soll unter der Vorgabe einer erwarteten Portfoliorendite, $E\left[r_p\right]$ die Portfoliogewichte des Portfolios mit dem geringsten, möglichen Risiko (für jedes Risikomaß separat), gefunden werden. Formal lassen sich die Optimierungsprobleme allgemein wie folgt aufschreiben:

$$\min_x RM\left(E\left[r_p\right]\right)$$

unter den Nebenbedingungen

$$E\left[r_p\right] = r; \ 0 < x_i \leq 0.3 \ und \ x_1 + ... + x_n = 1, \ \forall i = 1,..,n$$

wobei $E\left[r_p\right]$ für die erwartete Portfoliorendite steht und x_i den prozentualen Betrag darstellt, der in die Anlageklasse i investiert wird. In den Optimierungen sind zwei Nebenbedingungen zu erfüllen. Erstens müssen sich alle Portfoliogewichte zu eins addieren. Dies bedeutet, dass das gesamte Vermögen investiert werden muss. Zweitens sind keine negativen Wertpapiergewichte gestattet (Leerverkäufe sind nicht möglich), und keine Anlageklasse darf ein Gewicht von größer als 30 Prozent in den Portfolios einnehmen. Letzteres sichert eine Minimumdiversifikation, sodass das Portfolio nicht von einer Anlageklasse dominiert wird.

In Abbildung sind die resultierenden effizienten Ränder aufgrund der unterschiedlichen Risikomaße und Rohstoffbenchmarks abgetragen. Bei der Betrachtung der effizienten Ränder unter Verwendung unterschiedlicher Risikomaße ist auffallend, dass diese nicht kongruent übereinanderliegen, sondern sich signifikant, in Abhängigkeit der Rohstoffbenchmark, voneinander unterscheiden. Dies ist auch nicht verwunderlich, da sich die deskriptiven Statistiken der einzelnen Rohstoffbenchmarks teilweise deutlich voneinander unterscheiden. So sind beispielsweise 1) die Korrelationen bzw. Diversifikationspotenziale nicht identisch (siehe Tabelle 2) und 2) ist eine hohe Spannweite in den historisch erzielten Renditen festzustellen (1,281 Prozent S&P GSCI bis 0,558 Prozent CRB – siehe Tabelle 1). Daher lässt sich unter Verwendung des Rohstoffbenchmarks CRB gut erklären, warum der effiziente Rand bei allen Risikomaßen stets der unterste ist. Dies liegt darin begründet, dass der CRB die niedrigsten historischen Renditen im Vergleich zu den anderen Rohstoffbenchmarks aufweist und daher auch für die Zukunft eine niedrigere erwartete Rendite angenommen wird (siehe Abbildung 2).

Wie bereits diskutiert sind die effizienten Ränder aufgrund der unterschiedlichen Rohstoff-benchmarks nicht identisch – siehe Abbildung . Dies lässt die Vermutung zu, dass das optima-le Portfoliogewicht für Rohstoffe in den effizienten Portfolios ebenfalls von der Wahl der Rohstoffbenchmark abhängt. Daher sollen im Folgenden drei Fragestellungen untersucht werden:

1. Sind Rohstoffe sinnvolle Portfoliobausteine für unterschiedliche Risikoeinstellungen bzw. unterschiedlich hohe Erwartungen an die zukünftige Portfoliorendite?

2. Wie stark ist das optimale Portfoliogewicht für Rohstoffe in den effizienten Portfolios abhängig von der Wahl der Rohstoffbenchmark?

3. Bei welchen Risikoeinstellungen bzw. Renditeerwartungen sollte die Wahl des Risikoma-ßes oder der Rohstoffbenchmarks im Vordergrund stehen?

Zur Beantwortung der aufgeworfenen Fragen sollen die optimalen Portfoliogewichte für verschiedene Risikomaße und Rohstoffbenchmarks in drei exemplarischen effizienten Portfo-lios analysiert werden. Die drei effizienten Portfolios unterscheiden sich aufgrund der Risiko-einstellungen bzw. Renditeerwartungen und repräsentieren ein defensives, ausgewogenes sowie ein offensives Portfolio – siehe Abbildung . Hierbei wird die Effizienzlinie jeweils in fünf äquidistante Abschnitte aufgeteilt. Die Portfolios entsprechen dann dem linken Endpunkt des ersten, dritten und fünften Abschnitts.

Die erste Frage, ob Rohstoffe einen sinnvollen Portfoliobaustein für unterschiedliche Rendi-teerwartungen im Multi-Asset-Portfolio darstellen, kann klar bejaht werden. Wie aus Abbildung zu entnehmen ist, sind Rohstoffe im defensiven, ausgewogenen und offensiven Portfolio vertreten und dies unabhängig vom Risikomaß und Rohstoffbenchmark. Dies heißt, dass Rohstoffe einen wichtigen Diversifikationsbeitrag in sogenannten Multi-Asset-Portfolios leisten können. Dieses Resultat bleibt robust über der Wahl des Risikomaßes sowie der ver-wendeten Rohstoffbenchmark. Auffallend ist, dass mit abnehmender Risikoaversion das Portfoliogewicht der Rohstoffe steigt und beim offensiven Portfolio sogar oft durch das ma-ximal zulässige Höchstgewicht von 30 Prozent begrenzt wird (insbesondere RICI und S&P GSCI).

Die Wahl des Rohstoffbenchmarks ist bei Betrachtung des RICI, S&P GSCI und DJ-AIG als untergeordnet zu bezeichnen, da sich die optimalen Portfoliogewichte meist nur gering unter-scheiden, bei unterschiedlichen Risikomaßen und Renditeerwartungen. Eine Ausnahme stellt die Gewichtung des CRB dar, da dieser im Allgemeinen um mehr als zehn Prozentpunkte von den Gewichten der anderen Rohstoffbenchmarks abweicht. Insgesamt kann festgehalten werden, dass die Wahl der verwendeten Rohstoffbenchmark nicht die erzielten Ergebnisse treibt.

Wird der Fokus auf die Verwendung der unterschiedlichen Risikomaße gelegt, ist auffallend, dass hier deutliche Unterschiede bei den optimalen Portfoliogewichten in Abhängigkeit der Risikomaße existieren. Insbesondere im defensiven Portfolio ist die Wahl des Risikomaßes entscheidend für das optimale Gewicht von Rohstoffen im Multi-Asset-Portfolio. Wird, wie im defensiven Portfolio, das Augenmerk auf die Risikoreduzierung und hierbei insbesondere auf die hohen Verluste gelegt, steigt die Bedeutung des Risikomaßes (siehe Tabelle 3). So kann beispielsweise die Standardabweichung als symmetrisches Risikomaß nicht die hohen Verlustbereiche adäquat erfassen und unterschätzt daher das »Downside Protection-Potenzial« von Rohstoffen. Dies wird in einem geringen Portfoliogewicht von etwa einem bis fünf Prozent reflektiert, je nach Rohstoffbenchmark unter Verwendung der Risikomaße Standardabweichung und Semi-Varianz. Bei Betrachtung der Risikomaße CVaR und MaxDD sind die optimalen Rohstoffgewichte mit ca. 17 bis 20 Prozent (CVaR) und 6 bis 9 Prozent (MaxDD) deutlich höher, da diese Risikomaße das »Downside Protection-Potenzial« von Rohstoffen besser integrieren können (siehe Abbildung). Bei einer Steigerung der erwarteten Rendite (ausgewogenes Portfolio) sind die Implikationen aufgrund der verwendeten Risikomaße immer noch offensichtlich. Je wichtiger dem Investor eine »Downside Protection« ist, desto höher ist das implizierte Portfoliogewicht von Rohstoffen. Wird die erwartete Rendite noch weiter gesteigert (offensives Portfolio), spielt die Wahl des Risikomaßes fast keine Rolle mehr, allerdings wird die Wahl der Rohstoffbenchmark wichtig. Aus Abbildung wird deutlich, dass der CRB, aufgrund der geringeren historischen Rendite, im offensiven Portfolio bei Verwendung der Risikomaße MV und LPM nicht mehr im offensiven Portfolio vertreten ist und bei CVaR und MaxDD mit einem um mehr als die Hälfte geringeren Gewicht als die anderen Rohstoffbenchmarks. Zusammenfassend kann gesagt werden, dass bei Fokussierung auf die erwartete Rendite das Risikomaß an Bedeutung verliert und Rohstoffbenchmarks mit einer geringeren historischen Rendite ebenso an Bedeutung verlieren.

5.   Schlussbetrachtung

In diesem Kapitel wurden die wichtigsten Eigenschaften wie Risikoprämie, Volatilität, Normalverteilung der Renditen, Korrelation zu anderen Anlageklassen sowie zur Inflation und Liquidität von Rohstoffen im Vorfeld eingehend beleuchtet. Hieraus konnte ein hohes Potenzial zur Diversifikation von Multi-Asset-Portfolios abgeleitet werden. Dieses wurde im Anschluss bei der Optimierung von Multi-Asset-Portfolios (bestehend aus Anleihen, hochverzinslichen Anleihen, Aktien, Aktien aus den Emerging Markets, Hedge-Fonds, Private Equity und Real Assets) empirisch überprüft. Zur Erlangung von robusten Aussagen wurden für die Optimierungen vier unterschiedliche Risikomaße (Standardabweichung, Semi-Varianz, Conditional Value at Risk und Maximum Drawdown) verwendet sowie vier repräsentative Rohstoffbenchmarks (RICI, S&P GSCI, DJ-AIG und CRB) für drei Level an erwarteten Portfoliorenditen (defensiv, ausgewogen und offensiv). Aus diesen Optimierungen wird deutlich, dass die Wahl der Rohstoffbenchmark im Allgemeinen als untergeordnet bezeichnet werden kann, mit Ausnahme des CRB. Dieser ist aufgrund seiner geringeren historischen Rendite in den meisten Optimierungen mit einem deutlich geringeren Gewicht (zehn Prozent und weniger) als die anderen Rohstoffbenchmarks in den effizienten Portfolios vertreten. Im

Gegensatz hierzu gewinnt die Frage des Risikomaßes mit zunehmender Risikoaversion an Bedeutung. So sind im defensiven Portfolio deutliche Unterschiede in der optimalen Gewichtung von Rohstoffen bei den »Downside«-Risikomaßen Conditional Value at Risk und Maximum Drawdown im Vergleich zur Standardabweichung und Semi-Varianz zu beobachten. Die beiden letztgenannten Risikomaße können das »Downside Protection-Potenzial« der Rohstoffe nur unzureichend erfassen und gewichten daher Rohstoffe (unabhängig von der gewählten Benchmark) deutlich unter. Mit steigender Renditeerwartung verliert die Wahl des Risikomaßes an Bedeutung, was auch nicht verwunderlich ist, da das Augenmerk auf dem »Renditepotenzial« und nicht mehr auf dem »Risiko« liegt. Nichtsdestotrotz entfalten Rohstoffe gerade in diesen Portfolios ihr höchstes Gewicht. Zusammenfassend kann die Schlussfolgerung gezogen werden, dass Rohstoffe einen wichtigen Portfoliobaustein in Multi-Asset-Portfolios darstellen und einen signifikanten Beitrag leisten, die risiko-adjustierte Performance zu steigern. Diese Aussage gilt unabhängig von dem verwendeten Risikomaß, dem Level der erwarteten Rendite und der verwendeten Rohstoffbenchmark und gewinnt bei der »Downside Protection« zusätzlich an Gewicht.

6.   Tabellen und Abbildungen

Tabelle 1

Deskriptive Statistiken der entglätteten, monatlichen Renditeverteilungen aller Anlageklassen

Die Tabelle zeigt die mittlere Rendite, monatliche Standardabweichung, Schiefe und Exzess-Kurtosis der monatlichen Renditeverteilung, Semi-Varianz, Conditional Value at Risk zum 95-Prozent-Konfidenzniveau und Maximum Drawdown von Januar 2000 bis Oktober 2008. Bei Signifikanz der Autokorrelation bis zum Lag 12 wurde mittels der Methode von Getmansky, Lo und Makarov (2004) entglättet, um potenziellen Verzerrungen entgegenzuwirken. Zur Korrektur des CepreX-US Growth/Small Buyout Index um die Management-Gebühr wird in einem ersten Schritt eine Singlefonds-Gebühr subtrahiert und im zweiten Schritt eine Dachfondsgebühr. Hierzu wurde mittels Monte Carlo ein cashflowbasiertes Modell erstellt, das auf die Brutto-Cashflows die Gebührenstruktur anwendet (Management Fee, Carry etc.). Auf Basis der resultierenden Brutto- und Netto-Cash-Flows wird mittels eines Regressionsmodells der funktionale Zusammenhang geschätzt. Dieser wird dann für die Korrektur der Gebühren verwendet, um synthetisch ein Dachfondsinvestment in Private Equity zu simulieren. Für weitere Details wird auf CEPRES verwiesen (http://www.cepres.de) sowie die Arbeit von Busack und Schweizer (2009). Der Real Asset Index errechnet sich aus einer Gleichgewichtung der Renditen des S&P/Case-Shiller Composite, NCREIF-National Index, NCREIF-

Timberland Index und des Macquarie Global Infrastructure. Zuvor wurde der NCREIF-National Index und der NCREIF-Timberland Index, der auf Quartalsbasis berechnet wird, mittels der Methode von Getmansky, Lo und Makarov (2004) auf Monatsdaten umgerechnet. Weiterhin wurde bei Signifikanz der Autokorrelation in den vier Bestandteilen des Real Asset Index bis zum Lag 12 korrigiert, um potenziellen Verzerrungen (Smoothing) entgegenzuwirken (siehe Geltner, 1991, für eine ausführliche Diskussion). Für weitere Berechnungsdetails siehe Busack und Schweizer (2009). Abschließend wird mittels des Jarque-Bera-Tests (siehe Jarque und Bera, 1980) die Annahme einer normalverteilten monatlichen Renditeverteilung geprüft.

	Lehman Bonds	ML High Yield	MSCI EMF	MSCI World	HFRI FoFs	CepreX (FoF)	Real Asset Index	RICI	S&P GSCI	DJ-AIG	CRB
Mittlere Rendite	0,495%	0,361%	0,775%	0,163%	0,383%	0,808%	0,644%	1,208%	1,281%	0,896%	0,558%
Standard-abweichung	1,026%	2,364%	6,252%	3,927%	2,513%	3,620%	2,178%	4,815%	6,566%	4,578%	4,014%
Schiefe	-0,82	-1,06	-0,53	-0,57	-0,64	0,18	-0,48	-0,29	-0,18	-0,20	-0,26
Exzess- Kurtosis	1,51	3,48	-0,37	0,35	0,49	6,09	1,04	0,01	-0,37	0,17	0,58
Semi-Varianz	0,006%	0,035%	0,227%	0,089%	0,037%	0,065%	0,026%	0,125%	0,224%	0,11%	0,085%
Conditional Value at Risk (Konfiden-zniveau 95%)	-3,42%	-8,66%	-16,82%	-11,63%	-6,95%	-13,16%	-6,28%	-13,47%	-16,62%	-11,85%	-11,80%
Maximum Draw-down	5,63%	14,80%	29,72%	18,78%	12,36%	23,90%	11,81%	26,00%	31,18%	24,13%	23,52%
Jarque-Bera	1	1	0	1	1	1	1	0	0	0	0

Ein Jarque-Bera-Wert von 1 bedeutet, dass die Normalverteilungsannahme auf dem 5%-Niveau verworfen werden kann.

Tabelle 2

Korrelationsmatrix

Diese Tabelle zeigt die Korrelation zwischen allen Anlageklassen im Zeitraum von Januar 2000 bis Oktober 2008. Der grau schraffierte Bereich kennzeichnet die Korrelationstrukturen der einzelnen Rohstoffindizes. Korrelationen mit »fetter« Formatierung geben eine signifikante Korrelationsbeziehung auf dem 5%-Niveau an.

	Lehman Bonds	ML High Yield	MSCI EMF	MSCI World	HFRI FoFs	CepreX (FoF)	Real Asset Index	RICI	S&P GSCI	DJ-AIG	CRB
Lehman Bonds	**1,00**	0,13	-0,15	**-0,23**	-0,05	0,07	0,12	0,01	-0,01	0,04	-0,01
ML High Yield	0,13	**1,00**	**0,59**	**0,54**	**0,44**	-0,05	**0,45**	0,17	0,07	0,17	0,15
MSCI EMF	-0,15	**0,59**	**1,00**	**0,83**	**0,74**	-0,15	**0,48**	**0,34**	**0,22**	**0,29**	**0,36**
MSCI World	**-0,23**	**0,54**	**0,83**	**1,00**	**0,61**	-0,09	**0,51**	0,16	0,09	0,16	0,17
HFRI	-0,05	**0,44**	**0,74**	**0,61**	**1,00**	-0,04	**0,45**	**0,37**	**0,30**	**0,36**	**0,37**
CepreX	0,07	-0,05	-0,15	-0,09	-0,04	**1,00**	0,11	-0,04	-0,01	0,00	-0,02
Real	0,12	**0,45**	**0,48**	0,51	0,45	0,11	**1,00**	0,24	0,19	0,26	0,21
RICI	0,01	0,17	**0,34**	0,16	0,37	-0,04	0,24	**1,00**	**0,92**	**0,92**	**0,87**
S&P GSCI	-0,01	0,07	**0,22**	0,09	0,30	-0,01	0,19	**0,92**	**1,00**	**0,88**	**0,78**
DJ-AIG	0,04	0,17	**0,29**	0,16	0,36	0,00	0,26	**0,92**	**0,88**	**1,00**	**0,89**
CRB	-0,01	0,15	**0,36**	0,17	0,37	-0,02	0,21	**0,87**	**0,78**	**0,89**	**1,00**

Tabelle 3

Standardabweichung des optimalen Rohstoffanteils

Diese Tabelle gibt die durchschnittliche Standardabweichung der optimalen Rohstoffgewichte innerhalb der effizienten Portfolios an, wenn das Risikomaß bzw. die Rohstoffbenchmark variiert wird. In der Zeile »Risikomaß« wird die Standardabweichung der optimalen Rohstoffgewichte angegeben, wenn die verwendete Rohstoffbenchmark konstant gehalten und das Risikomaß variiert wird. In der Zeile »Rohstoffbenchmark« wird die Standardabweichung der optimalen Rohstoffgewichte angegeben, wenn das verwendete Risikomaß konstant gehalten und die Rohstoffbenchmark variiert wird. Zur Bestimmung der optimalen Rohstoffgewichte wird die Effizienzlinie jeweils in fünf äquidistante Abschnitte aufgeteilt. Die Portfolios entsprechen dann dem linken Endpunkt des ersten, dritten und fünften Abschnitts.

	Defensives Portfolio	Ausgewogenes Portfolio	Offensives Portfolio
Risikomaß	0,068	0,067	0,028
Rohstoffbenchmark	0,019	0,049	0,113

Abbildung 1

Effiziente Portfolioränder in Abhängigkeit des Risikomaßes und Rohstoffbenchmark

Diese Abbildung zeigt die effizienten Portfolioränder in Abhängigkeit des Risikomaßes (Standardabweichung (MV), Semi-Varianz (SV), Conditional Value at Risk (CVaR) und Maximum Drawdown (MaxDD)) und der Rohstoffbenchmarks (RICI, S&P GSCI, DJ-AIG und CRB).

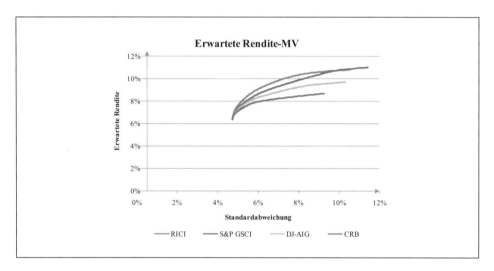

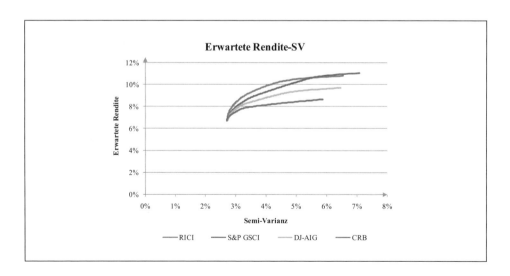

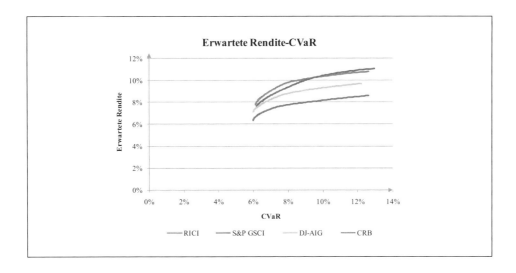

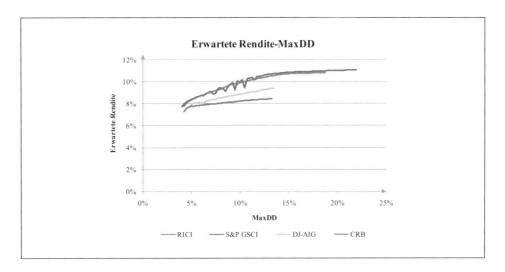

Abbildung 2

Optimale Rohstoffgewichte bei unterschiedlichen Risikoeinstellungen, Risikomaßen und Rohstoffbenchmarks

Diese Abbildung zeigt die optimalen Rohstoffgewichte für drei unterschiedliche Grade an Risikoaversion (defensiv, ausgewogen und offensiv) unter Verwendung unterschiedlicher Risikomaße Varianz (MV), Semi-Varianz (SV), Conditional Value at Risk (CVaR) zum 95%-

Konfidenzniveau, Maximum Drawdown (MaxDD) und Rohstoffbenchmarks (RICI, S&P GSCI, DJ-AIG und CRB). Zur Bestimmung der Portfolios wird die Effizienzlinie jeweils in fünf äquidistante Abschnitte aufgeteilt. Die Portfolios entsprechen dann dem linken Endpunkt des ersten, dritten und fünften Abschnitts.

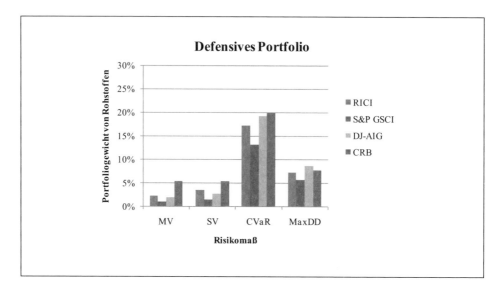

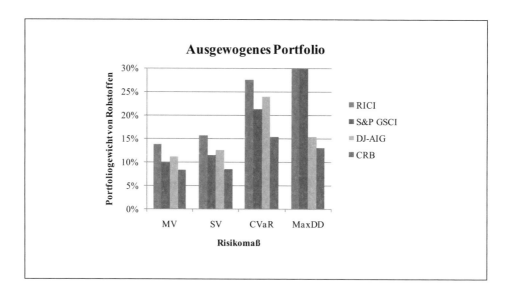

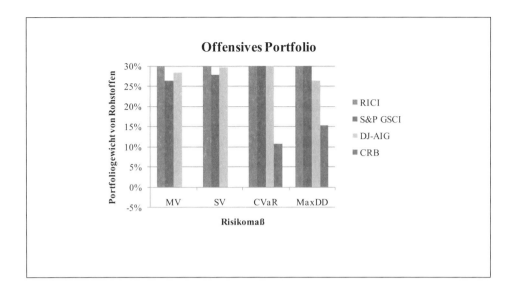

Literatur

BODIE, Z. (1983): Commodity Futures as a Hedge Against Inflation, The Journal of Portfolio Management 9, 12-17

BODIE, Z.; ROSANSKY, V. I. (1980): Risk and Returns in Commodity Futures, Financial Analysts Journal 36, 27-39

BUSACK, M.; SCHWEIZER, D. (2009): Alternative Investments als Bestandteil der strategischen Asset Allokation eines Multi-Asset-Portfolios, Absolut|Report Nr. 47 01/2009, S. 16-27

EDWARDS, F. R.; CAGLAYAN, M. O. (2001): Hedge Fund and Commodity Fund Investment Styles in Bull and Bear Markets, The Journal of Portfolio Management 27, 97-108

ERB, C. B.; HARVEY, C. R. (2006): The Strategic and Tactical Value of Commodity Futures, Financial Analysts Journal 62, 69-97

FABOZZI, F.; FÜSS, R.; KAISER, D. G. (2008): A Primer on Commodity Investing, in: Fabozzi, F./Fuess, R./Kaiser, D. G., eds.: The Handbook of Commodity Investing (John Wiley and Sons, New Jersey)

FAMA, E. F.; FRENCH, K. F. (1987): Commodity Futures Prices: Some Evidence on Forecast Power, Premiums, and the Theory of Storage, The Journal of Business 90, 55-73

FROOT, K. A. (1995): Hedging Portfolios with Real Assets, The Journal of Portfolio Management 21, 60-77

FÜSS, R.; HOPPE, CH.; KAISER, D. G. (2007): Die Benchmark-Problematik von Commodity-Futures-Indizes, Finanz Betrieb 11, 682-700

GELTNER, D. M. (1991): Smoothing in Appraisal-Based Returns, Journal of Real Estate Finance & Economics 4, 327-345

GEMAN, H. (2005): Commodities and Commodity Derivatives: Modeling and Pricing for Agriculturals, Metals and Energy (John Wiley & Sons, Chichester)

GETMANSKY, M.; LO, A. W./MAKAROV, I. (2004): An Econometric Model of Serial Correlation and Illiquidity in Hedge Fund Returns, Journal of Financial Economics 74, 529-609

GORTON, G. B.; ROUWENHORST, G. K. (2006): Facts and Fantasies about Commodity Futures, Financial Analysts Journal 62, 47-68

GROSSMAN, S. J.; ZHOU, Z. (1993): Optimal investment strategies for controlling, Mathematical Finance 3, 241-276

HARLOW, W. V. (1991): Asset Allocation in a Downside-Risk Framework, Financial Analysts Journal 47, 28-40

IDZOREK, TH. M. (2006): Strategic Asset Allocation and Commodities, Ibbotson Associates

JARQUE, C. M.; BERA, A. K. (1980): Efficient Tests for Normality, Homoscedasticity and Serial Independence of Regression Residuals, Economics Letters 6, 255-259

KAT, H. M. (2007): How to Evaluate A New Diversifier with 10 Simple Questions, The Journal of Private Wealth Management Spring, 29-36

KAT, H. M.; OOMEN, R. C. A. (2006): What Every Investor Should Know About Commodities, Part II: Multivariate Return Analysis, Available at SSRN: http://ssrn.com/abstract=878361

KEYNES, J. M. (1930): The Applied Theory of Money (Macmillian & Co, London)

MARKOWITZ, H. M. (1952): Portfolio Selection, The Journal of Finance 7, 77-91

PROELSS, J.; SCHWEIZER, D. (2008): Efficient Frontier of Commodity Portfolios, in Frank Fabozzi, Roland Füss, and Dieter G. Kaiser, eds.: The Handbook of Commodity Investing (John Wiley & Sons, New Jersey)

ROCKAFELLAR, T. R.; URYASEV, ST. (2000): Optimization of Conditional Value-at-Risk, Journal of Risk 2, 21-41

ROCKAFELLAR, T. R.; URYASEV, ST. (2002): Conditional Value-at-Risk for General Loss Distributions, Journal of Banking and Finance 26, 1443-1471

SCHWEIZER, D. (2008): Portfolio Optimization with Alternative Investments, Available at SSRN: http://ssrn.com/abstract=1091093

Univariate und Multivariate Modellierung täglicher Volatilitäten von Rohstoff-Futures

Roland Füss / Thorsten Glück / Rolf Tilmes

1.   Einleitung

Der vorliegende Beitrag untersucht das Volatilitätsverhalten in Rohstoff-Futures-Renditen unter Verwendung von Multivariaten GARCH-Modellen (MGARCH). Dabei werden die dynamischen (bedingten) Korrelationen sowohl unter den einzelnen Rohstoff-Subindizes als auch zwischen Rohstoffsektoren und traditionellen Anlagekategorien wie Aktien und Anleihen betrachtet. Motiviert durch die Frage nach der Einbeziehung zeitabhängiger Volatilitäten und Korrelationen im Rahmen der taktischen Asset Allocation werden im Gegensatz zu den in der Literatur häufig verwendeten Monatsdaten höher frequentierte Tagesdaten analysiert. Gorton und Rouwenhorst (2006) sowie Erb und Harvey (2006) finden z.B. unter Verwendung monatlicher Excess-Index-Renditen eine geringe, teilweise negative Renditekorrelation mit traditionellen Anlageinstrumenten. So beträgt die historische monatliche Korrelation zwischen dem S&P 500 Total Return und dem S&P GSCI Composite Total Return Index, welcher neben dem Dow Jones AIG und dem CRB[1] einen der wichtigsten investierbaren Rohstoffindizes mit dem höchsten Open-Interest darstellt, im Zeitraum Januar 1988 bis Dezember 2008 lediglich 0,078. Aufgrund ihres antizyklischen Verhaltens zu traditionellen Investments im Verlauf des Konjunkturzyklusses stellen Rohstoffe ein wichtiges Instrumentarium zur Portfoliodiversifikation dar.[2] Aus diesem empirisch beobachtbaren Zusammenhang lässt sich folglich eine positive (negative) Performance in Phasen allgemein steigender (fallender) Aktien- und Anleihenmärkte ableiten.

Gleichzeitig weisen Gorton und Rouwenhorst (2006) sowie Adams et al. (2008) in ihren Studien einen hohen Gleichlauf der Rohstoffpreise mit dem allgemeinen Preisniveau nach,

---

[1] Vgl. zu einer ausführlichen Analyse einzelner Indexanbieter Füss et al. (2007).

[2] Vgl. auch hierzu ausführlich Füss et al. (2006), Erb and Harvey (2006), Gorton und Rouwenhorst (2006) sowie Kat und Oomen (2007).

womit Rohstoffe die Eigenschaft eines Inflations-Hedges besitzen (siehe auch Greer, 2005). Der Energiesektor gilt dabei als maßgeblicher Inflationstreiber, da dieser Rohstoff-Subsektor in jüngster Vergangenheit dramatische Preissteigerungen verzeichnete und gleichzeitig einen großen Anteil an den Konsumausgaben in einem Konsumentenpreisindex repräsentiert. So beträgt z.B. die Korrelation des S&P GSCI Composite Excess Return Index mit dem US-amerikanischen Konsumentenpreisindex (CPI) auf Monatsbasis 0,479 für den Zeitraum 12/1993 bis 12/2008.

Die bisherigen empirischen Untersuchungen zu den Korrelationsstrukturen von Rohstoff-Futures und traditionellen Assetkategorien beziehen sich mehrheitlich auf die unbedingte historische Korrelation. Dies bedeutet, dass selbst unter Verwendung von Tageswerten Aussagen über die Korrelationsdynamik nicht möglich sind. Stichprobenkorrelationen erlauben zwar einen Vergleich verschiedener Subperioden, jedoch erweist sich der Ansatz rollierender Korrelationen aufgrund der willkürlichen Wahl des Berechnungszeitraumes für den Korrelationskoeffizienten sowie des „Mitschleppens" von Ausreißern als weniger robust. Infolgedessen ist den rollierenden Korrelationen eine hohe Volatilität immanent.

Der Fokus dieses Beitrages richtet sich auf die dynamische Modellierung zeitabhängiger Volatilitäten und Korrelationen. Zur Analyse des dynamischen Zusammenhanges zwischen den wichtigsten Rohstoffsubindizes (Agrarindustrie, Edelmetalle, Energie, Industriemetalle und Lebendvieh) und den traditionellen Assetkategorien (Aktien USA, Aktien Welt, Anleihen USA und Anleihen Welt) wird ein Dynamic Conditional Correlation (DCC) GARCH-Modell geschätzt. Dabei erlauben die resultierenden Schätzgleichungen die Verknüpfung sowohl langfristiger als auch kurzfristiger Informationen zur Bestimmung aktueller bedingter Korrelationen. Die Kenntnis zeitabhängiger Volatilitäten und Korrelationen kann zur Unterstützung der Diversifikationsstrategie innerhalb der Portfolioselektion genutzt werden. Die empirischen Analysen zeigen, dass die Zusammenhänge zwischen Rohstoff-Futures-Subsektoren und traditionellen Assetklassen wie den nationalen/internationalen Aktien- und Anleihenmärkten deutlich geringer ausfallen als gewöhnlich in Studien, welche auf Monatsdaten basieren.

2. Modellierung bedingter Volatilitäten und Korrelationen

Das Ziel multivariater GARCH-Modelle ist es, eine dynamische Darstellung der Kovarianz- bzw. Korrelationsmatrix des multivariaten Datenprozesses in Abhängigkeit langfristiger, fundamentaler Korrelations- und kurzfristiger Innovationseffekte zu erreichen. Ausgehend von einem univariaten GARCH(p,q)-Modell wird daher im Folgenden das multivariate Dynamic Conditional Correlation (DCC)-Modell nach Engle (2002) vorgestellt.

2.1   Univariate GARCH(p,q)-Modelle

Es sei ε_t eine identisch und unabhängige verteilte Zufallsvariable, welche mit Erwartungswert $\mu = 0$ und Varianz $\sigma^2 = 1$ einer Normalverteilung folgt:

$$\varepsilon_t \sim N(0,1) \, .$$

Für die Renditen wird ein konstanter, zeitunabhängiger Mittelwert angenommen:

$$\mu_t = \mu \quad \forall t \, .$$

Die Abweichungen der Renditen von ihrem Mittelwert $(r_t - \mu)$ zum Zeitpunkt t seien normalverteilt mit bedingter Varianz h_t. Diese Varianz ist abhängig von der bis zum Zeitpunkt $t-1$ verfügbaren Information Ω_{t-1}. Es gilt folglich:

$$(r_t - \mu) \,|\, \Omega_{t-1} \sim N(0, h_t)$$

und

$$(r_t - \mu) = \varepsilon_t \sqrt{h_t} \, ,$$

wobei h_t die Varianzgleichung im GARCH(p,q)-Modell definiert:

$$h_t = \omega + \sum_{i=1}^{q} \alpha_i (r_{t-i} - \mu)^2 + \sum_{j=1}^{p} \beta_{t-j} h_{t-j} \, .$$

Für die Bestimmung der aktuellen bedingten Varianz sind somit vergangene Renditeabweichungen bis zum Zeitpunkt $t-i$ und bedingte Varianzen bis zum Zeitpunkt $t-j$ relevant.

Die in ihrem Komplexitätsgrad stark variierenden Spezifikationen wie beispielsweise das allgemeine *VEC(P,Q)*-Modell[3] oder das speziellere *BEKK(P,Q,K)*-Modell nach Yoshi Baba, Robert Engle, Dennis Kraft und Kenneth Kroner (Engle und Kroner, 1995) erlauben es, Informationen sowohl innerhalb einer Zeitreihe als auch zwischen den Zeitreihen zur Bestimmung der bedingten Kovarianzen zu nutzen. Mit steigender Zahl erklärender Variablen nimmt auch die Zahl der mitunter schwer interpretierbaren Parameter zu. So besteht ein *VEC(P,Q)*-Modell für K Zeitreihen, sowohl aus einem Vektor der Dimension $(1/2 \cdot K(K+1))$ als auch aus $P + Q$ Koeffizientenmatrizen mit jeweiliger Dimension $(1/2 \cdot K(K+1) \times 1/2 \cdot K(K+1))$ (Lütkepohl, 2006). Dies impliziert für den bivariaten Fall mit $P = Q = 1$ insgesamt 21 zu schätzende Parameter. Für dasselbe Problem sind bei der *BEKK*-Spezifikation insgesamt elf

---

3   *VEC* steht für den Vectorization Operator, welcher alle Spalten einer $M \times N$-Matrix zu einem Vektor der Dimension $(M \bullet) \times 1$ aufeinander stapelt.

Parameter zu schätzen. Zur Garantie einer positiv-definiten Kovarianzmatrix folgt hieraus eine große Zahl an Parameterrestriktionen.[4]

Ausgangspunkt der hier verwendeten Modellierung ist eine weiterentwickelte Version des von Bollerslev (1990) eingeführten CCC-Modells: das DCC Modell nach Engle (2002). Dieses Modell reduziert das Schätzproblem im Standardfall eines GARCH(1,1) zur univariaten und DCC(1,1) zur multivariate Modellierung auf lediglich acht zu schätzende Parameter.

2.2   Dynamic Conditional Correlation (DCC)-Modelle

Bekanntlich ist die Kovarianzmatrix eines n-dimensionalen Prozesses eine symmetrische $n \times n$ Matrix mit den Varianzen auf und den Kovarianzen ober- bzw. unterhalb der Hauptdiagonalen. So ergibt sich beispielsweise bei drei Zeitreihen eine symmetrische 3×3 Matrix:

$$H(X) = \begin{pmatrix} \text{var}(x_1) & \text{cov}(x_1,x_2) & \text{cov}(x_1,x_3) \\ \text{cov}(x_2,x_1) & \text{var}(x_2) & \text{cov}(x_2,x_3) \\ \text{cov}(x_3,x_1) & \text{cov}(x_3,x_2) & \text{var}(x_3) \end{pmatrix},$$

wobei $\text{var}(x_i)$ die Varianz der Variable x_i und $\text{cov}(x_i,x_j) = \text{cov}(x_j,x_i)$ die Kovarianz zwischen den Variablen x_i und x_j ist.

Die Matrix der Korrelationskoeffizienten ergibt sich dann analog als

$$\Gamma(X) = \begin{pmatrix} 1 & \rho(x_1,x_2) & \rho(x_1,x_3) \\ \rho(x_2,x_1) & 1 & \rho(x_2,x_3) \\ \rho(x_3,x_1) & \rho(x_3,x_2) & 1 \end{pmatrix}.$$

Hierbei ist $\rho(x_i,x_j) = \rho(x_j,x_i) = \dfrac{\text{cov}(x_i,x_j)}{\sqrt{\text{var}(x_i)}\sqrt{\text{var}(x_j)}}$ der Korrelationskoeffizient zwischen x_i und x_j. Da $\sqrt{\text{var}(x_i)}\sqrt{\text{var}(x_i)} = \text{cov}(x_i,x_i)$ ergeben die Diagonalelemente 1.

Der Vorteil des Constant Conditional Correlation (CCC)-Modells ist die einfache Berechenbarkeit der Kovarianzmatrix, wobei eine konstante Korrelation zwischen den Zeitreihen angenommen wird. Die Matrix der Korrelationskoeffizienten Γ ist somit zeitunabhängig, d.h. für alle Zeitpunkte gleich.

$$\Gamma_t = \Gamma \qquad \forall t$$

---

4   Für eine umfangreichere Diskussion sei auf die entsprechenden Originalarbeiten verwiesen.

Zunächst wird für jede Zeitreihe ein univariater GARCH-Prozess geschätzt, so dass sich zu jedem Zeitpunkt t die univariaten bedingten GARCH-Standardabweichungen über die Beziehung

$$\text{cov}_t(x_i, x_j) = \sigma_{x_i t} \sigma_{x_j t} \cdot \rho(x_i, x_j),$$

zu einer bedingten Kovarianzmatrix verbinden lassen. Die bedingte Kovarianzmatrix ist somit definiert als

$$H_t = D_t \Gamma D_t.$$

$D_t = diag[h_{ii,t}^{1/2}]$ ist bei K Zeitreihen eine $K \times K$ Diagonalmatrix, dessen $ii'tes$ Element durch den univariaten GARCH(p,q)-Prozess der Zeitreihe i generiert wird.

Diese sogenannte Constant Conditional Correlation (CCC)-Methode einer multivariaten Darstellung mittels univariater bedingter GARCH-Standardabweichungen und deren Verknüpfung über die Korrelationsmatrix erlaubt eine sparsame Parametrisierung mit intuitiv leicht zugänglichen Parametern. Gegenstand dieser Untersuchung ist jedoch gerade die Erfassung der Dynamik in der Korrelationsmatrix, welche im CCC-Modell als konstant angenommen wird.

Diese Lücke wird mit dem von Engle (2002) eingeführten und von Engle und Sheppard (2001) anaylsierten DCC-Modell geschlossen. Den CCC-Ansatz erweiternd, wird die Korrelationsmatrix nicht mehr als konstant angenommen, sondern ist selbst das Ergebnis eines durch eine Schätzgleichung beschreibbaren dynamischen Prozesses.

Die bedingte Kovarianz zweier Variablen x_i und x_j zum Zeitpunkt t bestimmt sich durch die Gleichung

$$\text{cov}_t(x_i, x_j) = \sigma_{x_i t} + \sigma_{x_j t} \cdot \rho(x_i, x_j).$$

Zu beachten ist, dass ρ_t nun zeitabhängig definiert ist. Analoges gilt für die Korrelationsmatrix Γ_t, so dass die Kovarianzmatrix zum Zeitpunkt t nun wie folgt definiert ist

$$H_t = D_t \Gamma_t D_t.$$

Wie im CCC-Modell ist $D_t = diag[h_{i,i,t}^{1/2}]$ die $K \times K$ Diagonalmatrix der bedingten Standardabweichungen.[5]

---

[5]   Zur ausführlichen Ableitung des DCC-Schätzers vgl. den Anhang.

3.   Empirische Analyse Univariater und Multivariater Volatilitäten von Commodity-Futures-Indizes

3.1   Daten

Für die Beurteilung eines Engagements im Rohstoffsektor wird gewöhnlich der *S&P GSCI Total Return Composite Index* als Benchmark gewählt. Gewichtet auf Basis der Weltproduktionsanteile, setzt er sich aus den vorherrschenden Rohstoffen aktiver und liquider OECD Futures-Märkte zusammen. Er wurde 1991 aufgesetzt und besteht aus 24 Rohstoff Futures Kontrakten. Die Gewichtung der einzelnen Subsektoren im Composite-Index wird in *Abbildung 1* dokumentiert. Hierbei zeigt sich der hohe Anteil von Energierohstoffen aufgrund der massiven Preissteigerung in diesem Sektor in jüngster Vergangenheit.

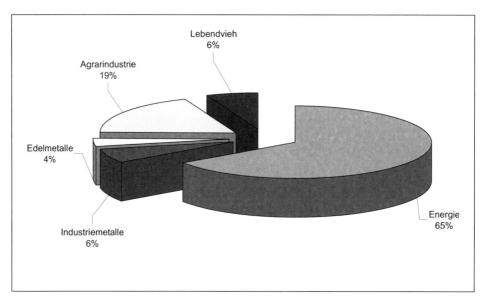

(Stand: Januar 2009, Dollar-gewichtet)
Abbildung 1:   *Gewichtung der Subsektoren in S&P GSCI Composite Index*

Da jede Rohstoffklasse eigenen marktbestimmenden Faktoren unterliegt, werden konsequenterweise nicht alle Rohstoffe während einer Hausse einen gleich starken Anstieg verzeichnen. Sinnvoll ist es deshalb, eine dezidierte Analyse der fünf Rohstoffsektoren Agrarindustrie, Edelmetalle, Energie, Industriemetalle und Lebendvieh durchzuführen. Im Folgenden werden zur empirischen Überprüfung bedingter Volatilitäten und Korrelationen von Commodity-

Futures-Preisen die täglichen Indizes für die Subsektoren *Agrarindustrie, Edelmetalle, Energie, Industriemetalle und Lebendvieh* von *Standard & Poor's & Goldman Sachs Commodity* (S&P GSCI) herangezogen.

Der US-amerikanische Aktien- und Anleihenmarkt wird durch den *S&P 500* bzw. *J.P. Morgan US Government Bond Performanceindex*, die internationalen Aktien- und Anleihenmärkte durch *Datastream World-DS Market Total Return Index* und *J.P. Morgan Global Government Bond Performanceindex* repräsentiert. Sämtliche Indizes stammen von Financial Thomson Datastream und decken den Analysezeitraum 31.12.1993 bis 31.12.2008 ab. Die Renditezeitreihen wurden als erste Differenzen aus den logarithmierten Indexwerten berechnet.

$$r_t = \ln\left(\frac{I_t}{I_{t-1}}\right) \cdot 100$$

Tabelle 1 gibt eine Übersicht über die Rendite- und Risikocharakteristika der Subsektoren sowie der traditionellen Anlageklassen auf Tagesbasis und in US-Dollar. Dabei wird ersichtlich, dass die Performance für die einzelnen Commodity-Sektoren im zugrundeliegenden Betrachtungszeitraum sehr unterschiedlich ausfallen. Lediglich der Energiesektor übersteigt auf Renditebasis die traditionellen Assetkategorien, jedoch bei einer deutlich höheren Standardabweichung. Umgekehrt weisen die Aktienmärkte eine höhere negative Schiefe sowie außerordentlich hohe Werte für die Kurtosis auf. Mit einer durchschnittlichen tägliche Rendite von -0,011% und -0,012% zeigen die Sektoren Agrarindustrie und Lebendvieh die schlechteste Renditeperformance. Die beste risikoadjustierte Performance wird an den Anleihenmärkten, die schlechteste für den Sektor Lebenvieh erzielt.

Tabelle 1: *Deskriptive Statistik*

Sektor	Mittel-wert	Std. abw.	Min	Max	Schiefe	Kur-tosis	J.B.-Test
Agrarindustrie	-0,011	1,115	-6,796	7,157	-0,131	6,385	18.758[***]
Edelmetalle	0,024	1,034	-8,238	8,763	0,064	10,960	10.321[***]
Energie	0,029	1,949	-14,38	9,085	-0,179	5,384	945,10[***]
Industriemetalle	0,020	1,263	-9,015	7,588	-0,351	7,521	34.074[***]
Lebendvieh	-0,012	0,860	-4,248	3,254	-0,171	3,824	129,35[***]
S&P 500	0,024	1,193	-9,460	10,958	-0,235	13,055	16.498[***]
DS Welt	0,021	0,890	-6,653	8,180	-0,479	13,041	16.567[***]
J.P. Morgan USA	0,025	0,300	-1,957	1,471	-0,276	5,151	802,02[***]
J.P. Morgan Welt	0,025	0,402	-1,918	3,067	0,131	5,219	812,07[***]

Anmerkungen: [***] für Signifikanz auf dem 1% Niveau (Ablehnung der Normalverteilungsannahme).

Abbildung 2 zeigt den Verlauf der Renditezeitreihen für die einzelnen Sektoren. Während die Renditen für die Sektoren der Agrarindustrie, Edel- und Industriemetalle ähnliche Verläufe aufzeigen, ist für den Energiesektor eine deutlich höhere Volatilität zu konstatieren. Die niedrigsten und im Zeitablauf nahezu konstanten Renditeschwankungen lassen sich für den Sektor Lebendvieh feststellen. Auch das am aktuellen Ende für alle anderen Commodity-Sektoren und insbesondere in Krisenzeiten zu beobachtende Volatility-Clustering zeigt sich für den Lebendvieh-Sektor nicht. Des Weiteren steigt die Volatilität für Industriemetalle während des konjunkturellen Booms, v.a. in den BRIC-Staaten, stark an.

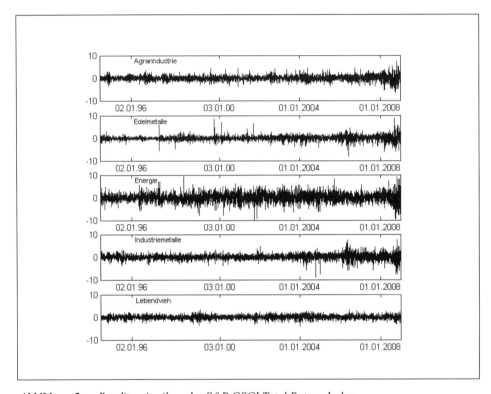

Abbildung 2:   *Renditezeitreihen des S&P GSCI Total Return Index*

3.2   Bedingte Volatilitäten

Vor der Modellierung der GARCH-Prozesse sind die Renditezeitreihen anhand des Augmented Dicky-Fuller-Tests auf Stationarität zu überprüfen. Die Nullhypothese H_0 einer Einheitswurzel wird für sämtliche Zeitreihen abgelehnt, womit Stationarität vorliegt und die

Renditezeitreihen integriert vom Grade Null sind, $I(0)$. Der ADF-Test weist signifikant von Null verschiedene autoregressive Terme für ausgewählte Zeitreihen auf, so dass nach wie vor serielle Korrelation in den Renditen vorhanden ist. Zur besseren Interpretierbarkeit der Ergebnisse wurden die Mittelwertgleichungen jedoch nur mit einer Konstanten spezifiziert. Durch die Vorgehensweise wird ein konstant bleibender Erwartungswert im GARCH-Modell unterstellt.

$$E(r_t) = \mu = \frac{1}{T} \begin{pmatrix} \sum_{t=1}^{T} r_{1t} \\ \vdots \\ \sum_{t=1}^{T} r_{kt} \end{pmatrix} \quad \forall t$$

An dieser Stelle sei ausdrücklich darauf hingewiesen, dass vor der Bestimmung eines GARCH-Prozesses alle Autokorrelationen in den Innovationen der Zeitreihe beseitigt werden sollten. Wie jedoch bereits angemerkt, würde deren Berücksichtigung in der Mittelwertgleichung eine Interpretation der Renditekorrelation ungleich erschweren. Insbesondere sind die autoregressiven Effekte vernachlässigbar klein und haben nur marginale Einflüsse auf die zu bestimmenden DCC Parameter.

Unter Verwendung des von Engle (1982) entwickelten ARCH-LM Tests werden die Mittelwertgleichungen auf ARCH-Effekte hin geprüft. Hierbei werden die quadrierten Residuen zum Zeitpunkt t, also der Teil der Renditen, der nicht durch die Mittelwertgleichung erklärt wird, auf die quadrierten Residuen der Zeitpunkte $t-1$ bis $t-q$ regressiert. Die lineare Regressionsgleichung lautet

$$(e_t)^2 = \gamma + \alpha_1 (e_{t-1})^2 + ... + \alpha_q (e_{t-q})^2 + error_t \quad \text{wobei } e_t = (r_t - \mu).$$

Unter der Nullhypothese keiner bestehenden ARCH-Effekte konvergiert die Teststatistik $T \cdot R^2$ zu einer χ^2-Verteilung mit q Freiheitsgraden.

Für $q=1$ bis $q=10$ ist diese Testgröße für alle Renditezeitreihen ausreichend groß, womit die Nullhypothese „keine ARCH-Effekte" verworfen wird. Nach der Bestimmung der GARCH-Modelle wurde dieser Test für die durch ihre bedingten Standardabweichungen standardisierten Residuen

$$\varepsilon_t = \begin{pmatrix} \varepsilon_{1t} \\ \vdots \\ \varepsilon_{kt} \end{pmatrix} = (r_t - \mu) D_t^{-1}$$

wiederholt. Dabei konnte für keine der Zeitreihen die Nullhypothese verworfen werden, was auf eine ausreichende Parametrisierung bzw. angemessene Spezifikation schließen lässt. Des Weiteren sind alle ARCH- und GARCH-Schätzer auf dem 1%-Signifikanzniveau von Null verschieden.

Abbildung 3 zeigt die für den GSCI Energy Index anhand eines GARCH(1,2)-Prozesses und für den S&P 500 Index anhand eines GARCH(2,1)-Prozesses errechnete bedingte Standardabweichung. Beide Indizes lassen am aktuellen Ende die erhöhte Volatilität der Subprime-Krise sehr deutlich erkennen. Ein ähnliches Muster weisen auch der J.P. Morgan USA, J.P. Morgan Welt und der DS Welt auf. Auffällig ist die im Schnitt höhere Volatilität des S&P GSCI Energie.

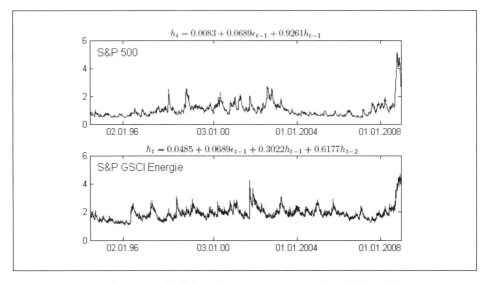

Abbildung 3:   *Bedingte Standardabweichungen des S&P 500 und S&P GSCI Energie*

3.3   Bedingte und unbedingte Korrelationen

In einem nächsten Schritt werden nun die Beziehungen zwischen den verschiedenen Rohstoffsektoren und den traditionellen Assetklassen untersucht. *Tabelle 2* bestätigt für den Untersuchungszeitraum die in der Literatur hervorgehobenen niedrigen Korrelationen von Commodities mit anderen Assetklassen. Mit Ausnahme von Edelmetallen – S&P 500 sind zwar alle Korrelationen mit den Aktienmärkten positiv, weisen jedoch nur einen Maximalwert von 0,271 auf. Vernachlässigt man die Ausreißergruppe der Industriemetalle, bewegen sich die Korrelationen in einer Spannweite zwischen -0,052 und 0,168.

Tabelle 2: *Unbedingte Korrelationen zwischen traditionellen Investments und Rohstoffsektoren*

	Agrarindustrie	Edelmetalle	Energie	Industriemetalle	Lebendvieh	S&P 500	DS Welt	J.P.M. USA	J.P.M. Welt
Agrarindustrie	1	0,232	0,218	0,219	0,080	0,081	0,168	-0,083	0,035
Edelmetalle		1	0,223	0,323	0,051	-0,05	0,113	0,033	0,307
Energie			1	0,200	0,088	0,047	0,135	-0,043	0,025
Industriemetalle				1	0,088	0,144	0,302	-0,113	0,025
Lebendvieh					1	0,056	0,098	-0,070	-0,044
S&P 500						1	0,801	-0,162	-0,158
DS Welt							1	-0,179	-0,022
J.P. Morgan USA								1	0,490
J.P. Morgan Welt									1

Für die Anleihenmärkte ergeben sich ähnlich niedrige Werte. Die Korrelationen bewegen sich zwischen -0,113 und 0,307. Bleibt der Edelmetallsektor unberücksichtigt, rangieren die Werte für die Korrelationskoeffizienten lediglich zwischen -0,108 und 0,034.

Eine solch statische Berechnung der historischen Korrelationsstruktur ist in ihrer Aussagekraft für die Portfolioselektion nur eingeschränkt nutzbar. Um die Dynamik in den Korrelationskoeffizienten betrachten zu können, behilft man sich in der Literatur häufig, indem rollierende Korrelationen bestimmt werden. In Abbildung 4 werden hierzu Korrelationen über ein Renditefenster von 100 Tagen berechnet.

Demgegenüber wird die Bestimmung der Schätzgleichung der bedingten Korrelationen mittels des in Abschnitt 2.2 beschriebenen zweistufigen Ansatzes durchgeführt.[6] *Abbildung 4* zeigt die bedingte Korrelation zwischen dem S&P 500 und dem S&P GSCI Energie Index. Der Maximalwert liegt hier bei 0,232, der Minimalwert bei -0,259. Zu erkennen ist eine durch die Subprime-Krise deutlich erhöhte Korrelation am aktuellen Ende. Aufgrund der Berücksichtigung des langfristigen Verhaltens bewegen sich die geschätzten Korrelationen in einem deutlich engeren Band als dies die historischen Korrelationen vermuten lassen. Der Maximalwert von 0.471 liegt hier deutlich höher; der Minimalwert beträgt -0,417.

---

6   Sämtliche Ergebnisse wurden mit der UCSD_GARCH Toolbox von Kevin Sheppard berechnet; http://www.kevinsheppard.com/wiki/UCSD_GARCH.

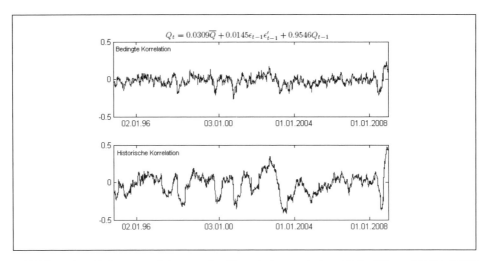

Abbildung 4:   *Bedingte und historische Korrelation zwischen S&P 500 und S&P GSCI Energie*

Eine differenziertere Dynamik ergibt sich zwischen J.P. Morgan Welt und dem Edelmetallsektor in *Abbildung 5*. Hier schwanken die Korrelationen über längere Zeitperioden auf unterschiedlichen Niveaus. Während zwischen 2001 und Mitte 2004 eine negative Korrelation überwiegt, erhöht sich die durchschnittliche Korrelation seit Mitte 2004 kontinuierlich. Allerdings sinkt im Vorkrisenzeitraum zunächst die bedingte Korrelation, um mit Einbruch der Subprime-Krise wieder anzusteigen.

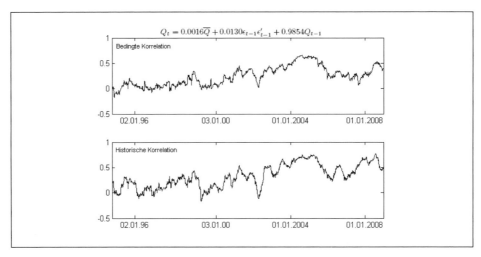

Abbildung 5:   *Bedingte und historeische Korrelation zwischen J.P. Morgan Welt und S&P GSCI Edelmetalle*

Vergleicht man die Minimum- und Maximumwerte rollierend historischer mit denen der bedingten Korrelationen, so fällt eine deutliche Diskrepanz auf. Die in *Tabelle 3* aufgelisteten Beispiele zeigen für den Aktienmarkt teilweise Unterschiede von bis zu 0,248, wie im Falle der Korrelation zwischen S&P 500 und GSCI Agrarindustrie. Eine deutliche Glättung ist auch für den Sektor Edelmetalle erkennbar. Während im Falle bedingter Korrelationen ein Wert von 0,4 nicht überschritten wird, übersteigen die historischen Korrelationen diesen Wert sehr deutlich.

Tabelle 3: Minimum-/Maximumwerte bedingter und historischer Korrelationen

	Bedingte Korrelationen nach DCC-Schätzung		Historische Korrelation nach rollierendem 100 Tagefenster	
	Min	Max	Min	Max
S&P 500 – Agrarindustrie	-0,035	0,035	-0,232	0,312
S&P 500 – Edelmetalle	-0,303	0,118	-0,497	0,285
S&P 500 – Energie	-0,259	0,232	-0,417	0,471
S&P 500 – Industriemetalle	-0,135	0,269	-0,244	0,419
S&P 500 – Lebendvieh	-0,079	0,166	-0,321	0,305
DS Welt – Agrarindustrie	-0,144	0,334	-0,281	0,521
DS Welt – Edelmetalle	-0,307	0,475	-0,416	0,541
DS Welt – Energie	-0,236	0,386	-0,394	0,626
DS Welt – Industriemetalle	-0,138	0,562	-0,266	0,653
DS Welt – Lebendvieh	-0,176	0,349	-0,276	0,458
J.P.M. USA – Agrarindustrie	-0,254	0,091	-0,391	0,253
J.P.M. USA – Edelmetalle	-0,324	0,315	-0,506	0,486
J.P.M. USA – Energie	-0,352	0,269	-0,392	0,450
J.P.M. USA – Industriemetalle	-0,301	0,049	-0,453	0,288
J.P.M. USA – Lebendvieh	-0,183	0,095	-0,302	0,195
J.P.M. Welt – Agrarindustrie	-0,136	0,207	-0,346	0,614
J.P.M. Welt – Edelmetalle	-0,163	0,660	-0,166	0,774
J.P.M. Welt – Energie	-0,182	0,310	-0,273	0,583
J.P.M. Welt – Industriemetalle	-0,252	0,346	-0,341	0,627
J.P.M. Welt – Lebendvieh	-0,119	0,055	-0,306	0,344

Ähnlich verhält es sich mit dem Anleihenmarkt; auch hier sind die bedingten Korrelationen um bis zu 0,217 geringer. Auffällig ist der hohe Gleichlauf zwischen globalen Anleihen und Edelmetallen. Hier beträgt die maximale bedingte Korrelation 0,660 sowie die historische Korrelation 0,774.

4.   Zusammenfassung und Ausblick

Das in bisherigen Studien für die Anlageklasse Rohstoffe hervorgehobene stilisierte Faktum der niedrigen Korrelation zu traditionellen Assetklassen wie Aktien und Anleihen konnte mittels der hier verwendeten dynamischen Korrelationsanalyse bestätigt werden. So liegen die bedingten Korrelationen mehrheitlich unterhalb des Maximalwertes 0,3. Im Vergleich hierzu liefert die Verwendung historischer Korrelationen aufgrund ihrer hohen Anfälligkeit für extreme, jedoch kurzfristige Ereignisse ein verzerrtes Bild der *grundlegenden* Korrelationsstruktur.

Das DCC Modell hingegen gewichtet je nach Schätzwert kurzfristige und langfristige Effekte unterschiedlich stark. Folglich können die Einflüsse extremer, bezüglich der grundlegenden Struktur aber weniger relevante Ereignisse abgemildert werden. Die Kenntnis dieser Korrelationsstruktur ermöglicht zudem, eine zeitlich beschränkte Vorhersage über die Korrelationsentwicklung zu treffen. Die hieraus gewonnenen Informationen lassen sich im Rahmen der taktischen Asset Allocation zur gezielten Portfoliosteuerung nutzen.

Allerdings ist einschränkend anzumerken, dass der zur Schätzung vorteilhafte Aufbau des DCC-Modells mit einer Reihe von (mehr oder weniger) starken Annahmen einhergeht. So ist per definitionem ein Einfluss der Volatilität auf die Korrelation ausgeschlossen. Ferner wird für die Renditen ein stationärer und multivariat normalverteilter Prozess ohne Autokorrelation unterstellt.

Anhang: Ableitung der DCC-Schätzparameter

Ein multivariates GARCH(p,q)-Modell lässt sich wie folgt beschreiben:

$$(r_t - \mu) \mid \Omega_{t-1} \sim N(0, H_t),$$

wobei

$$r_t = \begin{pmatrix} r_1 \\ \vdots \\ r_k \end{pmatrix}$$

ein $k \times k$ Renditevektor der k Anlagepapiere und

$$\mu = \frac{1}{T} \begin{pmatrix} \sum_{t=1}^{T} r_{1t} \\ \vdots \\ \sum_{t=1}^{T} r_{kt} \end{pmatrix}$$

der Vektor der Renditenmittelwerte sowie Ω_{t-1}, die zum Zeitpunkt $t-1$ verfügbare Information darstellt. Dabei wird angenommen, dass der Vektor $(r_t - \mu)$ multivariat normalverteilt ist mit einem Mittelwert von Null und einer Varianz H_t. Muss die Annahme der Normalverteilung verworfen werden, kann der DCC-Schätzer dennoch als ein Quasi-Maximum-Likelihood Schätzer interpretiert werden.

Die Kovarianzmatrix ist wie folgt definiert:

$$H_t = D_t \Gamma_t D_t.$$

Zur Bestimmung des ii'-ten Elements der symmetrischen Diagonalmatrix D_t, d.h. der bedingten Standardabweichung der i'-ten Zeitreihe, kann ein beliebiges GARCH(p,q)-Modell herangezogen werden. Im vorliegenden Beitrag wird ein Standard-GARCH(p,q)-Modell gewählt.

Die bedingte Korrelationsmatrix zum Zeitpunkt t ergibt sich als

$$\Gamma_t = Q_t^{*-1} Q_t Q_t^{*-1},$$

wobei für die Matrix Q_t gilt:

$$Q_t = (1 - d_1 - d_2)\bar{Q} + d_1(\varepsilon_{t-1}\varepsilon_{t-1}') + d_2 Q_{t-1},$$

$$
Q_t^* = \begin{pmatrix} \sqrt{q_{11}} & 0 & \cdots & 0 \\ \vdots & \sqrt{q_{22}} & \cdots & \vdots \\ \vdots & \vdots & \ddots & 0 \\ 0 & 0 & \cdots & \sqrt{q_{kk}} \end{pmatrix}.
$$

Die Elemente des Vektors ε_t stellen die mit Hilfe der bedingten Volatilität standardisierten Abweichungen des Renditenvektors r_t von seinem Mittelwertvektor μ dar:

$$
\varepsilon_t = \begin{pmatrix} \varepsilon_{1t} \\ \vdots \\ \varepsilon_{kt} \end{pmatrix} = (r_t - \mu)D_t^{-1}.
$$

$\bar{Q}_t$ ist die unbedingte Korrelationsmatrix der standardisierten Residuen und Γ_t die bedingte Korrelationsmatrix mit dem ij'-tem Element $p_{ijt} = \dfrac{q_{ijt}}{\sqrt{q_{ii}q_{jj}}}$. Ist Q_t positiv definit, so gilt dies auch für Γ_t. In ihrer Originalarbeit definieren Engle und Sheppard (2001) die Dynamik von Q_t durch:

$$
Q_t = \left(1 - \sum_{m=1}^{M} \alpha_m - \sum_{n=1}^{N} \beta_n\right)\bar{Q}_t + \sum_{m=1}^{M} \alpha_m\left(\varepsilon_{t-m}\varepsilon'_{t-m}\right) + \sum_{n=1}^{N} \beta_n Q_{t-n}.
$$

M und N werden jeweils auf eins beschränkt, wodurch die Dynamik der Korrelationsmatrix noch ausreichend gut aufgefangen und eine übermäßige Parametrisierung vermieden wird. Da die Gleichung von Q_t spezifiziert ist, können ihre Parameter anhand einer Log-Likelihood-Maximierung hinsichtlich der bedingten Korrelationsmatrix geschätzt werden.

Für die Parameterschätzung schlagen Engle und Sheppard (2001) einen zweistufigen Ansatz vor:

- Auf der ersten Stufe werden für jede Zeitreihe univariate GARCH-Gleichungen geschätzt, um die bedingte Volatilität abzubilden. Hieraus ergibt sich für jeden Zeitpunkt t die Matrix D_t.

- Auf der zweiten Stufe werden die Maximum-Likelihood-Funktion bestimmt und die entsprechenden Parameter geschätzt.

Literatur

ADAMS, ZENO, ROLAND FÜSS UND DIETER G. KAISER (2008): Macroeconomic Determinants of Commodity Futures Returns, in: Frank J. Fabozzi, Roland Füss, and Dieter G. Kaiser (Hrsg.), *Handbook of Commodity Investing*, New York: Wiley & Sons, S. 87-112.

BOLLERSLEV, TIM P. (1990): Modelling the Coherence in Short Run Nominal Exchange Rates: A Multivariate Generalized ARCH Model, *Review of Economics and Statistics*, Vol. 72(3), S. 498-505.

ENGLE, ROBERT F. UND KENNETH KRONER (1995): Multivariate Simultaneous Generalized ARCH, *Econometric Theory*, Vol. 11(1), S. 122-50.

ENGLE, ROBERT F. (2002): Dynamic Conditional Correlation – A Simple Class of Multivariate GARCH Models, *Journal of Business and Economic Statistics*, Vol. 20(3), S. 339-350.

ENGLE, ROBERT F. UND KEVIN SHEPPARD (2001): Theoretical and Empirical Properties of Dynamic Conditional Correlation Multivariate GARCH, *Economics Working Paper Series* 2001-15, Univserity of California at San Diego, Department of Economics.

ERB, CLAUDE B. UND CAMPBELL R. HARVEY (2006): The Tactical and Strategic Value of Commodity Futures, *Financial Analysts Journal*, Vol. 62(2), S. 69-97.

FÜSS, ROLAND, CHRISTIAN HOPPE UND DIETER G. KAISER (2007): Die Benchmark-Problematik von Commodity-Futures-Indizes, *Finanz Betrieb*, 11/2007, S. 682-700.

Füss, Roland, Dieter G. Kaiser und Markus Praß (2006): Die Ertragskomponenten von Commodity-Futures-Indizes, *Zeitschrift für das gesamte Kreditwesen*, 22/2006, S. 1214-1218.

GORTON, GARY UND GEERT ROUWENHORST (2006): Facts and Fantasies about Commodity Futures, *Financial Analysts Journal*, Vol. 62(2), S. 47-68.

GREER, ROBERT (2005): Commodities – Commodity Indexes for Real Return and Diversification, in: Robert Greer (Hrsg.), *The Handbook of Inflation Hedging Investments*, New York: McGraw-Hill.

KAT, H.M. UND OOMEN, R.C. (2007): What Every Investor Needs to Know about Commodities, Part I: Univariate Return Analysis, *Journal of Investment Management*, Vol. 5, S. 1-25.

LÜTKEPOHL, HELMUT (2006): *New Introduction to Multiple Time Series Analysis*, 2. Aufl., Berlin: Springer.

Teil IV

Anhang

Glossar

API

Der API-Index ist von Argus Media Limited und McCloskey Group Limited definiert worden. Hierbei werden Brennwert, Transport und Lieferort der Kohle bestimmt. So sind die Lieferorte von API#2 Amsterdam, Rotterdam und Antwerpen (ARA), API#3 Newcastle, Australien, API#4 Richards Bay, Südafrika.

Ausübungskurs

Der Ausübungskurs gibt den Kurs an, zu dem ein Käufer von Optionen kaufen oder verkaufen kann. Der Ausübungskurs wird auch als „Strike" oder „Strikepreis" bezeichnet.

Backwardation

Liegen die Preise länger laufender Terminkontrakte unter denen mit einer kürzeren Fälligkeit, bezeichnet man dies als Backwardation.

Barrel, bbl

Barrel ist ein Raummaß, welches häufig für Öl- und Ölprodukte verwendet wird. In diesem Zusammenhang enthält ein Barrel (Fass) 42 US-Gallonen bzw. 158.97 Liter.

Base

Als Grundlast bezeichnet man die Nachfrage in einem Stromnetz, die während eines Tages nicht unterschritten wird. Am Spotmarkt der EEX, der Strombörse in Leipzig, werden Kontrakte für jede Stunde eines Tages gehandelt. Zusätzlich werden als Blockkontrakte eine Tages-Grundlastlieferung für jeden Tag von Montag bis Sonntag sowie eine Wochenend-Grundlastlieferung gehandelt. Der Handel von Grundlast ist auch am Terminmarkt (zum Beispiel Phelix Baseload) möglich.

Basismetalle

Zu den, auch als Basismetalle bezeichneten, am meisten gehandelten Industriemetallen zählen Aluminium, Blei, Kupfer, Nickel, Zinn und Zink. Der Markt für Stahl und Stahllegierungen ist sehr heterogen, sodass bisher kein liquider Terminhandel zustande kam. Aufgrund gestiegener Nachfrage nach solchen Produkten bieten Terminbörsen zunehmend auch Futures auf Stahl an.

Basisrisiko

Verbleibendes Risiko bei einer Energie- und Rohstoffpreisabsicherung, falls das finanzielle Sicherungsgeschäft dem physischen Grundgeschäft nicht exakt entspricht. Basisrisiken treten im Zusammenhang mit unterschiedlichen Produktspezifikationen, Lieferzeitpunkten und Lieferorten auf.

Brent

Brent ist die für Europa wichtigste Rohöl-sorte. Brent ist leichtes, süßes Rohöl (niedriger Schwefelgehalt). Da es sich hierbei um einen Mix aus mehreren Öl-feldern in der Nordsee handelt, wird es auch als „Brent Blend" bezeichnet. Brent wird in US-Dollar/Barrel gehandelt.

Bushel

Ein Bushel (en. für Scheffel) ist ein Raummaß. Es stammt aus England, und ist heute noch im Getreidehandel in den USA gebräuchlich. Bushel = 27,2155 kg, metrische Tonne = 36.744 bushel.

Call-Option

Der Käufer einer Call-Option erwirbt das Recht, innerhalb einer bestimmten Frist oder am Verfalltag der Option eine festge-legte Menge von einem Handelsgut zu ei-nem vorab vereinbarten Preis zu beziehen. Der Verkäufer eines Calls erhält eine Prämie.

Cash Settlement

Termingeschäfte werden häufig zur finan-ziellen Absicherung von Preisrisiken ein-gesetzt. Anstelle der physischen Lieferung findet häufig zwischen den Geschäftspart-nern in einem Termingeschäft ein Bar-ausgleich statt.

CIF

siehe Incoterm

Clearing Stelle

Die Clearingstelle ist eine Organisation an einer Terminbörse, die bei Ver-tragsabschluss zu jedem Käufer und Ver-käufer die rechtliche Gegenposition be-zieht und somit das Bonitätsrisiko der Handelsteilnehmer übernimmt und die Erfüllung des Geschäfts garantiert.

CO_2

Gas, das vor allem bei der Verbrennung entsteht und als wesentliches Treibhaus-gas betrachtet wird.

Collar

Ein Collar ist die vertragliche Festlegung einer Ober- (Cap) und Untergrenze (Floor) zukünftiger Preise. Die Kombination aus Kauf und Verkauf je einer Option führt zu einer Bandbreite innerhalb welcher sich der Preis bewegt. Außerhalb der Ober- bzw. Untergrenze limitieren Optionen wei-teres Gewinn- aber auch Verlustpotenzial.

Contango

Als Contango bezeichnet man eine Marktsituation, in der die Preise länger laufender Futurekontrakte teurer sind als solche mit einer kürzeren Fälligkeit.

Convenience Yield

Convenience Yield ist die Rendite, die dem Besitzer aus dem Halten eines physi-schen Lagerbestandes entsteht, jedoch nicht dem Besitzer eines Kontrakts für zukünftige Lieferung. Sie verbrieft den Wert, das physische Produkt unmittelbar verfügbar zu haben.

Cost-Plus-Fee

Wird im Gegensatz zu Marktpreisen verwendet und orientiert sich an den Kosten zuzüglich eines Gewinnanteils, der in der Regel zwischen fünf und zehn Prozent liegt.

Day-Ahead

Ist die Bezeichnung des Liefertermins für Strom oder Gas. Das heißt, heute wird mit Lieferung für morgen gehandelt.

Downstream

Downstream, Midstream und Upstream sind die Bezeichnungen für die Wertschöpfungsstufen Vertrieb/Verteilung, Großhandel, und Exploration und Erzeugung.

Dry Bulk

Bezeichnung im Seehandel für Massengüter wie Kohle und Erz.

EEX

European Energy Exchange (Leipzig): Börsenplatz für Strom, Gas, Kohle, CO_2. Weitere Informationen unter www.eex.de.

EFET

Die European Federation of Energy Traders kümmert sich um die Ausgestaltung des Energiehandels in Europa (mehr Informationen unter www.efet.org).

EFP

Steht für Exchange for Physical und wird bei der Futuresverträgen eingesetzt, wenn statt des finanziellen Settlements die Ware physisch geliefert werden soll.

EU-Emissionsrecht

Das handelbare Recht, in einer definierten Handelsperiode eine Tonne CO_2 zu emittieren.

FOB

siehe Incoterm

Forward

Verpflichtung, ein bestimmtes Handelsgut zu einem festgelegten Preis an einem festgelegten zukünftigen Zeitpunkt zu kaufen oder zu verkaufen. Individuell ausgestaltetes, nicht börslich gehandeltes Termingeschäft, bei dem Art, Preis, Liefermenge und Fälligkeitszeitpunkt zwischen den Geschäftspartnern vereinbart werden.

Forward-Curve

Ist die Preisstrukturkurve für die Verträge mit ansteigendem Lieferdatum. Das heißt, die Preisquotierungen für Day-Ahead, Week-Ahead, Nearby Month, Nearby Quarter und Nearby Calender Year werden als Preiskurve dargestellt. Terminkurven existieren für sehr viele international gehandelte Rohstoffe. Je nach Verlauf der Terminkurve unterscheidet man zwischen Backwardation und Contango. Zu beachten ist, dass diese Strukturen zeitlich nicht stabil sind.

Fuel Oil

Allgemeine Bezeichnung für verschiedene Petrolium-Destillate, zum Beispiel Diesel, Kerosin, schweres Heizöl.

Future

Verpflichtung ein bestimmtes Handelsgut zu einem festgelegten Preis an einem festgelegten zukünftigen Zeitpunkt zu kaufen oder verkaufen. Futurekontrakte sind standardisiert und somit an der Börse handelbar.

Gasoil

Eine Bezeichnung für leichtes Heizöl, wie sie vor allem in Europa gebräuchlich ist. In den USA wird die Bezeichnung „heating oil" bevorzugt.

HEL

Leichtes Heizöl mit 0,2 Prozent Schwefelgehalt. Referenzquelle für Heizölnotierungen in EUR/hl ist das Statistische Bundesamt Wiesbaden, Fachserie 17, Reihe 2, www.destatis.de.

HSL

Schweres Heizöl mit einem Prozent Schwefelgehalt. Referenzquelle für Heizölnotierungen in EUR/MT ist die monatliche Veröffentlichung des Statistischen Bundesamtes.

Hub

Ist die Bezeichnung für einen Gashandelspunkt. Dabei ist der Lieferpunkt der jeweilige Hub. Ein Hub ist der National Balancing Point für UK, der Henry Hub für USA, der TTF für die Niederlande.

ICE

Intercontinental Exchange, 2001 Fusion mit der IPE (International Petroleum Exchange) und 2007 mit NYBOT (New York Board of Trade), liquider Handel von Futures auf Brent-Erdöl.

Incoterm

Das Transportrisiko umfasst den durch den Transport vom Lieferanten zum Unternehmen verursachten Untergang oder die Beschädigung der Produktionsfaktoren. Im internationalen Warenverkehr sind Kosten- und Gefahrenübergang vom Verkäufer auf den Käufer größtenteils standardisiert. Grundlage sind sogenannte Incoterms (International Commercial Terms), die von der Internationalen Handelskammer in Paris festgesetzt werden. Zu den bekanntesten Incoterms im internationalen Seehandel gehören:

FAS: Free Alongside Ship, Verkäufer trägt Kosten und Risiko bis zur Entladung (des LKWs) im Exporthafen,

FOB: Free On Board, Verkäufer trägt Kosten und Risiko bis zur Verladung im Exporthafen. Dies bedeutet, dass der Lieferant die Lieferung aufs Schiff lädt (über die Reling). Sollte die Ladung vor Erreichen der Reling ins Wasser fallen, hat der Lieferant den Schaden. Fällt die Lieferung aufs Deck, hat der Käufer den Schaden.

CIF: Cost, Insurance and Freight, Verkäufer trägt Versicherungs- und Transportkosten bis zur Entladung im Importhafen.

Kessel- und Kokskohle

Die Kohleförderung wird aufgeteilt in Kesselkohle für die Stromerzeugung und Kokskohle für die Stahlproduktion. Die Eigenschaften der Kohle sind auf die beiden Verbrennungsmethoden unterteilt. Wobei Kokskohle höhere Temperaturen als Kesselkohle erreicht.

Kontrahentenrisiko

Als Kontrahenten werden Vertragspartner bezeichnet, die sich zur Erbringung einer zukünftigen Leistung verpflichtet haben. Besteht ein Risiko, dass durch den vollständigen oder teilweisen Ausfall oder durch die Verschlechterung der Bonität einer Gegenpartei (Kontrahent) ein Wertverlust aus einem Finanzgeschäft eintritt, so wird dies als Kontrahentenrisiko bezeichnet. Ein Risiko entsteht, wenn der Kontrahent sich nicht vereinbarungsgemäß verhält und es dadurch zu Verlusten kommen kann.

Korrelation

Der Korrelationskoeffizient ist ein statistisches Maß für den Zusammenhang zweier Marktpreise. Er misst die Richtung und die Stärke des Zusammenhangs und kann Werte zwischen +1 und -1 annehmen. Werte von -1 bedeuten einen perfekt negativen Zusammenhang. Das heißt, wenn ein Wert steigt, fällt der andere. Eine Korrelation von null signalisiert, dass zwischen den Werten kein statistischer Zusammenhang feststellbar ist. Ein perfekt positiver Zusammenhang besteht bei einem Korrelationskoeffizienten von +1.

LME

London Metal Exchange, bedeutende Börse und Referenzquelle bei der Absicherung von Metallpreisrisiken.

LNG

Liquified Natural Gas erhält man durch Herunterkühlen von Erdgas auf -162 Grad Celsius. Die dadurch entstehende Flüssigkeit entspricht nur noch einem Sechshundertstel des Volumens von Erdgas. Dadurch lässt sich das Gas besser per Schiff transportieren.

Makro-Hedge

Absicherung eines gesamten Portfolios mit Finanzinstrumenten. Mit einem Makro-Hedge wird nicht jede Position einzeln gesichert, sondern beispielsweise mittels einer Ölpreisabsicherung ein bestehendes Portfolio aus unterschiedlichen Ölprodukten. Im Zusammenhang mit der Rechnungslegung existieren eigene, zum Teil sehr enge Definitionen in den jeweiligen Standards.

Margin Call

Nachschussforderung bei Futurekontrakten über zusätzliche Sicherheiten nach entstandenen Buchverlusten, sobald das verbleibende Guthaben unter den vorschriftsmäßigen Sicherheitsbetrag gesunken ist.

Marked-to-market

Verfahrung zur Bewertung von offenen Positionen zu aktuellen Marktpreisen. Dabei wird eine bestehende Position in der Regel täglich zu aktuellen Marktpreisen bewertet und der potenzielle Gewinn oder Verlust ausgewiesen.

Marktpreisrisiko

Das Marktpreisrisiko kann definiert werden als der potenzielle Verlust aufgrund von nachteiligen Veränderungen von Marktpreisen oder auch Preis beeinflussenden Parametern (zum Beispiel Volatilitäten). Für Unternehmen bedeutende Marktpreisrisiken sind das Rohstoffpreisrisiko, das Zinsänderungsrisiko und das Währungsrisiko sowie ggf. das Aktienkurs- und Immobilienrisiko.

NAP

Nationaler Allokationsplan: Regelt die Verteilung der CO_2-Emissionsrechte und damit der Minderungsleistungen auf verschiedene Sektoren.

Nymex

New York Mercantile Exchange, größte Terminbörse der Welt für Energieprodukte, Gründung 1872 als „Butter and Cheese Exchange of New York", Handel des liquidesten Futures auf Erdöl (WTI).

OTC

Am OTC-Markt (Over the Counter) stehen dem Handelspartner andere Marktteilnehmer (z.B. Banken) gegenüber und es werden individuell gestaltete Verträge über den Austausch von Finanzprodukten geschlossen. Der außerbörsliche Handel ist keinen speziellen gesetzlichen Regeln unterworfen. Er verläuft aber nach einheitlichen, von allen Marktteilnehmern akzeptierten Handelsusancen (Handelsbräuchen), die in **Rahmenverträgen** festgehalten werden.

Peak

Eine besonders hohe Nachfrage nach elektrischem Strom entsteht häufig zur Mittagszeit und in den frühen Abendstunden. Damit das Stromnetz nicht zusammenbricht, muss auch dieser Bedarf unmittelbar gedeckt werden. Hierfür stehen sogenannte Spitzenlast-Kraftwerke zur Verfügung. Peak Load Kontrakte werden an der EEX für jeden Tag von Montag bis Freitag für die Zeit von 08.00 Uhr bis 20.00 Uhr und am Terminmarkt (z.B. Phelix Peakload) gehandelt.

Pipelinegas

wird im Gegensatz zu LNG mittels eines Leitungssystem und Kompressoren über weite Distanzen transportiert.

Plain-Vanilla

Bezeichnung für Standardprodukte bei Finanzinstrumenten. Als Plain-Vanilla-Produkte werden Futures, Forwards, Swaps und Optionen bezeichnet, die keine besonderen Konstruktionen aufweisen.

Proxy Hedge

Die direkte Absicherung von Rohstoffen wird häufig dadurch erschwert, dass für das abzusichernde Produkt kein liquider Terminmarkt besteht. Um sich dennoch gegen Preisänderungen schützen zu können, kann auf Produkte ausgewichen werden, für die ein Terminmarkt existiert und von denen eine ähnliche Preisentwicklung erwartet wird.

Put-Option

Der Käufer einer Put-Option hat das Recht, ein bestimmtes Handelsgut zu einem vorher vereinbarten Preis (während der Laufzeit oder am Verfalltag der Option) zu verkaufen. Für dieses Recht bezahlt der Käufer die Optionsprämie an den Verkäufer.

Settlement

Abwicklung und Erfüllung eines Handelsgeschäftes. Beim Settlement findet der Austausch von Handelsobjekt und Geldgegenwert auf Basis des Settlementpreises statt.

Swap

Tausch von Zahlungen über eine festgelegte Menge und einen definierten Zeitraum in der Zukunft. Swaps beinhalten in der Regel einen Tausch von variablen gegen fixe Preise, sodass mittels Swaps das Preisrisiko eines Handelsgutes eliminiert werden kann.

Terminpreis

Der heute vereinbarte Preis eines Geschäftes, bei dem die Lieferung bzw. Abnahme und Bezahlung der gehandelten Werte nicht zum Zeitpunkt des Geschäftsabschlusses erfolgt, sondern zu einem fixierten Termin in der Zukunft.

ULSD

Ultra Low Sulfur Diesel ist Dieselkraftstoff mit sehr geringem Schwefelgehalt. Der Schwefelgehalt wird in ppm (parts per million) angegeben.

Underlying

Basiswert, welcher einem Termingeschäft für die Erfüllung und Bewertung als Grundlage dient.

Value at Risk

Verfahren zur Berechnung des Verlustpotenzials eines Handelsgutes, das sich aufgrund marktorientierter Preisveränderungen ergibt. Der Value at Risk stellt dabei die in Geldeinheiten berechnete negative Veränderung eines Handelsgutes dar, die mit einer bestimmten Wahrscheinlichkeit innerhalb eines festgelegten Zeitraumes nicht überschritten wird.

Volatilität

Volatilität bezeichnet die durchschnittliche Schwankungsbreite von Marktpreisen. Basis für die Berechnung der Volatilität ist eine Standardabweichung. Mit der Volatilität kann die Schwankungsbreite eines Marktpreises ausgedrückt werden, welches wiederum Rückschlüsse auf den Risikogehalt einer Position bietet.

Währungsrisiko

Preisveränderung eines Finanzinstrumentes aufgrund sich ändernder Wechselkursbeziehungen. Energie- und Rohstoffpreise unterliegen oftmals Währungsrisiken, insbesondere wenn diese in US-Dollar fakturiert sind und gleichzeitig das physische Grundgeschäft in einer anderen Währung abgewickelt wird.

Week-Ahead

Ist die Bezeichnung des Liefertermins für Strom oder Gas. Das heißt, heute wird mit Lieferung für nächste Woche gehandelt.

Wet Bulk

Bezeichnung im Seehandel für Massengüter wie Öl und Gas.

WTI

West Texas Intermediate. Amerikanisches Rohöl, welches als Benchmark bei der Preisbildung eines Großteils der weltweiten Rohölproduktion herangezogen wird. Futures auf WTI werden an der Nymex gehandelt.

Zero-Cost Collar

Collar, bei dem die Prämie aus dem Cap genauso hoch ist wie die Prämie aus dem Floor, sodass sich die Kosten der beiden Prämien genau aufheben.

Die Herausgeber

Diplom Betriebswirt (FH) **Roland Eller** ist Trainer, Management-
berater und freier Publizist. Er ist unabhängiger RiskConsultant bei
Banken, Sparkassen, Kommunen, Stadtwerken, Unternehmen und
Kapitalanlagegesellschaften sowie Seminartrainer zu Techniken und
Methoden der Analyse, Bewertung und dem Risikomanagement von
Zinsinstrumenten, Aktien, Währungen, Rohstoffen und Derivaten.

Diplom-Wirtschaftsmathematiker **Markus Heinrich** trainiert Banken,
Sparkassen, Fondsgesellschaften und Versicherungen in den
Bereichen derivative Finanzinstrumente sowie Risikosteuerung und
-management. Er berät Kreditinstitute bei der Implementierung der
quantitativen Institutssteuerung und des Markt- und Kreditrisiko-
controlling wie auch in der Umsetzung der MaRisk.

Dipl. Kaufmann **René Perrot** ist Trainer und Berater von Banken,
Sparkassen, Fondsgesellschaften und Versicherungen und deckt für
Roland Eller den Bereich Anleihe- und Aktienmanagement, Aufbau
und Prüfung des Investmentprozesses, Überwachung der Performance von Anlagestrategien, Entwicklung von strukturierten Anlagestrategien sowie Tradingmethodik ab.

Dipl. Betriebswirt **Markus Reif** ist Trainer und Berater von Banken,
Sparkassen, Fondsgesellschaften und Versicherungen in den Bereichen derivative Finanzinstrumente, Risiko- und Bilanzstruktur-
management. Darüber hinaus ist er Autor zahlreicher Fachartikel
und Herausgeber mehreren Standardwerke. Zuvor war er bei M.M.
Warburg & CO in Hamburg als Leiter des Bereiches Fixed Income
tätig. Davor bei Sal. Oppenheim jr. & Cie. in Frankfurt verantwortlich für die Konstruktion und das Risikomanagement strukturierter
Kapitalmarktprodukte.

Treasury Know-how auf den Punkt gebracht

„Reinklicken, entdecken, verstehen und erfolgreich umsetzen", so lautet die Mission von **TREASURY**WORLD, dem Onlineportal der Roland Eller Consulting GmbH. **TREASURY-**WORLD ist die Tür zur faszinierenden Welt eines modernen Treasury. Es ist verständlich, praxisorientiert und umsetzungsorientiert. **TREASURY**WORLD wurde für Einsteiger und Professionals als Navigator für das immer komplexer werdende Umfeld einer modernen Treasury konzipiert.

TREASURYWORLD dient als Plattform für den Erfahrungsaustausch zwischen Treasury-Interessierten. **TREASURY**WORLD sammelt Informationen, schreibt eigene Artikel und Zusammenfassungen, wertet andere Internetseiten aus und stellt diese in einer umfangreichen Wissensdatenbank allen Interessenten zur Verfügung. Hierbei werden primär folgende Wissensbereiche unterschieden:

– Gesetze und Standards (z.B. KWG, MaRisk, HGB, IFRS/IAS)
– Professionelles Risikomanagement von Finanzrisiken (z.B. Marktpreisrisiken)
– Cash- und Liquiditätsmanagement
– Finanzierungs- und Anlagemanagement
– Bilanzierung und Steuern
– Finanzmärkte und Produkte
– Derivate – Grundlagen und Analyse
– Volkswirtschaftliche Rahmenbedingungen

TREASURYWORLD steht für das Gesamtkonzept, die Philosophie bzw. die Vision der Roland Eller Gruppe. Im Fokus steht ein **ganzheitliches** Treasury-Management, das alle Risiken, also beispielsweise Marktpreis-, Adress- und Liquiditätsrisiken, aber auch operationelle Risiken und Absatzrisiken gleichwertig berücksichtigt. **TREASURY**WORLD will allen Treasury-Interessierten auf die aktuellen Herausforderungen und Fragen auch **Antworten** nach der Philosophie „aus der Praxis für die Praxis" geben: Ein Navigator oder Kompass, der Marktteilnehmer durch die spannende und aufregende Welt der Treasury-Produkte und Treasury-Märkte führt.

Treasury Know-how auf den Punkt gebracht bedeutet für **TREASURY**WORLD die wichtigsten Trends, Entwicklungen, News, aber auch Basis- und Expertenwissen zielgruppengerecht zusammenzufassen, treffend zu formulieren und auf **TREASURY**WORLD zu präsentieren. Genauso wie Roland Eller und sein Team dies bereits seit über 20 Jahren in den zahlreichen Trainings und Publikationen bereits praktizieren. Die auf **TREASURY**WORLD verfügbaren Informationen sollen dem Treasury-Interessierten helfen, seine tägliche Arbeit besser durchführen zu können.

www.treasuryworld.de

Die Autorinnen und Autoren

Anja Baselt ist seit 15 Jahren bei der Deutsche Bank AG beschäftigt. Nach ihrer Ausbildung zur Bankkauffrau war sie fünf Jahre in verschiedenen Bereichen des Firmenkundengeschäfts in der Region Ost tätig. Danach wechselte sie in den Bereich Capital Market Sales in der Region Südwest und betreute dort mittelständische Unternehmen im deutschen und schweizer Markt. Schwerpunkte dieser Tätigkeit sind Risikomanagementlösungen in den Themen Zinsen, Währungen, Rohstoffe sowie Anlagen. Nebenberuflich absolvierte sie in dieser Zeit das Studium zur diplomierten Bankbetriebswirtin an der Frankfurt School of Finance & Management. Im Jahr 2007 wechselte Anja Baselt nach Zürich und verantwortet dort in Capital Market Sales das Rohstoff- und Anlagegeschäft.

Christoph Braun, CFA, war nach dem Studium der Betriebswirtschaftslehre an der Universität Regensburg, der California State University Fullerton (Los Angeles) und HfWU Nürtingen (Internationales Finanzmanagement) und von 2004 bis 2007 als Unternehmensberater bei der Energy & Commodity Services GmbH tätig. Zu seinen Tätigkeitsschwerpunkten zählten die Ausarbeitung von Risikomanagementstrategien für die Energiebeschaffung und die Entwicklung von internationalen Klimaschutzprojekten (CDM/JI). Seit 2007 ist Herr Braun als Abteilungsdirektor im Energie- und Rohstoffhandel der Bayerischen Landesbank insbesondere mit Sales- und Trading-Aktivitäten bei den Primärenergieträgern Öl, Gas, Steinkohle, sowie CO2-Emissionsrechten betraut. Herr Braun ist CFA Charterholder, Privatdozent an der European Business School (EBS) und Verfasser zahlreicher Publikationen in den Bereichen Emissionshandel, Wetterderivate und Risikomanagement mit Rohstoffen.

Dr. Jan von Drathen ist Head of Gas Dispatch bei der E.ON Energie Trading. Er ist verantwortlich für die physischen Gaslieferungen und kurzfristige Optimierung in den liquiden Märkten Kontinentaleuropas. Desweiteren ist Dr. Jan von Drathen seit Januar 2006 Geschäftsführer der E.ON D-Gas B.V. in Den Haag, die in den Niederlanden Erdgas an Großkunden vertrieben hat und auf dem Gashandelsmarkt aktiv war. Im Rahmen der Restrukturierung des Handelsgeschäft der E.ON Gruppe hat Dr. von Drathen das Geschäft der E.ON D-Gas Mitte 2008 auf die E.ON Energy Trading AG übertragen. Von August 2001 bis Dezember 2005 war er bei der E.ON Sales & Trading Portfoliomanager und optimierte die Bezugverträge von Großkunden mithilfe von Standardhandelsverträgen für Elektrizität und CO2-Zertifikate.

Diplom-Volkswirt Christian Drescher absolvierte von 2003 bis 2008 ein Studium der Volkswirtschaftslehre an der Universität Bayreuth, wo er seit Juni 2008 als Doktorand am Lehrstuhl für „Geld und internationale Wirtschaft" tätig ist. Seine Forschungsschwerpunkte sind Geldpolitik, Vermögenspreisdynamiken und internationale Finanzwirtschaft.

Professor Dr. Roland Füss ist Inhaber des Union Investment Lehrstuhls Asset Management an der European Business School (EBS), International University Schloss Reichartshausen, Oestrich-Winkel. Nach seinem Studium und seiner Promotion habilitierte Herr Füss am Lehrstuhl für Banken und Finanzwirtschaft sowie am Lehrstuhl für Angewandte Ökonometrie an der Albert-Ludwigs-Universität in Freiburg. Seine Forschungsschwerpunkte liegen in den Bereichen Angewandte Ökonometrie, Risikomanagement, Asset Pricing, Alternative Investments sowie Politische Ökonomie der Finanzmärkte. Er ist Autor von zahlreichen wissenschaftlichen Aufsätzen über Alternative Investments und Mitherausgeber des „Handbook of Commodity Investments" (Wiley, 2008).

Wolfgang M. Frontzek, Betriebswirt F.H. und M.B.A., ist seit 1997 Leiter des zentralen Group Treasury des WILO-Konzerns mit Sitz in Dortmund. Im Rahmen dieser Tätigkeit hat er das Konzern-Treasury aufgebaut und maßgeblich das konzernweit einheitliche Risikomanagementsystem mit entwickelt. Im Rahmen des finanziellen Risikomanagements hat er unter anderem das Rohstoffmanagement mit entwickelt. Der Konzern wendet schon seit Jahren aktive Kurssicherungsstrategien für wichtige Rohstoffe an. Nach der Ausbildung zum Bankkaufmann und mehrjähriger Tätigkeit im internationalen Geschäft einer Bank war er Referatsleiter im zentralen Treasury der VIAG AG. Danach war Herr Frontzek verantwortlicher Treasurer der deutschen Gesellschaften des Digital Equipment Konzern sowie Mitglied im europäischen Treasury Team. Später hat er die Leitung des Konzern-Treasury der AESCULAP AG in Tuttlingen übernommen. Wolfgang Martin Frontzek ist Mitglied des Finanz- und Steuerausschuss der IHK in Dortmund und übt ferner eine Tätigkeit als ehrenamtlicher Handelsrichter aus.

Thorsten Glück studierte Volkswirtschaftslehre mit Schwerpunkt Ökonometrie an der Albert-Ludwigs-Universität Freiburg. Seit Mai 2009 ist er wissenschaftlicher Mitarbeiter am Union Investment Lehrstuhl Asset Management sowie am Lehrstuhl für Private Wealth Management an der European Business School (EBS), International University Schloss Reichartshausen, Oestrich-Winkel. Der Schwerpunkt seiner Forschung liegt im Bereich Angewandte Ökonometrie, Commodity Investments und Asset Pricing.

Lars Helge Haß ist seit September 2007 als Wissenschaftlicher Mitarbeiter am Lehrstuhl für Empirische Kapitalmarktforschung an der WHU – Otto Beisheim School of Management tätig. Er hat Informatik an der RWTH Aachen und der University of Southampton studiert und als Diplom-Informatiker abgeschlossen. Das Studium der Betriebs- und Volkswirtschaftslehre hat er an der FernUniversität Hagen absolviert und mit dem Diplom-Kaufmann bzw. Diplom-Volkswirt abgeschlossen. Für seine herausragenden Examensleistungen wurde er von der RWTH Aachen mit der Springorum-Denkmünze ausgezeichnet.

Professor Dr. Bernhard Herz ist Vizepräsident der Universität Bayreuth und Inhaber des Lehrstuhls „Geld und internationale Wirtschaft". Nach seinem Studium der Volkswirtschaftslehre an der Universität Tübingen und Université de Pau promovierte Herr Dr. Herz über das Thema „Geldpolitik bei finanziellen Innovationen". Seine Habilitation befasste sich mit den „Währungspolitische[n] Asymmetrie[n] im Europäischen Währungssystem". Herr Professor Dr. Herz ist Mitherausgeber der Journals „International Economics and Economic Policy" und „Integration Europas und Ordnung der Weltwirtschaft". Seine Forschungsschwerpunkte sind Geldtheorie und Geldpolitik, Europäische Integration und internationale Wirtschaftsbeziehungen.

Julia Kubis ist Unternehmensberaterin mit den Tätigkeitsschwerpunkten Strategieentwicklung und Implementierung von Portfolio- und Risikosteuerungssystemen. Außerdem berät sie Kunden in Finanzierungs- und Sanierungsfragen sowie zu Themen des Strategic Sourcing. Zu ihren Kunden zählen sowohl (rohstoffintensive) Industrieunternehmen als auch Banken. In ihren Projekten greift Frau Kubis auf langjährige Erfahrungen in unterschiedlichen Funktionen im Bayer Konzern, wie z. B. als Referentin im Bereich Konzernfinanzierung und als Projektleiterin für den Aufbau eines integrierten Rohstoffpreisrisikomanagements zurück. Später wurde ihr als Global Head of Commodity Price Risk Management die Verantwortung für die weltweite Steuerung der Rohstoffpreisrisiken übertragen. Zudem war sie Mitglied im Global Procurement Leadership Team. Diese Erfahrungen stellte Frau Kubis in den letzten beiden Jahren der HSH Nordbank für den Ausbau der Bereiches Commodity and Freight Solutions zur Verfügung, wo sie v. a. die Erweiterung der Produktpalette vorantrieb und Risikomanagementlösungen für Kunden der Bank strukturierte. Frau Kubis absolvierte ihr Studium der Betriebswirtschaftslehre an der WHU Otto Beisheim School of Management, der Università degli Studi di Siena sowie der University of Western Australia.

Jan Kühne ist Berater der Roland Eller Consulting GmbH. Er berät Kreditinstitute, Kommunen und Unternehmen bei der Einführung und Umsetzung von Risikomanagement- und Risikocontrollingsystemen. Darüber hinaus ist er für Akademien und Verbände als Referent zu den Themen Bondresearch, Bond-Portfolio-Management und derivative Finanzinstrumente im Anlage-, Schulden und Rohstoffmanagement tätig. Herr Kühne ist Verfasser zahlreicher Publikationen zu aufsichtsrechtlichen Fragestellungen, zum Risikomanagement und zum Einsatz derivativer Produkte zum Management von Zins- und Rohstoffrisiken.

Eva Lambert ist Sales Manager im Bereich Global Transaction Banking, Capital Market Sales der Deutsche Bank AG. Während ihres berufsbegleitenden Studiums des Bachelor of Business Administration an der Frankfurt School of Finance & Management arbeitete sie in den Bereichen Controlling und Human Resources der Deutsche Bank AG in Frankfurt am Main sowie im Bereich Private Wealth Management der Deutsche Bank SAE in Madrid. Mit Beginn ihres berufsbegleitenden Studiums des Master of Science in Finance an der Frankfurt School of Finance & Management Anfang 2006 begann Frau Lambert ihre Tätigkeit im Bereich Capital Market Sales der Deutsche Bank AG in Frankfurt am Main. Nach Beendigung ihres Studiums Mitte 2007 hat Eva Lambert innerhalb dieser Abteilung die Verantwortlichkeit für den Produktbereich Rohstoffe übernommen.

Dipl. Kfm. Jan Marckhoff ist seit Oktober 2006 wissenschaftlicher Mitarbeiter des DekaBank Stiftungslehrstuhls für Finanzcontrolling an der Otto-Friedrich Universität Bamberg. Zuvor studierte er an der Katholischen Universität Eichstätt/Ingolstadt (Vordiplom) und an der Handelshochschule Leipzig (HHL, Diplom). Im Rahmen seiner Forschung befasst er sich insbesondere mit der Bewertung von Stromderivaten, die beim Risikomanagement eingesetzt werden können.

Olaf Maulshagen, StB, ist Senior Manager im Bereich Corporate Treasury Solutions bei PricewaterhouseCoopers AG WPG in Düsseldorf.

Peter Menne ist seit 2005 bei der Deutschen Bank AG im Bereich Commodity Sales verantwortlich für den Bereich Rohstoffpreissicherung, -Optimierung und Anlage in Rohstoffe im Kundensegment „Mittelstand". Seine Arbeitsschwerpunkte sind finanzielle Preissicherungsstrategien (Finanzderivate) im Bereich Energie sowie im Edel- und Industriemetallsektor. Nach seiner Bankausbildung war Herr Menne von 2002 bis 2006 Student an der Hochschule für Bankwirtschaft in Frankfurt am Main und hat während dieser Zeit studienbegleitend in verschiedenen Abteilungen der Deutschen Bank AG gearbeitet.

Professor Dr. Matthias Muck ist seit Oktober 2006 Inhaber des DekaBank Stiftungslehrstuhls für Finanzcontrolling an der Otto-Friedrich Universität Bamberg. Zuvor war er zunächst als wissenschaftlicher Mitarbeiter (2001-2003) und danach als wissenschaftlicher Assistent (2003-2006) am Dresdner Bank Stiftungslehrstuhl für Finanzwirtschaft von Professor Dr. Markus Rudolf (WHU Otto Beisheim School of Management) tätig. Sein Forschungsinteressen umfassen Finanzcontrolling, Risikomanagement und Derivate.

Markus Mues ist Angestellter bei der Sparkasse Dortmund und im Kooperationsbereich Sparkasse International Westfalen mit derzeit 13 Sparkassen der Region Spezialist und Verantwortlicher für den Bereich des Zins-, Rohstoff- und Währungsmanagement. Vor seiner Spezialistentätigkeit war Herr Mues acht Jahre als Firmenkundenbetreuer tätig. Davor war er zehn Jahre Mitarbeiter der Deutschen Bank, bei der er auch seine Ausbildung gemacht hat.

Richard Nickel ist seit 2007 im Bereich Capital Markets der HSH-Nordbank tätig. Im Rahmen der Geschäftsentwicklung für Rohstoffderivate übernahm er die fachliche Steuerung von strategischen Infrastrukturprojekten, Produktentwicklungen sowie die Gestaltung der bankinternen Ablauforganisation im Rohstoffhandel. Seit Mitte 2008 ist Herr Nickel im Bereich Structuring and Trading - Commodity and Freight Solutions für die Strukturierung von Risikomanagementlösungen für Industriekunden zuständig. Vor seinem Wechsel zur HSH-Nordbank war Herr Nickel bei der Bayer MaterialScience AG tätig. Hier übernahm er eine zentrale Rolle bei der Konzeption, dem Aufbau und später dem operativen Betrieb der konzernweiten Zentralabteilung Commodity Price Risk Management. Herr Nickel absolvierte sein Studium der Betriebswirtschaftslehre an der Westfälischen Wilhelms-Universität Münster mit den Schwerpunkten Finanzierung und Internationales Marktmanagement.

Dr. Thomas Paschold studierte Chemie (Diplom) an der Universität Würzburg mit anschließender Promotion. In den darauf folgenden Jahren verantwortete er unterschiedliche Positionen entlang der gesamten Wertschöpfungskette in der produzierenden Industrie (Gase-, Chemie- und Edelmetallbranche) und erwarb so tiefgreifende Kenntnisse unter anderem im Bereich Commodities. Zu seinem Verantwortungsbereich zählte auch die Beschaffung von Rohstoffen. 2007 wechselte Dr. Paschold zur DZ Bank AG, wo er als Senior Manager Corporate Commodity Hedging im Bereich „Institutionelle und Firmenkunden" tätig ist.

Professor Dr. Denis Schweizer wurde im August 2008 auf die Juniorprofessur für Alternative Investments an der WHU – Otto Beisheim School of Management berufen. Weiterhin ist er Leiter des Research Center Alternative Investments an der WHU – Otto Beisheim School of Management. Zuvor promovierte er am Stiftungslehrstuhl für Asset Management von Professor Lutz Johanning an der European Business School (EBS) in Oestrich-Winkel zum Thema Alternative Investments. Im April 2008 schloss er seine Promotion mit dem Dissertationsthema „Selected Essays on Alternative Investments" ab. Während dieser Zeit arbeitete er als wissenschaftlicher Assistent am PFI Private Finance Institute/EBS Finanzakademie in Oestrich-Winkel und verantwortete die Konzeption von Executive- Education-Programmen. In dieser Zeit konnte er viele Lehrerfahrungen sammeln, da er regelmäßig Schulungen in der Executive Education leitete. Außerdem absolvierte er das Post-Graduate-Studium „Kontaktstudium Finanzökonomie", das Intensivstudium „Capital Markets and Portfolio Management" sowie die Kompaktstudiengänge „Hedge Fonds und Commodities" an der EBS Finanzakademie und wurde zum Certified Financial Planner (CFP) zertifiziert. Professor Dr. Schweizer publizierte zahlreiche Artikel zum Themengebiet der Alternativen Investments in akademischen Zeitschriften und Büchern. Zuvor erhielt er ein Diplom der Betriebswirtschaftslehre an der Johann Wolfgang Goethe Universität in Frankfurt am Main. Während seines Studiums arbeitete er als studentischer Tutor an diversen Finanzlehrstühlen der Johann Wolfgang Goethe Universität. Ferner arbeitete er während seines Studiums für die SEB Bank und die UBS Investment Bank und erhielt die Auszeichung als Financial Risk Manager (FRM).

Lars Thomsen ist Der Gründer und Chief Futurist von *future matters*®, Büro für Innovation und Zukunftsforschung (München, Zürich). Er gilt als einer der einflussreichsten Trend- und Zukunftsforscher im deutschsprachigen Raum. Der ebenso kreative wie provokante Vor- und Querdenker blickt wie kein Zweiter chancenorientiert in die Zukunft und berät führende Unternehmen und Institutionen im Bezug auf Trends, Veränderungen in der Arbeitswelt und die Entwicklung von Zukunftsmärkten. Lars Thomsen studierte Informationswissenschaften, ist neben seiner unternehmerischen Tätigkeit unter anderem Dozent für „digitales Marketing" an der Bayerischen Akademie für Werbung und Marketing (BAW) und Mitglied der World Future Society in Washington D.C. Lars Thomsen ist 40 Jahre alt und lebt mit seiner Familie in Zürich.

Professor Dr. Rolf Tilmes ist Dekan und Inhaber des Stiftungslehrstuhls für Private Finance & Wealth Management an der European Business School (EBS), International University Schloss Reichartshausen, Oestrich-Winkel sowie Executive Direktor des PFI Private Finance Institute der European Business School. Der Stiftungslehrstuhl ist Nukleus des PFI Private Finance Institute, das lehrstuhlübergreifend alle Facetten des Themas Private Finance bearbeitet. Lehrstuhl und PFI sind die Fundamente für ein EBS-Kompetenzzentrum, das sich in Forschung, Lehre und Weiterbildung mit allen Aspekten rund um die Finanzen von Privatkunden beschäftigt. Dazu gehören die Entwicklung der Finanzmärkte und -produkte, das Geschäftsmodell ebenso wie neue Beratungsansätze etwa im Estate Planning, in der Testamentsvollstreckung oder im Family Office. Sponsoren des Stiftungslehrstuhls sind u.a. die

Nassauische Sparkasse, Wiesbaden, die Tiberius Asset Management AG, Zug und die Finanzakademie, Oestrich-Winkel. Herr Tilmes studierte BWL an der EBS und absolvierte ein Post-Graduate MBA-Programm zum Master of Management an der J.L. Kellogg Graduate School of Management at Northwestern University, Evanston (USA). Im Dezember 1999 wurde Prof. Tilmes an der European Business School promoviert.

Dr. Stefan Ulreich arbeitete nach der Promotion in theoretischer Physik als quantitativer Analyst bei Dresdner Kleinwort Benson in Frankfurt und London. Schwerpunkt waren hier Bewertung von festverzinslichen Anleihen und Zinsderivaten. Nach der Liberalisierung des deutschen Strommarktes wechselte er im Mai 2000 zur damaligen PreussenElektra, die durch eine Fusion in den E.ON Konzern aufging. Zunächst beschäftigte er sich mit der strukturierten Strombeschaffung für Kunden und deren Risikobewertung. Später lag der Fokus auf den neuen Produkten, vor allem im Handel mit grünen Zertifikaten sowie dem Aufbau des operativen Emissionshandels. Aktuell arbeitet er als Originator bei der E.ON Energy Trading.

Sven Walterscheid, WP, StB, CPA, berät als Senior Manager bei PriceWaterhouseCoopers in Düsseldorf Industrieunternehmen im Hinblick auf die Steuerung und bilanzielle Abbildung von Finanz- und Commodity-Risiken. Zudem betreut er Unternehmen bei der Umstellung der Rechnungslegung von HGB auf IFRS bzw. BilMoG.

Stefan Welter arbeitet im Bereich Capital Market Sales der Deutschen Bank AG. Nach dem Studium an einer Berufsakademie in Baden-Württemberg und der Ausbildung im Firmenkundengeschäft der Deutschen Bank in Köln wechselte er 2006 nach Zürich. Hier hat er beim Neuaufbau eines Risikomanagementteams für die Betreuung von mittelständischen schweizer Unternehmen und internationalen Konzernen mitgewirkt und verantwortet heute in Capital Maket Sales Schweiz das Devisengeschäft.